Fischer/Reich (Hg.)
Der Künstler und sein Recht

Der Künstler und sein Recht

Ein Handbuch für die Praxis

Kunstfreiheit · Urheberrecht · Verwertungsgesellschaften ·
Gewerblicher Rechtsschutz · Status der Künstler · Arbeitsrecht ·
Vertragsrecht · Steuerrecht · Künstlersozialversicherung

Herausgegeben von

Hermann Josef Fischer

und

Steven A. Reich

Verfasst von

Dr. Elke Beduhn, Rechtsanwältin in Köln
Matthias Braun, Rechtsanwalt in Berlin
Hermann Josef Fischer, Kürten
Harro von Have, Rechtsanwalt in Hamburg
Intendant Prof. Dr. Christoph Nix, Rechtsanwalt in Konstanz
Dipl.-Vw. Willy Nordhausen, Wilhelmshaven
Prof. (em.) Dr. Hartmut Reeb, Berlin
Steven A. Reich, Rechtsanwalt in Berlin

2., völlig neu bearbeitete Auflage

Verlag C.H. Beck München 2007

Verlag C.H. Beck im Internet:
beck.de

ISBN 10: 3 406 53249 7
ISBN 13: 978 3 406 53249 8

© 2007 Verlag C.H. Beck oHG
Wilhelmstraße 9, 80801 München
Druck: Nomos Verlagsgesellschaft
In den Lissen 12, 76547 Sinzheim

Satz: Textservice Zink
Neue Steige 33, 74869 Schwarzach

Gedruckt auf säurefreiem, alterungsbeständigem Papier
(hergestellt aus chlorfrei gebleichtem Zellstoff)

Vorwort

Mit der 2. Auflage dieses Handbuches folgen wir, die Autoren und Herausgeber, dem wachsenden Bedarf nach Aktualisierung unserer erstmals im Jahr 1992 erschienenen integrierten, alle wesentlichen Rechtsgrundlagen umfassenden Darstellung des Rechts der kreativen Berufe und ihrer durch Spezialgesetze, insbesondere durch das Urheberrechtsgesetz von 1965 geschützten Leistungen. Für die dankbare Aufnahme der ersten Auflage und die vielen Anregungen danken wir unseren Lesern, den Künstlern, Journalisten, Hochschul- und Fachhochschullehrern, Studenten ebenso wie den Juristen in allen Aufgabenbereichen der Justiz, der Verwaltung und Rechtspflege, der Unternehmen und Verbände, den Steuerberatern und Politikern, also all den Personen, denen die Kultur und ihre Rechtsgrundlagen am Herzen liegen oder auch nur zum beruflichen Lern- und Aufgabengebiet gehören.

Die Wertschöpfung der Urheberrechtsindustrien, so die Studie des Bundeswirtschaftsministeriums von 1986 und der vorläufige Bericht der Enquete-Kommission des Deutschen Bundestages von 2005, ist vergleichbar mit derjenigen anderer Industrien, wie der Mineralölwirtschaft oder der Textilindustrie und gehört zu den Wachstumsbranchen. Doch jenseits aller ökonomischer Rechtfertigung machen kulturelle Leistungen unser Leben lebenswerter und leisten einen unverzichtbaren Beitrag zum gesellschaftlichen Leben, indem sie unterhalten, anregen, anstoßen und die kritische Auseinandersetzung befördern.

Die Neuauflage verzichtet darauf, dem Europarecht ein eigenes Kapitel zu widmen. Nicht, weil dies an Bedeutung verloren hätte, im Gegenteil. Das Recht der Europäischen Gemeinschaft wirkt inzwischen so konkret in die hier behandelten Rechtsgebiete hinein, dass eine Darstellung zu den jeweiligen Themen sinnvoller erscheint. Die weltweite Gefährdung des Urheberrechtsschutzes durch Piraterie ebenso wie durch neue Technologien eröffnet hier weitere Handlungsfelder der Europäischen Institutionen.

Recht will nicht nur verkündet, sondern vor allem gelebt werden, um Wirkungen zu erzeugen, ein Grundsatz, der angesichts der Flut der Gesetze wichtiger wird. Hierin gewinnt die Kenntnis der rechtlichen Grundlagen, ihrer miteinander vernetzten Zusammenhänge und die für Studium und Praxis bedeutsame Übersicht in Form eines Handbuches an Gewicht.

Dazu wollen wir mit dieser 2. Auflage wiederum unseren Beitrag leisten und hoffen wie bei der Vorauflage auf weitere Anregungen.

Die Mehrzahl der Autoren des Handbuches sind dem Thema Kunst und Recht in besonderem Maße verbunden:

Dr. Elke Beduhn ist Rechtsanwältin und Fachanwältin für Arbeitsrecht in Köln. Ihre Arbeitsschwerpunkte liegen im Individualarbeitsrecht, Kündigungsschutzrecht, Arbeitsvertragsrecht, Arbeitslosen- und Sozialrecht sowie in der Vertretung von Betriebsräten in Beschlussverfahren (Kanzlei Decruppe & Kollegen Köln, www.radecruppe.de).

Matthias Braun ist als Anwalt in der Kanzlei Steven A. Reich tätig, seine Tätigkeitsbereiche liegen u.a. im Film-, Fernseh-, Musik-, Design- und Werberecht (Kanzlei Steven A. Reich in Berlin, www.media-law.net).

Hermann J. Fischer ist Herausgeber und langjähriger Autor von Beiträgen zum
Thema Kunst und Recht.

Harro von Have ist als Anwalt in Hamburg insbesondere auf den Gebieten des
Deutschen und Int. Urheberrechts und des Filmförderungsrechts tätig und Autor zu
diesen Themen (Kanzlei Unverzagt, von Have Hamburg, *www.unverzagtvon-
have.com*).

Prof. Dr. Christoph Nix lehrt an der Universität Kassel, der Ev. Hochschule Hanno-
ver und der Universität der Künste in Berlin u.a. Bühnenrecht. Er ist Rechtsanwalt,
Autor von Theaterstücken, Kommentaren und Abhandlungen sowie Intendant am
Theater Konstanz.

Dipl. Verw. Willy Nordhausen ist bei der Künstlersozialkasse für Grundsatzfragen
zur Abgabepflicht der Unternehmer und zur Betriebsprüfung von Unternehmern zuständig. Er ist Autor zum Sozialversicherungsrecht der selbständigen Künstler sowie
zur Abgabepflicht der Unternehmer nach dem Künstlersozialversicherungsgesetz.

Prof. emer. Dr. Hartmut Reeb hat an der Fachhochschule für Wirtschaft in Berlin
(Berlin School of Economics) Bürgerliches Recht und Unternehmensrecht gelehrt, war
Prorektor der FHW und u.a. Beauftragter für den Lehrbetrieb der Hochschule. „Ne-
benher" spielt er hervorragend Tenorsaxophon.

Steven A. Reich ist Rechtsanwalt in Berlin und im Bereich der Kultur- und Medien-
wirtschaft, insbesondere im Rahmen der Gestaltung komplexer, internationaler urheberrechtlicher Verträge und der Strukturierung von Medienunternehmen und Projek-
ten im In- und Ausland als Spezialist im Urhebervertrags- und Steuerrecht tätig. Er ist
Autor von Fachbeiträgen zum Urhebervertragsrecht, Theaterrecht, Kunstrecht sowie
Filmrecht und Referent zu diesen Themen. Als mehrfach ausgezeichneter Pianist und
als Produzent ist er mit der Praxis des Jazz und der Filmmusik vertraut (Kanzlei Steven
A. Reich in Berlin, www.media-law.net).

Autoren und Herausgeber sind einer Reihe von Personen für ihre Zuarbeit, Recherchen und tatkräftige Unterstützung bei der Erstellung der Manuskripte zu Dank verpflichtet. So Herrn Steuerberater Edgar Fiedler im Bereich des Steuerrechts, Assesso-
rin Ursula Sticker und Referendarin Frauke Rückl für die Hilfe beim Thema
Urheberrecht und bei der Erstellung des Literaturverzeichnisses sowie Frau Petra Sid-
dig für die umfangreiche Textbearbeitung.

Kürten, Berlin im Juni 2006   *Die Herausgeber*

Bearbeitungsverzeichnis

Es haben bearbeitet:

Beduhn	Der rechtliche Status des Künstlers; Arbeitsrecht im Überblick
Braun	Filmurheberrecht
Fischer	Die Freiheit der Kunst nach dem Grundgesetz Arbeitsrecht im Überblick
v. Have	Gewerblicher Rechtsschutz
Nix	Übersicht über ausgewählte Verträge, Darstellende Kunst
Nordhausen	Künstlersozialversicherungsgesetz
Reeb	Rechtsgrundlagen für Verträge und deren inhaltliche Gestaltung Vertragsstörungen
Reich	Urheberrecht Verwertungsgesellschaften Übersicht über ausgewählte Verträge Steuerrecht

Inhaltsverzeichnis

Abkürzungsverzeichnis

a. A.	andere(r) Auffassung
AAG	Aufwendungsausgleichsgesetz
a. a. O.	am angeführten Ort
a. F.	alte Fassung
Abs.	Absatz
AfA	Absetzung für Abnutzung
AfP	Archiv für Presserecht
AG	Amtsgericht, Aktiengesellschaft, Ausführungsgesetz
AGB	Allgemeine Geschäftsbedingungen
Alt.	Alternative
Anm.	Anmerkung
AO	Abgabenordnung
AP	Nachschlagewerk des Bundesarbeitsgerichts
ArbG	Arbeitsgericht
ArbGG	Arbeitsgerichtsgesetz
ArbuR	Arbeit und Recht
ArbZG	Arbeitszeitgesetz
Art.	Artikel
AsiG	Arbeitssicherheitsgesetz
AstG	Außensteuergesetz
Aufl.	Auflage
AVG	Angestelltenversicherungsgesetz
Az.	Aktenzeichen
BaföG	Bundesausbildungsförderungsgesetz
BAG	Bundesarbeitsgericht
BayOblG	Bayerisches Oberstes Landesgericht
BB	Betriebs-Berater
BBiG	Berufsbildungsgesetz
BErzGG	Bundeserziehungsgeldgesetz
BeschFG	Beschäftigungsförderungsgesetz
Beschl.	Beschluss
betr.	betreffend
BetrAVG	Gesetz zur Verbesserung der betrieblichen Altersversorgung
BetrVG	Betriebsverfassungsgesetz
BFH	Bundesfinanzhof
BGB	Bürgerliches Gesetzbuch
BGH	Bundesgerichtshof
BGHZ	Sammlung der Entscheidungen des BGH in Zivilsachen
BMF	Bundesminister der Finanzen
BOSchG	Bühnenoberschiedsgericht
BPersVG	Bundespersonalvertretungsgesetz
BRD	Bundesrepublik Deutschland
BSchG	Bühnenschiedsgericht

BschGO/GDBA ...	Bühnenschiedsgerichtsordnung/abgeschlossen zwischen Deutscher Bühnenverein und Genossenschaft Deutscher Bühnen-Angehöriger
BSG	Bundessozialgericht
BStBl	Bundessteuerblatt
BT	Besonderer Teil, Bundestag
BT-Dr.	Bundestagsdrucksache
BTT	Bühnentechniker-Tarifvertrag
BTTL	Bühnentechniker-Tarifvertrag für Beschäftigte an Landesbühnen
BUrlG	Bundesurlaubsgesetz
BüSchG/VdO	Bühnenschiedsgerichtsbarkeit für Opernchöre (abgeschlossen zwischen Deutscher Bühnenverein und Vereinigung Deutscher Opernchöre und Bühnentänzer)
BVerfG	Bundesverfassungsgericht
BVerfGE	Sammlung der Entscheidungen des BVerfG
BVerwG	Bundesverwaltungsgericht
bzw.	beziehungsweise
c. i. c.	culpa in contrahendo
d. h.	das heißt
DBA	Doppelbesteuerungsabkommen
DBV	Deutscher Bühnenverein
DDR	Deutsche Demokratische Republik
Diss.	Dissertation
DOV	Deutsche Orchestervereinigung
DPMA	Deutsches Patent- und Markenamt
DStR	Deutsches Steuerrecht
EFG	Entscheidungen der Finanzgerichte
EFZG	Entgeltfortzahlungsgesetz
EG	Europäische Gemeinschaft
EStG	Einkommensteuergesetz
EU	Europäische Union
EuGH	Gerichtshof der Europäischen Gemeinschaften
EuGHE	Sammlung von Entscheidungen des Gerichtshofs der Europäischen Gemeinschaften
EWG	Europäische Wirtschaftsgemeinschaft
EzA	Entscheidungssammlung zum Arbeitsrecht
FR	Finanzrundschau, Frankfurter Rundschau
FStrG	Bundesfernstraßengesetz
GbR	Gesellschaft bürgerlichen Rechts
GDBA	Genossenschaft Deutscher Bühnen-Angehöriger
GebrMG	Gebrauchsmustergesetz
GEMA	Gesellschaft für musikalische Aufführungs- und mechanische Vervielfältigungsrechte
GeschmMG	Geschmacksmustergesetz
GewO	Gewerbeordnung
GewStG	Gewerbesteuergesetz
ggf.	gegebenenfalls

GmbH	Gesellschaft mit beschränkter Haftung
GMD	Generalmusikdirektor
GRUR	Gewerblicher Rechtsschutz und Urheberrecht
GÜFA	Gesellschaft zur Übernahme und Wahrnehmung von Filmaufführungsrechten m. b. H.
GVL	Gesellschaft zur Verwertung von Leistungsschutzrechten
h. M.	herrschende Meinung
HFR	Höchstrichterliche Finanzrechtsprechung
HOAI	Honorarordnung für Architekten und Ingenieure
HRG	Hochschulrahmengesetz
i. d. F.	in der Fassung
i. d. R.	in der Regel
IFPI	International Federation of Phonogramm and Videogramm Producers
IG	Industriegewerkschaft
IStR	Internationales Steuerrecht
JArbSchG	Jugendarbeitsschutzgesetz
KG	Kammergericht, Kommanditgesellschaft
KindArbschV	Verordnung über den Kinderarbeitsschutz
KSchG	Kündigungsschutzgesetz
KSK	Künstlersozialkasse
KStG	Körperschaftsteuergesetz
KSVG	Künstlersozialversicherungsgesetz
KUG	Kunsturhebergesetz
LG	Landgericht
LStDV	Lohnsteuer Durchführungsverordnung
LStR	Lohnsteuer-Richtlinien
LUG	Gesetz betr. das Urheberrecht an Werken der Literatur und Tonkunst
m. a. W.	mit anderen Worten
m. w. Nachw.	mit weiteren Nachweisen
m. w. Verw.	mit weiteren Verweisen
MarkenG	Markengesetz
MMR	MultiMedia und Recht
MuSchG	Mutterschutzgesetz
NachweisG	Nachweisgesetz
NJW	Neue Juristische Wochenschrift
NJW-RR	NJW-Rechtsprechungs-Report Zivilrecht
NV	Normalvertrag
NVM	Nichtverlängerungsmitteilung
NVwZ	Neue Zeitschrift für Verwaltungsrecht
NZA	Neue Zeitschrift für Arbeits- und Sozialrecht
NZA-RR	NZA-Rechtsprechungs-Report Arbeitsrecht
o. ä.	oder Ähnliches
OFD	Oberfinanzdirektion

OHG ....   offene Handelsgesellschaft
OLG ....   Oberlandesgericht
OLGZ ....   Entscheidungen der OLGe in Zivilsachen

p. a. ....   per anno
PartGG ....   Gesetz über Partnerschaftsgesellschaften Angehöriger Freier
                          Berufe
PrPG ....   Gesetz zur Stärkung des Schutzes des geistigen Eigentums und
                          zur Bekämpfung der Produktpiraterie

RBÜ ....   Revidierte Berner Übereinkunft
Rdnr. ....   Randnummer
RG ....   Reichsgericht
RGZ ....   Amtliche Sammlung der Entscheidungen des Reichsgericht in
                          Zivilsachen
rk. ....   rechtskräftig
RStBl ....   Reichssteuerblatt
RVK ....   Rahmenkollektivvertrag

S. ....   Seite(n)
s. ....   siehe
s. o. ....   siehe oben
s. u. ....   siehe unten
SGB ....   Sozialgesetzbuch
sog. ....   so genannt
StEK ....   Steuererlasse in Karteiform

TdZ ....   Theater der Zeit
TV ....   Tarifvertrag
TVG ....   Tarifvertragsgesetz
TVK ....   Tarifvertrag für die Musiker in Kulturorchestern
TVöD ....   Tarifvertrag für den öffentlichen Dienst
TzBfG ....   Teilzeit- und Befristungsgesetz

u. Ä. ....   und Ähnliches
u. a. ....   unter anderem
u. dergl. ....   und dergleichen
u. U. ....   unter Umständen
u. v. m. ....   und vieles mehr
UFITA ....   Archiv für Urheber, Film-, Funk- und Theaterrecht
UklaG ....   Gesetz über Unterlassungsklagen bei Verbraucherrechts- und
                          anderen Verstößen
UR ....   Umsatzsteuer-Rundschau
UrhG ....   Urheberrechtsgesetz
Ust. ....   Umsatzsteuer
UstDV ....   Umsatzsteuer-Durchführungsverordnung
UStG ....   Umsatzsteuergesetz
UStR ....   Umsatzsteuer-Richtlinien
UWG ....   Gesetz gegen den unlauteren Wettbewerb

v. ....   von, vom
ver.di ....   Vereinte Dienstleistungsgewerkschaft

VerlG	Verlagsgesetz
VFF	Verwertungsgesellschaft der Film- und Fernsehproduzenten GmbH
VG	Verwertungsgesellschaft
VGF	Verwertungsgesellschaft für Nutzungsrechte an Filmwerken m. b. H.
vgl.	vergleiche
WahlO	Wahlordnung
WahrnG	Wahrnehmungsgesetz
WRP	Wettbewerb in Recht und Praxis
z. B.	zum Beispiel
ZBF	Zentrale Bühnen-, Fernseh- und Filmvermittlung
ZBT	Zentralstelle für Bibliothekstantiemen
ZPÜ	Zentralstelle für private Überspielungen
z. T.	zum Teil
ZTR	Zeitschrift für Tarifrecht
ZUM	Zeitschrift für Urheber- und Medienrecht/Film und Recht
ZUM-RD	ZUM Rechtsprechungsdienst
zzgl.	zuzüglich

Literaturverzeichnis

Angele, Das Recht auf angemessene Beschäftigung im Theaterrecht, Diss. jur. Universität Köln 1966

Beier/Götting/Kehmann/Moufang, Urhebervertragsrecht, 1995

Bolwin/Sponer, Kommentar zum Bühnentarifrecht, 59. Aktualisierung Oktober 2005

Däubler, Kommentar zum Tarifvertragsgesetz, 2003

Dieterich/Müller-Glöge/Preis/Schaub, Erfurter Kommentar zum Arbeitsrecht, 6. Aufl., 2006

Dreier, Grundgesetz, Band 1, 2. Aufl., 2004

Fezer, Markenrecht, 3. Aufl., 2001

Finke/Brachmann/Nordhausen, Künstlersozialversicherungsgesetz, 3. Aufl., 2004

Fohrbeck/Wiesand/Woltereck, Arbeitnehmer oder Unternehmer? Zur Rechtssituation der Kulturberufe, 1976

Fohrbeck/Wiesand, Der Künstler-Report, 1975

Fromm/Nordemann, Kommentar zum Urheberrecht, 9. Aufl., 1998

Giloy, Die Steuern des Künstlers, 3. Aufl., 1998

Herdlein, Normalvertrag Bühne, Textausgabe mit Einführung, 2003

Immenga/Mestmäcker/Markert, Gesetz gegen Wettbewerbsbeschränkungen, 3. Aufl., 2001

Kreile/Becker/Riesenhuber, Recht und Praxis der GEMA, 2005

Kurz, Praxishandbuch Theaterrecht, 1999

Larenz/Wolf, Lehrbuch des Schuldrechts, Allgemeiner Teil, 14. Aufl., 1987

Leibholz/Rinck/Hesselberger, Grundgesetz für die Bundesrepublik Deutschland, Band I, 7. Aufl., 1993

Littmann u. a., Das Einkommensteuerrecht, Kommentar, 15. Aufl., 1988

Loschütz/Laube, War da was? Theaterarbeit und Mitbestimmung am Schauspiel Frankfurt 1971–1980, 1980

Maaßen, Kunst oder Gewerbe?, 3. Aufl., 2001

Maaßen/May, Designers Contract und die Empfehlungen der Verbände, 2. Aufl., 2000

Medicus, Schuldrecht I. Allgemeiner Teil, 16. Aufl., 2005

Mestmäcker/Schulze, Kommentar zum deutschen Urheberrecht, Stand: 2006

Münchener Kommentar zum Bürgerlichen Gesetzbuch, 4. Aufl.

Münchener Vertragshandbuch, Band 3, Wirtschaftsrecht II, 5. Aufl., 2004

Nordemann/Vinck/Hertin, Internationales Urheberrecht, 1977 (englischeVersion 1990)

Palandt, Bürgerliches Gesetzbuch, 65. Aufl., 2006

Rehbinder, Urheberrecht, 14. Aufl., 2006

Richardi/Wlotzke, Münchener Handbuch für Arbeitsrecht, 2. Aufl.
  - Ergänzungsband Individualarbeitsrecht, 2001
  - Band 2 Individualarbeitsrecht II, 2000

Schaub, Arbeitsrechts-Handbuch, 11. Aufl., 2005

Schauen, Das WDR-Dschungelbuch, Handbuch für Freie, 2002

Schmidt, Einkommensteuergesetz, 24. Aufl., 2005

Schricker, Verlagsrecht, 3. Aufl., 2001

Schricker, Urheberrecht, 3. Aufl., 2006

Ulmer, Urheber- und Verlagsrecht, 3. Aufl., 1980

v. Mangoldt/Klein/Starck, Das Bonner Grundgesetz, Band 1, 4. Aufl., 1999

v. Hartlieb/Schwarz, Handbuch des Film-, Fernseh- und Videorechts, 4. Aufl., 2005

v. Olenhusen, Medienarbeitsrecht für Hörfunk und Fernsehen, 2004
Wandtke/Bullinger, Praxiskommentar zum Urheberrecht, 2. Aufl., 2006
Weiand/Poser, Sponsoringvertrag, 3. Aufl., 2005
Wenzel/Burkhardt, Urheberrecht für die Praxis, 4. Aufl., 1999
Wiedemann/Stumpf, Tarifvertragsgesetz, 6. Aufl. 1999
Würkner, Das Bundesverfassungsgericht und die Freiheit der Kunst, 1994

1. Kapitel: Kunst und Recht

§ 1 Einleitung

Kunst und Recht müssen sich keineswegs feindlich gegenüberstehen. So sichert das Recht – richtig angewandt und nutzbar gemacht – der Künstlerin und dem Künstler die Ansprüche auf finanzielle Honorierung ihrer Leistungen und damit ihre Lebens- und Schaffensgrundlage. Oftmals finden hier dieselben Gesetze Anwendung, wie sie auch für nicht-künstlerische, z. B. handwerkliche Leistungen gelten. Mitunter sind auch besondere gesetzliche Regelungen wie die Bestimmungen des Urheberrechtsgesetze zu beachten. Künstler als Arbeitnehmer können sich selbstverständlich auf die allgemeinen Normen des Arbeitsrechts berufen wie andere Berufe.

Andererseits lassen sich bestimmte künstlerische Sachverhalte und Verhältnisse nicht oder nur sehr bedingt rechtlich regeln. Dies gilt insbesondere für die Bewertung künstlerischer Arbeit und deren Konsequenzen. Hier kann es kaum objektive rechtliche Parameter geben, die verallgemeinernd wirken, wie dies bei materiellen Erzeugnissen oder standardisierten Dienstleistungen der Fall ist. Dort gelten Kriterien wie Gebrauchseigenschaft, Vollständigkeit u.dergl., und finden sich rechtliche Regelungen wie Rücktritt, Schadensersatz, Nachbesserung usw. Ob aber eine Theaterinszenierung aus der Sicht des einzelnen Besuchers als gelungen oder nicht gelungen anzusehen ist, führt nicht zu rechtlichen Folgerungen. Der zwischen Theater und Besucher abgeschlossene Vertrag bezieht sich auf die zu erbringende Opern-, Schauspiel- oder Ballett-Aufführung, nicht aber auf die Art und Weise der Interpretation, der Ausstattung und der Regie. Das Nichtnormieren kultureller Lebenssachverhalte stellt insofern, so paradox es erscheinen mag, ein konstituierendes positives Moment des Rechts dar.

Dies drückt sich auch im Rahmen der Kunstfreiheitsgarantie aus, die keinen normativen Kunstbegriff kennt. Der Spielraum künstlerischer Freiheit muss durch das Recht selbst gewährleistet sein. Entscheidend ist hierbei, ob die rechtlichen Gestaltungsmöglichkeiten und Rahmenbedingungen den Bedürfnissen des Kunstlebens entsprechen und zur Förderung von Kunst und Kultur beitragen. Prüfsteine hierfür sind Gesetze und Rechtsprechung, die unmittelbar die Arbeits- und Lebensverhältnisse der Künstlerinnen und Künstler betreffen. Dabei ist eine Tendenz erkennbar, die die Räume der Kunst enger zu machen scheint. Insbesondere im Konflikt zwischen Kunstfreiheit und Persönlichkeitsrecht neigt sich die Waage zu Gunsten des Persönlichkeitsrechts, wie die Fälle des Romans „Esra", des Films „Rothenburg" und des Theaterstücks „Ehrensache" zeigen. Ähnlich sind die häufig rigiden Arbeitsbeschränkungen von Fotografen bei Prominenten-Auftritten zu bewerten.

Fischer

§ 2 Die Freiheit der Kunst nach dem Grundgesetz

I. Inhalt und Schranken der Kunstfreiheit des Art. 5 Abs. 3 Grundgesetz

1. Die Regelung des Art. 5 Abs. 3 Grundgesetz

1   *Kunst und Wissenschaft, Forschung und Lehr sind frei.* So formuliert das Bonner Grundgesetz in seinem Artikel 5, Absatz 3, Satz 1. Diese verfassungsrechtliche Garantie der Freiheit der Kunst, die im Anschluss an Art. 142 der Weimarer Reichsverfassung in das Grundgesetz aufgenommen wurde (vgl. Starck, in v. Mangoldt/Klein/Starck, GG, Art. 5 Rdnr. 266), gewährt als Grundsatzregelung für das Verhältnis Staat – Kunst allen an der Darbietung und Verbreitung von Kunstwerken Beteiligten ein **individuelles Freiheitsrecht vor Eingriffen der öffentlichen Gewalt** (s. Leibholz/Rinck/Hesselberger, GG, Art. 5 Rdnr. 1021).

Die Regelung des Art. 5 Abs. 3 S. 1 GG enthält aber nicht nur Abwehrrechte, das Bundesverfassungsgericht sieht hierin auch die Aufgabe des Staates, der sich als Kulturstaat versteht, begründet, ein freiheitliches Kulturleben zu erhalten und zu fördern (BVerfGE 36, 321 ff. [331]; auch BVerfGE 81, 108 ff. [116] = NJW 1990, 2053 ff.). Ohne dass sich hieraus wegen des großen gesetzgeberischen Gestaltungsrahmens konkrete Förderungspflichten ergeben, z. B. in Form der Beibehaltung steuerlicher Begünstigungen der Kunst, ist der damit verbundene kulturpolitische Aspekt von Bedeutung. Entbindet er doch die Kulturschaffenden von der Rechtfertigungsnotwendigkeit ihrer Förderungswünsche an Kommune, Land oder Bund.

2   Die durch Beschluss des Deutschen Bundestages vom 3. Juli 2003 eingesetzte **Enquete-Kommission „Kultur in Deutschland"** hat in ihrem am 1. 6. 2005 vorgelegten Zwischenbericht die Empfehlung ausgesprochen, das Staatsziel Kultur im Grundgesetz zu verankern und es um einen Artikel 20b Grundgesetz mit der Formulierung „Der Staat schützt und fördert die Kultur" zu ergänzen (BT-Drucksache 15/5560, www.bundestag.de/parlament/kommissionen).

Der 16. Deutsche Bundestag hat die Enquete-Kommission Kultur durch Beschluss vom 15. 12. 2005 wiederum eingesetzt.

3   In der **Europäischen Union** ist seit dem Vertrag von Maastricht 1992 die Zuständigkeit für Kultur in den EG-Vertrag aufgenommen worden, Art. 151 des EG-Vertrages, allerdings infolge des Subsidiaritätsprinzips in Form einer ergänzenden und unterstützenden Form.

2. Der verfassungsrechtliche Kunstbegriff

4   Da es unmöglich ist, Kunst generell zu definieren, zur Freiheitsgarantie bei der Rechtsanwendung der Schutzbereich aber bestimmt werden muss, beschränkt sich das Bundesverfassungsgericht darauf, zwischen **Kunst** und **Nichtkunst** zu unterscheiden. Es nimmt keine Niveaukontrolle im Hinblick auf höhere, niedere, gute oder schlechte Kunst vor (vgl. die Entscheidung zum Beleidigungscharakter der Hachfeld-Karikaturen über Strauß, BVerfGE 75, 369 ff. [377] = NJW 1987, 2661 f.).

5   Eine tragende Entscheidung zur Kunstfreiheit (so Würkner, Das Bundesverfassungsgericht und die Freiheit der Kunst, S. 49) stellt der **Mephisto-Beschluss** des Bundesverfassungsgerichts zur Grenzziehung des Kunstbegriffes zur Nichtkunst dar. Der Erbe Gustaf Gründgens hatte klageweise erreicht, dass dem Verleger verboten wurde,

den Roman Klaus Manns, „Mephisto Roman einer Karriere", zu vervielfältigen, zu verteilen und zu veröffentlichen. In diesem Roman wurde erkennbar die Karriere Gustaf Gründgens zum Inhalt gemacht. Der Roman verletze nach Auffassung der Gerichte dessen Ehre, Ansehen und Andenken. Die Verfassungsbeschwerde des Verlages unter Berufung auf die Kunstfreiheit blieb erfolglos, das Buch weiterhin verboten, da sich unter den Verfassungsrichtern keine Mehrheit finden ließ und somit eine Patt-Situation bestand.

Das Bundesverfassungsgericht wählte in dem Mephisto-Beschluss eine **material-** **6** oder **werkbezogen** zu nennende **Definition**, indem u. a. das Wesentliche der künstlerischen Betätigung in der freien schöpferischen Gestaltung gesehen wird, in der Eindrücke, Erfahrungen, Erlebnisse des Künstlers durch das Medium einer bestimmten Formensprache zu unmittelbarer Anschauung gebracht werden. Die Auslegung des Kunstbegriffes hat dabei nach Auffassung des Verfassungsgerichts von dem vom Wesen der Kunst geprägten, ihr allein eigenen Strukturmerkmale auszugehen (vgl. BVerfGE 30, 173 ff. [188 f.] = NJW 1971, 1645 ff.).

Modifiziert wurde dieser Definitionsversuch aus Anlass der Entscheidung zum **7** **Anachronistischen Zug,** der im Bundestagswahlkampf 1980 als Aktion gegen den damaligen Kanzlerkandidaten Strauß diente. Gegenstand der Verfassungsbeschwerde war die Frage, ob eine Verurteilung wegen Beleidigung im Rahmen eines politischen Straßentheaters mit der Kunstfreiheitsgarantie des Art. 5 Abs. 3 S. 1 GG in Einklang steht. Das Gericht hat in diesem Falle der Kunstfreiheit Vorrang eingeräumt.

Zum Kunstbegriff verweist die Entscheidung auf insgesamt **drei mögliche Definiti-** **8** **onsansätze.** Einmal erinnert das Verfassungsgericht an die Ausführungen zur **Mephisto-Entscheidung,** sodann hält es auch den Ansatz für möglich, von **formalen Kriterien,** wie Werktypus, auszugehen, die also an Tätigkeit und Ergebnisse des Malens, Dichtens usw. anknüpfen. Schließlich kann man die künstlerische Äußerung darin sehen, der Darstellung wegen der Mannigfaltigkeit ihres Aussagegehalts durch **fortgesetzte Interpretation** immer weiter reichende Bedeutungen zu entnehmen (BVerfGE 67, 213 ff. [226 f.] = NJW 1985, 261 ff.). Obwohl diese gesamten Definitions-Konstruktionen unvollkommen erscheinen und mit Schwächen behaftet sind, liefern sie doch ausreichende Kriterien, eine Einzelfallentscheidung vornehmen zu können (so Henschel NJW 1990, 1937 ff. [1939]). Nicht zu verkennen ist dabei die Ausweitung des Kunstbegriffes.

Insbesondere die Kollision zwischen **Kunstfreiheit** und **Strafrecht** hat zu vielerlei **9** juristischen Auseinandersetzungen geführt, in denen die Frage nach Kunst oder Nichtkunst im Vordergrund stand. Hier ist häufig das Begriffspaar **Kunst – Pornografie** dominant. Die Aufnahme des Romans „Josefine Mutzenbacher – Die Lebensgeschichte einer wienerischen Dirne, von ihr selbst erzählt" in die Liste jugendgefährdender Schriften und die damit verbundene indizierte Charakterisierung als Pornografie hat das Bundesverfassungsgericht als nicht mit der Kunstfreiheitsgarantie vereinbar erklärt. Es stellt klar, dass Kunst und Pornografie sich nicht ausschließen (BVerfGE 83, 130 ff. [138 f.] = NJW 1991, 1471 ff.). Die rechtliche Einordnung muss sich also an den aufgezeigten Kriterien orientieren.

Auch **Satire** – geprägt durch Übertreibung, Verzerrung und Verfremdung – kann **10** eine Kunstform sein. So sieht das Bundesverfassungsgericht Hitler-Satiren auf T-Shirts als Kunst an und spricht der Sichtweise eines „vernünftigen Durchschnittsbürgers" die Eigenschaft eines Definitionskriteriums ab (BVerfGE 82, 1 ff. [5 f.] = NJW 1990, 2541).

Fischer

Mehr „beiläufig" stellt das Gericht im Zusammenhang mit der Beurteilung von Beiträgen in der Zeitschrift TITANIC zur Thematik „Bezeichnung von Soldaten als potenzielle Mörder" fest, Satire kann Kunst sein, nicht jede Satire ist jedoch Kunst, und
ordnet die Texte dem Begriff der Meinungsäußerung zu, Art. 5 Abs. 1 GG (BVerfGE
86, 1 ff. [9] = NJW 1992, 2073 ff.).

3. Der Schutzbereich der Kunstfreiheit

a) Sachlicher Geltungsbereich

11   Im Mephisto-Beschluss hat das Bundesverfassungsgericht darauf hingewiesen, dass
die Kunstfreiheitsgarantie sowohl den **Werkbereich** als auch den **Wirkbereich** der
künstlerischen Arbeit umfasst. Damit ist zunächst das unmittelbare Schaffen des
Künstlers geschützt, einschließlich Vorbereitung, Üben, Materialerwerb usw., und unabhängig davon, um welche künstlerischen Formen und Tätigkeiten es sich handelt,
von Dichtung über Performance bis zur Computergraphik und elektronischen Komposition (s. Pernice, in Dreier, GG, Art. 5 III Rdnr. 24).
     Unlösbar verbunden mit dem Werk- ist der Wirkbereich, die Darbietung und Ver-
breitung des Kunstwerkes, wobei die Medien (Kommunikationsmittel) als notwendige
Mittler zwischen Künstler und Publikum dienen (BVerfGE 36 a. a. O. [331]).

12   Das Abbilden und Tragen von FDJ-Hemden (Problematik des § 86a StGB) im Rahmen einer Plakataktion und einer Mahnwache vor der Aufführung des Herrnburger
Berichts von Bertolt Brecht stellte das Bundesverfassungsgericht vor die Frage, ob
auch die **Werbung für ein Kunstwerk** dem Schutzbereich der Kunstfreiheit unterfällt.
Das Gericht hat diese Frage bejaht und die Werbung den Kommunikationsmitteln zugeteilt, die zum Wirkbereich künstlerischen Schaffens gehören und damit grundgesetzlich gesichert sind (BVerfGE 77, 240 ff. [251] = NJW 1988, 325 ff. m. Anm. v. Würkner). Allerdings muss ein erkennbarer Zusammenhang zwischen den Werbemitteln,
z. B. Merchandising-Artikeln, und dem Kunstwerk bestehen. Enthalten die Werbe-
Produkte keinen Hinweis auf das jeweilige Kunstwerk, fallen sie nicht unter den geschützten Werkbereich, wie der Bundesgerichtshof in der Marlene-Dietrich-Entschei-
dung ausgeführt hat (BGHZ 143, 214 ff. [229 f.] = NJW 2000, 2195 ff. [2200]).

b) Persönlicher Geltungsbereich

13   Ebenso wie beim sachlichen Geltungsbereich der Kunstfreiheit gilt auch hier, dass
sowohl **Werk-** als auch **Wirkbereich** in den Grundrechtsschutz einbezogen sind, da die
vielfach erforderliche **Vermittlung** zwischen Künstlern und dem Publikum des gleichen effektiven Schutzes bedarf (vgl. Henschel a. a. O. [1939]). Am Beispiel von
Schauspielerin und **Schauspieler** wird dies deutlich, da sie auf der einen Seite das
Kunstwerk vermitteln, andererseits ihre schauspielerische Leistung selbst Kunstausübung darstellt.
     Die Verfassungsgarantie können somit u. a. Verleger, Veranstalter von Theaterauf-
führungen, Schallplattenproduzenten, Zeitungsredakteure wie auch Bedrucker und
Verkäufer von T-Shirts mit Satire-Aufdruck gleich den Künstlern für sich in Anspruch
nehmen und gerichtlich geltend machen. Sie sind insgesamt **Träger des Grundrechts**
aus Art. 5 Abs. 3 S. 1 GG. Gleiches gilt für eine städtische Kultureinrichtung (s. Kadel-
bach NJW 1997, 1114 ff. [1115 f.]).

4. Die Schranken des Grundrechts

a) Keine Einschränkung durch Gesetze

Während Meinungs- und Pressefreiheit des Art. 5 Abs. 1 GG ihre Schranken in all- **14** gemeinen Gesetzen, den gesetzlichen Bestimmungen zum Schutz der Jugend und im Recht der persönlichen Ehre finden, Art. 5 Abs. 2 GG, enthält die Verfassung für die Freiheit der Kunst **keinen Vorbehalt** in diesem Sinne. Angesichts des klaren Wortlauts und des Sachzusammenhangs lässt sich ein solcher Vorbehalt auch nicht durch eine Analogie zu Art. 5 Abs. 2 GG konstruieren (Vgl. Starck a. a. O. Rdnr. 302). Dennoch kann es nicht zweifelhaft sein, dass **Kunstfreiheit nicht schrankenlos** ist.

b) Schranken aus dem Konflikt mit anderen Verfassungsgütern

(1) Abwägung zwischen Verfassungswerten

Bereits die Mephisto-Entscheidung war für das Bundesverfassungsgericht Anlass, **15** der Kunstfreiheit insoweit Schranken zu setzen, als andere Verfassungsgüter betroffen sind. Die Schranken müssen sich somit aus der Verfassung selbst und als ein Ergebnis von **Einzelabwägungen** ergeben (BVerfGE 30, 195). Dabei ist keine Unterscheidung zwischen Werk- und Wirkbereich vorzunehmen, obwohl nach Auffassung des Bundesverfassungsgerichts eine tatsächliche Vermutung dafür spricht, dass die Kunstfreiheit im Werkbereich eher Vorrang genießt (so BVerfGE 77, 254 f.).

Grenzen der Kunstfreiheit bestehen nicht nur gegenüber Grundrechten Dritter, sie kann mit allen Verfassungsgütern kollidieren, zwischen ihnen ist sodann ein **Ausgleich** der verfassungsrechtlich geschützten **Interessen** zu finden (BVerfGE 81, 278 ff. [292] = NJW 1990, 1982 ff. [1982] – Verunglimpfung der Bundesflagge).

Durch eine **werkgerechte Beurteilung** des Kunstwerks ist in diesem Zusammen- **16** hang zunächst zu klären, ob überhaupt eine Beeinträchtigung anderer Verfassungswerte vorliegt oder sie angesichts des **Freiraums der Kunst** hinnehmbar erscheint, bevor sich die Frage der Abwägung stellt (vgl. BVerfGE 81, 298 ff. [308] = NJW 1990, 1985 f. [1986] in einem Fall der vorgeworfenen Missachtung der Hymne der Bundesrepublik Deutschland).

Bei Satiren hat das Verfassungsgericht schon in der Entscheidung über eine Ehrverletzung des Politikers Strauß durch Karikaturen von Hachfeld gefordert, dass bei der werkgerechten Beurteilung der eigentliche Inhalt der künstlerischen Aussage durch Entfernung des satirischen Gewandes zu ermitteln ist (BVerfGE 75, 369 ff. [376 ff.] = NJW 1987, 2661 f.]).

Gleiches gilt bei einer Mischung aus satirischen, verfremdenden und metaphorischen Werkinhalten. Es muss zunächst der Aussagekern ermittelt werden. Bei dieser Vorgehensweise ist z. B. keine Verunglimpfung des Staates durch das Abspielen des Liedes „Deutschland muss sterben" (Punkrock-Gruppe Slime) gegeben (BVerfG NJW 2001, 596 ff.).

Im Rahmen der Abwägung gilt der Grundsatz, dass keinem der Verfassungsgüter von vornherein eine übergeordnete Stellung eingeräumt werden darf (BVerfGE 81, 289).

Der Präsident des Bundestages ist berechtigt, sich auf sein Hausrecht nach Art. 40 **17** Abs. 2 GG zu berufen und einem Verein nicht die Möglichkeit zu eröffnen, aus Anlass des 60. Jahrestages des Endes des 2. Weltkrieges im Bundestag einen öffentlichen Aufzug mit Kunstcharakter durchzuführen. Der grundgesetzliche Förderungsgedanke der

Kunst löst hier keinen Anspruch aus, der keine Ermessensentscheidung des Bundestagspräsidenten mehr zulässt (BVerfG NJW 2005, 2843 f.).

(2) Vorrang anderer Verfassungsgüter

18   Eine Abwägung für den Einzelfall scheidet aus, wenn das Kunstwerk eine schwerwiegende Beeinträchtigung anderer Verfassungsgüter zur Folge hat. Dies ist der Fall bei Eingriffen in den durch Art. 1 Abs. 1 GG – Menschenwürde – geschützten Kern menschlicher Ehre. Eine derartige Beeinträchtigung der **Würde des Menschen** wird von der Kunstfreiheitsgarantie nicht mehr gedeckt (BVerfGE 75, 380 für den Fall der tierischen Darstellung eines Politikers als sich sexuell betätigendes Schwein).

19   Die Rechtsprechung lässt sich ferner nicht auf eine Abwägung ein, wenn **fremdes Eigentum** benutzt wird, wie dies der Fall bei der Frage war, ob die Auslieferung des Sprayers von Zürich in die Schweiz rechtskonform geschehen konnte. Kategorisch führt das Verfassungsgericht aus, dass sich die Kunstfreiheit nicht auf die Inanspruchnahme und Beeinträchtigung von Eigentum anderer erstreckt (BVerfG-Vorprüfungsausschuss NJW 1984, 1293 ff. [1294].

20   Eine Kollision zwischen Kunstfreiheit und **Persönlichkeitsrecht** – Art. 2 Abs. 1 in Verbindung mit Art. 1 Abs. 1 GG – ergibt sich, wenn **Romanfiguren** „Abbilder" real existierender Personen darstellen. Der Bundesgerichtshof hat im Falle des Romans „Esra" von Maxim Biller eine so schwere Persönlichkeitsverletzung der im Werk erkennbaren ehemaligen Lebensgefährtin des Autors und deren Mutter gesehen, dass eine Veröffentlichung durch den Verlag untersagt werden konnte. Zwar führt nach Auffassung des Gerichts nicht schon die Erkennbarkeit der Personen zum Unterlassungsanspruch. Für die Abwägung sei entscheidend, ob das „Abbild" gegenüber dem „Urbild" durch künstlerische Stoffgestaltung und seine Ein- und Unterordnung in den Gesamtorganismus des Kunstwerkes so verselbstständigt erscheint, dass das Individuelle, Persönlich-Intime zu Gunsten des Allgemeinen, Zeichenhaften der „Figur" objektiviert ist. Für den Leser sei im Falle Esra kein verselbstständigtes Bild in diesem Sinne erkennbar (BGH NJW 2005, 2844 ff.). Der Verlag hat gegen diese Entscheidung Verfassungsbeschwerde eingelegt.

21   Ebenso ist das Persönlichkeitsrecht betroffen und hat Vorrang, wenn in einem satirischen Zusammenhang ein **technisch manipuliertes Foto** verwendet wird. Das Bundesverfassungsgericht hat im Falle eines derart illustrierten Artikels – Fotomontage des Vorstandsvorsitzenden der Deutschen Telekom AG – klargestellt, eine über die reproduktionstechnisch unbedeutende Veränderung hinaus gehende Manipulation eines Fotos vom Träger des Persönlichkeitsrechts darf nicht ohne seine Zustimmung Dritten zugänglich gemacht werden. Die Abbildung wird damit unwahr (BVerfG NJW 2005, 3271 ff.; hierbei hat das Gericht nicht die Abwägung gegenüber der Kunstfreiheit sondern zur Meinungsfreiheit geprüft, die Ausführungen dürften aber gleichermaßen für die Abwägung mit der Kunstfreiheit relevant sein).

II. Kunstfreiheit am Beispiel der Straßenkunst

1. Wozu sind die Straßen da?

22   Vor allem in den Fußgängerzonen der Städte finden sich die Straßenkünstler, seien es z. B. Musiker, Pflastermalerinnen, Pantomimen oder Aktionskünstler, seien es Berufskünstler oder Amateure, kommen sie aus Deutschland oder aus dem Ausland. Dabei treten Kollisionsmöglichkeiten mit den Rechten von Anwohnern und Verkehrsteil-

nehmern auf, die das Auftreten von Ordnungshütern und Reglementierungen der Städte zur Folge haben. Zu untersuchen ist also, inwieweit im Konfliktfall der Straßenkunst Grenzen gesetzt werden können, ohne dass die Kunstfreiheitsgarantie verletzt wird. Keiner gesonderten Prüfung bedarf die Frage nach der Einordnung der Straßenkunst unter die Begrifflichkeit der Kunst, sie ist nach den zuvor erörterten Kriterien vorzunehmen. Die Straßenkunst stellt keine eigene Kunstgattung dar, so dass sich die Kunstfreiheit auf den Wirkbereich erstreckt (vgl. Starck a. a. O. Rdnr. 320).

2. Gemeingebrauch oder Sondernutzung

In einer einschlägigen Entscheidung vom 9. 11. 1989 hat das Bundesverwaltungsgericht grundlegende Ausführungen zur **Erlaubnispflicht** von Straßenkunst-Aktivitäten vorgenommen (NJW 1990, 2011 ff. m. Anm. Würkner). Im Falle einer **Scherenschnittkünstlerin**, die in einer Fußgängerzone Silhouetten porträtierter Passanten verkaufte, kommt das Gericht zu dem Ergebnis, dass die Künstlerin hierfür im Grundsatz eine Erlaubnis bedarf. Sowohl das Bundesfernstraßengesetz, §§ 7, 8 FStrG, als auch die einschlägigen Landesgesetze, z. B. §§ 14, 18 Straßen- und Wegegesetz NW, unterscheiden zwischen dem Gemeingebrauch von Straßen und ihrer Sondernutzung. Während der Gemeingebrauch den Bürgern gestattet, Straßen im Rahmen der Widmung und der verkehrsbehördlichen Vorschriften zum Verkehr zu nutzen, ist die darüber hinaus gehende Nutzung als Sondernutzung erlaubnispflichtig. **23**

Das Bundesverwaltungsgericht rechnet die Straßenkunst nicht zum **sog. kommunikativen Verkehr** – Straßen als Stätten der Begegnung und Mitteilung –, mit der Folge, sie als Gemeingebrauch zu klassifizieren, sondern ordnet sie als Sondernutzung ein. Damit sind örtliche, auf den straßengesetzlichen Grundlagen basierende **Satzungsregelungen** nicht zu beanstanden, die z. B. die Kunstausübung auf bestimmte Standorte und Zeiten beschränken. Die Durchsicht städtischer Satzungen zeigt auf der anderen Seite, dass häufig die Ausübung von Straßenkunst vom Erlaubnisvorbehalt freigestellt wird. **24**

Die Kunstfreiheit gebietet es, in Fällen, in denen die Einwirkung auf Rechte von Verkehrsteilnehmern und Anliegern geringfügig ist, den Künstlern einen Anspruch auf Erlaubnis einzuräumen (BVerwG a. a. O.). Das Gericht gibt in Anlehnung an Spontanversammlungen zu bedenken, dass eine erlaubnisfreie Sondernutzung anzunehmen ist, wenn es sich um eine einmalige und nicht wiederholbare Präsentation, also um „Spontankunst" handelt. **25**

Für die Praxis kann eine Unterteilung in **drei Intensitätsstufen** hilfreich sein (so Kersten NVwZ 1991, 139 ff. [141/142]. **26**

Danach kann im Falle von „ortsüblicher" Kunstausübung, von Spontankunst und Straßenkunst, bei denen grundrechtlich geschützte Rechte Anderer nicht beeinträchtigt werden und keine geräusch- oder raumintensive Nutzung vorliegt, z.B Scherenschnitte, Jongleure, Zauberer und Magier, von einem **erlaubnisfreien Gemeingebrauch** ausgegangen werden.

Handelt es sich um geräuschintensive, zeit- oder raumintensive Darbietungsformen, z. B. musikalische und bildnerische Darstellungen, bei denen es zu Kollisionen mit Grundrechten Anderer kommen kann, soll ein **Anzeigeverfahren** notwendig sein, die Nutzung im Übrigen aber als Sondernutzung erlaubnisfrei bleiben.

Ist eine erhöhte Nutzung im vorgenannten Sinne z. B. bei Musik- und Tanzgruppen zu verzeichnen, bedarf es einer **Sondernutzungserlaubnis**. Sie ist aber nur zu versagen, wenn dies der Schutz anderer Grundrechtsgüter zwingend erfordert oder der Schutz nicht durch Auflagen und Beschränkungen erreichbar ist.

III. Kunstfreiheit und Lärmschutz

1. Die Konfliktbereiche

27   „Musik wird als störend oft empfunden, da sie mit Geräusch verbunden" formulierte Wilhelm Busch und beschreibt damit den wesentlichen Konfliktbereich, der hier behandelt wird. Es geht zum einen um die künstlerische Musikausübung in der Miet- oder Eigentumswohnung, zum anderen um Konzertveranstaltungen. Die Kunstausübung, ob als Berufsmusiker, Student oder im Rahmen der „Hausmusik" genießt den Grundrechtsschutz der Art. 2 Abs. 1 und Art. 5 Abs. 3 GG – Entfaltung der Persönlichkeit und Kunstfreiheit, während sich Nachbarn, Mieter und andere Eigentümer auf das allgemeine Persönlichkeitsrecht der Art. 1 Abs. 1 S. 1 und Art. 2 Abs. 1 GG berufen können, um Ruhe und Entspannung zu reklamieren. Über den Weg der **Drittwirkung der Grundrechte** auch im Zivilrecht muss insoweit der Abwägungsausgleich gefunden werden, der sich in der entsprechenden Auslegung miet-, wohnungseigentums-, ordnungs-, straf- und lärmschutzrechtlicher Vorschriften findet.

2. Musizieren in der Wohnung

28   Sowohl für die **Miet-** als auch für die **Eigentumswohnung** hat sich auf der Basis einer Palette von Einzelfallentscheidungen, vielfach handelt es sich um Urteile von Instanzgerichten, eine grobe Grenzziehung herausgebildet. Danach darf das Musizieren und Üben nicht vollständig ausgeschlossen, sondern nur eingeschränkt werden, z. B. kein Musizieren zwischen 13 und 15 Uhr sowie zwischen 22 Uhr und 8 Uhr, Einschränkungen an Sonn- und Feiertagen. Oft wird hierfür der Weg von Festlegungen in einer **Hausordnung** gewählt. So hat der Bundesgerichtshof die Hausordnung einer Eigentümergemeinschaft nicht für ermessensfehlerhaft angesehen, die Ruhezeiten von 20 Uhr bis 8 Uhr und von 12 Uhr bis 14 Uhr vorsieht (NJW 1998, 3713 ff.). Unwirksam ist eine derartige Hausordnung aber, sofern sie in der übrigen Zeit das Musizieren nur in „nicht belästigender Weise und Lautstärke" erlauben will. Dieser Regelung fehlt es an inhaltlicher Bestimmtheit und Klarheit. Klarheit in dieser Hinsicht sieht das Gericht dann gegeben, wenn Lautstärke und Intensität der Musik unter z. B. Berücksichtigung von Immissionsrichtwerten dahingehend reglementiert werden, dass nur schwerwiegende Störungen ausgeschlossen werden (BGH a. a. O.).

29   **Zimmerlautstärke** beim Musizieren in einer Hausordnung zu verlangen, ist ebenfalls nicht durchsetzbar, da über diesen Weg wiederum ein völliges Untersagen der Musikausübung nicht ausgeschlossen werden kann (BayObLG NJW 2001, 3635 f. mit der allerdings seltsamen Begründung, die Hausordnung sei zwar wirksam, der Musizierende habe aber einen Anspruch auf Abänderung).

3. Konzertveranstaltungen

30   Eine mittelbare Betroffenheit künstlerischer Tätigkeit ergibt sich, wenn – insbesondere außerhalb von Gebäuden – Konzertveranstaltungen stattfinden, die von ihrer Lautstärke her Anwohner belasten. Hier sucht die Rechtsprechung – so im Falle eines **Rockkonzerts** als Teil eines Sommerfestes – eine Abwägungslösung unter Berücksichtigung nachstehender Faktoren:

Fischer

- kommunale Bedeutung der Veranstaltung
- alternative Standorte
- Beachtung des Immissionsschutzes (Freizeitlärm-Richtlinie)
- zeitliche Beschränkungen.

Immer ist eine Einzelfall-Beurteilung geboten (BGH NJW 2003, 3699 ff.).

Die Rechtsprechung sieht es auch als tolerierbar an, wenn – wie im Falle der Love-Parade 2002 – die zuständige Behörde von Beschränkungen der Lärmbelästigungen absieht, weil Lärmmessungen bei diesem Event die erforderlichen Grundlagen liefern sollen (OVG Berlin NVwZ 2002, 1266 f.).

Gegenüber Besuchern eines Musikkonzertes trifft den **Veranstalter** die **Sorgfalts-** 31 **pflicht** – Verkehrssicherungspflicht –, Gehörschäden durch übermäßige Lautstärke zu vermeiden. Diese Pflicht kann dazu führen, unter Berücksichtigung einschlägiger DIN-Normen regelmäßig Lärmpegelmessungen vorzunehmen und bei Grenzwertüberschreitungen für eine Schallreduzierung Sorge zu tragen (BGH NJW 2001, 2019 f.).

2. Kapitel: Urheberrecht und gewerblicher Rechtsschutz

§ 3 Urheberrecht

I. Einführung

1   Die rechtliche Beurteilung eines Werkes auf dem Gebiet der Literatur, Wissenschaft und Kunst erfolgt zuerst durch das **Urheberrecht**, das dem Urheber bei Vorliegen der gesetzlichen Voraussetzungen Schutz vor der Nachahmung und Ausbeutung seiner Leistung bietet. Daneben werden über das urheberrechtliche **Leistungsschutzrecht** auch die Leistungen der ausübenden Künstler, der Fotografen und Filmhersteller geschützt.

Das Urheberrecht steht jedoch nicht für sich allein, sondern ist in ein Rechtsschutzsystem einbezogen, zu dem der gewerbliche Rechtsschutz gehört. Grundsätzlich wird zwischen dem technischen und **nichttechnischen Sonderrechtsschutz** unterschieden. Für den Schutz technischer Leistungen kommt das Patent- und Gebrauchsmustergesetz in Frage. Im Bereich der Literatur, der angewandten Kunst, des Designs und der Mode bieten neben dem Urheberrecht die zum gewerblichen Rechtsschutz zählenden Bereiche des Geschmacksmuster- und Schriftzeichenrechts, des Kennzeichen- und des Titelrechts den erforderlichen Sonderrechtsschutz. Auch das allgemeine Persönlichkeitsrecht, das Namensrecht und der Bildnisschutz werden mitunter relevant.

Die genannten Gesetze werden auch unter dem Begriff des **Immaterialgüterrechtsschutzes** zusammengefasst. Zunehmend an Bedeutung für den Schutz nichttechnischer Erzeugnisse gewinnt aber auch der wettbewerbsrechtliche Leistungsschutz. Während die zu dem Immaterialgüterrechtsschutz zählenden Gesetze dem Werkschöpfer Ausschließlichkeitsrechte an seiner Leistung verschaffen, wird durch das **Wettbewerbsrecht** u. a. die Frage danach beantwortet, ob die Art und Weise der Nachahmung erlaubt ist, oder als gegen die Gesetze des fairen Wettbewerbs verstoßend untersagt werden können.

Das Urheberrecht ist für jeden von grundlegender Bedeutung, der **kreativ schaffend** auf künstlerischem Gebiet tätig wird, also z. B. für die bildende Künstlerin, den Industrie-Designer, die kreative Fotografin, den Autoren schöngeistiger, wissenschaftlicher oder journalistischer Werke, die Komponistin, den Dichter von Liedtexten, die Computerprogrammiererin, den Filmemacher und viele andere mehr. Das Urheberrecht schützt deren Werke vor fremdem Zugriff und sichert ihnen eine Beteiligung am wirtschaftlichen Nutzen, der aus ihren Werken gezogen wird. Diejenigen, die als **Interpreten** die Werke anderer darbieten, z. B. die Musikerin, der Schauspieler, die Ballett-Tänzerin und andere mehr, genießen Leistungsschutzrechte, die ebenfalls, wenn auch weniger ausgeprägt als die Rechte der Urheber, eine unbefugte Verwendung der Leistungen verbieten und eine Beteiligung am wirtschaftlichen Nutzen ermöglichen. Wer seine Urheber- und Leistungsschutzrechte bewusst und gezielt wahrnimmt, wird einen höheren **wirtschaftlichen Ertrag** erzielen als derjenige, der sich nur den Zeitaufwand für die Herstellung eines Werkes oder für die Erbringung der Interpretation ohne Rücksicht auf den Umfang der späteren Nutzung bezahlen lässt.

Reich

Einfachere Arbeiten, denen der Urheberrechtschutz versagt bleibt, können unter bestimmten Voraussetzungen als **Geschmacks- oder Gebrauchsmuster, als typografische Schriftzeichen oder Markenzeichen** (früher. Warenzeichen) geschützt sein. Das deutsche Urheberrechtsgesetz schützt die Leistungen deutscher, ausländischer und staatenloser Urheber. Die Werke deutscher Urheber sind geschützt, … „gleichviel, ob und wo die Werke erschienen sind, …" § 120 Abs. 1 UrhG. **Ausländische Urheber** genießen den urheberrechtlichen Schutz für ihre in Deutschland erschienen Werke, § 121 Abs. 1 UrhG. Hier nicht erschienene Werke sind nach den **Staatsverträgen**, insbesondere der Revidierten Berner Übereinkunft und dem Welturheberrechtsabkommen, geschützt (siehe dazu insbesondere Nordemann/Vink/Hertin, Internationales Urheberrecht), die wesentlich den Prinzipien der **Gegenseitigkeit** und der **Inländerbehandlung** verpflichtet sind, wodurch in Deutschland erschienen Werke auch in den meisten anderen Staaten wie dort erschienene Werke geschützt sind. **Staatenlose Urheber** mit gewöhnlichem Aufenthalt in Deutschland genießen für ihre Werke den gleichen urheberrechtlichen Schutz wie deutsche Staatsangehörige, § 122 UrhG, das Erstreckungsgesetz regelt u. a. die Erstreckung des bundesdeutschen Urheberrechts auf das Beitrittsgebiet.

Zunehmend ist das Urheberecht Gegenstand von **Richtlinien der Europäischen Gemeinschaft**, seiner von der EU-Kommission erkannten kulturellen und wirtschaftlichen Bedeutung entsprechend.

Die noch weiter geltenden Bestimmungen des **Kunsturhebergesetzes** (KUG), §§ 22, 23, regeln als Ausprägung des allgemeinen Persönlichkeitsrechts das Recht am eigenen Bild.

II. Die Bestimmungen des Urheberrechtsgesetzes

1. Werkerschaffung, gesetzlicher Werkbegriff und Bearbeitung

a) Persönliche geistige Schöpfung

Die Vielfalt der uns begegnenden Werke menschlicher Schöpfung sieht sich seit dem **2** 1. 1. 1966 mit den gesetzlichen Bestimmungen des Urheberrechtsgesetzes konfrontiert. Danach genießen die Urheber von Werken der Literatur, Wissenschaft und Kunst für ihre Werke Schutz nach Maßgabe dieses Gesetzes, § 1 UrhG. **Werke** im Sinne dieses Gesetzes sind nur **persönliche geistige Schöpfungen**, § 2 UrhG. Dieser Werkbegriff schließt die Erscheinungsformen nicht persönlicher und nicht geistiger Schöpfungen vom Schutz durch das Urheberrechtsgesetz aus. So sind die **Schöpfungen der Natur**, die Künstlern immer wieder als Vorbild dienen, keine persönlichen geistigen Schöpfungen. Präsentiert etwa jemand einen an einer steinigen Meeresküste aufgefundenen Stein, dessen Form an einen weiblichen Torso erinnert, als Kunstwerk, so wird er hierdurch nicht zum Urheber (vgl. auch Beispiele bei Loewenheim in Schricker, UrhG, § 2 Rdnr. 16). Tiere sind keine Personen im Sinne des Gesetzes und können keine schutzfähigen Werke schaffen. Auch anonyme Kollektive von Menschen scheiden als Schöpfer im Sinne des Urheberrechtsgesetzes aus. Zum sog. **Allgemeingut** (*public domain*) gehörende Werke sind daher urheberrechtlich nicht schutzfähig, weil sie sich nicht konkreten Schöpfern zuordnen lassen. Auch **maschinelle Schöpfungen**, etwa durch Computer geschaffene Werke sind nicht vom Urheberrechtsgesetz geschützt. So sind z. B. durch einen Übersetzungscomputer erstellte Übersetzungen in eine andere Sprache keine schutzfähigen Werke (Beispiel aus Loewenheim in Schricker, a. a. O. § 2

Reich

Rdnr. 12). Sofern der Schöpfer ein Computerprogramm lediglich als Werkzeug benutzt, genießt das so geschaffene Arbeitsergebnis jedoch nach den allgemeinen Kriterien urheberrechtlichen Schutz.

3   Die Bestimmung des § 1 UrhG stellt ferner klar, dass **Werke der Technik**, sofern sie nicht zugleich der Literatur, Wissenschaft und Kunst zuzuordnen sind, keinen urheberrechtlichen Schutz genießen, unabhängig von ihrem geistigen Gehalt, ihrer Schöpfungshöhe und Originalität. Hiervon ausgenommen sind Darstellungen wissenschaftlicher oder technischer Art, § 2 Abs. 1 Nr. 7 UrhG.

Keine geistigen Schöpfungen und deshalb keine Werke im Sinne des Urheberrechtsgesetzes sind daher die Resultate nicht vom menschlichen Geist beeinflusster Vorgänge und Zufälle.

Beispiel:
Wer mittels eines Würfels bzw. eines Computer gesteuerten Zufallsgenerators eine Tonfolge festlegt, hat diese nicht komponiert (Beispiel nach Fromm/Nordemann, Urheberrecht, § 2 Rdnr. 10). Die gestaltende Einbeziehung des Chaos – z. B. die aus sog. Fraktalen geschaffenen Computergrafiken – oder des Zufalls in künstlerische Formen ist jedoch ohne Schaden für die Schutzfähigkeit möglich.

4   Voraussetzung des urheberrechtlichen Schutzes ist ferner eine gewisse **Schöpfungshöhe** des Werkes. Damit verlangt das Gesetz jedoch nicht eine Bewertung des ästhetischen oder künstlerischen Niveaus, sondern lediglich ein gewisses Maß an eigenpersönlicher Prägung, welche den individuellen Geist des Schöpfers erkennen lässt. Hier ergeben sich viele Abgrenzungsfragen. Unstreitig ist jedoch, dass auch die sog. kleine Münze – mit diesem Ausdruck werden die einfacheren Schöpfungen des menschlichen Geistes bezeichnet – urheberrechtlich geschützt ist.

b) Bearbeitung

5   Das Gesetz schützt auch **Bearbeitungen**, § 3 UrhG, sowie **Sammelwerke** und „**Datenbankwerke**", § 4 UrhG, von Werken, soweit die Bearbeitungen oder Sammlungen an sich ebenfalls persönliche geistige Schöpfungen sind, und zwar unbeschadet des Urheberrechts an den hierfür verwendeten Werken. Zu den Bearbeitungen zählen grundsätzlich die **Übersetzungen**, § 3 UrhG. Die Bearbeitung ist von der bloßen Kopie oder Interpretation einerseits und von der freien Benutzung einer Vorlage zur Schaffung eines neuen Werkes andererseits abzugrenzen. Die bloße **Kopie**, sei sie auch mit handwerklichen Mitteln angefertigt, ist eine Vervielfältigung. Die **Interpretation** eines Werkes ist von § 73 UrhG gesondert erfasst und gilt deshalb nicht als Bearbeitung. Im Gegensatz zur freien Benutzung ist die Bearbeitung durch einen wesentlich engeren Bezug zur Vorlage gekennzeichnet. Die Bearbeitung bleibt immer von der Vorlage geprägt. Das in freier Benutzung entstandene neue Werk lässt dagegen die Vorlage gegenüber dem neu geschaffenen Werk zurücktreten. Die Vorlage verliert ihren bestimmenden Einfluss und wird nebensächlich. Der gesetzliche Begriff der Bearbeitung setzt ferner voraus, dass der Bearbeitung ein **Werk** im Sinne des Urheberrechtsgesetzes **zu Grunde liegt**. Ist die Vorlage kein Werk im Sinne des Gesetzes, so gilt die Bearbeitung als ein Originalwerk. Sofern die Vorlage geschützt ist, also z. B. innerhalb der gesetzlichen Schutzfrist, ist das Recht des Urhebers hieran zu respektieren. Dies bedeutet, dass der Urheber des Originals die Benutzung der Bearbeitung von seiner Einwilligung abhängig machen kann. In der Praxis sind die Bereiche von der bloßen (nicht schutzfähigen) Kopie bis zum überaus originellen und ausdifferenzierten Werk fließend. Literatur, Wissenschaft und Kunst sind nicht im Vakuum entstanden, sondern durch die

Weitergabe tradierter Formen und Themen und durch Interaktion mit anderen Schöpfern. Vorbilder und wechselseitige Anregungen sind unabdingbare Voraussetzungen im Werdegang jedes Schöpfers, der im Zuge seiner Entwicklung von Kopien über Bearbeitung bis hin zu von anderen inspirierten Werken die gesamte Palette des Schaffens durchläuft.

c) Schutzbeginn und Form

Der urheberrechtliche Schutz beginnt mit der **Entstehung des Werkes**. Ein schutz- 6
fähiges Werk im Sinne des Gesetzes erfordert seine mit den Sinnen **erkennbare Form**.
Die innere geistige Vorstellung von dem Werk oder die originelle Idee an sich sind
nicht geschützt und nicht urheberrechtlich schutzfähig (siehe z. B. Hubmann ZUM
1988, 4 ff. [7]). Um den Schutz des Urheberrechts einsetzen zu lassen, müssen diese
vielmehr in wahrnehmbarer Form zu Tage treten. Unter diesen Voraussetzungen greift
der Urheberrechtsschutz, ohne dass es weiterer Umstände wie Veröffentlichung, Registrierung oder sonstiger Formalien bedarf. Auch ist eine **Festlegung** des Werkes,
z. B. eine Aufzeichnung desselben, **nicht nötig**.
Nicht geschützt sind **Gestaltungstechniken**, selbst wenn diese das Werk prägen.
Nur das Werk in seiner konkreten Form wollte der Gesetzgeber schützen, nicht jedoch
die Monopolisierung künstlerischer Techniken zulassen, was sicherlich auch der
Kunstfreiheitsgarantie des Grundgesetzes, Art. 5 GG, widersprochen hätte.

2. Schutzfähige Werke

a) Übersicht

Beispielhaft führt § 2 Abs. 1 UrhG auf, welche Werke durch das Urheberrechtsgesetz geschützt sind. Danach zählen zu den **geschützte Werken** der Literatur, Wissenschaft und Kunst insbesondere Sprachwerke, wie Schriftwerke und Reden sowie Programme für die Datenverarbeitung, Werke der Musik, Pantomimische Werke
einschließlich der Werke der Tanzkunst, Werke der bildenden Künste einschließlich
der Werke der Baukunst und der angewandten Kunst und Entwürfe solcher Werke,
Lichtbildwerke einschließlich der Werke, die ähnlich den Lichtbildwerken geschaffen
werden, Filmwerke einschließlich der Werke, die ähnlich wie Filmwerke geschaffen
werden, Darstellungen wissenschaftlicher oder technischer Art wie Zeichnungen,
Pläne, Karten, Skizzen, Tabellen und plastische Darstellungen.

b) Werke der bildenden Kunst

(1) Definition

Die Frage: **Was ist Kunst?** wird sehr kontrovers beantwortet, wobei manche eine 7
allgemein gültige Antwort hierauf nicht für möglich halten. Indessen muss diese Frage
zur sachgerechten Auslegung und Anwendung des Urheberrechtsgesetzes nicht beantwortet werden; denn es kommt nach dem Willen des Gesetzgebers nur darauf an, ob
eine eigenpersönliche Schöpfung von gewisser Schöpfungshöhe gegeben ist. Diese
Frage lässt sich noch am ehesten objektiv und ohne Rücksicht auf persönlichen Geschmack beantworten. Der verschiedentlich vom BGH bemühten Definition von
„Kunstwerken" als dem, was *„nach den im Leben herrschenden Anschauungen"*
(BGHZ 27; 351 ff. [356]) oder *„nach dem durchschnittlichen Urteil des für Kunst empfänglichen und mit Kunstdingen einigermaßen vertrauten Menschen"* (BGH GRUR

Reich

1981, 517 ff. [519] – Rollhocker) Kunst sei, bedarf es streng genommen nicht; denn es kann keinen normativen Rechtsbegriff der Kunst geben. Zwar findet der Begriff „Kunst" in der Liste der gesetzlichen Beispiele Verwendung. Dass der Urheberschutz nach der Aufzählung in § 2 Abs. 1 UrhG z. B. auch technische oder wissenschaftliche Darstellungen oder Datenverarbeitungsprogramme umfasst, zeigt aber, dass der Urheberschutz nicht auf „Kunst" beschränkt ist.

8   Demnach versteht man unter Werken der bildenden Kunst im weitesten Sinne **optisch wahrnehmbare, schöpferisch gestaltete Gegenstände.** Ferner ist zwischen zweidimensionalen Darstellungen, räumlichen (dreidimensionalen) Darstellungen, sowie nach der Zweckbestimmung, nämlich nach Gebrauchsgegenständen oder Gegenständen der bloßen ästhetischen Betrachtung zu unterscheiden. Die Übergänge zwischen nicht schutzfähigen Darstellungen oder Objekten und schutzfähigen Werken sind auch hier fließend. Sofern es sich um Gebrauchsgegenstände handelt und eine Schutzfähigkeit nach dem Urheberrechtsgesetz verneint wird, kommt ein Schutz nach dem Geschmacks- oder nach dem Gebrauchsmustergesetz in Betracht (s. § 5).

(2) Zweidimensionale Darstellungen

9   Im Bereich der zweidimensionalen Darstellungen beginnt das Spektrum bei ganz simplen **geometrischen Formen.** Diese gehören zum Allgemeingut und sind nicht schutzfähig. Sehr einfache symbolartige Darstellungen, z. B. Logos oder der Information dienende Zeichen können ausnahmsweise, wenn sie besonders neuartig, originell, aber auch genügend komplex sind, nach dem Urheberrechtsgesetz geschützt sein. In der Regel wird aber ein ganz simples Logo keinen Urheberrechtsschutz genießen. Hier kommt nur ein Schutz nach dem Wettbewerbsrecht vor unlauterer Nachahmung und Verwendung durch Andere in Betracht (s. § 5).

10   Die Frage der Schöpfungshöhe bzw. der Komplexität stellt sich nicht bei der **exakten Kopie** von Gemälden. Selbst der komplexesten Kopie fehlt die eigenpersönliche Prägung, sodass aus diesem Grunde kein schutzfähiges Werk gegeben ist (vgl. BGH NJW 1966, 542 f. – Apfel-Madonna). Die Grenze zum schutzfähigen Werk kann schon dann überschritten sein, wenn die Kopie die Transformation in eine andere Darstellungstechnik beinhaltet. Diese ist ebenso wie die Transformation vom dreidimensionalen Vorbild zum zweidimensionalen Abbild ohne eigenpersönliche Prägung des Schöpfers kaum denkbar. Hier ist regelmäßig eine (schutzfähige) Bearbeitung gegeben (vgl. Rehbinder, Urheberrecht, Rdnr. 216).

Schutzfähige Werke sind in der Regel dann gegeben, wenn die Werke der Fantasie ihrer Schöpfer entspringen. Der theoretisch oft diskutierte Fall der sog. **unbewussten Doppelschöpfung** wirft praktisch kaum Probleme auf, denn in der Wirklichkeit ist es so gut wie unvorstellbar, dass zwei gleiche Darstellungen unabhängig voneinander von verschiedenen Künstlern geschaffen werden.

Beispiele:
Die Darstellung eines Dreiecks oder Kreises ohne besondere Zutaten ist mangels genügender Schöpfungshöhe nicht schutzfähig. Dagegen mag eine kreativ gestaltete Anordnung farblich abgestufter simpler geometrischer Grundformen durchaus nach dem Urheberrechtsgesetz schutzfähig sein. Dies ist unzweifelhaft der Fall, wenn einfache Grundformen zu sehr differenzierten Bildkompositionen zusammengefügt werden, wie z. B. im späteren Schaffen Victor Vasarely's.
Keine Werke sind einfache Symbole, wie z. B. Unternehmenskennzeichen, etwa die aufstrebende Diagonale im Quadrat, der plakativ gestaltete Schriftzug oder abstrakte Symbole auf Hinweisschildern. Schutzfähig sein können aber komplexere Symbole, z. B. Wappen wie das geflügelte Pferd der GEMA. Der Verbindung des durch bestimmte Schrifttypen grafisch gestalteten

Reich

Namenszuges „Die Grünen" in Verbindung mit der Darstellung einer Sonnenblume hat das OLG München den urheberrechtlichen Schutz versagt (OLG München ZUM 1989, 423 ff.). Die auf dem bekannten Aufkleber „Atomkraft? Nein danke" abgebildete Sonne genießt jedoch Urheberschutz (LG Frankfurt UFITA 94, 334).

Die von Kunststudenten zu Studienzwecken angefertigten Kopien der Werke großer Meister sind als bloße Reproduktionen nicht schutzfähige Werke. Das Urheberrechtsgesetz gewährt hierfür auch kein Leistungsschutzrecht, anders als z. B. für die Interpretation des darstellenden Künstlers.

Die Schutzfähigkeit von Schriftzeichen nachdem Urheberrechtsgesetz hat der BGH wiederholt verneint (BGHZ 22, 209 – Europapost und BGHZ 27, 351 – Candida-Schrift). Dem Schutz solcher Zeichen dient das Schriftzeichengesetz (s. § 5).

Die Schutzfähigkeit eines Stoff-Musters „Brombeeren" hat der BGH verneint (BGH GRUR 1983, 377 f.).

(3) Räumliche Strukturen

Im Bereich der räumlichen Strukturen sind zunächst einfache geometrische Formen **11** wie **Kugeln, Pyramiden und Würfel** mangels Schöpfungshöhe und eigenpersönlicher Prägung keine schutzfähigen Werke, wobei diese aber durch originelle Oberflächengestaltungen oder Anordnungen und Kombinationen ihrerseits Bestandteile schutzfähiger Werke sein können. Unter ganz **alltäglichen Gegenständen** versteht man solche Gegenstände, die ebenfalls keinerlei eigenpersönliche Prägung erkennen lassen und deshalb nicht zu den schutzfähigen Werken zählen können. Probleme in der Akzeptanz dieser Regel entstehen jedoch offenbar dann, wenn derartige alltägliche Gegenstände von Künstlern zu „Kunstwerken" gewidmet werden. Wenn hier keine originelle Kombination von gewisser Schöpfungshöhe entsteht, fehlt es am schutzfähigen Werk im Sinne des Gesetzes.

Beispiele:
Interessant, aber auch höchst umstritten, sind die Fälle, in denen alltägliche Gegenstände auf nicht alltägliche Weise kombiniert werden (J. Beuys: Notenständer mit Sauerkraut; Picasso: Stierkopf, bestehend aus Fahrradsattel und Lenkstange). Zum einen kann die Werkeigenschaft wegen des in der Kombination zum Ausdruck kommenden originellen Gedankeninhaltes, nämlich der originellen Sichtweise, bejaht werden, zum anderen liegt die Originalität in der durch ein ungewöhnliches Medium transportierten Aussage. Das bloße „Readymade" (Beispiel: Marcel Duchamps Flaschenöffner) ist jedoch noch keine Schöpfung und deshalb nicht nach dem Urheberrechtsgesetz schutzfähig (so auch Loewenheim in Schricker a. a. O. § 2 Rdnr. 96). In Betracht kommt lediglich ein Schutz durch das allgemeine Persönlichkeitsrecht, etwa vor entstellender Wiedergabe (Vinck in Fromm/Nordemann, § 2 Rdnr. 7).

Im Bereich der **dreidimensionalen Darstellungen** finden sich ferner die der **Natur 12 nachgebildeten Objekte**, seien es Steinformen, Tiere, Pflanzen, Menschen oder Landschaften. Man mag fragen, worin die „eigenpersönliche Schöpfung" bei der genauen Kopie einer vorgegebenen Form., z. B. der eines Tieres oder eines menschlichen Kopfes liegt, zumal ja die Kunst darin zu bestehen scheint, dem Original möglichst nahe zu kommen. Hier zeichnen sich die künstlerischen Arbeitsergebnisse da durch aus, dass ein in der Natur vorhandener Gegenstand auf geschickte Weise in ein Gestaltungsmedium, z. B. Gips oder Bronze umgesetzt wird. Diese **Transformation** lässt soviel Raum für eigene Entscheidungen, Deutungen und Gestaltungen, dass in der Regel das Ergebnis eine den Anforderungen des Urheberrechtsgesetzes genügende eigen persönliche Prägung des Schöpfers nicht zu verkennen ist. Etwas anderes gilt nur im Falle der Erstellung einer Replik, die optisch vom Original nicht zu unterscheiden ist.

Reich

Beispiele:
Menschen oder Tiere darstellende Plastiken sind vom künstlerischen Ausdruck des Schaffenden geprägt und deshalb Kunstwerke. Dagegen ist die exakte Replik einer Plastik oder z. B. des mit Bildern versehenen Teils der Grotte von Lascaux kein schutzfähiges Werk, sondern bloße Kopie. Zur Schutzfähigkeit stilisierter Glastierfiguren nach dem Urheberrechtsgesetz vgl. BGH ZUM 1989, 239 ff.

13   Die dreidimensionalen Gebilde mit größerer Gestaltungsfreiheit und -höhe bis hin zu reinen Fantasiegebilden sind sicherlich urheberrechtlich problemlos schutzfähig. Soweit im Bereich der Kunstrepräsentation auch Handlungselemente Bedeutung erlangen, z. B. bei einem sog. **Happening,** genießen diese urheberrechtlichen Schutz, sofern die Vorgänge von schöpferischem Handeln des Aktionskünstlers gesteuert werden (BGH GRUR 1985, 525 – Wolf Vostell). Welcher Werkgattung das Happening zuzurechnen ist, lässt der Bundesgerichtshof offen. Hierauf kommt es für die Schutzfähigkeit auch nicht an.

(4) Gebrauchsgegenstände

14   Das Gesetz macht ferner deutlich, dass auch Gebrauchsgegenstände, (zur Unterscheidung von Kunst aus Gebrauchsgegenständen s. o. Rdnr. 8) bei Vorliegen der oben erwähnten Voraussetzungen schutzfähige Kunstwerke sind. Die Verbindung des Künstlerischen mit dem Nützlichen schließt einen urheberrechtlichen Schutz also nicht aus. Die Bereiche der Gebrauchskunst reichen von der Baukunst über die Landschafts- und Gartengestaltung bis hin zu Designs von Mode und Gebrauchsartikeln. Hier gilt wie für alle anderen optisch wahrnehmbaren Kunstwerke, dass eine eigenpersönliche Prägung und eine gewisse Schöpfungshöhe gegeben sein müssen und bloß alltägliche und nicht individuell geprägte Objekte keinen Urheberrechtsschutz genießen.

Beispiel:
Der gewöhnliche Vorgarten des Hobbygärtners ist kein schutzfähiges Werk. Der nach höchsten ästhetischen Kriterien geschaffene japanische Landschaftsgarten ist ein schutzfähiges Kunstwerk, auch wenn es der Gestaltung der Natur möglichst nahe zu kommen trachtet. Dem steht nicht entgegen, dass das Werk aus organischen Stoffen, nämlich Pflanzen und Gräsern, besteht (vgl. OLG Düsseldorf GRUR 1990, 189 ff. – Grünskulptur).

15   Die Rechtsprechung fordert für die Schutzfähigkeit von Gebrauchsgegenständen, dass deren Gestaltung einen über den Gebrauchszweck hinausreichenden „ästhetischen Überschuss" aufweist (BGH GRUR 1972, 38 ff.). So ist die urheberrechtliche Schutzfähigkeit eines besonders gestalteten Vasenleuchters (BGH a. a. O.) und von Bühnenbildern (BGH GRUR 1986, 458 ff. und BGH GRUR 1989, 106 ff. – Oberammergauer Passionsspiele I und II) bejaht worden (zur Schutzfähigkeit nach dem Gebrauchs- und Geschmacksmustergesetz s. § 5).

c) Designwerke

16   Designarbeiten werden im Urheberrechtsgesetz nicht ausdrücklich erwähnt. Sie sind aber als Werke der angewandten Kunst geschützt, soweit sie eine individuelle schöpferische Leistung darstellen. Unter dieser Voraussetzung besteht ein Urheberrechtsschutz für die Arbeiten der **Grafik-Designer,** ebenso z. B. für Lampen, Möbel, Modeschöpfungen und Textilmuster. Allerdings stellen die Gerichte strenge Anforderungen an die Individualität und die künstlerische Gestaltungshöhe solcher Arbeiten. Nur wenn sich ein Werk aus der Masse des Alltäglichen durch seinen „ästhetischen Gehalt" heraushebt und seine Gestaltungselemente nicht durch den Gebrauchszweck

oder auf Grund technischer Gegebenheiten weitgehend festgelegt sind, hat es die Chance, als individuelle schöpferische Leistung anerkannt zu werden.

Wegen dieser besonderen Anforderungen, die nirgendwo präzisiert werden, ist ge- **17** rade bei Designarbeiten nur selten eine sichere Aussage über die urheberrechtliche Schutzfähigkeit möglich. Grafik-Designer arbeiten ebenso wie **Industriedesigner** oder **Mode- und Textil-Designer** in der permanenten Ungewissheit, ob ihre Werke in Streit- oder Zweifelsfällen als schutzfähig anerkannt werden oder nicht. Alle Versuche, diese Unsicherheit durch eine klare gesetzliche Regelung zu beseitigen, sind bisher ohne Ergebnis geblieben (zum Geschmacksmusterschutz von Designs s. § 5).

d) Lichtbildwerke

Sofern Fotografien ein gewisses Maß an Schöpfungshöhe aufweisen, handelt es sich **18** hierbei um schutzfähige Lichtbildwerke (vgl. z. B. BGH GRUR 1971, 525 ff. – Petite Jacqueline). Damit ist die **künstlerische Fotografie** von Rechtsprechung und Gesetz anerkannt. Zugleich aber hat das Gesetz die nichtkünstlerische Fotografie, die so genannten **bloßen Lichtbilder,** der künstlerischen Fotografie mit § 72 UrhG fast gleichgestellt, wonach *Lichtbilder und Erzeugnisse, die ähnlich wie Lichtbilder hergestellt werden, ... in entsprechender Anwendung der für Lichtbildwerke geltenden Vorschriften des ersten Teils geschützt werden.* Der Unterschied besteht im Wesentlichen in den gegenüber Lichtbildwerken kürzeren **Schutzfristen.** Diese betragen für Lichtbilder 25 Jahre seit dem Erscheinen oder bei nichterschienenen Lichtbildern 25 Jahre seit der Herstellung. Falls es sich um Dokumente der Zeitgeschichte handelt, beträgt die Schutzfrist entsprechend 50 Jahre. Lichtbildwerke dagegen bleiben bis 70 Jahre nach dem Tod des Urhebers geschützt. Das schutzfähige Lichtbild im Sinne dieser Vorschrift ist die von einer natürlichen Person angefertigte ursprüngliche Abbildung. Die weiteren Kopien sind dann nicht gesondert schutzfähig. Es wäre nur gerecht, wenn der Gesetzgeber künftig hinsichtlich anderer Leistungen, z. B. für einfache Grafik-Design-Arbeiten ebenso ein Leistungsschutzrecht schaffen würde. Mit einer solchen Regelung, die eine Anwendung der urheberrechtlichen Vorschriften auch auf weniger kunstvolle Grafikerleistungen ermöglicht, ist aber wohl kaum zu rechnen.

Damit ein Lichtbildwerk angenommen werden kann, muss der Fotograf dem Foto **19** darüber hinaus sein **individuelles Gepräge** gegeben haben.

Beispiele:
Das blind vom Automaten ausgelöste Foto ist weder Lichtbildwerk noch Lichtbild im Sinne des Gesetzes. Das ohne gestaltende Beeinflussung des Motivs oder ohne originelle Sichtweise angefertigte Foto ist bloßes Lichtbild.
Dagegen spricht die Mitgestaltung des Motivs durch Beleuchtungsmittel, Regieanweisungen, Kostüme, Masken oder nach Art eines Stilllebens für die Eigenschaft eines schutzfähigen Werkes, ebenso wie die durch Wahl des Motivs, die Verteilung von Licht und Schatten, durch eine ungewöhnliche Perspektive, die Bildschärfe etc. ein Lichtbildwerkgeschaffen werden kann (Loewenheim in Schricker a. a. O. § 2 Rdnr. 173 ff.).
Die Gegenstandsfotografie, die darauf abzielt, die Vorlage möglichst unverändert naturgetreu wiederzugeben, stellt keine schöpferische Leistung im Sinne des § 2 Abs. 1. Nr. 5 UrhG dar, sondern ist bloßes Lichtbild im Sinne des § 72 UrhG (BGH GRUR 1967; 315 f. – skai-cubana).

e) Sprachwerke

Das Spektrum sprachlicher Äußerungen des Menschen beginnt bei einzelnen Wör- **20** tern und zieht sich hin zu umfassenden Sprachwerken höchster Ausdifferenzierung. Damit sprachlich ausgedrückte Gedanken urheberrechtlichen Schutz beanspruchen können, müssen die Mindestanforderungen an die Schöpfungshöhe und die Individualität gegeben sein. Einzelnen Worten oder kurzen Wortgruppen oder Satzteilen, z. B. Buchtiteln oder Werbeschlagwörtern fehlt die Schöpfungshöhe. Aber auch komplexere Darstellungen sind urheberrechtlich nicht schutzfähig, wenn sie keinerlei Individualität aufweisen, wenn also der Verfasser keinerlei persönliche Gestaltungsfreiheit hatte oder hiervon keinen Gebrauch gemacht hat. Ein Beispiel für den ersteren Fall ist eine wissenschaftliche Aussage, die auf eine bloße Formel reduziert ist. Ein Beispiel für letzteren Fall wären alltägliche briefliche oder mündliche Mitteilungen. Für die Frage der Schutzfähigkeit ist dagegen nicht von Bedeutung, ob die sprachliche Äußerung eine ästhetische Wirkung hat oder haben soll.

21   Im Folgenden sollen einige der wichtigsten **Fallgruppen** besprochen werden:

- **Keine Bearbeitungen** (zum Begriff Bearbeitung s. o. Rdnr. 5) und deshalb nicht schutzfähig sind in der Regel bloße Kürzungen oder Streichungen sowie auszugsweise Veröffentlichungen (so auch Loewenheim in Schricker, a. a. O. § 3 Rdnr. 14).
- **Kurze Werkbestandteile** sind ebenfalls für sich nicht schutzfähig. So verneint das OLG Düsseldorf (GRUR 1978, 640) die urheberrechtliche Schutzfähigkeit der Liedzeile „Wir fahr'n, fahr'n, fahr'n auf der Autobahn", da in dieser Textzeile eine in sich abgeschlossene persönliche geistige Schöpfung nicht erkennbar sei und die Zeile nur ein unselbstständiges Formelement darstelle. Schutzfähig sei nur der Liedtext als ganzes.
- Bei Äußerungen in **Briefen** hängt die Schutzfähigkeit vom Niveau der Darstellung ab. Sofern hier eine gewisse Schöpfungshöhe erreicht wird, die es rechtfertigt, den Brief als literarische Schöpfung anzusehen, besteht Urheberschutz. So hat z. B. das LG Berlin (UFITA 56, 349 ff. [352]) zwei Briefe des Kritikers Alfred Kerr als urheberrechtlich geschützte Werke gewertet. Bloße alltägliche Mitteilungen sind dagegen nicht schutzfähig. Der Schutz vor Veröffentlichung wird dort unter Umständen durch das allgemeine Persönlichkeitsrecht gewährt.
- **Computerprogramme** sind dann schutzfähige Sprachwerke, wenn der Programmierer kreativ über vorbekannte Programmgestaltungen hinausgehende Lösungen verwirklicht hat. Daran fehlt es, wenn die technischen Gegebenheiten keinen Spielraum für individuelle Lösungen lassen oder der Programmierer alltägliche Lösungen wählt (zur Problematik vgl. BGH GRUR 1985, 1041 ff. – Inkasso-Programm und OLG Frankfurt ZUM 1990, 89). Der Schutzfähigkeit von Computerspielen tut es keinen Abbruch, dass der Spieler in das Spielgeschehen selbst eingreifen kann (OLG Hamm NJW 1991, 2161 f.).
- **Geschichten, Romane, Bühnenwerke, Hörspiele, Filmdrehbücher usw.** sind geschützt, wobei bei derart komplexen Werken eine Ausnahme von der urheberrechtlichen Schutzfähigkeit kaum vorkommen dürfte. Sogar für ein nur eine Schreibmaschinenseite umfassendes Filmexposee, welches genügend formbildende Elemente für die spätere Ausgestaltung des Films enthielt, bejahte der Bundesgerichtshof die urheberrechtliche Schutzfähigkeit (GRUR 1963, 42).
- **Improvisierte oder spontane Äußerungen** sind bei einem Minimum an individueller Prägung und einer gewissen Schöpfungshöhe schutzfähig. Nicht schutzfähig dürften daher einsilbige Antworten auf ein Interview sein, schutzfähig dagegen improvisierte Livereportagen und Interviews, improvisierte Wortbeiträge kritischer oder kreativer Natur, wie z. B. in Kommentaren oder im Rahmen von Diskussionsrunden oder Bühnenveranstaltungen, oder z. B. das aus dem Stegreif gesprochene Gedicht und die Stegreifrede (Vinck in Fromm/Nordemann, a. a. O. § 2 Rdnr. 28).

Reich

- **Liedtexte** sind in der Regel schutzfähig, sofern sie den eingangs geschilderten Mindestanforderungen genügen.
- Für **Nachrichten und Berichte** gilt § 49 Abs. 2 UrhG. Danach sind *„unbeschränkt zulässig … die Vervielfältigung, Verbreitung und öffentliche Wiedergabe von vermischten Nachrichten tatsächlichen Inhalts und von Tagesneuigkeiten, die durch Presse oder Funk veröffentlicht worden sind …".* Urheberrechtlich geschützt sind jedoch die Beiträge, die über bloße Berichte hinausgehen und eine individuelle und persönlich gestaltete Äußerung darstellen, z. B. Kommentare, Kritiken und Reportagen.
- **Programme für Veranstaltungen** sind ebenfalls in der Regel nicht als persönliche geistige Schöpfungen anzusehen und deshalb nicht geschützt. Lediglich aus der Einteilung und Anordnung des Stoffs sowie aus den begleitenden Texten kann sich die Schutzfähigkeit ergeben (Loewenheim in Schricker a. a. O. § 2 Rdnr. 70). Im Übrigen kommt nur ein wettbewerbsrechtlicher Schutz in Betracht (s. § 5 und BGHZ 27; 264 ff).
- **Werbe-Slogans** wird in der Regel die nötige Schöpfungshöhe nicht zuerkannt (s. z. B. OLG Frankfurt GRUR 1987 44 f. für den Slogan „das aufregendste Ereignis des Jahres"), es sei denn, es handelt sich um Wortgebilde höherer Komplexität und Originalität wie z. B. Slogans in Vers- oder Liedform, etwa „Fröhlich wie ein Frühlingsfalter fühl ich mich im Forma Büstenhalter".
- Bei **Werktiteln** ist in der Regel kein Raum für eine persönliche geistige Schöpfung genügender Schöpfungshöhe. So ist z. B. der Titel der Filmserie „Der 7. Sinn" nicht urheberrechtlich schutzfähig (BGHZ 68, 132 ff. [134]). Nur in seltenen Ausnahmen ist daher ein Werktitel als urheberrechtliches Werk geschützt. Schutz vor Missbrauch und Ausbeutung durch Dritte bietet hier regelmäßig nur das Wettbewerbsrecht (s. § 5).
- **Verträge und juristische Äußerungen** können ebenfalls als Sprachwerke geschützt sein, wenn ein Mindestmaß an eigenschöpferischer Leistung darin zum Ausdruck kommt. Zur Schutzfähigkeit anwaltlicher Schriftsätze s. BGH GRUR 1986, 739 ff., zur Schutzfähigkeit eines Gesellschaftsvertragsentwurfs s. *LG* Frankfurt GRUR 1987, 168 f.
- **Wissenschaftliche Schriftwerke** sind trotz des Grundsatzes von der freien Zugänglichkeit zur wissenschaftlichen Lehre hinsichtlich ihrer konkreten Gestaltung und Darstellung geschützt (BGH GRUR 1981, 352 f.).

f) Werke der darstellenden Kunst

(1) Bühnenwerke

Die darstellende Kunst beschäftigt sich im Wesentlichen mit der **szenischen Dar-** 22 **stellung**. Im Urheberrechtsgesetz findet sich hierfür kein entsprechender Begriff. Die szenische Darstellung wird als **Kombination verschiedener Kategorien**, insbesondere von **Sprachwerken mit pantomimischen Werken, Werken der Tanzkunst sowie als Filmwerk** gesehen. Letzterem wird vom Urheberrechtsgesetz eine detaillierte und besondere Regelung (§§ 88 bis 94 UrhG) zuteil, das Bühnenwerk dagegen findet keine besondere Würdigung. Obwohl die das Bühnenwerk auslassende Aufzählung in § 2 UrhG nur beispielhaften Charakter hat, fehlt offenbar in Rechtsprechung und Rechtslehre die Bereitschaft, das Bühnenwerk in seiner Eigenständigkeit voll zu erfassen und zu würdigen. So wird in der Regel das Bühnenwerk in seine Bestandteile (Sprachwerk, mimische Darstellung) zerlegt. Das Textbuch wird (zutreffend) als Sprachwerk angesehen, das Spiel der Schauspieler nach den Anweisungen der Regie als bloße Interpretation, Bühnenbild und Kostüme unter Umständen als Werke der bildenden Künste angesehen. Die **Inszenierung** als solche sei bloße Interpretation, der Regisseur daher (nachschöpfender) Interpret, nicht selbst Schöpfer. Dem kann nicht gefolgt werden, denn die Inszenierung ist ein sehr komplexes Werk; sie verbindet die verschiedensten Einzelleistungen zu einem fertigen Ganzen. Ein starker, aber bei weitem nicht der einzige oder allein erforderliche Bestandteil einer Inszenierung ist das Textbuch. Hinzutreten müssen die Konzeption der szenischen Darstellung, der schauspielerischen Einzelleistungen, zu denen sprachliche und mimische Darstellung zählen, und die Ausstattung (wie z. B. Bühnenbild, Kostüme, Maske etc.). Erst die schöpferische Gestaltung und Kombination dieser Einzelleistungen ergibt die **Bühneninszenierung**. Diese hat seit alters her die Tendenz zum **Gesamtkunstwerk**. Ihre Realisierung und zugleich Interpretation ist die Aufführung. Vor diesem Hintergrund sollte es daher der Rechtsprechung und -lehre keine Schwierigkeiten bereiten, die schöpferische Leistung des Bühnenregisseurs als Regiewerk urheberrechtlichem Schutz zu unterstellen. Angesichts des Umstandes, dass in anderen Bereichen schon vergleichsweise weitaus weniger anspruchsvolle schöpferische Leistungen urheberrechtlichen Schutz genießen, stellt es einen krassen Wertungswiderspruch dar, der Regieleistung diesen Schutz zu versagen. So wird der Filmregisseur vom Gesetzgeber und von der Rechtslehre zu Recht als der eigentliche Urheber des Filmwerks angesehen, auch wenn er das von einem anderen geschaffene Drehbuch verfilmt. Weshalb soll aber für den **Bühnenregisseur** und die Inszenierung des Textbuches nicht das gelten, was auch für den Filmregisseur gilt, zumal das Bühnenwerk kulturhistorisch der Vorläufer des Filmwerkes ist? Für diesen Wertungswiderspruch gibt es nicht die geringste Rechtfertigung, sodass die gesetzliche Bestätigung der Schutzfähigkeit des Regiewerks im Bühnenbereich wünschenswert ist. In der Rechtsprechung hat soweit ersichtlich bisher lediglich das LG Frankfurt (UFITA 77, 278 – Götterdämmerung) einer Regieleistung urheberrechtlichen Schutz zuerkannt. Diese Entscheidung wurde in der zweiten Instanz aufgehoben. Das OLG Frankfurt führte in seiner Entscheidung (GRUR 1976, 199 ff. [201] – Götterdämmerung) hierzu allerdings aus, der Regisseur könne einen Urheberschutz an seiner Regieleistung ausnahmsweise dann erwerben, wenn es sich um eine grundlegende schöpferische Neugestaltung der bühnenmäßigen Ausdrucksmittel handele. Auch die Rechtslehre verneint meist die Werkqualität der Regieleistung und sieht diese als bloße Interpretation an (s. Ulmer, Urheber- und Verlagsrecht, § 28 IV 2; Loewenheim in Schricker a. a. O. § 3 Rdnr. 19). In der Inszenierungspraxis wird der Regisseur häufig urheberrechtlichen Schutz durch schöpferische Bearbeitungen gemeinfreier Texte erwerben.

(2) Einzelbeiträge

23　　Wie bereits erwähnt, ist die Bühnenaufführung auf die verschiedensten schöpferischen Beiträge angewiesen. Auch diese Einzelschöpfungen genießen urheberrechtlichen Schutz. Hierzu zählen die **Bühnenbilder** (BGH GRUR 1986, 458 ff. und BGH GRUR 1989, 106 ff. – Oberammergauer Passionsspiele I und II), **Kostüme**, die **Masken** (BGH GRUR 1974, 672 ff. [674] – Celestina), die **Bühnenmusik**, die **Choreografie** (LG München GRUR 1979, 852 f. – Godspell) und die **originelle Einzeldarstellung**. In letzterem Bereich sehen Rechtsprechung und -lehre Raum für Zweifelsfälle. So wird zwar die pantomimische Darstellung, also das stumme Spiel, als eigenständiges Werk in § 2 Abs. 1 Nr. 3 UrhG aufgezählt. Das mimische Spiel des (sprechenden) Schauspielers dagegen wird nicht als dessen eigene schöpferische Leistung aufgefasst, sondern als bloßer Bestandteil des Vortrages eines vorgegebenen Sprachwerkes. Dem kann in dieser Ausschließlichkeit nicht gefolgt werden. Das Textbuch gibt zur Mimik und Gestik kaum konkrete Anweisungen. Die gelungene Darstellung zeichnet sich aber gerade durch entsprechende Leistungen des Schauspielers aus. Nicht selten werten große Schauspielerinnen und Schauspieler so Texte geringeren Niveaus in der Darstellung auf. Urheber dieser originellen Gestik und Mimik ist der Schauspieler, mitunter auch der Regisseur.

Sportliche und akrobatische Leistungen müssten persönliche geistige Schöpfungen sein, um Urheberschutz genießen zu können. Daran fehlt es in der Regel (vgl. Loewenheim in Schricker a. a. O. § 2 Rdnr. 129). **24**

g) Filmwerke

Das Filmwerk findet in § 2 Abs. 1 UrhG besondere Erwähnung. Das Medium Film **25** hat die darstellende Kunst von der Bühne und die Sicht des Betrachters vom Sitzplatz im Auditorium durch die Perspektive der Kamera ersetzt und die gesamte Umwelt und darüber hinausgehend die vielfältigen Möglichkeiten des Tricks bis hin zur Computersimulation (CGI – *computer generated images*) als Aktionsbasis gegeben. Verbunden mit der Darstellung optisch und akustisch wahrnehmbarer Ereignisse ordnen sich die verschiedensten Werke dem Gesamtkunstwerk, dem Filmwerk, unter. So enthält das Filmwerk alle anderen Werkformen. Auf den Herstellungsprozess selbst kommt es hierbei nicht an, sondern nur darauf, ob in eigenschöpferischer Weise eine zusammenhängende **Komposition von Bildfolgen** geschaffen wird. Daher sind auch primitivere technische Formen von Bildfolgen (Ton-Bildschau), aber auch optisch dargestellte Ereignisse geschützt, die vom Betrachter selbst mitbeeinflusst werden können (wie z. B. bei Video-Spielen und Computersimulationen). Kein Filmwerk ist jedoch gegeben, wenn auf bloß handwerklich-technische Weise, aber ohne kreativ gestaltende Hand Geschehnisse abgefilmt werden (vgl. LG Berlin GRUR 1962, 207 f. – Maifeiern). Das Gesetz, § 95 UrhG, spricht hier – sprachlich etwas verunglückt – von „**Laufbildern**". Dagegen ist es unerheblich, ob die filmische Darstellung festgelegt wird oder nicht. Auch die **Livesendung** kann deshalb Filmwerk sein. Der Gesetzgeber hat die Rechtsverhältnisse an Filmwerken in den §§ 88 bis 94 UrhG besonderen Bestimmungen unterworfen, deren Sinn und Zweck darin besteht, die Rechtsposition der Filmhersteller bei der Auswertung von Filmen zu stärken. Auf diese Weise soll das Urheberrecht das Filmschaffen fördern. Die „Laufbilder", also die bloßen Filme, werden entsprechend den Filmwerken geschützt, § 95 UrhG. Zu den besonderen **Bestimmungen für Filmwerke s. Rdnr. 223 ff.**

h) Werke der Musik und der Klangkunst

(1) Grundlagen

Das Gesetz erwähnt beispielhaft Werke der Musik als schutzfähig im Sinne des Ur- **26** heberrechtsgesetzes. Dies bedeutet jedoch nicht, dass die Frage, was Musik denn eigentlich sei, in diesem Zusammenhang beantwortet werden muss. Denn auch sonstige eigenschöpferisch gestaltete Klang- und Geräuschkombinationen sind bei ausreichender Schöpfungshöhe schutzfähig. Für die Schutzfähigkeit entscheidend ist zunächst die Frage, ab welchem Grad der Ausdifferenzierung musikalischen oder klanglichen Erscheinungen die erforderliche Schöpfungshöhe zuerkannt wird. Einem einzelnen Trommelschlag, einem einzigen Akkord, oder einem isoliert stehenden Klangeffekt

Reich

fehlt sicherlich die nötige Schöpfungshöhe. Die **Abgrenzung** kann anhand einer **Parallele zu den Sprachwerken** getroffen werden. Dort gilt, dass einzelne Buchstaben und ganz kurze Wortkombinationen noch nicht schutzfähig sind. Analog hierzu wird man im Bereich der Musik- und Klangwerke die Schutzfähigkeit bei der **schöpferischen Kombination mehrerer Motive** einsetzen lassen müssen. Die einzelnen Noten, Akkorde oder Rhythmen („Grooves"), sowie kurze Motive sind für sich allein betrachtet nicht schutzfähig.

27   Die musikalischen Anforderungen sind relativ gering, sodass auch nicht besonders originelle **Schlager** nach herrschender Meinung schutzfähig sind (sog. kleine Münze) (BGH GRUR 1981, 267 – Dirlada; BGH GRUR 1988, 811 – Fantasy).

Auch kommt es nicht darauf an, ob die Ton- oder Klangfolgen festgelegt werden. Die **Liveimprovisation** ist im Moment ihres Entstehens geschützt (so auch Vinck in Fromm/Nordemann, a. a. O. § 2 Rdnr. 28; Krüger in Schricker, a. a. O. § 73 Rdnr. 37). *„Urheber und ausübende Künstler in einer Person sind diejenigen, die das Werk schöpferisch (mit)gestalten und außerdem bei dessen Vortrag oder Aufführung künstlerisch mitwirken, wie z. B. der Stegreifdichter oder der improvisierende Jazzpianist. Sofern diese Leistungen – mögen sie auch zeitlich zusammenfallen – ihrem Wesen nach etwas Verschiedenes sind und demzufolge sachlich aus einander gehalten werden können, besteht für dieselbe Person nebeneinander sowohl Urheber- als auch Leistungsschutz"* (*BGH* GRUR 1984, 730 ff. [732]). Nicht schutzfähig sind dagegen die nicht von Menschen geschaffenen **Klänge und Geräusche** (Vogelgezwitscher, Meeresbrandung, Wind) und das **anonyme Volkslied.** Sofern der Natur oder dem Zufall überlassene Klangereignisse ohne maßgebliche kreative Strukturierung zum Gegenstand eines „Konzertes" gemacht werden, entsteht noch kein Werk. Werden dagegen durch Zufall, Natur oder Maschinen erzeugte Klangerscheinungen eigenschöpferisch kombiniert, so besteht kein Anlass, ab einer gewissen Schöpfungshöhe diesen **Klangkombinationen** den urheberrechtlichen Schutz zu versagen.

28   Die **technischen Medien** der Ton- oder Klangerzeugung sind für die Beurteilung der Schutzfähigkeit unbeachtlich. Es mag sich hierbei um die herkömmlichen Musikinstrumente, oder um Computer, Sequenzer, Synthesizer, oder mittels Soundsampler gespeicherte Naturgeräusche handeln. Maßgeblich ist allein die eigenschöpferische Kombination akustischer Phänomene. Die **Sampling-Technik** bringt es z. B. mit sich, dass Motivfetzen bestehender Tonaufnahmen zu neuen Tonaufnahmen kombiniert. werden können. Wenn diese Kombination schöpferisch gestaltet und individuell geprägt ist, entsteht so ein neues schutzfähiges Klangwerk. Sofern die notwendige Schöpfungshöhe nicht erreicht wird, kommt wettbewerbsrechtlicher Schutz in Betracht. So scheidet ein urheberrechtlicher Schutz bestimmter Sounds, Bass- oder Schlagzeugrhythmen oder bestimmter Keyboardregistrierungen aus. Auch der Verkauf des berühmten James Brown-Schreis über Sound-Datenbanken an Dritte wäre kein Verstoß gegen das Urheberrecht, sondern könnte allenfalls gegen das allgemeine Persönlichkeitsrecht und gegen das Wettbewerbsrecht verstoßen (vgl. den Aufsatz von Thomas Hoeren, „Sounds von der Datenbank", GRUR 1989, 11 ff.).

(2) Musikalische Bearbeitung

29   Der Bereich der musikalischen Bearbeitung ist ebenso reich wie der der Originalschöpfungen. Auch hier sind die Übergänge fließend. Viele Kompositionen gehen auf früher bestehende Melodien zurück und ähneln diesen in Teilen so sehr, dass sie insoweit Bearbeitungen der Vorlagen sind. Bearbeitungen finden sich auch im Bereich der Instrumentierung, des Arrangements und der die bloße Interpretation übersteigenden

kreativen Ausführung z. B. beim Generalbass-Spiel. Im Bereich des **Jazz** ist der Interpret zugleich Schöpfer, indem er spontan komponiert („improvisiert"). So geht die Jazz-Interpretation eines Themas oft weit hinein in den Bereich der freien Benutzung und der Werkverbindung, wenn das Thema lediglich den Auftakt zu mit ihm nicht mehr verwandten und nur über ein gemeinsames harmonisches Schema verknüpften Improvisationen bildet.

Die **Transposition** ist kein Werk sondern bloße Kopie in Gestalt der Übertragung in 30 eine andere Tonart. Die **Orchestration** ist ebenso wie das **Arrangement** schutzfähige Bearbeitung. Die **Variation eines Themas** ist mindestens Bearbeitung, meist aber in selbstständiger Benutzung geschaffenes neues Werk. Die Variation eines kurzen, aus wenigen Noten bestehenden Motivs ist immer eigenes Werk, da ein solches Motiv mangels ausreichender Schöpfungshöhe nicht für sich allein schutzfähig ist. Der „Sound" einer Band für sich allein ist ein urheberrechtlich nicht. schutzfähiges Werk. Die Jazzimprovisation ist selbstständiges Werk. Wenn der Improvisation ein vorbestehendes Thema vorangestellt wird, ist dieses häufig nur Musikzitat, oder es besteht Werkverbindung mit diesem, das Thema selbst wird in Form der Bearbeitung vorgestellt. **Programmierte Bestandteile** wie z. B. Rhythmen, automatische Begleitfiguren u. ä. sind noch nicht eigenständige Werke, sondern gehen in neu entstehende Werke oder Interpretationen ein.

3. Die Gemeinschafts- und Gruppenschöpfung

a) Überblick

Die Realität des schöpferischen Schaffens kennt vielfältige Erscheinungsformen des 31 Zusammenwirkens mehrerer Urheber in einem Schöpfungsstadium. Vom **Zusammenwirken** zu unterscheiden ist das **Nacheinanderwirken**, wie im Falle der Bearbeitung eines vorbestehenden Werkes oder der freien Benutzung. Mitunter bedient sich der Urheber handwerklicher Hilfskräfte, um das Werk herzustellen. Diese Gehilfen des Urhebers, z. B. der Bronzegießer, die Notenkopistin, der Fototechniker, der technische Programmierer, folgen strikt und ohne Gestaltungsfreiheit den Anweisungen des Urhebers und erwerben deshalb keinerlei Urheberrechte. Vielfältig sind die Möglichkeiten der Verbindung von Werken, z. B. die Verbindung von Musik und Text oder Musik und Bild. Zu solchen Verbindungen kommt es teils mit Wissen und Wollen der Urheber selbst, teils auf Grund anderer Umstände. Schließlich gibt es den Bereich des gemeinsamen untrennbaren Schaffens mehrerer Urheber, durch den echte Gemeinschaftsschöpfungen entstehen.

b) Gemeinsame Werkschöpfung

Für die letztgenannte Fallgruppe trifft das Urheberrechtsgesetz in § 8 eine beson- 32 dere Regelung. Danach sind mehrere, die ein Werk gemeinsam geschaffen haben, ohne dass sich ihre Anteile gesondert verwerten lassen, **Miturheber** des Werkes. In diesem Fall erbringen die Urheber sich ergänzende Beiträge zu dem **übergeordneten Zweck**, ein gemeinsames Werk zu schaffen. Miturheber ist nicht, wer ein bestehendes Werk bearbeitet oder wer lediglich dem Urheber assistiert. Eine gemeinsame Schöpfung setzt jedoch nicht voraus, dass jedes einzelne Element des Werkes gemeinsam geschaffen worden ist. Es reicht aus, wenn die Urheber ihre individuellen Beiträge zur Schaffung des Gesamtwerkes miteinander verknüpfen. Beispiele hierfür aus der Kulturgeschichte sind die Kinder- und Hausmärchen der Brüder Jacob und Wilhelm Grimm und die

„ruhende Venus", deren Gestalt von Giorgini und deren Landschaft von Tizian stammt.

33   Das so geschaffene Werk muss **einheitlich** sein. Dieses schon vor Entstehen des Urheberrechtsgesetzes von der Rechtsprechung entwickelte Kriterium wird in der Weise definiert, dass sich die Anteile des Werkes nicht gesondert verwerten lassen dürfen (vgl. BGH GRUR 1959, 335 – Wenn wir alle Engel wären). Da sich oft den Anteilen eines Miturhebers entsprechende Bestandteile eines Werkes isolieren und isoliert verwerten lassen, muss dieses Kriterium so verstanden werden, dass damit eine Verwertung gemäß dem ursprünglichen von den Urhebern beabsichtigten Zweck gemeint ist. Die Theorie von der Unmöglichkeit der gesonderten Verwertung stößt ferner dann auf Schwierigkeiten, wenn das Werk in sich verschiedene Kunstgattungen vereint. Dies ist bereits beim Lied, aber auch im Schauspiel oder Film so. Daher schränkt die herrschende Meinung den Begriff des einheitlichen Werks weiter dahingehend ein, dass dieses Werk nur **einer Kunstgattung** angehören dürfe (so Rehbinder, a. a. O. Rdnr. 266 und Fromm/Nordemann, a. a. O. § 8 Rdnr. 12). Handelt es sich um **mehrere Kunstgattungen**, so wird eine **Werkverbindung** angenommen. Bei sich ergänzenden Beiträgen mehrerer Urheber innerhalb derselben Kunstgattung wird dagegen von einem einheitlichen Werk gesprochen. Diese Differenzierung ist wegen der unterschiedlichen Rechtsfolgen von erheblicher Bedeutung. Denn die besondere Regelung des § 8 UrhG findet nur Anwendung auf gemeinsam geschaffene Werke, nicht jedoch auf Werkverbindungen. Wird etwa – wie bei einem Musical oder Lied – ein Werk der Musik mit einem Sprachwerk verbunden, so ist nicht § 8 UrhG sondern § 9 UrhG anzuwenden (vgl. Mestmäcker/Schulze, Urheberrecht, § 8 Rdnr. 2). Deutlich wird die Problematik auch am Beispiel des **Filmwerkes**, welches die unterschiedlichen Werke mehrerer Urheber zu einem Gesamtkunstwerk verschmelzen lässt. Dennoch bleiben Einzelwerke gesondert verwertbar, so z. B. die Filmmusik, aber auch der Film ohne den Originaldialog in synchronisierter Fassung, einzelne Bilder hieraus u. ä. Hier besteht Streit, ob die §§ 8 und 9 UrhG überhaupt anwendbar sind (Fromm/Nordemann, a. a. O. § 8 Rdnr. 13 halten das Filmwerk für ein Gesamtkunstwerk besonderer Art, auf das die §§ 8, 9 UrhG nicht anwendbar sind).

34   Sofern eine gemeinsame Werkschöpfung gemäß § 8 UrhG besteht, steht das Recht zur Veröffentlichung und zur Verwertung des Werkes den Miturhebern zur gesamten Hand zu, § 8 Abs. 2 Satz 1 UrhG. Die **Gesamthandsgemeinschaft** der Miturheber gilt kraft Gesetzes für die Zeit, für die das Werk besteht, jedoch höchstens bis zur Dauer der gesetzlichen Schutzfrist. Dieser Folge können sich die Miturheber nicht – auch nicht durch eine vertragliche Vereinbarung – entziehen. Welche Konsequenzen dies hat, sagt § 8 Abs. 2 UrhG: Grundsätzlich haben die Miturheber über die Veränderung, Veröffentlichung und Verwertung des gemeinsam geschaffenen Werkes gemeinsam und einvernehmlich mit **Einwilligung aller Beteiligten** zu befinden. Einwilligung bedeutet die vorab erteilte Zustimmung, § 183 BGB. Folglich ist der einzelne Miturheber an eigenmächtigen Verfügungen über das Werk gehindert. Er kann zwar auf seinen Anteil an den Verwertungsrechten verzichten, dieser Verzicht kann jedoch nur gegenüber und zu Gunsten der anderen Miturheber erfolgen, nicht aber zu Gunsten Dritter, z. B. der Nutzer, § 8 Abs. 4 UrhG.

35   Auf Grund des strengen Erfordernisses der Einwilligung aller Miturheber besteht die Gefahr, dass die Verwertung des gemeinschaftlichen Werkes blockiert wird. Deshalb bestimmt das Gesetz, dass die **Einwilligung nicht wider Treu und Glauben verweigert** werden darf. Dieses Kriterium stammt aus § 242 BGB. Die ebenso gängige wie nichts sagende Definition der Rechtsprechung lautet, dass gegen Treu und Glauben

verstößt, was dem Anstandsgefühl aller billig und gerecht Denkenden widerspricht. Im Ergebnis hat das Gesetz hier ein Einfallstor für unterschiedlichste Interessenabwägungen und für umfangreiches Rechtsprechungsrecht („Case-Law") geschaffen. Wann daher die Verweigerung zur Einwilligung zur Veröffentlichung, Verwertung oder Änderung des gemeinsam geschaffenen Werkes treuwidrig ist, wird im Streitfall auf Grund einer **Interessenabwägung** zu entscheiden sein. Hierbei sind die schutzwürdigen Interessen der beteiligten Urheber gegeneinander abzuwägen. Dies bedeutet, dass die Verweigerung der Einwilligung zumindest schlüssig begründet werden muss. Denn die grundlose, willkürliche Verweigerung vermag dem Begehren der Miturheber nichts entgegenzusetzen. So hat z. B. das OLG Frankfurt (Schulze OLGZ 107, 16) das Begehren des Miturhebers eines „Taschenbuchs für Wehrfragen" gegenüber den Miturhebern und -herausgebern, die Fortführung des Sammelwerkes einzustellen, als „treuwidrige Verweigerung" zurückgewiesen. In der Praxis läuft diese Regelung darauf hinaus, dass im Streitfall der sich **weigernde Miturheber auf Einwilligung verklagt werden muss** (der Anspruch auf Einwilligung kann eingeklagt und nach § 894 ZPO vollstreckt werden). Bis zur rechtskräftigen Entscheidung über die Klage, die Jahre auf sich warten lassen kann, sind die die Einwilligung begehrenden Miturheber in ihren Auswertungsbemühungen gelähmt, zumal die Einwilligung wegen der Vorwegnahme der Hauptsache kaum durch einstweilige Verfügung erzwungen werden kann. Überdies müssen die Kläger dann beweisen, dass die Versagung der Einwilligung treuwidrig ist. Dies bedeutet, dass praktisch gegen den Willen auch nur eines Miturhebers nur schwer etwas auszurichten ist und die Miturheber sich im Zweifel besser auf einen Kompromiss einigen, insbesondere wenn es sich um Werke handelt, die möglicherweise bis zu einer rechtskräftigen Gerichtsentscheidung schon nicht mehr aktuell wären.

Immerhin lässt sich vertreten, dass in **Notfällen** jeder Miturheber auch ohne Zu- **36** stimmung der anderen Entscheidungen treffen kann, die zur **Werterhaltung** des gemeinsamen Werkes notwendig sind. Diese Fallgruppe ist zwar von § 8 UrhG nicht geregelt, findet aber ihre Grundlage in den Bestimmungen über die Gemeinschaft, §§ 741 ff., 744 Abs. 2 BGB. Hierbei ist die Rechtslage umstritten, die entsteht, wenn ein Partner in der Verwertung des gemeinschaftlichen Werkes (z. B. ein Verleger) Anlass zur fristlosen Kündigung des Verwertungsvertrages aus wichtigem Grund bietet. Nach allgemeinen Rechtsgrundsätzen muss die Kündigung aus wichtigem Grund innerhalb von vierzehn Tagen nach Entstehen bzw. Bekanntwerden des Kündigungsgrundes erfolgen. Wäre hier bei Uneinigkeit der Miturheber untereinander zunächst eine Zustimmungsklage erforderlich, so würde die Kündigung möglicherweise erst Jahre nach Entstehen des Grundes ausgesprochen werden können. Der Anlass zur Kündigung bietende Verwertungspartner könnte dann möglicherweise gegenüber der Kündigung einwenden, der ursprüngliche Kündigungsgrund sei längst entfallen. Bis auch dieser Streit entschieden wäre, wären möglicherweise alle oder erhebliche Chancen anderweitiger Verwertung vereitelt. Der BGH (GRUR 1982, 41), der ein Notverwaltungsrecht einzelner Miturheber verneint, hat für den Fall der außerordentlichen Kündigung eines Musikverlagsvertrages über ein verbundenes Werk (Text, Melodie) entschieden, dass den einzelnen Urhebern immerhin eine angemessene Frist zur Beschaffung der erforderlichen Zustimmung der übrigen Urheber eingeräumt werden müsse, die Zwei-Wochen-Frist des § 626 Abs. 2 BGB also nicht anwendbar sei.

Für den Fall, dass das **Urheberrecht** der Miturheber **verletzt** wird, sieht das Gesetz, **37** § 8 Abs. 2 S. 3 UrhG, eine schnellere Aktionen ermöglichende Regelung vor. Jeder Miturheber kann ohne Einwilligung der anderen Ansprüche aus Verletzungen des ge-

Reich

meinsamen Urheberrechts geltend machen, wobei er Leistung nur an alle Miturheber verlangen kann. Die anderen Miturheber können sich dem Prozess zwar später anschließen, jedoch nicht gesondert einen Prozess gegen den Verletzer führen.

38   Die **Erträgnisse** aus der Nutzung des Werkes gebühren den Miturhebern nach dem Umfang ihrer Mitwirkung an der Schöpfung des Werkes, wenn nichts anderes zwischen den Miturhebern vereinbart ist, § 8 Abs. 3 UrhG. Im Streitfall verlangt das Gesetz damit eine reine Quantifizierung der Schaffensanteile, bei der die Bedeutung dieser Anteile unbeachtlich ist. Es kommt demnach auf den nach äußerlichen Kriterien zu bestimmenden Anteil jedes Schaffensbeitrages an dem Gesamtwerk an. Die Kriterien mögen Zeit (Dauer bei Musikwerken) oder Umfang, z. B. bei Schriftwerken, sein. Ein Miturheber kann auf seinen Anteil an den Verwertungsrechten verzichten. Der Verzicht ist den anderen Miturhebern gegenüber zu erklären. Nach der Erklärung wächst der Anteil den anderen Miturhebern zu, § 8 Abs. 4 UrhG.

c) Werkverbindung

39   Nicht mit gemeinsam geschaffenen Werken im Sinne des § 8 UrhG zu verwechseln sind die **Verbindungen von Werken verschiedener Gattungen**. Sofern diese Verbindungen von den Urhebern nicht beabsichtigt waren, ist die zwanglose Trennung möglich. Anders dagegen wird die Fallgruppe der von den Urhebern verschiedener Werke bewusst und zum Zwecke gemeinsamer Verwertung eingegangenen Werkverbindungen beurteilt. Hier ist in der Regel eine **Gesellschaft bürgerlichen Rechts** entstanden, da die Urheber zur Erreichung eines gemeinsamen Zweckes sich ergänzende Beiträge liefern. Ein Beispiel hierfür ist die Zusammenarbeit zwischen Komponistin und Textdichterin. Die Gesellschaft bürgerlichen Rechts ist in den §§ 705 ff. BGB geregelt. Gemäß § 709 BGB steht die Führung der Geschäfte der Gesellschaft den Gesellschaftern gemeinschaftlich zu; für jedes Geschäft ist die Zustimmung aller Gesellschafter erforderlich.

40   Die Bestimmung des § 9 UrhG bringt nun für das Urheberrecht ergänzend die Regelung, dass jeder Urheber eines verbundenen Werkes vom anderen dessen Einwilligung zur Veröffentlichung, Verwertung und Änderung der verbundenen Werke verlangen kann, wenn die Einwilligung dem anderen „nach Treu und Glauben zuzumuten" ist. Gemeinsam verwertet werden kann nur das Gesellschaftsvermögen, welches das gemeinschaftliche Vermögen all der Urheber ist, die ihre Werke zur gemeinsamen Verwertung verbunden haben, dies folgt aus § 718 BGB. Zu diesem Vermögen zählt nicht das Urheberrecht als solches, welches gemäß § 29 S. 2 UrhG grundsätzlich nicht übertragbar ist. Ob die Urheber verbundener Werke einander tatsächlich Verwertungsrechte im Sinne der §§ 15 ff. UrhG einräumen oder lediglich dem gemeinsamen Verwertungszweck entsprechende Nutzungsrechte, §§ 31 ff. UrhG, mag von rechtsdogmatischem Interesse sein. Entscheidend ist die Frage, inwieweit die Urheber verbundener Werke dem Urheberrecht entspringende Nutzungsrechte einbringen. Nach dem vertragliche Beziehungen im Urheberrecht regelnden **Zweckübertragungsgrundsatz** (s. u. Rdnr. 130 ff.) kann eine Rechteübertragung nur insoweit angenommen werden, als diese zur gemeinsamen Verwertung erforderlich ist. Sofern danach der Gesellschaft Rechte gemeinschaftlich zustehen, entfaltet § 9 UrhG seine Wirkung und gewährt unter der genannten Voraussetzung einen Anspruch auf Einwilligung. Hier ergibt sich wie in § 8 UrhG das Problem, dass eine Interessenabwägung streitentscheidend wird und bei einer Versagung der Einwilligung zunächst eine Klage auf Einwilligung erhoben werden muss. Sofern ein Urheber einen wichtigen Grund

zur außerordentlichen Kündigung eines mit ihm als Miturheber eines verbundenen Werkes geschlossenen Nutzungsvertrages, z. B. eines Verlagsvertrages, hat, muss er die Kündigung nicht binnen zwei Wochen aussprechen, sondern ihm verbleibt eine „angemessene" Frist, um die Zustimmung des Urhebers des anderen Werkes einzuholen (BGH GRUR 1982, 41; zur Verpflichtung des Urhebers des anderen Werkes zur Einwilligung s. BGH GRUR 1982, 743 f.). Hinsichtlich des Notverwaltungsrechts gilt das oben zu § 8 UrhG Gesagte (s. o. Rdnr. 36) entsprechend.

Die Werkverbindung endet mit der **Erreichung ihres Zweckes**, sofern die Urheber **41** keine andere Vereinbarung getroffen haben. Wenn die Schutzfristen der unterschiedlichen miteinander verbundenen Werke zu verschiedenen Zeiten ablaufen, fallen die frei werdenden Werke aus der Gesellschaft bürgerlichen Rechts heraus, ggf. löst sich die Gesellschaft durch Fortfall ihrer Grundlagen auf (§ 726 BGB).

4. Vermutung und Beweis der Urheberschaft

a) Gesetzliche Vermutung der Urheberschaft

Das deutsche Urheberrecht schützt die Rechte des Urhebers an seinem Werk mit der **42** **Entstehung** desselben. Eine Festlegung, Urheberbezeichnung oder gar Registrierung ist nicht erforderlich. Doch freilich nützt dieser umfassende Schutz dem Urheber, wenn seine Urheberschaft von einem Dritten bestritten wird, nichts, wenn er seine Urheberschaft nicht beweisen kann. In diesem Zusammenhang ist § 10 UrhG von Bedeutung. Danach wird derjenige, der auf den Vervielfältigungsstücken eines erschienen Werkes oder auf dem Original eines Werkes der bildenden Künste in der üblichen Weise als Urheber bezeichnet ist, bis zum Beweis des Gegenteils als Urheber angesehen. Dies bedeutet, dass derjenige, der als Urheber in der in § 10 UrhG beschriebenen Weise dokumentiert ist, seine Urheberschaft nicht beweisen muss, sondern derjenige, der die Urheberschaft bestreiten will, ihr Bestehen zu widerlegen hat.

Zur Bezeichnung als Urheber in der üblichen Weise genügt auch die Verwendung **43** von **Pseudonymen oder Kürzeln**, die allerdings Probleme auf werfen mag, auf die noch eingegangen wird. Da das Urheberrechtsgesetz einen möglichst weitgehenden Schutz des Urhebers anstrebt, darf im Zweifel angenommen werden, dass eine vorhandene Urheberbezeichnung auch in „üblicher Weise" angebracht ist. Lediglich vollkommen versteckte Bezeichnungen dürften unüblich sein und den Anforderungen des § 10 Abs. 1 UrhG nicht genügen.

Die Vermutung des § 10 Abs. 1 UrhG soll jedoch nur dem zugute kommen, dessen **44** Werk, sofern es sich nicht um ein Originalwerk der bildenden Künste handelt, erschienen ist. **Erschienen** ist ein **Werk**, welches in einer Mindestanzahl von Vervielfältigungsstücken der Öffentlichkeit zugänglich gemacht worden ist (s. dazu ausführlicher unten Rdnr. 74 ff.). Sofern ein Werk also nicht erschienen ist, sondern lediglich gewissermaßen als Originalwerk der Öffentlichkeit präsentiert wird, soll die Vermutung des § 10 UrhG nicht gelten. Dies ist ein Mangel des Gesetzes (so auch Loewenheim in Schricker, a. a. O. § 10 Rdnr. 5 und Fromm/Nordemann a. a. O. § 10 Rdnr. 4). Dieser Mangel ist inzwischen mittelbar durch Art. 15 der Revidierten Berner Übereinkunft (RBÜ), der auch die Bundesrepublik Deutschland zugestimmt hat, behoben. Diese Bestimmung knüpft die gesetzliche Vermutung der Urheberschaft nicht an das Erscheinen des Werkes, sondern lässt die bloße Urheberbezeichnung ausreichen. Zwar gilt diese Regelung nach der RBÜ für alle den Konventionsstaaten angehörenden Urheber, mit Ausnahme der in der Bundesrepublik entstandenen Werke Deutscher. Es gilt den-

Reich

noch als richtig, der nach In-Kraft-Treten des Urheberrechtsgesetzes entstandenen Bestimmung des Art. 15 RBÜ Vorrang gegenüber § 10 UrhG einzuräumen, damit nicht Inländer gegenüber Ausländern benachteiligt werden (so auch Fromm/Nordemann a. a. O. § 10 Rdnr. 5).

45   Im Bereich der **Decknamen und Künstlerzeichen** bringt § 10 Abs. 1 letzter Teilsatz UrhG Auslegungsschwierigkeiten, indem er für die vom Urheber verwendete Bezeichnung fordert, dass diese bekannt ist. Ersichtlich kann hier nicht gemeint sein, dass der Öffentlichkeit bekannt sein muss, wer hinter dem Decknamen oder Künstlerzeichen steckt. Pseudonyme dienen ja in der Regel dazu, den wahren Namen zu verbergen. Bedenklich ist es auch, dass das Gesetz in § 10 UrhG fordert, das Pseudonym müsse bekannt sein. Soll denn z. B. der junge Autor, dessen Pseudonym erstmals verwendet wird und noch keineswegs bekannt ist, nicht in den Genuss der Vermutung des § 10 UrhG kommen? Auch hier wird richtigerweise der inzwischen geltende Art. 15 RBÜ vorrangig zu beachten sein, wonach es ausreicht, dass das vom Urheber angenommene Pseudonym keinen Zweifel über seine Identität aufkommen lässt (Fromm/Nordemann a. a. O. § 10 Rdnr. 20 f.).

46   Es kommt auch vor, dass der Urheber nicht auf Werk- und Vervielfältigungsstücken genannt wird. Dies tut seiner Urheberschaft zwar keinen Abbruch, ermöglicht es jedoch auch nicht, ihm die Rechtsvermutung des § 10 Abs. 1 UrhG zugute kommen zu lassen. Dem Urheber dennoch zusätzlich einen gewissen Schutz zu geben, ist das Anliegen des Abs. 2 des § 10 UrhG. Hiernach wird dem Herausgeber, oder falls kein Herausgeber angegeben ist, dem Verleger das Privileg gewährt, die Rechte des Urhebers geltend machen zu dürfen, ohne sich durch den unbewiesenen Einwand blockiert zu sehen, er sei nicht hierzu ermächtigt.

b) Beweis der Urheberschaft

47   Trotz der oben besprochenen Regelungen der Rechtsvermutung empfiehlt es sich für den Urheber mitunter, **zusätzliche Beweissicherungen** seiner Urheberschaft in die Wege zu leiten. Der beste Weg besteht darin, vor einer Veröffentlichung oder Mitteilung des Werkes an andere, ein Werkexemplar oder Vervielfältigungsstück bei einem Notar zu hinterlegen und dort seine Urheberschaft eidesstattlich zu versichern (**notarielle Prioritätsverhandlung**, Formular: s. Münchener Vertrags Handbuch, Band 3, Nordemann, IX 1). Damit ist jedenfalls bewiesen, dass zur Zeit der Hinterlegung der Urheber im Besitz eines Werkstückes oder Vervielfältigungsstückes war. Die zu dieser Zeit abgegebene, einem Eid gleiche Bekräftigung hat dann großes Gewicht, wenn eine konkrete Anmaßung der Urheberschaft durch Dritte zu dieser Zeit nicht ersichtlich war. Weniger empfehlenswert ist der insbesondere im anglo-amerikanischen Recht empfohlene Weg, sich Werkexemplare oder Vervielfältigungsstücke per Einschreiben an die eigene Anschrift senden zu lassen, um diese dann ungeöffnet aufzubewahren. Hiernach soll der Poststempel in Verbindung mit dem Inhalt der ungeöffneten Postsendung beweisen, dass das Werk z. Zt. des Postversandes im Besitz des Urhebers war. Hier bleibt nämlich der Fälschungseinwand möglich.

48   Wenn der Urheber keine der vorbeschriebenen Beweiserleichterungen zur Verfügung hat, bleibt im Streitfall noch die Beiziehung weiterer Beweismittel. Hierzu gehören Originalaufzeichnungen und -abbildungen, Tonaufnahmen, Abbildungen und „last *and* least" Zeugen, denn diese gehören erfahrungsgemäß zu den schlechtesten Beweismitteln.

5. Persönlichkeitsschutz des Urhebers

a) Grundlagen

„Das Urheberrecht schützt den Urheber in seinen geistigen und persönlichen Bezie- 49
hungen zum Werk und in der Nutzung des Werkes. Es dient zugleich der Sicherung ei-
ner angemessenen Vergütung für die Nutzung des Werkes“, § 11 UrhG.
Damit hat das allgemeine, jedem Menschen gegebene Persönlichkeitsrecht seine
Entsprechung im Urheberrecht. Man spricht hier vom **Urheberpersönlichkeitsrecht.**
Dem Konzept dieses Urheberpersönlichkeitsrechts liegt die in unserer Kultur herrschende Vorstellung zu Grunde, dass Kunst eine höchste Entfaltung der Eigenpersönlichkeit sei. Kulturhistorisch sind wir zu dieser Wertung allerdings erst in dem allmäh-
lichen Prozess der Lösung des Individuums aus den Einengungen der Identifikation
mit der gesellschaftlichen Zuordnung zu bestimmten Ständen, Gruppen u. ä. gelangt,
der in der Epoche der Renaissance begann. Noch Robert Schumann sagte: *„Sei beschei-*
den! Du hast noch nichts erfunden und gedacht, was nicht andere vor dir schon gedacht
und erfunden. Und hättest du's, so betrachte es als ein Geschenk von Oben, was du mit
Anderen zu theilen hast.“
Es gilt der Grundsatz, dass niemand das allgemeine Kulturgut für sich monopolisie- 50
ren kann und darf, indem er ihm gewissermaßen nur den eigenen Stempel aufdrückt
und so zu seinem Besitz erklärt. Nur die eigen persönliche Prägung, nicht aber der kulturelle Stoff, in den hinein diese Prägung erfolgt, wird zu Gunsten des Urhebers geschützt. Daraus folgt der allgemein geltende und anerkannte Grundsatz, dass **nur das**
Werk in seiner konkreten Form urheberrechtlichen Schutz beanspruchen kann, **nicht**
aber bestimmte Werktechniken (vgl. auch Hubmann, „Die Idee vom geistigen Eigentum", ZUM 1988, 4 ff. [7]).
Da aber der **Vergütung** der Urheber in der Vergangenheit nicht die ihr angemessene 51
Bedeutung zugemessen wurde, hat der Gesetzgeber mit Wirkung vom 1. Juli 2002 den
§ 11 UrhG um den zweiten Satz erweitert, der als Normzweckbestimmung mit Leit-
bildfunktion (Schricker, § 11 UrhG Rdnr. 4) klarstellt, was das Bundesverfassungsgericht und die höchstrichterliche Rechtsprechung bereits zuvor bereits erkannt hatten,
dass nämlich das geistige Eigentum einschließlich des Rechtes zu seiner Auswertung
ebenso von Art. 14 GG geschützt ist, so wie Sacheigentum und andere absolute und ei-
gentumsgleiche Rechte.

b) „Droit moral" und die wichtigsten Einzelrechte

So gilt auch, dass das Urheberrecht den Urheber (nur) in seinen geistigen und per- 52
sönlichen Beziehungen zum Werk schützt, § 11 UrhG. Die Regelung des § 11 UrhG
unterscheidet die nicht materiellen **persönlichkeitsrechtlichen Beziehungen** des Urhebers zum Werk („droit moral") und das **Recht zur Nutzung** des Werkes. Soweit im
Werk die Eigenpersönlichkeit des Urhebers zum Ausdruck kommt, genießt der Urheber in seiner Beziehung hierzu absoluten Schutz. Das Urheberpersönlichkeitsrecht ist
unter Lebenden nicht übertragbar, aber vererblich, § 28 Abs. 1 UrhG. Andere können
lediglich ermächtigt werden, es für den Urheber auszuüben, wobei sie aber stets dessen
Willen befolgen müssen. Dem Urheber verbleiben auch bei Verfügungen über die Nutzungsrechte stets persönlichkeitsrechtliche Befugnisse, wie der Anspruch auf
Anerkennung seiner Urheberschaft und das Recht, gegen Verstümmelung oder sinn-
entstellende Wiedergabe seines Werkes vorzugehen (vgl. BGHZ 15, 249 ff. [257] – Cosima Wagner).

Reich

53   Zum Urheberpersönlichkeitsrecht zählen die Rechte des Urhebers, über das ob und wie der Veröffentlichung, über die Anerkennung seiner Urheberschaft, die Nennung des Urhebers und die Bearbeitungen (Entstellungsschutz) zu bestimmen, sowie über das Zugangsrecht. Ferner gehören hierzu der Schutz der gewandelten Überzeugung durch ein Rückrufsrecht und die Unpfändbarkeit des Urheberrechts und beschränkte Pfändbarkeit der daraus entspringenden Nutzungsrechte, die nur mit Einwilligung des Urhebers zulässig ist. Das OLG Hamburg (GRUR 1989, 666 – Heinz Erhardt) führt dazu aus, dass das Persönlichkeitsrecht *„eines durch sprachliche Darstellung in Wort und Stimmklang bundesweit bekannt gewordenen Schauspielers ... auch das Recht (erfasst), einer Verwendung dieser künstlerischen Eigenart in der Werbung mithilfe eines Sprachimitators entgegenzutreten"*. Auf diese Rechte kann der Urheber auch nicht verzichten. Im Gegensatz hierzu kann im Bereich der materiellen Nutzung des Werkes der Urheber Nutzungsrechte an Dritte übertragen.

(1) Das Veröffentlichungsrecht

54   Der Urheber hat das Recht zu bestimmen, ob und wie sein Werk zu veröffentlichen ist, und ihm ist es vorbehalten, den Inhalt seines Werkes öffentlich mitzuteilen oder zu beschreiben, solange weder das Werk noch der wesentliche Inhalt oder eine Beschreibung des Werkes mit seiner Zustimmung veröffentlicht ist, § 12 UrhG. Die Entscheidung trifft der Urheber höchstpersönlich (BGHZ 15, 257 – Cosima Wagner; BGH NJW 1974, 1381). Sie ist unwiderruflich, d. h., wenn und soweit der Urheber sich zur Veröffentlichung seines Werkes entschließt, ist seine Entscheidungsbefugnis verbraucht. Dieser **Verbrauch des Veröffentlichungsrechts** geht aber immer nur so weit, wie die **Form**, in der das Werk veröffentlicht ist. Dies bedeutet, dass die Veröffentlichung in einer Form (z. B. als akustisch vernehmbares Sprachwerk) noch nicht die Veröffentlichung des Sprachwerkes in Form einer Schrift, auf Tonträger oder in einem sonst völlig anderen Sachzusammenhang erlaubt (vgl. KG GRUR 1981, 742 – Totenmaske). Das LG Berlin (GRUR 1983, 762 – Porträtbild) hat ausgeführt, dass die Zustimmung des Urhebers zur Verwendung seines Werkes in einem Farbfilm nicht die Verwertung im Fernsehen zulässt, da dort wegen des unterschiedlichen Formats und des teilweisen Empfangs mit Schwarzweiß-Geräten die gewollte ästhetische Wirkung nicht eintreten könne (vgl. auch Dietz in Schricker, § 12 Rdnr. 10). Bestehen Zweifel am Umfang dessen, was der Urheber gestattet, so gehen diese zu seinen Gunsten. Im Zweifel kann eine Erlaubnis nicht angenommen werden.

55   Oft stellt sich die Frage, ob der Urheber die Veröffentlichung wirklich erlaubt hat, da die Erlaubnis mitunter nicht ausdrücklich erteilt wird, sondern auf andere Weise. Das Recht kennt hier die Fallgruppe des **rechtlich schlüssigen Verhaltens** (s. dazu unten, § 8 Rdnr. 7). Wer **vorbehaltlos Rechte überträgt**, die die Veröffentlichung in bestimmter Weise zwingend voraussetzen, erlaubt schlüssig insoweit die Veröffentlichung des Werkes. Die Rechtsprechung sieht daher in der vorbehaltlosen Einräumung von Nutzungsrechten die Erlaubnis zur Veröffentlichung (BGHZ 15, 249 ff. [258] – Cosima Wagner). Entsprechendes gilt bei Veräußerung von Werkstücken der bildenden Kunst, § 44 Abs. 2 UrhG für das Ausstellungsrecht und bei der Errichtung eines Bauwerkes. Zu den Rückrufsrechten der §§ 41 und 42 UrhG s. Rdnr. 172 ff. Die Bestimmung des § 12 Abs. 2 UrhG behält ferner dem Urheber vor, vor Veröffentlichung des Werkes dessen Inhalt öffentlich mitzuteilen. Der Grund für diese Regelung besteht darin, dass bereits die Mitteilung des Werkinhaltes den Urheber in eine Situation bringt, die weit reichende Konsequenzen für das Werk und für ihn selbst haben kann, insbesondere Kritik oder Voreingenommenheit hervorrufen und damit Rückwirkungen auf den Urheber und das Werk auslösen kann. Sich dieser Situation auszusetzen, soll ausschließlich dem Urheber selbst durch Ausübung des Veröffentlichungsrechts vorbehalten bleiben (vgl. BGH a. a. O. und BGH NJW 1974, 1381). Ist das Werk jedoch veröffentlicht, so können Dritte hierüber Mitteilungen machen. Probleme entstehen dann, wenn die Mitteilung so umfangreich oder dem Werk nachempfunden ist, dass es sich nicht nur um eine eigenständige Zusammenfassung sondern um eine Art Bearbeitung des Werkes handelt, die (ohne Einwilligung des Urhebers) nicht veröffentlicht werden darf (so schon RGZ 129, 252 ff. [256] – Operettenführer).

(2) Recht auf Anerkennung der Urheberschaft

Der Urheber hat das Recht auf Anerkennung seiner Urheberschaft am Werk. Er **56** kann bestimmen, ob das Werk mit einer **Urheberbezeichnung** zu versehen und welche Bezeichnung zu verwenden ist, § 13 UrhG. Damit hat der Urheber das unabdingbare Recht, sich auf seine Urheberschaft zu berufen, entsprechendes Bestreiten oder entsprechende Anmaßungen Dritter abzuwehren und das ob und wie seiner Bezeichnung als Urheber, beispielsweise als Komponist, Herausgeber, Bearbeiter, Arrangeur, Übersetzer, Designer zu bestimmen. In der Regel finden sich immer vernünftige Möglichkeiten, den Urheber zu bezeichnen, z. B. in einem Programmheft, durch Ansage, durch Anbringung an Werkstücken, im Vor- und Nachspann des Films (vgl. zum Nennungsanspruch des Verfassers des Filmexposes: BGH GRUR 1963, 40 ff. [42] – Straßen gestern und morgen) u. Ä., sodass die Ausrede, die Urheberbezeichnung sei unmöglich gewesen, kaum jemals gelten dürfte. Umgekehrt kann der Urheber auch die **Nennung** seines Namens **verbieten** und sich hierzu vertraglich verpflichten, wie z. B. im Fall des Ghostwriters (vgl. Hertin in Fromm/Nordemann a. a. O. § 13 Rdnr. 16). Entsprechend kann der Urheber auch darauf **verzichten**, als solcher genannt zu werden. Im Hinblick auf die weit reichenden Folgen eines solchen Verzichts ist jedoch nicht davon auszugehen, dass die gern zur Rechtfertigung mangelhafter oder fehlender Autorennennung angeführte Branchenüblichkeit automatisch einen entsprechenden Verzicht indiziert.

(3) Entstellungsverbot

aa) Voraussetzungen. Der Urheber hat das Recht, eine Entstellung oder eine an- **57** dere Beeinträchtigung seines Werkes zu verbieten, die geeignet ist, seine berechtigten geistigen oder persönlichen Interessen am Werk zu gefährden, § 14 UrhG. Die besondere Problematik dieser Regelung besteht darin, dass sehr umstritten ist, was unter einer Entstellung oder einer anderen Beeinträchtigung im Sinne dieser Vorschrift zu verstehen ist. Verschärft wird diese Problematik dadurch, dass § 14 UrhG im gewissen Widerspruch zu anderen Grundregeln des Urheberrechts steht. Grundsätzlich darf nämlich jedermann die Werke anderer Urheber verändern, bearbeiten und im Wege der freien Benutzung zur Anregung für neue Werke dienen lassen. Dies folgt aus der Kunstfreiheitsgarantie und aus dem Fehlen eines entsprechenden Verbots im Urheberrechtsgesetz. Einschränkungen bestehen grundsätzlich erst bei Veröffentlichung, §§ 23, 24 UrhG. Eine Veröffentlichung setzt § 14 jedoch nicht ausdrücklich voraus. Der Sinn dieser Vorschrift wird richtigerweise so zu verstehen sein, dass hierin grundsätzlich nichts über die Befugnis zur Veränderung eines Werkes ausgesagt wird. Vielmehr enthält § 14 UrhG eine **Art Vetorecht** des Urhebers. Dieser soll nach § 14 UrhG berechtigt sein, ausnahmsweise Veränderungen seines Werkes bei Gefährdung seiner berechtigten geistigen oder persönlichen Interessen am Werk zu verbieten.

Reich

58   Nach Rechtsprechung und Rechtslehre ist unter einer Entstellung eine **Verzerrung** oder **Verfälschung** der wesentlichen Merkmale des Werkes zu verstehen (BGH GRUR 1954, 80; Hertin in Fromm/Nordemann a. a. O. § 14 Rdnr. 8). Eine Entstellung sei stets geeignet, die berechtigten Interessen des Urhebers zu gefährden, sodass eine besondere Interessenabwägung nicht notwendig sei. Andere Beeinträchtigungen des Werkes dagegen könne der Urheber dann verbieten, wenn die Interessenabwägung zu seinen Gunsten ausfällt. Trotz dieser scheinbar klaren Unterscheidung wird doch in der Praxis so verfahren, dass bei der Beurteilung dessen, was eine Entstellung ist, bereits die Interessenabwägung in die Definition des Begriffs der Entstellung einfließt. Wenn Rechtsprechung und Lehre zur Annahme einer Entstellung noch nicht einmal Änderungen am Werk selbst fordern, sondern sogar die Art seiner Nutzung ausreichen lassen wollen, so bedeutet dies im Ergebnis nichts anderes, als dass bei der Bestimmung dessen, was als Entstellung gilt, lediglich die Beeinträchtigung der Urheberinteressen maßgeblich ist.

59   Es kommt daher immer auf eine Interessenabwägung an (so auch Dietz in Schricker a. a. O. § 14 Rdnr. 9; Hertin in Fromm/Nordemann a. a. O. § 14 Rdnr. 10 ff.). Zu Gunsten des Urhebers wird angenommen, dass dessen Interesse am Schutz seines Werkes vor Verfälschung oder Verzerrung oder sonstiger Beeinträchtigung zu respektieren ist. Dieses Interesse mag dann gemindert sein, wenn der Urheber selbst die Veränderung, beispielsweise durch eine Bearbeitungserlaubnis, zunächst gestattet hat. Dort stehen den Interessen des Urhebers die Interessen des Bearbeiters gegenüber. Ferner kommt es vor, dass Werkstücke oder Vervielfältigungsstücke einem anderen gehören. Dann stehen den Interessen des Urhebers die Interessen des Eigentümers gegenüber, die darin bestehen, mit „seiner" Sache zu verfahren, wie er will. Besonders gewichtige Eigentümerinteressen sieht die Rechtsprechung in den Fällen, in denen Kunstwerke an oder in Gestalt von **Bauwerken** bestehen (vgl. BGH NJW 1974, 1381 – Schulerweiterung, BGH GRUR 1999, 230 – Treppenhausgestaltung und OLG Düsseldorf GRUR 1990, 189 ff. [191] – Grünskulptur).

60   Dagegen berücksichtigen Rechtsprechung und Lehre nicht die **Interessen der Kunst und Kultur als solche**. Vielleicht liegt dies daran, dass der Gesetzgeber das künstlerische Schaffen in seiner Gesamtheit vom konkreten Urheber repräsentiert sieht. Andererseits zeigt die Geschichte der Kunst und des menschlichen Schaffens, dass oft die einen als Entstellung anprangerten, was für die anderen eine neue und höhere Stufe künstlerischen Schaffens ist. Der **„soziale Bezug"** des geistigen Eigentums (vgl. BVerfG NJW 1979, 2030 und Hubmann ZUM 1988, 4 ff.) schließt das gesamte Kulturschaffen ein. Dieser entspricht der Sozialbindung des Sacheigentums, Art. 14 GG. Hieraus folgt, dass der Bestandsschutz eines bedeutenden Kunstwerkes vorrangig gegenüber den Interessen des einzelnen Sacheigentümers und des einzelnen Urhebers ist. Sehr unterschiedliche Anschauungen bestehen oft auch darüber, ob Bearbeitungen oder Veränderungen „gelungen" sind. Der Begriff der Entstellung selbst fordert Werturteile geradezu heraus, ebenso wie die Synonyme „Verzerrung" oder „Verfälschung".

61   bb) Beispiele. In der **bildenden Kunst** gelten Verstümmelung und Übermalungen als Entstellungen, die der Urheber verbieten darf (RGZ 79, 397 betr. die Übermalung nackter Personen auf einem Wandfresko im Treppenhaus). Die Vernichtung von Werken der bildenden Kunst gilt mitunter nicht als Beeinträchtigung, da das Werk als solches nicht verändert würde (!) (s. Rehbinder, Rdnr. 410; KG GRUR 1981, 742 – Totenmaske). Da die Vernichtung des Werkes in besonderem Maße die berechtigten Interessen des Urhebers am Werk verletzt, ist diese Bewertung falsch. Man spricht hier zutreffend von einer „anderen Beeinträchtigung", die der Urheber verbieten darf (so

Ulmer a. a. O. S. 220; Dietz in Schricker a. a. O. § 14 Rdnr. 38; Hertin in Fromm/Nordemann a. a. O. § 14 Rdnr. 18). Probleme ergeben sich hier bei der Abwägung mit den Eigentümerinteressen, die mitunter in den Bauwerksfällen als vorrangig angesehen werden, vgl. OLG München GRUR-RR 2001, 177/178 – Kirchenschiff.

Designwerke und Werke der Gebrauchskunst genießen, sofern es sich um urhe- 62 berrechtlich schutzfähige Werke handelt, den gleichen Schutz vor Änderungen und Entstellungen wie andere Kunstwerke.

In der **darstellenden Kunst** kann die Veränderung der Texte von Theaterstücken, 63 z. B. durch erhebliche Streichungen, Entstellung sein. Die heutzutage sehr beliebte Verfremdung und Interpretation des Inhalts durch Inszenierungsmittel, die den Intentionen des Autors fremd sein dürften, mag nicht immer nur „zeitgemäße Darstellung" sein, sondern mitunter auch „andere Beeinträchtigung", wenn nicht gar „Entstellung" sein (BGH GRUR 1971, 35 ff. – Maske in Blau). Fraglich ist, ob in Stellungnahmen zu Werken oder deren Wiedergabe in wesensfremder Umgebung eine „andere Beeinträchtigung" zu sehen ist. Dies wird verschiedentlich bejaht (vgl. LG Düsseldorf ZUM 1986, 158 zur Verwendung eines Musikwerkes in der Werbung).

Für **Werke der Literatur** gilt entsprechendes. 64

Werke der Musik sind oft Gegenstand geschmacklosester Bearbeitungen, die aber 65 nur insoweit Entstellungen i. S. von § 14 UrhG sein können, als die Urheber diese nicht selbst veranlasst oder ständig geduldet haben. Die Wiedergabe des Musikwerkes in unveränderter Form, aber in werkfremden oder vom Urheber nicht intendierten Zusammenhängen (Werbung, Pornofilm), kann berechtigte Interessen des Urhebers verletzen, u.U. auch die Verwendung als Ruftonmelodie, vgl. Dietz in Schricker, § 14 UrhG Rdnr. 11a; zu Coverversionen s. BGH GRUR 1998, 376.

Die Urheber von **Filmwerken** können nur gröbliche Entstellungen oder Beein- 66 trächtigungen verbieten, § 93 UrhG, s. u. Rdnr. 244.

6. Das Werk und die Rechte zu seiner Benutzung im Schaffensprozess

a) Überblick

Durch die Benutzung eines Werkes zur Schaffung eines geänderten, bearbeiteten 67 oder völlig selbstständigen neuen Werkes und die Herstellung von Beziehungen zum Publikum durch Veröffentlichung und Verwertung des Werkes geraten mitunter die Rechte des Urhebers des vorbestehenden Werkes mit den Interessen des Bearbeiters in Konflikt. Das Gesetz versucht diesen Konflikt mit den Regelungen in den §§ 23 und 24 UrhG dadurch zu lösen, dass es dem Urheber des letztendlich dominierenden Werkes die Veröffentlichung vorbehält.

b) Einzelheiten

(1) Änderung, Bearbeitung und freie Benutzung

Unabhängig von der bereits erörterten Frage, unter welchen Voraussetzungen urhe- 68 berrechtlich schutzfähige Bearbeitungen vorliegen (s. o. Rdnr. 5), geht es hierbei um die Befugnis zur Änderung, Bearbeitung und freien Benutzung vorbestehender Werke.

Unter einer Änderung ist jede **Veränderung der konkreten Erscheinungsform** des 69 Werkes zu verstehen, ohne dass es darauf ankommt, dass die Veränderung selbst als schöpferischer Beitrag gelten und urheberrechtlichen Schutz beanspruchen kann. Es gilt der **Grundsatz**, dass jeder das schutzfähige Werk eines anderen ohne dessen Einwilligung verändern darf. Einschränkungen (Einwilligungserfordernis, Entstellungsverbot) ergeben sich grundsätzlich erst, wenn das geänderte Werk veröffentlicht oder verwertet werden soll. Dem steht auch § 39 UrhG nicht entgegen, der bestimmt, dass der Inhaber eines Nutzungsrechts das Werk, dessen Titel oder Urheberbezeichnung nicht ändern darf, wenn nichts anderes vereinbart ist, denn die Regelung des § 39 betrifft lediglich einen Ausnahmefall im Rahmen der Rechtsbeziehungen des Urhebers zu einem Nutzungsberechtigten. Gegenüber jedermann, also gegenüber Personen, die mit dem Urheber nicht in Rechtsbeziehungen stehen, gilt § 39 UrhG nicht. Grundsätzlich gilt vielmehr die Regelung des § 23 UrhG, wonach Bearbeitungen oder andere **Umgestaltungen** des Werkes **nur mit Einwilligung des Urhebers** des bearbeiteten und umgestalteten Werkes **veröffentlicht oder verwertet** werden dürfen, es sei denn, es handelt sich um eine Verfilmung des Werkes, um die Ausführung von Plänen und Entwürfen eines Werkes der bildenden Künste oder um den Nachbau eines Werkes der Baukunst. Hier bedarf bereits das Herstellen der Bearbeitung oder Umgestaltung der Einwilligung des Urhebers, § 23 Abs. 2 UrhG. Der Urheber kann daher einer ausschließlich privaten Bearbeitung oder Veränderung seines Werkes, die im privaten Kreis stattfindet, nicht entgegen treten (vgl. Rehbinder, Rdnr. 412). Unter Umgestaltung im Sinne des § 23 ist jede Veränderung eines Werkes zu verstehen, die nicht als Bearbeitung gelten kann. Unter einer Bearbeitung hingegen versteht man eine schöpferische Veränderung, die auf Grund ihrer Schöpfungshöhe selbst ein schutzfähiges Werk ist.

70   Veröffentlichung und Verwertung sind im Falle der Änderung und Bearbeitung nur mit Einwilligung des Urhebers zulässig. Gemäß § 183 BGB bedeutet Einwilligung vorherige Zustimmung, im Gegensatz zur Genehmigung, der nachträglichen Zustimmung. Die Einwilligung kann beschränkt, bedingt oder befristet erteilt werden und ist widerruflich, falls nicht etwas anderes vereinbart ist.

71   Dieses Erfordernis entfällt erst dann, wenn das ursprüngliche Werk in seinen Wesenszügen soweit hinter dem neu geschaffenen Werk zurücktritt, dass der Begriff der Bearbeitung dem neu geschaffenen Werk nicht mehr gerecht würde und stattdessen von einer freien Benutzung gesprochen werden muss. Ein selbstständiges **Werk**, das in **freier Benutzung** des Werkes eines anderen geschaffen worden ist, darf **ohne Zustimmung** des Urhebers des benutzten Werkes veröffentlicht und verwertet werden, § 24 Abs. 1 UrhG. Als Faustregel kann gelten, dass eine freie Benutzung gegeben ist, wenn das vorbestehende Werk lediglich der Inspiration diente, in seinen wesentlichen Zügen jedoch nicht übernommen wurde oder übernommen werden konnte. Regelmäßig ist dies z. B der Fall bei der Verwendung des Werkes einer Kunstgattung zwecks Schaffung eines neuen Werkes in einer anderen Kunstgattung, beispielsweise die Schaffung eines **Musikwerkes inspiriert durch ein Sprachwerk** (Gedicht oder Roman). Sofern ein vorbestehendes Werk für ein Werk einer gleichen oder ähnlichen Werkgattung benutzt wird, gilt als Grundsatz, dass die Wesenszüge eines Werkes schwächerer Eigenart eher gegenüber einem prägnanten Werk verblassen als umgekehrt und entsprechend hoch die Voraussetzungen für die Annahme einer freien Benutzung sind (zur Rechtsprechung vgl. BGH GRUR 1958, 402 ff. [404] – Lili Marleen; BGH GRUR 1981, 352 – Staatsexamensarbeit; BGH GRUR 1981, 267 – Dirlada; OLG Hamburg ZUM 1989, 359 ff. – Pillhuhn; BGH GRUR 1991, 531/532 – Brown Giol I; BGH GRUR 2003, 956/958 – Gies-Adler).

72   Unabhängig von der freien Benutzung eines geschützten Werkes darf bearbeitet oder frei benutzt werden, was nicht mehr geschützt ist. Das bedeutet, dass die Einschränkungen der §§ 23 u. 24 UrhG nicht für **gemeinfrei** gewordene Werke gelten, also für Werke, deren Schutzfrist abgelaufen ist.

Reich

Ferner darf benutzt werden, was **nicht schutzfähig** ist, also wissenschaftliche Er- 73
kenntnisse und Theorien, Vorbilder der Natur, künstlerische Arbeitstechniken und
historische Geschehnisse, anonymes Geistesgut, dessen Urheber niemals festgestellt
wurde, ja sogar der Tatsachengehalt der Lebensgeschichten, „Memoiren" einzelner
Personen (vgl. Vinck in Fromm/Nordemann, a. a. O. § 24 Rdnr. 1), wobei die
Schranke hierbei das allgemeine Persönlichkeitsrecht der dargestellten Person errichtet. Im Bereich der in den verschiedensten Werkgattungen vorkommenden Parodien
hängt es vom Einzelfall ab, ob und wann keine Bearbeitung sondern eine freie Benutzung angenommen wird. Maßgeblich sind die oben erwähnten allgemeinen Kriterien
(vgl. BGHZ 26, 52 ff. [57] – Sherlock Holmes). **Plagiat und Fälschung** unterliegen dagegen einem **Verwertungsverbot**, wie § 96 Abs. 1 UrhG klarstellt.

(2) Veröffentlichung und Erscheinen

Das Veröffentlichungsrecht gehört zum Urheberpersönlichkeitsrecht (s. o. 74
Rdnr. 49 ff.). Was unter den zentralen Begriffen Veröffentlichung und Erscheinen zu
verstehen ist, bestimmt § 6 UrhG in Verbindung mit § 15 Abs. 3 UrhG. Danach ist ein
Werk veröffentlicht, wenn es mit Zustimmung des Berechtigten der **Öffentlichkeit zugänglich gemacht** worden ist, § 6 Abs. 1 UrhG. Die Wiedergabe eines Werkes ist öffentlich, wenn sie für eine Mehrzahl von Personen bestimmt ist, es sei denn, dass der
Kreis dieser Personen bestimmt abgegrenzt ist und sie durch gegenseitige Beziehungen
oder durch Beziehung zum Veranstalter persönlich untereinander verbunden sind,
§ 15 Abs. 3 UrhG. Ein Werk ist erschienen, wenn mit Zustimmung des Berechtigten
Vervielfältigungsstücke des Werkes nach ihrer Herstellung in genügender Anzahl der
Öffentlichkeit angeboten oder in Verkehr gebracht worden sind. Ein Werk der bildenden Künste gilt auch dann als erschienen, wenn das Original oder Vervielfältigungsstück des Werkes mit Zustimmung des Berechtigten bleibend der Öffentlichkeit
zugänglich ist, § 6 Abs. 2 UrhG.

Wie intensiv die Personen miteinander verbunden sein müssen, damit eine nicht-öf- 75
fentliche Veranstaltung anzunehmen ist, sagt das Gesetz nicht. Die Rechtsprechung
hält **Familienfeiern und Betriebsfeste** von Kleinunternehmen, nicht dagegen Veranstaltungen von größeren Unternehmen oder Vereinen für nicht-öffentlich (vgl. BGHZ
17, 376 ff. [379] – Betriebsfeier; OLG Koblenz NJW-RR 1987, 699 ff. – Lehrveranstal-
tungen an einer Hochschule). Für eine interessengerechte Auslegung wird man wohl
fordern müssen, dass die persönlichen Beziehungen sehr familiär sein müssen, um das
Vorhandensein von Öffentlichkeit auszuschließen.

Das Gesetz, § 6 Abs. 1 UrhG, stellt ferner klar, dass die Veröffentlichung nur mit 76
Zustimmung des Berechtigten möglich ist. Damit geht es von einem anderen Begriff
der Veröffentlichung aus als der allgemeine Sprachgebrauch, der auch die vom Willen
des Urhebers oder Berechtigten nicht gedeckte „Veröffentlichung" kennt. Hat der Urheber einmal sein Werk ganz oder auch nur teilweise veröffentlicht, und sei es auch vor
einem noch so begrenzten Kreis an noch so entlegener Stelle, so gilt dieses Werk oder
der Werkteil unwiderruflich für die Dauer der Schutzfrist als veröffentlicht. Man
spricht vom Verbrauch des Veröffentlichungsrechts (s. o. Rdnr. 54 f.).

Unter einem Erscheinen versteht das Gesetz eine **qualifizierte Veröffentlichung**. 77
Die danach geforderte „genügende Anzahl von Vervielfältigungsstücken" wird in der
Regel bei 50 Exemplaren angenommen, mit unter sogar bei weniger Exemplaren, sofern die Zahl genügend ist, um wenigstens öffentliche Bibliotheken oder Archive hiermit zu versehen. Diese Exemplare müssen der Öffentlichkeit z. B. durch Werbung angeboten oder durch Vermieten (vgl. BGH NJW 1975, 1219 – Te Deum) in Verkehr

gebracht werden. Der Begriff des Erscheinens ist identisch mit dem des Verbreitens in § 17 UrhG und dort von erheblicher praktischer Bedeutung. Für Werke der bildenden Künste gilt gemäß § 6 Abs. 2 UrhG bereits die bleibende Ausstellung als Erscheinen. Hierunter ist zu verstehen, dass die entsprechenden Werke der Öffentlichkeit dauerhaft zugänglich sein müssen. Nicht erforderlich ist, dass sie tatsächlich immer sichtbar sind (vgl. Fromm/Nordemann a. a. O. § 6 Rdnr. 3). Die Aufnahme in elektronische Datenbanken genügt (bislang) nicht, s. Katzenberger in Schricker, § 6 UhrG Rdnr. 58 f.

(3) Besonderheiten und Beispiele in den verschiedenen Werkkategorien

78   Bei der **bildenden Kunst** entstehen häufig Probleme im Rahmen der **Nachahmung** von Figuren und grafischen Gestaltungen. Von einer prägnanten Comic-Figur wird sich eine Nachahmung schon recht weit entfernen müssen, ehe von freier Benutzung gesprochen werden kann (vgl. BGH GRUR 1958, 500 – Mecki Igel I; BGH GRUR 1970, 250 – Hummelfiguren III; OLG Frankfurt GRUR 1984, 520 – Schlümpfe 11; OLG Hamburg ZUM 1989, 305 ff. – Schlümpfe, was eher auf **Parodien und Satiren** zutrifft, vgl. BGH GRUR 1994, 206/208 – Alcolix).

79   Beim **Grafik-Design** liegen die Probleme ähnlich wie in der bildenden Kunst. Im **Industrie-Design** sind die Fallgruppen der durch konstruktivtechnische Erfordernisse bedingten Änderungen und die **Produktpiraterie** beachtenswert. Erstere sind u. U. im Hinblick auf den Zweck des Entwurfs als vom Designer gebilligt anzusehen (Grenze: unzumutbare Änderungen). Die Produktpiraterie tritt z. B. als gewerbsmäßiges Plagiat oder als gewerbsmäßige unerlaubte Vervielfältigung in Erscheinung und ist auf Grund des Gesetzes zur Stärkung des Schutzes des geistigen Eigentums und zur Bekämpfung der Produktpiraterie (PrPG) mit empfindlicheren Strafen bedroht.

80   Im Bereich der **Baukunst** entstehen mitunter Probleme, die die Beantwortung der Fragen, ob ein schutzfähiges Werk der Baukunst überhaupt vorliegt und ob ein solches Werk in unzulässiger Weise geändert oder bearbeitet und gebaut worden ist, nötig machen. Hierbei ist zu beachten, dass die Verwendung bloßer Werkbestandteile, die der Baukunst allgemein bekannt und geläufig sind, noch keine Urheberrechte verletzt, so z. B. die Verwendung allgemein bekannter Giebel-, Fenster- oder Eingangsgestaltungen. Gerade in dem Bereich der leider sehr häufig gewordenen mehr oder weniger banalen Gestaltung von **Massenbauwerken** dürfte es häufig schon an einem schutzfähigen Werk fehlen (vgl. BGH GRUR 1980, 853 – Architektenwechsel und BGH GRUR 1989, 416 – Zur Frage der Urheberrechtsschutzfähigkeit einer als Rundbogen gestalteten Bauaußenkante).

81   In der **Darstellenden Kunst** sind die bloße Interpretation eines vorbestehenden Textes durch den Schauspieler und der Tanz nach der Choreografie nach h. M. noch keine Bearbeitung oder Veränderung des Werkes, vgl. oben Rdnr. 22 zur Inszenierung.

     Ein **Filmwerk** ist erst dann im Sinne von § 23 S. 2 UrhG geschaffen, wenn die Verfilmung selbst geschehen ist, nicht schon mit Erstellung eines vorbestehenden Werkes, z. B. des Drehbuches. Die in dem Ursprungswerk verwendeten Figuren und Charaktere dürfen, sofern diese in schutzfähiger Weise gestaltet sind, in Fortsetzungen ohne Erlaubnis des Urhebers des Originalwerks nicht aufgegriffen werden. Damit ist die Fortsetzung ohne Einwilligung des Urhebers praktisch unzulässig, da diese immer die Verwendung der ursprünglichen Charaktere bedingt (vgl. hierzu die Entscheidung des LG Köln ZUM 1985, 455 ff., wonach der Film „Der weiße Killer" den zuvor produzierten Filmen „Der weiße Hai I und II" in wesentlichen Teilen ähnlich war und deshalb nicht ohne Erlaubnis des Produzenten der letztgenannten Filme veröffentlicht werden durfte).

Auf Grund der Dominanz, die das Wort in unserer Kultur hat, ist insbesondere im 82
Bereich der **Literatur** die Gefahr groß, Texte zu übernehmen oder zu bearbeiten, die
bereits bestehen, mag der Autor sich dessen auch nicht bewusst sein. Andererseits ist
gerade bei schriftlichen und mündlichen Äußerungen der Bereich dessen, was nicht
schutzfähig ist, weil alltäglich und deshalb frei benutzbar, besonders groß. Alltägliche
sprachliche Äußerungen, Nachrichten, Märchen, Fabeln und andere anonyme Werke,
sowie die Werke der länger verstorbenen Urheber nach Ablauf der Schutzfrist dürfen
daher in bearbeiteter oder veränderter Fassung veröffentlicht werden.

Im Gegensatz zu den anderen Werkarten hat der Gesetzgeber den Schöpfern von 83
Werken der Musik in § 24 Abs. 2 UrhG eine besondere Fessel angelegt. Danach darf
ein Werk der Musik nicht veröffentlicht wer den, in welchem eine Melodie erkennbar
einem geschützten vorbestehenden Musikwerk entnommen und dem neuen Werk zu
Grunde gelegt wird. Zulässig ist es allerdings, einzelne Stellen eines Musikwerkes in einem selbstständigen Werk anzuführen (Musikzitat, vgl. auch Hertin, Das Musikzitat
im deutschen Urheberrecht, GRUR 1989, 159 ff. [161]). Der starre **Melodienschutz**
fand sich bereits in dem Vorläufer des Urheberrechtsgesetzes, dem § 13 Abs. 2 LUG.
Das Motiv für diese Einschränkung des kompositorischen Wirkens mag auf die Epoche der Romantik zurückgehen, die der Melodie, nicht der Variation den höchsten
Schöpfungsrang zugemessen hat. Dieser starre Schutz der Melodie geht weit über das
hinaus, was zum Schutz der legitimen Interessen des Urhebers erforderlich und ohnehin im Gesetz verankert ist. Außerdem knüpft das Gesetz den starren Melodienschutz
an Begriffe, die weder musikalisch, musikwissenschaftlich, erkenntnistheoretisch noch
rechtswissenschaftlich definiert sind. Es ist völlig unklar, was eigentlich eine „Melodie"
sein soll. Robert Schumann bemerkte dazu: *„Melodie ist das Feldgeschrei der Dilettan-*
ten und gewiss, eine Musik ohne Melodie ist gar keine. Verstehe aber wohl, was jene
darunter meinen, eine leicht fassliche, rhythmisch-gefällige gilt ihnen allein dafür." Die
Unsicherheit in der Auslegung dieses Begriffes in der Rechts- wie in der Musikwissen-
schaft (hierzu s. auch Loewenheim in Schricker a. a. O. § 24 Rdnr. 29) zeigt, dass hierüber kein Konsens besteht und es unklug war, gesetzliche Konsequenzen an einen
scheinbar so einfachen, in Wirklichkeit aber so von subjektiven Empfindungen und
Vorstellungen verwaschenen Begriff zu knüpfen.

Aber auch um das Kriterium der Erkennbarkeit steht es nicht viel besser. Bei raffi-
nierter Einbindung in einen neuen und größeren Zusammenhang bleibt die als eine
Kompositionsgrundlage dienende Melodie dem Zuhörer mitunter verborgen, dem
ausgebildeten Komponisten aber durchaus erkennbar.

Nicht billigenswert ist auch die hinter dem starren Melodienschutz stehende **gesetz-** 84
geberische Intention. Diese will ausschließen, dass geschützte Melodien zur Grundlage öffentlich verwertbarer neuer musikalischer Werke gemacht werden. Bei dieser
Rechtslage wäre beispielsweise ein großer Teil des Schaffens von Bach, Beethoven,
Mozart und vielen anderen Komponisten nur unter Verstoß gegen das Urheberrechtsgesetz verwertbar gewesen; denn diese bedienten sich gern volkstümlicher Melodien,
um sie verfeinert zur Grundlage ihrer Werke zu machen. Hier hat der Gesetzgeber die
Freiheit des musikalischen Schaffens unzumutbaren gesetzlichen Einschränkungen
unterworfen. Schneider (Freiheit der Kunst und freie Benutzung urheberrechtlich geschützter Werke, UFITA 93, 63 ff.) hält daher zu Recht den § 24 Abs. 2 UrhG im
Lichte der Kunstfreiheitsgarantie für verfassungswidrig. Es verwundert auch nicht,
dass der starre Melodienschutz in der kompositorischen Praxis kaum Beachtung findet
und häufig bestehende Melodien erkennbar neuen Werken zugrundegelegt werden.
Sowohl die sog. ernste als auch die sog. leichte Musik kommen gar nicht ohne den

Reichtum des bisherigen musikalischen Schaffens aus. In der kreativen musikalischen Verwendung vorbestehender Melodien ist nichts Verwerfliches zu sehen. Um aber die unlautere Ausbeutung fremden Schaffens durch den **Plagiator** zu unterbinden, bedarf es nicht des starren Schutzes der Melodie, der „Diebstahl" fremden Geistesgutes durch den Plagiator ist anerkanntermaßen auch in anderen Kunstgattungen rechtswidrig, ohne dass dort Bestimmungen, die dem starren Melodienschutz entsprechen, gegeben wären (zur Frage der Melodienentnahme in der Rechtsprechung des Bundesgerichtshofs siehe die Entscheidungen in GRUR 1971, 266 ff. – Magdalenenarie; GRUR 1988, 810 ff. – Fantasy; GRUR 1988, 812 ff. – Ein bisschen Frieden). Im Übrigen sind die alten Volkslieder ebenso wie die inzwischen gemeinfrei gewordenen Kompositionen der öffentlichen Benutzung durch jedermann zugänglich.

7. Verwertungsrechte

a) Übersicht

85　　　Die Verwertung des Werkes in körperlicher und unkörperlicher Form bleibt dem Urheber vorbehalten. Die in den §§ 15 bis 22 UrhG geregelten Verwertungsrechte sind untrennbar mit dem Urheber verbunden, § 29 Abs. 1 UrhG. Das Bundesverfassungsgericht (NJW 1971, 2163) hat ausgesprochen, dass die grundsätzliche Zuordnung des vermögenswerten Ergebnisses der schöpferischen Leistung an den Urheber und seine Freiheit, in eigener Verantwortung darüber verfügen zu können, zu den konstituierenden Merkmalen des Urheberrechts als **Eigentum im Sinne der Verfassung** gehören und den grundgesetzlich geschützten Kern des Urheberrechts ausmachen; so nun auch das Leitbild in § 11 Satz 2 UrhG. Von den Verwertungsrechten zu unterscheiden sind die **Nutzungsrechte**, geregelt in den §§ 31 bis 44 UrhG, die der Urheber anderen (natürlichen oder juristischen) Personen einräumen kann. Die **Unveräußerlichkeit der Verwertungsrechte** entspricht der Unveräußerlichkeit des Urheberrechts und folgt aus der geschichtlich gesehen noch recht modernen Erkenntnis, dass es unzureichend wäre, dem Werk des Urhebers zwar ideellen, nicht aber materiellen Schutz zuteil werden zu lassen. Aus der untrennbaren Verbindung der Verwertungsrechte mit der Person des Urhebers folgt, dass sämtliche Verwertungsarten, auch die neu entstehenden, mit ihrem Entstehen ausschließlich dem Urheber vorbehalten sind.

86　　　Gleichwohl vermag der Grundsatz der Unveräußerlichkeit der Verwertungsrechte nicht zu verhindern, dass Urheber sich mitunter durch entsprechend gestaltete Formularverträge sämtlicher bekannter Nutzungsrechte begeben, wodurch im Ergebnis der Urheber weitestgehend der materiellen Früchte seines Werkes verlustig gehen kann. Der Grundsatz der Unveräußerlichkeit der Verwertungsrechte allein genügt nicht, um das erstrebte Ziel, dem Urheber die materiellen Erträge seines Werkes zu sichern, zu erreichen. Zur Inhaltskontrolle von Formularverträgen s. § 8 Rdnr. 22 ff. und Schricker UrhG, Rdnr. 10 ff. vor §§ 28 ff. Es fehlt eine Regelung des Urhebervertragsrechts und der besonderen Problematik der formularmäßigen Nutzungsverträge, Schricker a. a. O. Rdnr. 1. Gleiches wie für die Verwertung in körperlicher Form gilt für Verwertung in unkörperlicher Form.

87　　　Das Gesetz zählt beispielhaft in § 15 UrhG die Verwertungsrechte auf. Danach hat der Urheber das ausschließliche Recht, sein Werk in körperlicher Form zu verwerten; das Recht umfasst insbesondere das Vervielfältigungsrecht, das Verbreitungsrecht und das Ausstellungsrecht. Der Urheber hat ferner das ausschließliche Recht, sein Werk in unkörperlicher Form öffentlich wiederzugeben (Recht der öffentlichen Wiedergabe);

dieses Recht umfasst insbesondere das Vortrags-, Aufführungs- und Vorführungsrecht, das Recht der öffentlichen Zugänglichmachung, das Senderecht, das Recht der Wiedergabe durch Bild- oder Tonträger und das Recht der Wiedergabe von Funksendungen. Diese sind Ausdruck eines umfassenden, allgemeinen Verwertungsrechts, das auch in § 15 UrhG unbenannte Verwertungsrechte umfasst (so auch v. Ungern-Sternberg in Schricker, § 15 UrhG Rdnr. 21 ff.).

b) Einzelne Verwertungsrechte

(1) Vervielfältigungsrecht

aa) Definition. Das Vervielfältigungsrecht definiert das Gesetz als das Recht, **Vervielfältigungsstücke des Werkes herzustellen**, gleichviel, ob vorübergehend oder dauerhaft, in welchem Verfahren und in welcher Zahl, § 16 Abs. 1 UrhG. Eine Vervielfältigung ist auch die Übertragung des Werkes auf Vorrichtungen zur wiederholbaren Wiedergabe von Bild- oder Tonfolgen (Bild- oder Tonträger, Festplatten, digitale Datenspeicher), gleichviel, ob es sich um die Aufnahme einer Aufführung des Werkes auf einem Bild- oder Tonträger oder um die Übertragung des Werkes von einem Bild- oder Tonträger auf einen anderen handelt, § 16 Abs. 2 UrhG. Eine Vervielfältigung ist **jede körperliche Festlegung eines Werkes**, die die unmittelbare oder mittels technischer Geräte erfolgende Wahrnehmung des Werkes ermöglicht. Ein „Vielfaches" von Festlegungen ist nicht Voraussetzung einer Vervielfältigung im Sinne des Urheberrechts. Vervielfältigung ist aber nicht die bloße Vervielfachung der Wahrnehmbarkeit durch nicht-körperliche Medien, z. B. Livesendungen. „*Vervielfältigungshandlungen, die flüchtig oder begleitend sind und einen integralen und wesentlichen Teil eines technischen Verfahrens darstellen und deren alleiniger Zweck es ist, 1. eine Übertragung in einem Netz zwischen Dritten durch einen Vermittler oder 2. eine rechtmäßige Nutzung eines Werkes oder sonstigen Schutzgegenstands zu ermöglichen, und die keine eigenständige wirtschaftliche Bedeutung haben*", sind zulässig (§ 44a UrhG). **88**

bb) Beispiele. In der **bildenden Kunst** ist Vervielfältigung schon die einmalige Kopie eines Bildes durch Abmalen oder Fototechnik. Vervielfältigung ist auch die Herstellung der Negativform für den Abguss der Skulptur. **89**

Entsprechendes wie für Werke der bildenden Kunst gilt auch für **Design-Werke**. Im Bereich des computer-aided-design (CAD) ist zu unterscheiden: Das Einscannen in den Computer-Speicher ist Vervielfältigung, das im Computerprogramm erstellte, erstmals gezeigte bzw. ausgedruckte Design ist ein Original, da es zunächst einmal sichtbar gemacht werden muss. **90**

Für die **Musik** gilt, dass bereits die erst- und einmalige Aufnahme auf Tonträger bzw. Datenträger (Harddisk, Speicherkarten) eine Vervielfältigung darstellt. **91**

Im Rahmen der **Literatur** ist die Herstellung der Aufnahme einer Lesung ebenso Vervielfältigung wie die Herstellung der Druckvorlage für den Buchdruck. **92**

In der **szenischen Darstellung** ist Vervielfältigung die Festlegung der Bühnenaufführung auf Videoband, Datenträger und Film. **93**

Dagegen ist die Herstellung des ursprünglichen Filmnegativs noch keine Vervielfältigung, sondern erst die Herstellung des **Filmwerkes**, da das Filmwerk eine körperliche Festlegung auf Magnetband, Negativ oder anderen körperlichen Medien bzw. Datenträgern begrifflich voraussetzt. **94**

Im Bereich der **Baukunst** sind die Wiederaufbaufälle von Interesse. Der Wiederaufbau des zerstörten Original-Bauwerks ist eine Reproduktion, also eine Vervielfältigung im Sinne des § 16 UrhG (zur Herstellung eines Bauwerkes nach Bauplänen als **95**

Vervielfältigung s. BGHZ 24, 24 ff. [69] – Ledigenheim, OLG Hamburg UFITA 65, 290 ff. [295] – Skizze).

96   Für **Bearbeitungen** gilt, dass die erste Bearbeitung, die ja von der Vorlage abweicht, auf Grund der besonderen Regelungen in § 23 UrhG nicht als Vervielfältigung angesehen wird. Vervielfältigung ist hier vielmehr erst die Kopie der Bearbeitung. Zur Bearbeitung s. o. Rdnr. 68 ff.

(2) Verbreitungsrecht

97   Innerhalb der **Europäischen Gemeinschaft** kann das Verbreitungsrecht mit Rücksicht auf den Grundsatz der Freiheit des Warenverkehrs zwischen den EG-Staaten (Art. 30 EWG-Vertrag) nicht räumlich unter Ausschluss eines Teils der EG-Mitgliedstaaten mit dinglicher Wirkung beschränkt werden. Dies hat der Gesetzgeber mit Wirkung ab dem 1. Juli 2002 entsprechend der Vermiet- und Verleihrichtlinie der EG ausdrücklich in § 17 Abs. 2 aufgenommen und lediglich für die Vermietung eine Ausnahme zugelassen. *„Sind das Original oder Vervielfältigungsstücke des Werkes mit Zustimmung des zur Verbreitung Berechtigten im Gebiet der Europäischen Union oder eines anderen Vertragsstaates des Abkommen über den europäischen Wirtschaftsraum im Wege der Veräußerung in Verkehr gebracht worden, so ist ihre Weiterverbreitung mit Ausnahme der Vermietung zulässig."* Dies führt dazu, dass die mit Zustimmung des Berechtigten erfolgte Verbreitung in einem EG-Staat die Weiterverbreitung in jedem anderen EG-Staat zulässt.

98   Das Verbreitungsrecht ist das Recht, das **Original oder Vervielfältigungsstücke des Werkes der Öffentlichkeit anzubieten oder in Verkehr zu bringen**, § 17 Abs. 1 UrhG. Die Verbreitung im Sinne dieses Gesetzes setzt eine körperliche Festlegung des Werkes in Werkstücken voraus (BGHZ 11, 144; BGHZ 33, 41; BGH GRUR 1963, 215). Diese müssen einem als Öffentlichkeit zu qualifizierenden Publikum (s. o. Rdnr. 74 ff.) angeboten oder in Verkehr gebracht werden. Die Sendung ist keine Verbreitung im Sinne von § 17 UrhG.

      Die Weiterverbreitung der durch Veräußerung in Verkehr gebrachten Werke kann der Berechtigte, mit Ausnahme der Vermietung, § 17 Abs. 3 UrhG. nicht untersagen. **Weiterverbreitung ist jede Weitergabe der Werke**, gleich in welcher Weise, Soweit die Zustimmung des Berechtigten zur Verbreitung gegeben wird, gilt diese auch für die Weiterverbreitung. Berechtigter ist nicht nur der Urheber, dem das Verbreitungsrecht aus § 17 UrhG ja unveräußerlich zusteht, sondern auch jeder Inhaber eines aus § 17 UrhG abgeleiteten Nutzungsrechts. Die Zustimmung kann zeitlich, räumlich und inhaltlich beschränkt werden. Möglich ist z. B. die Beschränkung auf den Absatzweg des Sortimentbuchhandels unter Ausschluss der Verbreitung über Buchgemeinschaften (vgl. BGH GRUR 1959, 200 – Heiligenhof).

99   Bei befristeter Einräumung des Verbreitungsrechts darf nach Fristablauf z. B. die noch nicht abgesetzte Restauflage weder verkauft noch verschenkt werden (Nordemann in Fromm/Nordemann, a. a. O. § 17 Rdnr. 6). Die Zustimmung zur Verbreitung führt dazu, dass sich das Verbreitungsrecht insoweit erschöpft. Dieser Erschöpfungsgrundsatz gilt jedoch nur insoweit, als das Werk bzw. dessen Vervielfältigungsstücke durch Veräußerung in Verkehr gebracht worden sind. Veräußerung bedeutet Eigentumsübertragung, § 929 BGB, gleich aus welchem Rechtsgrund, nicht jedoch bloße Übertragung des Besitzes oder der Herrschaftsgewalt, z. B. durch Miete oder Leihe (vgl. BGH NJW-RR 1986, 1183 – Schallplattenvermietung). Inhaltliche Beschränkungen, die sich an den üblichen Nutzungsarten orientieren, sind zulässig. Wer z. B. Film-

Reich

kopien an Filmtheater nur vermietet, kann die weitere Verbreitung dieses Materials untersagen (Loewenheim in Schricker, a. a. O. § 17 Rdnr. 17).

(3) Ausstellungsrecht

„*Das Ausstellungsrecht ist das Recht, das Original oder Vervielfältigungsstücke eines* 100 *unveröffentlichten Werkes der bildenden Künste oder eines unveröffentlichten Lichtbildwerkes öffentlich zur Schau zu stellen*", § 18 UrhG. Der Sinn dieser Bestimmung besteht darin, im Unterschied zum früher geltenden Kunsturhebergesetz klarzustellen, dass dem Urheber die **Erstveröffentlichung** eines Werkes dieser Gattung durch Ausstellung vorbehalten ist. Dies ergibt sich indessen bereits für alle Werkgattungen aus dem Veröffentlichungsrecht, § 12 UrhG.

(4) Vortragsrecht

Zum Bereich der unkörperlichen Verwertung gehört das Vortragsrecht. Dieses ist 101 das Recht, ein Sprachwerk durch persönliche Darbietung öffentlich zu Gehör zu bringen, § 19 Abs. 1 UrhG, z. B. also die **Lesung eines Buches und der Vortrag eines Gedichtes**. Hiervon mitumfasst ist das Recht, Vorträge und Aufführungen außerhalb des Raumes, in dem die persönliche Darbietung stattfindet, durch Bildschirm, Lautsprecher oder ähnliche technische Einrichtungen öffentlich wahrnehmbar zu machen, § 19 Abs. 3 UrhG.

(5) Aufführungsrecht

Das Aufführungsrecht ist das Recht, ein Werk der **Musik** durch persönliche Dar- 102 bietung zu Gehör zu bringen oder ein Werk öffentlich **bühnenmäßig** darzustellen, § 19 Abs. 2 UrhG. Unter einer Aufführung versteht das Gesetz die Darbietung oder Darstellung von Musik- oder Bühnenwerken durch natürliche Personen, also nicht durch technische Gerätschaften, wobei aber das Recht, die Aufführung außerhalb des Raumes, in dem sie stattfindet, durch technische Einrichtungen, z. B. Bildschirm oder Lautsprecher, wahrnehmbar zu machen, mitumfasst ist, § 19 Abs. 3 UrhG. Das Aufführungsrecht betrifft insbesondere die Bühnenaufführung, also die optisch wahrnehmbare szenische Darstellung. Wenngleich hierfür ein Bühnenwerk nicht erforderlich ist, so muss es sich doch um eine Darstellung handeln, die ein über sprachliche und mimische Mittel hinausgehendes bewegtes Spiel enthält. Insbesondere im Theaterbereich dürfte die Übertragung nach § 19 Abs. 3 UrhG eine Rolle spielen, etwa wenn für Wartende die Bühnenaufführung durch Videomonitore wahrnehmbar gemacht wird.

Im Bereich der Musik ist die Unterscheidung von **bloßer Musikaufführung** zur 103 **Aufführung eines musikdramatischen Werkes** bedeutsam. Das Recht zur musikdramatischen Aufführung wird in der Verlagspraxis „großes Recht" genannt. Anders als die bloße Musikaufführung, „kleines Recht", wird es nicht von der GEMA wahrgenommen, sondern in der Regel von den Bühnenverlegern, mitunter auch von den Urhebern selbst. Dies ist sachgerecht, damit die Urheberpersönlichkeitsrechte im Einzelfall gewahrt werden können (so auch v. Ungern-Sternberg in Schricker, § 19 UrhG Rdnr. 28). Die üblichen Vergütungssätze für die Einräumung des „großen Rechts" finden sich in einer „Regelsammlung der Bühnenverleger" und sind dort nach Größe und Bedeutung der Bühnen gestaffelt. Nicht zum „großen Recht" zählt die bloße musikalische Begleitung einer Bühnendarstellung, z. B. einer Eisrevue (vgl. BGH GRUR 1960, 604 – Eisrevue I).

Reich

(6) Vortrags-, Aufführungs- und Vorführungsrecht

„*Das Vortragsrecht ist das Recht, ein Sprachwerk durch persönliche Darbietung öffentlich zu Gehör zu bringen*" (§ 19 Abs. 1 UrhG).

„*Das Aufführungsrecht ist das Recht, ein Werk der Musik durch persönliche Darbietung öffentlich zu Gehör zu bringen oder ein Werk öffentlich bühnenmäßig darzustellen*" (§ 19 Abs. 2 UrhG).

„*Das Vorführungsrecht ist das Recht, ein Werk der bildenden Künste, ein Lichtbildwerk, ein Filmwerk oder Darstellungen wissenschaftlicher oder technischer Art durch technische Einrichtungen öffentlich wahrnehmbar zu machen*" (§ 19 Abs. 4 UrhG). Das Vorführungsrecht betrifft nur die optisch wahrnehmbare Vorführung, z. B. eines Filmes, Fotos oder einer projizierten Zeichnung auf Klarfolie.

„*Das Vortrags- und Aufführungsrecht umfassen das Recht, Vorträge und Aufführungen außerhalb des Raumes, in dem die persönliche Darbietung stattfindet, durch Bildschirm, Lautsprecher oder ähnliche technische Einrichtungen wahrnehmbar zu machen*" (§ 19 Abs. 3 UrhG).

Das Vorführungsrecht nicht „die öffentliche Bild- und Tonträgerwiedergabe, die besonders in § 21 UrhG geregelt ist und vom Gesetzgeber als gesonderte „Zweit"-Verwertung anerkannt und dem Urheber vorbehalten ist. In der Praxis werden die Zweitverwertungsrechte den Verwertungsgesellschaften übertragen (s. § 4).

(7) Recht der öffentlichen Zugänglichmachung

Mit dem § 19 a UrhG ist „das Recht der öffentlichen Zugänglichmachung", also „*das Recht, das Werk drahtgebunden oder drahtlos der Öffentlichkeit in einer Weise zugänglich zu machen, dass es Mitgliedern der Öffentlichkeit von Orten und zu Zeiten ihrer Wahl zugänglich ist*", also das Abrufrecht (On-demand-Recht) entsprechend Art. 3 Abs. 1 der EG-Multimedia-Richtlinie im deutschen Recht kodifiziert worden. Enger als der Wortsinn ist „Zugänglichmachen" nur das Bereithalten des Werkes zum Abruf für eine Öffentlichkeit (v. Untern-Sternberg in Schricker, § 19a UrhG Rdnr. 42), und zwar von Orten und zu Zeiten ihrer Wahl (a. a. O., Rdnr. 51 ff.).

(8) Senderecht

104 „*Das Senderecht ist das Recht, das Werk durch Funk, wie Ton- und Fernsehrundfunk, Drahtfunk oder ähnliche technische Einrichtungen, der Öffentlichkeit zugänglich zu machen*", § 20 UrhG. Für **Satelliten-Sendungen**, die in der **EU** ausgeführt werden, gelten die Bestimmungen für Europäische Satellitensendungen, § 20a UrhG. „*Wird eine Satellitensendung innerhalb des Gebietes eines Mitgliedsstaates der Europäischen Union oder Vertragsstaates des Abkommens über den Europäischen Wirtschaftsraum ausgeführt, so gilt sie ausschließlich als in diesem Mitgliedsstaat oder Vertragsstaat erfolgt.*" (§ 20a Abs. 1 UrhG). Wird eine Sendung außerhalb des genannten Gebietes ausgeführt, so gilt sie „*als in dem Mitgliedsstaat oder Vertragsstaat erfolgt,*
1. *dem die Erdfunkstation liegt, von der aus die programmtragenden Signale zum Satelliten geleitet werden, oder*
2. *in dem das Sendeunternehmen seine Niederlassung hat, wenn die Voraussetzung nach Nummer 1 nicht gegeben ist. Das Senderecht ist im Fall der Nummer 1 gegenüber dem Betreiber der Erdfunkstation, im Fall der Nummer 2 gegenüber dem Sendeunternehmen geltend zu machen.* (§ 20a Abs. 2 UrhG).
„*Satellitensendung im Sinne von Absatz 1 und 2 ist die unter der Kontrolle und Verantwortung des Sendeunternehmens stattfindende Eingabe der für den öffentlichen Empfang bestimmten programmtragenden Signale in eine ununterbrochene Übertra-*

gungskette, die zum Satelliten und zurück zur Erde führt." (§ 20a Abs. 3 UrhG). *„Sieht ein Vertrag über die gemeinsame Herstellung eines Bild- oder Tonträgers, der vor dem 1. Juni 1998 zwischen mehreren Herstellern, von denen mindestens einer einem Mitgliedstaat der Europäischen Union oder Vertragsstaat des Europäischen Wirtschaftsraumes angehört, geschlossen worden ist, eine räumliche Aufteilung des Rechts der Sendung unter den Herstellern vor, ohne nach der Satellitensendung und anderen Arten der Sendung zu unterscheiden, und würde die Satellitensendung der gemeinsam hergestellten Produktion durch einen Hersteller die Auswertung der räumlich oder sprachlich beschränkten ausschließlichen Rechte eines anderen Herstellers beeinträchtigen, so ist die Satellitensendung nur zulässig, wenn ihr der Inhaber dieser ausschließlichen Rechte zugestimmt hat."* (§ 137h Abs. 2 UrhG). Zu den Rechten des Koproduzenten s. BGH GRUR 2005, 48 – Man spricht deutsh.

Unter dem Recht zur **Kabelweitersendung** versteht § 20b UrhG *„das Recht, ein ge-* **105** *sendetes Werk im Rahmen eines zeitgleich, unverändert und vollständig weiterübertragenen Programms durch Kabelsysteme oder Mikrowellensysteme weiterzusenden".* (§ 20b Abs. 1 UrhG). *„Hat der Urheber das Kabelweitersenderecht einem Sendeunternehmen oder einem Tonträger- oder Filmhersteller eingeräumt, so hat das Kabelunternehmen gleichwohl dem Urheber eine angemessene Vergütung für die Kabelweitersendung zu zahlen. Auf den Vergütungsanspruch kann im Vorfeld nicht verzichtet werden"* (§ 20b Abs. 2 UrhG). Das Kabelweitersenderecht kann nur durch eine Verwertungsgesellschaft (s. u. § 4) geltend gemacht werden. Tarifvertragliche- und Betriebsvereinbarungen von Sendeunternehmen mit Urhebern bleiben aber weiterhin möglich, soweit dadurch den Urhebern eine angemessene Vergütung eingeräumt wird, § 20b Abs. 2 Satz 2 UrhG.

Hiermit verwandt ist das Recht, **Funksendungen des Werkes** und *„der Wiedergabe* **106** *von öffentlicher Zugänglichmachung beruhende Wiedergaben des Werkes durch Bildschirm, Lautsprecher oder ähnliche technische Einrichtungen öffentlich wahrnehmbar zu machen"*, § 22 UrhG. Unter einer Funksendung oder einer ähnlichen Einrichtung ist jede Form der unkörperlichen Übertragung abstrakter Informationszeichen mit Lichtgeschwindigkeit von einer Sendestelle zu einer Empfangsanlage zu verstehen. Die häufig vorgenommene Eingrenzung auf elektromagnetische Wellen ist im Zeitalter der Glasfaserkabel wohl überholt. Voraussetzung für eine Sendung ist daher eine Sende- und eine Empfangseinrichtung. Zur „öffentlichen Zugänglichmachung s. § 19a UrhG, oben Rdnr. 103.

Die Übermittlung von einer Rundfunksendeanlage zu einem mit Empfangsantenne **107** ausgerüsteten Empfangsgerät wirft entsprechend der obigen Definition keine Auslegungsprobleme auf, da die Sendeanlage ausschließlich Signale aussendet, die Empfangsanlage dagegen diese Signale aufnimmt, dekodiert und hör- oder sichtbar macht. Bereits die **Gemeinschaftsantenne** aber geht über dieses einfache Grundmuster hinaus, indem sie von einer Empfangsstelle aus die empfangenen Signale an viele Geräte weiterleitet, diese Signale also vervielfacht. Inzwischen existieren Anlagen, die über das Empfangsvermögen einer klassischen Dachsammelantenne weit hinausgehen, z. B. die von der Post verwendeten großen **Satellitenempfangsschüsseln.** Angesichts der Weiterverbreitung der empfangenen Signale z. B. durch Einspeisung in ein Kabelnetz zur Versorgung ganzer Städte und Landstriche spricht man von Kabelweitersendung.

Mit der Umsetzung der EG-Satelliten- und Kabelrichtlinie und Anerkennung der **108** „integralen Kabelweitersendung" (d. h. der vollständigen, unveränderten Weitersendung) als eigenständiger Nutzungsart durch § 20 b UrhG ist der frühere Meinungsstreit zum Kabelfernsehen in Abschattungsgebieten (vgl. BGHZ 79, 350 und BGH

Reich

NJW 1988, 1020 – Kabelfernsehen II) geklärt. Angesichts neuer technischer Möglichkeiten für ehemals nur dem Rundfunk vorbehaltenen Übertragungen, insbesondere des Streaming und der hoch auflösenden Datenübertragung per IP (*internet protocol*) entsteht erneut die Frage nach der Eigenständigkeit und Abgrenzbarkeit dieser neu entstehenden Nutzungsarten. Zur Entscheidung der dabei auftretenden Fragen im Einzelfall dient § 31 Abs. 4 UrhG, s. unten, Rdnr. 131.

109 Von den Sendungen und Weitersendungen zu unterscheiden, ist der Bereich der öffentlichen Wahrnehmbarmachung von Funksendungen, z. B. durch **öffentlich zugängliche Monitore** oder **Lautsprecheranlagen**, wie sie in Hotels, Gaststätten, Supermärkten, aber auch an Schulen, in Betrieben und anderen öffentlichen Einrichtungen üblich ist. Auch hierin ist eine dem Urheber vorbehaltene Verwertung zu sehen, wie § 22 UrhG ausdrücklich bestimmt. Wer Funksendungen öffentlich wiedergibt, muss daher die entsprechenden Vergütungen an die Verwertungsgesellschaften (z. B. die GEMA) entrichten.

8. Sonstige Rechte des Urhebers

a) Übersicht

110 Die Regelungen der §§ 25 bis 27 UrhG versuchen der besonderen Interessenlage gerecht zu werden, die sich ergibt, wenn der Urheber das Original veräußert hat oder keinen Zugang zum Original oder Vervielfältigungsstück hat. Danach hat der Urheber das Recht auf Zugang zum Original, § 25 UrhG, das Recht auf Beteiligung an den Erlösen, die sein Werk im Kunsthandel erzielt, § 26 UrhG, und das Recht auf Beteiligung an der Nutzung von Vervielfältigungsstücken seines Werkes durch Verleihen und Vermieten, § 27 UrhG. Es handelt sich hierbei nicht um Ausschließlichkeitsrechte sondern um **schuldrechtliche Ansprüche** (Wenzel/Burkhardt, Urheberrecht für die Praxis, Rdnr. 4.48).

b) Einzelheiten

(1) Zugangsrecht

111 aa) Grundlagen. Der Urheber kann vom Besitzer des Originals oder eines Vervielfältigungsstückes seines Werkes verlangen, dass er ihm das Original oder das Vervielfältigungsstück **zugänglich** macht, soweit dies zur **Herstellung von Vervielfältigungsstücken** oder **Bearbeitungen** des Werkes erforderlich ist und berechtigte Interessen des Besitzers nicht entgegenstehen, § 25 Abs. 1 UrhG. Der Besitzer ist nicht verpflichtet, das Original oder das Vervielfältigungsstück dem Urheber herauszugeben, § 25 Abs. 2 UrhG. Wo die Herstellung von Vervielfältigungsstücken nicht an Ort und Stelle möglich ist, muss das Werkstück auf Kosten des Urhebers an eine geeignete Stelle gebracht werden. Sofern der Urheber Bearbeitungen anfertigen möchte, dürfen diese nicht am Werkstück selbst vorgenommen werden. Der Zugang kann versagt werden, wenn berechtigte Interessen des Besitzers entgegenstehen. Der Besitzer müsste dann beweisen, dass seine Interessen mehr Gewicht haben als die Interessen des Urhebers am Zugang und dass es keinen weniger einschneidenden Weg zu deren Schutz gibt, als den Zugang zu verweigern.

112 bb) Beispiele. In der **bildenden Kunst** kann der Maler Zugang zu dem veräußerten Original verlangen, um von diesem z. B. Fotos oder sonstige Kopien anzufertigen. Der Bildhauer kann zu einem entsprechenden Zweck (Anfertigung von Fotos oder einer

Replik) Zugang zur Original-Plastik verlangen. Will er allerdings einen weiteren Abguss herstellen, so stellt sich die Frage, ob hierdurch eine Wertminderung des Originals eintreten könnte, die ein berechtigtes Interesse des Besitzers an der Verweigerung des Zuganges begründen könnte. Unerhebliche Wertminderungen können jedoch nicht zur Verweigerung des Zugangs berechtigen. In der Regel überwiegen die Interessen des Urhebers (OLG Düsseldorf GRUR 1969, 550 f.; vgl. auch KG GRUR 1983, 508 f. – Totenmaske). Wenn mehrere Vervielfältigungsstücke oder Werkstücke vorhanden sind, steht es im Ermessen des Urhebers, gegenüber welchem Besitzer er sein Zugangsrecht ausübt.

Der **Designer** kann Zugang zu den Originaldesigns verlangen, um hiervon Kopien 113 zu fertigen. Dies beinhaltet ggf. auch den Zugang zum Computerspeicher zur Anfertigung einer Kopie auf Diskette.

Im Bereich der **Musik** kann der Komponist Zugang zum Original-Manuskript verlangen, falls er dies, was heute nur selten vorkommen dürfte, aus der Hand gegeben 114 hat, ohne eine Kopie anzufertigen. Der Urheber kann ferner verlangen, dass er Zugang zu einer Tonaufzeichnung seines Werkes erhält, um sich eine Kopie hiervon anzufertigen, falls ihm nicht vorher eine Kopie überlassen wird.

Die **Autorin** kann ebenso wie der Komponist Zugang zwecks Anfertigung einer 115 Kopie ihres Manuskriptes oder des sonst ihr nicht zugänglichen Vervielfältigungsstücks verlangen.

Neben der Zugänglichmachung des Manuskriptes sind bei der **darstellenden Kunst** 116 die Fälle der Aufzeichnung einer Inszenierung denkbar, die unbeschadet der umstrittenen Frage, ob hier auch ein Urheberrecht des Regisseurs gegeben ist (s. oben Rdnr. 22), jedenfalls dem Autoren ein Zugangsrecht gibt.

Für die an einem **Filmwerk** beteiligten Urheber ist die Anfertigung von Kopien ih- 117 rer Beiträge, aber auch des fertigen Filmwerkes insgesamt sicherlich von beruflichem Interesse. Andererseits können hier dem Zugang zur „O-Kopie" des Films zwecks Anfertigung von Kopien beträchtliche, den hohen Produktionskosten entsprechende Sicherheitsinteressen des Filmherstellers entgegenstehen. Der Konflikt könnte am sinnvollsten dadurch gelöst werden, dass den Urhebern gegen Kostenerstattung Kopien z. B. auf Videoband ausgehändigt werden.

Im Bereich der **Baukunst** hat der Architekt ein Zugangsrecht zu dem urheberrecht- 118 lich geschützten Gebäude oder Gebäudeteil, sofern dieses nicht ohnehin einer öffentlichen Straße zugewandt ist, vgl. § 59 UrhG.

(2) Beteiligung des Urhebers am Erlös des Kunsthandels

Mit den §§ 26 bis 27 UrhG erstrebt das Gesetz, den Urheber an Erlösen zu beteili- 119 gen, die aus der Nutzung seiner Werke gezogen werden, ohne dass aber hierbei an die Vervielfältigung selbst angeknüpft wird, vgl. § 16 UrhG. Die Beteiligung des Urhebers an den Erträgen des Kunsthandels, die mit seinem Original erzielt werden, fordert die Revidierte Berner Übereinkunft in Art. 14ter, wonach hinsichtlich der Originale von Werken der bildenden Künste und der Originalhandschriften der Schriftsteller und Komponisten, der Urheber ein **unveräußerliches Recht auf Beteiligung am Erlös** aus Verkäufen eines solchen Werkstücks nach der ersten Veräußerung durch den Urheber hat. Das Ausmaß der Beteiligung und das Verfahren regelt für Deutschland § 26 UrhG, der im Wesentlichen bestimmt, dass bei Weiterveräußerung eines Originalwerkes der bildenden Künste unter Beteiligung eines Kunsthändlers oder Versteigerers als Erwerber, Veräußerer oder Vermittler, der Veräußerer dem Urheber einen Anteil in Höhe von 5 % des Veräußerungserlöses zu entrichten hat, sofern dieser nicht weniger als 50,–

Reich

Euro beträgt. Der Urheber hat ferner einen **Auskunftsanspruch**, der aber ebenso wie der Beteiligungsanspruch selbst nur durch eine Verwertungsgesellschaft geltend gemacht werden kann, § 26 Abs. 5 UrhG.

Der Beteiligungsanspruch besteht nur für Werke der bildenden Künste und ist auf Werke der Baukunst und der „angewandten Kunst" (das Kunstgewerbe) anzuwenden (§ 26 Abs. 8 UrhG). Unter einem Originalwerk ist ein vom Urheber selbst hergestelltes Werk zu verstehen, wobei es nicht schadet, wenn der Urheber sich bei der Herstellung eines Gehilfen bedient hat.

120   Die für die **Geltendmachung dieses Folgerechtes** vom Gesetz gewährten Ansprüche auf Auskunft darüber, *„welche Originale von Werken des Urhebers innerhalb des letzten vor dem Auskunftsersuchen abgelaufenen Kalenderjahres unter Beteiligung des Kunsthändlers oder Versteigerers weiterveräußert wurden"* (§ 26 Abs. 3 UrhG) und, *„soweit diese zur Durchsetzung seines Anspruchs gegenüber dem Veräußerer erforderlich ist, von dem Kunsthändler oder Versteigerer Auskunft über den Namen und die Anschrift des Veräußerers sowie über die Höhe des Veräußerungserlöses"* zu verlangen (§ 26 Abs. 4 UrhG), können nur durch eine **Verwertungsgesellschaft** geltend gemacht werden (§ 26 Abs. 5 UrhG), nicht vom Urheber selber. Zuständig ist also die VG-Bild-Kunst (s. u. § 4 Rdnr. 25). Bestehen begründete Zweifel an der Richtigkeit oder Vollständigkeit einer danach erteilten Auskunft, *„kann die Verwertungsgesellschaft verlangen, dass nach Wahl des Auskunftspflichtigen ihr oder einem von ihr zu bestimmenden Wirtschaftsprüfer oder vereidigten Buchprüfer Einsicht in die Geschäftsbücher oder sonstige Urkunden soweit gewährt wird, wie dies zur Feststellung der Richtigkeit oder Vollständigkeit der Auskunft erforderlich ist. Erweist sich die Auskunft als unrichtig oder unvollständig, so hat der Auskunftspflichtige die Kosten der Prüfung zu erstatten"* (§ 26 Abs. 6 UrhG).

(3) Vermiet- und Verleihtantieme

121   Die Bestimmung des § 27 UrhG regelt seit 1995 die Verpflichtung zur Zahlung der Vermiet- und Verleihtantieme im Einklang mit der Vermiet- und Verleihrichtlinie (Richtlinie 92/100/EWG). Nunmehr kann (anders als zuvor) der Urheber die Vermietung auch nach Inverkehrbringen der Werkstücke **verbieten** und von einer **Vergütung abhängig machen** und hierdurch an einer Nutzung durch Vermieten oder Verleihen der Vervielfältigungsstücke seines Werkes direkt beteiligt werden. Selbst wenn der Urheber das Vermietrecht (§ 17 UrhG) an einem Bild- oder Tonträger dessen Hersteller eingeräumt hat, hat der Vermieter gleichwohl dem Urheber (allerdings über eine Verwertungsgesellschaft) eine angemessene Vergütung zu zahlen (§ 17 Abs. 1 UrhG). Für andere Werkgattungen gilt dieser Anspruch nicht. Für das Verleihen von Originalen oder Vervielfältigungsstücken des Werkes, die nach § 17 Abs. 2 UrhG weiterverbreitet werden dürfen, ist dem Urheber (über eine Verwertungsgesellschaft) eine **angemessene Vergütung** zu zahlen, wenn die Exemplare von einer der Öffentlichkeit zugänglichen Einrichtung (Bücherei, Sammlung) unentgeltlich (Leihe) anderen zur Verfügung gestellt werden. Bei Vermietung (durch Erwerbszwecken dienende Unternehmen) entsteht dieser Anspruch (abgesehen von der Ausnahmeregelung für Bild- und Tonträger) nicht.

9. Die Werknutzung durch andere

a) Übersicht

Das Urheberrecht ist abgesehen vom Ausnahmefall einer Erbauseinandersetzung **122**
nicht übertragbar, § 29 Abs. 1 UrhG. Zulässig sind die Einräumung von Nutzungsrechten (§ 31), schuldrechtliche Einwilligungen und Vereinbarungen zu Verwertungsrechten, sowie Rechtsgeschäfte über Urheberpersönlichkeitsrechte, § 29 Abs. 2 UrhG.
Die Einräumung von Nutzungsrechten regeln die §§ 31 ff. UrhG. Die Vererbung und
Übertragung des Urheberechts von Todes wegen regeln die §§ 28 bis 30 UrhG.

b) Vererblichkeit des Urheberrechts und verwandter Schutzrechte

Das Urheberrecht ist **vererblich**, § 28 Abs. 1 UrhG. Der Urheber kann durch letzt- **123**
willige Verfügung die Ausübung des Urheberrechts seinem Testamentsvollstrecker
übertragen, § 28 Abs. 2 UrhG. Das Urheberrecht kann in Erfüllung einer Verfügung
von Todes wegen oder an Miterben im Wege der Erbauseinandersetzung übertragen
werden, § 29 Abs. 1 UrhG. Der Rechtsnachfolger des Urhebers hat die dem Urheber
nach diesem Gesetz zustehenden Rechte, soweit nichts anderes bestimmt ist, § 30
UrhG. Die vorstehenden Bestimmungen ermöglichen es dem Urheber, sein Urheberrecht einer Person seiner Wahl als Erbe zu übertragen oder, dies käme insbesondere bei
einer Mehrheit von Erben in Frage, einen Testamentsvollstrecker mit der Ausübung
seines Urheberrechts zu beauftragen, und zwar für die Dauer der gesetzlichen Schutzfristen d. h. 70 Jahre nach dem Tode des Urhebers; denn die dreißigjährige Frist für die
Testamentsvollstreckung des § 2210 BGB gilt hier nicht.

Entsprechendes gilt für die **Vererblichkeit der verwandten Schutzrechte** an wis- **124**
senschaftlichen Ausgaben, § 70 Abs. 1 UrhG, sowie von **Lichtbildern und ähnlichen**
Erzeugnissen, § 72 Abs. 1 UrhG. Die sonstigen verwandten Schutzrechte der ausübenden Künstler, der Herausgeber nachgelassener Werke, der Filmhersteller und Lauf-
bilderhersteller, Veranstalter, Tonträgerhersteller, Sendeunternehmer und Datenbankhersteller, allerdings jeweils nur, soweit diese natürlichen Personen zustehen, sind nach
allgemeinen Grundsätzen vererblich, §§ 1922 ff. BGB, allerdings nur, soweit sie keinen
persönlichkeitsrechtliche Anteil enthalten, weshalb § 76 Satz 4 UrhG bestimmt, dass
die Persönlichkeitsrechte nach dem Tod den Angehörigen zustehen, das sind der Ehegatte oder der Lebenspartner und die Kinder oder die Eltern, § 60 Abs. 2 UrhG.

c) Nutzungsrechte

Der Rechtsverkehr hinsichtlich der Nutzung urheberrechtlich geschützter Werke **125**
erfordert zum einen die Einräumung von Nutzungsrechten. Diesen Aspekt regelt das
Urheberrechtsgesetz. Zum anderen unterliegen die Verträge über die Einräumung
von Nutzungsrechten den allgemeinen Grundsätzen, wie sie insbesondere im BGB,
aber auch in anderen Gesetzen, z. B. dem Verlagsgesetz geregelt sind. Das **Urheber-**
vertragsrecht ist also immer noch nicht einheitlich geregelt, obwohl der Gesetzgeber
des Urheberrechtsgesetzes dies beabsichtigte und obwohl dies auch dringend notwendig ist. Die vorliegende Darstellung setzt sich im Folgenden zunächst mit der besonderen Problematik der Einräumung von Nutzungsrechten nach dem Urheberrechtsgesetz auseinander.

Im Gegensatz zu den Verwertungsrechten, die unveräußerlicher Bestandteil des Ur- **126**
heberrechts sind, können Dritten Rechte für einzelne oder alle bekannten Nutzungs-

arten als einfache oder ausschließliche Rechte räumlich, zeitlich oder inhaltlich beschränkt oder unbeschränkt eingeräumt werden. Dieser Vorgang ähnelt der Belastung dinglicher Rechte. Man spricht deshalb auch von einer **Belastung des Stammrechts** (vgl. Wenzel/Burkhardt a. a. O. Rdnr. 5.2). Die Dritten übertragenen Befugnisse fallen automatisch an den Urheber oder dessen Erben zurück, falls sie z. B. **nach Ablauf der Nutzungsfrist** erlöschen. Einer besonderen Rückübertragung bedarf es dann nicht. Insoweit ähnelt die Rechtslage der Situation des Eigentümers, der einem Dritten für eine bestimmte Zeit ein **Besitzrecht** (z. B. durch Miete oder Leihe) einräumt. Auch dort erlischt das Besitzrecht mit Zeitablauf. Nutzungsrechte dürfen nur mit Zustimmung des Urhebers weiter übertragen werden. Nutzer, die ihre Befugnisse von Dritten, also nicht direkt vom Urheber selbst ableiten, müssen im Zweifel zum Nachweis ihrer Befugnis die **lückenlose Übertragungskette** darlegen und im Bestreitensfall beweisen. Sind die Nutzungsarten nicht einzeln bestimmt, so bestimmt sich der Umfang des Nutzungsrechts nach dem Zweck des Vertrages – **Zweckübertragungsgrundsatz**. Ein Nutzungsrecht berechtigt seinen Inhaber, das Werk in einer bestimmten Art und Weise zu nutzen. Ein konkretes Nutzungsrecht wird daher durch die zu Grunde liegende Nutzungsart definiert. Das Gesetz unterscheidet zwischen einfachen und ausschließlichen Nutzungsrechten.

(1) Einfache Nutzungsrechte

127   Das einfache Nutzungsrecht berechtigt den Inhaber, das Werk neben dem Urheber oder anderen Berechtigten auf die **ihm erlaubte Art** zu nutzen. Der Inhaber eines einfachen Nutzungsrechts kann also andere berechtigte Nutzer nicht von der Nutzung ausschließen, § 31 Abs. 2 UrhG. Andererseits aber schützt das Gesetz den Inhaber eines einfachen Nutzungsrechts, der vor einem Inhaber eines ausschließlichen Nutzungsrechts sein Recht erworben hat, vor Verlust seiner Rechtsposition gegen über dem zeitlich später hinzutretenden Erwerber; denn ein einfaches Nutzungsrecht, das der Urheber vor Einräumung eines ausschließlichen Nutzungsrechts eingeräumt hat, bleibt gegenüber dem Inhaber des ausschließlichen Nutzungsrechts wirksam, wenn nichts anderes zwischen dem Urheber und dem Inhaber des einfachen Nutzungsrechts vereinbart ist, § 33 UrhG. In der Rechtslehre ist umstritten, ob der Inhaber des einfachen Nutzungsrechts eine **dingliche Rechtsstellung** erlangt oder nur einen **schuldrechtlichen Anspruch** auf ungestörte Nutzung gegenüber dem Berechtigten. Nach der ersteren Ansicht (vgl. Rehbinder a. a. O. Rdnr. 561) könnte der Rechtsinhaber sein Recht gegenüber jedermann verteidigen, nach letzterer Ansicht (vgl. Hertin in Fromm/Nordemann a. a. O. §§ 31/32 Rdnr. 2) besteht seine Berechtigung nur gegenüber dem Vertragspartner, er hat deshalb kein eigenes einklagbares Recht gegenüber einem Verletzer.

(2) Ausschließliche Nutzungsrechte

128   Das ausschließliche Nutzungsrecht berechtigt den Inhaber, das Werk unter Ausschluss aller anderen Personen sowie des Urhebers auf die ihm erlaubte Art zu nutzen und einfache Nutzungsrechte einzuräumen, § 31 Abs. 3 UrhG. Der Inhaber eines ausschließlichen Nutzungsrechts hat eine **absolute Rechtsposition**, die es ihm z. B. ermöglicht, gegenüber allen unberechtigten dritten Nutzern aus eigenem Recht zu klagen. Er kann ferner mit Zustimmung des Urhebers **Dritten einfache Nutzungsrechte einräumen**.

Reich

(3) Unbekannte Nutzungsarten

Im Interesse eines möglichst weitgehenden Schutzes des Urhebers bestimmt § 31 **129**
Abs. 4 UrhG, dass die Einräumung von Nutzungsrechten für noch nicht bekannte
Nutzungsarten sowie Verpflichtungen hierzu unwirksam sind. Durch diese Bestimmung wird der Urheber daran gehindert, sich der Rechte für noch nicht bekannte Nutzungsarten zu für ihn nachteiligen Bedingungen zu begeben. Erst wenn eine Nutzungsart soweit bekannt geworden ist, dass sich ein **Markt** entwickelt und ein
Marktpreis gebildet hat, kann der Urheber angemessene Bedingungen aushandeln.
Folglich darf sich die Definition dessen, was bekannt in Sinne des § 31 Abs. 4 UrhG ist,
nicht am Stand der Technik und Wissenschaft orientieren, sondern muss darauf abstellen, ob und inwieweit eine Nutzungsart **im wirtschaftlichen Verkehr bekannt ist** (so
Hertin in Fromm/Nordemann a. a. O. §§ 31/32 Rdnr. 10). Bis Ende 1979/Anfang 1980
war die Videoverwertung in der Bundesrepublik als Nutzungsarten nicht bekannt, die
CD wurde mit Markteinführung im Jahr 1998 in Deutschland bekannt, bis 1990 in der
ehemaligen DDR. Bei CD-Rom basierenden Nutzungen werden unterschiedliche Zeiten des Bekanntwerdens je nach Medium und Programm zwischen 1988 und 1995 anzunehmen sein, für das Die DVD ist nach überwiegender Meinung erst seit Mitte 1999
bekannt, per Internet abrufbare Datenbankbanken sind in Deutschland ca. ab 1995 bekannt, On-demand-Dienste (Video-on-demand, Music-on-demand) sind allenfalls seit
dem Jahr 2000 bekannt, Pay-per-view ist erst im Bekanntwerden, Märkte für neue *mo-
bile content* Übertragungen sind gegenwärtig erst im Entstehen, bedeutsam wird hier
künftig die Übertragung neuartiger Programme per UMTS auf Mobiltelefone und
PDAs.

(4) Zweckübertragungsgrundsatz

aa) Grundlagen. Einen weiteren Schutz vor der Übervorteilung des Urhebers **130**
durch einen Ausverkauf seiner Rechte bringt § 31 Abs. 5 UrhG. Sind bei der Einräumung des Nutzungsrechts die Nutzungsarten, auf die sich das Recht erstrecken soll,
nicht einzeln bezeichnet, so bestimmt sich der Umfang des Nutzungsrechts nach dem
mit seiner Einräumung verfolgten Zweck. Damit schreibt das Gesetz einen **Ausle-
gungsgrundsatz** fest, der früher bereits von der herrschenden Meinung und Rechtsprechung als „**Zweckübertragungstheorie**" anerkannt und praktiziert worden war
(vgl. BGHZ 9, 262 ff. [265] – Lied der Wildbahn). Danach verbleiben dem Urheber im
Zweifel alle Rechte zur wirtschaftlichen Nutzung seines Werkes, die nicht dem Nutzer
im Hinblick auf die vertraglich bezweckte Nutzung übertragen werden müssen. Die
Einräumung von Nutzungsrechten an Dritte muss, um wirksam zu sein, das Nutzungsrecht im einzelnen bezeichnen. Die **pauschale Einräumung von Nutzungsrechten**, etwa „für alle Nutzungsarten", **ist unwirksam**. Der Zweckübertragungsgrundsatz gilt für alle Arten der Einräumung von Nutzungsrechten, also auch für die
Weiterübertragung oder Bestimmung des Umfanges von Nutzungsrechten sowie be-
gleitender Rechte (z. B. des Eigentums an Werkstücken), für die Verpflichtung zur
Rechteübertragung (schuldrechtlicher Verpflichtungsvertrag) ebenso wie für die dingliche Wirkung erzeugende Rechteeinräumung selbst. Im Zweifel sind also Umfang und
Tragweite der Rechteeinräumung nach dem **Vertragszweck** zu bestimmen. Unter dem
Vertragszweck sind die von den Parteien übereinstimmend gewollten nächst liegenden
Nutzungen zu verstehen. Nutzungen, an die die Parteien nicht gedacht haben oder wegen derer der Vertrag nicht geschlossen worden wäre, gehören nicht zum Vertrags-
zweck.

Reich

131   bb) Beispiele. In der **bildenden Kunst** erlaubt das Recht zur Nutzung eines Kunstwerkes zu Ausstellungszwecken noch nicht die Anfertigung von Reproduktionen (z. B. Fotografien) oder deren Vervielfältigung und Verbreitung, mit Ausnahme eines Ausstellungskatalogs, § 58 UrhG.

132   Für **Designer** gilt, dass das Recht zur Nutzung einer Grafik für eine Zeitschriftenillustration nicht deren Nutzung in einem Werbeprospekt erlaubt (vgl. OLG Hamm UFITA 28, 352 ff. [357]).

133   Die berechtigte Nutzung einer **Fotografie** als Postkarte lässt nicht die Herstellung von Postern zu (vgl. OLG Hamm a. a. O.).

134   Das Recht zur Nutzung des **Textbuches für Aufführungszwecke** erlaubt noch nicht die Aufzeichnung oder Fernseh-Sendung des Bühnenstückes.

135   Das Nutzungsrecht zur Erstellung einer festgebundenen **Buch-Ausgabe** erlaubt nicht die Taschenbuch- oder sonstige Billigausgabe (vgl. BGH GRUR 1968, 152 – Angelique I).

136   Das Nutzungsrecht zum Zwecke der Herstellung und Verbreitung von **Tonträgern** erlaubt noch nicht die Nutzung als Filmmusik, das Recht zur Nutzung als Hintergrundmusik enthält nicht das Verlags- und Bühnenaufführungsrecht (vgl. BGH GRUR 1971, 480 ff. [481] – Schwarzwaldfahrt).

137   Für den **Film** bestimmt § 88 UrhG, dass in der Gestattung des Urhebers, sein Werk zu verfilmen, im Zweifel die Einräumung des Rechts liegt, das Werk unverändert oder bearbeitet oder umgestaltet zur **Herstellung eines Films** zu benutzen und das Filmwerk sowie Übersetzungen und andere filmische Bearbeitungen auf alle bekannten Nutzungsarten zu nutzen.

138   Die Erstellung des **Architektenplans** für ein Einzelhaus gestattet nicht dessen Nutzung zur serienweisen Herstellung von Fertighäusern.

(5) Weiterübertragung von Nutzungsrechten

139   Einfache und ausschließliche Nutzungsrechte sind durch den Berechtigten weiterübertragbar. Die Regelung des § 34 UrhG bestimmt jedoch, dass *„ein Nutzungsrecht … nur mit Zustimmung des Urhebers übertragen werden (kann)."* Der Grund für dieses **Zustimmungsrecht** des Urhebers besteht darin, dass es dem Urheber möglich bleiben soll, die seinen Absichten zuwiderlaufende Nutzung seines Werkes durch Personen zu untersagen, die nicht sein Vertrauen genießen. Dem liegt die Überzeugung zu Grunde, dass die Art und Weise der Nutzung auf das Werk selbst „abfärben" kann. Andererseits erfordert die wirtschaftliche Auswertung von Werken häufig deren Nutzung durch Dritte, die meist nicht selbst Vertragspartner des Urhebers sind, sondern die erforderlichen Nutzungsrechte vom Ersterwerber eingeräumt erhalten. Sofern der Ersterwerber sich vertraglich nicht die Zustimmung des Urhebers hierzu hat geben lassen, wird § 34 Abs. 1 Satz 2 UrhG bedeutsam, wonach der Urheber seine Zustimmung **nicht wider Treu und Glauben verweigern** darf. Grundsätzlich wird die bloße Verweigerung der Zustimmung nicht als treuwidrig anzusehen sein. Die willkürliche Verweigerung der Zustimmung oder die Verweigerung der Zustimmung nach Handlungen, die bereits eine Zustimmung erwarten ließen, wird jedoch als treuwidrig anzusehen sein. Das Zustimmungsrecht des Urhebers kann durch Vereinbarung (Vertrag) **ausgeschlossen oder beschränkt** werden: Im Rahmen der Gesamtveräußerung eines Unternehmens oder von Unternehmensteilen, können Nutzungsrechte ohne Zustimmung des Urhebers übertragen werden, § 34 Abs. 3 UrhG. Der Urheber kann aber das Nutzungsrecht zurückrufen, wenn ihm die Ausübung des Nutzungsrechts

durch den Erwerber des Unternehmens bzw. sowie bei wesentlicher Änderung der Beteiligungsverhältnisse am Unternehmen des Erwerbers der Beteiligungen am Unternehmen nach Treu und Glauben nicht zuzumuten ist. Werden mit dem Nutzungsrecht an einem Sammelwerk Nutzungsrechte an den darin aufgenommenen einzelnen Werken übertragen, so genügt hierfür die Zustimmung des Urhebers des Sammelwerkes, § 34 Abs. 2 UrhG.

Zum Schutz des Urhebers bestimmt § 34 Abs. 4 unabdingbar: *„Der Erwerber haftet* **140** *gesamtschuldnerisch für die Erfüllung der sich aus dem Vertrag mit dem Urheber ergebenden Verpflichtungen des Veräußerers, wenn der Urheber der Übertragung des Nutzungsrechts nicht im Einzelfall zugestimmt hat."* Weder auf dieses Rückrufsrecht noch auf die gesamtschuldnerische Haftung des Erwerbers kann der Urheber im Voraus, z. B. durch Vertragsbedingungen, verzichten. Im Übrigen, d. h. also anlässlich des konkreten Veräußerungsvorganges, können der Inhaber des Nutzungsrechts und der Urheber Abweichendes vereinbaren. Den Zweiterwerber treffen also die gleichen Verpflichtungen gegenüber dem Urheber wie den Ersterwerber, den sich der Urheber ja – so jedenfalls die Idealvorstellung des Gesetzes – aussuchen konnte.

In der Praxis kommen ganze **Erwerbsketten** vor, bei denen der Nutzer seine Be- **141** rechtigung von mehreren Zwischenerwerbern herleitet. Hier gilt der Grundsatz, dass der Nutzer am Ende der Kette nicht mehr Rechte erwerben kann, als das schwächste Glied der Kette innehat. Der **gutgläubige Erwerb** von Nutzungsrechten ist **nicht möglich**. Der Erwerber von Nutzungsrechten muss deshalb den Rechteerwerb jedes Zwischenerwerbers genau nachprüfen, um sich Klarheit darüber zu verschaffen, ob er tatsächlich die vertraglichen Rechte erwerben kann. Risiken, z. B. dass Rechte nicht oder nur beschränkte Zeit bestehen usw., gehen immer zulasten des vermeintlichen Erwerbers, der sich u. U. sogar dem Vorwurf fahrlässiger Verletzung von Urheberrechten aussetzt, sofern er sich nicht sorgfältig die lückenlose Erwerbskette hat nachweisen lassen. In der Praxis dienen Rechtsgutachten der genauen Überprüfung und Dokumentation solcher Rechteerwerbsketten.

(6) Beispiele für Nutzungsarten

Im Hinblick auf die erhebliche Bedeutung der verschiedenen Nutzungsarten zur **142** Bestimmung der übertragenen oder zu übertragenen Nutzungsrechte sollen die nachstehenden Beispiele für Nutzungsarten eine Orientierung erleichtern, ohne vollständig sein zu können. Im Gegensatz zu den in §§ 15 bis 22 UrhG genannten Verwertungsrechten entsprechen Nutzungsrechte wirtschaftlich zu bestimmenden Nutzungsarten. Im Bereich der einzelnen Kunstgattungen und -richtungen ergeben sich u. a. die nachfolgend aufgeführten Nutzungsarten:

Im Bereich der **bildenden Kunst** die Reproduktion durch Abzeichnen oder Abma- **143** len, durch fotografische Mittel, Verleih und Vermietung von Werkstücken oder Vervielfältigungsstücken, Druck, Verbreitung und Vervielfältigung von Reproduktionen für verschiedene Zwecke, z. B. zur Verwendung als Postkarte, Poster, Kalender, Wanddekoration, als Bühnenbild oder im Film, in Werbeprospekten, Werbeplakaten oder als Werbegeschenk.

Design-Werke werden z. B. für Illustrationen, u. a. von Zeitschriften und Büchern, **144** für Plakate, für Werbezwecke, zur Herstellung von Gebrauchsgegenständen und Modeartikeln verwendet.

Fotografien dienen häufig der Illustration von Büchern und Zeitschriften, der Her- **145** stellung von Postkarten, von Plakaten, von Werbeprospekten u. a.

Reich

146   Bei der **darstellenden Kunst** sind neben der Inszenierung die Lesung, der Druck, die Vervielfältigung und die Verfilmung des Textbuches, sowie die Nutzung fremdsprachlicher Übersetzungen (Bearbeitungen) zu erwähnen.

147   **Literatur** wird durch Buch, Taschenbuch, Zeitschrift, Zeitung, Sendung, Vortrag, Aufnahme in Schulwerk, Fotokopie, Aufzeichnung und Verbreitung auf Tonträgern und Aufzeichnung in Datenspeichern genutzt.

148   Nutzungsarten der **Musik** sind Aufführung, Aufzeichnung auf Tonträger, Nutzungen für verschiedene Sendezwecke, Verbreitung auf den verschiedenen Arten von Tonträgern (LP, CD, DAT, Musikkassette, MP3-Player) sowie trägerlos (Online durch Downloads) und der Verwendung für Filme, z. B. Video, Spielfilm und Werbefilm, Aufführung als musikdramatisches Werk im Ganzen oder auszugsweise in Teilen oder nur einzelner Werkbestandteile, z. B. der Musik selbst.

149   Beim **Film** sind die Vervielfältigung, Vorführung und Sendung denkbar, z. B. auf bzw. mithilfe von fotografischem Material, Magnetband, Bildplatte, die Vorführung des Films bei einem Filmtheater, durch Videogeräte, im Fernsehen (einschl. Pay-TV), synchronisiert in Fremdsprachen, auszugsweise oder im Ganzen. Weitere Nutzungen sind Reproduktionen von Standbildern oder Büchern zum Film, sowie die Nutzung der Figuren oder Hauptdarsteller für die verschiedensten filmischen oder außerfilmischen Zwecke.

150   **Architektenpläne** können durch Bau, Nachbau, Serienbau, durch Reproduktion der Pläne selbst zu den verschiedensten Zwecken (Nachbau, Unterricht, Werbung) genutzt werden.

10. Besondere Bestimmungen zum Schutz des Urhebers

a) Überblick

151   Mit dem Gesetz zur Stärkung der vertraglichen Stellung von Urhebern und ausübenden Künstlern, welches nach längerem Ringen der beteiligten Verbände, Interessengruppen und politischen Parteien am 1. Juli 2002 in Kraft trat, ist die Rechtsstellung der Urheber verbessert worden. Ihnen wird ein unabdingbarer Anspruch auf angemessene Vergütung für die Nutzung ihrer Werke und künstlerischen Leistungen durch § 32 UrhG gewährt, sowie Anspruch auf Nachforderung im Wege der Vertragsänderung gemäß § 32a UrhG. Dies gilt nun nicht mehr nur in Bestsellerfällen, wie früher in § 36 UrhG. Die Neuregelung dient dem Anspruch des § 11 Satz 2 UrhG, den Urhebern eine angemessene Vergütung für die Werknutzung zu sichern. Ferner schützen den Urheber die Einschränkung der Möglichkeit zur Einräumung von Nutzungsrechten an künftigen Werken gemäß § 40 UrhG, sowie die Bestimmungen der §§, 31 Abs. 3, 40 und 41 UrhG, die dem Urheber unter den dort genannten Voraussetzungen den Rückruf von Nutzungsrechten ermöglichen, sowie eine Vielzahl weiterer Bestimmungen, auf die an entsprechender Stelle eingegangen wird.

b) Einzelne Bestimmungen

(1) Anspruch auf angemessene Vergütung

152   Das Gesetz stellt zunächst klar, was selbstverständlich zu sein scheint, nämlich den Anspruch des Urhebers auf die vertraglich vereinbarte Vergütung für die Einräumung von Nutzungsrechten und die Erlaubnis zur Werknutzung (§ 32 Abs. Satz 1 UrhG). Ist die Höhe der Vergütung nicht bestimmt, *„gilt die angemessene Vergütung als ver-*

einbart" (§ 32 Abs. 1 Satz 2). Trotz der Ähnlichkeit mit den Bestimmungen der §§ 612 und 632 BGB geht diese darüber hinaus, weil *„der Urheber von seinem Vertragspartner die **Einwilligung in die Änderung des Vertrages** verlangen (kann), durch die dem Urheber die angemessene Vergütung gewährt wird"* (§ 32 Abs. 1 Satz 3 UrhG). *„Eine nach einer gemeinsamen Vergütungsregel (§ 36) ermittelte Vergütung ist angemessen"* (§ 32 Abs. 2 Satz 1 UrhG). Der Vertragspartner des Urhebers muss also damit rechnen, dass trotz bestehenden Vertrages später eine gerichtliche Angemessenheitsprüfung stattfindet, soweit nicht die Vergütung einer zwischen Urheberverbänden und Vereinigungen von Werknutzern ausgehandelten *„gemeinsamen Vergütungsregel"* entspricht, s. u. Rdnr. 163 ff.

Im Übrigen, und dies heißt derzeit (im Jahr 2006) noch in den allermeisten Fällen, **153** *„ist die Vergütung angemessen, wenn sie im Zeitpunkt des Vertragsschlusses dem entspricht, was im Geschäftsverkehr nach Art und Umfang der eingeräumten Nutzungsmöglichkeit, insbesondere nach Dauer und Zeitpunkt der Nutzung, unter Berücksichtigung aller Umstände üblicher- und redlicherweise zu leisten ist"* (§ 32 Abs. 2 Satz 2 UrhG). Obwohl erkennbar ist, was gemeint sein soll, ist der Wortlaut auslegungsbedürftig:

Zum einen wird auf die bloße „Nutzungsmöglichkeit" und damit auf einen speku- **154** lativen Aspekt abgestellt, zum anderen aber auf die „Dauer der Nutzung" selbst, die sich zudem nicht auf einen „Zeitpunkt" beschränkt, sondern auf einen kürzeren oder meist längeren Zeitraum. Das Gesetz macht die angemessene Vergütung hier von den Nutzungsmöglichkeiten innerhalb der vertraglichen Nutzungsdauer (bzw. Lizenzdauer) abhängig, nicht aber von den konkret gezogenen Nutzungen. „Nutzungsmöglichkeiten" gibt es aber immer mehr, als Nutzungen. Wenn neben dem Hauptrecht eine Vielzahl sog. Nebenrechte eingeräumt werden, sind diese also aufgrund der darin liegenden Nutzungsmöglichkeiten angemessen zu vergüten, auch wenn Nutzungen der Nebenrechte überhaupt nicht erfolgen. Damit soll der praktischen Schwierigkeit begegnet werden, tatsächlich gezogene Nutzungen darlegen und beweisen zu müssen und der Tendenz begegnet werden, Nebenrechte auf Bay-out-Basis zu horten. Zugleich ist durch die zwingende Vergütungspflicht bestimmt, dass eine Vergütung eben nicht „auf Null" schrumpfen kann, wie im Schrifttum vertreten wird (s. Schricker, Rdnr. 36 zu § 32 UrhG m. w. Nachw.). Denn „Nutzungs*möglichkeiten*" gibt es immer, und ein „Null"-Betrag ist keine Vergütung, sondern eine Schenkung. Die **Unklarheit der Gesetzessprache** verwischt dabei, ob die Beurteilung aus der theoretisch möglichen Sicht zur Zeit des Vertragsschlusses (ex ante) erfolgen soll, oder doch die danach tatsächlich gezogenen Nutzungen relevant werden, nach dem Grundsatz ex posteriori, denn „nachher ist man immer schlauer". Denn was üblich und gar redlich ist, weiß man mitunter erst später, besonders wenn eine Spekulation z. B. mit einer neuen Nutzungsart (Bsp.: Klingeltöne) aufgegangen ist. Gesetzessystematisch ist beides erforderlich: § 32 UrhG verlangt die Betrachtung zur Zeit des Vertragsschlusses anhand der „Nutzungs*möglichkeit*", ergänzt durch den **Korrekturanspruch**, den § 32a UrhG für den Fall schafft, dass sich die ursprünglich für angemessen erachtete Vergütung angesichts der konkret erzielten Erfolge als auffällig gering erweist, s. u. Rdnr. 156. Kritisch beurteilt das Schrifttum (Rehbinder, a. a. O. Rdnr. 611), dass die Entscheidung über die Angemessenheit von Urhebervergütungen letztlich den Gerichten aufgebürdet wird.

Das Gesetz bestimmt ferner, dass von den Absätzen 1 und 2 des §§ 32 **nicht zulas-** **155** **ten des Urhebers abgewichen** und diese nicht durch anderweitige Gestaltungen **umgangen** werden dürfen, § 32 Abs. 3 UrhG. Paradoxerweise bleibt es aber dem Urheber nach § 32 Abs. 3 Satz 2 UrhG unbenommen, einfache Nutzungsrechte „für jedermann" unentgeltlich einzuräumen, womit gerade die für die Gemeinschaft der Urheber nachteilige Praxis des public domain im Internet für unbedenklich erklärt wird, ohne den Verwertungsgesellschaften die Chance zu geben, dort ihrer Aufgabe nachzukommen.

(2) Weitere Beteiligung des Urhebers an Erträgen

156 Über die notfalls gerichtlich zu bestimmende angemessene Vergütung gem. § 32 UrhG hinaus hat der Gesetzgeber dem Urheber durch den § 32a UrhG **zwei weitere Ansprüche** zur Seite gestellt. *„Hat der Urheber einem anderen ein Nutzungsrecht zu Bedingungen eingeräumt, die dazu führen, dass die vereinbarte Gegenleistung unter Berücksichtigung der gesamten Beziehungen des Urhebers zu dem anderen in einem auffälligen Missverhältnis zu den Erträgen und Vorteilen aus der Nutzung des Werkes steht, so ist der andere auf Verlangen des Urhebers verpflichtet, in eine Änderung des Vertrages einzuwilligen, durch die dem Urheber eine den Umständen nach weitere angemessene Beteiligung gewährt wird. Ob die Vertragspartner die Höhe der erzielten Erträge oder Vorteile vorgesehen haben oder hätten vorhersehen können, ist unerheblich"* (§ 32a Abs. 1 UrhG). Allerdings entfällt dieser Anspruch, wenn die Vergütung nach einer gemeinsamen Vergütungsregel (§ 36 UrhG) oder tarifvertraglich bestimmt worden ist und ausdrücklich eine weitere angemessene Beteiligung für den Fall des Absatzes 1 vorsieht, § 32a Abs. 4 UrhG,

157 Der zweite Anspruch ergibt sich aus § 32a Abs. 2 UrhG. *„Hat der andere das Nutzungsrecht übertragen oder weitere Nutzungsrechte eingeräumt und ergibt sich das auffällige Missverhältnis aus den Erträgen oder Vorteilen eines Dritten, so haftet dieser dem Urheber unmittelbar nach Maßgabe des Absatzes 1 unter Berücksichtigung der vertraglichen Beziehungen in der Lizenzkette. Die Haftung des anderen entfällt."*

158 Damit auch diese Ansprüche nicht, z. B. durch allgemeine Vertragsbedingungen, unterlaufen werden können, bestimmt § 32a Abs. 3 UrhG, dass auf die Ansprüche nach den Absätzen 2 und 3 im Voraus **nicht verzichtet** werden kann, die Anwartschaft hierauf nicht der Zwangsvollstreckung unterliegt und eine Verfügung über die Anwartschaft unwirksam ist.

159 Zur Regelung der Frage, wie die zur **Durchsetzung dieser Ansprüche erforderlichen Daten** erlangt werden können, verlässt sich der Gesetzgeber wortlos auf die allgemeinen Grundlagen, also die allgemeinen Auskunfts- und Rechnungslegungsansprüche, wie sie aus den §§ 242, 259, 260 BGB folgen, s. u. Rdnr. 168. Dabei wäre es nicht zu viel verlangt, wenn das Gesetz sagte, von wem der Urheber bzw. der Urheberverband welche Daten auf welche Weise in Erfahrung bringen können soll, um die weit gefassten Beurteilungsspielräume, die das Gesetz vorgibt, mit Daten ausfüllen zu können. Der redliche Verwerter, der sich über Risiken informieren möchte, muss wissen, auf welcher Grundlage er in Anspruch genommen werden kann.

160 Nachdem Praxis und Rechtsprechung den früheren **Bestseller-Paragrafen** (§ 36 UrhG alte Fassung) zahnlos interpretiert hatten und diesem kaum ernst zu nehmende Bedeutung zum Schutz angemessener Mindestvergütungen zukam und außerdem durch Definitionen die zum Schutz der Urheber gedachte Nichtabtretbarkeit „unbekannter Nutzungsarten" (§ 31 Abs. 4 UrhG) unterlaufen haben, ist damit jetzt das Pendel in die Gegenrichtung ausgeschlagen:

161 Wer mit urheberrechtlich geschützten Werken handelt, muss nun jederzeit damit rechnen, von bisher unangemessen vergüteten Urhebern aus dem In- und Ausland in Anspruch genommen zu werden, deren Werke erfolgreich verkauft bzw. lizenziert werden, wenn Leistung (des Urhebers) zu Gegenleistung (Vergütung) in einem **auffäl-**

ligen Missverhältnis zu den Erträgen und Vorteilen (Umsätzen) der Werkverwertung stehen. Diese **Angemessenheitsprüfung** findet auch außerhalb der direkten schuldrechtlichen Beziehungen mit dem Urheber statt, und zwar in Beziehung auf jeden an der Wertschöpfungskette beteiligten Verwerter. Das Gesetz verlangt, dass bei der Angemessenheitsprüfung „die gesamten Beziehungen des Urhebers zu dem anderen" zu berücksichtigen sind. Es sind wohl nicht nur wirtschaftliche Beziehungen gemeint, denn das Urheberrecht ist auch ideell geprägt. Wie wird aber der ideelle Einsatz für den Urheber abgewogen, der im Zweifel nicht quantifizierbar ist? Oder muss Quantifizierbarkeit gegeben sein, also z. B. ein Werbeetat für das Werk nachgewiesen werden? Sollen alle Vertragsbeziehungen berücksichtigt werden und sozusagen ein Gesamtsaldo aller Verträge und daraus fließenden Erlöse gebildet werden, wenn nur eines von vielen Werken erfolgreich ist, also eine Querverrechnung vorgenommen werden? Wenn also für erfolglose Werke desselben Autors vom selben Verwertungspartner nicht gedeckte Tantiemen vorgeschossen worden sind, werden diese dann auf das erfolgreiche Werk angerechnet und so getrennte Verträge zwingend zu einer Einheit zusammengefasst und wie wirken sich dann Kündigungen aus bzw. sind solche noch zulässig, bevor Gerichtsverfahren durchlaufen wurden, um die Angemessenheit festzustellen? Oder soll nach Zeiträumen abgegrenzt werden und ggf. nach welchen Kriterien, etwa nach der regelmäßigen Verjährungsfrist? Wie sollen die Größen bei internationalen Vorgängen verglichen werden, z. B. der erfolgreichen Vermarktung des Softwareprogramms eines kreativen Programmierers aus dem Niedriglohnland Indien?

Das Merkmal des „auffälligen Missverhältnisses" erinnert an die Kriterien, welche **162** die Rechtsprechung zur Anwendung des § 138 BGB entwickelt hat, der die Nichtigkeit sittenwidriger oder wucherischer Rechtsgeschäfte zur Folge hat. Doch soll im Kontext des § 32a UrhG ein anderer Maßstab gelten. Denn nichtige Verträge lassen sich nicht zu wirksamen Verträgen „anpassen". Das Kriterium der **„Auffälligkeit"** appelliert an eine Instanz aus der Wahrnehmungspsychologie, denn das Faktum muss jemandem „auffallen". Damit wird ein Vergleichsmaßstab gefordert, der aber nicht näher benannt wird. Für den Versuch, eher eine Quantifizierung vorzunehmen, spricht sich Schricker, Rdnr. 20 zu § 32a UrhG, aus. Die Kausalität des Werkes für den Erfolg verlangt das Gesetz nicht (so auch Schricker, Rdnr. 21 zu § 32a UrhG).

Auf Grund der EG-Verträge wird man verlangen müssen, dass die Angemessenheitsprüfung marktbezogen und wettbewerbsneutral, also mit Blick auf die Auswirkungen im Binnenmarkt erfolgt. Daraus folgt das Gebot, keine Dumpingpreise zuzulassen, denn diese würde Urheber aus dem gemeinsamen Markt benachteiligen. Die Bestimmungen des § 32b UrhG verhindern im Falle der Auslandsberührung (z. B. bei Verträgen mit ausländischen Verwertungsunternehmen) eine Umgehung durch Abwahl deutschen Rechts, wenn entweder ohne Rechtswahl deutsches Recht anwendbar wäre (Nr. 1) oder Gegenstand des Vertrages maßgebliche Nutzungshandlungen in Deutschland sind. Die Bestimmungen der §§ 32 ff. UrhG kommen auch nicht der EU angehörenden Ausländern zu Gute. Mit dem Verzicht auf das Gegenseitigkeitserfordernis zwischen den Staaten hat der Gesetzgeber insoweit ohne Not ein seit langem bewährtes Mittel zur Stärkung des Urheberrechts auf einem globalen Markt aus der Hand gegeben.

(3) Gemeinsame Vergütungsregeln

Die oben erörterten Schwierigkeiten bei der Ausfüllung des Rechtsbegriffs der „An- **163** gemessenheit" machen deutlich, dass der Gesetzgeber den **Tarifvertragspartnern** und den **Vereinigungen von Urhebern und von Werknutzern** die entscheidende Rolle hierbei zuweisen wollte, wie in den §§ 36 und 36 a) UrhG geregelt. Diese Vereinigungen *„müssen repräsentativ, unabhängig und zur Aufstellung gemeinsamer Vergütungsregeln ermächtigt sein"*, § 36 Abs. 2 UrhG. In Tarifverträgen enthaltene Regelungen gehen gemeinsame Vergütungsregeln vor (§ 36 Abs. 1 Satz 3 UrhG). Die **Schlichtungsstelle** wird tätig, wenn die Parteien (d. h. die Tarifvertragspartner oder Vereinigungen) dies vereinbaren (§ 36 Abs. 3 Satz 1 UrhG) oder wenn auf das Verlangen einer Partei die andere Partei nicht binnen drei Monaten Verhandlungen über gemeinsame Vergütungsregeln beginnt oder solche Verhandlungen über ein Jahr nach dem schriftlichen Aufnahmeverlangen ohne Ergebnis bleiben oder eine Partei die Verhandlungen für endgültig gescheitert erklärt hat, § 36 Abs. 3 Satz 2 UrhG. *„Die Schlichtungsstelle hat den Parteien einen begründeten Einigungsvorschlag zu machen, der den Inhalt der gemeinsamen Vergütungsregeln enthält. Er gilt als angenommen, wenn ihm nicht innerhalb von drei Monaten nach empfang des Vorschlags schriftlich widersprochen wird"* (§ 36 Abs. 4 UrhG).

164   Über das **Verfahren** zur Bildung von Schlichtungsstellen und deren Besetzung enthält § 36a UrhG spezielle Bestimmungen, ebenso hinsichtlich einiger Details des Schlichtungsverfahrens und der Kostenverteilung. Im Übrigen gelten die Vorschriften der ZPO zum Schiedsverfahren (§§ 1025 ff. ZPO), hinsichtlich der eingeschränkt möglichen Rechtsbehelfe gegen Schiedssprüche die §§ 1059 ff. ZPO.

165   Bei der Beurteilung der Angemessenheit werden die Schiedsstellen die geforderte Vergütungsregel mit **marktüblichen Bedingungen** vergleichen, wie schon früher die Rechtsprechung zu 36 UrhG alter Fassung (BGH GRUR 1986, 885 f.; Schricker 2. Aufl. [1999] § 36 a. F. Rdnr. 12) ergeben. Wenn marktübliche Bedingungen nicht ermittelt werden können oder ebenfalls unangemessen wären, besteht weitgehende Ermessensfreiheit der Schiedsstelle. Im Idealfall ist der Urheber so zu stellen, wie wenn von vornherein ein Vertrag zu durchschnittlichen, angemessenen Bedingungen geschlossen worden wäre.

166   Die im Schiedsverfahren von der Schiedsstelle ermittelten „gemeinsamen Vergütungsregeln" gelten für alle vergleichbaren Fälle, das heißt nicht nur für Verbandsmitglieder. Die durch Tarifverträge getroffenen Regelungen gelten nur für die tarifvertraglich gebundenen Mitglieder der Tarifparteien, es sei denn, die Tarifverträge sind für allgemeinverbindlich erklärt worden. Im Übrigen ist im Einzelfall abzuwägen, ob tarifvertragliche Regelungen analog auch für nicht tarifgebundene Parteien gelten. Dies hängt von der Gesamtschau der Tarifvertragsregelung ab. Es kann Gründe geben, für nicht gebunden Parteien abweichende Vergütungen für angemessen zu erachten, wenn z. B. Nebenleistungen vereinbart werden, die sonst nicht vorgesehen sind etc.

(4) Verjährung

167   Zu seiner Durchsetzung verlangen §§ 32 und 32a UrhG vom Urheber große Wachsamkeit. Der Anspruch hieraus verjährt bereits innerhalb von 3 Jahren, nachdem der Urheber vom Entstehen des groben Missverhältnisses zwischen seiner Vergütung und den mit seinem Werk erzielten Erträgen Kenntnis erlangt hat, § 195 BGB, § 102 UrhG spätestens aber in 10 Jahren nach Entstehung des Anspruchs, § 199 Abs. 4 BGB, ohne Rücksicht auf Kenntnis oder fahrlässige Unkenntnis. Die Kenntnis des Urhebers muss vom Verwerter bewiesen werden. Schwierigkeiten bereitet die Beurteilung der Frage, zu welchem Zeitpunkt der Werkverwertung aus einem Missverhältnis ein „auffälliges" Missverhältnis wird.

(5) Auskunftsanspruch

Damit der Urheber erkennen kann, ob ihm ein Anspruch aus §§ 32 oder 32a UrhG **168** zusteht, ist ihm (ungeschrieben) ein Anspruch auf Erteilung entsprechender Auskünfte und Vorlage von Abrechnungen (Grunert in Wandtke/Bullinger, Praxiskommentar zum Urheberrecht, § 32 Rdnr. 20) gegenüber dem Nutzungsberechtigten gegeben. Wenn hiernach ein Anspruch auf Vertragsänderung oder -abschluss gegeben ist, wird eine Klage auf Einwilligung des Vertragspartners hierzu möglich.

(6) Verträge über künftige Werke

aa) Übersicht und gesetzliche Grundlagen. Den Ausverkauf des Schaffens eines **169** Urhebers bis in die ferne Zukunft hinein will § 40 UrhG verhindern, der bestimmt, dass ein Vertrag, durch den sich der Urheber zur Einräumung von Nutzungsrechten und künftigen Werken verpflichtet, die überhaupt nicht näher oder nur der Gattung nach bestimmt sind, der **schriftlichen Form** bedarf und von beiden Vertragsteilen nach Ablauf von 5 Jahren seit dem Abschluss des Vertrages mit einer Frist von sechs Monaten **gekündigt** werden kann. Auf das Kündigungsrecht kann im Voraus nicht verzichtet werden. Andere vertragliche oder gesetzliche Kündigungsrechte bleiben unberührt, § 40 Abs. 2 UrhG. Wenn in Erfüllung des Vertrages Nutzungsrechte an künftigen Werken eingeräumt worden sind, wird mit Beendigung des Vertrages die Verfügung hinsichtlich der Werke unwirksam, die zu diesem Zeitpunkt noch nicht abgeliefert sind, § 40 Abs. 3 UrhG.

Sinn und Zweck dieser Bestimmung ist es, den Urheber vor der Gefahr zu schützen, in Zukunft auf Grund nicht mehr zeitgemäßer, nachteiliger Bedingungen tätig sein zu müssen. Voraussetzung für die Anwendung des § 40 UrhG ist, dass die Werke **nicht konkret bestimmt** sind. Nicht konkret bestimmt sind die nur der **Gattung** nach bestimmten Werke des Urhebers. Entsprechend gilt § 40 für die zukünftige Verfügung über das Eigentum an noch nicht bestimmten Werkstücken (Hertin in Fromm/Nordemann a. a. O. § 40 Rdnr. 4).

bb) Fallgruppen. Verfügungen über künftige Werke trifft der Urheber in folgenden **170** Fällen: Bei Abschluss von Wahrnehmungsverträgen mit Verwertungsgesellschaften hinsichtlich der darin genannten Nutzungsrechte an künftig entstehenden Werken; bei Verträgen, worin sich der Verwerter die Option auf künftige Werke einräumen lässt; in Arbeitsverträgen, sofern darin urheberrechtliche Nutzungsbefugnisse vor Entstehen entsprechender Werke geregelt sind; bei Werkverträgen, die u. a. die Übereignung noch nicht existierender Werkstücke vorsehen.

cc) Schriftform. Derartige Vereinbarungen bedürfen zu ihrer Rechtswirksamkeit **171** der schriftlichen Form und sind nach 5 Jahren Laufzeit innerhalb einer Frist von 6 weiteren Monaten (falls nicht eine kürze Frist vereinbart ist) kündbar. Eine Verlängerung dieser Fristen durch Vertrag lässt das Gesetz nicht zu.

(7) Rückrufsrechte

aa) Überblick. Neben der regulären Beendigung der Nutzungsberechtigung durch **172** Zeitablauf, ordentliche oder außerordentliche Kündigung hat das Urheberrechtsgesetz mit den Rückrufsrechten wegen Nichtausübung und wegen gewandelter Überzeugung zu Gunsten des Urhebers besondere Möglichkeiten zur Beendigung des Nutzungsvertrages geschaffen.

bb) Rückrufsrecht wegen Nichtausübung. aaa) Gesetzliche Grundlagen. Übt der **173** Inhaber eines ausschließlichen Nutzungsrechts das Recht nicht oder nur unzureichend aus und werden dadurch berechtigte Interessen des Urhebers erheblich verletzt, so kann dieser das Nutzungsrecht zurückrufen, § 41 Abs. 1 UrhG. Diese Bestimmung ist eine Ausprägung des **Rechts auf Wirkung** (Fromm/Nordemann § 41 Rdnr. 2). Der Urheber soll davor geschützt werden, dass Verwerter ausschließliche Nutzungsrechte „auf Eis legen" und er wegen der Ausschließlichkeit der Rechteeinräumung so an der entsprechenden Nutzung des Werkes gehindert ist. Das Gesetz gewährt dem Erwerber des ausschließlichen Nutzungsrechts daher eine Frist, binnen derer das Recht genutzt werden muss und nach deren Ablauf der Rückruf droht, falls es nicht zu einer ausreichenden Nutzung gekommen ist. Selbst wenn der Verwerter sich gegenüber dem Urheber vertraglich nicht zu bestimmten Nutzungen verpflichtet hat, bleibt dem Urheber ein Druckmittel, um den Verwerter zur Nutzung zu bewegen oder aber wenigstens eine anderweitige Nutzung zu ermöglichen. Denn die Bestimmung des § 41 UrhG gilt **zwingend und ist nicht vertraglich abdingbar**, § 41 Abs. 4 UrhG. Möglich ist jedoch die **Verlängerung der Nutzungsfrist** auf höchstens 5 Jahre, § 41 Abs. 4 UrhG, sowie die vertragliche Bestimmung der vom Urheber zu setzenden **Nachfrist**. Das Rückrufsrecht steht dem Urheber gegen jeden Inhaber eines ausschließlichen Nutzungsrechtes zu, gleich, ob er dieses Nutzungsrecht direkt von ihm oder über Mittler erworben hat. Bei Übertragung mehrerer Nutzungsrechte innerhalb eines Vertrages gilt die Bestimmung für jedes einzelne Nutzungsrecht gesondert (Fromm/Nordemann a. a. O.).

174   bbb) Nichtausübung. Voraussetzung für das Entstehen des Rückrufsrechts aus § 41 UrhG ist die **unzureichende Ausübung des ausschließlichen Nutzungsrechts**. Hierzu zählt immer die Nichtausübung, wie das Gesetz selbst sagt. Diese ist immer eine Interessenverletzung des Urhebers, es sei denn, die Nutzung unterbleibt auf dessen Wunsch. Welche Nutzungen unzureichend sind, ergibt sich daraus, ob die Nutzungen dem vereinbarten Vertragszweck entsprechen. Dies beurteilt sich aus objektiver Sicht, wobei es neben dem Vertragsinhalt darauf ankommt, welche Nutzungsmöglichkeiten für ein Werk der fraglichen Gattung objektiv gegeben sind. Wirtschaftliche Gesichtspunkte aufseiten des Verwerters bleiben außer Betracht, da diese nicht dem Interesse des Urhebers an einer anderweitigen Nutzung des Werkes vorgehen können.

175   Die folgenden **Beispiele** bezeichnen typische Konstellationen für die unzureichende Ausübung von Nutzungsrechten:

Bildende Kunst: Die Nichtausstellung der Werke, an denen die Galerie das Ausstellungsrecht erworben hat.

Die Nichtverwendung des **Designs** z. B. zur Schaffung eines Posters, Stoffmusters oder einer Werbeanzeige.

Die Nichtverwendung von **Auftragsfotografien** z. B. als Illustration für eine Reportage oder als Titelbild.

Das Unterlassen von Bemühungen des **Bühnenverlegers**, nachhaltig und konkret Kontakte zu den Bühnen aufzunehmen, um das bei ihm verlegte Bühnenwerk anzupreisen.

Der **Musikverleger** muss nach der inzwischen üblichen Vertragsgestaltung zwar bei so genannter „U-Musik" keine Notenexemplare mehr fertigen (bei so genannter „E-Musik" ist dies wohl unerlässlich), er muss aber das Werk ausreichend propagieren, indem er Ton- und ggf. auch Videoaufzeichnungen („Demos") hiervon anfertigen lässt und diese nebst weiterem Werbematerial gezielt und fachgerecht wichtigen Verwertern und Medien (Rundfunk, Fernsehen, Zeitschriften, Zeitungen und Redakteuren) anbietet. Der Auftraggeber von Kompositionen oder Arrangements, der die Nutzungsrechte zur Aufführung oder Verwendung als Filmmusik erwirbt, muss das Werk aufführen lassen oder für den Film verwenden, wenn er das Entstehen des Rückrufsrechts verhindern will.

Reich

Das Unterlassen des **Verlegers von Schriftwerken**, eine ausreichende Zahl von Exemplaren aufzulegen und angemessene Werbung durch Inserate, Kontakte zu Rezensenten, Vertrieben und sonstigen Medien zu betreiben.

Die **Nichtverfilmung** des Werkes nach Erwerb des Verfilmungsrechts hieran, jedoch schließt der Beginn der Dreharbeiten den Rückruf aus, § 90 i. V. m. § 88 Abs. 1 und 89 Absatz 2 UrhG.

Der Inhaber des **Senderechts** bzw. des Wiederholungssenderechts unterlässt die Sendung.

Der Auftraggeber des **Architekten** baut das geplante Haus nicht.

ccc) Missbrauchsverbot. Die vom Gesetz geforderte erhebliche Verletzung berech-**176** tigter Interessen des Urhebers ist grundsätzlich immer gegeben, wenn ein Nutzungsrecht gar nicht oder objektiv unzureichend ausgeübt wird. Dem Urheber ist es jedoch verwehrt, **willkürlich oder missbräuchlich sein Rückrufsrecht auszuüben.** So gewährt das Gesetz dem Urheber das Rückrufsrecht nicht, wenn Umstände vorliegen, die die Nutzung des Werkes be- oder verhindern und deren Behebung dem Urheber zumutbar ist, § 41 Abs. 1 Satz 2 UrhG. Die Zielsetzung dieser Einschränkung ist etwas unklar; denn geschmacksbedingte Veränderungen seines Werkes sind dem Urheber grundsätzlich unzumutbar. Es wird sich schon um Umstände objektiver Natur (vgl. Fromm/Nordemann § 41 Rdnr. 5), z. B. leicht zu behebende mangelnde Aktualität oder Verletzungen von Rechten Dritter, handeln müssen.

ddd) Fristen. Das Rückrufsrecht kann nicht vor Ablauf von 2 Jahren seit Einräu-**177** mung oder Übertragung des Nutzungsrechts oder, wenn das Werk später abgeliefert wird, seit der Ablieferung geltend gemacht werden. Bei einem Beitrag zu einer Zeitung beträgt die Frist 3 Monate, bei einem Beitrag zu einer Zeitschrift, die monatlich oder in kürzeren Abständen erscheint, 6 Monate und bei einem Beitrag zu anderen Zeitschriften 1 Jahr, § 41 Abs. 2 UrhG. Die Nutzungsfrist beginnt bei Einräumung oder Übertragung des Nutzungsrechtes oder bei Ablieferung des Werkes, je nachdem, was später eintritt. Überträgt ein Nutzungsberechtigter das ausschließliche Nutzungsrecht weiter, so steht dem neuen Nutzungsrechtsinhaber die volle Frist zu (Fromm/Nordemann § 41 Rdnr. 8).

Der Rückruf kann erst erklärt werden, nachdem der Urheber dem Inhaber des Nutzungsrechts unter Ankündigung des Rückrufs eine **angemessene Nachfrist** zur hinreichenden Ausübung des Nutzungsrechts bestimmt hat. Der Bestimmung der Nachfrist bedarf es nicht, wenn die Ausübung des Nutzungsrechts seinem Inhaber unmöglich ist oder von ihm verweigert wird oder wenn durch die Gewährung einer Nachfrist überwiegend Interessen des Urhebers gefährdet werden, § 41 Abs. 3 UrhG. Ob eine Frist angemessen ist, hängt davon ab, ob sie objektiv eine Nutzung ermöglicht. Hierbei ist auf die objektiven Erfordernisse der Branche Rücksicht zu nehmen (s. Fromm/Nordemann § 41 Rdnr. 9), nicht jedoch auf das subjektive Vermögen oder Unvermögen des Adressaten. Angemessen ist die kürzeste ausreichende Frist. Im Übrigen sind für schnelllebigere Werke, z. B. solche der populären Musik oder Literatur, kürzere Nachfristen von 3 bis 6 Monaten angemessen. Bei Werken, deren Nutzung einen höheren Realisierungsaufwand erfordert, wie z. B. Bühnenwerken oder Filmwerken, werden je nach Fallgestaltung Fristsetzungen von 6 bis 12 Monaten angemessen sein.

Eine Nachfrist muss nicht gesetzt werden, wenn dem Inhaber des Nutzungsrechtes **178** jede **Nutzungsmöglichkeit abhanden kommt,** etwa im Falle der Zahlungsunfähigkeit (Insolvenz und ähnliches), bei der Aufgabe des entsprechenden Geschäftszweiges oder anderen objektiven Umständen oder wenn der Nutzungsrechtsinhaber eine entsprechende Nutzung ablehnt oder von objektiv unzumutbaren Bedingungen abhängig machen will. Auch sind Nachfristsetzungen nicht erforderlich, wenn es sich um Werke von flüchtiger Aktualität handelt. Dies mag im Bereich aktueller Stellungnahmen zu politischen oder anderen Nachrichtenereignissen möglich sein und dem Rundfunkkommentator oder dem Fotografen aktueller Ereignisse das Recht geben, ohne Nachfristsetzung das ausschließliche Nutzungsrecht zurückzurufen. Die Urheber von Beiträgen für periodische Sammelwerke (Zeitungen und Zeitschriften) können auf Grund der besonderen Regelung des § 45 Verlagsgesetz den Verlagsvertrag fristlos kündigen, wenn der Beitrag nicht spätestens innerhalb eines Jahres nach Ablieferung an den Verleger veröffentlicht wird.

179   eee) Erklärung. Der Rückruf bedarf einer entsprechenden Erklärung, mit deren **Zugang** er wirksam wird. Es empfiehlt sich, den Zugang beweiskräftig, am besten über einen Gerichtsvollzieher per Postzustellungsurkunde zu bewirken und hierbei ausdrücklich „den Rückruf" zu erklären. Falls die Erklärung sich anderer Worte bedient, muss deren Sinn erforscht werden, § 157 BGB. Eine falsche Bezeichnung etwa als „Kündigung" wäre dann unschädlich, wenn erkennbar sinngemäß der Rückruf gemeint sein soll.

180   fff) Entschädigungspflicht. Das Gesetz bestimmt im Absatz 6 des § 41 UrhG, dass der vom Rückruf Betroffene zu entschädigen ist, wenn die **Billigkeit** dies erfordert. Die Verwendung des Begriffes der „Billigkeit" macht deutlich, dass im Gegensatz zur „Angemessenheit" die Entschädigung nur in besonders begründeten Ausnahmefällen (vgl. Fromm/Nordemann § 41 Rdnr. 1; Wenzel/Burkhardt a. a. O. S. 107) gewährt werden kann. Der Umstand, dass der Verwerter für das ausschließliche Nutzungsrecht eine Vergütung gezahlt hat, muss hierbei außer Betracht bleiben, da durch diese Vergütung die Nutzungsberechtigung honoriert wird, nicht die Nutzung selbst. Auch scheidet eine Entschädigung des Nutzungsrechtsinhabers immer dann aus, wenn die Nutzung durch sein Verschulden unterbleibt.

181   cc) Der Rückruf des Nutzungsrechts aus gewandelter Überzeugung. aaa) Überblick und gesetzliche Grundlagen. Der Veränderung der Überzeugung des Urhebers im Hinblick auf sein früheres Schaffen – etwa im Hinblick auf die eigene Entwicklung oder auf Veränderungen in Wissenschaft, Kunst oder Gesellschaft – will das Rückrufsrecht wegen gewandelter Überzeugung gerecht werden, das es dem Urheber ermöglicht, bereits erteilte Nutzungsrechte zurückzurufen, wenn das Werk seiner Überzeugung nicht mehr entspricht und ihm deshalb die Verwertung des Werkes nicht mehr zugemutet werden kann, § 42 Abs. 1 Satz 1 UrhG. Auf dieses Recht kann der Urheber vor Eintritt des Überzeugungswandels nicht verzichten, § 42 Abs. 2 UrhG. Das Gesetz stellt für die Ausübung des Rückrufsrechts aus gewandelter Überzeugung strenge Voraussetzungen auf.

182   bbb) Überzeugungswandel. Zunächst muss der Urheber darlegen, dass in ihm im Hinblick auf das betroffene Werk ein Überzeugungswandel eingetreten ist. Das Gesetz geht davon aus, dass Gegenstand eines Überzeugungswandels **Werke aller Gattungen** sein können, also nicht nur Werke rationaler Aussage, sondern auch Werke der Kunst, Musik u. ä. Dabei genügt nicht die bloße Behauptung, die Überzeugung habe sich gewandelt. Vielmehr muss der Urheber den Überzeugungswandel durch Mitteilung der diesem zugrunde liegenden inneren oder äußeren Tatsachen darstellen (vgl. Fromm/ Nordemann § 42 Rdnr. 5).

183   ccc) Ultima ratio-Grundsatz. Doch berechtigt nicht jeder Überzeugungswandel zur Ausübung des Rückrufsrechts. Vielmehr gilt hier insoweit das Prinzip der „Ultima Ratio", sodass der Urheber zunächst prüfen muss, ob sein Werk durch ihm **zumutbare**

Änderungen seiner geltenden Überzeugung angepasst werden kann. Erst wenn dies nicht möglich ist oder vom Inhaber des Nutzungsrechts abgelehnt wird und zudem die weitere Nutzung des Werkes dem Urheber unzumutbar ist, darf er den Rückruf erklären. Was **unzumutbar** ist, wird nach objektivierten Kriterien im Streitfall vom Gericht entschieden. Es würde allerdings zu weit gehen, die weitere Nutzung des Werkes nur dann als unzumutbar anzusehen, wenn dem Urheber hieraus eine Rufschädigung droht. Das **Urheberpersönlichkeitsrecht** verlangt Respekt vor der Entscheidung des Urhebers darüber, mit welchen Werken und in welcher Weise er in der Öffentlichkeit präsent sein will. Die Interessen des Verwerters müssen gegenüber dem Persönlichkeitsrecht des Urhebers zurücktreten. Im Übrigen sind die Verwerterinteressen bereits durch die weiteren Voraussetzungen des § 42 UrhG gesichert.

ddd) Sicherheitsleistung. Das Gesetz lässt die Rückrufserklärung des Urhebers erst **184** dann wirksam werden, wenn dieser dem Nutzungsberechtigten die durch den Rückruf nutzlos werdenden **Aufwendungen** erstattet oder hierfür **Sicherheit** leistet, § 42 Abs. 3 UrhG. Der Nutzungsberechtigte muss ferner binnen drei Monaten nach Zugang der Rückrufserklärung eine schlüssige Berechnung der seiner Ansicht nach zu erstattenden Aufwendungen dem Urheber gegenüber erstellen. Dafür muss er allerdings Aufwendungen, die auf bereits gezogene Nutzungen entfallen, außer Betracht lassen. Dies bedeutet, dass Aufwendungen, die bereits durch von ihm getätigte Verwertungshandlungen gedeckt sind, nicht nochmals vom Urheber erstattet werden müssen. Den **entgangenen Gewinn** kann der Verwerter im Rahmen der dem Urheber ferner auferlegten Pflicht zu angemessenem Schadensersatz erstattet verlangen. Damit wird deutlich, dass dem Urheber die Ausübung des Rückrufsrechts wegen gewandelter Überzeugung teuer zu stehen kommen kann.

Der **Rechtsnachfolger** des verstorbenen Urhebers kann ebenfalls das Rückrufsrecht ausüben, sofern ein Überzeugungswandel bereits zu Lebzeiten des Urhebers selbst eingetreten ist und der Urheber die Ausübung des Rückrufsrechts letztwillig verfügt hat oder zu Lebzeiten daran gehindert war, § 42 Abs. 1 Satz 2 UrhG.

eee) Wiederverwertung. Sofern der Urheber sich später entschließen sollte, das zu- **185** rückgerufene Werk wieder zu verwerten, muss er dem Nutzungsberechtigten, der sein Nutzungsrecht durch Rückruf verloren hat, das Werk wieder zur Verwertung **anbieten**, § 42 Abs. 4 UrhG. Bieten ihm jedoch andere Interessenten bessere Bedingungen, so ist er nicht gehindert, mit diesen einen Nutzungsvertrag zu schließen (Fromm/Nordemann § 42 Rdnr. 10). Die völlige Übergehung des bisherigen Nutzungsberechtigten macht den Urheber jedoch schadensersatzpflichtig.

fff) Sonstiges. Für **Filmwerke** gilt eine Ausnahmeregelung. Die Rechte zur Verviel- **186** fältigung und Nutzung des Filmwerks unterliegen nach Beginn der Dreharbeiten nicht dem Rückruf, § 90 i. V. m. § 88 Abs. 1 und 89 Abs. 1 UrhG. Dies gilt mit Rücksicht auf den hohen Aufwand der Filmherstellung, der schon bei Beginn der Dreharbeiten weitgehend entstanden ist.

11. Schutzfristen

Das Urheberrecht erlischt **siebzig Jahre** nach dem Tode des Urhebers, § 64 UrhG. **187** Das Urheberrecht als geistiges Eigentum steht also schlechter als das Sacheigentum, welches nie erlischt und unbeschränkt weiter vererbt werden kann. Die Rechtsfolge des Schutzfristenablaufs besteht darin, dass die betroffenen Werke **gemeinfrei** werden, d. h. von jedem in beliebiger Weise genutzt, bearbeitet und verändert werden dürfen, ohne dass hierfür an die Rechtsnachfolger der Urheber oder Verwertungsgesellschaf-

Reich

ten Vergütungen gezahlt werden müssen. Dies hat zur Folge, dass diese Werke gegenüber den Werken lebender Urheber kostengünstiger verwertet werden können und so
einen Wettbewerbsvorteil am Markt haben, was kulturell bedenkliche Auswirkungen
haben kann. Dieser Umstand spricht für die Einführung eines Urhebergemeinschaftsrechts, dessen Erlöse allen heute lebenden Urhebern zugute kommen sollten.

188   Rechtspolitisch und -philosophisch wird die Frage, ob Schutzfristen sein müssen,
kontrovers diskutiert. Einerseits fragt sich, mit welcher Rechtfertigung die Erben der
Urheber schlechter gestellt werden als die Erben von Sacheigentümern. Wenn der Gesetzgeber schon die Notwendigkeit einer Enteignung nach Schutzfristablauf sieht,
sollte er aus kulturpolitischen Gründen die Nutzung der gemeinfreien Werke ebenso
der Vergütungspflicht unterstellen wie die Nutzung geschützter Werke. Mit den Ertrá-
gen könnten z. B. Stiftungen zur Förderung der entsprechenden Schaffensgattungen
ausgestattet werden. Deshalb ist der Vorschlag eines **Urhebergemeinschaftsrechts** er-
wägenswert. So könnte z. B. die Nutzung von Mozarts Musik heute lebenden Komponisten zugute kommen (dagegen Rehbinder a. a. O. Rdnr. 535 mit der Polemik, das Urheberrecht sei „kein Recht der Sozialhilfe").

189   Für **Miturheber** gilt, dass das Urheberrecht siebzig Jahre nach dem Tode des **längstlebenden Miturhebers** erlischt, § 65 Abs. 1 UrhG, „... *bei Filmwerken und Werken,
die ähnlich wie Filmwerke geschaffen werden, erlischt das Urheberrecht nach dem Tod
des Längstlebenden der folgenden Personen: Hauptregisseur, Urheber des Drehbuchs,
Urheber der Dialoge, Komponist der für das betreffende Wilmwerk komponierten Musik*" (§ 65 Abs. 2 UrhG). Die Schutzfristen für **anonyme und pseudonyme Werke** laufen siebzig Jahre nach der Veröffentlichung des Werkes ab, sofern der wahre Name
oder ein bekannter Name des Urhebers nicht auf Werk- oder Vervielfältigungsstücken
oder bei der öffentlichen Wiedergabe des Werkes angegeben worden ist, § 66 Abs. 1
Satz 1 UrhG, jedoch bereits siebzig Jahre nach der Schaffung des Werkes, wenn das
Werk innerhalb dieser Frist nicht veröffentlicht worden ist, § 66 Abs. 1 Satz 2 UrhG,
es sei denn, der Urheber offenbart seine Identität innerhalb der in Abs. 1 bezeichneten
Frist oder das Pseudonym lässt keinen Zweifel an seiner Identität zu, oder das Werk
wird durch den Urheber, seinen Rechtsnachfolger oder Testamentsvollstrecker zur
Eintragung in das Register anonymer und pseudonymer Werke angemeldet, (§ 138
UrhG), dann ist für die Schutzfrist der Tod des Urhebers maßgeblich, §§ 66 Abs. 2
UrhG.

Die Fristen beginnen jeweils mit Ablauf des Kalenderjahres, in dem das für den Beginn der Frist maßgebliche Ereignis (Tod, Veröffentlichung, Schaffung des Werkes)
eingetreten ist, § 69 UrhG.

12. Schranken des Urheberrechts

a) Überblick

190   Das Urheberrecht unterliegt auch hinsichtlich bestimmter Nutzungen Beschränkungen, zu deren Rechtfertigung Interessen der Allgemeinheit genannt werden. Diese
sind in den §§ 44a bis 63a UrhG geregelt und gelten entsprechend auch für ausübende
Künstler und Veranstalter, § 83 UrhG. Im Folgenden wird nur auf die für diesen Personenkreis bedeutsamsten Bestimmungen eingegangen, soweit diese nicht in anderen
Kontexten wiedergegeben werden.

b) Einzelheiten

(1) Das Zitatrecht

aa) Grundlagen. Die Vervielfältigung, Verbreitung und öffentliche Wiedergabe er- **191**
laubt § 51 UrhG, wenn in einem durch den Zweck gebotenen Umfang

1. einzelne Werke nachdem Erscheinen in ein selbstständiges wissenschaftliches Werk
   zur Erläuterung des Inhalts aufgenommen werden,
2. Stellen eines Werkes nach der Veröffentlichung in einem selbstständigen Sprachwerk angeführt werden,
3. einzelne Stellen eines erschienenen Werkes der Musik in einem selbständigen Werk
   der Musik angeführt werden.

Von einem Zitat spricht man, wenn ein vorbestehendes Werk oder ein Teil hiervon
in einem neuen Werk als **Beleg** angeführt wird und hierbei die **Quelle** genannt wird.
Das zulässige Zitat darf verwertet werden, ohne dass dem Urheber hierfür eine Vergütung gezahlt werden muss. Fehlt die Quellenangabe, so liegt ein **Plagiat** vor.

Qualitativ wird zwischen **Groß- und Klein-Zitaten** unterschieden. Groß-Zitate
nennen vollständige Werke, Klein-Zitate Auszüge daraus. Das Groß-Zitat, also das Zitat eines vollständigen Werkes lässt das Gesetz durch § 51 Ziff. 1 UrhG zu. Die Rechtsprechung erlaubt ferner unter besonderen Voraussetzungen (vgl. hierzu KG UFITA
54, 296; LG Berlin GRUR 1978, 108 ff. [110]; LG München UFITA 77; 289 ff.) auch
das Zitat ganzer Bilder, welches ebenfalls als Groß-Zitat gilt. Alle Arten von Zitaten
haben gemeinsame Voraussetzungen. Sie müssen in einem selbstständigen Werk wiedergegeben werden. Das selbstständige Werk kann auch in einer Sammlung bestehen,
deren schöpferische Eigenart in der Art und Auswahl der Beiträge besteht. Eine Umgehung des Gesetzes wird durch das Erfordernis ausgeschlossen, dass das neue Werk
auch ohne das einzelne Zitat als eigenständiges Werk Bestand haben muss. Das Zitat ist
ferner nur insoweit zulässig, als es erforderlich ist, um eine Aussage des neuen Werkes
zu belegen (s. z. B. Wenzel/Burkhardt a. a. O. Rdnr. 6.13). Das letztere Erfordernis bereitet jedoch Schwierigkeiten außerhalb der Gattung der Sprachwerke. Um ein Beleg
zu sein, muss das Zitat in einem inneren und äußeren Bezug zu dem zitierenden Werk
stehen. Die Verpflichtung zur Quellenangabe, die Voraussetzung für die Zulässigkeit
des Zitats ist, spricht § 63 UrhG aus.

bb) Lücken. Die Betrachtung der Rechtsprechung und -lehre zum Zitatrecht in **192**
den verschiedenen Werkgattungen zeigt, dass nur ein **Ausschnitt** desselben vom Gesetz geregelt worden ist. So regelt § 51 UrhG nicht das **Bildzitat**, das **Zitat der Bühnendarstellung** (mit Ausnahme des Sprachwerkes selbst) und das **Filmzitat**. Dennoch
wird das Zitat stiller oder bewegter Bilder allgemein, unter den oben genannten engen
Voraussetzungen, für zulässig gehalten. Die Rechtsprechung zur Zulässigkeit von
Bildzitaten im politischen Meinungskampf sieht als Grundlage hierfür das Grundrecht
aus Art. 5 GG (vgl. Wenzel/Burkhardt a. a. O. S. 129 sowie LG München I UFITA 77,
289 ff.; LG Frankfurt UFITA 94, 338; KG UFITA 54, 296). Da die Freiheit der politischen Meinungsäußerung kaum höheren Rang beanspruchen kann als die Freiheit der
Kunst, Wissenschaft und Lehre, wird man das Zitatrecht unmittelbar aus den entsprechenden Freiheitsgarantien des Art. 5 GG herleiten müssen, freilich beschränkt insoweit, als die Rechte und Interessen der Urheber an ihrem geistigen Eigentum nicht
mehr als unbedingt vermeidbar berührt oder eingeschränkt werden dürfen. Vor diesem
Hintergrund kann § 51 UrhG nur als ausschnittweise und insoweit verbindliche Regelung des Bereichs „Zitatrecht" gelten.

Reich

193   cc) Beispiele. Die Bestimmung des § 51 Nr. 1 UrhG erlaubt das **Groß-Zitat** ausdrücklich nur in **wissenschaftlichen Werken**. Zur Wissenschaft gehören Forschung
und Lehre, vgl. Art. 5 Abs. 3 GG. Wissenschaftliche Werke sind daher sowohl solche,
die die Wissenschaft bereichern, als auch jene, die sie lediglich vermitteln. Die Werkgattung selbst bestimmt das Gesetz nicht. Es kann sich bei den zitierenden Werken sowohl um Schriftwerke als auch um andere Sprachwerke wie Vorträge, Sendungen
u. Ä., um Filmwerke oder Computer-Dateien handeln, also um all jene Medien, die geeignet sind, eine rationale Aussage zu vermitteln. Die zitierten Werke können allen
Gattungen angehören. Das Groß-Zitat ist zulässig, soweit der Belegzweck es erfordert.
Innerhalb der übrigen – **nicht-wissenschaftlichen** – **Sprachwerke** lässt das Gesetz gemäß § 51 Nr. 2 UrhG nur das Zitat von „Stellen eines Werkes", also **Klein-Zitate** zu,
soweit diese als Beleg erforderlich sind. Zu den Sprachwerken gehören Schriftwerke,
Vorträge, Computer-Programme u. ä. Die zitierten Werke können allen Werkgattungen angehören, soweit der Zweck des Zitates dies erfordert, also etwa kurze Notenzi-
tate oder Klangbeispiele beinhalten.

194   Unter einem **Musikzitat** versteht das Gesetz lediglich den in § 51 Nr. 3 UrhG ausdrücklich genannten Fall (s. o. Rdnr. 191), nicht also die Wiedergabe von Notentexten
in Sprach- oder wissenschaftlichen Werken, Filmen oder Werken anderer Gattung. Da
eine Quellenangabe nicht Gegenstand einer musikalischen Aussage sein kann, muss
der Auszug aus dem fremden Werk in anderer, musikalisch sinnvoller Weise mit den
Attributen eines Zitats versehen werden. Dies mag dadurch geschehen, dass das zitierte
Thema des neuen Werkes nur gelegentlich angeführt wird, nicht aber ein grundlegender Bestandteil desselben ist, wie im Falle des Themas, welches zur Grundlage von Variationen gemacht wird (zum starren Schutz der Melodie s. o. Rdnr. 83). Ferner kommt
die Funktion des Musikzitats als Beleg für eine Ansicht des Komponisten nicht in Betracht, da diese eine rationale Aussage in sprachlichen oder mathematischen Kategorien erfordert. Nicht erforderlich ist es, das Musikzitat in der Partitur mit einer Quellenangabe zu versehen, denn diese ginge deshalb ins Leere, weil die wenigsten Zuhörer
die Partitur mitzulesen pflegen.

195   In den Bereichen **bildende Kunst, Design, darstellende Kunst und Film**, aber nicht
nur hier, besteht die Problematik des Zitierens stiller oder bewegter Bilder. Analog
dem Musikzitat ist unter einem **Bildzitat** im engeren Sinne nur die Wiedergabe eines
vorbestehenden Bildes oder einer Bilderfolge in einem neuen Bild oder Filmwerk zu
verstehen. Der Begriff des Bildzitats wird in Rechtsprechung und -lehre auch für das
Zitieren von Still-Bildern in Sprachwerken und Filmwerken verwendet. Allen Fallgruppen gemeinsam ist das Problem, dass ein Bild häufig ausschnittweise nicht ohne
völligen Sinnverlust wiedergegeben werden kann (die Collage bedient sich dessen als
Stilmittel). Es bleibt daher häufig nur die Möglichkeit, das gesamte Bild zu zeigen, um
dessen Aussage zu erhalten. Das Bild ist in solchen Fällen nicht weniger reduzierbar als
ein kurzer Satz, der kein Wort zu viel enthält. Der Definition nach ist daher ein Bildzitat, obwohl Groß-Zitat, zugleich nicht weiter reduzierbar, also Klein-Zitat. Diese Erkenntnis wird von der Rechtsprechung häufig als Begründung für die Zulässigkeit des
Zitates ganzer Bilder, insbesondere in der politischen Auseinandersetzung gesehen.
Richtigerweise darf auch das Zitat geschützter Bildwerke nicht zulasten des Urhebers
einseitig mit der politischen Meinungsfreiheit begründet werden.
     Im Gegensatz zum Zitat des stillen Bildes ist das Zitat bewegter Bilder regelmäßig
als Groß- oder Klein-Zitat möglich, aber nur als letzteres zulässig. Entsprechendes
muss daher für den Fall des Zitats der bühnenmäßigen Darstellung gelten.

Reich

(2) Die Privilegierung der aktuellen Berichterstattung

aa) Berichterstattung über Tagesereignisse. Zur Bild- und Tonberichterstattung **196** über Tagesereignisse durch Funk und Film sowie in Zeitungen oder Zeitschriften, die im Wesentlichen den Tagesinteressen Rechnung tragen, dürfen Werke, die im Verlauf der Vorgänge, über die berichtet wird, wahrnehmbar werden, in einem durch den Zweck gebotenen Umfang vervielfältigt, verbreitet und öffentlich wiedergegeben werden, § 50 UrhG. Diese eng auszulegende **Sonderregelung** geht davon aus, dass bei Gelegenheit der Berichterstattung über Tagesereignisse Werke oder Bruchteile hiervon kurz wahrnehmbar werden, ohne dass hierdurch die Verwertung des Berichtes mangels Zustimmung des Urhebers, der in hinreichend kurzer Zeit meist kaum erreichbar sein dürfte, vereitelt werden soll. Wird über ein geschütztes Werk selbst berichtet, so müssen in jedem Fall hierfür die entsprechenden Nutzungsrechte erworben werden. Diese klare Abgrenzung weicht der Bundesgerichtshof jedoch auf, indem er die Wiedergabe des Kunstwerkes selbst im Rahmen der Tagesberichterstattung zugelassen hat (BGH NJW 1983, 1199). Sofern der Bericht nicht mehr aktuell über Tagesereignisse berichtet, entfällt die Privilegierung durch § 50 UrhG, und es müssen die erforderlichen Nutzungsrechte erworben werden, es sei denn die Werke sind bloß unwesentliches Beiwerk im Sinne des § 57 UrhG.

bb) Reden, Rundfunkkommentare und Zeitschriftenartikel. Dem Bedürfnis der **197** Öffentlichkeit nach Information über aktuelle Reden, Zeitungsartikel und Rundfunkkommentare entsprechen die Bestimmungen der §§ 48 und 49 UrhG mit der nachfolgend dargestellten Abstufung.

Reden zu Tagesfragen dürfen in der Tagespresse (Zeitungen und anderen periodisch erscheinenden Druckerzeugnissen der aktuellen Berichterstattung) vervielfältigt und verbreitet sowie öffentlich wiedergegeben werden, ohne dass dies eine Vergütungspflicht auslöst, § 48 Abs. 1 Nr. 1 UrhG.

Rundfunkkommentare und Zeitschriftenartikel, die politische, wirtschaftliche oder religiöse Tagesfragen betreffen, dürfen in Zeitungen und Tagesinteressen dienenden Informationsblättern o. ä. vervielfältigt und verbreitet sowie öffentlich wiedergegeben werden, es sei denn, sie sind bei Veröffentlichung mit einem Vorbehalt der Rechte versehen worden. Der **Rechte-Vorbehalt** muss konkret zu jedem einzelnen Artikel oder Kommentar erklärt werden. Ein pauschaler, allgemeiner Vorbehalt reicht nicht aus.

Die Vervielfältigung, Verbreitung sowie öffentliche Wiedergabe ist entsprechend dem Tarif der zuständigen Verwertungsgesellschaft (der VG Wort) **vergütungspflichtig**, § 49 Abs. 1 UrhG. Zu nicht mehr aktuellen Ereignissen sind entsprechende Nutzungen nicht mehr zulässig. Dies gilt z. B. für **Jahresübersichten** und die spätere Veröffentlichung einst der aktuellen Tagesberichterstattung dienender Fotos zu einem anderen Zweck (vgl. LG Hamburg GRUR 1989, 591 ff. – Neonrevier).

(3) Die Privilegierung der Werknutzung zu Schul-, Kirchen-, behördlichen und Justiz-
    zwecken

Geschützte Werke dürfen zur Verwendung vor Gericht und Behörden oder durch **198** Gerichte und Behörden vervielfältigt, verbreitet, ausgestellt oder öffentlich wiedergegeben werden, § 45 UrhG, ohne dass hierfür der Urheber eine Vergütung erhält.

Nach der Veröffentlichung zulässig – wenn auch gegen Vergütung – „... *ist die Vervielfältigung, Verbreitung und öffentliche Zugänglichmachung von Teilen eines Werkes, von Sprachwerken oder von Werken der Musik von geringem Umfang, von einzel-*

nen Werken der bildenden Künste oder einzelnen Lichtbildwerken als Element einer Sammlung, die Werke einer größeren Anzahl von Urhebern vereinigt und nach ihrer Beschaffenheit nur für den Unterrichtsgebrauch in Schulen, in nichtgewerblichen Einrichtungen der Aus- und Weiterbildung oder in Einrichtungen der Berufsbildung oder für den Kirchengebrauch bestimmt ist. In den Vervielfältigungsstücken oder bei der öffentlichen Zugänglichmachung, ist deutlich anzugeben, wozu die Sammlung bestimmt ist.", § 46 Abs. 1 UrhG. Dies gilt allerdings „... für Werke der Musik, nur, wenn diese Elemente einer Sammlung sind, die für den Gebrauch im Musikunterricht in Schulen mit Ausnahme der Musikschulen bestimmt ist.", § 46 Abs. 2 UrhG.

199   Diese Werkausschnitte oder Werke müssen Teile **einer Sammlung von Beiträgen einer größeren Anzahl von Urhebern** sein. Unter einer größeren Anzahl wird eine mindestens zweistellige Zahl (vgl. Fromm/Nordemann § 46 Rdnr. 3) zu verstehen sein. Dient die Sammlung nicht ausschließlich zu Schulzwecken, erfährt das Verwertungsrecht des Urhebers keine Einschränkung, § 46 UrhG. Interessanterweise privilegiert das Gesetz zwar die allgemein bildenden Schulen, nicht jedoch Hoch-, Privat- oder Musikschulen (Fromm/Nordemann § 46 Rdnr. 4). Der Verwerter muss den Urhebern vor der Verwendung ihrer Werke eine entsprechende Mitteilung machen, § 46 Abs. 3 UrhG. Für die Vervielfältigung und Verbreitung ist dem Urheber eine **angemessene Vergütung** zu zahlen, § 46 Abs. 4 UrhG. Angemessen ist in der Regel eine Beteiligungsvergütung, wie sie für entsprechende Werke üblich ist.

200   Dem Urheber bleibt das Recht, sein Werk wegen gewandelter Überzeugung **zurückzurufen**, § 42 UrhG (zu den Rückrufsrechten s. Rdnr. 172 ff.). Erklärt er den Rückruf innerhalb der in § 46 Abs. 3 UrhG bestimmten 2-Wochen-Frist nach Absendung der Mitteilung an ihn oder bevor der Verwerter Aufwendungen im Hinblick auf die Werknutzung macht, oder hat er den Rückruf bereits in der Vergangenheit erklärt, so scheidet selbstverständlich mangels eines Schadens eine Schadensersatzpflicht gemäß § 42 Abs. 3 UrhG aus. Entsprechendes gilt für die Aufwendungsersatzpflicht, da der Nutzer dann noch keine Aufwendungen getätigt haben kann.

201   Zulässig, wenn auch regelmäßig nur gegen angemessene Vergütung ist auch die öffentliche Wiedergabe veröffentlichter Werke, wenn die **Wiedergabe keinem Erwerbszweck** des Veranstalters dient und die Teilnehmer **kein Entgelt** zahlen müssen und es sich nicht um öffentliche bühnenmäßige Darstellungen, öffentliche Zugänglichmachungen und Funksendungen eines Werkes sowie öffentliche Vorführungen eines Filmwerkes handelt, die stets nur mit Einwilligung des Berechtigten zulässig sind, § 52 UrhG, sowie die öffentliche Zugänglichmachung von Werkteilen für Unterrichts- und Forschungszwecke, § 52a UrhG.

(4) Vervielfältigung zu privatem oder sonstigem eigenen Gebrauch

202   Die Regelung des § 53 UrhG erklärt die Herstellung einzelner Vervielfältigungsstücke eines Werkes durch eine natürliche Person auf beliebigen Trägern zum privaten Gebrauch für zulässig, soweit sie nicht Erwerbszwecken dient und dafür keine „offensichtlich rechtswidrige Vorlage" verwendet wird. Angesichts der massenhaften digitalen Kopie von Musikaufnahmen, Filmen, Software, aber auch der Fotokopien und der schon anachronistischen analogen Ton- und Videokassettenüberspielungen deklariert das Gesetz den ohnehin nicht kontrollierbaren Bereich der privaten Vervielfältigung weitgehend für frei (vgl. Hubmann ZUM 1988, 4 ff. [9]) und versucht, die Urheber durch die in §§ 54 bis 54h UrhG geregelten gesetzlichen Vergütungen zu beteiligen, die allerdings die Verluste nicht kompensieren können, die durch das massenhafte digitale Kopieren inzwischen besonders den Musikurhebern und -Interpreten und insgesamt

besonders der Musikindustrie schwere Verluste und sogar Schäden zugefügt haben und künftig auch der Filmindustrie zufügen werden, sobald die Übertragungsleistungen im Internet und per Mobilfunk weiter steigen, zumal die gesetzlichen Abgaben unter dem Einfluss der entsprechenden Lobby eher gering ausfallen.

Zum privaten Gebrauch dürfen nicht **Noten** oder im Wesentlichen **vollständige** 203 **Bücher** oder **Zeitschriften** vervielfältigt werden, es sei denn, sie werden per Hand abgeschrieben, § 53 Abs. 4 UrhG. Übertragungen von Werken auf **Bild- oder Tonträger** und Vervielfältigungen von **Werken der bildenden Künste** dürfen von „einem anderen" nur hergestellt werden, wenn dies unentgeltlich erfolgt, § 53 Abs. 1 UrhG. Kommerzielle Kassetten-, Videoband-, Fotokopier- oder Fotoreproduktionsbetriebe können sich daher nicht zur Vermeidung von Urheberabgaben darauf berufen, dass ihre Kunden für private Zwecke Kopien anfertigen lassen. Unter „einzelnen" Vervielfältigungsstücken versteht die Rechtsprechung übrigens bis zu sieben Exemplare pro Vorlage (BGH GRUR 1978, 474 ff. [476]). **Datenbankwerke** (vgl. § 4 Abs. 3 UrhG), deren Elemente einzeln mithilfe elektronischer zugänglich sind, dürfen nicht zum persönlichen Gebrauch vervielfältigt werden, es sei denn es handelt sich um wissenschaftlichen Gebrauch oder Gebrauch zu nicht gewerblichen Unterrichtszwecken, § 53 Abs. 5 UrhG.

Ferner erlaubt § 53 Abs. 2 UrhG den eigenen wissenschaftlichen Gebrauch, den Ge- 204 brauch zu eigenen Archivzwecken, den Gebrauch zur eigenen Unterrichtung über Tagesfragen, Vervielfältigungen kurzer Auszüge oder eines mindestens seit zwei Jahren vergriffenen Werkes. Zum **„eigenen Gebrauch"** zählt nach Ansicht der h. M. beispielsweise auch der unternehmensinterne Gebrauch. Druckwerke dürfen auszugsweise zu Bildungszwecken oder für Prüfungszwecke in der unbedingt erforderlichen Zahl zum eigenen Gebrauch hergestellt werden, § 53 Abs. 3 UrhG. Die Vervielfältigungsstücke dürfen jedoch weder verbreitet noch zu öffentlichen Wiedergaben benutzt werden, § 53 Abs. 6 UrhG. In § 53 Abs. 7 UrhG wird ferner klargestellt, dass die Aufnahme öffentlicher Vorträge, Aufführungen oder Vorführungen eines Werkes auf Bild- oder Tonträger, die Ausführung von Plänen und Entwürfen zu Werken der bildenden Künste und der Nachbau eines Werkes der Baukunst zum privaten oder eigenen Gebrauch nicht zulässig sind.

(5) Geräte- und Bild-/Tonträgerabgaben

Für die Urheber kassieren und verteilen die Verwertungsgesellschaften (z. B. 205 GEMA, VG-BildKunst, VG Wort u. a.) die gesetzlichen Vergütungsansprüche von den gesamtschuldnerisch haftenden Geräteherstellern, Herstellern von bespielbaren Bild- und Tonträgern und Händlern gem. den §§ 54 bis 54 h UrhG. Diese Vergütungen wurden auf Grund folgender Bestimmungen erhoben, deren Neustrukturierung auf Grund des geplanten Zweiten Gesetzes zur Regelung des Urheberrechts in der Informationsgesellschaft („2. Korb") vorgesehen ist, um die nutzungsrelevanten Eigenschaften von Computern und Speichermedien zu berücksichtigen:

Von den Herstellern, **„Einführern"** (d. h. Importeuren, nicht aber Spediteuren) und 206 Händlern der Bild- und Tonaufzeichnungsgeräte und der bespielbaren Bild- und Tonträger, die erkennbar zur Vornahme solcher Vervielfältigungen bestimmt sind, § 54 UrhG, auch der Fotokopiergeräte, die in Gesamtverträgen mit den Herstellern geregelt sind oder Bagatellgrenzen unterschreiten. Die Vergütungspflicht entfällt bei zur **Ausfuhr** gelangenden Gegenständen, § 54c UrhG.

Hinweispflichten (§ 54e UrhG), Meldepflichten (§ 54f UrhG) und Auskunftspflich- 207 ten (§ 54g UrhG) gegenüber den Verwertungsgesellschaften (§ 54h UrhG), sowie ge-

Reich

setzliche Verletzerzuschläge in Höhe von 100 % Aufschlag auf die gesetzlichen Vergütungen (§§ 54f Abs. 3 und 54g Abs. 3 UrhG) erleichtern die Geltendmachung der Vergütungen von den Schuldnern. Die **Höhe der Vergütungen** bestimmt das UrhG gem. § 54d in einer Anlage 2. Diese betragen pro Gerät 1,28 Euro für Tonaufzeichnungsgeräte, bzw. 2,56 Euro, wenn diese Geräte ohne Trägermedien aufzeichnen können, 9,21 Euro bzw. 18,42 für Bildaufzeichnungsgeräte, 6,14 Cent pro Tonträger und Stunde Spieldauer, 8,7 Cent für Bildträger, pro SW-Fotokopiergerät je nach Leistungsstärke (in Staffeln beginnend mit bis zu 12 Kopien bis hin zu über 70 Kopien pro Minute) 38,35 Euro bis 306,78 Euro, bzw. den doppelten Betrag für Farbkopierer und für Fotokopien nach § 54a Abs. 2 (für Unterrichtsgebrauch etc.) 1,03 Cent bis 10,3 Cent pro Kopie.

(6) Ausnahmen für Sendeunternehmen, Datenbankwerke und Geschäftsbetriebe

208   Gem. § 55 UrhG ist es **Sendeunternehmen** aller Art erlaubt, die Werke, zu deren Funksendung das Unternehmen berechtigt ist, mit eigenen Mitteln auf Bild- oder Tonträger **aufzuzeichnen**, um diese zeitversetzt einmal zu **senden**. Die Bild- und Tonträger sind spätestens einen Monat nach der ersten Funksendung des Werkes zu löschen, sofern es sich nicht um Aufzeichnungen von außergewöhnlichem dokumentarischen Wert handelt, die unter Benachrichtigung des Urhebers in ein amtliches Archiv aufgenommen werden, § 55 Abs. 2 UrhG.

209   **Datenbankwerke** dürfen in den Grenzen des § 55a UrhG benutzt und bearbeitet werden, wenn und soweit diese für den Zugang und die Benutzung der Datenbanken erforderlich sind.

Ferner dürfen **Geschäftsbetriebe**, die Bild- und Tonträgerempfangs- oder Übertragungsgeräte oder EDV-Geräte (Computer) vertreiben oder instandsetzen, Funksendungen und geschützte Werke über Bild- und Tonträger sowie Datenträger öffentlich zu Kundenvorführ- oder Instandhaltungszwecken wiedergeben, § 56 UrhG.

210   Der Urheber ist gem. § 42 a UrhG verpflichtet, mit dem Erscheinen des Werkes auf einem Tonträger jedem anderen Hersteller von Tonträgern im Geltungsbereich des deutschen Urhebergesetzes ein entsprechendes Nutzungsrecht zu angemessenen Bedingungen einzuräumen – „**Zwangslizenz für Tonträger**", es sei denn, das Tonträgerherstellungsrecht wird erlaubterweise von einer Verwertungsgesellschaft wahrgenommen, wobei diese dann kraft des Abschlusszwangs (s. § 4) jedem ein entsprechendes Nutzungsrecht einräumen muss, der die tarifliche Vergütung an die GEMA zahlt. Die Verpflichtung des Urhebers zur Einräumung dieses Nutzungsrechtes bezieht sich **nicht** die Nutzung in auf **Filmwerken** und entfällt, wenn das der Urheber sein Rückrufrecht wegen gewandelter Überzeugung (wirksam) ausgeübt hat, vgl. Rdnr. 181 ff.

(7) Unwesentliches Beiwerk

211   „*Zulässig ist die Vervielfältigung, Verbreitung und öffentliche Wiedergabe von Werken, wenn sie als unwesentliches Beiwerk neben dem eigentlichen Gegenstand der Vervielfältigung, Verbreitung oder öffentliche Wiedergabe anzusehen ist*" (§ 57 UrhG). „Unwesentlich" ist **eng auszulegen** (Vogel in Schricker, UrhG, § 57 Rdnr. 6) und bedeutet „beliebig austauschbar" und damit ohne jede Aussagekraft für den eigentlichen Gegenstand, was sich nicht anhand der bloßen relativen Größe des Beiwerks ermitteln lässt Besonders Werbefotografien und Filme werden subtil ausgestattet und enthalten grundsätzlich keine „unwesentlichen" Beiwerke (vgl. OLG München NJW 1989, 404 – Kunstwerke in Werbeprospekten), eher kommt diese Kategorie bei Beiträgen zur Ta-

gesberichterstattung in Betracht, wobei auch die „zufällige" Abbildung/Wiedergabe des Beiwerks dessen objektiv festzustellende Wesentlichkeit nicht ausschließen kann.

(8) Werbung für Ausstellungen und Ausstellungskataloge

„*Zulässig ist die Vervielfältigung, Verbreitung und öffentliche Zugänglichmachung* 212
von öffentlich ausgestellten oder zur öffentlichen Ausstellung oder zum öffentliche Verkauf bestimmten Werken der bildenden Künste und Lichtbildwerken durch den Veranstalter zur Werbung, soweit dies zur Förderung der Veranstaltung erforderlich ist" (§ 58 Abs. 1 UrhG) und „*... ferner die Vervielfältigung, Verbreitung der in Absatz 1 genannten Werke in Verzeichnissen, die von öffentlich zugänglichen Bibliotheken, Bildungseinrichtungen und Museen in inhaltlichem und zeitlichem Zusammenhang mit einer Ausstellung oder zur Dokumentation von Beständen herausgegeben werden und mit denen kein eigenständiger Erwerbszweck verfolgt wird*" (§ 58 Abs. 2 UrhG). Auch diese Bestimmung ist zu Gunsten der Urheber eng auszulegen. **Ausstellungskataloge** sind zulässig (BGH GRUR 1994, 800 – Museumskatalog), **Kunstbildbände** ohne strengen Bezug zu einer Ausstellung sind es nicht, **digitale Kataloge** auch nicht. Selbstständiges Angebot in „Museumsshops" indiziert eigenständige Erwerbszwecke und ist unzulässig, ebenso die Verwendung eines Bildes für **Postkarten** und verkäufliche **Ausstellungsplakate**.

(9) Bildnisse und Werke an öffentlichen Plätzen

§ 59 UrhG erklärt es für zulässig, „*... Werke, die sich bleibend an öffentlichen Wegen, Straßen und Plätzen befinden, mit Mitteln der Malerei oder Grafik, durch Lichtbild oder durch Film zu vervielfältigen, zu verbreiten und öffentlich wiederzugeben*", 213 wobei dies für Bauwerke nur hinsichtlich der Außenansicht zutrifft und die Vervielfältigungen nicht an einem Bauwerk vorgenommen werden dürfen. Grund für diese ebenfalls eng auszulegende Bestimmung ist der Umstand, dass die an öffentlichen Plätzen befindlichen Werke der **Allgemeinheit gewidmet** sind und sich die Vervielfältigung derselben, z. B. durch Fotografien, Zeichnungen oder Videoaufnahmen großer Beliebtheit erfreut. Hiernach sind allerdings nur **zweidimensionale Abbildungen** erlaubt. Die Anfertigung von Skulpturen und Plastiken ist nicht zulässig. Da das Gesetz ausdrücklich auch die Vervielfältigung durch Malerei und Grafik erlaubt, deckt dies auch die individuelle Darstellungsweise, die mit diesen Techniken üblicherweise verbunden ist, ab, sodass das besondere Änderungsverbot des § 62 Abs. 1 UrhG hier nicht gilt, § 62 Abs. 3 UrhG. Nicht „bleibend" und deshalb nicht privilegiert sind vorübergehende **künstlerische Verkleidungen** von Gebäuden wie z. B. die Verhüllung des Reichstagsgebäudes durch Christo. Wie bei kommerzieller Auswertung solcher Lichtbild- und Filmaufnahmen der Anspruch des § 11 Satz 2 UrhG erfüllt werden soll, wonach dem Urheber eine angemessene Vergütung für die Nutzung des Werkes gesichert werden soll, lässt das Gesetz offen.

(10) Bestellte Bildnisse und Lichtbildwerke

Nach § 60 UrhG zulässig „*... ist die Vervielfältigung sowie die unentgeltliche und* 214 *nicht zu gewerblichen Zwecken vorgenomme Verbreitung eines Bildnisses durch den Besteller des Bildnisses oder seinen Rechtsnachfolger oder bei einem auf Bestellung geschaffenen Bildnis durch den Abgebildeten oder nach dessen Tod durch seine Angehörigen oder durch einen im Auftrag einer dieser Personen handelnden Dritten. Handelt es sich bei dem Bildnis um ein Werk der bildenden Künste, so ist die Verwertung nur durch Lichtbild zulässig*" (§ 60 Abs. 1 UrhG). „*Angehörige im Sinne von Abs. 1 Satz 1*

Reich

sind der Ehegatte oder der Lebenspartner und die Kinder oder, wenn weder ein Ehe-
gatte oder Lebenspartner noch Kinder vorhanden sind, die Eltern" (§ 60 Abs. 2 UrhG).
„Bildnis" ist die nach § 22 KUG geschützte, erkennbare Abbildung eines Menschen,
gleich in welcher Rolle und welcher Technik, auch Karikaturen gehören dazu. „Bestellung" bedeutet rechtsgeschäftlich verbindliche Beauftragung des Künstlers mit einem
Werkvertrag.

215   Der Besteller eines Bildnisses darf unbegrenzt viele Lichtbildkopien hiervon anfertigen lassen und diese unentgeltlich verbreiten, es sei denn, mit dem Urheber des Bildnisses ist etwas anderes ausdrücklich vereinbart worden. Handelt es sich bei dem Bildnis um ein Lichtbildwerk, so darf das Bildnis auch durch zeichnerische Mittel,
Videografie oder Fotokopie, z. B. Laserfotokopie, Digitalkopie vervielfältigt werden.

13. Urheber im Arbeitsverhältnis

216   Die vorstehend geschilderten Bestimmungen des Urheberrechtsgesetzes *„sind auch*
anzuwenden, wenn der Urheber das Werk in Erfüllung seiner Verpflichtungen aus ei-
nem Arbeits- oder Dienstverhältnis geschaffen hat, soweit sich aus dem Inhalt oder dem
Wesen des Arbeits- oder Dienstverhältnisses nichts anderes ergibt", § 43 UrhG. Die damit vom Gesetzgeber anerkannte Rechtsstellung der Urheber in Arbeitsverhältnissen
verweist nicht nur auf die Rechtsfolgen der für freischaffende Urheber geltenden Bestimmungen, sondern stellt die Arbeitnehmer-Urheber den freischaffenden Urhebern
grundsätzlich gleich, allerdings werden die Rechtsfolgen dem Inhalt und Wesen des
Arbeitsverhältnisses entsprechend angepasst.

217   Damit ist zunächst klargestellt, dass es in Deutschland im Bereich schöpferischer
geistiger Werke kein Arbeitgeberurheberrecht (ähnlich dem *„work made for hire")*
gibt, sondern auch für abhängig Beschäftigte bzw. Beamte (die der Begriff „Dienstverhältnis" einbezieht) das Schöpferprinzip gilt. Damit gelten alle Bestimmungen über das
Urheberpersönlichkeitsrecht, über die Einräumung von Nutzungsrechten, die neuen
Bestimmungen über die Verpflichtung zur angemessenen Vergütung, die Rückrufsrechte etc. grundsätzlich (zu den Besonderheiten s. u.) auch, wenn Urheber in Erfüllung ihrer Pflichten aus Arbeitsverhältnissen, arbeitnehmerähnlichen Verhältnissen,
bzw. als Scheinselbstständige geschützte Werke schaffen, zu den Statusfragen s. § 6,
bzw. in beamtenrechtlichen Dienstverhältnissen, für die Grundsätze des Berufsbeam-
tentums, Art. 33 Abs. 5 GG gelten. Da Urheber auch außerhalb ihrer Arbeitsaufgaben
kreativ werden können (z. B. der angestellte Designer schreibt einen Roman, oder der
Programmierer komponiert ein Musikwerk, vgl. OLG Düsseldorf, ZUM 2004, 756,
758), gilt § 43 UrhG nur für „in Erfüllung" seiner arbeits- bzw. dienstvertraglichen
Aufgaben geschaffene Werke. Welche diese sind ergibt sich aus der Gesamtschau der
für das Arbeits- oder Dienstverhältnis geltenden Bestimmungen, insbesondere des individuelle Arbeits- bzw. Dienstvertrages und der tarifvertraglichen Regelungen. Daraus ergibt sich zunächst, ob und ggf. welche Pflichtwerke der Arbeitnehmer bzw. Beamte künftig schuldet, Wandtke in Wandtke/Bullinger, Rdnr. 19 zu § 43 UrhG, KG
GRUR-RR 2004, 228, 229). Diese werden regelmäßig nur der Gattung nach bestimmt
sein (vgl. zum Schriftformerfordernis § 40 UrhG, und Wandtke a. a. O. Rdnr 48), z. B.
„Verfassen redaktioneller Beiträge", „Gestaltung von Druckschriften", „Schaffung
von Bühnenbildern" u. v. m., vgl. BGH GRUR 1974, 480, 482, „Hummelfiguren";
BGH GRUR 1978, 244, Ratgeber für Tierheilkunde, es sei denn, das konkrete geschuldete Werk steht bei Vertragsschluss bereits fest, wie z. B. eine bestimmte TV-Serie für
den auf Produktionsdauer beschäftigten Urheber. Der Inhalt der urheberrechtlichen

Verpflichtung wird sich regelmäßig mit dem Inhalt des Direktionsrechts des Arbeitgebers bzw. des Dienstherrn decken, ohne aber dem Direktionsrecht zu entspringen. Dies gilt auch für arbeitsvertraglich geschuldete Werke, die außerhalb der Arbeitszeiten in der Freizeit entstehen, denn kreatives Schaffen kann weder räumlich, noch zeitlich eingegrenzt werden, Rojahn in Schricker, § 43 Rdnr. 23. Wenn der Arbeitnehmer bzw. Dienstverpflichtete freiwillig über seine Arbeitsaufgabe hinausgehend Werke schafft, geschieht dies nicht „in Erfüllung" des Arbeitsverhältnisses, da nicht geschuldet. Schafft ein Hochschulangehöriger schutzfähige Werke, die er nicht schuldet, gilt das gleiche, Wandtke, a. a. O. Rdnr. 26 f.

Das Veröffentlichungsrecht (§ 12 UrhG) steht dem Urheber auch im Arbeitsverhältnis zu. Allerdings wird regelmäßig die Übergabe des fertig gestellten Werkes als Zustimmung zur Veröffentlichung gewertet, umgekehrt muss aber der Arbeitnehmer kein Werk zur Verfügung stellen, dass er nicht veröffentlichen will, hat solange allerdings eine entsprechende Arbeitsaufgabe auch nicht erfüllt. Die Anerkennung der Urheberschaft ist auch im Arbeitsverhältnis unverzichtbar, § 13 Satz 1 UrhG, diese umfasst auch das Recht, nicht genannt zu werden. Nennungen sind immer möglich und fast immer auch zumutbar, selbst in der Werbung ist eine Nennung in unauffälliger Weise möglich und auch erforderlich, um die Herkunft des Werkes auf den Urheber zurückführen zu können. Änderungsrechte sind arbeitsvertraglich zu vereinbaren, sonst sind Änderungen grundsätzlich nur mit Zustimmung des Urhebers zulässig, § 39 UrhG. Entgegenstehende „Branchenüblichkeit" kann nur berücksichtigt werden, wenn vertraglich darauf Bezug genommen wird. **218**

Die Nutzungsrechtseinräumung erfolgt getrennt von der (arbeits- bzw. dienst)vertraglichen Verpflichtung durch Verfügung, und zwar ohne besondere Regelung stillschweigend bzw. konkludent mit Entstehen des Werkes, soweit zur Erfüllung des Vertragszwecks erforderlich, §§ 43, 31 Abs. 5 UrhG) oder ausdrücklich, wie ggf. vereinbart. Im Rahmen des Arbeits- bzw. Dienstverhältnisses geschaffene, aber über die Arbeitsaufgabe hinausgehende Werke muss der Urheber nach Auffassung der Rechtsprechung und der herrschenden Meinung (Nachweis bei Wandtke, a. a. O. Rdnr. 31 ff., der die Gegenmeinung vertritt) zuerst dem Arbeitgeber bzw. Dienstherrn anbieten, BAG GRUR 1961, 491 – Nahverkehrschronik. Für solche Fälle empfiehlt sich eine klarstellende vertragliche Regelung, da das Gesetz im Zweifel den Urheber schützen will bzw. weitere Vergütungsansprüche vorsieht. Werden die relevanten Nutzungsrechte üblicherweise von einer Verwertungsgesellschaft wahrgenommen, z. B. von der GEMA, oder der VG Wort, s. u. § 4, erwirbt der Arbeitgeber die erforderlichen Nutzungsrechte von der Verwertungsgesellschaft, die zum Abschluss verpflichtet ist, zu den tarifmäßigen Vergütungen. Es empfiehlt sich, vor Ablieferung von Werken den Arbeitgeber darauf hinzuweisen. **219**

Das Sacheigentum am Werkexemplar (z. B. am Bühnenbild, am Film etc.) erwirbt der Arbeitgeber, bzw. Dienstherr, § 950 BGB, allerdings folgt daraus nicht der Erwerb von Urheberrechten, da diese originär beim Urheber entstehen („Schöpferprinzip", s. Rdnr. 2) Der Urheber hat das Zugangsrecht aus § 25 UrhG, s. o. Rdnr. 111. **220**

Inhalt und Umfang des Nutzungsrechts richtet sich nach dem Arbeitsvertrag bzw. etwaiger einschlägiger tarifvertraglicher Regelungen und bei deren Fehlen oder Undeutlichkeit nach dem Vertragszweck, welcher sich aus dem Betriebszweck ergibt. Außer bei Filmwerken (s. dort, Rdnr. 226) ist kraft Gesetzes (§ 31 Abs. 5 UrhG) die umfassende Rechteeinräumung die Ausnahme, die zweckgerichtete, beschränkte, allerdings auch Dritte ausschließende Rechteeinräumung die Regel. Danach erwirbt z. B. die Zeitung das ausschließliche Druckrecht für den Beitrag des Redakteurs, nicht **221** aber das Senderecht, das online Portal die online-Nutzungsrechte, nicht aber das Druckrecht, die Werbeagentur das Werbenutzungsrecht an der Werbefotografie, das Theater das Aufführungsrecht, nicht aber das Filmherstellungsrecht etc., es sei denn, der Vertrag regelt anderes. Unbekannte Nutzungsarten, s. dazu oben Rdnr. 129, bleiben dem Arbeitnehmer vorbehalten, §§ 43, 31 Abs. 4 UrhG, was nicht abdingbar ist, auch nicht stillschweigend. Die Nutzungsrechte sind nicht auf Dritte übertragbar, es sei denn, dies ist bezweckt. Die Frage der zeitlichen Dauer des Nutzungsrechts richtet sich ebenfalls nach dem Arbeitsvertrag: Ist die Nutzung des Werkes für den Betrieb über die Dauer des Anstellungsvertrages hinaus bezweckt, gilt die Rechteeinräumung zweckbefristet für die Nutzungsdauer. Wandtke spricht sich unter Berufung auf den Arbeitsvertrag als Grundlage für die Rechteeinrämung für eine Befristung auf Anstellungsdauer aus, a. a. O. Rdnr. 76, und fordert eine Folgevereinbarung für die Nutzungsrechte nach Beendigung des Arbeitsverhältnisses (z. B. durch Kündigung, Pensionierung, Aufhebungsvertrag), die dann auch die Vergütungsregelung für die künftigen Nutzungen trifft.

222   Die urheberrechtlichen Nutzungsrechte des Arbeitnehmers sind angemessen zu vergüten, §§ 43, 32, 32a UrhG. Gegen die Theorie von der Abgeltung mit dem Gehalt bzw. den Dienstbezügen und für die Trennung in Lohnanspruch und Nutzungsvergütung spricht die Rechtfertigung der Urhebervergütung aus den Erträgen der Werknutzung im Unterschied zum Gehalt als Gegenleistung für geleistete Dienste. Die neu geschaffenen Bestimmungen des UrhG (§§ 32, 32a) verlangen nunmehr eine tarif- oder zumindest individualvertragliche Regelung bzw. Neuregelung der Urhebervergütung in Arbeits- und Dienstverhältnissen. Wer sich auf die Angemessenheit der Vergütung beruft, muss diese beweisen. Diese zu versagen wäre nicht verfassungsgemäß (Art. 14 GG) und volkswirtschaftlich kontraproduktiv. Denn wer schutzfähige Werke schafft, begründet (zusätzlich) eine urheberrechtliche Wertschöpfungskette.

14. Besondere Bestimmungen für Filme

a) Filmurheberrecht

223   Das Filmwerk gehört zu den urheberrechtlich geschützten Werken. Es wird in § 2 Abs. 1 Nr. 6 Urheberrechtsgesetz ausdrücklich genannt. Das Urhebergesetz hat darüber hinaus in den §§ 88 bis 94 eine Reihe von Sonderregelungen vorgesehen, die sich auf geschützte Filmwerke beziehen. Voraussetzung für das Entstehen urheberrechtlichen Schutzes ist, dass zum Einen ein Film vorliegt und zum anderen die dem Urheberrechtsschutz erforderliche Schutzhöhe erreicht wird. Stellt man fest, dass ein Filmwerk im Sinne des Urheberrechtsgesetzes vorliegt, stellt sich als nächste Frage, welche Personen womöglich als Filmurheber, als Urheber vorbestehender Werke am Film und als Leistungsschutzberechtigte am Film gelten. Definition und nähere Beschreibung dieser am Film Beteiligter erfolgen in diesem Kapitel.

224   Ein Filmwerk beinhaltet ganz überwiegend gleichzeitig ein gem. § 3 UrhG geschütztes Bearbeitungsurheberrecht, das durch die Verfilmung eines anderen urheberrechtlich geschützten Werkes entsteht. Beinahe bei jeder Verfilmung werden vorbestehende Werke wie etwa eine Romanvorlage, ein Drehbuch, eine Filmmusik, ein Videospiel etc. benutzt. Die Benutzung eines solchen urheberrechtlich geschützten vorbestehenden Werkes erfolgt rechtstechnisch durch eine Bearbeitung. Es sind zwar auch schutzfähige Filmwerke denkbar, die nicht aus einer Bearbeitung vorbestehender Werke entstanden sind (so z. B. die Verfilmung von Lebensgeschichten, spon-

Braun

tane, improvisierte Bildkompositionen, etc.), in der Regel soll das Filmwerk aber gerade auf einem anderen, bereits existierenden urheberrechtlich geschützten Werk beruhen.

Auf Grund der vorgeschilderten Umstände unterscheidet sich das Filmwerk von **225** vielen anderen urheberrechtlich geschützten Werken. Bei anderen geschützten Werken erfolgt die geistige Schöpfung unmittelbar in der Erstellung eines Werkes. So ist z. B. bei der Komposition das Ergebnis das geschützte Tonwerk, bei der Malerei das geschützte Bildwerk, beim Schreiben das geschützte Schriftwerk, etc. Beim Filmwerk hingegen werden die der Verfilmung zu Grunde liegenden Werke durch eine audio-visuelle Umsetzung und durch die charakteristisch große Zahl von Mitwirkenden bei einer Filmproduktion in ein anderes, neues Werk eingebracht. Der Urheberrechtsschutz am Filmwerk verschafft den Urheberberechtigten und deren Rechtsnachfolgern dingliche und ausschließliche Rechte am Filmwerk, die gegenüber jedermann geltend gemacht werden können. Dadurch ist das Filmwerk gegen jede Beeinträchtigung durch Dritte bei seiner Entstehung und Auswertung geschützt.

(1) Die Arten der schutzfähigen Filmwerke

Es ist eine Frage des Einzelfalls, ob ein Film die Voraussetzungen für den urheber- **226** rechtlichen Schutz des § 2 UrhG als so genanntes Filmwerk erfüllt. Nachfolgend eine kurze Übersicht über die in Betracht kommenden Arten von Filmwerken, die in der Regel als schutzfähige Filmwerke anzusehen sind:

1. Spiel- und Dokumentarfilm
2. Werbe- und Industriefilm
3. Werbespots, Trailer und Teaser
4. (Musik-) Videoklip
5. Deutsch- oder fremdsprachig synchronisierte Sprachfassung eines Films
6. Videospiele

Schwierig zu beurteilen ist hingegen die Schutzfähigkeit von Nachrichtensendun- **227** gen, Fernsehmagazinen, Spiel- und Talkshows, Sportaufzeichnungen sowie Aufzeichnungen anderer Veranstaltungen (Theateraufführung, Konzerte, etc.). Hier wird man die Urheberrechtsfähigkeit der jeweiligen Art von Programm in der Regel mangels einer persönlichen geistigen Schöpfung meist ablehnen müssen (vgl. BGHZ 9, 268 – Schwanenbilder; BGHZ 90, 219 – Filmregisseur). Eine Ausnahme gilt aber eventuell dann, wenn der Gegenstand der Aufnahme filmtechnisch kreativ aufbereitet wird oder, insbesondere bei Sportveranstaltungen, eine solche aufnahmetechnische und regieliche Komplexität beinhaltet, dass ein Urheberrechtsschutz durchaus gegeben sein kann (vgl. LG München I, ZUM-RD 1998, 89 – Deutsche Wochenschau). Soweit ein urheberrechtlicher Schutz verneint werden muss, gilt jedoch die Vorschrift des § 95 UrhG, wonach die genannten Programme als so genannte Laufbilder geschützt sind. Hierfür gelten die §§ 88 bis 94 UrhG jedoch nur mit den in § 95 UrhG bestimmten Einschränkungen.

(2) Inhaber des Urheberrechts am Filmwerk

Eine abschließende Aufzählung, wer Urheber eines Filmwerks ist, findet sich im **228** deutschen Urheberrecht nicht. Im Gegensatz hierzu verfügen viele Urheberrechtsgesetze europäischer Nachbarländer über eine abschließende Definition (so gelten in der Regel der Drehbuchautor, der Komponist der Filmmusik und der Regisseur als so genannter Filmurheber). Es bereitet regelmäßig erhebliche Schwierigkeiten, nach deutschem Urheberrecht den oder die Urheber eines Filmwerks zu bestimmen. Dies liegt daran, dass bei der Herstellung eines Filmwerks eine ganze Reihe von kreativ Tätigen ihre jeweils urheberrechtlich geschützten Leistungen zusammenführen. Dabei kann zunächst erheblich einfacher bestimmt werden, wer Urheber eines vorbestehenden Werkes ist (Rdnr. 233 ff.).

229   Mögliche Filmurheber sind nach allgemeiner Meinung und der herrschenden Rechtsprechung der Filmregisseur, der Filmkameramann, der Cutter, der Filmtonmeister, der Filmmaskenbildner und eventuell der Filmherstellungsleiter. Es muss jedoch jeweils im Einzelfall genau geprüft werden, welche der in Betracht kommenden Personen im konkreten Fall tatsächlich als Urheber des Filmes gelten.

230   In erster Linie kommt als Filmurheber der Filmregisseur in Betracht (BGHZ 90, 219 – Filmregisseur; Nordemann in Fromm/Nordemann § 8 UrhG Rdnr. 13 ff.). Er leitet den gesamten Vorgang der Filmaufnahmen und hat die künstlerische Oberleitung über das gesamte Filmteam während der Filmherstellung und weitgehend auch während der Filmvor- und Nachbereitung. Der Umstand, dass in wirtschaftlicher Hinsicht der Filmproduzent (Filmhersteller im Sinne des § 94 UrhG) die wirtschaftliche Verantwortung für die Durchführung des Filmes trägt und der Regisseur in der Regel als abhängig Beschäftigter arbeitsrechtlich weisungsgebunden gegenüber dem Filmproduzenten ist, ändert hieran nichts.

231   Als weiterer wichtiger Mitwirkender bei der Filmherstellung ist der Kameramann anzusehen, der in der Rege ebenfalls als Filmurheber gilt. Weiterhin muss üblicherweise auch der Cutter (Schnittmeister) als Filmurheber gelten. Da das Filmwerk erst durch Schnitt und Montage endgültig entsteht und hierdurch Tempo, Rhythmus und visuelles Erscheinungsbild des Filmwerkes festgelegt werden, kommt der Cutter in der Regel als schöpferisch tätiger Miturheber des Filmwerks in Betracht.

232   Weiterhin kann auch der Tonmeister als Miturheber des Filmwerks in Betracht kommen. Der BGH hat sich in einer jüngeren Entscheidung mit der Anerkennung eines Mischtonmeisters als Miturheber eines Filmwerkes beschäftigt (vgl. BGH NJW 2002, 3549 – Mischtonmeister). Dabei hat der BGH einem Mischtonmeister ein Miturheberrecht zugesprochen, nachdem es festgestellt hatte, dass der Mischtonmeister für die künstlerische Bedeutung des Klangbildes eines Filmwerkes eine eigenständig erbrachte Arbeit geleistet hat, welche die Anforderungen an die Werkqualität erfüllt hat.

(3) Die vorbestehenden Werke

233   Das urheberrechtlich geschützte Filmwerk ist zu unterscheiden von den urheberrechtlich geschützten vorbestehenden Werken, auf denen es in der Regel basiert bzw. beruht.

Der Unterschied zwischen dem urheberrechtlich geschützten Filmwerk und dem vorbestehenden Werk bedeutet, dass für die jeweiligen Werke getrennte Urheberrechte begründet werden. Das Urheberrecht am Filmwerk verschafft kein Urheberrecht am vorbestehenden Werk und auch nicht umgekehrt. Die Verfilmung eines vorbestehenden Werks setzt aber den Erwerb der filmischen Bearbeitungsrechte an dem entsprechenden Werk voraus, § 23 Satz 2 UrhG. Eine Ausnahme hiervon bildet lediglich der Fall der so genannten freien Benutzung, § 24 UrhG (s. o. Rdnr. 68 ff.).

234   Bei den vorbestehenden, also selbstständigen Werken kann zwischen zwei Arten unterschieden werden. Zur ersten Gruppe gehören die filmunabhängigen vorbestehenden Werke, die sich dadurch kennzeichnen, dass sie zwar zu einer Filmherstellung verwendet werden, ihre wesentliche Verwendung aber außerhalb der Filmherstellung liegt.

Hierzu gehören etwa Novellen, Romane, Theaterstücke, bühnenmäßige Kompositionen, Werke der bildenden Kunst etc.

Zur zweiten Gruppe werden die so genannten filmbestimmten vorbestehenden 235 Werke gezählt, deren in der Regel einziger Verwendungszweck in der eigentlichen Filmherstellung liegt. Hierzu gehören sämtliche Filmmanuskripte (Exposee, Treatment, Drehbuch), Filmmusik, Filmbauten, Filmkostüme, Filmdekorationen, etc.

Sämtliche vorbestehenden Werke sind regelmäßig, d. h. wenn sie den erforderlichen Schöpfungsgrad erreichen, als eigenständige Werke urheberrechtlich geschützt.

Nicht als vorbestehendes Werk geschützt sind in der Regel die blosse Filmidee oder 236 die lediglich kurz ausformulierten Filmkonzepte (vgl. hierzu OLG München 1990, 674 ff., Forsthaus Falkenau).

b) Die Verwertungs- und Nutzungsrechte am Filmwerk

In der Regel schließt der an einer Filmherstellung Interessierte mit dem oder den 237 Urhebern vorbestehender Werke einen Nutzungsvertrag, in dem der Inhaber der Nutzungsrechte an dem vorbestehenden Werk dem künftigen Filmhersteller die Nutzung des vorbestehenden Werkes gestattet. Dasselbe gilt für die Verträge mit den Filmurhebern.

Zu den Einzelheiten eines solchen Nutzungsvertrags § 10 Rdnr. 133 ff.

Die Verwertungsrechte am Filmwerk sind in den §§ 15 ff., die Nutzungsrechte am 238 Filmwerk in den §§ 31 ff. UrhG behandelt. Von den Verwertungsrechten sind für das Filmwerk besonders bedeutsam:

- das Bearbeitungsrecht (Verfilmungsrecht) nach § 23 UrhG, insbesondere an vorbestehenden Werken, das Vervielfältigungsrecht (Herstellen der Bild- und Tonträger, Filmnegativ, Filmkopien, DVDs, etc.) gem. § 16 UrhG;
- das Verbreitungsrecht (Inverkehrbringen der jeweiligen vervielfältigten Datenträger), einschließlich des so genannten Vermiet- und Verleihrechtes nach § 17 UrhG,
- das Vorführungsrecht (öffentliche Wahrnehmbarmachung, Kinoaufführung) nach § 19 Abs. 4 UrhG,
- das Senderecht (Ausstrahlung durch Ton- und Fernsehrundfunk, Satellitenrundfunk, Kabel u. ä. technische Einrichtungen) nach § 20 UrhG und
- das Wiedergaberecht (öffentliche Wahrnehmbarmachung von Bild- und Tonträger sowie Rundfunksendungen) nach §§ 21 und 22 UrhG.

Nutzungsrechte an den vorbestehenden Werken und an Filmwerken selbst können 239 gem. § 31 Abs. 1 Satz 1 UrhG für einzelne oder für alle Nutzungsarten, als ausschließliche oder nichtausschließliche Rechte eingeräumt werden. Nach § 31 Abs. 1 Satz 2 UrhG ist sowohl eine räumliche als auch eine zeitliche oder eine inhaltliche Beschränkung der Einräumung bestimmter Nutzungsrechte möglich. In der Regel stehen sich hier zwei wirtschaftlich sehr unterschiedlich ausgeprägte Interessenlagen gegenüber. Der Urheber will in der Regel möglichst wenig seiner Rechtspositionen aufgeben, andererseits jedoch für die Einräumung der entsprechenden Nutzungsrechte eine Vergütung erhalten. Umgekehrt will der Filmhersteller eine möglichst umfassende Rechtseinräumung erreichen und dem Künstler eine möglichst geringe Vergütung hierfür zahlen.

Je nach Sachlage vereinbarte Beschränkungen sind die:

a) räumliche Begrenzung
b) zeitliche Begrenzung

Braun

c) inhaltliche Begrenzung

d) unbekannte Nutzungsarten, Risikogeschäfte, Enthaltungsklauseln.

c) Besondere Auslegungsregeln der §§ 88, 89 UrhG

(1) Auslegungsregeln

240   Die §§ 88 und 89 UrhG sehen bestimmte Regelungen vor, die dem Filmhersteller die Filmauswertung erleichtern sollen. Sowohl bezüglich der Urheber vorbestehender Werke als auch der Filmurheber (zur Unterscheidung siehe oben (1) und (2)) hat der Gesetzgeber so genannte Vermutungsregeln aufgestellt, die dem Filmhersteller die notwendigen Rechte zur weitgehend ungestörten und effizienten Auswertung des Films verschaffen sollen. Der Sinn und Zweck dieser §§ 88 und 89 UrhG liegt in erster Linie im Schutz des Filmherstellers, der kein Filmurheber ist und der jedoch wegen eines meist hohen finanziellen Risikos der Filmherstellung bei der Verwertung des Filmwerks nicht durch unklare oder beschränkte Verwertungsrechte beeinträchtigt werden soll. Im Zweifel erhält der Filmhersteller ausschließliche Nutzungsrechte am Filmwerk für alle bekannten Nutzungsarten inhaltlich, räumlich und zeitlich unbegrenzt, sofern der Urheber vorbestehender Werke oder der Filmurheber die Verfilmung seines Werkes gestattet bzw. sich zur Mitwirkung bei der Herstellung eines Films verpflichtet hat.

241   Die Auslegungsregeln der §§ 88, 89 UrhG beziehen sich jedoch immer nur auf die Filmverwertung in allen bekannten Nutzungsarten, nicht jedoch auf sonstige, außerfilmische Verwendungen der urheberrechtlichen Leistungen. Solche anderen Verwertungsmöglichkeiten, welche auch als so genannte Nebenrechteverwertung bezeichnet wird, sind u. a. die Buch- und Tonträgerverwertung, die Verwendung von Filmteilen für einen anderen Film, Merchandisingaktivitäten, etc. Diese müssen also vom Filmhersteller jeweils auf Grund besonderer Vertragsklauseln erworben werden, da hierfür die Auslegungsregeln der §§ 88, 89 UrhG nicht gelten (vgl. hierzu OLG Hamburg, GRUR 1997, 822, 824, Edgar-Wallace-Filme).

(2) § 90 UrhG

242   § 90 UrhG begrenzt bei einem Filmwerk weiterhin die gesetzlich festgelegten urheberrechtlichen Befugnisse für die Übertragung von Nutzungsrechten (§ 34 UrhG), die Einräumung weiterer Nutzungsrechte (§ 35 UrhG) und das Rückrufsrecht wegen Nichtausübung (§ 41 UrhG) und wegen gewandelter Überzeugung (§ 42 UrhG). Hierdurch soll wegen des besonders hohen finanziellen Risikos einer Filmherstellung die möglichst unbeschränkte Auswertung durch den Filmhersteller gesichert bleiben. Eine Einschränkung findet sich jedoch in § 90 Satz 2 UrhG, wonach insbesondere die Rückrufsrechte wegen Nichtausübung und gewandelter Überzeugung (§§ 41 und 42 UrhG) bis zum Beginn der Dreharbeiten für das Recht der Verfilmung keine Anwendung findet. Der Urheber eines vorbestehenden Werkes kann also in dem vorbeschriebenen Umfang seine Rechte zurückrufen, sofern hierfür die gesetzlichen Vorschriften vorliegen.

(3) Schutz gegen Entstellung, § 93 UrhG

243   Eine weitere Einschränkung gegenüber den allgemeinen urheberrechtlichen Vorschriften begründet § 93 Abs. 1 UrhG. Hiernach können die Urheber vorbestehender Werke, welche für die Filmherstellung verwendet worden sind, sowie die Filmurheber im Gegensatz zu der Bestimmung des § 14 und 75 hinsichtlich der Herstellung und

Verwertung des Filmwerkes gröbliche Entstellungen oder andere gröbliche Beeinträchtigungen ihrer Werke oder Leistungen verbieten. Diese gesetzliche Verpflichtung findet sich meist auch in den urheberrechtlichen Nutzungsverträgen mit den Urhebern vorbestehender Werke und den Filmurhebern wieder.

15. Verwandte Schutzrechte (sog. Leistungsschutzrechte)

a) Überblick

Unter den verwandten Schutzrechten versteht der Gesetzgeber **unterschiedliche** 244 **Leistungsschutzrechte,** so das Schutzrecht des Verfassers wissenschaftlicher Ausgaben (§ 70 UrhG), des Herausgebers nachgelassener Werke (§ 71 UrhG), die beide 25-jährige Schutzfristen ab Schluss des Jahres der Veröffentlichung bzw. Herstellung aufweisen, der Lichtbilder des „Lichtbildners", hinsichtlich der Fotografien, die keine oder keine für die Qualifikation als Lichtbildwerk ausreichende Schöpfungshöhe aufweisen, mit einer Schutzfrist von 50 Jahren, § 72 UrhG, des ausübenden Künstlers (§§ 73 bis 80 und 92 UrhG) mit einer Schutzfrist von 50 Jahren, § 82 UrhG, des Veranstalters (§ 81 UrhG), Schutzfrist: 25 Jahre, wobei die Rechte der ausübenden Künstler und Veranstalter denselben Schranken unterliegen, wie die Urheberrechte, § 83 UrhG, der Hersteller von Tonträgern mit einer Schutzfrist von 50 Jahren, §§ 85 und 86 UrhG, der Sendeunternehmen ebenfalls mit einer Schutzfrist von 50 Jahren, § 87 UrhG, der Datenbankhersteller, dessen Leistungsschutzfrist 15 Jahre beträgt, §§ 87a bis 87e UrhG, der Filmhersteller, Schutzfrist: 50 Jahre, § 94 UrhG und der „Laufbildhersteller", § 95 UrhG.

Das Gesetz erkennt darin die Schutzwürdigkeit künstlerischer, wissenschaftlicher, 245 wirtschaftlich-organisatorischer und ähnlicher Leistungen an, die **nicht schöpferisch** im Sinne des urheberrechtlichen Werkbegriffs sind, bei der Vermittlung urheberrechtlich geschützter Werke aber besonders wichtig sind.

b) Die Rechte der ausübenden Künstler („Interpreten")

(1) Überblick

„Ausübender Künstler ... ist, wer ein Werk oder eine Ausdrucksform der Volkskunst 246 *aufführt, singt, spielt oder auf andere Weise darbietet oder an solchen Darbietung künstlerisch mitwirkt"* (§ 73 UrhG).

Mit dem Erfordernis der „künstlerischen Mitwirkung" stellt das Gesetz klar, dass bloße technische, organisatorische oder vorbereitende Mitwirkung an Vorträgen oder Aufführungen keine Leistungsschutzrechte entstehen lässt (BGH GRUR 1974, 672; BGH NJW 1984, 1110). Dass der Vortrag oder die Aufführung öffentlich sein muss, ist nicht erforderlich. Indem § 73 UrhG einen Vortrag oder eine Aufführung voraussetzt, ist das Entstehen eines Leistungsschutzrechtes an Werken der bildenden Kunst begrifflich ausgeschlossen, da diese nicht „aufgeführt" oder „vorgetragen" werden. Im Bereich der **Literatur, Tonkunst und darstellenden Kunst** haben die künstlerisch Mitwirkenden **Leistungsschutzrechte.**

(2) Zu den Werkgattungen

Ausübender Künstler im Sinne des Gesetzes ist im Bereich der **Literatur** nicht nur 247 der Vortragende, sondern auch der bloß Vorlesende (vgl. Fromm/Nordemann a. a. O.

§ 73 Rdnr. 2 d), ohne dass der mündliche Vortrag selber künstlerischen Anforderungen genügen muss.

In der darstellenden Kunst sind ausübende Künstler z. B. Schauspielerinnen, Pantomimen, Tänzerinnen, Clowns, Abendspielleiterinnen, Souffleure und nach einer verbreiteten Meinung auch die Regisseure, die richtigerweise jedoch im Wesentlichen als Urheber anzusehen sind (s. o. Rdnr. 22), und unter Umständen auch Moderatoren, falls kreativ gestaltete Texte wiedergegeben werden (BGH NJW 1981, 2055 ff.).

248   Ausübende Künstler der **Musik** sind z. B. die Musikerinnen, die ein Werk aufführen, sowie der Dirigent, der die Aufführung gestaltet. Bleibt diesen ein schöpferischer Spielraum, wie bei der selbstständigen Aussetzung eines Generalbasses, bei der Interpretation gewisser grafischer Notationen, die vielfältige Deutungsmöglichkeiten zulassen, oder beim freien Spiel, so sind die Interpreten mindestens auch Bearbeiter, möglicherweise aber sogar Urheber, sofern sich ihre Beiträge zu eigenständigen Werken oder gleichberechtigten Werkbestandteilen erheben, wie regelmäßig im Jazz. An Musikaufnahmen künstlerisch mitwirken auch kreative Produzenten und Klangregisseure. Der Toningenieur wird regelmäßig als bloß technisch Mitwirkender angesehen, der kein Leistungsschutzrecht erwirbt. Beim Tonmeister ist nach der Aufgabenstellung zu differenzieren, zumal Tonmeister auf Grund ihrer technisch-musikalischen Doppelqualifikation in beiden Bereichen tätig werden. Auch Komponisten, die ihre Kompositionen im eigenen Studio musikalisch-technisch realisieren, sind insoweit (auch) ausübende Künstler, Sounddesigner dagegen eher schon eigenschöpferisch tätig, also Urheber, nicht ausübende Künstler.

249   Hinsichtlich der Werke, die nicht vorgetragen oder aufgeführt werden können, gibt das Gesetz den bei der künstlerischen Gestaltung Mitwirkenden keine Leistungsschutzrechte.

Die Realisierung von **Mischformen** der bildenden und darstellenden Kunst mittels von Darbietungen kann Urheber- und Leistungsschutzrechte entstehen lassen, je nach dem, ob die Mitwirkenden eigenschöpferisch werden oder vorgegebenen Anweisungen entsprechend ohne wesentlichen schöpferischen Anteil künstlerisch mitwirken.

(3) *Persönlichkeitsrecht des Interpreten*

250   Den Interpreten ist das allgemeine Persönlichkeitsrecht wie auch ein besonderes Persönlichkeitsrecht – Schutz vor Beeinträchtigung seiner Darbietung (§ 75 UrhG) – gegeben. Aus dem allgemeinen, jedem Menschen zustehenden Persönlichkeitsrecht folgt, dass dem Interpreten ein **Veröffentlichungsrecht** zusteht. Das heißt, ohne seine Einwilligung darf seine Interpretation nicht veröffentlicht werden. *„Der ausübende Künstler hat das Recht, in Bezug auf seine Darbietung als solcher genannt zu werden. Er kann dabei bestimmen, ob und mit welchem Namen er genannt wird“* (§ 74 Abs. 1 UrhG). Damit erkennt der Gesetzgeber durch Gesetz vom 10. 9. 2003 zu Recht an, dass die Interpretation von der Persönlichkeit des Interpreten geprägt und von seiner Person nicht zu trennen ist und deshalb unmittelbar aus dem allgemeinen Persönlichkeitsrecht der Anspruch auf Nennung folgt. Der Interpret muss deshalb genannt werden, es sei denn, er hat hierauf **verzichtet**. Auf die nach früherem Recht erforderliche Konstruktion einer konkludenten vertraglichen Nennungsverpflichtung kommt es deshalb nicht mehr an.

251   *„Haben mehrere ausübende Künstler gemeinsam eine Darbietung erbracht und erfordert die Nennung jedes einzelnen von ihnen einen unverhältnismäßigen Aufwand, so können sie nur verlangen, als Künstlergruppe genannt zu werden. Hat die Künstlergruppe einen gewählten Vertreter (Vorstand), so ist dieser gegenüber Dritten allein zur*

Vertretung befugt. Hat eine Gruppe keinen Vorstand, so kann das Recht nur durch den Leiter der Gruppe, mangels eines solchen nur durch einen von der Gruppe zu wählenden Vertreter geltend gemacht werden. Das Recht eines beteiligten ausübenden Künstlers auf persönliche Nennung bleibt bei einem besonderen Interesse unberührt." (§ 74 Abs. 2 UrhG). „*Der ausübende Künstler hat das Recht, eine Entstellung oder andere Beeinträchtigung seiner Darbietung zu verbieten, die geeignet ist, sein Ansehen oder seinen Ruf als ausübender Künstler zu gefährden. Haben mehrere ausübende Künstler gemeinsam eine Darbietung erbracht, so haben sie bei der Ausübung des Rechts angemessen aufeinander Rücksicht zu nehmen*" (§ 75 UrhG). „*Die in den §§ 74 und 75 bezeichneten Rechte erlöschen mit dem Tode des ausübenden Künstlers, jedoch erst 50 Jahre nach der Darbietung, wenn der ausübende Künstler vor Ablauf dieser Frist verstorben ist, sowie nicht vor Ablauf der nach § 82 für die Verwertungsrechte geltenden Frist … Haben mehrere ausübende Künstler gemeinsam eine Darbietung erbracht, so ist der Tod des letzten der beteiligten ausübenden Künstler maßgeblich. Nach dem Tod des ausübenden Künstlers stehen die Rechte seinen Angehörigen (§ 60 Abs. 2) zu*" (§ 76 UrhG).

Damit ist nun der Persönlichkeitsschutz des ausübenden Künstlers ähnlich dem des 252 Urhebers geregelt. Die Begriffe der „**Entstellung**" und der „**anderen Beeinträchtigung**" entsprechenden den des § 14 UrhG, für Urheber (s. o. Rdnr. 57 ff.). Allerdings genügt es nicht, wenn, wie beim Urheber, „berechtigte Interessen des Betroffenen gefährdet sind, sondern die Entstellung muss geeignet sein, seinen **Ruf** oder sein **Ansehen zu gefährden** (vgl. LG München I, UFITA 87, 342 ff. [345]; Hertin in Fromm/Nordemann, § 83 Rdnr. 2). Dass Ruf und Ansehen tatsächlich gefährdet sind, ist nicht Voraussetzung. Zur Schädigung geeignet ist z. B. die Veröffentlichung und Verbreitung in einem Zusammenhang, der die Interpretation herabwürdigt, der Lächerlichkeit preisgibt oder sonst erheblich missachtet. Auch können Verfremdungen, Verkürzungen und sonstige grobe Veränderungen zur Schädigung des Ansehens oder Rufes geeignet sein. Hierbei kommt es auch auf die Kunstrichtung und den Ruf des Interpreten an. Bei der Verfremdung von Musikaufnahmen durch Remixe, DJs o. ä. kann auch eine modische oder kreative Variante entstehen, bis hin zu einem neuen Werk, es muss also nicht zu Schädigungen des Ansehens oder des Rufs kommen, auch das Gegenteil kann mitunter eintreten. Dennoch sind solche Verfremdungen ohne Zustimmung des an der Originaleinspielung mitwirkenden Interpreten bzw. des Vertreters der Künstlergruppe unzulässig, da der Ruf des ausübenden Künstlers von dessen eigenen künstlerischen Willen geprägt ist und nur dieser selbst befugt ist zu entscheiden, wie er sich darstellen möchte. Ist allerdings der Ruf erst ruiniert, muss er sich möglicherweise entsprechende Beeinträchtigungen oder Entstellungen gefallen lassen.

Dem Mitwirkenden an **Filmwerken** gesteht § 93 UrhG nur einen Schutz vor gröb- 253 lichen Entstellungen zu.

(4) Ausschließliche Verwertungsrechte

An Stelle der früheren gesetzlichen Ausgestaltung als Einwilligungsrechte bzw. Ver- 254 botsrechte sowie der Vergütungsansprüche sind mit dem Gesetz vom 10. 9. 2003 in § 79 UrhG **ausschließliche, übertragbare Nutzungsrechte** normiert worden, d. h. „*… der ausübende Künstler kann einem anderen das Recht einräumen, die Darbietung auf einzelne oder alle der ihm vorbehaltenen Nutzungsarten zu nutzen*", wobei die Vorschriften zur Nutzungsrechtseinräumung an Werken und die angemessene sowie die weitere Vergütung, die Rückrufsrechte und die Regelung in Dienst- und Arbeitsverhältnissen entsprechend anzuwenden sind, § 79 Abs. 2 UrhG. Dies ist dogmatisch klarer und konsequenter und kommt der Handhabung durch die Vertragspraxis entgegen, da häufig nicht nur Werke interpretiert werden, sondern im Zusammenhang damit auch, z. B. durch improvisierte oder spontane Beiträge auch eigenschöpferische Leistungen erbracht werden, für die sonst unterschiedliche Klauseln zur Einräumung von Nutzungsrechten und Befugnissen erforderlich machten.

Danach „*... hat der ausübende Künstler das ausschließliche Recht, seine Darbietung auf Bild- oder Tonträger aufzunehmen*" und „*den Bild- oder Tonträger, auf dem seine Darbietung aufgenommen worden ist, zu vervielfältigen und zu verbreiten*" (§ 77 UrhG), sowie das Recht, „*... seine Darbietung 1. öffentlich zugänglich zu machen* (§ 19 a), *2. zu senden, es sei denn, dass die Darbietung erlaubterweise auf Bild- oder Tonträger aufgenommen worden ist, die erschienen oder erlaubterweise öffentlich zugänglich gemacht worden sind, 3. außerhalb des Raumes, in dem sie stattfindet, durch Bildschirm, Lautsprecher oder ähnliche technische Einrichtungen öffentlich wahrnehmbar zu machen.* Insbesondere gilt auch hier der Zweckübertragungsgrundsatz (s. o. Rdnr. 130 ff.).

(5) Vergütungsansprüche

255   Auf Grund der entsprechend anzuwendenden Regelungen über die angemessenen und über die weiteren Vergütungen (§§ 79 Abs. 2, 32 ff UrhG), ist die Einräumung von Nutzungsrechten an Darbietungen und Aufführungen sowie der künstlerischen Mitwirkung daran angemessen zu vergüten. Auf die Erörterungen zu Rdnr 152 ff. wird verwiesen. Darüber hinaus schafft das Gesetz bloße Vergütungsansprüche. So darf zwar die Darbietung des ausübenden Künstlers, die erlaubterweise auf Bild- oder Tonträger aufgenommen worden ist, ohne seine Einwilligung durch Funk gesendet werden, mittels Bild- oder Tonträger öffentlich wahrnehmbar gemacht werden und die Sendung oder die auf öffentlicher Zugänglichmachung beruhende Wiedergabe der Darbietung öffentlich wahrnehmbar gemacht werden, wenn die Bild- und Tonträger erschienen oder erlaubterweise öffentlich zugänglich gemacht worden sind; jedoch ist ihm hierfür eine angemessene Vergütung zu zahlen, § 78 Abs. 2 UrhG. Der **Vergütungsanspruch** aus § 78 Abs. 2 UrhG wird in der Regel von den **Verwertungsgesellschaften** (s. u. § 4) für die ausübenden Künstler auf Grund entsprechender **Wahrnehmungsverträge** geltend gemacht. Auf diese Vergütungsansprüche kann der ausübende Künstler im Voraus nicht verzichten und diese im Voraus nur an eine Verwertungsgesellschaft abgetreten werden, § 78 Abs. 3 UrhG; auch die Kabelweitersendung ist angemessen zu vergüten, (§§ 78 Abs. 4, 20 b UrhG).

256   Zu den an **Filmwerken** mitwirkenden ausübenden Künstlern s. § 92 UrhG, unten Rdnr. 265. Diese Privilegierung des Filmherstellers gilt jedoch nicht für den, der Ereignisse wie z. B. eine Bühnenaufführung bloß abfilmt („Laufbilder"), § 95 UrhG.

(6) Einwilligung und Geltendmachung von Rechten durch Ensembles

257   aa) Überblick. Grundsätzlich bleibt es jedem ausübenden Künstler vorbehalten, selbst die zur Nutzung seiner Leistungen erforderlichen Einwilligungen zu erteilen und die Vergütungsansprüche wahrzunehmen. Eine Ausnahme hiervon macht das Gesetz mit der Bestimmung des § 80 UrhG:

„*Erbringen mehrere ausübende Künstler gemeinsam eine Darbietung, ohne dass sich ihre Anteile gesondert verwerten lassen, so steht ihnen das Recht zur Verwertung zur gesamten Hand zu. Keiner der beteiligten ausübenden Künstler darf seine Einwilligung zur Verwertung wider Treu und Glauben verweigern*". Jeder ausübende Künstler ist damit berechtigt, Ansprüche aus Verletzungen der gemeinsamen Rechte geltend zu machen, kann aber nur Leistung an alle ausübenden Künstler verlangen, §§ 80 Abs. 1 Satz 3, 8 Abs. 2 Satz 3 UrhG). Die Erträgnisse aus der Nutzung der Darbietung gebühren den ausübenden Künstlern nach dem Umfang ihrer Mitwirkung bei der Darbietung, wenn nichts anderes zwischen ihnen vereinbart ist, §§ 80 Abs. 1 Satz 2, 8 Abs. 3 UrhG. Ein ausübender Künstler kann auf seinen Anteil an den Nutzungsrechten verzichten. Der Verzicht ist den anderen ausübenden Künstlern gegenüber zu erklären. Mit der Erklärung wächst der Anteil den anderen ausübenden Künstlern zu, §§ 80 Abs. 1 Satz 2, 8 Abs. 4 UrhG. Hat die Künstlergruppe einen gewählten Vertreter (Vorstand), so ist dieser gegenüber Dritten allein zur Vertretung befugt. Hat eine Gruppe keinen Vorstand, so können die Rechte zur Aufnahme, Vervielfältigung und Verbreitung sowie zur und aus öffentlicher Wiedergabe (§§ 77 und 78 UrhG) nur durch den Leiter der Gruppe, mangels eines solchen nur durch einen von der Gruppe zu wählenden Vertreter geltend gemacht werden, § 80 Abs. 2 UrhG. Soweit die Mitglieder eines **Chores, Orchesters, Balletts oder Bühnenensembles** hinsichtlich ihrer Ensembleleistungen betroffen sind, gilt dies aber nur insoweit, als dass einzelne Mitglieder nicht als Solisten hervortreten. Die Ersetzung der einzelnen Zustimmungen und der Geltendmachung von Rechten der einzelnen Ensemblemitglieder durch den Vorstand oder Leiter ist sinnvoll, um die Interessen des Ensembles im Hinblick auf die Wahrnehmung der Leistungsschutzrechte zu bündeln und so eine Verwertung der Ensembleleistungen zu erleichtern, indem das Ensemble mit „einer Stimme" spricht. Die Interessenbündelung ist nur da sachgerecht, wo nicht individualisierbare Leistungen in Frage stehen. Treten Einzelleistungen hervor, z. B. von Solisten, Dirigenten, Regisseuren u. Ä., bedarf es der individuellen Zustimmung; denn hier kann das Gruppeninteresse nicht gegenüber dem Persönlichkeitsrecht und der Entschlussfreiheit des betreffenden Solisten, Dirigenten o. ä. überwiegen.

bb) Einzelfälle. Im Bereich der **Musik** werden die Mitglieder eines Orchesters **258** durch den Vorstand vertreten. Musiker, die im Rahmen der Orchesteraufführung solistisch hervortreten, z. B. der Pianist im Klavierkonzert oder die Gesangssolistin, nehmen ihre Rechte selbst wahr. Der Dirigent als musikalischer Gestalter der Aufführung nimmt seine Rechte ebenfalls selbst wahr. Im Gegensatz zum „klassischen Orchester" ist die Jazz-Band dadurch geprägt, dass die einzelnen Mitglieder grundsätzlich Solisten sind. Hier scheidet eine Anwendung des § 80 UrhG aus. Andere Gruppen der populären Musik verbinden häufig das solistisch spontane Spiel mit dem festgelegten Gruppenarrangement. Soweit hier größere Instrumentengruppen, z. B. Streicher oder ein Chor mitwirken, deren Mitglieder nie solistisch auftreten, mag für diese § 80 UrhG gelten. Ersichtlich hat der Gesetzgeber an derartige Ensembles aber wohl kaum gedacht.

Im **Theater** und in der **Oper** werden überwiegend solistische Einzelleistungen ge- **259** zeigt, wenn auch zu einer Ensembleaufführung zusammengefügt. Dennoch behält jeder Interpret die Ausübung seiner eigenen Leistungsschutzrechte. Ausnahmen (reine Gruppenleistung) sind lediglich hinsichtlich der Ensembles im engeren Sinn, etwa von Statisten, Tanzgruppen, Chören, gegeben. Ballettgruppen werden vom Vorstand oder Leiter vertreten, der jedoch nicht die Solisten mitvertritt.

(7) Leistungsschutzrechte im Arbeitsverhältnis

Auch an Darbietungen, die sie im Arbeitsverhältnis bzw. im öffentlich-rechtlichen **260** Dienstverhältnis erbringen, erwerben ausübende Künstler originäre Leistungsschutzrechte. Hinsichtlich der dafür geltenden Bestimmungen über den Rechtsverkehr (§§ 31 ff. UrhG) sind aber „Inhalt und Wesen" des Arbeitsverhältnisses maßgeblich,

§ 43 UrhG, wie auch für Urheber, vgl. oben. Rdnr. 216 ff., sodass auf die entsprechenden Erörterungen verwiesen werden kann, s. zum arbeitsrechtlichen Status § 6.

261   Der Inhalt der Arbeits- und Dienstverträge ergibt sich aus den Individualverträgen (zu den wichtigsten Verträgen s. § 10), sowie, soweit existent und anwendbar, aus den Tarifverträgen. Gemäß §§ 79 Abs. 2 Satz 2, 43 und 31 Abs. 5 UrhG bestimmt der Vertragszweck den Umfang der Rechteeinräumung, soweit der Vertrag die Nutzungsrechte nicht ausdrücklich aufzählt. Die Darbietungen Filmschaffender darf der Filmhersteller allerdings umfassend verwerten, wenn nichts anderes bestimmt ist, § 92 UrhG.

262   Bühnenkünstler müssen umfassend an allen Veranstaltungen (Aufführungen und Proben) der Bühnen in allen Kunstgattungen mitwirken, § 7 Abs. 1 Normalvertrag Bühne vom 15. 10. 2002 mit Änderungs-TV vom 15. 4. 2003 (NV-Bühne). Wenn die Bühne Darbietungen durch Hörfunk und Fernsehen sowie Aufzeichnungen auf Bild- und oder Tonträgern veranstaltet, umfasst die Mitwirkungspflicht auch diese. Zum Begriff des Veranstalters s. Rdnr. 271. Wenn nichts anderes vereinbart wird, müssen tarifvertragsgebundene Bühnenkünstler die Vervielfältigung, Verbreitung und Wiedergabe von Bild- und Tonträgern dulden, welche die Bühne zu eigenen Zwecken aufgenommen hat, § 8 NV Bühne. Allerdings entstehen Vergütungsansprüche, wenn die Aufzeichnungen nicht nur für den eigenen Gebrauch des Theaters verwendet werden. Die Spitzenkünstler werden allerdings regelmäßig besondere Vereinbarungen treffen und oft an urheberrechtliche Verwertungsverträge mit dritten Unternehmen gebunden sein.

263   Für Orchestermusiker regelt der Tarifvertrag für Musiker in Kulturorchestern (TVK) v. 4. 12. 2002 deren Mitwirkungspflicht bei Aufzeichnungen für den theaterinternen Gebrauch, nicht jedoch die Pflicht zur Duldung und Einwilligung in die Verwertung der Aufnahmen für theatereigene Zwecke.

264   Die urheberrechtlichen Nutzungen sind angemessen zu vergüten, §§, 79, 43, 32 ff. UrhG. Mit der Gage sind allenfalls Aufzeichnungen für Archiv- und Werbezwecke der Bühne abgegolten, vgl. zum alten Recht: KG UFITA 91 (1981), 244; BOSchG Frankfurt a. M. UFITA 97 (1984), 245; s. auch ArbG Dresden, ZUM 2005, 418 ff. mit Anm. Fallenstein ZUM 2005, 420 f., darüber hinaus sind zusätzliche Vergütungen zu vereinbaren, vgl. oben Rdnr. 152 ff.

Die Persönlichkeitsrechte der ausübenden Künstler sind gemäß §§ 74 und 75 UrhG zu wahren, s. oben, Rdnr. 250.

c) Leistungsschutzrechte am Filmwerk

265   Die verschiedenen Mitwerkenden beim Filmwerk werden teils schöpferisch, teils künstlerisch interpretierend, rein organisatorisch-technisch oder kaufmännisch tätig. Das bedeutet rechtlich, dass bei einem Filmwerk zwischen Urhebern, Leistungsschutzberechtigten und sonstigen Kräften zu unterscheiden ist. Neben dem Urheberrecht an den vorbestehenden Werken und dem Filmurheberrecht selbst (siehe dazu Rdnr. 223 ff.) sind als Leistungsschutzrechte der ausübenden Künstler, die bei der Herstellung des Filmwerks mitwirken (§§ 73 ff., 92 UrhG) und das des Filmherstellers (§ 94 UrhG) von großer Bedeutung.

(1) Ausübende Künstler beim Filmwerk

266   Als ausübender Künstler beim Filmwerk ist jede Person zu verstehen, die bei der Herstellung eines Filmwerks durch ihre künstlerische Tätigkeit ein Werk interpretiert

und dadurch an der Herstellung eines Filmwerkes mitwirkt (§ 73 i. V. m. § 92 UrhG). Der Begriff der künstlerischen Mitwirkung ist insoweit weit auszulegen. Zu den künstlerisch Mitwirkenden rechnen insbesondere die folgenden Filmschaffenden, soweit sie durch die gleiche Leistung nicht schon ein Urheberrecht am Filmwerk erworben haben (siehe oben Rdnr. 223 ff.):

- Schauspieler
- Tänzer
- Synchronsprecher
- Stuntmen
- Filmmusiker
- Filmszenenbildner

Bei Fernsehproduktionen können zusätzlich   **267**
- Quizmaster
- Rundfunksprecher
- Reporter
- Moderatoren

als mitwirkende Künstler infrage kommen, soweit sie im Rahmen eines urheberrechtlich schutzfähigen Werkes eigenständig tätig werden. Bei Nachrichtensendungen, politischen Magazinen und Sportreportagen wird dieses Erfordernis regelmäßig nicht vorliegen (vgl. BGH GRUR 1981, 419 – Hans Rosenthal, BGH UFITA 71 (1974), 163 – Celestina).

Die Leistungsschutzrechte gewähren den ausübenden Künstlern ein dem Urheber- **268** recht verwandtes Leistungsschutzrecht (§ 74 ff. UrhG). Hierzu gehört insbesondere die ausschließliche Befugnis des ausübenden Künstlers seine Darbietung aufzunehmen, zu vervielfältigen und zu verbreiten (§ 77 UrhG), sie öffentlich zugänglich zu machen (§ 19 a UrhG), zu senden oder durch Bildschirm, Lautsprecher oder ähnliche Einrichtungen öffentlich wahrnehmbar zu machen (§ 78 UrhG). Weiterhin ist der ausübende Künstler befugt, Beeinträchtigungen seiner Darbietung zu verbieten(§ 75 UrhG). Ähnlich den urheberrechtlichen Vergütungsansprüchen hat auch der ausübende Künstler gesetzliche Vergütungsansprüche, die so genannte Vermiet- und Verleihtantieme, die er durch eine Verwertungsgesellschaft geltend machen kann (§ 83, 63 a UrhG). Die Leistungsschutzrechte sind in einigen Ausprägungen schwächer als die Urheberrechte. Sie ergeben z. B. keinen Anspruch gegen Änderungen, außer gegen Entstellungen und kein Rückrufsrecht nach den §§ 41 und 42 UrhG. Die Schutzfrist beträgt nur fünfzig Jahre (§ 82 UrhG) nach Erscheinen des Bild- und Tonträgers bzw. der Darbietung. Allerdings sind die den ausübenden Künstlern gewährten Rechte und Ansprüche jederzeit frei abtretbar (§ 79 Abs. 1 UrhG). Die Leistungsschutzrechte der ausübenden Künstler am Filmwerk unterliegen jedoch den Beschränkungen der §§ 92 und 93 UrhG. Sie entsprechen im Wesentlichen der Rechtsposition der Filmurheber gem. § 89 UrhG. Die üblicherweise in Verträgen zwischen ausübenden Künstlern und den Filmherstellern bestimmten Vertragsdetails ergeben sich darüber hinaus im Wesentlichen auch aus dem Tarifvertrag für Film- und Fernsehschaffende, der zwischen dem Bundesverband Deutscher Fernsehproduzenten e. V., der Arbeitsgemeinschaft Neue Deutsche Spielfilmproduzenten e. V., dem Verband Deutscher Spielfilmproduzenten e. V. und der Vereinigten Dienstleistungsgewerkschaft ver.di abgeschlossen worden ist.

(2) Filmhersteller

269   Auch der Filmhersteller wird vom Urheberrecht besonders geschützt und kann Inhaber eines besonderen Leistungsschutzrechts gem. § 94 UrhG sein.

Als Filmhersteller im Sinne des Gesetzes gilt derjenige, der die organisatorische und
technische sowie wirtschaftlich-finanzielle und rechtliche Verantwortung für die Filmherstellung und Auswertung innehat (vgl. auch BFH BStBl. 1990 II, 299). Ein deutli-
ches Indiz für die Herstellereigenschaft ist z. B., dass der Produzent sämtliche Verträge
mit den Filmurhebern und in (1) bezeichneten Leistungsschutzberechtigten im eigenen
Namen abschließt. § 94 UrhG gewährt dem Filmhersteller ein ausschließliches Ver-
vielfältigungs- und Verbreitungsrecht sowie das Recht zu öffentlichen Vorführung und
Sendung.

270   Die Schutzfrist des Leistungsschutzrechts eines Filmherstellers beträgt gem. § 94
Abs. 2 UrhG fünfzig Jahre, die mit Erscheinen des Filmträgers oder, wenn dessen er-
laubte Benutzung zur öffentlichen Wiedergabe früher erfolgte, zum entsprechenden
Zeitpunkt beginnt. Das Recht ist übertragbar, § 94 Abs. 2 UrhG.

d) Leistungsschutzrechte der Veranstalter

271   Das Gesetz gibt auch denjenigen Personen und Unternehmen, die künstlerische
Darbietungen veranstalten, eigene Leistungsschutzrechte. Dies hat zur Folge, dass insoweit dem ausübenden Künstler die Nutzung seiner Leistungen nicht ohne **Einwilligung des Veranstalters** zulässig ist. So bestimmt § 81 UrhG für den Fall, dass die Darbietung des ausübenden Künstlers vom einem Unternehmen veranstaltet wird, dass die
ausschließlichen Nutzungsrechte an der Darbietung des ausübenden Künstlers neben
diesem auch dem Veranstalter zustehen. Sofern ausübender Künstler und Veranstalter
nicht identisch sind, zwingt diese Vorschrift daher Veranstalter und ausübenden
Künstler zur **Einigung über entsprechende Nutzungen**. Veranstalter ist jeder, der die
Darbietung durch den ausübenden Künstler vor Publikum organisiert und hierfür
wirtschaftlich verantwortlich ist, also z. B. **Konzertveranstalter, Theaterunternehmen Gastwirte, Hotelunternehmen u. a.** mehr (vgl. Hertin in Fromm/Nordemann
a. a. O. § 81 Rdnr. 2). Da mangels einer Einigung der Veranstalter die Auswertung der
Darbietung des ausübenden Künstlers verhindern kann und umgekehrt, empfiehlt sich
eine vertragliche Regelung darüber, ob und ggf. welche Auswertungen unter welchen
Mindestbedingungen von beiden – Künstler und Veranstalter gewollt sind.

e) Der Schutz des Tonträgerherstellers

272   Gemäß § 85 UrhG hat der Hersteller eines Tonträgers das ausschließliche Recht, den
Tonträger zu vervielfältigen, zu verbreiten und öffentlich zugänglich zu machen. **Ton-
trägerhersteller** ist der Unternehmer oder das Unternehmen, das **erstmalig eine Tonaufnahme fixiert**. Bedient sich der Hersteller zur Tonaufnahme angestellter oder sonstiger Mitarbeiter, so ändert dies nichts daran, dass das Leistungsschutzrecht aus § 85
UrhG dem Herstellerunternehmen zusteht, s. der frühere § 85 Abs. 1 S. 2 UrhG. Das
Recht entsteht nicht durch Vervielfältigung des Tonträgers, § 85 Abs. 1 Satz 3 UrhG.
Das CD-Presswerk ist also nicht Tonträgerhersteller im Sinne des § 85 UrhG. Dagegen
kann das Sendeunternahmen bzw. die Sendeanstalt Tonträgerhersteller sein.

273   Das Recht ist **übertragbar**. Der Tonträgerhersteller kann einem anderen das Recht
einräumen, den Tonträger auf einzelne oder alle der ihm vorbehaltenen Nutzungsarten
zu nutzen. Die Vorschriften für die Nutzungsrechtseinräumungen an Werken gelten
entsprechend (§ 85 Abs. 2 UrhG), mit Ausnahme der Bestimmungen über die Un-

wirksamkeit von Rechteeinräumungen für unbekannte Nutzungsarten (§ 31 Abs. 4 UrhG) und der angemessenen Vergütung und weiterer Vergütung (§§ 32 und 32a UrhG). Allgemeine Vergütungsregelungen und Tarife der Tarifvertragsparteien gelten auch hier, denn die Verweisung nimmt § 36 UrhG nicht aus. Der Tonträgerhersteller hat ferner gegen den ausübenden Künstler einen Anspruch auf **angemessene Beteiligung an der Vergütung** des ausübenden Künstlers aus § 78 Abs. 2 UhrG, d. h. für die Sendung, öffentliche Wahrnehmbarmachung der Darbietung durch Sendung und öffentliche Wiedergabe des Tonträgers durch öffentliche Zugänglichmachung, § 86 UrhG. Dieser Beteiligungsanspruch wird ebenso wie der Vergütungsanspruch aus § 85 in der Regel von der Gesellschaft zur Verwertung von Leistungsschutzrechten (GVL) auf Grund entsprechender Wahrnehmungsverträge geltend gemacht.

f) Der Schutz des Sendeunternehmens

Gemäß § 87 UrhG hat das Sendeunternehmen das ausschließliche Recht, seine **274** Funksendung weiterzusenden und öffentlich zugänglich zu machen, seine Funksendung auf Bild- oder Tonträger aufzunehmen, Lichtbilder von seiner Funksendung herzustellen sowie die Bild- oder Tonträger oder Lichtbilder zu vervielfältigen und zu verbreiten, ausgenommen das Vermietrecht. Ferner steht dem Sendeunternehmen die Befugnis zu, an Stellen, die der Öffentlichkeit nur gegen Zahlung eines Eintrittsgeldes zugänglich sind, seine Fernsehsendung öffentlich wahrnehmbar zu machen. Das Sendeunternehmen kann einem anderen das Recht einräumen, die Sendung auf einzelne oder alle der ihm vorbehaltenen Nutzungsarten zu nutzen. Die Vorschriften für die Nutzungsrechtseinräumungen an Werken gelten entsprechend (§ 85 Abs. 2 UrhG), mit Ausnahme der Bestimmungen über die Unwirksamkeit von Rechteeinräumungen für unbekannte Nutzungsarten (§ 31 Abs. 4 UrhG) und der angemessenen Vergütung und weiterer Vergütung (§§ 32 und 32a UrhG).Diese Bestimmung schützt den für Sendeprogramme organisatorisch und wirtschaftlich Verantwortlichen vor einer Ausbeutung seiner Leistungen durch Dritte. Ausübende Künstler, die ihre Darbietungen für Sendeunternehmen erbringen, müssen, falls sie darüber hinaus gehende Auswertungen beabsichtigen, daher entsprechende Nutzungsrechte vertraglich vom Sendeunternehmen erwerben.

g) Schutz des Datenbankherstellers

„Der Datenbankhersteller hat das ausschließliche Recht, die Datenbank insgesamt **275** *oder einen nach Art oder Umfang wesentlichen Teil der Datenbank zu vervielfältigen, zu verbreiten und öffentlich wiederzugeben. Dem steht die wiederholte und systematische Vervielfältigung, Verbreitung oder öffentliche Wiedergabe von nach Art und Umfang unwesentlichen Teilen der Datenbank gleich, sofern diese Handlungen einer normalen Auswertung der Datenbank zuwiderlaufen oder die berechtigten Interessen des Datenbankhersteller unzumutbar beeinträchtigen"*, § 87b UrhG. Zum Begriff der Datenbank, s. o. Rdnr. 5. Der Schutz des Datenbankherstellers ist gegenüber dem anderer Leistungsschutzberechtigter eingeschränkt, s. §§ 87c (Schranken), 87 d) (Dauer) und 87e (Verträge).

h) Schranken der Leistungsschutzrechte

Die **Schutzfrist** für Leistungsschutzrechte ist kürzer als für Urheberrechte, wenn- **276** gleich die Schutzfristen im Jahre 1990 durch das Gesetz zur Stärkung des Schutzes des

Reich

geistigen Eigentums und zur Bekämpfung der Produktpiraterie (PrPG) teilweise auf **50 Jahre verlängert** worden sind. Danach erlöschen die Rechte des ausübenden Künstlers an den auf Bild- oder Tonträger aufgenommenen Darbietungen fünfzig Jahre, diejenigen des Veranstalters fünfundzwanzig Jahre nach dem Erscheinen des Bild- und Tonträgers bzw. nach der Darbietung, wenn der Bild- oder Tonträger innerhalb dieser Frist nicht erschienen ist, § 82 UrhG. Früher betrugen die Schutzfristen fünfundzwanzig bzw. zehn Jahre. Die längeren Schutzfristen des PrPGs gelten auch für die vor dem 1. 1 1990 auf Tonträger aufgenommenen Darbietungen, wenn am 1. 1. 1991 seit dem Erscheinen des Bild- und Tonträgers 50 Jahre noch nicht abgelaufen sind, § 137c Abs. 1 PrPG, wobei die Schutzdauer insgesamt in keinem Fall mehr als 50 Jahre beträgt, § 137c Abs. 2 PrPG. Instruktive Fallbeispiele für die Übergangsregelungen zitiert Kreile ZUM 1990, 1 ff. (6 f.). Mit dem PrPG sind Ton- und Bildaufzeichnungen von bedeutendem wirtschaftlichen Wert davor bewahrt worden, zur Verwertung ohne Erlaubnis der Interpreten und Veranstalter frei zu werden. Allerdings wird die Verlängerung der Schutzfristen in der EG dadurch unterlaufen, dass Bild- und Tonträger nach Ablauf der in anderen EG Staaten geltenden kürzeren Schutzfristen nach Deutschland importiert werden. Auf Grund des freien Warenverkehrs zwischen den EG-Staaten kann dies wohl nicht verhindert werden.

277　　Der **Schutz vor Entstellung** besteht bis zum Tode des ausübenden Künstlers, § 76 S. 1 UrhG, jedoch mindestens 50 Jahre nach der Darbietung, wenn der ausübende Künstler vor dieser Frist verstorben ist, sowie nicht vor Ablauf der für die Verwertungsrechte geltenden Frist. Das Recht des Tonträgerherstellers besteht für 50 Jahre nach dem Erscheinen des Tonträgers, bei Nicht-Erscheinen desselben für 50 Jahre seit der Herstellung, § 85 Abs. 3 UrhG. Das Recht des Sendeunternehmens besteht für 50 Jahre nach der ersten Sendung des vom Sendeunternehmen geschaffenen Programms, § 87 Abs. 3 UrhG.

16. Ergänzende Schutzbestimmungen

278　　Entsprechend der Multimedia-Richtlinie der EG sind im Jahre 2001 flankierende Bestimmungen in das Urheberrechtsgesetz aufgenommen worden, die verhindern sollen, dass technische Kopierschutzverfahren „geknackt" oder umgangen werden und dazu erforderliche Vorrichtungen hergestellt und angeboten werden. Damit wurde zugleich die Regelung der sich aus den Schranken des Urheberrechts (s. o. Rdnr. 190 ff. und 276 ff.) ergebenden Nutzungsrechte erforderlich.

279　　**Wirksame technische Maßnahmen** (d. h. technische **Kopierschutzeinrichtungen** aller Art) zum Schutz eines nach diesem Gesetz geschützten Werkes oder eines anderen nach diesem Gesetz geschützten Schutzgegenstandes dürfen ohne Zustimmung des Rechtsinhabers nicht umgangen werden, soweit dem Handelnden bekannt ist oder den Umständen nach bekannt sein muss, dass die Umgehung erfolgt, um den Zugang zu einem solchen Werk oder Schutzgegenstand oder deren Nutzung zu ermöglichen, § 95a Abs. 1 UrhG.

Technische Maßnahmen im Sinne dieses Gesetzes sind Technologien, Vorrichtungen und Bestandteile, die im normalen Betrieb dazu bestimmt sind, geschützte Werke oder andere nach diesem Gesetz geschützte Schutzgegenstände betreffende Handlungen, die vom Rechtsinhaber nicht genehmigt sind, zu verhindern oder einzuschränken, § 95a Abs. 2 UrhG. Technische Maßnahmen sind wirksam, soweit durch sie die Nutzung eines geschützten Werkes oder eines anderen nach diesem Gesetz geschützten Schutzgegenstandes von dem Rechtsinhaber durch eine Zugangskontrolle, einen

Schutzmechanismus wie Verschlüsselung, Verzerrung oder sonstige Umwandlung oder einen Mechanismus zur Kontrolle der Vervielfältigung, die die Erreichung des Schutzziels sicherstellen, unter Kontrolle gehalten wird.

Verboten sind die Herstellung, die Einfuhr, die Verbreitung, der Verkauf, die Vermietung, die Werbung im Hinblick auf Verkauf oder Vermietung und der gewerblichen Zwecken dienende Besitz von Vorrichtungen, Erzeugnissen oder Bestandteilen sowie die Erbringung von Dienstleistungen, die

1. Gegenstand einer Verkaufsförderung, Werbung oder Vermarktung mit dem Ziel der Umgehung wirksamer technischer Maßnahmen sind oder

2. abgesehen von der Umgehung wirksamer technischer Maßnahmen nur einen begrenzten wirtschaftlichen Zweck oder Nutzen haben oder

3. hauptsächlich entworfen, hergestellt, angepasst oder erbracht werden, um die Umgehung wirksamer technischer Maßnahmen zu ermöglichen oder zu erleichtern (§ 95a Abs. 3 UrhG).

Von den Verboten unberührt bleiben Aufgaben und Befugnisse öffentlicher Stellen zum Zwecke des Schutzes der öffentlichen Sicherheit oder der Strafrechtspflege.

Soweit ein Rechtsinhaber technische Maßnahmen nach Maßgabe dieses Gesetzes **280** anwendet, ist er allerdings verpflichtet, den durch die Schrankenbestimmungen Begünstigten, soweit sie rechtmäßig Zugang zu dem Werk oder Schutzgegenstand haben, die notwendigen Mittel zur Verfügung zu stellen, um von diesen Bestimmungen in dem erforderlichen Maße Gebrauch machen zu können, § 95b UrhG. Dies gilt beispielsweise für Sammlungen für Kirchen-, Schul- oder Unterrichtsgebrauch, Schulfunksendungen, für Öffentliche Zugänglichmachung für Unterricht und Forschung, Vervielfältigungen zum privaten und sonstigen eigenen Gebrauch, soweit es sich um Vervielfältigungen auf Papier oder einen ähnlichen Träger mittels beliebiger photomechanischer Verfahren oder anderer Verfahren mit ähnlicher Wirkung handelt. Die Bestimmungen des § 95c UrhG regelt den Schutz der zur Rechtewahrnehmung erfor- **281** derlichen Informationen, wonach insbesondere von Rechtsinhabern stammende Informationen für die Rechtewahrnehmung nicht entfernt oder verändert werden dürfen, wenn irgendeine der betreffenden Informationen an einem Vervielfältigungsstück eines Werkes oder eines sonstigen Schutzgegenstandes angebracht ist oder im Zusammenhang mit der öffentlichen Wiedergabe eines solchen Werkes oder Schutzgegenstandes erscheint und wenn die Entfernung oder Veränderung wissentlich unbefugt erfolgt und dem Handelnden bekannt ist oder den Umständen nach bekannt sein muss, dass er dadurch die Verletzung von Urheberrechten oder verwandter Schutzrechte veranlasst, ermöglicht, erleichtert oder verschleiert. § 95c Abs. 1 UrhG. Informationen für die Rechtewahrnehmung sind elektronische Informationen, die Werke oder andere Schutzgegenstände, den Urheber oder jeden anderen Rechtsinhaber identifizieren, Informationen über die Modalitäten und Bedingungen für die Nutzung der Werke oder Schutzgegenstände sowie die Zahlen und Codes, durch die derartige Informationen ausgedrückt werden, § 95c Abs. 2 UrhG. Werke oder sonstige Schutzgegenstände, bei denen Informationen für die Rechtewahrnehmung unbefugt entfernt oder geändert wurden, dürfen nicht wissentlich unbefugt verbreitet, zur Verbreitung eingeführt, gesendet, öffentlich wiedergegeben oder öffentlich zugänglich gemacht werden, wenn dem Handelnden bekannt ist oder den Umständen nach bekannt sein muss, dass er dadurch die Verletzung von Urheberrechten oder verwandter Schutzrechte veranlasst, ermöglicht, erleichtert oder verschleiert, § 95c Abs. 3 UrhG.

Werke und andere Schutzgegenstände, die mit technischen Maßnahmen geschützt werden, sind deutlich sichtbar mit Angaben über die **Eigenschaften der technischen**

Reich

Maßnahmen zu **kennzeichnen**, § 95 d Abs. 1 UrhG. Wer Werke und andere Schutzgegenstände mit technischen Maßnahmen schützt, hat diese zur Ermöglichung der
Geltendmachung von Ansprüchen nach § 95 b Abs. 2 UrhG mit seinem **Namen** oder
seiner Firma und der zustellungsfähigen **Anschrift** zu kennzeichnen.

282 Wer gegen die vorstehend zusammengefassten Schutzbestimmungen verstößt setzt
sich zivil- und strafrechtlichen Konsequenzen aus, s. allgemein unter Rdnr 283 ff.

17. Rechtsverletzungen

a) Überblick

283 Die Gefahr, dass die Rechte des Urhebers verletzt werden, ist groß. Dies hängt damit
zusammen, dass der Urheber sein Werk der Öffentlichkeit präsentieren muss, um zu
wirken, ohne das Ausmaß der Verbreitung immer selbst übersehen zu können. Hieraus
ergeben sich vielfältige Möglichkeiten zu **versteckten Rechtsverletzungen**. Im Zeitalter der Massenmedien hat sich mit den Wirkungsmöglichkeiten auch das Ausmaß der
Rechtsverletzungen vervielfacht. Der klassische Fall der Urheberrechtsverletzung, das
Plagiat, ist zwar bis heute nicht ausgestorben, spielt aber nur noch eine vergleichsweise
unbedeutende Rolle neben der massenhaften, durch moderne Techniken ermöglichten
Verletzung der Urheberrechte durch **unerlaubtes Fotokopieren, Überspielen und
Mitschneiden von Ton- und Bildaufnahmen**. In diesem Zusammenhang ist zu bekla-
gen, dass das Gesetz mit den durch neue Techniken ermöglichten „Fortschritten" nicht
mithält. Die Durchsetzung des bestehenden Rechts blieb bisher weit hinter den Erfordernissen zurück. Hierbei ist nicht zu verkennen, dass sich Vertreter der Industrie immer vehement gegen die Aufbürdung neuer Abgaben, z. B. der Geräteabgabe und der
Fotokopierabgabe, gewandt haben, ohne zu bedenken, dass die Ausbeutung der Kultur zu einem kulturellen Kollaps führt, wenn den Urhebern nicht durch angemessene
finanzielle Beteiligung an den Erträgen ihrer Werke die finanzielle Lebensgrundlage
erhalten bleibt. Ebenso wie der Raubbau an der Natur verhängnisvolle Folgen hat, zerstört auch der Raubbau an der Kultur deren Existenzgrundlagen.

284 Die Dimension der hier nur angedeuteten Probleme übersteigt bei weitem die Möglichkeiten des einzelnen Urhebers zu deren Lösung. Dennoch verbleibt ein Bereich, in
dem der Urheber und der ausübende Künstler selbst effektiv seine Rechte wahren
kann. Hierzu zählen die **Wahrung des Urheber- bzw. Künstlerpersönlichkeitsrechts**,
insbesondere des Rechts auf Anerkennung der Urheberschaft durch Namensnennung,
der Schutz vor Änderungen und Entstellungen und das Veröffentlichungsrecht sowie
die Kontrolle der erstmaligen Verwertung, z. B. durch Aufzeichnung, Festlegung, Sendung u. Ä. Neben den Urheberrechten sind für den Urheber auch die Bestimmungen
des Gesetzes gegen den unlauteren Wettbewerb, insbesondere der Schutz vor Irreführung des Publikums und vor sittenwidriger Werbung, das Namensrecht und das allgemeine Persönlichkeitsrecht von Interesse.

285 Eine **typische Urheberrechtsverletzung** ist die Verletzung des Urheberpersönlichkeitsrechts
- durch Nichtnennung des Urhebers oder Miturhebers (es sei denn, der Urheber hat
  auf seine Nennung verzichtet), falsche Nennung durch Unterschieben eines fremden Werkes, etwa infolge einer Verwechslung, oder Vortäuschen der Urheberschaft
  eines anderen (Plagiat) im ganzen oder ausschnittweise,
- durch unerlaubte Änderung, Bearbeitung und Entstellung,
- durch unerlaubte Veröffentlichung.

Reich

Ein weiterer Fall ist die Verletzung der Verwertungsrechte des Urhebers durch **un- 286 erlaubte Nutzungen** (vgl. die Beispiele für Nutzungsarten Rdnr. 142).

Eine Besonderheit ist die **Fälschung.** Diese ist unerlaubte Vervielfältigung, Urkun- 287 denfälschung, Täuschung des Erwerbers (Betrug), Irreführung des Publikums (irreführende und sittenwidrige Werbung) und u. U. Verletzung des Urheberpersönlichkeitsrechts durch unerlaubte Änderungen oder Entstellungen. Das Unterschieben eines fremden „geistigen Kindes" durch einen Fälscher kann auch die Würde und Unantastbarkeit des Malers und damit dessen Individualsphäre verletzen (BGH GRUR 1981; 516 ff. [518] – Emil Nolde).

b) Vermeidung von Rechtsverletzungen

Zunächst sollten Urheber und Interpret bestrebt sein, Verletzungen ihrer Rechte zu 288 verhindern. **Vorbeugen** ist auch hier besser, als Schädigern habhaft zu werden, falls es überhaupt gelingt, den Schädiger zu ermitteln. Hierzu sind Vorkehrungen zu treffen, sobald der Urheber sein Werk bzw. der Interpret seine Leistungen in die Welt setzt. Bevor Urheber oder Interpret ihr Werk bzw. ihre Leistung potenziellen Nutzern oder der Öffentlichkeit zugänglich machen, sollten sie zunächst die entsprechenden Exemplare mit ihrer Urheberbezeichnung (Name, Pseudonym) und mit dem **Copyright-Vermerk** nach dem Welturheberrechtsabkommen © gefolgt vom Namen des Autors und dem Jahr der Erstveröffentlichung) versehen. Zusätzlich sollte auf jedem Werkexemplar schriftlich erklärt werden, dass dem Urheber alle Rechte zur Nutzung des Werkes vorbehalten bleiben. Diese **Kennzeichnungen** helfen, „Missverständnisse" zu vermeiden, und die Autorenangabe begründet die Vermutung der Urheberschaft, s. o. Rndr. 42 ff. Außerdem sollte der Urheber den **Prioritätsbeweis** sichern (s. hierzu Rdnr. 47).

Beim **Anbieten des Werkes** an potenzielle Verwerter ist sodann darauf zu achten, 289 dass die Vervielfältigungsstücke kontrolliert (Adressatenverzeichnis!) versandt und zurückerbeten werden. Bei **Präsentationen, Aufführungen, Vorträgen vor Publikum** ist strikt darauf zu achten, dass nicht genehmigte Aufzeichnungen auf Bild- oder Tonträger unterbleiben. Ggf. sind Veranstalter auch zu entsprechender Verpflichtung, Ermahnung und Beaufsichtigung des Publikums vertraglich zu verpflichten, wenngleich gerade bei Massenveranstaltungen unerlaubte Mitschnitte mit modernen Kleingeräten („Mp3 Rekorder") nur schwer zu verhindern sind. Ist das Werk erschienen (zum Begriff des Erscheinens s. Rdnr. 77), setzt die Tätigkeit der zuständigen **Verwertungsgesellschaft(en)** ein (s. u. § 4), die die Werknutzung – in gewissen Grenzen – kontrollieren und erforderlichenfalls gegen Verletzer vorgehen. Dies setzt allerdings voraus, dass der Urheber Mitglied der entsprechenden Verwertungsgesellschaft ist.

Sollte trotz aller Vorsichtsmaßnahmen die Gefahr einer Rechtsverletzung konkret 290 werden, so hat der Urheber oder Interpret einen **vorbeugenden Unterlassungsanspruch** aus entsprechender Anwendung des § 97 UrhG, der sich notfalls im Eilverfahren durch Antrag auf Erlass einer einstweiligen Verfügung beim zuständigen Landgericht gerichtlich durchsetzen lässt.

c) Folgen der Rechtsverletzungen

(1) Mögliche Ansprüche

Ist eine Rechtsverletzung eingetreten, so hat diese ein Verwertungsverbot zur Folge, 291 § 96 UrhG. Außerdem hat der Verletzte Anspruch auf Vernichtung der durch die Verletzung geschaffenen Vervielfältigungsstücke und -vorlagen, § 98 UrhG, an dessen Stelle der Verletzte auch Überlassung dieser Stücke, § 99 UrhG, verlangen kann. Ferner besteht ein Anspruch auf Herausgabe der durch die Rechtsverletzung erlangten Bereicherung, §§ 812 ff. BGB. Gegen weitere Verletzungen richtet sich der Unterlassungsanspruch aus § 97 UrhG. Diese Bestimmung gewährt auch einen Schadensersatzanspruch, falls der Verletzer nachweislich schuldhaft gehandelt hat. Schließlich haben fahrlässig oder vorsätzlich begangene Rechtsverletzungen auf Antrag des Verletzten strafrechtliche Konsequenzen, §§ 106 bis 111 UrhG.

(2) *Einzelheiten*

292　　aa) Verwertungsverbot. Gemäß § 96 UrhG dürfen rechtswidrig hergestellte Vervielfältigungsstücke weder verbreitet noch zu öffentlichen Wiedergaben benutzt werden, rechtswidrig veranstaltete Funksendungen nicht auf Bild- oder Tonträger aufgenommen oder öffentlich wiedergegeben werden. Hiermit ist klargestellt, dass ohne entsprechende Erlaubnisse **Werknutzungen nicht zulässig sind.** Dies gilt selbstverständlich auch im Falle der Rechtsverletzungen und der dadurch entstehenden Festlegungen von Werken und Leistungen, aus denen, außer mit Erlaubnis des Verletzten, keine Früchte gezogen werden dürfen.

293　　bb) Vernichtung. Der Verletzte hat u. a. gem. § 98 UrhG einen Anspruch auf Vernichtung. Danach kann der Verletzte verlangen, dass alle rechtswidrig hergestellten, rechtswidrig verbreiteten und zur rechtswidrigen Verbreitung bestimmten Vervielfältigungsstücke, die im Besitz oder Eigentum des Verletzers stehen, vernichtet werden. Dasselbe gilt entsprechend für die im Eigentum des Verletzers stehenden, ausschließlich oder nahezu auschließlich zur rechtswidrigen Herstellung benutzten oder bestimmten Vorrichtungen, § 99 UrhG. Statt der Vernichtung kann der Verletzte verlangen, dass ihm die Vervielfältigungsstücke und Vorrichtungen, die im Eigentum des Verletzers stehen, gegen eine angemessene Vergütung überlassen werden, welche die Herstellungskosten nicht übersteigen darf, § 98 i. V. m. § 99 UrhG.

294　　Wer ohne Erlaubnis des Berechtigten Vervielfältigungsstücke herstellt, geht ein hohes Risiko ein, denn er läuft Gefahr, zur Vernichtung der Vervielfältigungsexemplare verurteilt zu werden. Der entsprechende Anspruch des Verletzten kann sich gegen jeden richten, der an der rechtswidrigen Vervielfältigung tatsächlich beteiligt war, **ohne** dass ein **Verschulden** (vgl. Fromm/Nordemann a. a. O. §§ 98/99 Rdnr. 7) erforderlich ist. So richtet sich der Anspruch auf Vernichtung z. B. nicht nur gegen den Produzenten, sondern auch gegen die Druckerei, das Press-, oder Kopierwerk bis hin zu den Groß- und Einzelhändlern. Somit ist sichergestellt, dass seitens der Auswerter ein möglichst großes Interesse daran besteht, Rechtsverletzungen zu vermeiden. Der Vernichtung unterliegen die im Besitz oder Eigentum des Verletzers oder des Beteiligten stehenden Gegenstände.

295　　In eng begrenzten seltenen **Ausnahmefällen,** z. B. falls unerlaubte Änderungen als nicht vom Urheber herrührend gekennzeichnet werden können, muss sich der Verletzte allerdings an Stelle des Vernichtungsanspruchs auf die Beanspruchung der zur Beseitigung des durch die Rechtsverletzung verursachten Zustands ausreichenden, weniger einschneiden den Maßnahmen verweisen lassen, § 98 Abs. 3 UrhG. Umgekehrt hat der Urheber dementsprechend selbst immer Anspruch auf Kennzeichnung unerlaubter Änderungen, Bearbeitungen etc. als milderes Mittel gegenüber dem Vernichtungsanspruch.

296　　Die Ansprüche wegen Verletzung des Urheberrechts **verjähren** in drei Jahren ab dem Zeitpunkt, in dem der Berechtigte von der Verletzung und der Person des Verpflichteten Kenntnis erlangt, ohne Rücksicht auf diese Kenntnis in dreißig Jahren von der Verletzung an, § 102 UrhG.

cc) Bereicherungsanspruch. Vom Verschulden unabhängig und deshalb leichter 297 durchzusetzen als ein Schadensersatzanspruch ist der Anspruch auf Ersatz der durch die Rechtsverletzung erlangten Bereicherung. So stellt § 97 Abs. 3 UrhG klar, dass Ansprüche aus anderen gesetzlichen Vorschriften – hiermit ist auch der Bereicherungsanspruch aus den §§ 812 ff. BGB gemeint – unberührt und damit anwendbar bleiben.

Der Anspruch auf Herausgabe der Bereicherung geht im Falle der Verletzung von 298 Urheberrechten in der Regel auf **Ersatz der üblichen Lizenzgebühren**; denn um die in dieser Höhe ersparten Aufwendungen ist der Verletzer bereichert (zu den üblichen Lizenzsätzen in den verschiedenen Werkgattungen und -arten s. u. § 10). Lassen sich allgemein übliche Lizenzsätze nicht ermitteln, muss der Verletzte konkret darlegen, welche Lizenzen er selbst üblicherweise erzielt.

Die Geltendmachung des Bereicherungsanspruches schließt nicht darüber hinausge- 299 hende Schadensersatzansprüche aus. Der Bereicherungsanspruch **verjährt** nunmehr in 3 Jahren nach der Verletzung, § 195 BGB.

dd) Unterlassungsanspruch. Der Anspruch auf Unterlassung einer drohenden 300 Rechtsverletzung und auf Beseitigung einer Beeinträchtigung des Urheberrechts oder eines verwandten Schutzrechts ergibt sich aus § 97 UrhG. In der Regel begründet die einmalige Verletzung die Wiederholungsgefahr, es sei denn, wegen besonderer Umstände erscheint eine Wiederholung völlig ausgeschlossen. So wird die Wiederholungsgefahr dadurch beseitigt, dass der Verletzer sich gegenüber dem Verletzten zur Unterlassung weiterer Verletzungen verpflichtet und für jeden Fall der Zuwiderhandlung die Zahlung einer angemessenen Vertragsstrafe verspricht.

Von § 97 UrhG nicht direkt geregelt, aber dennoch möglich ist der **vorbeugende** 301 **Unterlassungsanspruch**, mit dessen Hilfe die erstmalige Rechtsverletzung verhindert werden kann. Voraussetzung hierfür ist eine ernsthaft drohende Rechtsverletzung (Fromm/Nordemann a. a. O. § 97 Rdnr. 23 m. w. Nachw.). Sofern der Bedrohte die entsprechenden Umstände glaubhaft macht – dies geschieht u. a. durch eidesstattliche Versicherung –, kann er den vorbeugenden Unterlassungsanspruch im Wege der einstweiligen Verfügung durchsetzen. Sofern Rechtsverletzungen dauerhaft, z. B. durch einen fortbestehenden Zustand verursacht sind, kann der Verletzte die Beseitigung der Verletzung für die Zukunft verlangen.

ee) Auskunftsanspruch. Gemäß § 101a UrhG, bzw. gegenüber dem nichtgewerbli- 302 chen Verletzer nach allgemeinen Bestimmungen (§§ 242, 259 BGB) ist ein Auskunftsanspruch gegeben (Fromm/Nordemann a. a. O. § 97 Rdnr. 27; BGH GRUR 1974, 53; BGH GRUR 1980, 227 ff. [232]), mit dem der Verletzte von jedem, der eine Rechtsverletzung begangen hat, Auskunft und Rechnungslegung über die zur Berechnung eines möglichen Schadensersatzanspruches erforderlichen Tatsachen (z. B. Auflage, Verbreitungsgebiet, Häufigkeit etc.) verlangen kann. Gegenüber dem gewerbsmäßigen Vervielfältiger und Verbreiter gibt der durch das PrPG neu eingefügte § 101a UrhG einen **verschuldensunabhängigen Anspruch** auf Auskunft über Vertriebsweg und Herkunft der Ware.

ff) Schadensersatzanspruch. Wer ein Urheberrecht oder ein verwandtes Schutz- 303 recht fahrlässig oder vorsätzlich verletzt hat, ist gemäß § 97 Abs. 1 UrhG zum Schadensersatz verpflichtet. Da der **Vorsatz** als eine lediglich im Bewusstsein des Verletzers gegebene Tatsache schwer beweisbar ist, wird außer in offensichtlichen Fällen des Plagiats, der Fälschung, der kriminellen Vervielfältigung und Verbreitung (Bootlegs, Raubdrucke und -kopien) der Vorsatz nur schwer nachweisbar sein. Dagegen sind die

Anforderungen an die Sorgfaltspflicht, deren Missachtung den **Fahrlässigkeitsvorwurf** zur Folge hat, **nach objektiven Kriterien** bestimmt. So handelt fahrlässig, wer
die **im Verkehr erforderliche Sorgfalt** außer Acht lässt. Um die gängigsten Ausreden
auszuschließen, hat die Rechtsprechung in einer Vielzahl von Urteilen ausgeführt (beispielsweise BGH GRUR 1960, 606 ff. [608]; BGH GRUR 1974, 669 ff. [672]), dass
sich der Nutzer über den Bestand des Nutzungsrechtes Gewissheit verschaffen muss.
Hierzu sind mitunter aufwändige Recherchen notwendig, die die Anforderungen an
die Sorgfaltspflicht erst dann erfüllen, wenn der Erwerb des entsprechenden Nutzungsrechtes lückenlos dokumentiert ist. Die Prüfungspflichten treffen nicht nur die
Initiatoren der Nutzung (z. B. Verleger, Produzenten, Lizenzgeber, Rundfunk- und
Fernsehsender), sondern auch die an der Vervielfältigung und Verwaltung mitwirkenden Personen und Unternehmen (z. B. Presswerke, Druckereien u. a.).

304   Sofern der **Nachweis** einer **Sorgfaltspflichtverletzung** möglich ist, kann der Verletzte mit Aussicht auf Erfolg und nach Erteilung entsprechender Auskünfte einen
Schadensersatzanspruch geltend machen. Da in der Regel der infolge einer Urheberrechtsverletzung eingetretene Zustand für eine gewisse Zeit bestanden hat und sich
deshalb nicht rückgängig machen lässt, kann der Verletzte **Geldersatz** verlangen. Hierbei kann der **Schaden** nach drei Arten berechnet werden. Einmal mit der **Vermögenseinbuße und dem entgangenen Gewinn**, dann mit einer angemessenen, d. h. einer
üblichen oder vernünftigen **Lizenzgebühr**, und schließlich mit dem vom Schädiger infolge der Rechtsverletzung erzielten **Gewinn**. Der Verletzte kann die Berechnungsmethode frei wählen. Dieses Wahlrecht erlischt erst, wenn ihm der Schaden nach einer der
vom ihm gewählten Berechnungsweisen vollständig ersetzt ist. Zur Ermittlung des
Reingewinns kann der Verletzte vom Verletzer Rechnungslegung über diesen Gewinn
verlangen, § 97 Abs. 1 Nr. 2 UrhG). Dabei dürfen nicht die Gemeinkosten (Fixkosten)
abgezogen werden, sondern nur die variablen Kosten für Herstellung und Vertrieb,
BGHZ 145, 366 – Gemeinkosten. Danach muss der Verletzer erheblich mehr zahlen,
als nur die angemessene Lizenzgebühr, so dass sich Verletzungen von Urheberrechten
nicht „lohnen". Zur Vermögenseinbuße und damit zum Schaden zu rechnen ist auch
der dem Verletzten entstandene Aufwand zur Ermittlung des Schädigers, der z. B. in
Detektivkosten bestehen kann, sowie die Kosten der Rechtsverfolgung (Rechtsan-
walts-, Gerichts-, Buchführungskosten). Unter dem Gesichtspunkt der wegen einer
umfangreichen Überwachungstätigkeit erlittenen Vermögenseinbuße pflegten die
Gerichte der GEMA bisher einen 100-prozentigen Aufschlag auf die üblichen Lizenzgebühren zuzusprechen, sofern die Überwachung zur Aufklärung der Rechtsverletzung erforderlich war. Nun gilt dieser Grundsatz kraft Gesetzes zu Gunsten aller Verwertungsgesellschaften bei unrichtiger Auskunftserteilung, § 54 Abs. 5 S. 3 UrhG
(eingefügt durch PrPG vom 1. 3. 1990). Die übliche Vergütung (Berechnungsmethode
Nr. 2) wird sich bei gängigen Verwertungsarten oft mithilfe marktkundiger Personen
ermitteln lassen. Der Anspruch auf Herausgabe des Gewinns setzt die Rechnungslegung hierüber voraus. Hierauf hat der Verletzte gemäß § 97 Abs. 2 UrhG Anspruch.
Die Nachprüfung anhand der betriebsinternen Kalkulation ist allerdings mitunter
schwierig. Welche Berechnungsmethode der Verletzte im einzelnen Fall anwendet,
wird davon abhängen, welche konkreten Anhaltspunkte zur Schadensberechnung herangezogen werden können; denn die Beweislast für Verschulden und Schadenshöhe
trägt der Verletzte.

305   Sofern der Verletzte ein **Urheber** oder **Interpret** ist, vgl. § 97 Abs. 2, gewährt das
Gesetz dem Verletzten den Ersatz des **immateriellen Schadens**. Hierunter ist ein Schaden zu verstehen, der nicht Vermögenseinbußen zur Folge hat, sondern in einer

Verletzung des Persönlichkeitsrechtes besteht. Ein Anspruch auf Ersatz des immateriellen Schadens besteht nur bei Verletzung von Rechten, die dem Urheberpersönlichkeitsrecht entspringen, also dem Recht auf Nennung des Urhebers, dem Recht auf Schutz vor Änderungen und Entstellungen und dem Veröffentlichungsrecht. Da Entschädigung nur verlangt werden kann, wenn und soweit es der „Billigkeit" entspricht, § 97 Abs. 2 UrhG, verlangt die Rechtsprechung besonders schwerwiegende Beeinträchtigungen dieser Rechte (vgl. BGH GRUR 1971, 525 f.; KG UFITA 58, 285 ff. [289]; KG UFITA 59, 279 ff. [284]). Dabei ist auch die Genugtuungsfunktion des immateriellen Schadensersatzes zu beachten (BGHZ 18, 149/155 ff.). Bei leichteren Beeinträchtigungen wird keine Geldentschädigung gewährt. Inzwischen hat sich in der Rechtsprechung die Erkenntnis durchgesetzt, dass ein **Schmerzensgeld** fühlbar sein muss, um weitere Verletzungen auszuschließen und um der Allgemeinheit deutlich zu machen, dass sich Rechtsverletzungen dieser Art nicht lohnen, sondern teuer werden können (BGHZ 128, 1/16 – Caroline v. Monaco: 180 000 DM).

Anspruchsinhaber ist in der Regel der Verletzte, der jedoch mitunter auf Grund **306** von Nutzungsverträgen seinen Vertragspartner mit der Wahrnehmung seiner Rechte oder der Geltendmachung von Ansprüchen beauftragt und diesen hierzu bevollmächtigt hat. Der Schadensersatzanspruch gehört nicht zum unveräußerlichen Kern des Urheberrechts und kann deshalb an Dritte abgetreten werden.

Die Ansprüche richten sich gegen jede **natürliche oder juristische Person**, die an **307** der Rechtsverletzung beteiligt ist. Handelt es sich hierbei um Mitarbeiter oder Beauftragte eines Unternehmens, so haftet der Unternehmensinhaber, § 100 UrhG.

Der Schadensersatzanspruch **verjährt** in drei Jahren von dem Zeitpunkt an, in wel- **308** chem der Verletzte von dem Schaden und der Person des Ersatzpflichtigen Kenntnis erlangt, ohne Rücksicht auf diese Kenntnis in dreißig Jahren von der Begehung der Handlung an, § 102 UrhG.

(3) Klage

aa) Antrag. Zur Durchsetzung von Schadensersatzansprüchen empfiehlt sich die **309** **Stufenklage**, d. h. dem zunächst unbezifferten Klageantrag auf Geldersatz geht ein Antrag auf Auskunft und Rechnungslegung hinsichtlich der für die Schadensberechnung maßgeblichen Umstände voraus. Der Antrag auf Ersatz des immateriellen Schadens sollte nicht beziffert, sondern der Betrag ins Ermessen des Gerichts gestellt werden. Es genügt, wenn die Klagebegründung Angaben zur Höhe des Anspruchs enthält.

bb) Zuständigkeit. Vor Anrufung der nach den allgemeinen zivilprozessualen Re- **310** geln zuständigen Gerichte ist zu prüfen, ob infolge einer besonderen Zuweisung Spezialkammern oder Abteilungen für Urheberrecht eingerichtet sind, die zu besonderen örtlichen Zuständigkeiten führen können (die Spezialzuweisungen nennt Wenzel/Burkhardt a. a. O. Rdnr. 9.4). Vor den Landgerichten ist die anwaltliche Vertretung zwingend vorgeschrieben.

(4) Strafrechtliche Konsequenzen

Die unerlaubte Vervielfältigung, Verbreitung oder öffentliche Wiedergabe urheber- **311** rechtlich geschützter Werke (oder Bearbeitungen), die unzulässige Anbringung der Urheberbezeichnung und andere unerlaubte Eingriffe in verwandte Schutzrechte und unerlaubte Eingriffe in technische Schutzmaßnahmen und zur Rechtwahrnehmung gespeicherte Informationen werden von den §§ 106 bis 108 b UrhG unter eine Strafandrohung von **Freiheitsstrafe bis zu drei Jahren, bei gewerbsmäßigem Handeln bis zu fünf Jahren** § 108a UrhG, oder **Geldstrafe** gestellt. Der Versuch ist strafbar. Die

Gegenstände, auf die sich eine Straftat bezieht, können eingezogen werden, § 110 UrhG. Die Ermittlungsbehörden werden in der Regel hier nur auf Strafantrag hin, § 109 UrhG, tätig, es sei denn, die Strafverfolgung liegt im besonderen öffentlichen Interesse, was bei gravierenden Delikten regelmäßig angenommen werden sollte. Die Frist für die Stellung des Strafantrages beträgt drei Monate ab Kenntnis von der Verletzung. Lediglich gewerbsmäßige **unerlaubte Verwertung** wird von Amts wegen verfolgt und ist mit Freiheitsstrafe bis zu fünf Jahren oder Geldstrafe bedroht, § 108a UrhG. Der Verletzte kann auch Privatklage beim zuständigen Strafgericht gemäß § 374 StPO erheben, ohne die Staatsanwaltschaft einschalten zu müssen. Ordnungswidrig handelt ferner, wer Vorrichtungen zur Umgehung des Kopierschutzes verbreitet oder entsprechende Leistungen gewerblich erbringt, oder gegen Kennzeichnungs- oder andere Pflichten der §§ 95a, b oder d verletzt, zu diesen Vorschriften s. o. Rdnr. 278 ff.

312   Die strafrechtliche Verfolgung im Bereich des Urheberrechts war lange Zeit nur schwach ausgeprägt und wird erst in jüngster Zeit zum Teil durch spezielle Dezernate der Staatsanwaltschaften mit mehr Nachdruck betrieben. Die im Jahre 1990 durch das PrPG eingeführten schärferen Strafen zeigen, dass auch der Gesetzgeber diesen Bereich der Wirtschaftskriminalität nun ernst nimmt. Die zunehmende Schlagkraft der Strafverfolgungsbehörden zeigt sich in der Häufigkeit und Konsequenz, mit der inzwischen gegen Raubkopierer und die Personen vorgegangen wird, die an illegalen Internet Musik-Tauschbörsen vorgegangen wird.

313   Ferner sind die **Zollbehörden** befugt, Waren, die urheber- oder Leistungsschutzrechte verletzen, in ihrer Gesamtheit zu **beschlagnahmen**, § 111 b UrhG. Zuständig ist die **Oberfinanzdirektion Nürnberg**, bei der ggf. unter Angabe hinreichend konkreter Merkmale Anzeige zu erstatten ist. Ein Antrag auf Tätigwerden der Zollbehörden nach der **VO EG 1383/2003** kann gem. deren Art. 5 Abs. 1 der Rechtsinhaber stellen oder auch die Inhaber einfacher und ausschließlicher Nutzungsrechte stellen.

§ 4 Verwertungsgesellschaften

I. Überblick

1   Die wirtschaftlich schwache Position der Urheber im Verhältnis zu vielen Verwertern und die dem einzelnen Urheber praktisch unmögliche Kontrolle der Zweitverwertungen führten in der Vergangenheit dazu, dass Urheber an den Erträgen ihrer Leistungen kaum oder nur ungenügend beteiligt waren. Dies gilt auch aktuell wieder für den Bereich der Online-Nutzungen und der massenhaften digitalen Kopien. Auch Filmhersteller, Tonträgerhersteller und Sendeunternehmen sind angesichts der weltweiten Verbreitung durch Massenmedien nicht im Stande, sämtliche Nutzungen ihrer Produktionen zu kontrollieren. Die **Richtlinie 92/100/EWG – Vermiet- und Verleihrichtlinie** erwähnt deshalb die **kollektive Rechtewahrnehmung** des Rechts auf angemessene Vergütung, ohne diese jedoch den Mitgliedstaaten vorzuschreiben. Um die effektive Wahrnehmung von Nutzungs- oder Einwilligungsrechten und Vergütungsansprüchen der Urheber zu ermöglichen, wurden von Urhebern und Verlegern Verwertungsgesellschaften geschaffen, die sich die in ihren jeweiligen Wahrnehmungsbereich fallenden Nutzungsrechte zur **treuhänderischen Wahrnehmung** abtreten lassen, und zwar auch hinsichtlich der künftig vom Urheber geschaffenen Werke (Vo-

rausabtretung, vgl. § 3 Rdnr. 169 ff.; zur historischen Entwicklung s. Wenzel/Burkhardt, Urheberrecht für die Praxis, Rdnr. 10.1 ff.).

Verwertungsgesellschaften dürfen nur mit **Erlaubnis des Deutschen Patentamtes** 2 errichtet werden, § 1 Wahrnehmungsgesetz (WahrnG), und stehen unter dessen **Aufsicht.** Voraussetzung für die Erteilung der Erlaubnis zum Geschäftsbetrieb ist, dass die Satzung dem Wahrnehmungsgesetz entspricht, die vertretungsberechtigten Personen die für die Ausübung ihrer Tätigkeit erforderliche **Zuverlässigkeit** besitzen und die Verwertungsgesellschaft wirtschaftlich zur wirksamen Wahrnehmung der Rechte und Ansprüche ihrer Mitglieder im Stande ist, § 3 WahrnG. Die Verwertungsgesellschaften sind verpflichtet, für die Verteilung ihrer Einnahmen einen Verteilungsplan aufzustellen, der eine willkürliche Verteilung ausschließt, § 7 WahrnG. Der Verteilungsplan soll dem Grundsatz entsprechen, dass **kulturell bedeutende Werke und Leistungen zu fördern** sind, § 7 Satz 2 WahrnG. Außerdem sollen Vorsorge- und Unterstützungseinrichtungen errichtet werden, § 8 WahrnG. Die innere Verfassung der Verwertungsgesellschaften wird von den Gesellschaftern bzw. Vereinsmitgliedern in Satzungen geregelt. Die Satzungs- bzw. Vereinsautonomie ist durch das Wahrnehmungsgesetz ebenso wie durch das EU-Recht und das Kartellrecht eingeschränkt, da die Verwertungsgesellschaften per Definition **marktbeherrschende Stellungen** haben und sowohl intern, gegenüber den Rechteinhaber, als auch extern gegenüber Nutzern diese weder missbrauchen, noch in diskriminierender Weise einsetzen dürfen. So hat der europäische Gerichtshof (Sechste Kammer) auf die ihm vom Hoge Raad der Niederlanden mit Urteil vom 9. Juni 2000 vorgelegten Fragen aus einem Rechtsstreit zwischen der niederländischen Verwertungsgesellschaft für verwandte Schutzrechte SENA und der Stiftung Niederländischer Rundfunk für Recht erkannt:

1. *Der Begriff der angemessenen Vergütung in Artikel 8 Absatz 2 der Richtlinie 92/100/EWG des Rates vom 19. November 1992 zum Vermietrecht und Verleihrecht sowie zu bestimmten dem Urheberrecht verwandten Schutzrechten im Bereich des geistigen Eigentums ist in allen Mitgliedstaaten einheitlich auszulegen und von jedem Mitgliedstaat umzusetzen, wobei dieser für sein Gebiet die Kriterien festsetzt, die am besten geeignet sind, innerhalb der vom Gemeinschaftsrecht und insbesondere der Richtlinie gezogenen Grenzen die Beachtung dieses Gemeinschaftsbegriffs zu Gewähr leisten.*

2. *Artikel 8 Absatz 2 der Richtlinie 92/100 steht einer Methode für die Berechnung der angemessenen Vergütung der ausübenden Künstler und der Hersteller von Tonträgern nicht entgegen, die variable und feste Faktoren – z. B. die Anzahl der Stunden der Sendung der Tonträger, den Umfang der Hörer- und Zuschauerschaft der von der Organisation der Sender vertretenen Hörfunk- und Fernsehsender, die vertraglich festgelegten Tarife für Wiedergabe- und Senderechte von urheberrechtlich geschützten Musikwerken, die von den öffentlich-rechtlichen Rundfunkanstalten in den Nachbarländern des betreffenden Mitgliedstaats praktizierten Tarife und die von den gewerblichen Sendern gezahlten Beträge – enthält, wenn diese Methode es erlaubt, das Interesse der ausübenden Künstler und der Hersteller an einer Vergütung für die Sendung eines bestimmten Tonträgers und das Interesse Dritter daran, diesen Tonträger unter vertretbaren Bedingungen senden zu können, angemessen in Ausgleich zu bringen, und wenn sie gegen keinen Grundsatz des Gemeinschaftsrechts verstößt.*

Die Verwertungsgesellschaften unterliegen grundsätzlich dem **Wahrnehmungs-** 3 **zwang,** d. h. sie müssen die Rechte und Ansprüche der EU-Staatsangehörigen zu angemessenen Bedingungen wahrnehmen, sofern und soweit die Berechtigten dies beantragen und die Rechte und Ansprüche zum Tätigkeitsbereich der Verwertungsgesellschaft gehören, § 6 WahrnG. Damit stehen hinsichtlich der Rechtewahrnehmung die Verwertungsgesellschaften europaweit in Konkurrenz miteinander, z. B. hinsichtlich der Tonträgerlizenzierung. Allerdings sind deren Inkassoorganisationen weiterhin (noch) im Wesentlichen national tätig, was zur Verteilung von Aufkommen über zwei beteiligten Verwertungsgesellschaften führt, wenn inländische Nutzungsvergütungen Rechteinhabern zustehen, die von ausländischen Gesellschaften vertreten werden. Es kann den Rechteinhabern allerdings auf Grund der einschlägigen EuGH-Urteile nicht verwehrt werden, einzelne Bereiche (z. B. der mechanischen Vervielfältigung, der Aufführungs- und Senderechte) sowie alle oder bestimmte Gebiete (z. B. alle Gebiete außerhalb Deutschlands) von der Wahrnehmung durch eine bestimmte Verwertungsgesellschaft auszunehmen und auf Grund der Mitgliedschaft in einer oder mehreren anderen europäischen Verwertungsgesellschaften wahrnehmen zu lassen.

4   Gegenüber jedermann, der geschützte Werke nutzen will, sind die Verwertungsgesellschaften zur Einräumung der erforderlichen Nutzungsrechte oder Erteilung der Einwilligungen zu angemessenen Bedingungen verpflichtet – **Abschlusszwang**, § 11 WahrnG. Umgekehrt sind die Veranstalter öffentlicher Aufführungen, Vorführungen und Vorträge geschützter Werke verpflichtet, die Veranstaltung bei der zuständigen Verwertungsgesellschaft **anzumelden** und eine Liste der gespielten Werke zu übersenden, § 13a WahrnG. Gegenüber Vereinigungen von Verwertern sind die Verwertungsgesellschaften zum **Abschluss von Gesamtverträgen verpflichtet**, § 12 WahrnG. Ferner müssen die Verwertungsgesellschaften **Tarife für die Nutzung von geschützten Werken** und Leistungen erstellen, die im Bundesanzeiger zu veröffentlichen sind, § 13 WahrnG. Nutzer, die mit den Tarifen nicht einverstanden sind, können die Nutzungsrechte durch Hinterlegung des geforderten Tarifbetrages erwerben, § 11 Abs. 2 WahrnG, und sodann die **Schiedsstelle beim Deutschen Patentamt** anrufen, §§ 14 bis 16 WahrnG. Findet das Verfahren hier keinen von beiden Seiten anerkannten Abschluss, so sind die ordentlichen Gerichte zuständig.

5   Auf Grund der treuhänderisch innegehaltenen Rechte können die Verwertungsgesellschaften gerichtlich gegen unberechtigte Nutzer vorgehen. Zu ihren Gunsten gilt dabei die **Vermutung**, dass die Verwertungsgesellschaft die Rechte aller Berechtigten der betreffenden Werke wahrnimmt, § 13 b) Abs. 2 WahrnG.

II. Verwertungsgesellschaften und ihre Wahrnehmungsbereiche

1. Die GEMA

6   Die Nutzungs- und Einwilligungsrechte der Komponisten, Textdichter und Musikverleger nimmt in Deutschland allein die Gesellschaft für musikalische Aufführungs- und mechanische Vervielfältigungsrechte (GEMA) mit Sitz in Berlin und München wahr, zu weiteren Einzelheiten: www.gema.de (zur Geschichte der GEMA s. Fromm/Nordemann, Urheberrecht, Rdnr. 1 Einl. Wahrnehmungsgesetz; zu den juristischen Grundlagen und weiteren Details der Tätigkeit, Verfassung und den Verteilungsplänen der GEMA s. Kreile/Becker/Riesenhuber, Recht und Praxis der GEMA; s. auch das alljährlich aktualisierte GEMA-Jahrbuch). Die GEMA verwaltet auch die **Zentralstelle für private Überspielungen** (ZPÜ) und kassiert Vergütung auch für die Gesellschaft zur Verwertung von Leistungsschutzrechten (GVL).

Reich

Der GEMA gehören seit je her neben **Komponisten und Dichtern vertonter Texte**   7
(„Textdichter") auch die **Musikverleger** an, obwohl letztere selbst nicht Schöpfer, sondern Nutzer sind und deshalb streng genommen eigentlich nicht in eine Verwertungsgesellschaft zur Wahrnehmung von Urheberrechten gehören. Auf Grund der mit den
Urhebern kongruenten Interessen brachten die Verleger jedoch ursprünglich bei
Gründung der GEMA-Vorgängerin einen reichen Bestand älterer Rechte ein, die sie
schon früher erworben hatten und verhalfen der GEMA so zu einem erheblichen Anteil ihres Repertoires. Hinzu kommen die von den Subverlagen eingebrachten ausländischen Rechte. Die **Tantiemen** werden entsprechend zwischen Komponisten, Text-
dichtern und Verlegern aufgeteilt, sofern die jeweiligen Werke verlegt sind, sodass die
Musikverleger einen Teil der vom Gesetz den Urhebern zugedachten Vergütungen für
die Nutzung der Werke erhalten. Nachdem Ruzicka dies in einer Beschwerde an das
Deutsche Patentamt beanstandet hatte, kam es zu einer Herabsetzung des Verlegeran-
teils an den Tantiemen, allerdings aber auch zu einem Ausschluss des Beschwerdefüh-
rers aus dem deutschen Komponistenverband. Auch die in der GEMA stimmberech-
tigten Komponisten und Textdichter möchten offenbar nicht auf die Mitgliedschaft der
Verleger in der GEMA und deren geschäftliche Erfahrung in der Musikbranche verzichten. Neuerdings wird unter ähnlichen Gesichtspunkten diskutiert, ob sog. **Indus-
trie-Verlage**, deren dem Konzern verbundenen Tonträgerunternehmen rund 4/5 aller
Tonträger herstellen, anders zu behandeln seien als „Independent"-Verleger. Ein Ausschluss der Majors von der GEMA-Mitgliedschaft wäre aber ein Verstoß gegen den
Wahrnehmungszwang und führte überdies zu einer erheblichen Reduzierung des von
der GEMA vertretenen Repertoires.

Die GEMA kennt drei Klassen von Mitgliedern: Die **ordentlichen, außerordentli-**   8
chen und angeschlossenen Mitglieder, § 6 der GEMA-Satzung (abgedruckt in Beck/
dtv: Urheber- und Verlagsrecht unter Nr. 16). Der Erwerb der **außerordentlichen
Mitgliedschaft** setzt den Nachweis beruflicher Qualifikation bzw. im Falle der Verleger typischer Geschäftätigkeit voraus. Die Einzelheiten regelt eine Geschäftsord-
nung für das Aufnahmeverfahren, § 6 Nr. 3 der GEMA-Satzung. Die außerordentlichen Mitglieder nehmen direkt keinen Einfluss auf die Willensbildung innerhalb der
GEMA. Sie sind jedoch mittelbar durch Delegierte in der Versammlung der ordentlichen Mitglieder vertreten, § 12 Nr. 2 GEMA-Satzung, die in Mitgliederversammlun-
gen die Vereinsinterna regeln, insbesondere die Verteilung der Einnahmen, sowie Änderungen der Satzung beschließen, § 10 Nr. 6 GEMA-Satzung.

Ordentliches Mitglied kann nur werden, wer als außerordentliches Mitglied über   9
fünf auf einander folgende Jahre bestimmte Mindesttantiemenaufkommen erzielt hat
(wegen der Einzelheiten s. § 7 GEMA-Satzung). Der Erwerb der ordentlichen Mitgliedschaft erfordert also neben der beruflichen Qualifikation auch einen gewissen
wirtschaftlichen Erfolg des Mitglieds. Neben dem Stimmrecht haben die ordentlichen
Mitglieder auch die Chance, eine Altersversorgung durch die GEMA-Sozialkasse zu
erlangen. Diese setzt allerdings eine mindestens fünfjährige ordentliche Mitgliedschaft
voraus und knüpft die Höhe der Versorgungsleistungen an das durchschnittliche Tantiemenaufkommen.

Dagegen sind die **angeschlossenen Mitglieder** keine Mitglieder im Sinne des Ver-   10
einsrechts, § 6 Nr. 2 der GEMA-Satzung. Vielmehr richten sich die Rechtsbeziehungen der angeschlossenen Mitglieder zur GEMA nur nach dem Berechtigungsvertrag,
d. h., es besteht ein bloßes Treuhandverhältnis. Die angeschlossene Mitgliedschaft ist
damit eine Konsequenz aus dem Wahrnehmungszwang und dient als Auffangbecken
für all diejenigen, die die vereinsrechtliche Mitgliedschaft nicht erwerben können oder

wollen. Die Aufnahmeanträge versendet das Mitgliederreferat der GEMA auf Anfrage. Die GEMA erhebt eine einmalige Aufnahmegebühr und einen jährlichen Beitrag (die Aufnahmegebühr beträgt für Komponisten und Textdichter derzeit 50 Euro, der Jahresbeitrag 25 Euro).

11   Die von der GEMA wahrgenommenen Rechte ergeben sich aus den **Berechtigungsverträgen**. Zum Wahrnehmungsbereich der GEMA gehören danach **nicht die „großen Rechte"**. Hierunter versteht die Branche die Rechte zur Nutzung bühnenmäßiger Aufführungen dramatisch-musikalischer Werke, und zwar vollständig, als Querschnitt oder in größeren Teilen. Auch die Verwendung vorbestehender Werke, z. B. Songs der Gruppe ABBA (so OLG Hamburg OLGR 2004, 13 – Mamma Mia) für die Schaffung dramatisch-musikalischer Werke gehört dazu, d. h. die Wahrnehmung dieser Rechte bleibt den Komponisten, Librettisten und deren Verlagen vorbehalten, die für die erstmalige Erlaubnis sowie für die laufende Nutzung unschwer angemessene Bedingungen mit den Verwertern aushandeln und deren Abrechnung weitaus kostengünstiger als die GEMA verwalten können. Die Aufführung als Bühnenmusiken, die nicht integrierender Bestandteil von Bühnenwerken sind, und kleinerer Teile musikalisch-dramatischer Werke, z. B. einzelne Lieder hieraus, gehören jedoch zu den **„kleinen Rechten"** und damit zum Wahrnehmungsbereich der GEMA. Die „kleinen Rechte" umfassen insbesondere die Aufführungsrechte, die Rechte der Hörfunk- und Fernseh-Sendung und -Wiedergabe, die Rechte zur Aufnahme, Vervielfältigung, Verbreitung und Wiedergabe von Ton- oder Bildtonträgern und das Recht zur Benutzung von Musikwerken zur Filmherstellung. Allerdings fällt das Filmherstellungsrecht an den Berechtigten zurück, wenn dieser der GEMA mitteilt, die Rechte im eigenen Namen wahrnehmen zu wollen. Nicht der GEMA eingeräumt wird ferner das Musikverlagsrecht, d. h. das Recht, Noten zu drucken und zu vertreiben.

12   Jeder, der die von der GEMA wahrgenommenen Nutzungsrechte erwerben will, muss hierfür mit der zuständigen GEMA-Bezirksdirektion Nutzungsverträge schließen und die für die jeweilige Nutzung aufgestellten Tarifbeträge entrichten. Angesichts einer Fülle von Tarifen (s. Beck's Urheber- und Verlagsrecht, Nr. 16, nach § 19 GEMA-Satzung sowie www.gema.de), die meist die Intensität der Nutzung und die wirtschaftlichen Ertragsmöglichkeiten zu berücksichtigen trachten, empfiehlt es sich, vor entsprechenden Nutzungen die GEMA hiervon zu informieren und den Tarif berechnen zu lassen. Wenn dies unterbleibt und die GEMA eine unberechtigte Nutzung ermittelt, ist sie nämlich zur Erhebung der doppelten Tarifgebühr berechtigt (BGH NJW 1973, 96 – nun auch § 54 Abs. 5 S. 3 UrhG).

13   Bei der gerichtlichen Durchsetzung von Vergütungsansprüchen gilt zu Gunsten der GEMA die Vermutung, dass diese die Aufführungs- und mechanischen Vervielfältigungs- und Verbreitungsrechte am gesamten Weltrepertoire der Tanz- und Unterhaltungsmusik wahrnimmt – **„GEMA Vermutung"** (zuletzt bestätigt von BGH NJW 1988, 1847), da die GEMA auf Grund von Verträgen mit allen wichtigen Musikverwertungsgesellschaften der Welt auch die Nutzungsrechte der ausländischen Urheber und Verleger wahrnimmt. Wegen der GEMA-Vermutung kann ein auf Vergütungszahlung in Anspruch genommener Nutzer die Berechtigung der GEMA kaum bestreiten, es sei denn, es wird für jedes einzelne genutzte Musikwerk nachgewiesen, dass der Urheber keiner Verwertungsgesellschaft angehört. Die Nutzer sog. **GEMA-freier Musik** lassen sich daher von jedem ihrer Komponisten und für jeden Titel auch eine entsprechende Garantieerklärung geben.

14   Die GEMA erzielt ihr **Tantiemenaufkommen** aus den vielfältigen, auf Grund des Urheberrechtsgesetzes vergütungspflichtigen Nutzungen musikalischer Werke.

Reich

Hierzu zählen nicht nur Konzertaufführungen, Tonträgervervielfältigung und Rundfunksendungen, sondern z. B. auch die öffentliche Wiedergabe von Rundfunksendungen etwa in Geschäftsräumen, die Nutzung von Musik in Gottesdiensten, die Vermietung von CDs oder von Videofilmen, die Musikberieselung im Aufzug oder Supermarkt, die Verbreitung importierter Tonträger, die Tonträgerwiedergabe in Ballettschulen u. v. m. Im Jahr 2004 erzielte die GEMA ein Tantiemenaufkommen in Höhe von ca. 950 Mio. Euro (zum Vergleich: 1989 hat das Tantiemenaufkommen 672 Mio. DM bzw. ca. 343 Mio. Euro betragen). Hiervon entfiel ein Anteil von mehr als 90% auf sog. Unterhaltungsmusik, der Rest auf sog. E-Musik und andere. Die Aufwendungen für Personal und sonstiges machten mehr als 140 Mio. Euro aus. Alle Erträge werden nach Deckung der Aufwendungen an die Mitglieder und Berechtigten ausgeschüttet.

Die **Verteilung der Einnahmen** erfolgt nach einem (zu) komplizierten und deshalb **15** intransparenten und missbrauchsanfälligen Verteilungsplan. Dieser regelt zum einen die Aufteilung der auf ein Werk entfallenden Tantiemen im Verhältnis des Komponisten zum Bearbeiter, Textdichter und Verleger. Im Verteilungsplan für Aufführungs- und Senderechte wird eine Zwölfteilung der Erträge vorgenommen, wobei der Verleger – sehr vereinfachend gesagt – in der Regel 4/12, der Bearbeiter 1/12 und der Textdichter 3/12 des auf ein Werk entfallenden Aufkommens auf Kosten des Komponistenanteils erhalten, der Verteilungsplan für mechanische Rechte sieht eine prozentuale Quotelung vor, wonach 40% an den Verleger ausgeschüttet werden. Zum anderen sieht der Verteilungsplan eine unterschiedliche Gewichtung der Werke und ihrer Urheber durch ein Punktsystem vor. Hierbei wird zwischen Werken der so genannten E-Musik und Werken der so genannten U-Musik unterschieden. Sodann wird innerhalb dieser Sparten nach Werkarten und Besetzungen (Stimmenzahl) differenziert. Auch die verschiedenen Nutzungsarten erfahren eine unterschiedliche Gewichtung. So werden beispielsweise Konzerte der so genannten E-Musik oder kirchliche Konzerte und Film- bzw. Fernsehmusik sehr hoch bewertet, Musikaufführungen in Kneipen, Jazzklubs oder Varietes dagegen sehr gering, praktisch, auch nach Einführung des statistischen „PRO-Verfahrens" (Verfahren zur Ermittlung von Aufführungszahlen), oft gar nicht bewertet. Schließlich lässt ein Wertungsverfahren den wirtschaftlichen und kulturellen Erfolg sowie die Dauer der Mitgliedschaft ausschlaggebend für eine höhere Bewertung sein.

Trotz seiner Kompliziertheit enthält das Verteilungsverfahren der GEMA Lücken **16** und Mängel, die mancherlei Missbrauch und Ungerechtigkeiten zulassen und einen auffälligen Kontrast zu dem theoretisch wohl lückenlosen Tarif- und Inkassosystem bildet. Mitunter geht dies zulasten einzelner Mitglieder, manchmal aber beklagt sich die GEMA selbst.

Beispiel:
Im Fall Paul (KG, Urteil vom 27. 10. 1989 Az. Kart U 3767/89) hatte ein Komponisten-Duo auf geschickte Weise die Bewertungsverfahren für sich ausgenutzt und reihenweise in Kirchenkonzerten eigene Werke so genannter E-Musik zwar unentgeltlich und vor wenig Publikum selbst aufgeführt, aber so jährlich fünfstellige Tantiemenbeträge ausgezahlt erhalten. Die GEMA hatte die betreffenden Mitglieder wegen „Verstoßes gegen das Vereinsinteresse" als ordentliche Mitglieder ausgeschlossen, das Kammergericht hat diese Entscheidung auf die Klage der betroffenen Mitglieder hin aufgehoben.

Auch umgekehrte Fälle **ungerechter Verteilung** sind festzustellen. So wird z. B. die **17** Einzelverrechnung der von privaten Rundfunk- und Fernsehsendern ausgestrahlten

Reich

Werke von einem bestimmten jährlichen Mindestbetrag der vom Sender erzielten Werbeinnahmen (derzeit: 25 Mio. Euro pro Jahr) abhängig gemacht. Wird dieser Mindestbetrag unterschritten, so verrechnet die GEMA die vom Sender an sie gezahlte Vergütung nur pauschal, d. h. ohne Rücksicht auf die tatsächlich dort ausgestrahlten Musikstücke, das bedeutet praktisch zu Gunsten derjenigen Werke, die im Bereich des Aufführungs- und Senderechts ohnehin schon berücksichtigt werden. Dies mag die Verwaltung vereinfachen, ist aber einer gerechten Verteilung abträglich und im Informations- und Kreditkartenzeitalter nicht mehr zeitgemäß. Weltweite elektronische Zahlungs- und Abrechnungssysteme verwalten inzwischen größere Datenmengen hundertprozentig korrekt und zu geringeren Kosten als die GEMA. Die Schwächen des Verteilungsverfahrens zu beseitigen, ist keine Aufgabe, die allein der vereinsrechtlichen Willensbildung überlassen bleiben kann.

2. Die GVL

18   Die Gesellschaft zur Verwertung von Leistungsschutzrechten m. b. H. (GVL, www.gvl.de) mit Sitz in Berlin ist von der Deutschen Orchestervereinigung e.V (DOV) und der deutschen Landesgruppe der IFPI e. V. (International Federation of Phonogramm and Videogramm Producers) errichtet worden. Sie nimmt auf Grund entsprechender Wahrnehmungsverträge die **Leistungsschutzrechte der Interpreten, Bild- und Tonträgerhersteller, der Hersteller von Videogrammen, Filmhersteller und Veranstalter wahr**, § 2 Abs. 1 der Satzung (abgedruckt in Beck/dtv Urheber und Verlagsrecht, Nr. 19). Hierzu zählen insbesondere die Rechte auf Einwilligung in die Bild- und Tonaufzeichnung, Vervielfältigung und Sendung, sowie die Ansprüche auf Zahlung angemessener Vergütung für die Funksendung und öffentliche Wiedergabe der Interpretationen. Der Wahrnehmungsbereich der GVL kann von jedem Berechtigten im Wahrnehmungsvertrag inhaltlich eingeschränkt und auf das Gebiet der Bundesrepublik Deutschland beschränkt werden, § 2 Abs. 2 der Satzung, z. B. kann der Berechtigte sich die Wahrnehmung der Rechte zu und aus der Videoclipauswertung vorbehalten.

19   Die GVL erhebt keine Beiträge oder Gebühren von den Berechtigten. Sie bedient sich des Inkassoapparates der GEMA, durch den die Vergütungen für Leistungsschutzrechte mit erhoben werden. Deshalb und wegen eines relativ einfachen Verteilungsverfahrens kommt die GVL mit einem relativ geringen Verwaltungsaufwand aus, der aus den Einnahmen gedeckt wird. Bis zu fünf Prozent der Einnahmen können für kulturelle, kulturpolitische und soziale Zwecke verwendet werden, § 2 Abs. 4 Nr. 7 der Satzung. Hiervon gewährt die GVL z. B. Stipendien zur Fortbildung von Interpreten und Hilfe für Sozialfälle. Die übrigen Einnahmen werden je zur Hälfte an die Interpreten und Hersteller oder Veranstalter verteilt. Ist der Interpret zugleich Hersteller, z. B. eines Mastertonträgers bzw. „-bandes", das von einem Lizenznehmer vervielfältigt und verbreitet wird („Bandübernahmevertrag"), so muss dieser den auf die technisch-organisatorischen Leistungen entfallenden Anteil der Vergütung für die Bandübernahme der GVL angeben. Der Anteil wird von der GVL mangels konkreter Belege mit 45 % angenommen. Denn die Verteilung unter den Interpreten erfolgt im Verhältnis der von diesen aus der Erstverwertung erzielten Einkünfte zueinander, § 2 Abs. 4 Nr. 6 a) der Satzung.

20   Die Interpreten müssen die Einkünfte für ein Geschäftsjahr bis zum 30. 6. des Folgejahres nachweisen und belegen. Anhand der Nachweise errechnet die GVL jährlich die **Verteilschlüssel** für Ton- und Bildtonträgernutzungen und für Sendungen neu. Dieses System ist zwar praktikabel aber nicht immer gerecht. Die Anknüpfung an die

Einkünfte führt dazu, da diejenigen Künstler, die die Erstverwertung unentgeltlich gestattet haben, auch bei der Zweitverwertung leer ausgehen. Dem steht das Gesetz entgegen, das ausdrücklich z. B. für die Funksendung oder öffentliche Wiedergabe dem Interpreten eine angemessene Vergütung zuerkennt, unabhängig davon, ob die Erstverwertung, z. B. die Aufzeichnung, gegen Entgelt erfolgte. Die GVL informiert die Berechtigten durch Informationsschreiben alljährlich über aktuelle relevante Entwicklungen, die ihren Tätigkeitsbereich betreffen.

3. Die VG Musikedition

Die VG Musikedition (www.vg-musikedition.de) nimmt die Rechte an **wissen- 21 schaftlichen Ausgaben und nachgelassenen Werken der Sprache, Pantomime, bildenden Kunst, des Films sowie sonstiger wissenschaftlicher und technischer Art** wahr, prüft und stellt die Schutzfähigkeit musikwissenschaftlicher Ausgaben und nachgelassener Werke fest.

4. Die VG Wort

Bestimmte Nutzungsrechte und Vergütungsansprüche **der Autoren, Übersetzer 22 und Verleger von Sprachwerken schöngeistiger, dramatischer, sachlicher, fachlicher oder wissenschaftlicher Art** nimmt die Verwertungsgesellschaft Wort (VG Wort) (www.vgwort.de) wahr, die zugleich die Geschäfte der **Zentralstelle für Bibliothekstantiemen (ZBT)** führt. Es handelt sich hierbei um das Recht der öffentlichen Wiedergabe von Sprachwerken durch Bild- und Tonträger, der Fernseh- und Hörfunkweitergabe, die Geräteabgabe, das Filmvorführungsrecht, die Vergütungsansprüche für Werknutzung im Unterrichtsgebrauch, in Rundfunk und Zeitschriften, die Fotokopierabgabe, Rechte an vertonten Sprachwerken innerhalb des Wahrnehmungsbereichs der GEMA, „kleine Senderechte" und das Vortragsrecht.

Die VG Wort teilt Wahrnehmungsberechtigte und Mitglieder in insgesamt **sechs Be- 23 rufsgruppen** ein. Wahrnehmungsberechtigter kann jeder werden, der nachweislich Urheberrechte an Sprachwerken innehat. **Mitglied** im Sinne des Vereinsrechts kann jedoch nur werden, wer mindestens drei Jahre lang Wahrnehmungsberechtigter ist und einen in der Satzung in Promillesätzen bestimmten Mindestanteil an der Gesamtausschüttung während der letzten drei Jahre vor Antragstellung erhalten hat. Die Höhe des Mindestanteils ist für die verschiedenen Berufsgruppen und einzelne Berufe unterschiedlich festgelegt. Der konkrete Betrag wird jährlich bekannt gegeben, § 2 Abs. 3 Nr. 2 der Satzung (abgedruckt in Beck's Urheber- und Verlagsrecht, Nr. 17). Ausnahmen für einzelne Mitglieder kann der Verwaltungsrat beschließen. Die Mitglieder müssen eine Aufnahmegebühr entrichten, Mitgliedergebühren können erhoben werden.

Die VG Wort erzielt ihre **Einnahmen** z. B. aus Bibliotheksnutzungen, Funk- und 24 Fernsehsendungen literarischer Werke und deren öffentlicher Wiedergabe, Nutzungen von Werken in Sammlungen für den Kirchen- und Unterrichtsgebrauch, Nutzungen durch Lesezirkel, Vermieten und Verleihen von Bildtonträgern, Nutzung in Pressespiegeln u. a. Von den Einnahmen werden zunächst die Verwaltungskosten gedeckt. Danach wird die Hälfte der aus allgemeinen öffentlichen Bibliotheken erzielten Vermiet- und Verleihtantiemen dem Versorgungswerk der Autoren zugeführt, § 9 Abs. 2 a) der Satzung. Entsprechend wird aus dem Aufkommen aus wissenschaftlichen und Fachbibliotheken die Hälfte zur Förderung von wissenschaftlichem und Fach-Schrifttum ausgeschüttet. Aus je zehn Prozent des Aufkommens aus den Wahrnehmungsverträgen betreffend wissenschaftliche bzw. fachliche und sonstige Literatur werden ein

Reich

Beihilfefonds für Urheber wissenschaftlicher und fachlicher Werke sowie ein Sozial-
fonds gebildet. Die Verteilung der übrigen Einnahmen muss laut Satzung, § 9, „soweit
mit angemessenen Mitteln feststellbar" jedem den auf die Nutzung seiner Werke entfallenden Anteil zukommen lassen. Soweit in diesem Sinn der individuelle Nutzungs-
anteil nicht feststellbar ist, soll in einem pauschalen Näherungsverfahren das Ausmaß
der Nutzung und die kulturelle oder künstlerische Bedeutung der Werke berücksichtigt werden.

5. Die VG Bild-Kunst

25   Einige Nutzungsrechte an Werken der **bildenden Kunst einschließlich der Werke
der Baukunst, der angewandten Kunst, der Designwerke, der Lichtbildwerke und
Fotografien sowie an Film- und Fernsehwerken** nimmt die VG Bild-Kunst e. V.
(www.vgbildkunst.de) wahr. Es handelt sich hierbei um die Rechte der öffentlichen
Wiedergabe durch Bild- oder Bildtonträger und von Fernsehsendungen, den Anspruch
auf Vermiet- und Verleihtantiemen, die Vergütungsansprüche für die Aufnahme von
Schulfunksendungen, für Herstellung, Verkauf und Betreiben von Bildaufzeichnungs-
und Vervielfältigungsgeräten, die Leerkassettenabgabe und Ansprüche aus der zeitglei-
chen Verbreitung deutscher Fernsehprogramme über Kabel und Satellitensysteme. Die
Satzung (s. Beck/dtv Urheber- und Verlagsrecht, Nr. 18) unterscheidet zwischen Mitgliedern und Wahrnehmungsberechtigten, § 7. **Mitglieder** können nur Urheber und
deren Erben sowie Hersteller werden, sofern diese Gewähr leisten, dass die ihnen zu-
fließenden Erträge an die Urheber weitergeleitet werden. Wahrnehmungsberechtigte
können Inhaber von Nutzungsrechten werden, die nicht Urheber oder deren Erben
sind, z. B. Verleger, Bildagenturen und Filmhersteller, Vertriebsfirmen und Verleiher.
Die Mitglieder bilden **drei Berufsgruppen**, die bildenden Künstler, die Fotografen,
Bildjournalisten, -agenturen, Grafik- und Foto-Designer und die Film- und Fernse-
hurheber und -hersteller.

26   Die VG Bild-Kunst erzielt ihre **Einnahmen** aus Veröffentlichung, Abdruck, Ausstrahlung und Vervielfältigung, Vermietung und Verleihen von Werken z. B. in oder
von Büchern, Programmheften, Postkarten, Großfotos, Videofilmen u. v. m. Die
Einnahmen werden nach Abzug der Verwaltungsaufwendungen auf Grund entsprechender Beschlüsse der Mitgliederversammlung zum Teil für Vorsorge- und Unterstützungseinrichtungen verwendet und im übrigen an die Mitglieder und Wahrnehmungsberechtigten ausgeschüttet, § 18 der Satzung. Hiervon soll jeder Berechtigte den
auf die Nutzung seiner Werke entfallenden Anteil am Ertrag erhalten, soweit dieser
mit angemessenen Mitteln feststellbar ist. Im übrigen sind allgemeine Verteilungsre-
geln zur pauschalen Annäherung unter Berücksichtigung der künstlerischen oder kulturellen Bedeutung der Werke und des Ausmaßes der Nutzung aufzustellen.

6. Weitere Verwertungsgesellschaften

27   Die **VG Media** (www.vgmedia.de) nimmt Urheber- und Leistungsschutzrechte von
Medienunternehmen wahr. Die **VG Werbung** (www.vgwerbung.de) nimmt **Musik-
aufführungs- und Senderrechte** wahr. Speziell im **Filmbereich** sind die die **Verwertungsgesellschaft der Film- und Fernsehproduzenten GmbH (VFF)**
(www.vffvg.de), die **Gesellschaft zur Wahrnehmung von Film- und Fernsehrechten
m.b H.** (www.gwff.de) und die **Verwertungsgesellschaft für Nutzungsrechte an
Filmwerken m. b. H. (VGF)** (www.vgf.de) tätig, sowie **Gesellschaft zur Übernahme**

Reich

und Wahrnehmung von Filmaufführungsrechten m. b. H. (GÜFA), zuständig für Erotikfilme.

Neben den Verwertungsgesellschaften gibt es folgende **28**
Gemeinschaftsunternehmen, die von Verwertungsgesellschaften für bestimmt Zwecke gegründet wurden, ohne selber Verwertungsgesellschaften zu sein:

Die **ARGE DRAMA** (gegründet von GEMA und VG WORT) kassiert für die Kabelweitersenderechte an Bühnenwerken.

Die **ARGE KABEL** (gegründet von GVL, VG Bild-Kunst und VG WORT) nimmt die Vergütungsansprüche für die Kabelweitersendung nach § 20 b Abs. 2 wahr.

Die **CMMV GmbH** (Clearingstelle Multimedia) der GEMA, GVL, VG Bild-Kunst, VG WORT (Kontakt: www.cmmv.de).

Die **ZBT (Zentralstelle Bibliothekstantieme**), gegründet zunächst von GEMA, VG Bild-Kunst und VG WORT) ist für das Verleihinkasso (§ 27 Abs. 2) zuständig.

Die **ZFS** (Zentralstelle Fotokopieren an Schulen, gegründet von VG Bild-Kunst, VG Musikedition und VG WORT) kassiert die Reprografievergütung nach § 54 a Abs. 2.

Die **ZPÜ (Zentralstelle für private Überspielungsrechte**, gegründet von GEMA, GVL und VG WORT) kassiert Vergütungsansprüche aus der privaten Vervielfältigung (§ 54 Abs. 1).

Die **ZVV (Zentralstelle Videovermietung**, gebildet von GEMA, GVL, GÜFA, GWFF, VGF, VG WORT und VG Bild-Kunst) kassiert die Vermietvergütung für Videos (§ 27 Abs. 1).

Die **ZWF (Zentralstelle für die Wiedergabe von Film- und Fernsehwerken**, gegründet von GWFF, VG Bild-Kunst und VGF) kassiert Vergütungen für die öffentliche Wiedergabe (§§ 21, 22).

§ 5 Gewerblicher Rechtsschutz

Der Begriff „Gewerblicher Rechtsschutz" fasst die Gesetze zusammen, die dem **1** Schutz des geistigen Schaffens auf gewerblichem Gebiet dienen. Er umfasst im wesentlichen das Geschmacksmuster-, Gebrauchsmuster-, und Patentrecht sowie das Warenzeichen- und Wettbewerbsrecht. Während das Urheberrecht individuelle Geisteswerke auf dem Gebiet der Kultur und damit den einzelnen Künstler schützen will, geht es beim gewerblichen Rechtsschutz, wie die Bezeichnung schon nahe legt, um den Schutz idealer Güter Gewerbetreibender. Eine klare Grenzziehung erscheint aber in der Praxis schwer durchführbar; auch für den einzelnen Künstler kann unter Umständen der ausschließliche oder zumindest ergänzende gewerbliche Rechtsschutz seiner Werke in Betracht kommen. Nachfolgend soll daher ein kurzer Abriss der einschlägigen Institute des gewerblichen Rechtsschutzes gegeben werden.

I. Das Geschmacksmustergesetz

1. Grundzüge

Erzeugnisse, die nicht die nach dem Urheberrechtsgesetz erforderliche Gestal- **2** tungshöhe aufweisen, können bei Vorliegen der gesetzlichen Voraussetzungen als Geschmacksmuster geschützt werden. Der Geschmacksmusterschutz ist vor allem für

Entwürfe und Erzeugnisse im **Mode- und Textilbereich, für Möbel, Schmuck und Gebrauchsgegenstände** bedeutsam. Das aus dem Jahre 1876 stammende und kürzlich umfassend reformierte Gesetz gewährt dem Inhaber eines Geschmacksmusters *„das ausschließliche Recht, es zu benutzen und Dritten zu verbieten, es ohne seine Zustimmung zu benutzen"* (§ 38 I 1 Geschmacksmustergesetz, GeschmMG). Geschützt wird ein Muster oder Modell, *„das neu ist und Eigenart hat,"* § 3 I GeschmMG. Voraussetzung des Schutzes ist die Anmeldung des Musters beim Patentamt, §§ 11, 27 GeschmMG. Neben dem seit dem Jahre 1966 geltenden Urheberrechtsgesetz ist der nur vom Geschmacksmustergesetz geschützte Bereich des Schaffens schmaler geworden, zumal das Urheberrechtsgesetz auch die „kleine Münze" schützt und die Abgrenzung zum Muster oder Modell nach geringerer Schöpfungshöhe schwer fällt. Das Urheberrechtsgesetz macht die Anmeldung für die seinem Bereich zuzuordnenden Muster oder Modelle als Schutzvoraussetzung überflüssig. Andererseits verbleibt dem Urheber das Recht, Kunstwerke, die zugleich Muster im Sinne des Geschmacksmustergesetzes sind, durch Anmeldung auch dem Geschmacksmusterschutz zu unterstellen.

3   Der Schutz als Geschmacksmuster tritt mit der Eintragung in das Geschmacksmusterregister ein (§ 27 GeschmMG), ohne dass im Rahmen des Anmeldeverfahrens eine Prüfung der materiellen Schutzvoraussetzungen (Neuheit und Eigenart) vorgenommen wird. Das Register wird beim Deutschen Patentamt in seiner Dienststelle in Jena geführt. Dort, bei der Hauptstelle in München oder der Berliner Dienststelle sind Anmeldungen mittels der vom Patentamt zu beziehenden Formulare einzureichen. Das Anmeldeverfahren ist kostenpflichtig. Die erste Schutzperiode läuft für 5 Jahre. Danach sind jeweils kostenpflichtige Verlängerungsverfahren bis zu einer Höchstschutzdauer von 25 Jahren möglich. Der Anmelder gilt gemäß § 39 GeschmMG bis zum Beweis des Gegenteils als Urheber. Erfolgen Anmeldung und Eintragung im Musterregister zu Unrecht, muss also der wahre Urheber seine Urheberschaft in einem Urheberrechtsverletzungsprozess darlegen und beweisen. Die Gerichte haben dann die im Folgenden dargelegten Schutzvoraussetzungen zu prüfen.

2. Schutzgegenstand

4   Dem Urheber (Designer) eines gewerblich verwertbaren Musters oder Modells steht nach § 38 GeschmMG das ausschließliche Recht zu, das Erzeugnis ganz oder teilweise nachzubilden. Gegenstand des Geschmacksmustergesetzes ist der Schutz der individuellen äußeren Formgebung. Sofern die Form flächig ist, wird sie als **„Muster"** bezeichnet. Ihre plastische Ausgestaltung nennt man dagegen **„Modell"**. Mit der Ausrichtung des Schutzes auf Muster und Modelle scheidet sowohl der Schutz der Idee als solches oder eines bestimmten Verfahrens, als auch einer neuen Stil- oder Moderichtung aus. Allein die in einem **konkreten** Muster oder Modell zum Ausdruck kommende gestalterische Leistung ist geschützt.

Beispiel:
Die bloße Idee bedruckter Notizklötze ist nicht schutzfähig. Ein konkret vorgelegtes Muster oder Modell eines Notizklotzes könnte aber bei Vorliegen der weiteren Voraussetzungen schutzfähig sein (vgl. BGH GRUR 1979, 705 f. [706] – Notizklötze).

5   Leistungen, die ausschließlich auf technischem Gebiet liegen, sind dem Geschmacksmusterschutz nicht zugänglich. Für ausschließlich **technische Leistungen** kommt lediglich der Schutz nach dem **Gebrauchsmuster- oder Patentgesetz** in Betracht (dazu s. u. Rdnr. 12). Der Abgrenzung von Geschmacksmustern und Modellen

v. Have

zu den technischen Schutzrechten dient die **Definition**, dass nur diejenigen Muster und Modelle Gegenstand des Geschmacksmusterschutzes sein können, die bestimmt und geeignet sind, auf den Form- und Farbensinn einzuwirken und über das Auge den ästhetischen Sinn des Betrachters anregen (vgl. BGH GRUR 1962, 144 ff. [145] – Buntstreifensatin). Bei der hier vorzunehmenden Bestimmung kommt es auf eine zustimmende oder ablehnende ästhetische Wertung des Betrachters nicht an. Entscheidend ist allein, dass die Gestaltung geeignet ist, den Geschmackssinn des Betrachters, sei es positiv oder auch nur negativ („Geschmacklosigkeiten"), anzusprechen. Auch als „geschmacklos" empfundene Gestaltungen oder einfachste Formen wie Quadrat, Rechteck oder Kreis können den Schutz des Geschmacksmustergesetzes genießen.

3. Gewerbliche Verwertbarkeit

Das Muster oder Modell muss gewerblich verwertbar sein. Dies ist der Fall, wenn es **6** als **Vorlage für eine gewerbliche Nachbildung und Vervielfältigung** dienen kann. Dieses Erfordernis macht deutlich, dass das Geschmacksmustergesetz nicht dem Schutz des rein künstlerischen Schaffens dient.

4. Neuheit und Eigenart

Gesetzliche Voraussetzung des Geschmacksmusterschutzes ist ferner die Neuheit **7** und Eigentümlichkeit des Erzeugnisses. Als **Neuheit** sieht die Rechtsprechung ein Muster oder Modell an, *„wenn die seine Eigentümlichkeit begründenden **Gestaltungselemente** im Zeitpunkt der Anmeldung den inländischen Fachkreisen **weder bekannt** sind **noch** bei zumutbarer Beachtung der auf den einschlägigen oder benachbarten Gewerbegebieten vorhandenen Gestaltungen **bekannt sein könnten"** (BGH GRUR 1969, 90 ff. [94] – Rüschenhaube). Es kommt also für die Feststellung der Neuheit darauf an, dass die die Eigentümlichkeit begründenden Gestaltungselemente noch nicht bekannt sind. Für die Beurteilung dieser Frage wird der Kenntnisstand der inländischen Fachkreise, erforderlichenfalls durch Sachverständigengutachten ermittelt. Auf die Kenntnis des Urhebers selbst kommt es also nicht an. **Eigentümlich** ist eine persönliche schöpferische Leistung, die über das Können eines durchschnittlichen Gestalters hinausgeht und das **Alltägliche, Handwerksmäßige**, deutlich **überragt**. Hier soll es auf das Urteil des mit entsprechenden Gestaltungen einigermaßen vertrauten „Durchschnittsbeobachters" ankommen.

5. Schutzumfang

Der Geschmacksmusterschutz hat zur Folge, dass der Urheber das ausschließliche **8** Recht der Vervielfältigung und Verbreitung des Musters oder Modells hat („**positives Verbreitungsrecht**"). Damit ist notwendigerweise das Recht verbunden, jede nicht genehmigte Nachbildung eines Musters oder Modells zu untersagen, die mit Verbreitungsabsicht hergestellt wird („**negatives Verbreitungsrecht**"). Dem Hersteller einer identisch nachgebildeten Form wird in der Regel der Einwand, diese sei unbewusst und ohne Kenntnis des geschützten Musters oder Modells nachgebildet worden, nichts nützen, es sei denn, das geschützte Muster oder Modell war bis zur Anmeldung der Nachbildung noch nicht bekannt oder verbreitet worden. Zulässig sind dagegen Nachbildungen geschützter Muster und Modelle zum persönlichen Gebrauch. Ferner ist es zulässig, Flächenmuster durch plastische Muster oder umgekehrt nachzubilden.

v. Have

6. Schutz typografischer Schriftzeichen

9   Das **Schriftzeichengesetz** vom 6. 7. 1981 verweist im Wesentlichen auf das Geschmacksmustergesetz und bezweckt den Schutz **eigenartiger** und **neuartiger** typografischer Schriftzeichen. Damit hat der Gesetzgeber auf die Rechtsprechung des Bundesgerichtshofs reagiert, die Schriftzeichen eine urheberrechtliche Schutzfähigkeit nicht zuerkannt hat (siehe BGHZ 27, 351 ff. – Candidaschrift). Typografische Schriftzeichen sind jeweils die gesamten Sätze von Buchstaben, Ziffern oder Ornamenten, sofern sie zur Herstellung von Texten bestimmt und geeignet sind. Deren Schutz erfolgt durch Hinterlegung von Darstellungen der Zeichen beim Deutschen Patentamt. Die Schutzdauer beträgt 10 Jahre. Eine Verlängerung auf 25 Jahre ist möglich.

7. Abgrenzungen gegenüber anderen Schutzrechten

a) Urheberrecht

10   Die Abgrenzung zwischen Geschmacksmuster- und Urheberrechtsgesetz kann schwierig sein, da das Urheberrechtsgesetz mit der so genannten „kleinen Münze" auch die einfacheren Schöpfungen menschlichen Geistes schützt. Mitunter ist es für den Urheber gewerblicher Muster oder Modelle von Interesse, dass ein Schutz seiner Schöpfung nach dem Urheberrechtsgesetz gegeben ist. Grund hierfür kann die **Entstehung des gesetzlichen Schutzes** und die **Schutzdauer** nach dem Urheberrechtsgesetz sein. Denn im Gegensatz zum Geschmacksmusterschutz entsteht der urheberrechtliche Schutz bereits mit der Entstehung des Originalmusters oder -modells. Eine Anmeldung oder Niederlegung beim Patentamt ist daher nicht erforderlich. Hat der Urheber des Musters oder Modells dieses bereits verbreiten lassen, ohne Geschmacksmusterschutz beantragt zu haben, und wird ihm nun das Urheberrecht von einem Dritten, etwa durch Anmeldung des Musters oder Modells als eigenem, beim Patentamt streitig gemacht, so gilt zu Gunsten des Urhebers des Musters oder Modells nach dem Urheberrechtsgesetz, § 10 Abs. 1 UrhG, die Vermutung der Urheberschaft (vgl. § 3 Rdnr. 43 ff.). Diese ist stärker als die Urhebervermutung aus § 38 GeschmMG. Auch die längere Schutzdauer nach dem Urheberrechtsgesetz kann für den Urheber eines Musters oder Modells wichtig werden. Das Urheberrecht erlischt erst 70 Jahre nach dem Tod des Urhebers, wohingegen das Geschmacksmuster nur bis zu 20 Jahre nach der Anmeldung geschützt ist.

11   Es darf aber nicht verkannt werden, dass Gebrauchsgegenständen von der Rechtsprechung nur in **Ausnahmefällen Urheberschutz** zugebilligt wird. Denn die Rechtsprechung verlangt, dass *„der den Formensinn ansprechende Gehalt, der in dem Erzeugnis seine Verwirklichung gefunden hat, ausreicht, dass nach den im Leben herrschenden Anschauungen von Kunst gesprochen werden kann"* (BGH GRUR 1987, 903 ff. – Le Corbusier-Möbel). Berühmte Beispiele hierfür sind Le Corbusiers Möbel oder der so genannte „Eames-Sessel". Wer die gewerbliche Verwertung seiner Muster und Modelle beabsichtigt, sollte daher vorsorglich immer das Muster oder Modell zum Geschmacksmusterschutz beim Deutschen Patentamt anmelden.

b) Patent- und Gebrauchsmusterschutz

12   Auch das Patent- und Gebrauchsmustergesetz dienen dem Schutz des geistigen Eigentums. **Technische Erfindungen**, die gewerblich verwertbar sind, können **patentiert** werden. Ein Schutz des evtl. gegebenen ästhetischen Gehaltes der Erfindungen

kann hierdurch jedoch nicht erlangt werden. Das dem Patentgesetz ähnelnde Gebrauchsmustergesetz aus dem Jahre 1936 schützt technische Neuerungen aufweisende **Gebrauchsgegenstände.** Wie beim Patent- und Geschmacksmuster ist auch hier eine Eintragung beim Patentamt erforderlich. Gegenstand des Gebrauchsmusterschutzes können nicht „ästhetische Formschöpfungen" sein, § 1 Abs. 2 Nr. 2 Gebrauchsmustergesetz (GebrMG). Das technisch neuartige Werkzeug kann also hinsichtlich der technisch funktionalen Konstruktion Patent- oder Gebrauchsmusterschutz erlangen, hinsichtlich seiner äußeren Form kommt der Schutz als Geschmacksmuster oder bei überragenden künstlerischen Gestaltungen sogar ein Schutz nach dem Urheberrechtsgesetz in Betracht. Damit sind sowohl die Abgrenzungen als auch die Überschneidungen zwischen dem Schutz ästhetischer Formen und technischer Erfindungen definiert.

II. Wettbewerbsrechtlicher Schutz

1. Die Anwendung des Gesetzes gegen den unlauteren Wettbewerb auf Werke angewandter Kunst

Ziel des Gesetzes gegen den unlauteren Wettbewerb (UWG) ist es, im Interesse der **13** Mitbewerber und der Allgemeinheit den **freien Wettbewerb** vor der Anwendung unlauterer Mittel zu **schützen.** Damit hat dieses Gesetz eine andere Zielrichtung als das Urheberrechts-, Geschmacksmuster- und Gebrauchsmustergesetz, die den Schutz des geistigen Eigentums bezwecken und die mit dem Sacheigentum vergleichbare dingliche Rechte begründen. Ob die Ausnutzung und Nachahmung fremder schöpferischer Leistungen durch Dritte unzulässig ist, beurteilt sich vorrangig nach den Gesetzen zum Schutz des geistigen Eigentums, also z. B. dem Urheberrechtsgesetz. Darüber hinaus kann aber auch das Gesetz gegen den unlauteren Wettbewerb anwendbar sein, sofern es sich um einen wettbewerbsrechtlich relevanten Sachverhalt handelt. Allerdings darf der zeitlich und sachlich begrenzte Sonderrechtsschutz durch das Wettbewerbsrecht nicht erweitert werden. Endet z. B. der Urheberrechtsschutz 70 Jahre nach dem Tod des Schöpfers, können dessen Rechtsnachfolger eine Auswertung des Werkes durch Dritte auch nicht über die Normen des Wettbewerbsrechts verbieten lassen. Dagegen kann die gewerbsmäßige Verbreitung eines Notendruckes als unlauterer Wettbewerb unzulässig sein, selbst wenn das Werk des Komponisten nicht mehr geschützt ist.

Denkbar ist auch, dass Urheber- und Wettbewerbsrecht miteinander in Konflikt ge- **14** raten.

Beispiel:
Der experimentelle Komponist und Elektrophysiker K. stellt die Stimme des berühmten Pop-Interpreten J. mithilfe der modernsten computergestützten Sampling-Technik künstlich her und lässt diese elektronische Stimme eine seiner eigenen Schlagerkompositionen singen. Diese Aufnahme wird unverhofft ein beliebter Hit. Der berühmte Pop-Star J. möchte ihre weitere Verbreitung untersagen.

Vorab sei bemerkt, dass dieses Beispiel keineswegs der Fantasie entnommen ist, denn bereits bei Erscheinen der Vorauflage war es technisch möglich, beispielsweise die Stimme des Operntenors Caruso mit ihren Eigenarten umfassend elektronisch aufzubereiten und diese Stimme mit dem typischen Timbre und Tonfall Kompositionen singen zu lassen, die Caruso nie gesungen hat. Im Eingangsbeispiel treten dann Urheber- und Wettbewerbsrecht miteinander in Konkurrenz: Der berühmte Pop-Star J. hat zwar kein Urheberrecht an dem typischen Klang seiner Stimme oder an seinem Gesangsstil. Das Wettbewerbsrecht schützt aber seine Leistungen z. B. vor fremder Ausbeutung ihres guten Rufes, wie sie das oben beschriebene Verfahren ermöglichen könnte. Der Komponist K. hat dagegen als Urheber der mit der nachgeahmten Stimme gesungenen Komposition das Recht, diese in beliebiger Weise zu interpretieren, zu veröffentlichen und zu verwerten. Im Konfliktfall müsste also einer der beiden Kontrahenten eine Beschneidung seiner Rechte erfahren. Es spricht Einiges dafür, das Urheberrecht am geistigen Eigentum im Konfliktfall höherrangig zu bewerten als den Schutz des freien Wettbewerbs.

Ob dies aber auch gegenüber einem Verhalten des Urhebers gilt, das zielstrebig auf Erlangung von Vorteilen im Wettbewerb durch Rufausbeutung gerichtet ist, muss bezweifelt werden, zumal der technisch mögliche Spielraum für die Neuschöpfung von Stimmen so groß ist, dass nicht unbedingt genaue Imitate bestehender und sehr erfolgreicher Interpretenstimmen verwendet werden müssen, um eine Komposition zu interpretieren. In den zukünftig auftretenden Streitfällen wird die Rechtsprechung daher Wege zur fallbezogenen Interessenabwägung finden müssen.

15　　Von dem dargestellten Sachverhalt zu unterscheiden ist die urheberrechtlich zulässige freie Benutzung eines fremden Werkes. Diese ist grundsätzlich auch wettbewerbsrechtlich zulässig.

> **Beispiel:**
> Die im Sinne des Urheberrechtsgesetzes gewertete Komödie über eine bekannte Romanfigur kann, da sie urheberrechtlich erlaubt ist, nicht über § 3 UWG verboten werden.

Umgekehrt kann die urheberrechtliche Zuweisung der ausschließlichen Nutzung eines Werkes zum Werkschöpfer nicht entfallen, weil die Verwertung zu Wettbewerbszwecken erfolgt. Das Wettbewerbsrecht bietet insofern einen zusätzlichen Schutz gegen Nachahmung und Ausbeutung einer künstlerischen Leistung für den Fall des Vorliegens besonderer Umstände, die außerhalb des Sonderrechtsschutzes liegen.

2. Grundlagen des wettbewerbsrechtlichen Schutzes

16　　Bei der Verwertung ihrer Leistung treten Künstlerinnen und Künstler in den Bereich des wirtschaftlichen Wettbewerbs. Im Sinne des Gesetzes gegen den unlauteren Wettbewerb handeln sie damit im geschäftlichen Verkehr zu Wettbewerbszwecken, solange es sich nicht nur um private oder amtliche Tätigkeiten handelt (vgl. RGZ 128, 98). Damit gewinnt das Gesetz gegen den unlauteren Wettbewerb für Urheber an Bedeutung, die bei Vorliegen der entsprechenden Voraussetzungen Dritten unberechtigte Nachahmungen oder Ausbeutungen ihrer Leistungen untersagen können. Sie selbst müssen allerdings ebenfalls die Regeln des Gesetzes gegen den unlauteren Wettbewerb beachten.

3. Schutzvoraussetzungen nach dem UWG

17　　Das Gesetz gegen den unlauteren Wettbewerb enthält eine Vielzahl von Tatbeständen, deren lückenlose Darstellung den Rahmen dieses Werkes sprengen würde. Hierzu sei deshalb auf die umfassende Darstellung im Handbuch des Wettbewerbsrechts verwiesen. Im Folgenden wird nur auf die Problemkreise eingegangen, die auch speziell im Zusammenhang mit künstlerischen Leistungen bedeutsam sind. Es geht hierbei um Einzelprobleme aus den Bereichen „**Schutz vor irreführender Werbung**", § 5 UWG und „**Schutz vor unlauterem Wettbewerb**", § 3 UWG. Die Gliederung erfolgt hier nicht gesetzessystematisch, sondern anhand typischer Lebenssachverhalte.

v. Have

Wenn der Urheber- oder Geschmacksmusterschutz infolge zu geringer Schöpfungs- **18** höhe versagt, wird häufig in dem Bestreben, Nachahmungen zu untersagen, das Wettbewerbsrecht bemüht. Die damit verbundenen Hoffnungen werden jedoch grundsätzlich enttäuscht. Im Wettbewerbsrecht gilt – anders als im Urheberrecht – der **Grundsatz der Nachahmungsfreiheit**. Dem liegt die Annahme zu Grunde, dass im Interesse wirtschaftlichen Fortschritts die Möglichkeit bestehen muss, auf früheren Leistungen Anderer aufzubauen. Die Nachahmung einer fremden Leistung, die nicht sondergesetzlich geschützt ist, ist daher grundsätzlich erlaubt. So ist auch die identische Nachbildung urheberrechtlich nicht geschützter Figuren zugelassen (siehe BGH GRUR 1966, 503 ff. [507] – Apfelmadonna). Dies ist kein unlauterer Wettbewerb, selbst dann nicht, wenn Material, Form oder Farbe genau übereinstimmen (BGH GRUR 1963, 633 ff. [635] – Rechenschieber).

Die Annahme **unlauteren Wettbewerbs** gemäß § 3 UWG ist nur dann gerechtfertigt, wenn über die Nachahmung hinaus **unlautere Begleitumstände** hinzutreten. Die Prüfung der Unlauterkeitsmerkmale erfordert eine besondere Beurteilung nach Lage des Einzelfalles. Keinesfalls genügt, dass das nachgeahmte Erzeugnis mit Mühe und Kosten errungen wurde. Die die Unlauterkeit nach § 3 UWG begründenden „besonderen Umstände" lassen sich in die Fallgruppen der unmittelbaren Leistungsübernahme, der vermeidbaren Herkunftstäuschung, der Ausnutzung des Guten Rufs einer fremden Leistung sowie der Behinderung durch schädigende Umstände einteilen.

Stets setzt die Wettbewerbswidrigkeit der Leistungsübernahme die wettbewerbliche **19** Eigenart der nachgebildeten Erzeugnisse voraus, die für die Bejahung der Wettbewerbswidrigkeit Gegenstand der Leistungsübernahme sein muss. Die wettbewerbliche Eigenart findet ihren Ausdruck in der Eignung des Erzeugnisses, dessen konkreter Ausgestaltung oder einzelner bestimmter Merkmale, auf die betriebliche Herkunft der Ware oder auf die Besonderheiten des Erzeugnisses hinzuweisen (BGH GRUR 1979, 119 – Modeschmuck).

4. Fallgruppen

a) Unmittelbare Leistungsübernahme

Beim wettbewerbsrechtlichen Leistungsschutz wird zwischen der „**unmittelbaren** **20** **Leistungsübernahme**" und der „**nachschaffenden Leistungsübernahme**" unterschieden. Eine unmittelbare Leistungsübernahme liegt vor, wenn ein fremdes Erzeugnis ohne eigenen ins Gewicht fallenden Schaffensvorgang, meist durch technische Vervielfältigung, unmittelbar angeeignet wird. Von der „nachschaffenden Übernahme" wird bei einem Vorgang gesprochen, bei dem ein Vorbild durch eine eigene Leistung im Wege der Nachschaffung wiederholt wird. Auch die unmittelbare Leistungsübernahme ist nicht von vornherein wettbewerbswidrig. Es müssen gegenüber der nachschaffenden Übernahme allerdings geringer ins Gewicht fallende besondere Umstände vorliegen, die das Verhalten des Übernehmers unlauter erscheinen lassen. Dieses ist z. B. dann der Fall, wenn der Erbringer der Leistung in mutwilliger Weise durch die Aneignung um die Früchte seiner Arbeit gebracht wird (BGHZ 51, 41).

Beispiel:
Die fotomechanische Vervielfältigung eines von einem anderen Verlag hervorgebrachten Werkes wird in der Regel als unlauter anzusehen sein, da der Nachdruck erheblich billiger ist und der Verlag, der das Werk unter großem Kostenaufwand hervorgebracht hat, diese Leistung nicht mehr verkaufen kann.

v. Have

Andererseits wurde der fotomechanische Nachdruck von Noten gemeinfreier Musikwerke als zulässig angesehen, deren Drucklegung 50 Jahre zurücklag, da der Erstverlag genügend Zeit hatte, seine Aufwendungen zu decken (BGH GRUR 1986, 895 – Notenstichbilder).

b) Herkunftstäuschung

21 Die Täuschung über die betriebliche Herkunft eines Erzeugnisses kann wettbewerbswidrig sein, wenn der Hersteller des nachgeahmten Erzeugnisses es versäumt hat, die Gefahr einer Herkunftstäuschung zu vermeiden. Bei ästhetisch gestalteten Erzeugnissen, deren Benutzung urheber- bzw. geschmacksmusterrechtlich frei ist, wird eine unzulässige Herkunftstäuschung angenommen, wenn das Erzeugnis wettbewerbliche Eigenart aufweist und die übernommene ästhetische Gestaltung unterscheidungskräftig ist, sodass der Verbraucher hiermit eine bestimmte **Herkunfts-** oder **Gütevorstellung** verbindet (vgl. BGH GRUR 1970, 244 Spritzguss-Engel). Werden kunstgewerbliche Gegenstände von verschiedenen Herstellern in ähnlicher Weise massenhaft hergestellt, besteht kein Schutz vor Herkunftstäuschung. Unzulässig ist die Herkunftstäuschung ferner nur dann, wenn dem Nachahmer ein deutlicher Abstand zum Vorbild zuzumuten ist (BGH NJW 1961, 2107 – Buntstreifensatin).

c) Rufausbeutung

22 Unlauter ist die Verbreitung nachgeahmter Erzeugnisse, wenn hierdurch in vermeidbarer Weise der gute Ruf eines fremden Erzeugnisses ausgebeutet wird. Im Falle **Tchibo-Rolex** (BGH WRP 1985, 397) hatte die bekannte Kaffee-Rösterei in ihren Geschäften Damen- und Herrenarmbanduhren vertrieben, die in ihren äußeren Merkmalen sehr den Produkten eines Luxusuhrenherstellers entsprachen. Der Bundesgerichtshof erkannte, dass das Publikum durch das Image der Original-Luxusuhren zum Kauf der Nachahmungen verleitet werde.

d) Erschleichen – Vertrauensbruch

23 Unlauter im Sinne des § 3 UWG handelt ebenso, wer seine für die Schaffung einer Nachbildung notwendigen Kenntnisse durch einen Vertrauensbruch oder sonst in unredlicher Weise erlangt hat. In diesem Fall der Ausbeutung fremder Leistung kommt es nicht auf die Verwechslungsgefahr des nachgeschaffenen Produkts mit dem Original an. Jenseits der Nachahmungsfreiheit liegt auch die systematische und ziel bewusste Nachahmung einer fremden Leistung mit dem Ziel, den Mitbewerber zu behindern (vgl. z. B. BGH GRUR 1960, 244 ff. [246] – Simili-Schmuck).

e) Der Schutz von Modeneuheiten

24 Der Schutz von Modeneuheiten gegen Nachahmungen erfolgt oft nur durch das Wettbewerbsrecht, das deshalb in diesem Bereich besondere Bedeutung erlangt. Denn Entwürfe, Schnittmuster und die daraus gefertigten Modelle entsprechen regelmäßig nicht den Anforderungen, die das Urheberrecht an die Gestaltungshöhe und damit die Schutzfähigkeit stellt. Auch der Geschmacksmusterschutz entspricht nicht den besonderen Schutzbedürfnissen der Modebranche, die weniger von objektiven Neuheiten (wie sie der Geschmacksmusterschutz verlangt) als vielmehr „weitgehend von der Wiederkehr des Gleichen lebt" (siehe BGHZ 60, 168 ff. [172]). Aber selbst dann, wenn der Geschmacksmusterschutz objektiv zu erlangen wäre, wird die dazu erforderliche

Anmeldung nebst der Hinterlegung des Musters oft aus zeitlichen und organisatorischen Gründen als unpraktikabel empfunden, zumal zur Erreichung eines vollständigen, umfassenden Schutzes die Hinterlegung der gesamten Musterkollektionen mit sämtlichen Varianten geboten ist.

Doch auch ein wettbewerbsrechtlicher Leistungsschutz kann angesichts der Nachahmungsfreiheit (s. o. Rdnr. 18) nicht ohne weiteres angenommen werden. Er erfordert vielmehr besondere Umstände, die eine Leistungsübernahme durch andere unlauter erscheinen lassen (vgl. BGH GRUR 1984, 453 ff. [453]). Lediglich Modeneuheiten, die über den Durchschnitt herausragen und deren Gesamteindruck durch individuelle Gestaltungsmerkmale geprägt ist, schützt das Wettbewerbsrecht vor Nachahmung. Hierzu ist zwar im Gegensatz zum Geschmacksmusterschutz keine objektive Neuheit des Modells erforderlich, denn die Ausgestaltungsmöglichkeiten sind derart begrenzt, dass der wettbewerbsrechtliche Schutz auch solchen Mustern und Modellen zugute kommen soll, die im Wesentlichen auf bereits vorbekannte und klassische Grundformen zurückgreifen (BGH GRUR 1973, 478 ff. [480] – Modeneuheit). Eine dem wettbewerbsrechtlichen Schutzbereich unterfallende Leistung kann daher auch auf einer **Kombination** überkommener und langlebiger Gestaltungsformen beruhen, wenn sie im Ergebnis wegen ihrer ästhetischen Eigenart aus dem Rahmen des Durchschnittlichen herausragt (BGH GRUR 1984, 453 ff. [453]; OLG Hamburg GRUR 1989, 122). Die damit für den wettbewerbsrechtlichen Schutz aufgestellten Voraussetzungen ähneln dem Urheber- oder Geschmacksmusterschutz nur scheinbar. Denn es ist danach auch ein Modell schutzwürdig, das **Variationen bestimmter klassischer Elemente** in der betreffenden Saison erstmalig verkörpert und deshalb auf dem Markt als individuelle ästhetische Neuheit empfunden wird.

Beispiel:
Eine sportlich-klassische Bluse im Herrenhemdstil ist auf Grund der Kombination verschiedener, wenn auch überkommener Merkmale (ein umklappbar tragbarer Stehkragen mit verschließbarer Lasche, eine halb verdeckte Knopfleiste, die in Größe und Fixierung auffallenden Schulterklappen, große Beutel-Brusttaschen mit Falten unter dem Knopfverschluss, Bausscharm mit Stehbund und Falten im Rückenteil) als individuelle Gestaltung angesehen worden (OLG Hamburg, GRUR 1984, 83 f.).

Darüber hinausgehende Anforderungen stellt der wettbewerbsrechtliche Leistungsschutz bei Modeerzeugnissen nicht. Damit soll dem besonderen Umstand Rechnung getragen werden, dass die Schaffung von derart aus dem Rahmen fallenden Modeneuheiten für den jeweiligen Unternehmer regelmäßig einen besonderen Aufwand darstellt, und das Wettbewerbsrecht soll dem Hersteller die gebührenden Früchte seiner Arbeit erhalten. Sein wettbewerblicher Vorsprung gegenüber den weniger kostenaufwendigen Nachahmungen seiner Mitbewerber soll so gesichert werden (BGHZ 16, 5 ff. [10]). Konsequenterweise beschränkt die Rechtsprechung den Schutz von Modeerzeugnissen wegen ihrer Kurzlebigkeit im Regelfall auf die jeweilige **Saison**, in der das Produkt auf dem Markt in Erscheinung tritt (BGH GRUR 1973, 478 ff. [480]; BGH GRUR 1984, 453 ff. [454]). Ausnahmsweise wird neuerdings der Schutz von nicht an die Jahreszeiten gebundenen Modeerzeugnissen, die eine klassische Linie aufweisen und deswegen nicht bereits nach Ablauf der Erscheinungssaison als modisch veraltet gelten, auf eine weitere Saison erstreckt (OLG Hamburg GRUR 1984, 83 ff. [84] – Übergangsbluse; LG Düsseldorf GRUR 1989, 122 ff. [123] – Sweat-Shirt).

v. Have

f) Der wettbewerbsrechtliche Schutz von Fernsehformaten

27   Sofern eine Fernsehsendung eigentümliche Gestaltungselemente aufweist, wie etwa eine besondere neue Art der Einbindung der Zuschauer, kommt auch ein wettbewerbsrechtlicher Schutz gegen die unlautere Übernahme dieser Elemente in andere Formate aus § 3 UWG in Betracht. Dabei ist es zum einen nicht erlaubt, durch planmäßige Annäherung an das bekannte Format dessen guten Ruf auszubeuten (dazu s. o. Rdnr. 22) oder zum anderen das bekannte Format in seinen wesentlichen Gestaltungselementen so nachzumachen, dass von einem eigenen Schaffen nach Vorbild keine Rede mehr sein kann (sog. unmittelbare Leistungsübernahme).

> **Beispiel:**
> Die Produktionsfirma P. hat ein Fernsehformat entwickelt, bei dem mehrere Schauspieler vor einem Livepublikum ein improvisiertes humoristisches Stück ohne Drehbuch aufführen, bei dem Sie nur über einen „Knopf im Ohr" Regieanweisungen erhalten, die auch dem Publikum über Monitore sichtbar gemacht werden. Fernsehsender S. hat 13 Folgen abdrehen lassen. Fernsehsender R. lässt nun von einer anderen Produktionsfirma ein Format abdrehen, dass alle diese Gestaltungselemente übernimmt.

28   In diesem Fall ergibt sich die Unlauterkeit der Handlungsweise von R. daraus, dass der Schöpfer des Showformates als Erbringer der Erstleistung um seine temporären Gewinnchancen gebracht wird und damit „mit seinen eigenen Waffen im Wettbewerb geschlagen wird". Wegen der hohen Entwicklungskosten für Fernsehshows wiegt das besonders schwer.

Geschützt ist aber natürlich nur das Sendekonzept, so wie es sich auch tatsächlich verwirklicht hat. Die Idee für ein Sendekonzept als solches ist weder unter urheberrechtlichen noch unter wettbewerbsrechtlichen Gesichtspunkten schutzfähig (OLG München AfP 1992, 38 ff.).

III. Bezeichnungs- und Markenschutz nach dem Markengesetz

29   Hinsichtlich **Bild-** oder **Wortzeichen** oder aus beiden kombinierter Zeichen kommt der Schutz als **Marke** oder als **geschäftliche Bezeichnung** nach dem **Markengesetz** in Betracht. Gemäß §§ 5, 15 IV Markengesetz (MarkenG) kann auf Unterlassung in Anspruch genommen werden, wer **im geschäftlichen Verkehr** eine Geschäftsbezeichnung oder ein ähnliches Zeichen unbefugt in einer Weise benutzt, die geeignet ist, Verwechslungen mit dem Namen, der Firma oder der besonderen Bezeichnung hervorzurufen.

30   Der **Unterlassungsanspruch** wird durch einen **Schadensersatzanspruch** flankiert: Gemäß § 15 V MarkenG ist der die Verletzungshandlung **fahrlässig** oder **vorsätzlich** Begehende dem Inhaber der geschäftlichen Bezeichnung zum Ersatze des aus der Verletzungshandlung entstandenen Schadens verpflichtet. Der Schutz der geschäftlichen Bezeichnung erstreckt sich auch auf **Geschäftsabzeichen** und sonstige unterscheidungskräftige **Kennzeichen**. Der im Verletzungsfalle zu ersetzende Schaden kann konkret oder abstrakt berechnet werden. Im letzteren Fall besteht Anspruch auf Zahlung einer angemessenen Lizenzgebühr, die in einem Prozentsatz vom Jahresumsatz des Verletzer-Unternehmens errechnet wird. Obwohl dieser Geschäftsbezeichnungsschutz kraft Gesetzes durch die erstmalige Benutzung der Bezeichnungen im geschäftlichen Verkehr entsteht, ohne dass es einer Registrierung oder anderer Formalien bedarf, empfiehlt es sich, zusätzlich Markenschutz zu beantragen.

v. Have

Der Schutz als Marke erfordert formell die Eintragung in das vom Patentamt ge- **31** führte **Markenregister**. Hier werden die Marken nach bestimmten Waren- bzw. Dienstleistungsklassen geordnet archiviert. Diese Klassen entsprechen den verschiedenen Branchen. Eintragungsfähig sind nur Marken, die in den beantragten Klassen noch nicht eingetragen sind. Dies prüft das Patentamt von Amts wegen ab der Anmeldung im Rahmen eines etwa 3-monatigen Verfahrens. Es folgt dann die Veröffentlichung im Markenblatt. Binnen einer Frist von nochmals 3 Monaten hiernach können Mitbewerber Einspruch gegen die Anmeldung einlegen, etwa, weil sie bereits ein gleichartiges Zeichen im geschäftlichen Verkehr verwenden. Nach Ablauf dieser Frist erfolgt dann die Eintragung. Auch eine Markeneintragung kann aber eine bereits etablierte Geschäftsbezeichnung nicht verdrängen. Das heißt, der prioritätsältere Benutzer eines Zeichens kann die Löschung der erst später erfolgten Eintragung eines identischen Zeichens kraft des Kennzeichenschutzes durchsetzen.

Der markenrechtliche Schutz kommt lediglich hinsichtlich der Ausstattung von Produkten, beispielsweise der Verpackungsgestaltung oder Form, nicht in Betracht. Hier hilft allein der Kennzeichenschutz unter der Voraussetzung, dass sich unterscheidungskräftige Ausstattungsmerkmale innerhalb der beteiligten Verkehrskreise auch als Kennzeichen durchgesetzt haben.

IV. Kennzeichenschutz nach dem Markengesetz

Als Marken geschützt sind Bild- und Wortzeichen sowie Kombinationen daraus, **32** also Namen, einzelne Buchstaben, Zahlen, Hörzeichen, aber auch spezifische, etwa räumliche oder farbliche Gestaltungen, sofern sie geeignet sind, Waren oder Dienstleistungen eines Unternehmens von denjenigen anderer Unternehmen zu unterscheiden.

Für den Schutz der Marke ist grundsätzlich die Eintragung in das vom Deutschen Patent- und Markenamt (DPMA) geführte **Markenregister** erforderlich; eine Marke, die durch ihre bloße Benutzung Verkehrsgeltung erlangt hat, ist allerdings schon dadurch auch ohne Eintragung geschützt. Schließlich gibt es den seltenen Fall notorischer Bekanntheit, in welchem ebenfalls eigenständiger Schutz entsteht. Marken können also auf Grund mehrerer Tatbestände zugleich geschützt sein. Berechtigt ist nach dem **Grundsatz der Priorität** derjenige, der die Marke zuerst zur Eintragung angemeldet bzw. im Wirtschaftsverkehr etabliert hat. Während der Schutz der Marke als solcher erst mit der Eintragung beginnt, richtet sich die Priorität nach dem Zeitpunkt der jeweiligen Anmeldung.

Das DPMA prüft das Vorliegen der formellen Eintragungsvoraussetzungen und legt den Tag der offiziellen Anmeldung fest. Dann prüft es von Amts wegen, ob absolute Schutzhindernisse bestehen. Kommt die Marke zur Eintragung, dann wird dies im **Markenblatt** veröffentlicht. Mit der Veröffentlichung beginnt eine dreimonatige Frist zu laufen, innerhalb derer Mitbewerber, die eine ältere identische oder verwechselbar ähnliche Marke verwenden, gegen die Eintragung der Marke Widerspruch einlegen können.

Merkblätter und Antragsformulare zum Eintragungsverfahren sind erhältlich unter www.dpma.de.

Nach der freilich nicht unumstrittenen Ansicht des BGH ist im Anwendungsbe- **33** reich der einschlägigen Bestimmungen des Markengesetzes für die gleichzeitige Anwendung der §§ 1 und 3 UWG kein Raum (s. die Grundsatzentscheidung GRUR 2002, 622, 623 – shell.de); § 2 MarkenG ist insoweit einschränkend auszulegen. Die

§§ 1, 3 UWG oder auch § 823 BGB sind also nur zu prüfen, wenn für eine Verhaltensweise kein markenrechtlicher Tatbestand in Betracht kommt.

V. Titel- und Namensschutz

1. Schutz des Künstlernamens

34   Viele Schauspieler, Schriftsteller, Unterhaltungs- und andere Künstler sind in der Öffentlichkeit nur unter ihrem Pseudonym bekannt. Dieser angenommene Name genießt den Schutz des § 12 BGB gegen unbefugten Gebrauch in gleichem Maße wie der bürgerliche Name. Nach der Rechtsprechung des BGH (NJW 2003, 2978, 2979 – maxem.de), entsteht der Schutz, wenn der Name **Verkehrsgeltung** erlangt hat, der Namensträger mit dem betreffenden Namen also im Verkehr bekannt ist. Weitere denkbare Pseudonyme sind etwa der Vorname (BGH GRUR 1960, 394 – Romy), eine Kurzform des bürgerlichen Namens (OLG Frankfurt NJW 2003, 364 für einen ursprünglich mehrteiligen Nachnamen) oder auch der vormalige bürgerliche Name, den der Betreffende durch Eheschließung oder -scheidung abgelegt hat, unter dem er aber als Künstler bekannt geworden ist und den er deshalb in diesem Zusammenhang weiterführt.

35   Ein **Unterlassungsanspruch** setzt zunächst voraus, dass der Name des Berechtigten dazu verwendet wird, eine andere Person zu bezeichnen. Dazu müssen die Bezeichnungen aber nicht völlig übereinstimmen; ausschlaggebend ist vielmehr, ob sie, mit den Worten des BGH, verwechslungsfähig sind. Es spielt keine Rolle, ob der unerlaubt Bezeichnete selbst oder ein Dritter sich des Namens bedient hat. Wer den Namen eines anderen als Domainnamen gebraucht, verletzt dessen Namensrecht schon mit der Registrierung (BGH NJW 2002, 2031 – shell.de). Anders liegen die Dinge, wenn der Name lediglich genannt wird, ohne aber einen falschen Personenbezug herzustellen. **Parodie** und **Satire** sind kein unbefugter Gebrauch, wenn klar erkennbar ist, dass der Namensträger nur dargestellt wird (LG Düsseldorf NJW 1987, 1413, 1414 – Heino). Dass der Namensgebrauch unbefugt erfolgt ist, ergibt sich in der Regel bereits aus der schlichten Tatsache. Ausnahmen können etwa Fälle der Gleichnamigkeit sein. So ist die Benutzung des eigenen bürgerlichen Namens nur dann unerlaubt, wenn sie mit dem Ziel erfolgt, den Ruf des bekannten Namensvetters für sich auszubeuten (BGHZ 4, 96, 100). Treffen zwei **Pseudonyme** aufeinander, die keinen bürgerlichen Namen enthalten, dann ist nach dem Prioritätsgrundsatz derjenige berechtigt, der mit dem Pseudonym zuerst Verkehrsgeltung erlangt hat. Auch bei unbefugtem Gebrauch kann aber der Unterlassungsanspruch entfallen, wenn der Berechtigte nicht in einem schützenswerten Interesse verletzt ist, etwa weil sein Künstlername außerhalb seines Tätigkeitsfeldes gebraucht wurde.

2. Titelschutz

Der Titel eines Werkes, sei es eine Druckschrift, ein Filmtitel oder ein anderes Werk, kann für sich genommen oder als Teil des Werkes geschützt sein.

a) Urheberrechtlicher Schutz

36   **Urheberrechtlicher Schutz** spielt hier nur eine **untergeordnete Rolle**. Denn das Urheberrecht verlangt, dass der Titel die allgemeinen Kriterien der Werkqualität erfüllt. Er muss bei isolierter Betrachtung als eigentümlich einzustufen sein. Dem genü-

gen Werktitel meist deshalb nicht, weil sie entsprechend ihrem Sinn, die Aufmerksamkeit des Betrachters innerhalb eines Moments auf den Inhalt des Werkes zu lenken, von prägnanter Kürze sind und folglich für eine individuelle Sprachgestaltung nur selten Raum bleibt. Zwar hat die Rechtsprechung die Eigentümlichkeit von Werktiteln in der Vergangenheit gelegentlich bejaht, dies allerdings zuletzt im Jahre 1962 (OLG Köln GRUR 1962, 534 – Der Mensch lebt nicht vom Lohn allein). In den neueren Entscheidungen ist eine größere Zurückhaltung zu verzeichnen (s. nur BGH GRUR 1990, 218, 219 – Verschenktexte I).

Hinzu kommt, dass für kurze und prägnante Bezeichnungen, wie es Titel üblicherweise sind, häufig ein Freihaltebedürfnis besteht, das den Urheberrechtsschutz ausschließt. Es entfällt, wenn es sich um einen reinen Fantasietitel handelt.

b) Der Schutz von Werktiteln nach dem Markengesetz

(1) Gegenstand

Dessen § 5 Abs. 3 schützt die Bezeichnungen von Druckschriften, aber auch von **37** Film-, Ton-, Bühnen- und „sonstigen vergleichbaren Werken"; zu beachten ist, dass der markenrechtliche Werkbegriff nicht mit dem urheberrechtlichen deckungsgleich ist. Als **Druckschriften** gelten nicht nur Bücher, Zeitungen und Zeitschriften, sondern auch ganze Buchreihen (BGH GRUR 1980, 227 – Monumenta Germaniae Historica) und wiederum einzelne Rubriken, Kolumnen oder Spalten einer Zeitschrift (BGH GRUR 1990, 218 f.), außerdem Partituren und sonstiges Notenmaterial (OLG Frankfurt WRP 1978, 892 – Das bisschen Haushalt). Den **Filmwerken** vergleichbar sind z. B. Fernsehsendungen (BGH GRUR 1977, 543, 545 – Der 7. Sinn), den **Tonwerken** Hörfunksendungen (BGH GRUR 1993, 769 – Radio Stuttgart). **Sonstige vergleichbare Werke** sind etwa Computerprogramme (BGH ZUM 1998, 255, 257 – Power Point). Die Schutzfähigkeit des Titels ist unabhängig von der Schutzfähigkeit des bezeichneten Werkes.

(2) Voraussetzungen

aa) **Kennzeichnungskraft.** Der Titel ist per se schutzfähig, wenn er originär **unter- 38 scheidungs-** bzw. **kennzeichnungskräftig** ist, also geeignet, ein Werk von einem anderen zu unterscheiden. Dafür verlangt der BGH ein Mindestmaß an **Individualität**, das dem Rechtsverkehr die Unterscheidung von anderen Werken erlaubt (BGH GRUR 2002, 176 – Auto Magazin). Für einige Genres hat die Rechtsprechung die Anforderungen an die Kennzeichnungskraft gegenüber den für Marken geltenden Kriterien abgesenkt, da der Verkehr wegen der Vielzahl der Titel daran gewöhnt sei, auf geringe Unterschiede zu achten. Während rein beschreibende Titel normalerweise nicht als unterscheidungskräftig gelten, folglich gemeinfrei und damit von jedermann zu verwenden sind, muss für Sach- und Fachliteratur etwas Anderes gelten. Da sie häufig ohne einen beschreibenden Anteil nicht zutreffend bezeichnet werden kann, reichen hier schon geringfügige Individualisierungsmerkmale aus (s. etwa die Grundsatzentscheidung BGH GRUR 1991, 153 – Pizza & Pasta). Bei Zeitungen können auf Grund der entsprechenden Tradition bereits geografische Bestandteile, die sonst im Markenrecht ebenfalls als beschreibend eingestuft werden, zur Kennzeichnung beitragen, sofern nur der gesamte Titel ein Mindestmaß an Unterscheidungskraft behält (s. etwa BGH GRUR 1997, 661 – B. Z./Berliner Zeitung). Bei Zeitschriften soll es ausreichen, wenn der Titel nur auf einen Teil des Themas Bezug nimmt (vgl. etwa OLG Hamburg GRUR-RR 2001, 31 – Screen/Screen basics); lediglich bei gänzlich unspezifischen Titeln hat die Rechtsprechung die Kennzeichnungskraft verneint (z. B. OLG Hamburg AfP 1992, 160 – Snow-Board). Dieser großzügige Maßstab gilt auch für Rundfunkprogramme. So hat der BGH den Titel „Tagesschau" für kennzeichnungskräftig gehalten (GRUR 2001, 1050, 1051; s. für eine Fernsehshow KG GRUR 2000, 906 – Gute Zeiten, schlechte Zeiten). Ebenfalls als kennzeichnungskräftig wurden die Bezeichnungen von Onlinediensten „Südwest-Online" und „bike.de" angesehen (OLG Karlsruhe MMR 1998, 148 bzw. LG Hamburg MMR 1998, 46).

Es ist noch nicht abzusehen, ob die Rechtsprechung auch bei anderen Werkkategorien entsprechend verfahren wird. Nahe liegt es insbesondere, wenn die Bedingungen dieselben sind, nämlich dass ein Werktitel das Publikum schlagwortartig über den Inhalt informieren soll und die betreffenden Verkehrskreise daran gewöhnt sind, genau auf geringfügige Unterschiede zu achten. Für einen Tonträger hat das OLG Köln (ZUM-RD 2000, 1979) die Kennzeichnungskraft der Bezeichnung „European Classics" verneint.

Auch der Titel eines **gemeinfreien Werks** kann für sich genommen schutzfähig sein. Insgesamt ist zu beachten, dass einem Titel von schwacher Kennzeichnungskraft auch nur in entsprechend geringem Umfang Schutz zukommt.

39　　bb) Benutzung. Wer einen Titel berechtigterweise zuerst benutzt hat, kann nach dem **Prioritätsgrundsatz** (s. § 6 MarkenG) von einem nachfolgenden Benutzer Unterlassung verlangen. Hat der Werktitel originäre Kennzeichnungskraft, dann ist er ohne weitere Voraussetzungen ab dem Moment seiner Benutzung im geschäftlichen Verkehr geschützt, also wenn das Werk in Verkehr gebracht worden ist. Hat er dagegen keine originäre Kennzeichnungskraft, dann setzt der Schutz erst dann ein, wenn die Kennzeichnungskraft nachträglich entsteht. Dazu muss der Werktitel Verkehrsgeltung erlangen (BT-Dr. 12/6581 vom 14. Januar 1994, S. 68), d. h. er muss innerhalb der angesprochenen Verkehrskreise eine gewisse **Bekanntheit** erreichen. Um sie zu ermitteln, sind alle Umstände des Einzelfalles heranzuziehen.

40　　Der Titelschutz kann aber auch **vorverlagert** werden, indem das Erscheinen eines Werks in einem der **branchenüblichen Organe** angekündigt wird, so bei Filmen durch Eintragung in das Titelregister bei der Spitzenorganisation der Filmwirtschaft. Bei Verlagserzeugnissen gibt es überdies die Möglichkeit einer formalisierten Titelschutzanzeige im Börsenblatt für den deutschen Buchhandel. Zulässig ist es auch, mehrere alternativ in Frage kommende Titel gleichzeitig anzuzeigen, wenn noch keine endgültige Entscheidung gefallen ist (BGH GRUR 1989, 760, 762 – Titelschutzanzeige). Die verschiedenen Möglichkeiten der **Vorankündigung** bieten den Beteiligten zusätzliche Absicherungen in der sensiblen, wirtschaftlich aufwändigen Entstehungs- und Herstellungsphase. Die Vorankündigung ersetzt aber nicht die tatsächliche Benutzung des Werks. Es muss vielmehr, um den Rang zu erhalten, innerhalb einer für die jeweilige Werkkategorie angemessenen Zeit – bei Druckschriften in der Regel nicht länger als ein halbes Jahr – erscheinen. Die zeitliche Begrenzung soll das „Hamstern von Vorratstiteln" verhindern. Wenn das Werk rechtzeitig erscheint, wird der Zeitrang auf den Zeitpunkt der Veröffentlichung des Titels zurückverlegt.

41　　cc) Unterlassungsanspruch. Die Regelung des § 15 Abs. 2 MarkenG schützt Werktitel als geschäftliche Bezeichnungen gegen **Verwechslungsgefahr**. Sie ist nach der Rechtsprechung dann gegeben, wenn ein Titel so verwendet wird, dass ein nicht unerheblicher Teil der angesprochenen Verkehrskreise in ihm die Bezeichnung eines Werkes zur Unterscheidung von anderen Werken sieht. Dabei kommt es nicht auf den Werkinhalt, sondern allein auf den Titel an. Der Umfang des Titelschutzes gegen die Verwechslungsgefahr richtet sich nach dem Grad der Kennzeichnungskraft des Titels.

v. Have

Je kennzeichnungskräftiger ein Titel ist, desto weiter reicht sein Schutz. Der Titelschutz steht zunächst dem oder den Autoren oder auch der Produktionsfirma zu, je nach den Umständen des Einzelfalles. Wird der Titel verletzt, steht dem Berechtigten auf Grund § 15 MarkenG ein Unterlassungs- bzw. Schadensersatzanspruch zu, außerdem ein Vernichtungsanspruch (§ 18 MarkenG).

dd) Gebrauchsüberlassung und Lizenzierung von Werktiteln. Der Berechtigte eines markenrechtlich geschützten Titels kann anderen die Rechte daran schuldrechtlich zur Ausübung überlassen (OLG Nürnberg WRP 2000, 1168, 1169 – Winnetou). Eine solche **Überlassung** wirkt aber nur zwischen den Vertragsparteien, so dass der Nutzungsberechtigte sich nicht gegen eine unberechtigte Nutzung durch einen Dritten wehren kann. Das MarkenG äußert sich nicht dazu, ob Titelrechte auch mit dinglicher Wirkung gegen jedermann übertragen, also **lizenziert** werden können. Der Gesetzgeber hat die geschäftlichen Bezeichnungen aus § 30 MarkenG, der die Markenlizenz regelt, bewusst herausgenommen. Das hat seinen Grund darin, dass Firmen wegen ihrer Bindung an das Unternehmen (§§ 22, 23 HGB) nicht lizenziert werden können. Auf den Werktitel passt diese Überlegung aber nicht, denn er steht ungeachtet seiner Einordnung als geschäftliche Bezeichnung in § 5 MarkenG der Marke sachlich wesentlich näher als der Unternehmensbezeichnung. Die Rechtsprechung hat die Frage der Lizenzierbarkeit noch nicht entschieden (dafür etwa Fezer, § 15 Rdnr 168 c). Bei einer Übertragung der Rechte am Werk ist mangels besonderer vertraglicher Regelung im Zweifel davon auszugehen, dass die Titelrechte mit übergehen sollen. **42**

ee) Beendigung des Titelschutzes. Wird der Titel nicht mehr verwendet oder hat der Berechtigte ihn aufgegeben, dann entfällt sein Schutz. Dies ist allerdings nicht ohne weiteres der Fall, wenn ein Werk lediglich vergriffen ist, da bekanntlich Neuauflagen auf sich warten lassen können. Auch hier entscheiden wieder die Umstände des Einzelfalles. Da die Schutzfähigkeit eines Werktitels, nicht vom Urheberrechtsschutz des Werkes abhängt, hat das Erlöschen des letzteren auf den Titelschutz keinen Einfluss (OLG Nürnberg WRP 2000, 1168, 1169 – Winnetou). **43**

3. Kapitel: Erwerbstätigkeit

§ 6 Der rechtliche Status des Künstlers

I. Künstler und Arbeitsrecht

1   Mit dem Begriff des Arbeitsrechts verbinden wir oft spontan z. B. die Situation der Opel-Arbeiter in Bochum, der Kassiererin im Supermarkt unseres Vertrauens oder des Kranken- und Pflegepersonals im Öffentlichen Dienst. Das Arbeitsrecht scheint mit der kreativ, freiheitlich und selbstbestimmt geprägten Kunst- und Kulturwelt nichts gemein zu haben.

Auch Musik und Theater, Rundfunk und Fernsehen, Museen und Galerien, Bücher und sonstige Werke produzieren sich nicht von selbst. Damit wir sie genießen können, ist eine Menge Arbeit der Kulturschaffenden und ihrer Hilfspersonen erforderlich. Autoren, Darstellerinnen, Sängerinnen, Chor- und Orchestermitglieder sowie Technikerinnen etc. haben sich oft aus Leidenschaft für ihr Engagement in Kunst und Kultur entschieden. Gleichzeitig müssen sie ihre Existenz damit sichern und vielleicht auch die ihrer Angehörigen. Wirtschaftliche Abhängigkeiten, ausbleibende oder verspätete Gagenzahlungen, Krankheit und Erschöpfung, Invalidität und Alter sind Risiken, die wie bei anderen Erwerbstätigen auch möglichst effektiv abgefangen werden müssen. Seit dem Künstler-Report (Fohrbeck/Wiesand, Der Künstler-Report, 1975) sind die oftmals ökonomisch schlechte Lage und die vielfachen wirtschaftlichen Abhängigkeiten der „freien Bühnendarsteller, Musikerzieher, Musikinterpreten, Journalisten, Bildjournalisten und der ständigen freien Mitarbeiter der Rundfunk- und Fernsehanstalten" ausführlich dokumentiert.

Auch das Bundesverfassungsgericht (BVerfG) hat zur sozialversicherungsrechtlichen Absicherung durch das Künstlersozialversicherungsgesetz am 8. 4. 1987 (2 BvR 909/82, NJW 1987, 3115, 3118) ausdrücklich ausgeführt:

„Künstler und Publizisten erbringen unvertretbare, d. h. höchstpersönliche Leistungen, die in besonderer Weise der Vermarktung bedürfen, um ihr Publikum und also ihre Abnehmer zu finden. Dieses Verhältnis hat gewisse symbiotische Züge; es stellt einen kulturgeschichtlichen Sonderbereich dar, aus dem eine besondere Verantwortung der Vermarkter für die soziale Sicherung der – typischerweise wirtschaftlich Schwächeren – selbstständigen Künstler und Publizisten erwächst, ähnlich der der Arbeitgeber für ihre Arbeitnehmer."

Nur wer gleichzeitig die unternehmerischen Chancen vollständig ausschöpfen kann, ist als Unternehmer oder freier Mitarbeiter auf die eigene Existenzsicherung und Risikovorsorge verwiesen (zur Absicherung durch die Künstlersozialversicherung ausführlich § 12). Für abhängig Beschäftigte dagegen steht das Arbeitsrecht zur Verfügung, welches in erster Linie gesetzliche, tarifliche, betriebliche und vertragliche Sonderregelungen zum Schutz der Arbeitnehmer enthält (vgl. § 7). Daran anknüpfend werden sie über die gesetzliche Arbeitslosen-, Renten-, Kranken- und Pflegeversicherung abgesichert. Ein eingeschränkter Schutz durch spezifische Mindestrechte besteht für so genannte „arbeitnehmerähnliche Personen" (vgl. § 12a TVG, s. u. Rdnr. 42 ff.).

Beduhn

Durch den Abschluss zahlreicher Tarifverträge haben es die Gewerkschaften zum 2 Teil auch im Kunst- und Kulturbereich ermöglicht, die spezifischen Bedürfnisse der dort beschäftigten Arbeitnehmer und arbeitnehmerähnlichen Personen abzusichern. Zum Schutz vor Ausbeutung, Willkür, Krankheit und Alter – kurz zur eigenen Existenzsicherung – sollten auch Künstler und Künstlerinnen beim Abschluss ihrer Verträge prüfen, ob arbeitsrechtliche und tarifliche Bestimmungen Anwendung finden, in Bezug genommen werden können oder als Orientierungshilfe dienen müssen. Auch mündliche Verträge sind wirksam und können rechtlichen Schutz bieten. Eine schriftliche Dokumentation der Vertragsbestimmungen oder Dritte, die den Vertragsinhalt bei Vertragsschluss bezeugen können, ermöglichen jedoch erst die für den Streitfall erforderliche Beweisführung, z. B. um vor dem Arbeitsgericht den Arbeitnehmerstatus zu erkämpfen. Ein solcher Prozess kann – insbesondere bei gut bezahlten Künstlern und Künstlerinnen – im Ergebnis auch finanzielle Einbußen nach sich ziehen: Nach erfolgreichem Abschluss des Status-Verfahrens können diese unter Umständen vom Arbeitgeber darauf in Anspruch genommen werden, die Differenz zwischen sämtlichen höheren Honorarzahlungen und den Vergütungsansprüchen zurückzuzahlen. Etwaige tarifliche Ausschlussfristen für derartige Rückzahlungsansprüche beginnen erst mit dem rechtskräftigen Abschluss des Statusprozesses oder einer entsprechenden außergerichtlichen Klärung (BAG vom 29. 5. 2002, 5 AZR 680/00, AP Nr. 27 zu § 812 BGB m. w. Nachw. = NZA 2002, 1328, 1329 f.).

II. Künstlerinnen und Künstler in der Arbeitnehmerrolle

1. Der Arbeitnehmerbegriff

Bereits 1976 widmeten sich Fohrbeck, Wiesand und Woltereck in der Abhandlung 3 „Arbeitnehmer oder Unternehmer? Zur Rechtssituation der Kulturberufe aus dem Jahre 1976", dem Thema „Rechtsunsicherheit und ihre Auswirkungen." Sie schildern, wie die Vertragspartner der Künstlerinnen und Künstler immer wieder versuchen, die uneinheitliche Rechtslage zu ihren Gunsten auszunutzen.

Auch heute indiziert das durchschnittliche Jahreseinkommen der bei der Künstlersozialversicherung aktiv Versicherten in Höhe von 11 078 EUR (am 1. 1. 2004, Quelle: Künstlersozialversicherung, Hrsg.: Bundesministerium für Gesundheit und Soziale Sicherung, Bonn 2005), dass sich die soziale Situation der Künstler und Künstlerinnen nicht wesentlich verbessert hat. Nach dem Tätigkeitsbericht der Enquete-Kommission „Kultur in Deutschland" für die 15. Wahlperiode des Deutschen Bundestages ist die wirtschaftliche und soziale Situation der Künstler extrem durch die weiteren Kürzungen öffentlicher Gelder und die verschärften Arbeitsmarktgesetze belastet (EK-Kultur, AU 15/154). Führt ein Künstler seine Dienste für denjenigen, der sie vermarktet, im Rahmen eines Arbeitsverhältnisses durch, so ist das für den Arbeitgeber kostspielig, da er selbst seinen Anteil an Sozialversicherungsbeiträgen abführen muss. Zusätzlich sind von ihm Zeiten zu vergüten, in denen der oder die Kulturschaffende keine Gegenleistung erbringt (Urlaub und Feiertage, Krankheitszeiten etc.). Auch Kosten für ein 13. Monatsgehalt, betriebliche Altersversorgung etc. erhöhen das unternehmerische Risiko – hier das des Arbeitgebers (vgl. § 7). So erklärt sich die verbissene Diskussion um den Arbeitnehmerbegriff, die insbesondere am Beispiel der Situation Kulturschaffender geführt wird. Immer noch existieren die verschiedensten Vertragsformen und -inhalte.

Beduhn

4   Nach dem arbeitsrechtlichen Richterrecht ist derjenige Arbeitnehmer, „der **auf Grund eines privatrechtlichen Vertrags im Dienste eines anderen zur Leistung weisungsgebundener fremdbestimmter Arbeit in persönlicher Abhängigkeit verpflichtet** ist" (BAG vom 25. 5. 2005, 5 AZR 347/04, AP Nr. 117 zu § 611 BGB Abhängigkeit; s. a. BAG vom 26. 9. 2002, 5 AZB 19/01, AP Nr. 83 zu § 2 ArbGG 1979 = NZA 2002, 1412, 1414) und dabei weder einem unternehmerischen Risiko unterliegt noch die Chancen des wirtschaftlichen Erfolges genießt (vgl. ArbG Hamburg vom 7. 9. 2005, 45a 33/05, Juris). Ob diese Voraussetzungen vorliegen, ist anhand der **tatsächlichen einverständlichen Vertragsdurchführung** zu ermitteln. Dabei sind alle Umstände des Einzelfalls zu würdigen. Haben die Parteien ausdrücklich ein Arbeitsverhältnis vereinbart oder weisen die vereinbarten Rechte und Pflichten auf ein solches hin, so ist es in aller Regel als Arbeitsverhältnis einzuordnen. Derartige Indizien sind z. B. der Einfluss des Arbeitgebers auf Beginn und Ende der Arbeitszeit sowie auf den Arbeitsort, die Verhaltenspflichten des Künstlers bei Arbeitsverhinderung und die sozialversicherungsrechtliche Behandlung des Vertrages. Auch wenn die Parteien den Vertrag z. B. als Werkvertrag bzw. freies Mitarbeiter- oder Dienstverhältnis bezeichnen, praktisch aber einverständlich ein Arbeitsverhältnis durchführen, so sind die arbeits- und sozialrechtlichen Regeln zwingend zu beachten (BAG vom 25. 5. 2005, 5 AZR 347/04, AP Nr. 117 zu § 611 BGB Abhängigkeit; BAG vom 21. 4. 2005, 2 AZR 125/04, AP Nr. 134 zu § 1 KSchG 1969 Betriebsbedingte Kündigung). Es kommt nicht auf die Überschrift oder die Formulierungen an. Auch Tarifvertragsparteien können nicht bestimmen, wer Arbeitnehmer ist (BAG vom 15. 3. 1978, 5 AZR 819/76, EzA Nr. 17 zu § 611 BGB Arbeitnehmerbegriff). Unerheblich ist auch, ob knappe Finanzmittel oder sonstige Motive des Auftraggebers „eigentlich" ein Arbeitsverhältnis nicht zulassen. Für Zweifelsfälle bleibt es unumgänglich, im Statusprozess zur Feststellung der Arbeitnehmereigenschaft die einzelnen Merkmale der **Begriffsdefinitionen** und **Rechtsprechungsfälle** auf ihre konkrete Vergleichbarkeit zu überprüfen.

a) Erbringung von Arbeit

5   Arbeit in diesem Sinne ist jede Betätigung oder jedes Verhalten, das zur Befriedigung eines Bedürfnisses dient und im Wirtschaftsleben als Arbeit qualifiziert wird. Das ist auch für die Tätigkeiten der Künstlerinnen und Künstler und ihrer Hilfspersonen anerkannt. Dass auch Maler- oder Foto-Modelle und Artistinnen, die über das Seil getragen werden, erfasst werden, ist nunmehr selbstverständlich.

Im Gegensatz zur Arbeits- oder selbstständigen Dienstleistung schuldet der meist selbstständige Werkunternehmer einen bestimmten Arbeitserfolg bzw. die Herstellung eines bestimmten Werkes (z. B. ein Maler oder ein Fotograf, der eine bestimmte Person portraitiert).

b) Privatrechtlicher Vertrag

6   Ein Arbeitnehmer muss zudem mit dem Arbeitgeber freiwillig einen privatrechtlichen Vertrag schließen, in dem er sich zu der von ihm versprochenen Arbeitsleistung verpflichtet (BAG vom 16. 2. 2000, 5 AZB 71/99, AP Nr. 70 zu § 2 ArbGG 1979 = NZA 2000, 385, 387).

Daran fehlt es bei hoheitlich geprägten Dienstverhältnissen wie z. B. bei einer Lehrbeauftragten an einer Kunsthochschule, die einseitig in ein beamtenähnliches öffentlich-rechtliches Dienstverhältnis ernannt bzw. bestellt wird (BAG vom 23. 5. 2001, 5

Beduhn

AZR 370/99, Juris). Auch bloße Gefälligkeitsverhältnisse z. B. im Rahmen familiärer Mithilfe oder ehrenamtliche karitative Tätigkeiten begründen kein Arbeitsverhältnis.

Die Abgrenzung kann dann problematisch werden, wenn Künstlerinnen und **7** Künstler für die **gemeinsam** zu erbringende **Arbeit** Rechtsformen des **Vereins- oder Gesellschaftsrechts** wählen.

Beispiel:
Es wird ein „Theater X e. V." gegründet, welcher nach dem Satzungszweck bestimmte Theaterstücke aufführen und spezielle Kunstrichtungen fördern soll. Schauspieler und Schauspielerinnen, eine Regisseurin und Dramaturgen treten als Vereinsmitglieder bei und erhalten für Aufführungen und Proben statt Gagen „Aufwandsentschädigungen" und die Aussicht, an Überschüssen des Vereins beteiligt zu werden.

Auch ein Verein kann **satzungsmäßig** die Leistung von Diensten in persönlicher Abhängigkeit als **Mitgliedsbeitrag** vorsehen, § 25 BGB. Wenn das Mitglied mit seiner Tätigkeit ausschließlich ideelle Zwecke verfolgt, so bleibt es bei den vereinsrechtlichen Rechten und Pflichten. Vereinsrechtliche Arbeitspflichten dürfen aber nicht gegen gesetzliche Verbote oder die guten Sitten verstoßen (§§ 134, 138 BGB) und damit zwingende arbeitsrechtliche Schutzbestimmungen umgehen. Ein Arbeitnehmer verfolgt typischerweise in erster Linie die Absicht, für seine Arbeit – zur Sicherung seiner materiellen Existenz – eine Vergütung zu erhalten. Diese **Erwerbsabsicht** des oder der Dienstverpflichteten ist ein wesentliches Merkmal des Arbeitsverhältnisses, auch wenn er oder sie parallel immaterielle – also z. B. karitative oder künstlerische – Interessen verwirklicht (BAG vom 26. 9. 2002, 5 AZB 19/01, AP Nr. 83 zu § 2 ArbGG 1979 = NZA 2002, 1412, 1415). Entwickelt wurde diese Rechtsprechung anhand der Mitglieder der **Schwesternschaft des Roten Kreuzes e. V.** (BAG vom 6. 7. 1995, 5 AZB 9/93, AP Nr. 22 zu § 5 ArbGG 1979 = NZA 1996, 33, 34 f.).

Entsprechend besteht auch im beschriebenen **Theater-Beispiel** die Gefahr, dass die künstlerischen und kulturellen Ziele vorschnell den Blick auf die privatrechtlichen Bindungen der Kulturschaffenden versperren. Die Künstler werden oft nur für ein bestimmtes Projekt und eine bestimmte Zahl von Aufführungen verpflichtet. Daher fehlt es an dem mit einer Vereinsmitgliedschaft grundsätzlich verbundenen Willen zur Förderpflicht, zur längerfristigen Verfolgung des Vereinszwecks. Die im Beispiel gewählte Vereinskonstruktion dient in Wirklichkeit der Vermeidung der arbeits- und sozialrechtlichen Bindungen und stellt einen unzulässigen **Umgehungstatbestand** dar.

Lediglich der Vorstand und dessen Vorsitzende/Vorsitzender verbleiben oft über die **8** Realisierung der Einzelprojekte hinaus und wahren somit die für die vereinsrechtliche Bindung erforderliche **personelle Identität**. Aber auch sie können parallel zu ihrem Amt in einem Arbeitsrechtsverhältnis zum Verein stehen mit den sich daraus ergebenden Rechten und Pflichten. Die Übernahme eines Ehrenamts im Vorstand bedeutet nicht, dass der Arbeitnehmer stillschweigend auf seine Rechte verzichtet (vgl. LAG Köln vom 18. 8. 2005, 6 Sa 379/05, Juris).

Oftmals wählen die Beteiligten in den unserem Theater-Beispiel vergleichbaren Fäl- **9** len die Rechtsform der **Gesellschaft bürgerlichen Rechts (GbR)**. Hier findet sich ein Personenkreis zusammen, der sich gesellschaftsrechtlich verpflichtet, eine bestimmte Produktion zu erstellen und aufzuführen. Diese Personengemeinschaft bleibt – von Ausnahmen abgesehen – im Kern meist erhalten, sodass die personelle Identität im vorgenannten Sinne gewahrt ist. Um eine BGB-Innengesellschaft handelt es sich unter Umständen auch beim Zusammenschluss einer Musikgruppe (vgl. Heinze, NJW 1985, 2112 ff., 2119). Tritt diese gegenüber einem Auftraggeber als Vertragspartner auf

Beduhn

(BGB-Außengesellschaft), so kann das diesem gegenüber selbstständig im Rahmen eines Werk- oder Dienstvertrages oder aber in einem abhängigen (Gruppen-)Arbeitsverhältnis geschehen (vgl. Schaub, § 183 Rdnr. 1 ff.).

Ob der einzelne daran Beteiligte gleichgeordneter und am Gewinn beteiligter Gesellschafter (§§ 705 ff. BGB) oder Arbeitnehmer ist, richtet sich auch hier danach, ob ein **Über- und Unterordnungsverhältnis zur Leistung weisungsgebundener Dienste** besteht (Schaub, § 36 Rdnr. 4 ff., 24 f., 27).

c) Persönliche Abhängigkeit

10   Auch ein selbstständiger Maler oder Autor, der von seinem Auftraggeber oder dem Verlag z. B. eine zeitliche Grenze oder inhaltliche Vorgaben erhält, ist gewissen Einschränkungen unterworfen.

Für ein Arbeitsverhältnis muss ein gesteigertes Maß an persönlicher Abhängigkeit vorliegen. Arbeitnehmer ist, wer seine Dienstleistung im Wesentlichen fremdbestimmt erbringt, also in die **fremde Arbeitsorganisation** des Arbeitgebers **eingegliedert** und dem umfassenden **Weisungsrecht** des Arbeitgebers unterworfen ist (BAG vom 21. 4. 2005, 2 AZR 125/04, AP Nr. 4 zu § 1 KSchG Betriebsbedingte Kündigung, vgl. § 84 Abs. 1 S. 2 HGB).

> **Beispiel:**
> Ein Tontechniker, der die Produktion und Bearbeitung bestimmter Radio- oder TV-Projekte zugewiesen bekommt oder dessen Zuständigkeit in einem Organisationsplan geregelt ist, der Tontechnik, Telefon, einen Schreibtisch und EDV-Arbeitsplatz des Unternehmens nutzt, der bei der Auftragsabwicklung mit Kollegen im Unternehmen zusammenarbeitet, sich in Dienst- und Urlaubspläne eintragen muss, ist in eine fremdbestimmte Arbeitsorganisation eingebunden. Seine Tätigkeit wäre sinnlos bzw. unmöglich, wenn er sie isoliert ausübte.

11   Das Weisungsrecht des Arbeitgebers kann sich auf **Inhalt, Durchführung, Zeit, Dauer und Ort der** einzelnen – im Rahmen des Arbeitsvertrages vorzunehmenden – **Tätigkeit** beziehen (BAG vom 21. 4. 2005, 2 AZR 125/04, AP Nr. 4 zu § 1 KSchG Betriebsbedingte Kündigung, vgl. § 84 Abs. 1 S. 2 HGB). Auch wenn der Arbeitgeber längere Zeit auf die Ausübung seines Weisungsrechts verzichtet, ändert das nichts an dem bestehenden Arbeitnehmerstatus (BAG vom 12. 9. 1996, 5 AZR 1066/94, AP Nr. 1 zu § 611 BGB Freier Mitarbeiter = NZA 1997, 194, 196). Bei der Einordnung des praktizierten Vertragstyps hilft auch hier kein starres Abfragen der Einzelkriterien. Denn z. B. bei einem hohen intellektuellen und kreativen Niveau einer abhängigen Beschäftigung kann im Einzelfall ebenfalls viel Eigeninitiative, eine große Gestaltungsfreiheit und eine fachliche Selbstbestimmung des Arbeitnehmers verbleiben. Entscheidend ist, ob sich aus einer Gesamtbewertung z. B. durch Dienstpläne die konkretisierte Erwartung ergibt, dass der abhängige Mitarbeiter für den **Arbeitgeber** zur Verfügung steht, dieser also **über dessen Arbeitskraft disponieren** kann. Daraus, dass der Künstler diese Eigenständigkeit und die Möglichkeit, seine Arbeitskraft anderweitig zu verwerten, verliert, folgt die soziale Schutzbedürftigkeit und die Arbeitnehmereigenschaft (BAG vom 8. 10. 1975, AP Nr. 18 zu § 611 BGB Abhängigkeit; Schaub, § 8 Rdnr. 21 m. w. Nachw., § 36 Rdnr. 11).

Abstrakte, für alle Arbeitsverhältnisse einheitlich geltende Merkmale lassen sich nicht aufstellen. Letztlich sind für die Feststellung der persönlichen Abhängigkeit jeweils alle maßgebenden Umstände des Einzelfalles anhand der Kriterien und Beispielsfälle der Rechtsprechung zu würdigen. Nach der so genannten **typologischen Methode** werden für bestimmte Branchen Fallgruppen gebildet, nach denen bestimmte typische Formen der Berufsausübung als selbstständig oder abhängige Beschäftigung anzusehen sind.

Sollte der Mitarbeiter oder die Mitarbeiterin sämtliche Tätigkeiten in persönlicher Abhängigkeit erbringen, so ist er oder sie Arbeitnehmer bzw. Arbeitnehmerin. Bei verschiedenen Haupttätigkeiten ist zu prüfen, ob und ggf. wie sie sich tatsächlich arbeitsorganisatorisch voneinander abgrenzen lassen. Ist eine Abgrenzung nicht oder nur schwer möglich, so ist die Gesamttätigkeit einheitlich zu bewerten. Dann ist entscheidend, welche Tätigkeit die Gesamttätigkeit z. B. zeitlich wesentlich prägt. Sind die verschiedenen Einzeltätigkeiten klar von einander abgrenzbar, kann der Mitarbeiter hinsichtlich einer Tätigkeit – z. B. als Sprecher und Aufnahmeleiter – Arbeitnehmer, hinsichtlich einer anderen – z. B. als Autor – freier Mitarbeiter sein (vgl. BAG vom 16. 2. 1994, 5 AZR 402/93, AP Nr. 15 zu § 611 BGB Rundfunk = NZA 1995, 21, 23 f.).

2. Beispielsfälle aus den einzelnen Schaffensbereichen

a) Künstlerisch tätige Mitarbeiterinnen und Mitarbeiter bei Rundfunk- und Fernsehanstalten

Bei der Frage, ob Kulturschaffende bei Rundfunk und Fernsehen Arbeitnehmer **12** sind oder nicht, wird zwischen **programmgestaltenden und nicht programmgestaltenden** Mitarbeiterinnen und Mitarbeitern unterschieden. Programmgestaltende Mitarbeiter können die von ihnen beschafften Informationen, ihre eigene Auffassung sowie ihre Fachkenntnisse zu politischen, wirtschaftlichen, künstlerischen oder anderen Sachfragen einbringen. Beispiele dafür sind **Regisseure, Moderatoren, Kommentatoren, Wissenschaftler und Künstler** (BAG vom 30. 11. 1994, 5 AZR 704/93, AP Nr. 74 zu § 611 BGB Abhängigkeit = NZA 1995, 622, 623). Die Rechtsprechung hat in diesem Zusammenhang das gemäß Art. 5 Abs. 1 S. 2 Grundgesetz (GG) verfassungsrechtlich geschützte Recht der Rundfunk- und Fernsehanstalten hervorgehoben, frei von fremdem, insbesondere staatlichem Einfluss über die Auswahl, Einstellung und Beschäftigung der Mitarbeiter zu bestimmen, die programmgestaltend mitwirken, und so die Vielfalt der Programme zu gewährleisten. Die **Rundfunkfreiheit** stellt die zur Erfüllung des Programmauftrags notwendige Freiheit und Flexibilität sicher, die nicht dadurch übermäßig beeinträchtigt werden darf, dass als freie oder befristet eingestellte programmgestaltende Mitarbeiter sich in ein unbefristetes Arbeitsverhältnis einklagen können.

Die Rundfunkfreiheit gebietet es allerdings nicht, die Sozialschutzinteressen pro- **13** grammgestaltender Mitarbeiter vollständig außer Acht zu lassen. Die Rundfunkfreiheit wird nur beeinträchtigt, wenn die möglichen arbeitsrechtlichen Teilzeitbeschäftigungs- oder Befristungsabreden zur Sicherung der Aktualität und Flexibilität der Berichterstattung tatsächlich oder rechtlich nicht gleich geeignet sind wie die Beschäftigung freier Mitarbeiter. Auch programmgestaltende Mitarbeiter sind z. B. dann Arbeitnehmer, wenn sie ständig erreichbar sein müssen, an Redaktionskonferenzen teilzunehmen haben und auch inhaltlich weitgehend an Weisungen gebunden sind. Sie haben dann gerade nicht die ausreichende Gestaltungsfreiheit und Selbstständigkeit eines freien Mitarbeiters. Gleiches gilt für die, von denen tatsächlich ständige Dienstbereitschaft erwartet wird oder die auch ohne entsprechende Vereinbarung in nicht unerheblichem Umfang herangezogen werden. Auch so werden ihnen die einzelnen Arbeiten letztlich „zugewiesen". In diesen Fällen wird der Rundfunkfreiheit Genüge getan, wenn sie bei der Frage berücksichtigt wird, ob die Befristung des geschlossenen

Arbeitsvertrags gerechtfertigt ist (vgl. BVerfG v. 18. 2. 2000, 1 BvR 624/98 u. a., AP Nr. 9 zu Art. 5 Abs. 1 GG Rundfunkfreiheit = NZA 2000, 653, 654 ff.).

14   Die Tätigkeiten der **Beleuchter, Kameraassistenten, Maskenbildnerinnen, Requisiteure, Tontechniker, Sprecher, Übersetzer sowie der Bühnenassistenten** etc. (nicht programmgestaltende Mitarbeiter) werden meist durch **Weisungen Ihrer Vorgesetzten** bestimmt. Nach den von der Rechtsprechung entwickelten Fallgruppen und Kriterien verrichten die Verwaltungsmitarbeiter und Techniker sowie diejenigen, die bei den Produktionen mitwirken, deren Inhalt aber nicht beeinflussen können, typischerweise Arbeitnehmertätigkeiten (vgl. BAG vom 30. 11. 1994, 5 AZR 704/93, AP Nr. 74 zu § 611 BGB Abhängigkeit = NZA 1995, 622, 623 m. w. Nachw.).

15   Werden die Kunstschaffenden **in Dienstpläne der Anstalt eingeteilt**, ist das ein starkes Indiz für die Arbeitnehmereigenschaft. Vielfach wird den Mitarbeitern zwar gesagt, sie seien nicht verpflichtet, die eingetragenen Einsätze wahrzunehmen, die Dienstpläne würden erst dann verbindlich, wenn ihnen die Mitarbeiter jeweils nicht widersprächen. Das sieht das BAG aber zu Recht als lebensfremd an. Die vorgesehenen Einsätze werden geleistet, weil sie im Dienstplan vorgesehen sind, und nicht, weil die Mitarbeiter sich in jedem Einzelfall vertraglich dazu verpflichten (BAG vom 22. 2. 1995, 5 AZR 757/93, Juris). Ist eine Rundfunkanstalt auf Grund eines Bestandsschutztarifvertrages für freie Mitarbeiter gehalten, einen Mindestbeschäftigungsanspruch eines Reporters, Redakteurs oder Moderators zu erfüllen, begründet die Aufnahme dieses Mitarbeiters in Dienstpläne ausnahmsweise nicht dessen Arbeitnehmereigenschaft. Letztere beinhaltet zwar ein starkes Indiz für die Arbeitnehmereigenschaft, ist aber auch nur als ein solches bei der Gesamtbetrachtung zu berücksichtigen. Hier handelte die Rundfunkanstalt nur in Erfüllung ihrer tarifrechtlichen Verpflichtung (BAG vom 20. 9. 2000, 5 AZR 61/99, AP Nr. 37 zu § 611 BGB Rundfunk = NZA 2001, 551, 553).

16   Ein **Musiker**, welcher in einem **Rundfunkorchester** spielt, kann dafür in einem Arbeitsverhältnis beschäftigt sein, auch wenn diese Arbeit in zeitlich außergewöhnlichen Abständen erbracht wird und ihn nur nebenberuflich in Anspruch nimmt (BAG vom 14. 2. 1974, 5 AZR 298/73, AP Nr. 12 zu § 611 BGB Abhängigkeit; BAG vom 9. 10. 2002, 5 AZR 405/01, AP Nr. 114 zu § 611 BGB Abhängigkeit). Ein Orchestermusiker kann aber auch als freier Mitarbeiter beschäftigt werden: Da die Gestaltungsfreiheit beim Musizieren für sämtliche Orchestermitglieder gleich ist, bildet die Tätigkeit als solche kein hinreichendes Abgrenzungsmerkmal. Für den Vertragsstatus ist vielmehr auch hier entscheidend, ob der Musiker seine **Arbeitszeit** noch weitgehend frei gestalten kann oder dem umfassenden Weisungsrecht der Orchesterleitung unterliegt. Hat der Musiker die Teilnahme an einem musikalischem Projekt und bei den dazu erforderlichen Einzeldiensten zugesagt, ohne dass deren Zahl, Dauer und zeitliche Lage bei Vertragsabschluss abschließend feststanden, so hat er sich in eine **Weisungsabhängigkeit** begeben. Diese begründet seinen Arbeitnehmerstatus (BAG vom 9. 10. 2002, 5 AZR 405/01, AP Nr. 114 zu § 611 BGB Abhängigkeit m. w. Nachw.). Abhängig beschäftigte Orchestermusiker in Rundfunkanstalten haben zum Teil typische Arbeitnehmervertretungen, nämlich Betriebsräte gewählt (vgl. BAG vom 21. 7. 2004, 7 ABR 57/03, AP Nr. 15 zu § 4 BetrVG 1972, zum Betriebsverfassungsrecht § 7 VI).

17   Ein bei einer Rundfunkanstalt „frei" eingesetzter **Bühnenbildner**, der die betriebsübliche Arbeitszeit einhält, seine Arbeit an einem betrieblichen Arbeitsplatz verrichtet und im übrigen wie ein fest angestellter Bühnenbildner behandelt wird, ist Arbeitnehmer (BAG vom 3. 10. 1975, 5 AZR 445/74, AP Nr. 17 zu § 611 BGB Abhängigkeit; LAG Berlin vom 16. 8. 1983, 9 Sa 23/82, LAGE § 611 BGB Arbeitnehmerbegriff Nr. 5). Das BAG macht in diesem Zusammenhang darauf aufmerksam, dass bei einer

künstlerischen Tätigkeit die fachliche Weisungsgebundenheit kein entscheidendes Kriterium sein kann.

Erbringt ein ebenfalls für eine Rundfunkanstalt tätiger **Außenrequisiteur** eine Arbeitsleistung von bis zu 50 Stunden in der Woche, sodass er keiner Nebenbeschäftigung nachgehen, geschweige denn über seine Arbeitskraft wie ein Unternehmer verfügen kann, ist er Arbeitnehmer, ggf. als Teilzeitbeschäftigter (BAG vom 2. 6. 1976, 5 AZR 131/75, AP Nr. 20 zu § 611 BGB Abhängigkeit = DB 1976, 2310, 2311 f.). **18**

Die Rechtsprechung, wonach die persönliche Abhängigkeit und damit die Arbeitnehmereigenschaft von **Drehbuchautoren und Regisseuren** bejaht wurde, weil sie in ihrer Arbeit auf den Apparat der Anstalt und das Mitarbeiter-Team angewiesen waren, hat das BAG ausdrücklich aufgegeben. Auch hier stellt es nun auf die zeitliche Verfügbarkeit für den Auftrag- bzw. Arbeitgeber ab (BAG vom 30. 11. 1994, 5 AZR 704/93, AP Nr. 74 zu § 611 BGB Abhängigkeit = NZA 1995, 622, 624 f. m. w. Nachw.). **19**

Auch bezüglich eines **Fernsehredakteurs** stellt die Rechtsprechung auf die Eingliederung in die Arbeitsorganisation und die Verfügbarkeit im Einzelfall ab. Allein vom Begriff des Redakteurs könne nicht mehr auf ein Arbeitsverhältnis geschlossen werden. Er sei so weit, dass er Journalisten umfasse, die regelmäßig mit eigenen Wort- oder Bildbeiträgen zur Berichterstattung und Kommentierung beitragen. Damit fielen auch Tätigkeiten unter diese Definition, die auch außerhalb eines Arbeitsverhältnisses erbracht werden können (BAG vom 22. 2. 1995, 5 AZR 757/03, Juris). Ein Redakteur im engeren Sinn gestalte zwar das Programm mit, seine Tätigkeit sei aber geprägt durch koordinierende und organisatorische Tätigkeiten, die er innerhalb der vom Sender bestimmten Arbeitsorganisation erbringt. Dieser Redakteur im engeren Sinne sei in der Regel Arbeitnehmer (LAG Köln vom 13. 8. 1998, 5 (4) Sa 161/98, NZA-RR 1999, 119, 120 m. w. Nachw.). **20**

Das BAG geht davon aus, dass **Sprecher und Übersetzer von Nachrichten- und Kommentartexten im fremdsprachlichen Dienst** in der Regel Arbeitnehmer sind, auch wenn sie nur wenige Wochenstunden arbeiten. Von einer im Wesentlichen freien Tätigkeitsgestaltung könne nicht die Rede sein, da nur vorgegebene Texte zu übersetzen und zu lesen seien. Der Mitarbeiter könne sie nicht nach seinen Vorstellungen gestalten. Es handele sich um einen nicht programmgestaltende Mitarbeiter, der eine Tätigkeit ausübe, die **regelmäßig nur im Rahmen eines Arbeitsverhältnisses ausgeübt** werden kann. Ein Dauerarbeitsverhältnis liege vor, da der Mitarbeiter häufig und über einen längeren Zeitraum hinweg herangezogen worden und dem formal bestehenden Ablehnungsrecht praktisch keine Bedeutung zugekommen sei (BAG vom 11. 3. 1998, 5 AZR 522/96, AP Nr. 23 zu § 611 BGB Rundfunk = NZA 1998, 705, 706 f.) **21**

Die Entscheidungsgründe der zitierten Entscheidungen nehmen oftmals Bezug auf die **vergleichbaren künstlerischen Tätigkeiten abhängig Beschäftigter**. Für diese finden sich bei zahlreichen öffentlich-rechtlichen Fernseh- und Rundfunkanstalten (z. B. ARD und ZDF) und privaten Sendern Tarifverträge, in denen die einzelnen Berufsbilder ausdrücklich genannt werden. Auch hierdurch wird letztlich die Arbeitnehmereigenschaft der genannten Berufsgruppen indiziert (s. a. v. Olenhusen mit Beispielen zu Rundfunktarifverträgen, zu den Tarifverträgen für arbeitnehmerähnliche Beschäftigte vgl. Rdnr. 62 ff.). **22**

b) Künstler und Künstlerinnen der bildenden Kunst

Maler und Malerinnen sowie Bildhauer und Bildhauerinnen, freie Fotografen und Fotografinnen sind zwar bei ihren einzelnen Aufträgen oft den persönlichen Weisun- **23** gen der auftraggebenden Person unterworfen. Jedoch verbleibt für die Ausgestaltung des zu schaffenden Werkes sowie für Ort, Zeit und Umstände seiner Herstellung meist so viel Freiheit, dass in der Regel keine abhängige Beschäftigung vorliegt.

Betrachtet man **Kunsthandwerkerinnen, Kulturarbeiterinnen, Fotografen und Bildjournalistinnen**, wird deutlich, dass auch diese Tätigkeiten im Rahmen einer fremden Arbeitsorganisation ausgeübt und durch strikte Weisungen geprägt sein können. Das ist für das nicht künstlerische Personal klar erkennbar. Die Verwaltungs-, Verkaufs- und Reinigungskräfte von Galerien, Kunsthandwerksbetrieben und Museen sowie die Bewachungskräfte für Ausstellungen etc. sind als Arbeitnehmer und Arbeitnehmerinnen tätig.

Im kreativen Bereich können auch hier „verkappte" Arbeitsverträge vorliegen, was anhand der allgemeinen Kriterien zu überprüfen ist: Auch **pauschal bezahlte Fotoreporter** sind Arbeitnehmer einer Zeitungsredaktion, wenn sie – u. a. durch Dienstpläne – faktisch derart in deren Arbeitsablauf eingebunden sind, dass sie die **Übernahme von Fototerminen nicht ablehnen können** (BAG vom 16. 6. 1998, 5 AZN 154/98, AP Nr. 44 zu § 5 ArbGG 1979 = NZA 1998, 839, 840).

24   Als Orientierungshilfe können auch hier wiederum Tarifverträge dienen. So sind z. B. bildende Künstler auch innerhalb kommunaler Einrichtungen für Bildung und Kultur tätig, sodass ihre Beschäftigung damit beim öffentlichen Dienst angesiedelt ist. Entsprechend finden in der Regel die dort geltenden tariflichen Bestimmungen Anwendung, insbesondere der Tarifvertrag für den Öffentlichen Dienst (TVöD).

c) Designerinnen und Designer

25   Designer sind Schöpfer der angewandten Kunst, d. h. ihre Arbeiten dienen einem konkreten Gebrauchszweck. Hinsichtlich des **Berufsbildes** ist zwischen Kommunikations- und Industrial-Designern zu unterscheiden. Zum Bereich der Kommunikations-Designer gehören herkömmlich die Grafik- und Fotodesigner. Durch die rasante Entwicklung der neuen Medien gewinnen die Web-Designer erheblich an Bedeutung. Dem Bereich Industrial-Design werden die Formgestalter, Textil- und Mode-Designer und -Designerinnen zugeordnet.

Auch die Angehörigen dieser Berufsgruppe erledigen ihre Aufträge in der Regel nicht als Arbeitnehmer. Nur zum Teil werden sie im Rahmen eines Arbeitsverhältnisses für Werbeagenturen und in Entwicklungsabteilungen für Unternehmen tätig.

Die in dieser Branche vorhandenen Arbeitsverhältnisse scheinbar selbstständiger Mitarbeiter („Scheinselbstständige") sind nach den bereits umfassend dargestellten Grundsätzen zu beurteilen (Eingliederung in eine fremde Arbeitsorganisation, Weisungsgebundenheit, insbesondere zeitliche Verfügbarkeit). Status-Streitigkeiten von Designern und Designerinnen werden aber tatsächlich bislang sehr selten vor den Arbeitsgerichten verhandelt.

d) Darstellende Künstlerinnen und Künstler

26   In Opernhäusern und Theatern sind abgesehen von den Intendanten, die Arbeitgeberfunktionen ausüben (LAG Mecklenburg Vorpommern vom 16. 12. 1997, 3 Ta 59/97, Juris), überwiegend Arbeitnehmer tätig. Die Arbeitnehmereigenschaft ist bei nicht künstlerischem Personal in der Regel unstreitig. Wird das Haus von der öffentlichen Hand betrieben und getragen, sind auch hier die tariflichen Sondervorschriften für den Öffentlichen Dienst zu beachten.

Beduhn

Die künstlerisch tätigen Mitarbeiter sind meist so fest in die **arbeitsteilig organisierte Produktionsgemeinschaft eingebunden und dem Weisungsrecht** des produzierenden Theaters über Probe- und Aufführungszeiten so **stark unterworfen,** dass sie in der Regel Arbeitnehmer sind: Arbeitgeber können für eine bestimmte Zeit vertragsgemäß über die Arbeitsleistung der abhängig beschäftigter Bühnenkünstler verfügen, ohne auf eine bestimmte Einzelleistung begrenzt zu sein (vgl. BAG vom 2. 7. 2003, 7 AZR 613/02, AP Nr. 39 zu § 611 BGB Musiker m. w. Nachw.).

Neben den Orchestermusikern fallen unter dieses so genannte **Bühnenarbeitsrecht** 27 (ausführlich dazu § 10 Rdnr. 91 ff.) z. B. Solisten, Schauspieler, Regisseure, Dramaturgen, Referenten und Assistenten des Intendanten sowie des künstlerischen Betriebes, künstlerisch tätige Bühnentechniker und Technikerinnen, Opernchor- und Tanzgruppenmitglieder, Maskenbildner, Beleuchter etc.

Für die Arbeitnehmer dieser verschiedenen Berufsgruppen bestand bis Ende 2002 28 eine große Vielzahl einzelner Tarifverträge, die durch das In-Kraft-Treten **des NV-Bühne** zwischen dem Deutschen Bühnenverein – Bundesverband Deutscher Theater und der Genossenschaft Deutscher Bühnenangehöriger zum 1. 1. 2003 weitgehend abgelöst wurde. Dieser Tarifvertrag gilt für Theater, die von einem Land, einer Gemeinde bzw. von einem oder mehreren Gemeindeverbänden überwiegend rechtlich oder selbstständig getragen werden. Seine Geltung wird aber über die tarifgebundenen Arbeitsvertragsparteien hinaus auch weithin in den Einzelverträgen vereinbart. Nach einem allgemeinen Teil sind in dem Tarifwerk Sonderregeln für die einzelnen Künstlergruppen enthalten, die so eng aufeinander abgestimmt sind, dass eine sinnvollere Zusammenarbeit bei Proben und Aufführungen ermöglicht wurde.

Die Beschäftigung auf Grund eines **Spielzeit-, eines Gastspiel- oder eines Stück-** 29 **dauervertrages** beeinflusst die Arbeitnehmereigenschaft in der Regel nicht. Die Arbeitsverhältnisse sind lediglich hinsichtlich ihrer Dauer und tariflicher Schutzvorschriften unterschiedlich ausgestaltet. Insbesondere da die Ensemblearbeit (im künstlerischen und technischen Sinn) die Eingliederung des oder der Einzelnen erfordert, kommt auch der inhaltlichen künstlerischen Freiheit kein für oder gegen den Arbeitnehmerstatus entscheidungserhebliches Gewicht zu. Abgesehen von den freien Mitarbeiterverträgen am Theater (dazu später unter § 6 IV) dürfte wohl ausnahmsweise der Star als Darsteller oder als Gastregisseur, der Inhalt und z. B. Aufführungsort und -zeit maßgeblich mitbestimmt, kein Arbeitnehmer sein.

Um die Arbeitnehmerrolle von Unterhaltungskünstlern – wie Zauberern, Clowns, 30 Nachtklub-Tänzerinnen – sowie von Artisten wurde bislang selten vor Gericht gestritten. Auch hier werden üblicherweise tarifvertragliche Vorschriften angewandt. Wird z. B. die Geltung des Tarifvertrages für Unterhaltungskünstler und Artisten vereinbart, so werden die Verträge als Arbeitsverträge angesehen, ohne dass die Statuskriterien im Einzelnen geprüft werden.

Auch hier gilt, dass die **längerfristige und weitgehende Unterordnung** unter ein vom Auftraggeber vorgegebenes Konzept die Arbeitnehmereigenschaft indiziert. Zirkus- und Varieteekünstler sind in der Regel Arbeitnehmer, wenn sie durch den Tourneeplan und die Programmgestaltung eng in das Konzept des Unternehmers eingebunden werden. Gleiches gilt für Alleinunterhalter, Tänzer oder Diskjockeys, die regelmäßig immer zu gleichen Zeiten bei einem Auftraggeber auftreten und sich mit der Ausgestaltung ihres Programms sowie ihrer Kleidung etc. weitgehend dessen Vorstellungen unterordnen müssen. Je mehr der Künstler dagegen von seinen eigenen kreativen Darbietungen oder gar durch seine Person selbst das Programm, aber auch Zeit und Dauer der Auftritte gestaltet (z. B. bei Starauftritten), desto weniger Anhaltspunkte für ein Arbeitsverhältnis liegen vor. Gleiches gilt bei sehr kurzen Auftritten und Tagesengagements. So hat das BAG für einen Künstler, der anlässlich eines Firmenjubiläums eine Zaubershow aufführte, die persönliche Abhängigkeit verneint. (BAG vom 6. 12. 1974, 5 AZR 418/74, AP Nr. 14 zu § 611 BGB Abhängigkeit).

31   Auch Film- und Fernsehdarsteller sind in der Regel Arbeitnehmer, das gilt auch für Hauptdarsteller in Filmen und Serien. Sie sind meist entsprechend stark räumlich-zeitlich und fachlich-künstlerisch eingebunden (LAG Saarland vom 22. 9. 1965, 2 Sa 45/65, AP Nr. 10 zu § 611 BGB Film). Auch in diesem Bereich lässt sich – parallel zum Theater und Varietee – die Arbeitnehmereigenschaft nur ausnahmsweise für Filmstars mit besonderen Gestaltungsmöglichkeiten verneinen.

Entsprechend regelt der wieder in Kraft gesetzte Mantel- und Gagentarifvertrag für Film- und Fernsehschaffende (abgeschlossen zwischen Ver.di, dem Bundesverband Deutscher Fernsehproduzenten, der Arbeitsgemeinschaft Neuer Deutscher Spielfilmproduzenten e. V. und dem Verband Deutscher Spielfilmproduzenten e. V.) Gagen und sonstige Arbeitsbedingung der Beschäftigten. Auch wenn die Tätigkeit ohne ausdrückliche Abrede aufgenommen wurde, gilt nach Ziff. 2.1 dieses Tarifvertrages im Zweifel ein Arbeitsverhältnis zu angemessenen Bedingungen als vereinbart. Unter den persönlichen Geltungsbereich dieser Verträge fallen u. a. **Schauspieler und Kleindarsteller, Szenenbildner, Aufnahmeleiter und Regisseure, Ballettmeister, Cutter, Sänger, Tänzer, Geräuschemacher, Kameraleute, Fotografen, Maskenbildner, Tonmeister sowie Assistenten**.

Bezogen auf das Zeitmoment bestimmt der Tarifvertrag, dass Filmschaffende, die von Filmherstellern für mindestens sechs zusammenhängende Monate beschäftigt werden oder engagiert werden, um innerhalb eines Jahres für mindestens drei Filme zu arbeiten, als so genannte „ständig Beschäftigte" gelten.

32   Auch hier sind die Grundsätze der **Rundfunk- und Kunstfreiheit** zu beachten, Art. 5 GG. Danach ist eine auflösende Bedingung eines Arbeitsvertrages gerechtfertigt, wenn aus künstlerischen Erwägungen – wie der Anpassung des Drehbuchs an den Publikumsgeschmack oder nach den Vorstellungen des Fernsehsenders – die Rolle des Arbeitnehmers entfällt (BAG vom 2. 7. 2003, 7 AZR 612/02, AP Nr. 29 zu § 620 BGB Bedingung = NZA 2004, 311, 312 f.).

e) Musikerinnen und Musiker

33   Musikerinnen und Musiker arbeiten überwiegend als Angestellte. Für die Abgrenzung zu Selbstständigen sind auch hier die oben zur Rundfunkfreiheit erwähnten Grundsätze auf die **Kunstfreiheit des Orchesterträgers** als Dienstgeber zu übertragen (Pallasch, in MünchArbR, § 199 Rdnr. 11 m. w. Nachw.). Gleichwohl haben normale Orchestermusiker keine derart große künstlerische Gestaltungsfreiheit, dass ihre Arbeitnehmereigenschaft dadurch beeinträchtigt wäre. Das ist eher bei solistisch auftretenden Musikern wie z. B. Konzertmeistern oder Dirigenten möglich. Der Arbeitnehmerstatus von Orchesteraushilfen ist oftmals strittig. Entscheidend ist wiederum, ob der Musiker seine Arbeitszeit noch weitgehend frei gestalten und einzelne Einsätze ablehnen kann oder sich dem **umfassenden Weisungsrecht der Orchesterleitung** unterworfen hat. Die Abhängigkeit wird nicht dadurch begründet, dass der Musiker zusagt, an feststehenden Auftritts- und Probenterminen teilzunehmen. Ist der Musiker hingegen vertraglich verpflichtet, an einem musikalischen Projekt und bei den dazu erforderlichen **Einzeldiensten teilzunehmen, ohne dass deren Zahl, Dauer und zeitliche Lage feststehen**, so hat er sich in eine Weisungsabhängigkeit begeben und ist als Ar-

beitnehmer anzusehen (BAG vom 22. 8. 2001, 5 AZR 502/99, AP Nr. 109 zu § 611 BGB Abhängigkeit = NZA 2003, 662, 663; vgl. BAG vom 9. 10. 2002, 5 AZR 405/01, AP Nr. 114 zu § 611 BGB Abhängigkeit; zum Arbeitnehmerstatus von Musikern in Rundfunkorchestern s. o. Rdnr. 16). Behält sich ein Musiker in einer Rahmenvereinbarung die freie Entscheidung darüber vor, ob er an einzelnen Produktionen teilnehmen wird, so entstehen einzelne befristete Arbeitsverhältnisse. Ein unbefristetes Abrufarbeitsverhältnis ist nicht zwingend anzunehmen (BAG vom 9. 10. 2002, 5 AZR 405/01, AP Nr. 114 zu § 611 BGB Abhängigkeit).

In den Arbeitsverträgen der Musiker werden oftmals Tarifverträge in Bezug genom- **34** men. Zu den wechselseitigen Rechten und Pflichten der Orchestermusiker (Oper und ernste Musik), welche der Tarifvertrag für Musiker in Kulturorchestern (TVK) enthält, ist bereits eine differenzierte Rechtsprechung ergangen. Auch auf die Verträge der Musiker und Musikerinnen der kommunalen oder landeseigenen Symphonie- und Staatsorchester ist der TVK anwendbar und auch auf seine Regelungen wird oftmals vertraglich verwiesen (zur Rechtsprechung zum TVK Überblick bei Linck, in Schaub, § 186 Fn. 441 f.).

Das Arbeitsrecht der Musiker in Kurkapellen wird weitgehend durch den Tarifvertrag für Mitglieder von Kurkapellen (TV Kulturkapellen) bestimmt. Zumindest für die jeweilige Saison werden zumeist Arbeitsverhältnisse begründet.

Der Manteltarifvertrag für Musiker in Gaststätten und Unterhaltungsbetrieben (MTV Musiker) wird oftmals ebenfalls für die nicht tarifgebundenen Arbeitnehmer aus diesem Bereich vereinbart. Der Arbeitnehmer-Status von diesen **Unterhaltungs-, Rock-, Circus- und Varieteemusikern sowie Sängern und Sängerinnen** ist zum Teil schwierig zu bestimmen. Auch hier sind diejenigen, die für einige Monate oder Jahre für ein Circus- oder Varieteeunternehmen als Kapellmusiker musizieren oder singen ohne Weiteres als Arbeitnehmer anzusehen. Bei kürzeren vertraglichen Bindungen – z. B. für eine dreiwöchige Kreuzfahrt oder für zwei Wochen in einem Klub – kommt es wiederum darauf an, welche Gestaltungsmöglichkeiten den Künstlern bezüglich des Inhalts und der Rahmenbedingungen der Auftritte verbleibt: Darf der Auftraggeber nach den tatsächlich durchgeführten Vertragsbedingungen jeweils z. B. Zeit, Ort und Anzahl der Auftritte und Proben bestimmen, so spricht auch das für ein kurzbefristetes Arbeitsverhältnis. Sind Programmablauf und -inhalt hingegen so genau festgelegt, dass keine Einzelweisungen des Auftraggebers mehr erfolgen (dürfen), oder verbleibt die Freiheit auch insoweit bei dem oder der Musikschaffenden, so sind auch diese Künstler selbstständig (vgl. BGH vom 13. 3. 1984, VI ZR 204/82, NJW 1985, 2133 f.; LAG Berlin vom 16. 7. 2001, 6 Ta 1178/01, Juris). Ein einmaliges abendliches Auftreten kann kaum persönliche Abhängigkeiten im arbeitsrechtlichen Sinne begründen, da grundsätzlich keine Einflussmöglichkeiten für den Unternehmer bestehen.

Sowohl **bei Kammerorchestern, Ensembles für zeitgenössische oder alte Musik,** **35** **aber auch bei Kapellen in Gaststätten** ist es üblich, dass sich Musiker und Musikerinnen zusammentun, um bestimmte Musikrichtungen zu pflegen oder Werke eines Komponisten aufzuführen. Vielfach geschieht das in Form einer Gesellschaft bürgerlichen Rechts oder durch die Bildung eines Vereins zu diesem Zweck. Auf die Ausführungen zu diesen Tätigkeitsformen wird daher Bezug genommen (vgl. oben Rdnr. 7 ff.). Hier haben sich die Musiker aus eigener Initiative zusammengeschlossen und die Rechtsbeziehungen untereinander richten sich nach den Regeln des Gesellschaftsrecht (so genannte **Eigengruppe,** ausführlich dazu Schaub, § 183 Rdnr. 2) oder des Vereinsrechts. Fraglich bleibt hier, wie die Rechte im Außenverhältnis gestaltet werden. Der hier gemeinsam geschlossene Vertrag könnte als Arbeits-, Dienst- oder Werkvertrag abgeschlossen werden (Pallasch, in MünchArbR, § 199 Rdnr. 38). Ist hingegen ein Verein materiell solide als Trägerverein ausgestattet, so kann dieser unter Umständen als Arbeitgeber der Orchestermitglieder fungieren.

36 Die überwiegende Zahl (zirka 35 000) der **Musikschullehrerinnen und Musikschullehrer** erteilt ihren Unterricht an einer der von Städten, Gemeinden, Kreisen oder gemeinnützigen Vereinen getragenen 939 Musikschulen, die im Verband deutscher Musikschulen zusammengeschlossen sind (Deutscher Musikrat Bonn errechnet nach Angaben des Statistischen Jahrbuchs der Musikschulen in Deutschland, Dokumentation von 1997–2004, hrsg. vom Verband Deutscher Musikschulen Bonn 1998–2005, zitiert nach www.miz.org). Aus diesem Zahlenmaterial ist jedoch die Zahl der abhängig Tätigen nicht ersichtlich. Auch die häufig verwendeten Bezeichnungen nebenberuflich/nebenamtlich, welche letztlich Teilzeittätigkeiten neben der eigentlichen Erwerbsquelle kennzeichnen, helfen insofern nicht weiter. Zwar sind vom TVöD entgegen den Rechtsprechungsgrundsätzen geringfügig tätige Teilzeitkräfte ausgenommen, das heißt jedoch nicht, dass sie umgekehrt zwingend als freie Mitarbeiter einzuordnen sind. Denn hier wird wiederum nur eine Frage des Beschäftigungsumfangs nicht aber die für die Arbeitnehmereigenschaft entscheidenden Kriterien der persönlichen Abhängigkeit und Weisungsbindung angesprochen.

37 Die Abgrenzung bei Lehrkräften richtet sich danach, wie intensiv die Lehrkraft in den Unterrichtsbetrieb eingebunden ist und in welchem Umfang sie den Unterrichtsinhalt, die Art und Weise seiner Erteilung, ihre Arbeitzeit und die sonstigen Umstände der Dienstleistung mitgestalten kann (BAG vom 9. 3. 2005, 5 AZR 493/04, AP Nr. 167 zu § 611 BGB Lehrer, Dozenten; BAG vom 24. 6. 1992, 5 AZR 384/91, AP Nr. 61 zu § 611 BGB Abhängigkeit = NZA 1993, 174 ff.). **Lehrkräfte an allgemein bildenden Schulen und Hochschulen** sind in der Regel **Arbeitnehmer**, Volkshochschuldozenten und Musikschullehrer, die außerhalb schulischer Lehrgänge unterrichten, freie Mitarbeiter (vgl. unten Rdnr. 71 ff.). Arbeitnehmer sind sie (nur) dann, wenn dies **ausdrücklich vereinbart** ist oder **besondere Einzelfallumstände** vorliegen, aus denen sich der für das Bestehen eines Arbeitsverhältnisses erforderliche Grad der **persönlichen Abhängigkeit** ergibt. Solche Umstände sind z. B. das Recht des Schulträgers, die zeitliche Lage der Unterrichtsstunden, den Unterrichtsgegenstand oder Art und Ausmaß der Nebenarbeiten **einseitig zu bestimmen**, eine **intensive Kontrolle** des Unterrichts und des Leistungsstandes der Schüler sowie die Inanspruchnahme sonstiger **Weisungsrechte** (BAG vom 24. 6. 1992, 5 AZR 384/01, AP Nr. 61 zu § 611 BGB Abhängigkeit = NZA 1993, 174 ff.; s. a. Sächsisches LAG vom 7. 5. 2004, 2 Sa 878/03, Juris).

38 Für den Bereich des Öffentlichen Dienstes sieht die Protokollerklärung zu § 52 Nr. 2 Abs. 1 TVöD für in den Betrieb der Musikschulen eingebundene Angestellte neben dem Unterricht folgende Tätigkeiten vor:

- Vor- und Nachbereitung des Unterrichts (Vorbereitungszeiten)
- Abhaltung von Sprechstunden
- Teilnahme an Schulkonferenzen und Elternabenden
- Teilnahme am Vorspiel der Schüler, soweit dies außerhalb des Unterrichts stattfindet
- Mitwirkung an Veranstaltungen der Musikschule sowie Mitwirkung im Rahmen der Beteiligung der Musikschule an musikalischen Veranstaltungen (z. B. Orchesteraufführungen, Musikwochen und ähnlichen Veranstaltungen), die der Arbeitgeber, einer seiner wirtschaftlichen Träger oder ein Dritter, dessen wirtschaftlicher Träger der Arbeitgeber ist, durchführt
- Mitwirkung an Musikwettbewerben und ähnlichen Veranstaltungen
- Teilnahme an Musikschulfreizeiten an Wochenenden und in den Ferien.

Beduhn

Vielfach und ebenfalls im Hinblick auf leere Haushaltskassen haben Musikschulträ- **39** ger versucht, sich durch folgende Vertragsklauseln auch gegenüber Angestellten eine gewisse Flexibilität je nach Arbeitsbedarf zu sichern (so genannte **Arbeit auf Abruf**):

Beispiel:
„Arbeitsleistungen sind nur nach Aufforderung durch die Musikschule zu erbringen. Die Zahl der zu erteilenden Unterrichtsstunden wird von Fall zu Fall im Einvernehmen mit dem Schulleiter festgelegt." oder „Die wöchentliche Arbeitszeit beträgt mindestens sechs Stunden und höchstens 13,5 Stunden."

Derartige einseitige Leistungsbestimmungsrechte des Arbeitgebers sind nach Recht- **40** sprechung und Literatur nur in engen Grenzen zulässig. Denn sie berühren die Hauptleistungspflichten der Arbeitsvertragsparteien selbst: den Beschäftigungsumfang und die Höhe des dafür zu zahlenden Entgelts. Jedes Bestimmungsrecht des Arbeitgebers, welches den Umfang der Arbeitszeit um mehr als 25 % der Mindestarbeitszeit ausdehnen kann, ist unzulässig (BAG vom 7. 12. 2005, 5 AZR 535/04, AP Nr. 4 zu § 12 TzBfG = NZA 2006, 423, 427 f.; vgl. auch zur Rechtslage vor dem Schuldrechtsmodernisierungsgesetz und der vertraglichen Inhaltskontrolle nach §§ 305 ff. BGB: Schüren in MünchArbR, Ergänzungsband, § 162 Rdnr. 22 ff. m. w. Nachw.). Demgegenüber wurde und wird aus § 12 TzBfG, § 2 BSchG, § 134 BGB und der Entscheidung des BAG vom 12. 12. 1984 (7 ATZ 509/83, AP Nr. 3 zu § 2 KSchG 1969 = NZA 1985, 321, 322 f.) zu Recht gefolgert, dass ein variables, durch den Arbeitgeber bestimmbares Arbeitszeitdeputat gänzlich unzulässig ist (Decruppe/Uttes, ArbuR 2006; zur Rechtslage vor dem Schuldrechtsmodernisierungsgesetz: Schüren, in MünchArbR Ergänzungsband, § 162 Rdnr. 22 ff. m. w. Nachw.). Ansonsten wäre die Dispositionsbefugnis der Musikschullehrerinnen und Musikschullehrer über die Verwertung ihrer Arbeitskraft unverhältnismäßig eingeschränkt. Die hiervon überwiegend betroffenen Teilzeitbeschäftigten könnten, wäre eine solche Vertragsverpflichtung bindend, anderweitige Tätigkeiten weder ausreichend planen noch vornehmen. Jedenfalls macht der Dienstgeber mit einer solchen Klausel deutlich, dass er so weit wie möglich über den Umfang und über die Lage der Arbeitszeit disponieren will. Daher wird auch hier, selbst wenn die Musikschullehrerin als freie Mitarbeiterin bezeichnet werden sollte, nach den Kriterien der ständigen Rechtsprechung ein Arbeitsverhältnis indiziert. Der Umfang der vertraglichen Arbeitszeit wird in diesen Fällen anhand der durchschnittlichen Stundenzahl während des zurückliegenden Beschäftigungsjahres ermittelt (BAG vom 7. 12. 2005, 5 AZR 535/04, AP Nr. 4 zu § 12 TzBfG = NZA 2006, 423, 42). Umgekehrt steht es den Parteien gänzlich frei, zu vereinbaren, dass der Musikschullehrer als Arbeitnehmer einseitig den Umfang seiner Arbeitszeit bestimmt (Schüren, in MünchArbR, Ergänzungsband, § 162 Rdnr. 27 m. w. Nachw.).

Nur ergänzend sei darauf hingewiesen, dass die Musikschulträger sich auch nicht **41** darauf berufen können, den Lehrern und Lehrerinnen seien tarifliche Leistungen zu verwehren, weil sie geringfügig beschäftigte Arbeitnehmer i. S. d. § 8 SGB IV (400-EUR-Kräfte) sind. Ein solcher Ausschluss – z. B. nach § 1 Abs. 2m TVöD – müsste nach dem Verbot der mittelbaren Frauendiskriminierung und dem Benachteiligungsverbot für Teilzeitkräfte (§ 4 TzBfG) nach strengen Maßstäben gerechtfertigt sein. Gerade die reine Anknüpfung an den Arbeitszeitumfang reicht für die Rechtfertigung einer Benachteiligung dieser Beschäftigtengruppe nicht aus (vgl. EuGH vom 9. 9. 1999, EUGHE I-05127; BAG vom 15. 10. 2003, 4 AZR 606/02, AP Nr. 87 zu § 2 BeschFG 1985 = NZA 2004, 551, 553; Beduhn, ArbuR 1996, S. 485 ff., 487, S. 488 f.).

Sieht das (Landes-)Hochschulrecht diesbezüglich keine Bindung vor, können Lehrbeauftragte an Musikhochschulen sowohl auf Grund eines privatrechtlichen Angestelltenvertrages als auch auf Grund eines besonderen öffentlich-rechtlichen Dienstverhältnisses eigener Art beschäftigt werden (BAG vom 13. 7. 2005, 5 AZR 435/04, EzA § 611 BGB 2002 Arbeitnehmerbegriff Nr. 5; BAG vom 25. 2. 2004, 5 AZR 62/03, AP Nr. 1 zu § 36 HRG).

III. Künstler und Künstlerinnen als arbeitnehmerähnliche Personen

1. Einführung

42   Die meisten Künstler und Künstlerinnen ordnen sich im Alltag der Gruppe der **freien Mitarbeiter** zu (im Einkommens- und Gewerbesteuerrecht „Freiberufler" genannt, „Klein-Unternehmer" im Umsatzsteuerrecht" oder „Selbstständige" im Künstlersozialversicherungsrecht), wenn sie denn nicht nach den unter § 6 II genannten Kriterien in ein Arbeitsverhältnis eingebunden sind.

Dennoch sollte im Einzelfall ermittelt werden, ob er oder sie nicht tatsächlich eine so genannte **„arbeitnehmerähnliche Person"** ist und damit einzelne wichtige Rechte durchsetzen kann, die sonst nur abhängig beschäftigten Arbeitnehmern und Arbeitnehmerinnen zustehen.

Beispiel:
Ein Berufssänger erhält für die Mitarbeit bei Tonproduktionen ein jährliches Entgelt in Höhe von 140 000 EUR, welches bei weitem sein Einkommen aus Liveauftritten überwiegt. Er ist seit 1995 für den Auftraggeber im Rahmen eines Künstler-Exklusiv-Vertrages tätig. Es war vereinbart, dass jährlich mindestens zwei Singles und auf Verlangen des Auftraggebers zusätzliche Ton- und Musikvideoaufnahmen produziert werden. Während der Vertragslaufzeit durfte der Sänger im Ergebnis ausschließlich dem Auftraggeber für die Produktion von Ton/Bild und Tonaufnahmen zur Verfügung stehen. Der Auftraggeber konnte zudem den Produzenten auswählen (LAG Köln vom 3. 5. 2002, 10 Ta 16/02, Juris).

Gerade zur (minimalen) Absicherung der Künstlerinnen und Künstler wurde § 12a TVG 1974 geschaffen (BT-Drucks. 7/2025 S. 3/6). Nach dieser Vorschrift können Arbeitgeber und Gewerkschaften tarifvertragliche Vereinbarungen zu Gunsten der arbeitnehmerähnlichen Personen treffen, auch wenn diese nicht vollständig dem Arbeitsrecht unterfallen.

2. Der Begriff der arbeitnehmerähnlichen Person

a) Der allgemeine Begriff

43   Zwischen der Gruppe der abhängigen Arbeitnehmer (dazu oben Rdnr. 3 ff.) und den wirtschaftlich selbstständigen Erwerbstätigen (vgl. unten Rdnr. 66 ff.) gibt es noch einen Personenkreis, der durch das Arbeitsrecht teilweise geschützt wird: die so genannten **arbeitnehmerähnlichen Personen**. Sie sind nicht in einen fremden Betrieb eingegliedert oder nicht weisungsunterworfen und damit nicht persönlich von einem Arbeitgeber abhängig. Daher sind sie keine Arbeitnehmer. Andererseits erbringen sie ihre Leistung nicht am Markt, sie leisten ihre Arbeit in der Regel persönlich ohne die Hilfe anderer Mitarbeiter und sind somit auch keine Unternehmer. Sie sind vielmehr nach Vergütungshöhe sowie Art und Dauer der Tätigkeiten **wirtschaftlich von einem Hauptauftraggeber abhängig** (vgl. BAG vom 11. 6. 2003, 5 AZB 43/02, AP Nr. 85 zu § 2 ArbGG 1979 = NZA 2003, 1163, 1165 m. w. Nachw.; Schaub, § 9 Rdnr. 1 f.), der in der Regel seinerseits am Markt das Unternehmerrisiko trägt

Beduhn

b) Die Regelung des § 12a TVG

(1) Der Inhalt der Bestimmung

Obwohl sie keine Arbeitnehmer sind, gelten gemäß § 12a TVG die Vorschriften des 44
Tarifvertragsgesetzes entsprechend für Personen, die

- von einem Auftraggeber wirtschaftlich abhängig sind, für den sie auf Grund von Dienst- oder Werkverträgen arbeiten,
- wie ein Arbeitnehmer sozial schutzbedürftig sind und
- ihre Leistungen persönlich und im Wesentlichen ohne Mitarbeit von Arbeitnehmern erbringen (§ 12a Abs. 1 Nr. 1 a) TVG).

Wirtschaftliche Abhängigkeit von Künstlern, Schriftstellern und Journalisten sowie ihren Helfern besteht, wenn sie

- überwiegend für eine Person tätig sind oder
- ihnen von einer Person durchschnittlich mehr als ein Drittel des Entgelts zusteht, das ihnen für ihre Erwerbstätigkeit insgesamt zusteht. (Im Zweifel sind für diese Berechnung die Einkommensverhältnisse der letzten sechs Monate maßgeblich).

Konzerne oder Auftraggeber, die sich durch eine dauerhafte Organisationsgemeinschaft zu einer nicht nur vorübergehenden Arbeitsgemeinschaft zusammengeschlossen haben, z. B. ARD-Rundfunkanstalten, gelten dabei als ein Auftraggeber.

(2) Entstehung und Bedeutung der Norm

Insbesondere auf Betreiben der für die freien Mitarbeiter an Rundfunkanstalten zu- 45
ständigen Gewerkschaft Rundfunk-Fernseh-Film-Union in der Gewerkschaft Kunst im DGB (heute in Ver.di integriert) beschäftigte sich der Gesetzgeber bereits in der sechsten Legislaturperiode mit der Vorbereitung einer entsprechenden Bestimmung.

Das Regelungsziel besteht darin, die freien Mitarbeiter der Medien, Kunst, Wissenschaft und Forschung, vor allem aber der Rundfunk- und Fernsehanstalten in das Tarifvertragssystem einzubeziehen. Das ergibt sich neben der Gesetzgebungsgeschichte auch daraus, dass für sie Sonderregelungen geschaffen wurden (vgl. BAG vom 17. 10. 1990, 5 AZR 639/89, AP Nr. 9 zu § 5 ArbGG 1979 = NZA 1991, 402 f.; Wank, in Wiedemann/Stumpf, § 12a TVG Rdnr. 23).

3. Die tatbestandlichen Voraussetzungen des § 12a TVG

a) Die wirtschaftliche Abhängigkeit

Jemand ist wirtschaftlich abhängig im Sinne dieser Vorschrift, wenn er oder sie auf 46
die Verwertung der eigenen Arbeitskraft und auf die Einkünfte daraus als Existenzgrundlage angewiesen ist. Das ist im folgenden Beispiel zweifelhaft:

Beispiel:
Ein Fernsehproduzent ist vertragsgemäß an mindestens zwölf Tagen monatlich für eine Rundfunkanstalt tätig, ihm sind Nebentätigkeiten – für andere Auftraggeber und im Rahmen einer eigenen Produktionsfirma – erlaubt.

(1) Ausschließliche oder überwiegende Tätigkeiten für einen Auftraggeber

Wenden Künstlerinnen und Künstler ihre gesamte persönliche Arbeitszeit aus- 47
schließlich für eine Auftraggeberin bzw. einen Auftraggeber auf und gründet ihre Existenzgrundlage hierauf, so sind sie zweifelsfrei von ihm oder ihr **wirtschaftlich abhängig**. Gleiches gilt jedenfalls, wenn mehr als die Hälfte der insgesamt aufgewendeten Arbeitszeit für einen Auftraggeber eingesetzt wird (Reinecke, in Däubler, § 12a TVG

Rdnr. 45). Um die einzelnen Kriterien (später in einem Prozess über tarifliche Leistungen) nachweisen zu können, empfiehlt es sich, detaillierte Aufzeichnungen über die Arbeitszeit vorzunehmen.

(2) Einkommensabhängigkeit bei Künstlern

48   Liegt eine der zuvor genannten Voraussetzungen nicht vor, kann die wirtschaftliche Abhängigkeit dennoch gegeben sein, wenn eine Künstlerin oder ein Künstler **mindestens ein Drittel seines Gesamtverdienstes von einem Auftraggeber** bezieht, § 12a TVG.

Im oben aufgeführten Beispiel des Fernsehproduzenten hat das BAG die wirtschaftliche Abhängigkeit des Medienproduzenten verneint. Der Kläger habe die anderen Erwerbschancen für andere Auftraggeber unstreitig genutzt. Daher hätte er detailliert zu seinem anderweitigen Einkommen und dazu vortragen müssen, dass die bei der Beklagten erzielte Vergütung seine entscheidende Existenzgrundlage darstelle. Dies sei jedoch nicht erfolgt (BAG vom 11. 6. 2003, 5 AZB 43/02, AP Nr. 85 zu § 2 ArbGG 1979 = NZA 2003, 1163, 1165 m. w. Nachw.).

49   Das BAG hatte 1990 verneint, dass eine soziale Schutzbedürftigkeit dann bestehe, wenn andere Umstände außerhalb des Erwerbsverhältnisses wie z. B. Renten, Mieteinnahmen oder Vermögen die Existenzgrundlage des Kulturschaffenden absichern (BAG vom 2. 10. 1990, 4 AZR 106/90, AP Nr. 1 zu § 12a TVG = NZA 1991, 239 ff.). Derartige Personen konnten daher keine arbeitnehmerähnlichen Personen sein. Diese Rechtsprechung ist zweifelhaft, denn auch im sonstigen Arbeitsrecht beeinflusst die private Situation des Arbeitnehmers dessen Status und deren Rechte nicht (vgl. BAG vom 11. 11. 1995, 5 AZR 84/95, AP Nr. 45 zu § 2 BeschFG 1985 = NZA 1996, 813, 815 f.; Beduhn, ArbuR 1996, 485 f. m. w. Nachw.). Einkünfte aus Urheberrechten, Versorgungsleistungen, Versicherungen oder Vermögen stammen nicht aus der Verwendung der eigenen Arbeitskraft und sind daher irrelevant (Reinecke, in Däubler, § 12a TVG Rdnr. 49). Dafür spricht auch die Gesetzesbegründung, da dort von den „Einkünften aus der Verwendung der Arbeitskraft" sowie „dem Arbeitsentgelt" und der „Vergütung auf Grund eines Dienst- oder Werkvertrages" die Rede ist (BR-Drucksache 395/73, S. 20; Wank, in Wiedemann/Stumpf, § 12a TVG Rdnr. 74 f.).

b) Die soziale Schutzbedürftigkeit

50   Die vom Gesetz für arbeitnehmerähnliche Person geforderte soziale Schutzbedürftigkeit, die der eines Arbeitnehmers vergleichbar sein soll, § 12a TVG, beinhaltet eine **typisierende Betrachtungsweise**. Es ist darauf abzustellen, ob sich der Künstler in einem in seiner Sparte typischen sozialen Abhängigkeitsverhältnis befindet, ohne dass die konkrete Situation des Einzelnen beachtet wird. Entscheidend ist, ob das Maß der **Abhängigkeit** einen solchen Grad erreicht, wie es nach der soziologischen Typik der geleisteten Dienste **im Allgemeinen nur in einem Arbeitsverhältnis** vorkommt (BAG vom 19. 10. 2004, 9 AZR 411/03, AP Nr. 42 zu § 1 TVG Tarifverträge: Rundfunk = NZA 2005, 529, 532). Das kann sich auf das Maß der Eingliederung beziehen. So stellte das Gericht im Falle eines Dozenten darauf ab, dass dieser über viele Wochen hinweg vollschichtig für einen Auftraggeber tätig war und dadurch faktisch seine Arbeitskraft nicht mehr für andere Aufträge verwerten konnte. Außerdem hat das BAG die Höhe des Stundenhonorars betrachtet und festgestellt, dass dieses im vorliegenden Einzelfall nicht für eine freiberufliche Tätigkeit ausreicht. Denn man müsse berücksichtigen, dass noch Vor- und Nachbereitungszeiten davon bestritten werden müssten

Beduhn

(BAG vom 11. 4. 1997, 5 AZB 33/96, AP Nr. 30 zu § 5 ArbGG 1979 = NZA 1998, 499 f.).

Das BAG hatte bereits vor In-Kraft-Treten des § 12a TVG die soziale Schutzbedürf- **51** tigkeit einer arbeitnehmerähnlichen Person aus dessen wirtschaftlicher Unselbstständigkeit hergeleitet: Entscheidend sei, dass die Person bei der Übernahme eines einzelnen Auftrages trotz ihrer formalen Entscheidungsfreiheit weiterhin davon abhängig ist, dass der Aufraggeber sie weiterhin – wenn auch nicht unmittelbar nacheinander oder im Rahmen eines Dauerrechtsverhältnisses – zur Auftragserfüllung heranzieht (BAG vom 23. 12. 1961, 5 AZR 63/61, AP Nr. 2 zu § 717 ZPO). Auch ein **vergleichsweise hohes Einkommen** aus diesem Auftrag schließt die Arbeitnehmerähnlichkeit nicht aus.

In vielen Tarifverträgen hingegen, z. B. im Tarifvertrag für arbeitnehmerähnliche **52** Personen des WDR, sind soziale Schutznormen an Beschäftigungsformen geknüpft, bei denen im Halbjahreszeitraum eine Mindestarbeitszeit und eine Höchstvergütung geschuldet werden. Werden diese Arbeitszeitgrenzen unterschritten bzw. die Einkommensgrenzen überschritten, so gehen die Tarifvertragsparteien nicht mehr von einem sozialen Schutzbedürfnis dieser Beschäftigten aus. Sie unterfallen nicht mehr dem Anwendungsbereich der Tarifnormen.

Beispiel:
Gemäß Ziff. 3.1 des Tarifvertrages über arbeitnehmerähnliche Personen für den NDR ist eine Mitarbeiterin/ein Mitarbeiter sozial schutzbedürftig, wenn sie/er in dem Erwerbszeitraum von sechs Monaten mindestens an 42 Tagen (einschließlich Urlaubstage) für den NDR, für andere ARD-Anstalten oder für DeutschlandRadio auf Grund vertraglicher Verpflichtung tätig war und ihre/seine erwerbsmäßigen Gesamteinkünfte (aus Land- und Forstwirtschaft, Gewerbebetrieb, nicht selbstständiger Arbeit und sonstige Einkünfte) in dem Kalenderjahr vor der Antragstellung nicht mehr als 180 000,– DM betragen haben.

Das BAG billigte jüngst diese – im Beispiel aufgeführte – tarifliche Praxis und betont nunmehr die **Gestaltungsfreiheit der Tarifvertragsparteien**, den Anwendungsbereich der ausgehandelten Tarifverträge auch über die gesetzlichen Definitionen in § 12a TVG hinaus selbstständig zu bestimmen (unter Aufgabe seiner bisherigen Rechtsprechung: BAG vom 15. 2. 2005, 9 AZR 51/04, AP Nr. 6 zu § 12a TVG = NZA 2006, 223, 227 f.).

c) Dienst- oder Werkvertrag

Die Tätigkeiten, die arbeitnehmerähnliche Personen erbringen, müssen auf Dienst- **53** oder Werkverträgen beruhen, § 12a Abs. 1 Nr. 1 TVG. Beim Dienstvertrag, §§ 611 ff. BGB, schuldet der selbstständige Künstler **Dienstleistungen**, z. B. Gesangsauftritte, Sprecherdienste, Musik- oder Kunstunterricht etc. Ist hingegen ein **Werk**, ein bestimmtes **Arbeitsergebnis oder ein Arbeitserfolg** vereinbart, wie z. B. die Herstellung eines Bildes, einer Komposition oder eines Hörspiels, eines Artikels oder einer Rezension, so richtet sich das nach den Regeln des Werkvertrages (§§ 631 ff. BGB). Die weitaus überwiegende Zahl der üblichen Verträge zwischen Künstlern und Auftraggebern lässt sich zwanglos einer der beiden Vertragsarten zuordnen, ob es sich um den Portrait- oder Kompositionsauftrag, die Titelrolle im Film, die Regieübertragung oder die Erstellung eines Bühnenbildes handelt.

Rechtliche Unterschiede bestehen z. B. bei der zeitweisen Leistungsverhinderung oder bei der Gewährleistung für Schlechtleistung. Bei der Frage, ob der oder die Künstlerin dem Schutzbereich des § 12a TVG unterfällt und damit in den Schutzbereich von Tarifverträgen einbezogen werden kann, ist diese Unterscheidung unerheblich. Denn der Gesetzgeber hat die Tätigkeiten auf Grund eines Werkvertrages ausdrücklich in § 12a TVG aufgenommen, um zu verhindern, dass die Auftraggeber sich den Tarifregelungen dadurch entziehen, dass sie auf diese Vertragsform ausweichen (Wank, in Wiedemann/Stumpf, § 12a TVG Rdnr. 61; Reinecke, in Däubler, § 12a TVG Rdnr. 33 f. m. w. Nachw.). Berücksichtigt man dieses umfassende Gesetzesziel, fallen praktisch alle Mischformen der beiden Vertragstypen unter § 12a TVG, wenn die Künstler wirtschaftlich und sozial in der beschriebenen Weise vom Auftraggeber abhängig sind (Wank, in Wiedemann/Stumpf, § 12a TVG Rdnr. 61; Reinecke, in Däubler, § 12a TVG Rdnr. 33 f. m. w. Nachw.).

54   Enthalten Tarifverträge gemäß § 12a TVG keine Vorschriften über Form und Inhalt von Dienst-, Werk- oder vergleichbaren Verträgen, sind letztere damit auch mündlich gültig und inhaltlich frei vereinbar (zu den Inhalten von Arbeitsverträgen vgl. § 7 Rdnr. 1 ff.). Abgesehen von der Frage der wirtschaftlichen Abhängigkeit ist unwesentlich, welcher zeitliche Rahmen zur Erledigung des Auftrags vorgesehen wird, ob eine Befristung vereinbart wurde, die Werkerstellung die Vertragsbeziehungen beendet oder mehrere Verträge in Folge abgeschlossen werden.

d) Persönliche Leistungserbringung

55   Ein Künstler oder eine Künstlerin ist nur dann eine geschützte arbeitnehmerähnliche Person, wenn sie die vereinbarten Leistungen persönlich und im Wesentlichen ohne die Mitarbeit von Arbeitnehmern erbringt. Entscheidend ist dafür, dass sich diese persönliche Leistungspflicht auf die zugesagten Dienste bzw. Arbeitsergebnisse, auf die vereinbarte Tätigkeit, auf die künstlerische Aufgabe selbst bezieht (Reinecke, in Däubler, § 12a TVG Rdnr. 31).

> **Beispiele:**
> Daher stellen z. B. Vor-, Zu- und Nacharbeiten bei der Erstellung eines Gemäldes oder einer Skulptur, bloße Auskünfte zu Programmiertätigkeiten bei der geschuldeten Erstellung einer Website oder Schreibarbeiten bei einer Manuskripterstellung eines Autoren, die von einer dritten Person vorgenommen werden, die Eigenschaft des Künstlers als arbeitnehmerähnliche Person nicht in Frage.

So dürfte auch die gelegentliche Beschäftigung von Familienangehörigen oder Aushilfskräften unbeachtlich sein, solange der Künstler oder die Künstlerin nicht mit diesen Kräften – regelmäßig – in einem arbeitsteiligen künstlerischen Team zusammenarbeitet (vgl. Wank, in Wiedemann/Stumpf, § 12a TVG Rdnr. 71).

4. Rechtsfolgen

a) Anwendung arbeitsrechtlicher Regelungen

56   Das Arbeitsrecht ist auf die arbeitnehmerähnlichen Personen nicht in allen seinen Fassetten und Schutzbereichen anzuwenden. Sind Dienstleistungen vereinbart, sind die Bestimmungen der §§ 611 BGB ff. (Dienstvertragsrecht) heranzuziehen, soweit sie sich nicht ausdrücklich nur auf Arbeitnehmer beziehen. Vielfach wird der Auftraggeber versuchen, die Anwendung der einzelnen Schutzrechte des Dienstnehmers auszuschließen. Hier muss im Einzelnen überprüft werden, ob und wieweit ein solcher Ausschluss rechtlich zulässig ist. Ob das Recht der Allgemeinen Geschäftsbedingungen (§§ 305 ff. BGB), also der Schutz vor vorformulierten Vertragsbedingungen durch den Vertragspartner auf die Vertragsbedingungen arbeitnehmerähnlicher Personen anwendbar ist, ist noch nicht abschließend geklärt (vgl. der Überblick bei Schaub, § 9 Rdnr. 4 m. w. Nachw.). Das BAG behandelt inzwischen das Recht der Allgemeinen Geschäftsbedingungen nicht mehr als Ausnahmetatbestand. Vielmehr wendet es dieses Schutzrecht selbstverständlich auf die Vertragsverhältnisse (selbstständiger) Einfirmen-Versicherungsvertreter an, die ebenfalls der Arbeitsgerichtsbarkeit unterliegen (BAG vom 24. 10. 2002, 6 AZR 632/00, AP Nr. 3 zu § 89 HGB = NZA 2003, 668 ff.). Sachliche Differenzierungsgründe sind bei einem Vergleich mit arbeitnehmerähnlichen Künstlern und Künstlerinnen nicht ersichtlich, sodass auch deren Verträge der Inhaltskontrolle, dem Schutz vor Überraschungen und mangelnder Transparenz durch die §§ 305 ff. BGB unterliegen müssen.

Nach dem gesetzlichen Leitbild des BGB haben die Künstler und Künstlerinnen ei- **57** nen Anspruch auf Entgeltfortzahlung bei Verhinderung (Krankheit, Arztbesuche etc., § 616 BGB) oder wenn der Auftraggeber die Dienste ohne hinreichenden Grund nicht annimmt, § 615 BGB. Des Weiteren sind Kündigungsfristen zu beachten, wenn die Vertragszeit nicht von vornherein zeitlich bestimmt ist (§ 622 BGB, zu befristeten Verträgen § 620 BGB). Nach § 630 BGB haben auch arbeitnehmerähnliche Personen einen Zeugnisanspruch.

Während des Beschäftigungsverhältnisses gelten Treue- und Fürsorgepflichten. Auch das Arbeitnehmerschutzrecht ist für arbeitnehmerähnliche Personen gemäß § 2 Abs. 3 Nr. 3 ArbSchG zu beachten (Schaub, § 9 Rdnr. 4).

b) Anspruch auf Urlaub

Gemäß § 2 S. 2 ist das Bundesurlaubsgesetz (BurlG) ebenfalls auf arbeitnehmerähn- **58** liche Personen anzuwenden (BAG vom 15. 11. 2005, 9 AZR 626/04, AP Nr. 12 zu § 611 BGB Arbeitnehmerähnlichkeit). Künstlerinnen und Künstler, die in der zuvor beschriebenen Weise wirtschaftlich unselbstständig sind, haben daher – wie Arbeitnehmer – einen gesetzlichen Anspruch auf **bezahlten Erholungsurlaub** gegenüber ihren Auftraggebern. Bei kurzfristigen Beschäftigungen oder nach Abschluss einer Beschäftigungszeit wird es sich dabei um Ansprüche auf Teilurlaub oder Urlaubsabgeltung handeln (vgl. § 7 Rdnr. 15, 17). Nach dem Landesrecht vieler Bundesländer können arbeitnehmerähnliche Personen ebenfalls jährlichen Bildungsurlaub nehmen.

c) Zuständigkeit der Arbeitsgerichtsbarkeit

Steht nicht fest, ob Künstler und Künstlerinnen Arbeitnehmer sind, und sind sie **59** gleichwohl in der oben genannten Weise von ihren Auftraggebern wirtschaftlich abhängig, so sind für **Streitigkeiten** mit den Auftraggebern die **Arbeitsgerichte** zuständig. Denn durch § 5 Abs. 1 S. 2 ArbGG sind arbeitnehmerähnliche Personen den Arbeitnehmern gleichgestellt (BAG vom 14. 1. 1997, 5 AZB 22/96, AP Nr. 41 zu § 2 ArbGG 1979 = NZA 1997, 399 f.). Ihnen kommen die Vorzüge der Arbeitsgerichtsbarkeit (Förderung vergleichsweiser Lösungen, ehrenamtliche Richter und Richterinnen aus Gewerkschaften und Arbeitgeberverbänden, Prozessförderungsgebot bei Beendigungsstreitigkeiten) in gleicher Weise zu Gute wie abhängig beschäftigten Arbeitnehmern und Arbeitnehmerinnen (vgl. § 7 Rdnr. 101 ff.).

d) Anwendbarkeit des Betriebsrentengesetzes

Werden arbeitnehmerähnlichen Künstlern und Künstlerinnen Leistungen der **Al-** **60** **ters-, Invaliditäts- oder Hinterbliebenenversorgung (Betriebsrenten)** direkt oder

Beduhn

über tarifliche oder betriebliche Regelungen zugesagt, so finden auf diese §§ 1 bis 16 Betriebsrentengesetz (BetrAVG) Anwendung (§ 17 Abs. 1 S. 2 BetrAVG; BGH vom 15. 7. 2002, II ZR 192/00, NJW 2002, 3632 ff.; BGH vom 3. 7. 2000, II ZR 381/98, NZA 2001, 612 f.; Steinmeyer, in Erfurter Kommentar, § 17 BetrAVG Rdnr. 4 f.). Demnach können z. B. bestehende Versorgungsanwartschaften nur ausnahmsweise nachträglich eingeschränkt werden. Sie unterfallen ebenso wie die Versorgungsansprüche der Arbeitnehmer dem gesetzlichen Insolvenzschutz.

e) Sozialversicherungsschutz

61   Auch das Sozialversicherungsrecht sieht zum Teil Versicherungspflicht und Versicherungsschutz für arbeitnehmerähnliche Personen vor. So sind nach § 2 Abs. 2 Satz SGB VII Personen gesetzlich bei Tätigkeiten **unfallversichert**, die zwar nicht sämtliche Merkmale eines Arbeits- oder Beschäftigungsverhältnisses aufweisen, in ihrer Grundstruktur aber einer abhängigen Beschäftigung ähneln. Gemäß § 2 Ziff. 9 SGB VI sind Personen **rentenversicherungspflichtig**, die im Zusammenhang mit ihrer selbstständigen Tätigkeit regelmäßig keinen versicherungspflichtigen Arbeitnehmer beschäftigen, dessen Arbeitsentgelt aus diesem Beschäftigungsverhältnis regelmäßig 400 Euro im Monat übersteigt und die auf Dauer und im Wesentlichen nur für einen Auftraggeber tätig sind. Zu beachten ist, dass im Sozialrecht eigene Definitionen und Abgrenzungsmerkmale gelten, die sich nicht mit den oben für den Bereich des Arbeitsrechts dargestellten Kriterien decken (zum Künstlersozialversicherungsrecht ausführlich § 12).

5. Inhalte von Tarifverträgen gemäß § 12a TVG

a) Beispiel Rundfunkanstalten (WDR)

62   In den Tarifverträgen für arbeitnehmerähnliche Personen, die die Gewerkschaften z. B. mit dem WDR abgeschlossen haben, ist zunächst zu unterscheiden zwischen den **auf Produktionsdauer Beschäftigten** (Beschäftigte, die für ein bestimmtes Datum oder für die Dauer einer Produktion verpflichtet werden) und den **arbeitnehmerähnlichen Personen**. In den Tarifverträgen sind für die letztgenannte Gruppe insbesondere Urlaubsansprüche, Zahlungen bei Schwangerschaft, Zuschüsse zur Alterssicherung und Urheber- und Leistungsschutzrechte geregelt. Daneben finden sich Bestimmungen zu folgenden Regelungsbereichen:

* Vertragsabschluss und Vertragsdauer
* Beschäftigungszeit
* Vergütung und Zuschläge für Mehr-, Nacht-, Sonn- und Feiertagsarbeit etc.
* Dienstreisen
  (im Tarifvertrag für auf Produktionsdauer Beschäftigte des WDR)
  sowie zu
* Beginn und Dauer der Arbeitnehmerähnlichkeit
* Zahlungen im Krankheitsfall
* Bestandsschutz (Ankündigungsfristen und Ausgleichsentgelt bei beabsichtigter Beendigung des Vertrages)
  (im Tarifvertrag über den Sozial- und Bestandsschutz von Beschäftigten, die der WDR für einzelne Programmvorhaben über lange oder längere Zeit verpflichtet).

63   Über einen Tarifvertrag Mindestvergütungen der arbeitnehmerähnlichen Personen und der auf Produktionsdauer Beschäftigten des WDR in Verbindung mit **Honorar-**

rahmen jeweils für Hörfunk, Fernsehen und Web sind für die einzelnen durch freie Mitarbeiter erbrachten Leistungen Honorarsätze festgelegt. So können hieraus z. B. der Autor und Arrangeur, die Sängerin und Filmregisseurin, der Schauspieler und Kabarettist, die Tänzerin und die Kostümbildnerin, der Tonmeister und Requisiteur, der Reporter und die Nachrichtensprecherin, die Produzentin von Fotos, Audio- und Videodateien sowie die Person, die in einem Online-Live-Ticker wichtige Ereignisse im Internet beschreibt und kommentiert, ihre vorgesehenen Mindestvergütungen ersehen. Selbstverständlich bleibt Raum, höhere Entgelte zu vereinbaren.

Nachdem in den 70er-Jahren viele „freie Mitarbeiter" vor den Arbeitsgerichten **64** Festanstellungen bei den Rundfunkanstalten erstritten hatten, führten die Rundfunkanstalten so genannte **Prognoseverfahren** ein. Danach wird der Einsatz von freien Mitarbeitern und Mitarbeiterinnen auf eine bestimmte Tageszahl im Halbjahr beschränkt, um zu verhindern, dass die Beschäftigten sich darauf berufen, sie seien in erheblichem Umfang für den WDR tätig und damit Arbeitnehmer. Angesichts der Möglichkeit, auch Teilzeittätigkeiten in abhängiger Beschäftigung durchzuführen, ist diese Abgrenzung fragwürdig, wird aber weiterhin streng praktiziert. In einem Tarifvertrag nach § 12a TVG haben die Tarifvertragsparteien für arbeitnehmerähnliche Personen den Bestandsschutz durch längere Ankündigungsfristen und Ausgleichszahlungen verbessert (Tarifvertrag über den Sozial- und Bestandsschutz von Beschäftigten, die der WDR für einzelne Programmvorhaben über lange oder längere Zeit verpflichtet). Je besser dieser Bestandsschutz ist, desto eher lässt das Interesse der Beschäftigten nach, sich in ein festes Arbeitsverhältnis einzuklagen. (Zur Situation der freien arbeitnehmerähnlichen Personen beim WDR ausführlich: Schauen, Das WDR-Dschungelbuch).

b) Beispiel Design-Studios

Der Rahmentarifvertrag für Design-Leistungen arbeitnehmerähnlicher freier Mitar- **65** beiter als Grafik-Designer regelt u. a. Fragen der Vertragsgestaltung, des Urheberrechts und der Berechnung und Zusammensetzung der Vergütung. Dieser Rahmentarifvertrag wird durch einen Vergütungstarifvertrag ergänzt, der detaillierte Honorarregelungen für die jeweiligen Design-Leistungen enthält (s. Rahmentarifvertrag und Vergütungstarifvertrag für Design-Leistungen, abgeschlossen zwischen dem Verein „Selbstständige Design-Studios e. V." – SDSt – und der Allianz deutscher Designer e. V. – AGD).

IV. Künstlerinnen und Künstler als Selbstständige bzw. freie Mitarbeiter

1. Der Begriff des selbstständigen Künstlers

a) Definitionen

Erfüllen die Künstler und Künstlerinnen nicht die Kriterien für Arbeitnehmer und **66** arbeitnehmerähnliche Personen, sind sie **selbstständige Künstlerinnen und Künstler.** Diese Bezeichnung wird ebenfalls im Künstlersozialversicherungsgesetz verwendet. Je nach Sprachgebrauch oder Rechtsgebiet werden sie auch Freiberufler (Einkommen- und Gewerbesteuerrecht), Klein-Unternehmer (Umsatzsteuerrecht) oder freie Mitarbeiterinnen und Mitarbeiter genannt. Beschäftigt ein selbstständiger Künstler Hilfskräfte – und seien es nur Aushilfskräfte – so wird er seinerseits zum Arbeitgeber. Er muss dann den Hilfskräften u. a. die unter § 6 II und § 7 näher ausgeführten Rechte

Beduhn

und Leistungen gewähren. Zudem ist er für die Abführung von Steuern und Sozialversicherungsbeiträgen zuständig und sollte diesen Pflichten nachkommen, um vielfältige rechtliche Konsequenzen bis hin zur Strafverfolgung (Steuerhinterziehung, § 264a StGB etc.) zu vermeiden.

b) Persönliche und wirtschaftliche Unabhängigkeit

67   Der selbstständige Künstler erfüllt weder die Merkmale des Arbeitnehmers noch die der arbeitnehmerähnlichen Person: Er kann im Wesentlichen **frei seine Tätigkeit gestalten und seine Arbeitszeit bestimmen** (vgl. BAG vom 25. 5. 2005, 5 AZR 347/04, AP Nr. 117 zu § 611 BGB Abhängigkeit). Er ist gerade nicht persönlich abhängig (vgl. oben Rdnr. 10 ff. m. w. Nachw.). Der selbstständige Künstler ist zudem weder nach Umfang der von ihm erbrachten Leistung noch nach der Vergütungshöhe wirtschaftlich vom Auftraggeber abhängig, was ihn von der arbeitnehmerähnlichen Person unterscheidet (vgl. oben Rdnr. 46 ff.).

2. Rechtsfolgen

68   Die **arbeits- und sozialrechtlichen Schutzgesetze**, die für Arbeitnehmer und in eingeschränktem Umfang für arbeitnehmerähnliche Personen gelten, sind auf selbstständige Künstlerinnen und Künstler **nicht anwendbar**. Die Verträge werden „frei", d. h. entsprechend den Marktbedingungen ausgehandelt. Die Vergütungen (Honorare, Gagen etc.) sind regelmäßig niedrig, es sei denn, dem Künstler oder der Künstlerin gelingt es, z. B. die für arbeitnehmerähnliche Personen geltenden tariflichen Vergütungsregelungen vertraglich in Bezug zu nehmen.

69   Die vertraglichen Beziehungen können beidseitig beendet werden. Ein gesetzlicher Kündigungsschutz besteht abgesehen von den Regelungen nach §§ 620 ff. BGB für Dienstverträge nicht. Auch bestehen keine gesetzlichen Ansprüche auf bezahlten Erholungsurlaub, Entgeltfortzahlung im Krankheitsfall, betriebliche Altersversorgung etc. Im Sozialversicherungsrecht hat nunmehr auch bezüglich der Arbeitslosenversicherung ein politisches Umdenken stattgefunden: Ab 1. 2. 2006 können Existenzgründer, die mindestens 15 Wochenstunden selbstständig tätig sind, innerhalb eines Monats die freiwillige Weiterversicherung in der Arbeitslosenversicherung beantragen, wenn sie unmittelbar vor Beginn der Selbstständigkeit innerhalb der letzten zwei Jahre zwölf Monate versicherungspflichtig beschäftigt waren oder eine Entgeltersatzleistung (z. B. Arbeitslosengeld I oder Arbeitslosenhilfe) bezogen haben. Künstlerinnen und Künstler, die schon zuvor selbstständig tätig waren, können die freiwillige Weiterversicherung noch bis zum 31. 12. 2006 beantragen (vgl. zum Ganzen: § 28a SGB III; zur sonstigen sozialversicherungsrechtlichen Absicherung § 12).

70   Im Jahre 2002 sind anlässlich einer Reformierung des Urhebergesetzes zahlreiche Schutzrechte zu Gunsten der selbstständigen Urheber und Urheberinnen eingeführt worden. Dazu zählen neben den Ansprüchen auf ein **angemessenes Honorar** (§ 32 UrhG) das Recht auf eine weitere Beteiligung bei Bestsellern und das Folgerecht beim Weiterverkauf von Kunstwerken. Ohne dass der Vertrag mit dem Auftraggeber aufgekündigt werden muss, kann im individuellen Klagewege eine Anpassung der Vergütungsregelung erstritten werden. Ob ein Honorar angemessen ist, richtet sich nach gegebenenfalls vorhandenen Tarifverträgen (z. B. für arbeitnehmerähnliche Freie – dazu ausführlich oben Rdnr. 42 ff.) oder nach Vergütungsregelungen zwischen Verwerter- und Urheberverbänden. Fehlen auch diese, so gilt als angemessen, was im Geschäftsverkehr „… üblicher- und redlicherweise zu leisten ist" (zum Urheberrecht: § 3).

Beduhn

3. Beispielsfälle

a) Künstler und Künstlerinnen als Lehrer und Dozenten

Kulturelles Engagement, aber stärker noch ökonomische Zwänge führen vielfach **71** dazu, dass die Künstlerin oder der Künstler zusätzlich nebenbei arbeiten. Das tun sie zum Beispiel als Lehrer/in oder Dozent/in an Schulen im weitesten Sinne, an Volkshochschulen, Musikschulen oder sonstigen Bildungs- und Weiterbildungseinrichtungen.

Für den Status (Arbeitnehmer des Bildungsträgers oder freier Mitarbeiter) stellt das BAG auch bei Dozententätigkeiten entscheidend darauf ab, wie intensiv der Künstler in den Unterrichtsbetrieb eingebunden ist, ob er seine Arbeitszeit, Inhalt, Art und Weise sowie sonstige Umstände des Unterrichts mitgestalten und inwieweit er zu Nebenarbeiten herangezogen werden kann (BAG vom 9. 3. 2005, 5 AZR 493/04, AP Nr. 167 zu § 611 BGB Lehrer, Dozenten).

Im Gegensatz zu den Beziehungen an allgemein bildenden Schulen sei die Verbin- **72** dung der Schüler zum Unterrichtsträger bei **Volkshochschulen und Musikschulen** sehr locker. Es bestehe kein Schulzwang, kein Ziel, förmliche Schulabschlüsse zu erreichen, und **kein dichtes Netz von Gesetzen, Verordnungen, Verwaltungsvorschriften und keine Einzelweisungen für Unterrichtsziele, Inhalt sowie Art und Weise des Unterrichts.** Die Organisation und Koordination sowie die inhaltlichen Vorgaben ließen den Lehrkräften regelmäßig mehr **Spielräume**, sodass sie auch als **freie Mitarbeiter** beschäftigt werden können (BAG vom 9. 3. 2005, 5 AZR 493/04, AP Nr. 167 zu § 611 BGB Lehrer, Dozenten; BAG vom 12. 9. 1996, 5 AZR 104/95, AP Nr. 122 zu § 611 BGB Lehrer, Dozenten = NZA 1997, 600, 605 f.; BAG vom 24. 6. 1992, 5 AZR 384/91, AP Nr. 61 zu § 611 BGB Abhängigkeit = NZA 1993, 174, 176; anders LAG Baden-Württemberg vom 6. 7. 2000, 22 TaBV 1/00, Juris). Arbeitnehmer seien sie (nur) dann, wenn dies ausdrücklich vereinbart ist oder besondere Einzelfallumstände festzustellen sind, aus denen sich der für das Bestehen eines Arbeitsverhältnisses erforderliche Grad der persönlichen Abhängigkeit ergibt. Solche Umstände sind wiederum das Recht des Schulträgers, die zeitliche Lage der Unterrichtsstunden, den Unterrichtsgegenstand oder Art und Ausmaß der Nebenarbeiten einseitig zu bestimmen, eine intensive Kontrolle des Unterrichts und des Leistungsstandes der Schüler sowie die Inanspruchnahme sonstiger Weisungsrechte (BAG vom 24. 6. 1992, 5 AZR 384/91, AP Nr. 61 zu § 611 BGB Abhängigkeit = NZA 1993, 174, 176; s. a. LAG Sachsen vom 7. 5. 2004, 2 Sa 878/03, Juris).

Für die Lehrerin an einer Ergänzungsschule hatte das BAG festgestellt, dass Neben- **73** arbeiten in geringem Umfang, eine wesentliche Kontrolle zum Zwecke einer gestaltenden Einflussnahme sowie ein wesentliches Weisungsrecht hinsichtlich der zeitlichen Lage und der Dauer der Dienstleistung nicht bestanden haben. Die Unterrichtstage seien vertraglich vereinbart worden, bei der Festlegung der Uhrzeit habe sich die Auftraggeberin hauptsächlich an die zeitlichen Wünsche der Lehrerin gehalten. Daher sei ein Arbeitsverhältnis nicht begründet worden (BAG vom 9. 3. 2005, 5 AZR 493/04, AP Nr. 167 zu § 611 BGB Lehrer, Dozenten).

Diese so genannte „typisierende Betrachtung" ist jedoch keine abschließende Kate- **74** gorie (BAG vom 26. 7. 1995, 5 AZR 22/94, AP Nr. 79 zu § 611 BGB Abhängigkeit = NZA 1996, 477 ff.). Es müssen daher weiterhin die **Umstände des Einzelfalls** gewürdigt werden. Es kann nicht sein, dass sich die Rechtsprechung für die Feststellung freier Mitarbeiterverhältnisse auf Kriterien für bestimmte Berufsgruppen stützt (z. B.

Beduhn

Musik- und VHS-Dozenten), die sie bei anderen Beschäftigungsverhältnissen eher Arbeitnehmern zuschreibt. So ist z. B. inzwischen anerkannt, dass der Umfang der Beschäftigung ausschließlich geeignet ist, um eine Teilzeit- von einer Vollzeittätigkeit abzugrenzen (vgl. BAG vom 9. 10. 2002, 5 AZR 405/01, AP Nr. 114 zu § 611 BGB Abhängigkeit). Soweit für abhängig beschäftigte Lehrkräfte verlangt wird, dass diese bei der inhaltlichen Unterrichtsgestaltung über bestimmte Rahmenlehrpläne hinaus einem methodisch didaktischen Weisungsrecht des Bildungsträgers unterliegen müssen (s. z. B. BAG vom 9. 7. 2003, 5 AZR 595/02, AP Nr. 158 zu § 611 BGB Lehrer, Dozenten = NZA-RR 2004, 9, 11 f.), wird übersehen, dass die fachliche Weisungsgebundenheit – insbesondere für Dienste höherer Art – nicht immer typisch ist (LAG Hamm vom 7. 3. 2002, 17 Sa 1590/01, Juris m. w. Nachw.). Insbesondere bei künstlerischen Dozenten-Tätigkeiten dürfen keine übersteigerten Anforderungen an eine inhaltliche Weisungsunterworfenheit gestellt werden. Auch wenn die Musikschule beim Stundenplan oder der zeitlichen Lage sonstiger Nebenarbeiten die Wünsche der Mitarbeiter berücksichtigt, spricht dieses nicht zwingend dafür, dass sie als selbstständige freie Mitarbeiter anzusehen sind. Denn auch im Rahmen des arbeitgeberseitigen Direktionsrechts sind nach § 315 BGB bzw. § 106 GewO die Interessen des Arbeitnehmers nach billigem Ermessen zu berücksichtigen (vgl. Hessisches LAG vom 11. 9. 2002, 6 Sa 554/02, Juris).

75   Bei der Übernahme einer Unterrichtsverpflichtung durch Künstlerinnen und Künstler ist in jedem Einzelfall zu prüfen, ob und welche Gestaltungsmöglichkeiten ihnen bei der zeitlichen und räumlichen Disposition sowie bei Inhalt und Methodik verbleiben. Bei einer genauen Analyse werden wohl mehr versteckte Arbeitsverhältnisse zu Tage treten, als es die typisierende Rechtsprechung (Lehrkräfte an allgemein bildenden Schulen sind in der Regel Arbeitnehmer, Dozenten an Musik- und Volkshochschulen sind in der Regel freie Mitarbeiter) vermuten lässt (vgl. z. B. LAG Baden-Württemberg vom 6. 7. 2000, 22 TaBV 1/00, Juris).

b) Künstlerinnen und Künstler in Rundfunkanstalten

76   Obwohl auch bei programmgestaltenden Rundfunkmitarbeitern ein starkes Indiz für ein Arbeitsverhältnis vorliegt, wenn sie in Dienstplänen aufgeführt werden, ohne dass die einzelnen Einsätze im Voraus abgesprochen werden (vgl. oben Rdnr. 12 ff. m. w. Nachw.), ist dieses allein nicht zwingend für eine Einordnung als Arbeitnehmer maßgeblich. Das gilt insbesondere, wenn die Rundfunkanstalt auf Grund eines Bestandsschutztarifvertrages für freie Mitarbeiter verpflichtet ist, auch für diese einen Mindestbeschäftigungsanspruch zu erfüllen. Das hat das BAG auf eine Klage eines **Reporters/Redakteurs/Moderators** entschieden, der keine weiteren Kriterien vorgetragen hatte, die für eine Arbeitnehmereigenschaft sprechen – der Kläger wurde weiterhin als freier Mitarbeiter angesehen (BAG vom 20. 9. 2000, 5 AZR 61/99, AP Nr. 37 zu § 611 BGB Rundfunk = NZA 2001, 551 ff.).

> **Beispiel:**
> Ein **Kunst- und Filmkritiker** produziert und moderiert regelmäßig über mehrere Jahre hinweg für eine Fernsehanstalt Sendungen, in denen Kinofilme vorgestellt und besprochen werden. Er kann die Filme weitestgehend selbst aussuchen, bestellt das Filmmaterial, bestimmt die Filmausschnitte und verfasst die kommentierenden und filmbewertenden Texte nach eigenen Maßstäben. In (seltenen) Vertretungsfällen nimmt er weiteren Einfluss auf die Gestaltung der Sendung. Auf Nachfrage stellt die Anstalt Produktions- und Schneideräume und -technik zur Verfügung.

Beduhn

Dieser programmgestaltende freie Mitarbeiter werde auch nicht dadurch Arbeitneh- 77
mer – so das BAG (vom 19. 1. 2000, 5 AZR 644/98, AP Nr. 33 zu § 611 BGB Rundfunk = NZA 2000, 1102, 1104 f.) – dass die Rundfunkanstalt die vom Kläger geschuldete Leistung näher abgegrenzt und bestimmt habe. Das sei auch im Rahmen eines
freien Dienst- oder Werkvertrages ohne weiteres möglich und üblich. Geringfügige
Abänderungswünsche seien im Rahmen der (werkvertraglichen) Abnahme erfolgt. Die
Nutzung der technischen Mitarbeiter und Einrichtungen des Senders sei ebenfalls in
freien Mitarbeiterverhältnissen üblich, da die Kosten für eigene Mitarbeiter und den
erforderlichen technischen Apparat für freie Filmhersteller in der Regel zu hoch seien.
Die freie Zeiteinteilung des Klägers sei lediglich durch gewisse Sachzwänge (Nutzer-
zeiten für Ansichtsräume, Schneideplätze und Studios) eingeschränkt worden, die sich
aus dem Koordinierungsbedarf für die begrenzte Zahl der Einrichtungen einerseits
und der Vielzahl der interessierten Benutzer andererseits ergeben hätten.

Auch ein **Sportreporter,** der langjährig überwiegend samstags und sonntags in Live- 78
Reportagen im Hörfunk über Fußballspiele der 1., 2. und 3. Liga berichtet, ist pro-
grammgestaltender freier Mitarbeiter (BAG vom 22. 4. 1998, 5 AZR 191/97, AP Nr. 96
zu § 611 BGB Abhängigkeit = NZA 1998, 1275 ff.). Er soll das Spielgeschehen kom-
mentieren, sein fachliches Urteil über Mannschaft und Spieler abgeben und das Spiel kritisch bewerten. Der **Rundfunkreporter eines Bundesliga-Fußballspiels** – so das BAG
– erbringe in dieser Weise vereinbarungsgemäß jeweils weisungsfrei eigene journalis-
tisch-schöpferische Leistungen, die maßgeblich von seiner eigenen Person geprägt werden. Die Anfragen für Bundesligaspiele am Wochenende erfolgen jeweils am vorherigen
Montag telefonisch. Der Kläger könne jeweils bis Mittwoch einen Einsatz ablehnen. Tut
er das nicht, gilt sein Schweigen entsprechend der Vertragsübung als Zustimmung. Damit ist auch die zeitliche Weisungsfreiheit gewahrt.

Zwar lässt sich nicht programmgestaltende, aber rundfunk- und fernsehtypische 79
künstlerische Mitarbeit an Sendungen in Arbeitsverhältnissen durchführen, soweit
nicht im Einzelfall besondere Umstände vorliegen. Dagegen kann programmgestaltende Mitarbeit sowohl als abhängig beschäftigter Arbeitnehmer als auch als freier
Mitarbeiter erbracht werden (vgl. BAG vom 22. 4. 1998, 5 AZR 191/97, AP Nr. 96 zu
§ 611 BGB Abhängigkeit = NZA 1998, 1275, 1276).

c) Bildende Künstler

Für die Künstlerinnen und Künstler der bildenden Kunst ist der Selbstständigen- 80
Status der Regelfall. Lediglich ein geringer Prozentsatz dieser Berufsgruppe kann von
der künstlerischen Arbeit den eigenen Lebensunterhalt bestreiten. Daher üben viele
von ihnen Nebentätigkeiten aus, auch und gerade Lehr- und Dozentenfunktionen (vgl.
dazu oben Rdnr. 71 ff.).

Bildende Künstlerinnen und Künstlern müssen am Erlös beteiligt werden, wenn 81
ihre Werke (z. B. Gemälde, Zeichnungen oder Plastiken) unter der Beteiligung von
Kunsthändlern, Auktionshäusern oder Kunstgalerien weiterverkauft werden (sog.
Folgerecht). In Anpassung an eine Europäische Richtlinie wurde die anteilige Erlösbeteiligung nun auf 4% abgesenkt und auf maximal 12 500 EUR begrenzt (ausführlich
zum Urheberrecht: § 3).

Zur Verbesserung dieser sozialen Situation fordert die Ver.di-Fachgruppe Bildende 82
Kunst ein Mindestausstellungshonorar und eine Mindestausstellungsvergütung für das
öffentliche Zeigen von Kunstwerken – Bilder, Skulpturen, Performances, Videos, Fotografien usw. – im Urheberrechtsgesetz zu verankern. Je nach Versicherungswert, der

Ausstellungsdauer, der Größe des Einzugsgebietes und der wirtschaftlichen Leistungsfähigkeit des Veranstalters – so Ver.di – soll eine Nutzungsvergütung fällig werden, auch dann, wenn der Urheber oder die Urheberin kein Eigentum mehr an seinem oder ihrem Werk haben sollte. Von der Vergütungsverpflichtung sollen nur der professionelle Kunsthandel und dessen Galerien ausgenommen werden, da ihre wesentliche Aufgabe darin besteht, die Künstlerinnen und Künstler zu vermarkten und deren Werke zu verkaufen. Unabhängig davon, ob ein Ausstellungswerk verkauft wird, würde auf diese Weise ein Mindesteinkommen für die Künstler und Künstlerinnen gesichert.

d) Darstellende Künstlerinnen und Künstler

83   Die Abgrenzung von an Theatern und bei Filmprojekten künstlerisch tätigen Arbeitnehmern einerseits und entsprechend tätigen freien Mitarbeiterinnen und Mitarbeitern andererseits wurde bereits oben ausführlich vorgenommen (s. o. Rdnr. 26 ff.). Auf die dort genannten Tätigkeitsbeispiele wird verwiesen.

Selbstständige Unterhaltungskünstlerinnen und Unterhaltungskünstler sind typischerweise im Rahmen von Tagesgeschäftsvereinbarungen tätig. Diese ermöglichen es ihnen, Auftritte und damit Arbeitszeiten eigenständig zu planen und zu gestalten.

Werden Schauspieler und Schauspielerinnen zur Synchronisation eines Filmes verpflichtet und erhalten sie dafür ein Pauschalhonorar, ohne sich für eine bestimmte Vertragsdauer bereithalten zu müssen, werden sie auch arbeitsrechtlich als Selbstständige anzuerkennen sein. Der Bundesfinanzhof sieht die Künstlerinnen und Künstler in dieser Konstellation nicht fest in die Betriebsorganisation eingebunden und hat damit ein Arbeitsverhältnis verneint.

e) Musikerinnen und Musiker

84   Wie bei den Unterhaltungskünstlern ist es eindeutig, dass der einmalige abendliche Auftritt einer Musikerin oder einer Musikgruppe eine selbstständige Tätigkeit darstellt. Gleiches gilt für das Konzert einer Kammersängerin und die Tournee eines Popsängers, die er vertraglich mit einem Konzertveranstalter geregelt hat (vgl. BGH vom 13. 3. 1984, VI ZR 204/82, NJW 1985, 2133, 2134). Ähnlich klar abgrenzbar ist die Erteilung privaten Musikunterrichts (auf die Ausführungen bei Rdnr. 36 ff. und Rdnr. 71 ff. zur Tätigkeit von Lehrkräften an Musikschulen wird verwiesen.).

f) Autorinnen und Autoren

85   Auch Schriftstellerinnen und Schriftsteller arbeiten in der Regel als Selbstständige. Zwischen der **Fachgruppe Literatur – VS-Verband deutscher Schriftsteller in Ver.di** und dem **Börsenverein des deutschen Buchhandels e. V.** wurden **Normverträge** für Verlagsverträge und Übersetzungsverträge **sowie Musterverträge** z. B. für Herausgeber und Autorinnen von Anthologien abgeschlossen. Sie enthalten u. a. Regelungen über die gegenseitigen Rechte und Pflichten, die Übertragung von Nutzungsrechten und über Honorare (zum Gebot der angemessenen Vergütung. Rdnr 70 und § 3).

§ 7 Arbeitsrecht im Überblick

I. Arbeitsvertrag und Arbeitsverhältnis

1. Der Arbeitsvertrag

Der Arbeitsvertrag begründet als gegenseitiger Vertrag ein **privatrechtliches Dau-** 1
erschuldverhältnis zwischen Arbeitnehmer und Arbeitgeber. In diesem Vertrag
verpflichtet sich der Arbeitnehmer zur Leistung fremdbestimmter, abhängiger bzw.
unselbstständiger Arbeit unter Leitung und nach Weisung des Arbeitgebers. Im Ge-
genzug dazu geht der Arbeitgeber die Verpflichtungen ein, den Arbeitnehmer zu beschäftigen und das vereinbarte Entgelt zu zahlen. Das sind die wesentlichen Merkmale
des Arbeitsvertrages.

Die gesetzliche Grundlage für den Arbeitsvertrag findet sich im **Bürgerlichen Gesetzbuch (BGB)** als Unterfall des Dienstvertrages, §§ 611 ff. BGB. Anders als beim
Werkvertrag schuldet der Arbeitnehmer nicht einen bestimmten Erfolg oder die
Herstellung eines bestimmten Werkes, sondern ausschließlich die Arbeitsleistung als
solche.

Arbeitnehmer und Arbeitgeber sind darin frei, ob, mit wem und – im Wesentlichen
auch – mit welchem Inhalt sie einen Vertrag abschließen. Es gilt das **Prinzip der Vertragsfreiheit**.

Im Interesse des in der Regel wirtschaftlich schwächeren Arbeitnehmers greifen
aber die **Schutzrechte des Arbeitsrechtes**. In Gesetzen, Richterrecht, Tarifverträgen
und Betriebsvereinbarungen sind die einzelnen Rechte der Beteiligten konkretisiert.
Weder die Zahlung des Entgeltes noch die Gewährung von Urlaub können ausgeschlossen werden.

Sofern nicht Gesetze oder Tarifverträge eine Schriftform (wie z. B. im § 11 Berufsbildungsgesetz für Ausbildungsverträge) vorschreiben, kann der Arbeitsvertrag auch
mündlich oder stillschweigend durch entsprechendes Verhalten (Arbeitsantritt) geschlossen werden. Der Arbeitgeber hat die wesentlichen Vertragsbedingungen schriftlich niederzulegen und sie dem Arbeitnehmer unterschrieben auszuhändigen, § 2
Nachweisgesetz (NachweisG). Dadurch kommen dem Arbeitnehmer im Streitfall Beweiserleichterungen über den Inhalt des Arbeitsverhältnisses zugute.

2. Der befristete Arbeitsvertrag und Teilzeitarbeit

Neben dem in der Vergangenheit als Standardfall geltenden **unbefristeten Arbeits-** 2
vertrag gewinnt aus vielerlei Gründen der **befristete Arbeitsvertrag** an Bedeutung.
Für den Arbeitgeber liegt der Vorteil darin, dass er nicht kündigen und kein Kündi-
gungsschutzverfahren fürchten muss, wenn er das Vertragsverhältnis beenden will
(s. u. Rdnr. 41 ff.)

Denn beim befristeten Arbeitsvertrag endet das Arbeitsverhältnis automatisch mit
dem vereinbarten Fristende oder der Zweckerreichung. Für die Wirksamkeit der Befristung des Arbeitsvertrages ist die Schriftform erforderlich, § 14 Abs. 4 Teilzeit- und
Befristungsgesetz (TzBfG). Dies gilt auch für die Verlängerung eines befristeten Arbeitsverhältnisses. Hingegen ist der Arbeitsvertrag selbst auch ohne schriftliche Fixierung rechtlich in Ordnung.

Fischer/Beduhn

Um eine Umgehung des Kündigungsschutzes zu vermeiden, schreibt das Teilzeit- und Befristungsgesetz vor, dass für die Befristung ein **sachlicher Grund** gegeben sein muss, § 14 Abs. 1 TzBfG. Beispiele für einen derartigen sachlichen Grund sind:

- vorübergehender betrieblicher Bedarf
- Befristung im Anschluss an eine Ausbildung
- Vertretung
- Eigenart der Arbeitsleistung (gilt z. B. für Beschäftigte im Bereich Kunst und Kultur)
- Erprobung
- in der Person des Arbeitnehmers liegende Gründe (z. B. Wunsch der Arbeitnehmerin)
- Vergütung aus Haushaltmitteln für befristete Beschäftigung
- gerichtlicher Vergleich
- weitere sachliche Gründe (z. B. Befristung auf das 65. später auf das 67. Lebensjahr).

3   Fehlt es an einem sachlichen Grund oder ist dieser nur vorgeschoben, gilt der Arbeitsvertrag als unbefristeter Vertrag. Weigert sich der Arbeitgeber, das anzuerkennen, muss der Arbeitnehmer **innerhalb von drei Wochen Klage beim Arbeitsgericht** erheben. Diese Frist **beginnt mit dem Ende des befristeten Vertrages**, § 17 TzBfG.

Eines sachlichen Grundes bedarf es nicht, wenn ein Arbeitsvertrag bei einer Neueinstellung auf eine Gesamtdauer von zwei Jahren befristet oder diese Gesamtdauer auch bei einer höchstens dreimaligen Verlängerung nicht überschritten wird. Eine solche erleichterte Befristung ist allerdings nur dann zulässig, wenn nicht zuvor mit demselben Arbeitgeber ein befristetes oder unbefristetes Arbeitsverhältnis bestanden hat, § 14 Abs. 2 TzBfG. Bei Unternehmens-Neugründungen ist eine Befristung auf bis zu vier Jahre zulässig, ohne dass es eines sachlichen Grundes bedarf, § 14 Abs. 2a TzBfG.

Sollte die Regierung ihre Pläne umsetzen, die Wartezeit für die Anwendbarkeit des Kündigungsschutzgesetzes erheblich auf bis zu zwei Jahre auszudehnen, werden Arbeitsvertragsbefristungen an praktischer Bedeutung verlieren.

4   Die Arbeitnehmerin oder der Arbeitnehmer kann in **Vollzeit**, d. h. entsprechend den tarifvertraglich festgesetzten regelmäßigen Arbeitszeiten, oder in **Teilzeit** arbeiten. Die Lage der Arbeitszeit kann festgelegt sein oder je nach Bedarf des Arbeitgebers auf Abruf erfolgen (vgl. zur **Abrufarbeit** § 12 TzBfG sowie BAG vom 7. 12. 2005, 5 AZR 535/04, AP Nr. 4 zu § 17 TzBfG = NZA 2006, 423 ff.). Des Weiteren können sich zwei oder mehrere Arbeitnehmer einen Arbeitsplatz teilen (zu diesem sog. **Jobsharing**: § 13 TzBfG).

5   Beschäftigte, deren Arbeitsverhältnis länger als sechs Monate bei einem Arbeitgeber besteht, der in der Regel mehr als 15 Arbeitnehmer beschäftigt, haben einen **Anspruch auf Herabsetzung der Arbeitszeit**, § 8 TzBfG. Der Arbeitgeber hat diesen Antrag mit dem Arbeitnehmer zu erörtern und kann ihn nur ablehnen, wenn dem betriebliche Gründe (Beeinträchtigung der Organisation oder der Arbeitssicherheit, unverhältnismäßige Kosten etc.) entgegenstehen. Damit werden die Gestaltungsmöglichkeiten der Arbeitnehmer erweitert und die Einrichtung von Teilzeit-Stellen im Betrieb gefördert.

3. Die Pflichten von Arbeitnehmer und Arbeitgeber aus dem Arbeitsvertrag

6   Die vereinbarte Arbeitsleistung ist nach Weisung des Arbeitgebers am vorgesehenen Ort und zur festgelegten Zeit zu erbringen, dies ist die **Hauptpflicht** des Arbeitnehmers.

Fischer/Beduhn

Wie der Begriff bereits verdeutlicht, existieren neben der Hauptpflicht des Arbeitnehmers auch **Nebenpflichten**. Sie bestehen u. a. darin, Dritten keine Geschäfts- und Betriebsgeheimnisse mitzuteilen (Verschwiegenheitspflicht). Arbeitnehmer sind auch gehalten, keinen Wettbewerb mit dem Arbeitgeber zu betreiben. Im Falle der Arbeitsverhinderung, z. B. bei Erkrankung, ist der Arbeitgeber unverzüglich zu unterrichten.

Hauptpflichten des Arbeitgebers sind, den **Arbeitnehmer zu beschäftigen** und die **Vergütung** zu zahlen, sei es, dass sie in einem Tarifvertrag oder in einem Einzelvertrag geregelt ist. Hierzu gehören auch Vergütungszuschläge (z. B. Ortszuschlag) und Sonderzahlungen (z. B. Instrumentengeld). Ferner hat der Arbeitgeber u. a. die Arbeitspapiere zu führen, die Vergütungsabrechnung vorzunehmen und eingebrachte Sachen des Arbeitnehmers wie z. B. Instrumente vor Schaden und Diebstahl zu schützen (Nebenpflichten).

Erbringen Arbeitnehmer und Arbeitgeber ihre Hauptpflichten nicht, so können die **7** korrespondierenden Pflichten entfallen – keine Vergütung, keine Arbeitspflicht und umgekehrt. In der Regel bleibt der Arbeitgeber aber zur Entgeltzahlung verpflichtet, wenn er aus Umständen, die in seinen Risikobereich fallen, den Arbeitnehmer nicht beschäftigt, § 615 BGB. Im Urlaub, bei Krankheit, an Feiertagen, bei Arztbesuchen, zur Arbeitssuche nach Ausspruch einer Kündigung etc. ist der Arbeitnehmer von der Arbeitspflicht freizustellen und behält seinen Anspruch auf die Vergütungsleistung (vgl. z. B. Entgeltfortzahlungsgesetz, Bundesurlaubsgesetz, §§ 616, 629 BGB).

Die schuldhafte Verletzung von Nebenpflichten kann Schadensersatzansprüche auslösen und je nach Tragweite ebenfalls zur Auflösung des Vertragsverhältnisses berechtigen.

4. Arbeitsvergütung im Krankheitsfall und an Feiertagen

Bei nicht verschuldeter Arbeitsunfähigkeit haben Arbeitnehmer im Krankheitsfall **8** bis **zu sechs Wochen Anspruch auf 100 %-ige Entgeltfortzahlung**, bei deren Berechnung die zuvor geleisteten Überstunden unberücksichtigt bleiben, §§ 3, 4 Entgeltfortzahlungsgesetz (EFZG). Der Anspruch entsteht nach einer ununterbrochenen Beschäftigungszeit von vier Wochen (Wartezeit).

Liegt eine **Fortsetzungserkrankung** vor, ist das Entgelt bis zu sechs Wochen erneut **9** weiterzuzahlen, wenn der Arbeitnehmer mindestens sechs Monate nicht infolge derselben Krankheit arbeitsunfähig war oder seit dem Beginn der ersten Erkrankung zwölf Monate vergangen sind, § 3 EFZG.

Der Arbeitnehmer ist verpflichtet, dem Arbeitgeber die Arbeitsunfähigkeit und de- **10** ren voraussichtliche Dauer unverzüglich **mitzuteilen**, § 5 EFZG. Dauert die Erkrankung voraussichtlich länger als drei Tage an, ist es Aufgabe der Arbeitnehmer, dafür Sorge zu tragen, dass der Arbeitgeber spätestens am vierten Tage der Erkrankung im Besitze einer **ärztlichen Bescheinigung über die bestehende Arbeitsunfähigkeit** und deren voraussichtliche Dauer ist (§ 5 EFZG, das bloße Absenden reicht nicht aus, der Arbeitnehmer trägt das Risiko, dass die Papiere nicht bzw. nicht rechtzeitig ankommen). Dauert die Arbeitsunfähigkeit länger als in der Arbeitsunfähigkeitsbescheinigung angegeben, sind jeweils neue ärztliche Bescheinigungen vorzulegen.

Will der Arbeitgeber den hohen Beweiswert der Bescheinigung erschüttern, muss er **11** hierfür tatsächliche Umstände, die Anlass zu ernsthaften Zweifeln an einer tatsächlichen Erkrankung geben können, vortragen und gegebenenfalls beweisen. Er kann auch verlangen, dass die Krankenkasse eine gutachterliche Stellungnahme des medizini-

Fischer/Beduhn

schen Dienstes einholt, § 275 SGB V. Prinzipiell Gleiches gilt, wenn der Arbeitnehmer im Ausland, z. B. während eines Urlaubes erkrankt.

Die Regelungen über die Entgeltfortzahlung sind auch bei Maßnahmen der medizinischen Vorsorge und Rehabilitation anwendbar, § 9 EFZG.

12   Abgesehen von der Veränderung der Bemessungsgrundlage für die Vergütungshöhe (§ 4 Abs. 4 EFZG) kann von diesen Regelungen nicht zu Ungunsten des Arbeitnehmers abgewichen werden. Häufig enthalten dagegen Tarifverträge für die Arbeitnehmer günstigere Regelungen als das Gesetz. So bestehen nach den einschlägigen Tarifverträgen für Musiker und Beschäftigte an Bühnen z. B. Ansprüche auf Krankengeldzuschüsse nach der sechsten Krankheitswoche oder verkürzte Wartezeiten.

13   Entfällt die Verpflichtung zur Arbeitsleistung infolge eines **gesetzlichen Feiertages**, hat der Arbeitgeber das **Entgelt so fortzuzahlen**, als ob gearbeitet worden wäre, § 2 EFZG. Abgesehen vom 3. 10., der bundesgesetzlich festgelegt ist, werden die Feiertage für jedes Bundesland gesondert bestimmt.

Der Feiertag muss die alleinige Ursache für den Arbeitsausfall sein. Keine Feiertagsvergütung fällt also an, wenn z. B. die Arbeitszeit vorab so eingeteilt ist, dass an einem bestimmten Wochentag und somit auch am fraglichen Feiertag nicht gearbeitet werden muss. Unentschuldigtes Fehlen vor oder nach einem Feiertag führt zum Verlust der Feiertagsvergütung, § 2 Abs. 3 EFZG.

5. Der Urlaub

14   Nach § 3 Bundesurlaubsgesetz (BUrlG) erhalten alle Arbeitnehmer und die zur Berufsausbildung Beschäftigten einen **jährlichen Mindesturlaub von 24 Werktagen**, das entspricht vier Arbeitswochen. Tarifverträge sehen darüber hinaus oftmals günstigere Urlaubsregelungen vor.

Der volle Urlaubsanspruch für ein Urlaubsjahr (gleich Kalenderjahr) entsteht sechs Monate, nachdem ein Arbeitnehmer eine neue Arbeitsstelle angetreten hat, wobei die Wartezeit sich auch auf zwei Kalenderjahre erstrecken kann, § 4 BUrlG.

15   **Teilurlaub** (Zwölftelungsprinzip: ein Zwölftel des Jahresurlaubs pro vollendetem Beschäftigungsmonat) entsteht dann, wenn der Beschäftigte im Urlaubsjahr keinen vollen Anspruch mehr erwerben kann – Eintritt nach dem 30. 6. –, wenn er nach vorher erfüllter Wartezeit aus dem Arbeitsverhältnis ausscheidet oder nach erfüllter Wartezeit das Vertragsverhältnis in der ersten Hälfte des Jahres beendet wird, § 5 BUrlG.

16   Sache des Arbeitgebers ist es, den **Urlaub** unter Berücksichtigung der Urlaubswünsche des Arbeitnehmers **zu erteilen**. Die Wünsche dürfen nur unberücksichtigt bleiben, wenn dem dringende betriebliche Belange oder überwiegende Interessen anderer Arbeitnehmer (z. B. Ferienzeiten bei Eltern) entgegenstehen. Wird der Urlaub geteilt, muss ein Block zumindest 12 Werktage umfassen, § 7 BUrlG.

17   Kann der Urlaub im Kalenderjahr aus betrieblichen oder persönlichen Gründen nicht verwirklicht werden, ist **er bis zum 31. 03. des Folgejahres zu gewähren** und zu nehmen. Steht bei Beendigung des Arbeitsverhältnisses noch Urlaub offen, wandelt sich der Freizeitanspruch um in einen solchen **auf finanzielle Abgeltung**, § 9 Abs. 4 BUrlG.

Für die Urlaubszeit zahlt der Arbeitgeber den durchschnittlichen Verdienst der letzten 13 Wochen weiter, ausgenommen sind auch hier die Überstundenvergütungen, § 11 BUrlG. In Tarifverträgen oder Vertragsregelungen sind häufig zusätzliche Urlaubsgeldansprüche vorgesehen.

18   Eine lange krankheitsbedingte Arbeitsunfähigkeit des Arbeitnehmers lässt den jährlichen Urlaubsanspruch nicht erlöschen. Das BAG verlangt aber, dass der Arbeit-

nehmer spätestens vor dem Ende des Übertragungszeitraumes oder dem Ende der vertraglichen Beziehungen wieder arbeitsfähig wird, um den Urlaub nehmen oder die Abgeltung fordern zu können.

Das BUrlG ist auf die sog. „Ein-Euro-Jobs", die Arbeitsgelegenheiten für Empfänger des Arbeitslosengeldes II schaffen sollen, entsprechend anwendbar.

6. Mutterschutz und Elternzeit

Der Arbeitgeber muss nach dem Mutterschutzgesetz (MuSchG) schwangere Arbeitnehmerinnen, die ihm die Schwangerschaft mitgeteilt haben, § 5 MuSchG, in den letzten sechs Wochen vor der Entbindung und Mütter acht Wochen nach der Entbindung von der Arbeit freistellen. In dieser **Mutterschutzfrist** besteht ein **Beschäftigungsverbot**, §§ 3, 6 MuSchG. Während der Mutterschutzfrist wird von der gesetzlichen Krankenkasse – für nicht gesetzlich Versicherte durch den Bund – ein **Mutterschaftsgeld** von bis zu 13 Euro kalendertäglich gezahlt, § 13 MuSchG, § 200 Reichsversicherungsordnung. Übersteigt das durchschnittliche kalendertägliche Arbeitseinkommen diesen Betrag, **stockt der Arbeitgeber das Mutterschaftsgeld auf** das Nettoentgelt auf, um die finanzielle Absicherung sicherzustellen, § 14 MuSchG. Seit dem 1. 1. 2006 erstatten die Krankenkassen dem Arbeitgeber den Zuschuss zum Mutterschaftsgeld sowie das Arbeitsentgelt, welches er gemäß § 11 MuSchG während der bestehenden Beschäftigungsverbote fortzahlen muss, zuzüglich der Arbeitgeberbeiträge zur Sozialversicherung, § 1 Abs. 2 Aufwendungsausgleichsgesetz (AAG). **19**

Wird das Leben oder die Gesundheit der Schwangeren oder des Kindes durch die Arbeit beeinträchtigt, so können weitere Beschäftigungsverbote eingreifen, §§ 3, 4, 6, 8 MuSchG, während derer der Arbeitgeber den Verdienst weiterzuzahlen hat, § 11 MuSchG. So gilt zum Beispiel für schwangere Künstlerinnen bei Musik-, Theater- oder ähnlichen Aufführungen ein Nachtarbeitsverbot ab 23.00 Uhr, § 8 Abs. 3 Nr. 3 MuSchG. **20**

Während der Schwangerschaft und bis zum Ablauf von vier Monaten nach der Entbindung darf der Arbeitgeber der Schwangeren bzw. Mutter nur kündigen, wenn die für den Arbeitsschutz zuständige oberste Landesbehörde zuvor zustimmt, § 9 MuSchG. Um sich auf diesen **Sonderkündigungsschutz** berufen zu dürfen, muss die werdende Mutter den Arbeitgeber, der noch keine Kenntnis von der Schwangerschaft hat, innerhalb von zwei Wochen nach der Kündigung über die Schwangerschaft informieren. Nimmt der Arbeitgeber die Kündigung nicht zurück, muss innerhalb von drei Wochen nach Kündigungszugang Kündigungsschutzklage erhoben werden (vgl. Rdnr. 41). **21**

Die **Elternzeit** nach dem Bundeserziehungsgeldgesetz (BErzGG) dient dazu, Arbeitnehmer sowie zur Berufsausbildung Beschäftigte von der Arbeit freizustellen, um die Betreuung und Erziehung des Kindes bis zur Vollendung des 3. Lebensjahres zu fördern. **22**

Anspruch auf Elternzeit besteht für das selbst betreute und zu erziehende Kind, für das Arbeitnehmerinnen und Arbeitnehmern die Personensorge zusteht, das des Ehegatten bzw. des Lebenspartners oder für das Kind, das sie in Vollzeit- oder Adoptionspflege in ihre Obhut genommen haben und mit dem sie jeweils im Haushalt leben, §§ 15, 1 BErzGG.

Die Elternzeit können **Mütter und Väter** entweder für die Gesamtdauer allein oder teilweise zusammen nehmen, § 15 Abs. 3 BErzGG. Sie können sie auch gemeinsam oder abwechselnd auf höchstens zwei Zeitabschnitte verteilen, auf mehr Zeitabschnitte nur mit Zustimmung des Arbeitgebers, § 16 Abs. 1 S. 5 BErzGG. Ferner können sie **23**

Fischer/Beduhn

bis zu 12 Monate der drei Jahre bis zum achten Lebensjahr des Kindes aufsparen, sofern der Arbeitgeber einverstanden ist, § 15 Abs. 2 S. 4 BErzGG.

24   **Erziehungsgeld** erhält derjenige Elternteil, ob Mann oder Frau, der ein Kind im eigenen Haushalt selbst betreut und erzieht und keine oder keine volle Erwerbstätigkeit ausübt, §§ 1, 2 BErzGG. Erlaubt ist eine Teilzeitarbeit bis zu 30 Stunden wöchentlich, § 2 BErzGG. Das Erziehungsgeld kann wahlweise als Budget für ein Jahr in einer Höhe von monatlich 450 Euro oder für zwei Jahre als Regelbetrag in Höhe von 300 Euro beansprucht werden. Abgesehen von Härtefällen sind die Berechtigten an die einmal getroffene Wahl zu Gunsten des Budgets oder des Regelbetrages gebunden, § 5 BErzGG. Der Anspruch auf Erziehungsgeld wird nur gewährt, wenn gewisse **Einkommensgrenzen** nicht überschritten werden, § 5 Abs. 3, § 6 BErzGG. Zum Teil ist die Summe des Erziehungsgeldes auch von der Einkommenshöhe der Anspruchsberechtigten bzw. der Ehegatten abhängig (Zu den Plänen ab 1. 7. 07 vgl. den Entwurf eines Gesetzes zur Einführung des Elterngeldes, BT-Dr. 16/1889).

25   Die Elternzeit ist beim Arbeitgeber sechs Wochen – bei Beginn nach der Geburt – bzw. – soll er nicht unmittelbar nach der Geburt beginnen – acht Wochen vor dem geplanten Beginn **schriftlich zu beantragen**, § 16 BErzGG. Gleichzeitig ist zu erklären, für welchen Zeitraum bzw. für welche Zeiträume Elternzeit in Anspruch genommen wird. Die Elternzeit kann vorzeitig beendet oder in einem bestimmten Rahmen verlängert werden, wenn der Arbeitgeber zustimmt, § 15 Abs. 2, § 16 BErzGG.

Für jeden Kalendermonat Elternteilzeit ist der Arbeitgeber berechtigt, ein Zwölftel des jährlichen Erholungsurlaubes zu kürzen.

7. Der Arbeitsunfall

26   Erleiden Arbeitnehmer oder arbeitnehmerähnliche Person im Zusammenhang mit einer abhängigen Beschäftigung einen **Arbeitsunfall** oder ziehen sie sich **Berufskrankheiten** zu, so haftet dafür die jeweilige **Berufsgenossenschaft**. Schmerzensgeld oder sonstige Schadensersatzansprüche wegen Körperschäden gegen den Unternehmer oder gegen Arbeitskollegen sind ausgeschlosssen, §§ 104 ff. SGB VII. Etwas anderes gilt nur dann, wenn diese vorsätzlich gehandelt oder den Körperschaden anlässlich eines Wegeunfalls (§ 8 Abs. 2 SGB VII) verursacht haben.

27   Durch die Berufsgenossenschaft abgesichert sind Unfälle bei versicherten, den Zwecken des Unternehmens dienenden Tätigkeiten, §§ 2, 3 und 6 SGB VII. Es besteht kein Versicherungsschutz, wenn der Versicherte eigenwirtschaftlich, also nicht im Interesse des Unternehmens tätig wird (Koch, in Schaub, § 109 Rdnr. 17, 20). So liegt z. B. kein Arbeitsunfall vor, wenn ein Versicherter sich außerhalb der Arbeitszeit einen Krankenschein beschafft und dabei verunglückt. Versichert ist hingegen die Arbeitnehmerin, die auf dem Weg zwischen Wohnung und dem Arbeitsplatz einen Wegeunfall erleidet, sofern der Schutz nicht gerade zu diesem Zeitpunkt durch private Besorgungen unterbrochen ist (Koch, in Schaub, § 109 Rdnr. 44 ff.).

II. Die Beendigung des Arbeitsverhältnisses

1. Anfechtung, Befristung und Auflösungsvertrag

28   Eine **Anfechtung** des Arbeitsvertrages – in der Regel wird sie seitens des Arbeitgebers erklärt – ist dann gerechtfertigt, wenn ein **Eigenschaftsirrtum** im Sinne des § 119 Abs. 2 BGB vorliegt. Dies ist ein **Irrtum über eine Personeneigenschaft**, die im

Rechtsverkehr als **wesentlich** angesehen wird, wobei dies immer im Zusammenhang mit der vertraglich übernommenen Tätigkeit gesehen werden muss. Ist z. B. der Bilanzbuchhalter entgegen seiner Erklärung nicht bilanzfest, ist das Vertragsverhältnis anfechtbar. Hingegen zählt eine Schwangerschaft nicht zu den verkehrswesentlichen Eigenschaften, da sie nur einen vorübergehenden Zustand darstellt. Auch wenn die Arbeitnehmerin nur befristet eingestellt wird und zum Beispiel als Tänzerin oder Artistin die Tätigkeit wegen eines Beschäftigungsverbotes zum größten Teil nicht ausgeführt werden darf, ist eine Anfechtung wohl unzulässig. Denn ihre Berücksichtigung würde Frauen wegen ihres Geschlechts in unzulässiger Weise benachteiligen (Preis, in Erfurter Kommentar, § 611 BGB Rdnr. 435, 345 unter Bezugnahme auf EuGH vom 4. 10. 2001, RS. C – 438/99, AP Nr. 3 zu EWG-Richtlinie Nr. 92/85 = NZA 2001, 1243, 1246).

Der Arbeitgeber darf den Arbeitsvertrag ebenfalls anfechten, wenn er vom Arbeit- **29** nehmer **arglistig getäuscht** wurde, § 123 BGB. Eine arglistige Täuschung liegt vor, wenn die Arbeitnehmerin bzw. der Arbeitnehmer **eine auf die Arbeit bezogene zulässige Frage** bewusst falsch beantwortet oder sich hierzu nicht äußert. Nicht zulässig ist die Frage nach einer Schwangerschaft, da damit eine Diskriminierung gem. § 611a BGB verbunden ist (BAG vom 6. 2. 2003, 2 AZR 621/01, AP Nr. 21 zu § 611a BGB m. w. Nachw. = NZA 2003, 848 f.). Für eine wirksame Anfechtung muss hinzukommen, dass der Arbeitnehmer erkennen konnte und musste, dass für den Arbeitgeber die vorgespiegelte oder verschwiegene Tatsache so wesentlich ist, dass sie seinen Geschäftswillen für den Abschluss des Arbeitsvertrages mitbeeinflusst. Legt z. B. der um eine Anstellung bemühte Sportlehrer ein gefälschtes Diplom vor, wird der Arbeitgeber den zu Stande gekommenen Vertrag zu Recht anfechten können. Gleiches gilt, wenn der Arbeitnehmer auf Nachfrage Vorstrafen wegen Straftaten verschweigt, die mit der angestrebten Tätigkeit im Zusammenhang steht (z. B. wegen Unterschlagung für einen Kassierer).

Liegt der Anfechtungsgrund vor, so muss die Anfechtung ausdrücklich gegenüber **30** dem Anfechtungsgegner erklärt werden und sie führt dazu, dass der **Arbeitsvertrag rückwirkend vernichtet** wird. Das bereits zeitweise tatsächlich durchgeführte Arbeitsverhältnis (sog. faktisches Arbeitsverhältnis) muss nicht rückabgewickelt werden, ist aber mit dem Zugang der Erklärung beendet.

Bei einer Irrtumsanfechtung kann der Anfechtungsberechtigte sich **schadensersatz-** **31** **pflichtig** machen, § 122 BGB. Derjenige, der den Partner arglistig täuscht und diesen zur Anfechtung des Vertrages bestimmt, ist ebenfalls wegen vorvertraglicher Pflichtverletzung schadensersatzpflichtig.

Der Anfechtungsberechtigte muss unverzüglich, nachdem er von seinem Irrtum **32** Kenntnis erlangt hat, d. h. in der Regel binnen zwei Wochen, die Anfechtung erklären. Nur wenn er arglistig getäuscht oder per Drohung zum Vertragsschluss bestimmt worden ist, kann er innerhalb eines Jahres anfechten, § 124 BGB. Liegt die zu beanstandende Willenserklärung mindestens 10 Jahre zurück, ist eine Anfechtung ausgeschlossen.

Ein zulässig befristeter Arbeitsvertrag endet mit Zeitablauf oder, wenn der Befris- **33** tungszweck z. B. im Rahmen eines bestimmtes Projektes erreicht ist. Erklärungen der Arbeitsvertragsparteien sind in einem solchen Falle nicht erforderlich. Die unzulässige Befristung muss nach Ablauf der Befristungsdauer innerhalb von drei Wochen gerichtlich geltend gemacht werden, § 17 TzBfG. Eine Besonderheit gilt für Personen, für die Bühnen-Tarifverträge gelten: Danach ist für die Beendigung eines auf eine Spielzeit befristeten Vertrages erforderlich, dass eine Vertragspartei zu bestimmten Terminen schriftlich mitteilt, den Vertrag nicht verlängern zu wollen (Nichtverlängerungsmitteilung).

34   Ein Arbeitsvertrag kann ebenfalls durch übereinstimmende schriftliche Willenserklärungen der Vertragsparteien beendet werden (**Auflösungsvertrag**). Hat der Arbeitnehmer oder die Arbeitnehmerin jedoch keine feste Zusage für eine unmittelbare unbefristete Anschlussbeschäftigung, so muss sie beachten, dass sie **zunächst kein Arbeitslosengeld** erhält. Die Agentur für Arbeit wird eine Sperrzeit verhängen, weil er oder sie an der Beendigung des Beschäftigungsverhältnisses mitgewirkt hat, § 144 SGB III. Der oder die Arbeitsuchende erhält für zwölf Wochen kein Arbeitslosengeld und ist auch nur zeitweise eingeschränkt sozialversichert. Des Weiteren müssen auch bei einem Auflösungsvertrag die gesetzlichen, tariflichen bzw. vertraglichen Kündigungsfristen beachtet werden, sonst wird eine etwaige Abfindung auf das Arbeitslosengeld angerechnet. Für den Künstler oder die Künstlerin ist es daher günstiger, wenn der Arbeitgeber – von sich aus – einseitig kündigt und das Arbeitsverhältnis dann im Rahmen eines **Kündigungsschutzprozesses** vor dem Arbeitsgericht vergleichsweise abgewickelt wird. Ein außergerichtlicher Abwicklungsvertrag zieht nach der Rechtsprechung des Bundessozialgerichts ebenfalls eine Sperrzeit nach sich (BSG vom 18. 12. 2003, B 11 AL 35/03 R, AP Nr. 3 zu § 144 SGB III = NZA 2004, 661, 662 ff.).

2. Die Kündigung

35   Beide Parteien des Arbeitsvertrages können diesen kündigen. Die Kündigung stellt eine **einseitige und empfangsbedürftige Willenserklärung** dar, die rechtsgestaltende Wirkung für die Zukunft besitzt. Als empfangsbedürftige Erklärung muss die Kündigung dem anderen Vertragspartner zugehen. Dies ist unter Anwesenden unproblematisch. Bei Abwesenden gilt die Erklärung als zugegangen, wenn sie so in den Machbereich des Empfängers gelangt ist, dass dieser sie nach dem regelmäßigen Lauf der Dinge zur Kenntnis nehmen kann. Auch dann, wenn Arbeitgeber oder Arbeitnehmer – bewusst oder unbewusst – nicht in den Briefkasten schauen, geht die Erklärung zu.

36   Eine Kündigung muss **deutlich und zweifelsfrei** erklärt werden. Sie kann z. B. nicht mit Bedingungen verknüpft werden, indem ihre Wirksamkeit in Aussicht gestellt wird, falls die andere Vertragspartei dieses oder jenes Verhalten an den Tag legt.

37   Jede Kündigung, also auch die Kündigung in der Probezeit, die Änderungskündigung usw. bedarf zu ihrer Wirksamkeit der **Schriftform**, (§ 623 BGB). Wird diese Formvorschrift nicht beachtet, ist die Kündigung unheilbar nichtig, (§ 125 BGB). Auch bei einer Eigenkündigung des Arbeitnehmers ohne wichtigen Grund droht eine Sperrzeit beim Arbeitslosengeld (s. o. Rdnr. 34).

38   Es gibt verschiedene Kündigungsarten:

- Im Zweifel wird eine **ordentliche Kündigung** ausgesprochen, bei der nach dem Gesetz, einem Tarifvertrag oder dem Arbeitsvertrag bestimmte Kündigungsfristen und Endtermine einzuhalten sind (zu den Kündigungsgründen nach dem Kündigungsschutzgesetz: s. u. Rdnr. 43 ff.).

- Liegt ein wichtiger Kündigungsgrund vor, so kann eine **außerordentliche Kündigung** ausgesprochen werden. Ist aus diesem wichtigen Grund dem Kündigenden nach Abwägung aller widerstreitenden Interessen die Fortsetzung des Arbeitsverhältnisses bis zum Ablauf der ordentlichen Kündigungsfrist z. B. aus verhaltensbedingten Gründen nicht zumutbar, so kann die außerordentliche Kündigung fristlos, also mit sofortiger Wirkung ausgesprochen werden. Eine außerordentliche Kündigung mit sozialer Auslauffrist – entsprechend der ordentlichen Kündigungsfrist – ist z. B. für einen ordentlich nicht kündbaren Mitarbeiter denkbar (s. u. Rdnr. 50, 52, 54, 55), dem der Arbeitgeber bei einer Unternehmensaufgabe betriebsbedingt kündigen können muss.

- Eine **Änderungskündigung** ist auf die Abänderung der Arbeitsbedingungen gerichtet. Es wird eine (ordentliche oder außerordentliche) Beendigungskündigung mit dem gleichzeitigen Angebot ausgesprochen, die Arbeit unter abgeänderten Arbeitsbedingungen fortzusetzen.

Bei einer außerordentlichen Kündigung sind zwei Aspekte von Bedeutung: **39**
Der Kündigende kann sie nur **innerhalb von zwei Wochen** aussprechen, nachdem er von den für die Kündigung maßgeblichen Tatsachen **Kenntnis** erlangt hat, § 626 Abs. 2 BGB. Ferner muss ein wichtiger Grund vorliegen, § 626 Abs. 1 BGB. Wichtige Gründe, die zum Teil auch nur nach einer Abmahnung eine fristlose Arbeitgeber-Kündigung rechtfertigen, können sein

- häufige Unpünktlichkeit
- unberechtigte Arbeitsverweigerung
- grobe Beleidigungen
- Diebstahl
- Mobbing und sexuelle Belästigung anderer Arbeitnehmerinnen und Arbeitnehmer
- tätliche Auseinandersetzungen im Betrieb.

Umgekehrt kann der Künstler oder die Künstlerin nach einer Abmahnung kündigen, wenn der Arbeitgeber über einen nicht unerheblichen Zeitraum mit der Entgeltzahlung in Verzug ist.

Besteht ein **Betriebsrat** oder ein Personalrat, ist dieser von dem Arbeitgeber **vor** **40**
dem Ausspruch einer jeden Kündigung umfassend über die Arbeitnehmerdaten, die Länge der Kündigungsfrist, die Kündigungsgründe etc. zu informieren und **anzuhören**, § 102 BetrVG, vgl. § 79 BPersVG. Wird der Betriebsrat nicht angehört oder verschweigt der Arbeitgeber dem Betriebsrat vorsätzlich Umstände, die für seinen Kündigungsentschluss maßgeblich sind, so ist die Kündigung unwirksam. Auf Umstände, die er dem Betriebsrat nicht mitgeteilt hat, kann er sich dem Arbeitnehmer gegenüber im Kündigungsschutzprozess nicht berufen.

III. Der Kündigungsschutz

Jede **schriftliche** ordentliche und außerordentliche **Kündigung** muss vor dem Arbeitsgericht **innerhalb von drei Wochen** mit einer **Kündigungsschutzklage** angegriffen werden, andernfalls **gilt sie als rechtmäßig** und rechtswirksam, §§ 4, 7, 13 KSchG. **41**

1. Der Kündigungsschutz nach dem Kündigungsschutzgesetz

Der Arbeitgeber hat bei ordentlichen Kündigungen zunächst die vertraglichen, tariflichen oder gesetzlichen **Kündigungsfristen** zu beachten. Arbeitnehmer, die länger als sechs Monate in einem Unternehmen beschäftigt sind, genießen zudem den **Kündigungsschutz** nach dem Kündigungsschutzgesetz (KSchG), das heisst, ihnen darf nur aus bestimmten Gründen gekündigt werden, § 1 KSchG. Vom Geltungsbereich des Kündigungsschutzgesetzes sind nur so genannte **Kleinbetriebe** ausgenommen, in denen nicht mehr als zehn Mitarbeiter beschäftigt sind, § 23 KSchG. Teilzeitbeschäftigte werden entsprechend ihres Arbeitszeitumfangs dabei anteilig berücksichtigt (bis zu 20 **42**

Fischer/Beduhn

Stunden: 0,5 und mit nicht mehr als 30 Stunden: 0,75). War der Arbeitnehmer bereits vor dem 01. 01. 2004 bei diesem Unternehmer beschäftigt, so greift der Kündigungsschutz unter Umständen bei mehr als fünf Arbeitnehmern ein. Der erworbene Kündigungsschutz bleibt nur dann erhalten, wenn entweder beim Kündigungszugang mehr als fünf sog. Altbeschäftigte (eingestellt vor dem 1. 1. 2004) im Betrieb verblieben sind oder unter Berücksichtigung der Neueinstellungen der Schwellenwert von zehn Arbeitnehmern überschritten wird, § 23 Abs. 1 S. 3 HS 2 KSchG. Von einer solchen Neueinstellung ist auch auszugehen, wenn ein frei gewordener Arbeitsplatz wiederbesetzt worden ist. (LAG Hamm 9. 9. 2005, 7 Sa 959/05, AP Nr. 35 zu § 23 KSchG 1969, Revision eingelegt: BAG Az: 2 AZR 773/05).

43   Kündigungsschutz in diesem Sinne bedeutet, dass eine Kündigung nur aus bestimmten – gerichtlich überprüfbaren – **sozialen Rechtfertigungsgründen** ausgesprochen werden darf. Sozial gerechtfertigt ist sie, wenn sie durch **Gründe in der Person, im Verhalten des Arbeitnehmers** oder durch **dringende betriebliche Erfordernisse** bedingt ist, die eine Weiterbeschäftigung des Arbeitnehmers im Unternehmen nicht zulassen, § 1 KSchG.

Von **personenbedingten Gründen** spricht man, wenn der Arbeitnehmer auf Grund seiner **persönlichen Fähigkeiten und Eigenschaften** nicht mehr in der Lage ist, künftig seine arbeitsvertraglichen Pflichten ganz oder teilweise zu erfüllen (Linck, in Schaub, § 129 Rdnr. 1 m. w. Nachw.) So ist z. B. eine Kündigung wegen häufiger Kurzerkrankungen oder lang andauernder Krankheiten zulässig, wenn auf Grund einer negativen Gesundheitsprognose für den Arbeitnehmer die Besorgnis besteht, dass es zu erheblichen betrieblichen oder wirtschaftlichen Beeinträchtigungen des Arbeitgebers kommt und diese Belastungen dem Arbeitgeber unter Abwägung aller Umstände billigerweise nicht mehr zuzumuten sind (Linck, in Schaub § 129 Rdnr. 14b ff. m. w. Nachw.).

44   Eine **verhaltensbedingte Kündigung** ist in der Regel nach einer vorherigen einschlägigen Abmahnung zulässig, wenn es dem Arbeitgeber auf Grund einer Vertragsverletzung des Arbeitnehmers nach einer umfassenden Interessenabwägung nicht zuzumuten ist, das Arbeitsverhältnis über die ordentliche Kündigungsfrist hinaus fortzusetzen. Es handelt sich in der Regel um **erhebliche Verletzungen der Arbeitspflicht** (wiederholte Arbeitszeitverstöße, Schlechtleistungen etc.) oder von Nebenpflichten (Anzeige- und Nachweispflichten bei Arbeitsunfähigkeit nach § 5 EFZG, Verbot sexueller Belästigung nach dem Beschäftigtenschutzgesetz, Wettbewerbsverbote etc.). Erforderlich ist, dass der Arbeitgeber zuvor wegen einer gleichartigen Pflichtverletzung abgemahnt und deutlich gemacht hat, dass er ein bestimmtes Verhalten im Wiederholungsfalle als Anlass für eine Kündigung nehmen wird. Diese **Abmahnung** ist dann entbehrlich, wenn dem Arbeitnehmer bei groben Pflichtverletzungen die Rechtswidrigkeit ohne Weiteres erkennbar war und er mit der Billigung durch den Arbeitgeber offensichtlich nicht rechnen konnte (BAG vom 6. 10. 2005, 2 AZR 280/ 04, AP Nr. 25 zu § 1 KSchG 1969 personenbedingte Kündigung = NZA 2006, 431, 433). Gleiches gilt, wenn der Arbeitnehmer zu erkennen gibt, dass er sich nicht vertragstreu verhalten will.

45   Eine gerechtfertigte **betriebsbedingte Kündigung** setzt zunächst voraus, dass der **Beschäftigungsbedarf** für den Arbeitnehmer infolge der **Durchführung einer unternehmerischen Organisationsentscheidung dauerhaft entfallen** ist (BAG vom 22. 5. 2003, 2 AZR 326/02, AP Nr. 128 zu § 1 KSchG Betriebsbedingte Kündigung) und der **Arbeitnehmer nicht** auf einem anderen freien Arbeitsplatz **weiterbeschäftigt werden kann**. Das kommt dann in Betracht, wenn Rationalisierungsmaßnahmen durchgeführt, personelle Anpassungen vorgenommen oder Produktionsänderungen verbunden mit Entlassungen oder Betriebsschließungen erfolgen. Eine Kündigung ist unverhältnismäßig und daher unwirksam, wenn der Arbeitnehmer auf einem freien Arbeitsplatz nach einer zumutbaren Fortbildung oder Umschulung weiterbeschäftigt werden kann.

Wird nicht allen Arbeitnehmern gekündigt, muss der Arbeitgeber eine **soziale Auswahl** mit den verbleibenden vergleichbaren Arbeitnehmern vornehmen, § 1 KSchG. D. h. aus diesem Kreis darf nur derjenige entlassen werden, den eine Kündigung weniger stark belasten wird, § 1 Abs. 3 KSchG. Die vom Arbeitgeber dabei zu beachtenden Kriterien sind: das **Lebensalter** des Arbeitnehmers, die Dauer seiner **Betriebszugehörigkeit**, die Anzahl seiner **Unterhaltspflichten** (Ehegatte, unterhaltsberechtigte Kinder oder Eltern) und eine Schwerbehinderung des Arbeitnehmers. Nicht einbezogen in die soziale Auswahl werden die Arbeitnehmer, an deren Weiterbeschäftigung der Arbeitgeber ein berechtigtes betriebliches Interesse hat, z. B. wegen ihrer besonderen Fähigkeiten und Kenntnisse oder wegen des arbeitgeberseitigen Interesses an einer ausgewogenen Personalstruktur. **46**

Erfolgt die Kündigung des Arbeitgebers verbunden mit dem Angebot, das Arbeitsverhältnis zu geänderten Bedingungen fortzusetzen, liegt eine **Änderungskündigung** vor. Der Arbeitnehmer kann innerhalb der Kündigungsfrist, spätestens drei Wochen nach der Kündigung, erklären, er **nehme das Angebot unter dem Vorbehalt an**, dass die Änderung der Arbeitsbedingungen nicht sozial ungerechtfertigt ist, § 2 KSchG. Er kann die Rechtmäßigkeit der Vertragsänderung gerichtlich überprüfen lassen. **47**

Arbeitgeber und Arbeitnehmer – bei außerordentlichen Kündigungen nur der Arbeitnehmer – können im Laufe des Kündigungsschutzprozesses ausnahmsweise beantragen, das **Arbeitsverhältnis gegen Zahlung einer Abfindung aufzulösen**, wenn die Kündigung sozial ungerechtfertigt und eine weitere gute Zusammenarbeit nicht zu erwarten bzw. nicht zumutbar ist, § 9 KSchG. Je nach Alter und Beschäftigungszeit kann das Gericht eine Abfindung von 12 bis 18 Monatsverdiensten festsetzen, § 10 KSchG. **48**

Kündigt der Arbeitgeber **betriebsbedingt** und will er den Arbeitnehmer von einer Kündigungsschutzklage abhalten, so kann er diesem in der Kündigung unter Hinweis auf die betriebsbedingte Kündigung eine **Abfindungszahlung für den Fall** anbieten, dass dieser auf die **Klage verzichtet**. Erhebt der Arbeitnehmer innerhalb von drei Wochen keine Kündigungsschutzklage, steht ihm diese Abfindung zu. Die Abfindung beträgt 0,5 Monatsverdienste pro Beschäftigungsjahr. Dauert das letzte Beschäftigungsjahr länger als sechs Monate, so ist es für die Berechnung der Abfindung auf ein Jahr aufzurunden, § 1a KSchG. **49**

2. Sonderkündigungsschutz für bestimmte Personengruppen

Für viele Personengruppen sehen gesetzliche und tarifliche Regelungen einen **Sonderkündigungsschutz** vor, der stichwortartig erläutert wird:

Auszubildende **50**

Wird das Berufsausbildungsverhältnis über die vereinbarte, bis zu vier Monate dauernde Probezeit hinaus fortgesetzt, so ist der Auszubildende ordentlich unkündbar. Ihm kann nur noch gekündigt werden, wenn ein wichtiger Grund zur fristlosen Kündigung berechtigt. Er selbst kann ordentlich mit einer vierwöchigen Frist kündigen, wenn er die Berufsausbildung aufgeben oder wechseln möchte (§ 22 Berufsbildungsgesetz 2005).

Fischer/Beduhn

51   **Schwangere, Mütter und Väter während der Elternzeit**

Arbeitnehmerinnen sind während der Schwangerschaft und bis zum Ablauf von vier
Monaten nach der Entbindung gegen eine Kündigung des Arbeitsverhältnisses durch
den Arbeitgeber geschützt (§ 9 MuSchG, s. o. Rdnr. 21). In Ausnahmefällen kann auf
Antrag des Arbeitgebers die zuständige oberste Landesbehörde einer solchen Kündigung zustimmen. Ab dem Antrag auf und während der gesamten Dauer der **Elternzeit**
ist eine arbeitgeberseitige Kündigung ausgeschlossen, wenn nicht die für den Arbeitsschutz zuständige oberste Landesbehörde der Kündigung ausnahmsweise zustimmt
(§ 18 BErzGG).

52   **Wehrdienst- und Zivildienstleistende**

Der Arbeitgeber darf von der Zustellung des Einberufungsbescheides bis zur Beendigung des **Wehrdienstes** sowie während einer **Wehrübung** nicht ordentlich kündigen. Im Übrigen darf der Arbeitgeber das Arbeitsverhältnis auch nicht aus Anlass des
Wehrdienstes kündigen. Paralleles gilt für **anerkannte Kriegsdienstverweigerer** (vgl.
zum Ganzen: § 2 Arbeitsplatzschutzgesetz, § 78 Zivildienstgesetz).

53   **Schwerbehinderte und ihnen gleichgestellte Menschen**

Schwerbehinderte und ihnen gleichgestellte Menschen, die länger als sechs Monate
beschäftigt sind, genießen einen besonderen Kündigungsschutz nach dem Sozialgesetzbuch IX – Rehabilitation und Teilhabe behinderter Menschen (SGB IX). Eine ordentliche bzw. außerordentliche Beendigungs- oder Änderungskündigung bedarf der
vorherigen Zustimmung des für den Betrieb zuständigen Integrationsamtes (§ 85
SGB IX). Das gilt nur dann, wenn der kündigende Arbeitgeber, die Anerkennung als
Schwerbehinderte/r kennt oder innerhalb eines Monats nach Ausspruch der Kündigung darüber informiert wird. Der Sonderkündigungsschutz besteht nicht, wenn die
Schwerbehinderung bzw. die Gleichstellung nicht offenkundig ist bzw. deren Feststellung beim Versorgungsamt zwar beantragt ist, das Versorgungsamt aber auf Grund
mangelnder Mitwirkung des Betroffenen die Feststellung noch nicht treffen konnte
(§ 90 Abs. 2a SGB IX).

54   **Mitglieder des Betriebsrates, der Jugend- und Auszubildendenvertretung, des
Wahlvorstandes sowie der Wahlbewerber**

Abgesehen von dem Fall, dass ein Betrieb oder Betriebsteil stillgelegt wird, ist die
ordentliche Kündigung eines **Betriebsrats- oder Personalratmitglieds, eines Jugend-
und Auszubildendenvertreters, eines Wahlvorstandes, eines Wahlbewerbers** oder
einer Person, die zu einer **Betriebs- oder Wahlversammlung einlädt** oder die Bestellung eines **Wahlvorstandes beantragt,** unzulässig, § 15 KSchG. Der Arbeitgeber kann
den Mandatsträgern und Wahlbewerbern allerdings aus wichtigem Grund außeror-
dentlich kündigen, wenn zuvor der Betriebsrat oder der Personalrat der beabsichtigten
Kündigung zugestimmt hat. Verweigern Betriebs- oder Personalrat die Zustimmung,
kann der Arbeitgeber bei Gericht die Zustimmung ersetzen lassen, § 103 BetrVG bzw.
die Regelung des jeweils geltenden Personalvertretungsgesetzes.

55   **Tarifliche Kündigungsverbote**

Der Ausschluss ordentlicher Kündigungen findet sich auch in Tarifverträgen, so
z. B. in tariflichen Regelungen des Bühnenrechts. Ab einem bestimmten **Lebensalter**
in Verbindung mit einer **Mindest-Beschäftigungszeit** sind z. B. Mitglieder von Kulturorchestern, Chormitglieder und Tanzgruppenmitglieder gegenüber ordentlichen
Beendigungs- und Änderungskündigungen geschützt.

Fischer/Beduhn

IV. Arbeitnehmerschutzrecht

Neben einer Fülle von arbeitsplatzspezifischen Einzelregelungen sind insbesondere der Arbeitszeitschutz sowie der Jugendarbeitsschutz zu beachten.

1. Arbeitszeitschutz

Oftmals sind Arbeitszeitfragen in Tarifverträgen geregelt (zu Tarifverträgen: s. u. **56** Rdnr. 65 ff.). Auch im Anwendungsbereich von Tarifverträgen sind jedenfalls die Grenzen des Arbeitszeitgesetzes (ArbZG) zu beachten. Nach § 3 Abs. 1 S. 1 ArbZG darf die werktägliche Arbeitszeit für Arbeitnehmerinnen und Arbeitnehmer acht Stunden nicht überschreiten. Da das Gesetz von den sechs Werktagen Montag bis Samstag ausgeht, besteht eine **wöchentliche Höchstgrenze von 48 Arbeitsstunden.**

Der Acht-Stundentag darf auf bis zu zehn Stunden verlängert werden, wenn inner- **57** halb von sechs Monaten oder 24 Wochen die Arbeitszeit **durchschnittlich acht Stunden werktäglich** nicht überschreitet, § 3 Abs. 1 S. 2 ArbZG. Nachtarbeit muss innerhalb eines Kalendermonats oder innerhalb von vier Wochen ausgeglichen werden, § 6 Abs. 2 ArbZG. Die Ausgleichszeiträume dürfen durch einen Tarifvertrag oder – wenn der Tarifvertrag das zulässt – durch Betriebs- oder Dienstvereinbarung abgeändert werden, § 7 Abs. 1 Nr. 1, 4 und 5 ArbZG. Bei Musikaufführungen, Theatervorstellungen, Filmvorführungen, Schaustellungen, Darbietungen und ähnlichen Veranstaltungen (§ 10 Abs. 1 Nr. 4 ArbZG) sowie bei Tätigkeiten, die dem Rundfunk, Nachrichtenagenturen, der Tagespresse oder der Ton- und Bildberichterstattung dienen (§ 10 Abs. 1 Nr. 5 ArbZG), dürfen **Arbeitnehmer ausnahmsweise an Sonn- und Feiertagen arbeiten**, wenn Ausgleichssonntage vorgesehen sind. Regelmäßig müssen mindestens 15 und, sobald ein Tarifvertrag das für den Kulturbereich (§ 10 Abs. 1 Nr. 4 ArbZG) zulässt, mindestens sechs Sonntage im Jahr beschäftigungsfrei bleiben, § 12 Nr. 1 ArbZG.

Dem **Zweck, Überbeanspruchungen der Arbeitnehmerinnen und Arbeitnehmer 58 zu minimieren,** dienen auch die Regelungen über Ruhezeiten und Pausen. Die ununterbrochene Ruhezeit – zwischen der Beendigung der Arbeit und dem Wiederbeginn – beträgt 11 Stunden, durch Tarifvertrag kann sie um bis zu zwei Stunden (auf neun Stunden) gekürzt werden, wenn die Arbeit dies erfordert und die Kürzung der Ruhezeit wiederum innerhalb eines festgelegten Zeitraums ausgeglichen wird, § 5 Abs. 1, § 7 Nr. 3 ArbZG.

Die **Ruhepausen** (§ 4 ArbZG) müssen von vornherein feststehen. Sie müssen min- **59** destens 30 Minuten bei einer Arbeitszeit von mehr als sechs bis zu neun Stunden und 45 Minuten bei einer Arbeitszeit von mehr als neun Stunden insgesamt unterbrochen werden. Die Ruhepausen können in Zeitabschnitte von 15 Minuten aufgeteilt werden. Länger als sechs Stunden hintereinander dürfen Arbeitnehmer nicht ohne Pause beschäftigt werden.

Besteht ein Betriebsrat hat dieser bei der Lage der Arbeits- und Pausenzeiten sowie bei der Anordnung von Mehrarbeit mitzubestimmen, § 87 Abs. 1 BetrVG (s. u. Rdnr. 93).

2. Jugendarbeitsschutz

60   Das Jugendarbeitsschutzgesetz (JArbSchG) enthält Schutzvorschriften für **Auszubildende, arbeitende Kinder** bis 14 Jahre und für **Jugendliche** (14 bis 18 Jahre), §§ 1, 2 JArbSchG.

Die Beschäftigung von Kindern ist grundsätzlich verboten. Ausnahmen sind z. B. im Rahmen eines Betriebspraktikums vorgesehen, § 5 Abs. 1 bis 3 JArbSchG. Die **Aufsichtsbehörde kann** auf Antrag und unter **strengen Voraussetzungen gestatten**, dass Kinder z. B. gestaltend bei Theatervorstellungen, Musikaufführungen, Rundfunk- und Filmaufnahmen sowie an den dafür erforderlichen Proben in festgelegten Zeitgrenzen mitwirken, § 6 Abs. 1 JArbSchG.

Kinder, die der Vollzeitschulpflicht nicht mehr unterliegen, dürfen im Berufsausbildungsverhältnis und ansonsten nur mit leichten und für sie geeigneten Tätigkeiten **bis zu sieben Stunden täglich und 35 Stunden wöchentlich** beschäftigt werden, § 7 JArbSchG.

61   Die tägliche Arbeitszeit **Jugendlicher** darf acht Stunden täglich und **40 Wochenstunden an insgesamt fünf Tagen in der Woche** nicht überschreiten, die Nacht-, Samstags-, Sonntags- und Feiertagsruhe sind einzuhalten, §§ 8, 14 ff. JArbSchG. Die Pausen (§ 11 JArbSchG) müssen bei einer Arbeitszeit von mehr als viereinhalb Stunden mindestens 30 Minuten und bei mehr als sechs Stunden täglich mindestens 60 Minuten betragen. Die Pausen sind in angemessener zeitlicher Lage und in Räumen zu gewähren, in denen nicht gearbeitet wird. Jugendliche dürfen nicht länger als viereinhalb Stunden ohne Pause hintereinander beschäftigt werden. Nach Beendigung der täglichen Arbeitszeit ist der Jugendliche mindestens zwölf Stunden freizustellen, § 13 JArbSchG.

62   **Ausnahmsweise** dürfen Jugendliche bei Musikaufführungen, Theatervorstellungen und anderen Aufführungen, bei Rundfunkaufnahmen, Aufnahmen auf Ton- und Bildträger sowie bei Film- und Fotoaufnahmen bis 23.00 Uhr gestalterisch mitwirken. Ihnen ist danach eine Ruhezeit von 14 Stunden zuzugestehen. Wenn Ausgleich und Freizeit bei einer Mindestzahl von Ruhetagen gewährleistet ist, dürfen sie auch in diesem Bereich ebenfalls an Samstagen, Sonn- und Feiertagen tätig werden, § 16 Abs. 2 Nr. 7, § 17 Abs. 2 Nr. 5, § 18 Abs. 2 JArbSchG.

63   Auf Grund eines **Tarifvertrages** kann die Arbeitszeit auf bis zu neun Stunden täglich, 44 Stunden wöchentlich und fünfeinhalb Tage wöchentlich abweichend verteilt werden, wenn ein Ausgleichszeitraum für die durchschnittliche Wochenarbeitszeit von 40 Stunden gewährleistet ist. Auf diese Weise können ebenfalls die Ruhepausen um eine Viertelstunde verkürzt und die Pausenzeiten anders verteilt werden. (zum Ganzen: § 21a JArbSchG). Das Bundeswirtschaftsministerium kann durch Rechtsverordnung in engen Grenzen weitere Ausnahmen regeln, § 21b JArbSchG.

64   15-jährigen Jugendlichen ist ein Mindesturlaub von 30 Werktagen, 16-jährigen ein solcher von 27 und 17-jährigen Jugendlichen ein Mindesturlaub von 25 Werktagen im Jahr zu gewähren, § 19 BUrlG.

V. Der Tarifvertrag

1. Abschluss, Inhalt und Kündigung des Tarifvertrages

65   Neben dem jeweiligen Arbeitsvertrag, den gesetzlichen Bestimmungen und dem Richterrecht bilden Tarifverträge eine weitere wesentliche und jeweils speziell auf die Branche zugeschnittene Rechtsgrundlage des Arbeitsrechts – auch im Kulturbereich.

Fischer/Beduhn

Gewerkschaften können mit einzelnen **Arbeitgebern** und mit **Arbeitgeberver-bänden** Tarifverträge abschließen, wenn sie genügend Mitglieder haben und damit tariffähig sind, § 2 Tarifvertragsgesetz (TVG). Die Tarifverträge können auch von Zu-sammenschlüssen von Gewerkschaften und den Arbeitgebervereinigungen – **Spitzen-organisationen** – geschlossen werden, wenn sie dazu bevollmächtigt oder durch ihre Satzung berechtigt sind.

Ein **Tarifvertrag** (zwingendes Schriftformerfordernis) kann **Regelungen** enthalten über

- Rechte und Pflichten der Tarifvertragsparteien sowie
- Rechtsnormen, die den Inhalt, den Abschluss und die Beendigung von Arbeitsver-hältnissen sowie betriebliche und betriebsverfassungsrechtliche Fragen ordnen, § 1 TVG.

Durch Tarifverträge können die Tarifvertragsparteien einander zu bestimmten Handlungen oder Unterlassungen verpflichten.

Im Übrigen kommt ihren Regelungen, die **das individuelle Arbeitsverhältnis** be-treffen, eine so genannte **normative Wirkung** zu. Das bedeutet, dass die tariflichen Regelungen zum Beispiel über Kündigungsfristen, die Entgelthöhe etc. unmittelbar und zwingend auf die einzelnen Arbeitsverhältnisse einwirken. Arbeitgeber und Ar-beitnehmer können **nicht wirksam** für den Arbeitnehmer **ungünstigere** Abma-chungen treffen, es sei denn, der Tarifvertrag lässt dies ausdrücklich zu. Günstigere Regelungen können selbstverständlich vertraglich vereinbart werden, § 4 Abs. 3 TVG. **66**

Tarifverträge können innerhalb der in ihm vorgesehenen Fristen und zu bestimmten Terminen gekündigt werden. Die normativen Regelungen gelten zwischen den Ver-tragsparteien weiter, bis sie durch andere Abmachungen ersetzt werden, so genannte **Nachwirkung**, § 4 Abs. 5 TVG. **67**

2. Tarifbindung und Geltungsbereich des Tarifvertrages

Auf das einzelne Arbeitsverhältnis ist der Tarifvertrag anzuwenden, wenn er von seinem zeitlichen, räumlichen, betrieblichen, fachlichen und persönlichen Geltungsbe-reich her einschlägig ist und die Arbeitsvertragsparteien an den Tarifvertrag gebunden sind. Diese **Tarifbindung** besteht, wenn der Arbeitgeber Mitglied des vertragschlie-ßenden Arbeitgeberverbandes und der Arbeitnehmer Mitglied der vertragschlie-ßenden Gewerkschaft ist, § 3 Abs. 1 TVG. Gleiches gilt, wenn der Tarifvertrag vom Bundesminister für Arbeit und Sozialordnung bzw. von der obersten Landes-Arbeits-behörde für **allgemeinverbindlich** erklärt wurde, § 5 TVG. Für den Kulturbereich spielt diese Form der Tarifbindung keine Rolle. Schließlich kann eine Tarifbindung auch dadurch hergestellt werden, dass die nicht tarifgebundenen Arbeitsvertragspar-teien einen **Tarifvertrag vertraglich in Bezug nehmen**. **68**

Zeitlich gilt ein Tarifvertrag für alle bestehenden Arbeitsverträge und für die, die nach seinem In-Kraft-Treten und vor seiner Beendigung abgeschlossen werden.

Das Tarifgebiet, in dem der Tarifvertrag **räumlich** gelten soll, ist in diesem festgelegt – es kann sich z. B. um Bezirks-, Landes- oder Bundes-Tarifverträge handeln – maß-geblich ist der Betriebssitz. Der **betriebliche Geltungsbereich** wird durch das Prinzip der Tarifeinheit bestimmt: Für den gesamten Betrieb gilt einheitlich der Tarifvertrag, der dem Schwergewicht, der überwiegend zu leistenden Arbeit (Gewerbezweig) ent-spricht. Der **fachliche** Geltungsbereich kann nach verschiedenen Arbeitnehmergrup-pen differenzieren (z. B. kaufmännische oder technische Angestellte einerseits und Ar- **69**

Fischer/Beduhn

beiter andererseits). Vom persönlichen Geltungsbereich werden alle Arbeitnehmer erfasst, Auszubildende können ausgenommen sein.

70　Tarifverträge können auch für **arbeitnehmerähnliche Personen** abgeschlossen werden, § 12a TVG. Das sind Mitarbeiter, die mangels persönlicher Abhängigkeit keine Arbeitnehmer, wegen ihrer wirtschaftlichen Abhängigkeit aber auch keine Unternehmer sind. Hierzu können Künstler, Schriftsteller, Journalisten und Mitarbeiter des Rundfunks gehören (ausführlich dazu § 6 Rdnr. 42 ff.).

3. Tarifverträge im Kulturbereich

71　Im **Kultursektor** findet sich eine **Fülle von Tarifverträgen:** So sind z. B. die Arbeitsbedingungen für abhängig Beschäftigte und arbeitnehmerähnliche Personen bei den Rundfunkanstalten tarifvertraglich geregelt. Ein ausführliches Tarifwerk gilt für Schauspieler, Bühnentechniker, Opernchor- und Tanzgruppenmitglieder an von öffentlicher Hand finanzierten Bühnen ebenso für Kulturorchester. Tarifverträge existieren auch für Kurorchester und Kurkapellen, Musiker in Gaststätten und Unterhaltungsbetrieben, Unterhaltungskünstler und Artisten sowie für Film- und Fernsehschaffende.

VI. Betriebsverfassungsrecht

72　Der Arbeitgeber hat ein weitgehendes Weisungsrecht, mit dem er die Einzelheiten der vom Arbeitnehmer auszuübenden Tätigkeiten näher bestimmt. Dadurch wird der einzelne Arbeitnehmer relativ stark in die betriebliche Organisation eingebunden und von dem Arbeitgeber abhängig. Diese Abhängigkeit wird durch das überbetriebliche Tarifsystem einerseits (s. o. Rdnr. 65 ff.) und durch ein System betriebsspezifischer Arbeitnehmervertretungen andererseits, z. B. Betriebsrat und dessen Ausschüsse, Jugend- und Auszubildendenvertretung, Sprecherausschuss und unternehmensübergreifende Arbeitsgemeinschaften, ausgeglichen bzw. abgemildert.

1. Geltungsbereich des Betriebsverfassungsgesetzes

73　Das Betriebsverfassungsgesetz (BetrVG) gilt für privatwirtschaftliche Betriebe. Für Dienststellen der Verwaltungen und der Betriebe des Bundes, der Länder und der Gemeinden sowie sonstiger Körperschaften des öffentlichen Rechts gilt das Personalvertretungsrecht. Das BetrVG erfasst diesen Bereich gerade nicht, § 130 BetrVG. Da die Regelungen der Personalvertretungsgesetze des Bundes und der Länder mit dem Betriebsverfassungsrecht strukturell vergleichbar sind, wird die Dienststellenvertretung im öffentlichen Dienst im Folgenden nicht ausdrücklich behandelt. Dargestellt werden die Grundzüge der für die privatrechtlichen Betriebe geltenden Betriebsverfassung.

74　Die betriebsverfassungsrechtlichen Rechte sind nicht an das Unternehmen (den Inhaber oder Rechtsträger), sondern an den einzelnen **Betrieb** geknüpft. Das ist eine „auf Dauer angelegte wirtschaftliche Einheit, eine organisatorische Gesamtheit von Personen und Sachen zur Ausübung einer wirtschaftlichen Tätigkeit mit eigener Zielsetzung, die nicht auf die Ausführung eines bestimmten Vorhabens beschränkt ist" (Eisemann, in Erfurter Kommentar, § 1 BetrVG Rdnr. 7 m. w. Nachw.). Entscheidend ist, dass die vorhandenen materiellen und immateriellen Betriebsmittel und die menschliche Arbeitskraft gezielt von einem **einheitlichen – personalrechtlichen – Leitungsapparat gesteuert werden, um einen oder mehrere arbeitstechnische Zwecke zu ver-**

folgen (Koch, in Schaub, § 214 Rdnr. 2 m. w. Nachw. und Rdnr. 3). So kann ein Unternehmen mehrere Betriebe betreiben (dann können die einzelnen Betriebsräte nach §§ 50 ff. BetrVG für das Unternehmen einen Gesamtbetriebsrat bilden.). Umgekehrt können so genannte Gemeinschaftsbetriebe von mehreren Unternehmen, d. h. von mehreren Inhabern oder Rechtsträgern geführt werden (vgl. § 1 Abs. 2 BetrVG).

In einem Betrieb kann ein Betriebsrat gewählt werden, sog. **Betriebsratsfähigkeit**, 75 wenn dort in der Regel mindestens fünf ständige, (aktiv) wahlberechtigte Arbeitnehmer und Arbeitnehmerinnen beschäftigt werden, von denen drei auch (passiv) wählbar (s. u. Rdnr. 80) sind, § 1 BetrVG.

Das Betriebsverfassungsrecht gilt für alle persönlich weisungsabhängigen Arbeit- 76 nehmer und Arbeitnehmerinnen eines Betriebes, einschließlich der zu ihrer Berufsausbildung beschäftigten und zwar unabhängig davon, ob sie im Betrieb selbst (auch im Außendienst) oder mit Telearbeit beschäftigt werden, § 5 Abs. 1 BetrVG. Arbeitnehmerähnliche Personen (dazu § 6 Rdnr. 42 ff.) zählen nicht hierzu. Vom Anwendungsbereich des BetrVG ausgenommen sind ebenfalls:

- gesetzliche Vertreter juristischer Personen (Vorstandsmitglieder, GmbH-Geschäftsführer)
- Vertreter oder Geschäftsführer von Personengesellschaften
- Mönche, Ordensschwestern und dergleichen
- Personen, die zu ihrer Heilung, Besserung oder Erziehung beschäftigt werden (z. B. Strafgefangene)
- leitende Angestellte, soweit das Gesetz nichts anderes bestimmt.

Nach § 5 Abs. 3, 4 BetrVG sind leitende Angestellte solche, die nach ihrem Arbeits- 77 vertrag und nach ihrer Stellung im Unternehmen eine selbstständige Einstellungs- und Entlassungsbefugnis, Generalvollmacht oder Prokura haben oder regelmäßig weisungsfrei oder mit maßgeblichem Einfluss Aufgaben wahrnehmen, die für den Bestand und die Entwicklung des Unternehmens oder Betriebes von Bedeutung sind und deren Erfüllung besondere Erfahrungen und Kenntnisse voraussetzen. Für die Einordnung der Angestellten nach § 5 Abs. 3 BetrVG sind nicht ihre Funktionsbezeichnungen entscheidend, sondern der **konkrete Zuschnitt ihres Aufgabenbereichs und die ihnen eingeräumten Entscheidungsbefugnisse und Einflussmöglichkeiten auf die Unternehmensführung**. Im Medienbereich kommt es so z. B. für die Einstufung des Ressortleiters einer Tageszeitung vor allem auf die Führungsbefugnisse im fachlichen, journalistischen Bereich an (BAG vom 22. 2. 1994, 7 ABR 32/93, Juris).

2. Die Wahl des Betriebsrats

Für die Durchführung des Betriebsratswahl setzt der Betriebsrat spätestens zehn – 78 bei Kleinbetrieben und besonderer Vereinbarung über ein vereinfachtes Wahlverfahren vier – Wochen vor Ablauf seiner Amtszeit einen **Wahlvorstand und dessen Vorsitzende/n** ein, §§ 16, 17a BetrVG. Besteht in einem betriebsratspflichtigen Betrieb kein Betriebsrat, so sind folgende Institutionen in der genannten Reihenfolge jeweils vorrangig für die Bestellung des Wahlvorstandes zuständig: der Gesamtbetriebsrat, der Konzernbetriebsrat, ansonsten die Betriebsversammlung und – wenn alle diese Möglichkeiten nicht eingreifen – das Arbeitsgericht. Die Einsetzung des Wahlvorstandes durch die Betriebsversammlung und durch das Arbeitsgericht sind jeweils auf Antrag dreier wahlberechtigter Arbeitnehmer oder einer im Betrieb vertretenen Gewerkschaft möglich. (Zum Ganzen: § 17 BetrVG). Hierdurch wird die Bedeutung und Aufgabenstellung der Gewerkschaften innerhalb der Betriebsverfassung deutlich: Ihnen obliegen konkrete Hilfs-, Beratungs- und Kontrollfunktionen.

79   Der Wahlvorstand besteht aus mindestens drei wahlberechtigten Arbeitnehmern. Sollte dies zur ordnungsgemäßen Wahldurchführung erforderlich sein, ist auch eine höhere Zahl der Wahlvorstandsmitglieder zulässig. Sie muss ungerade sein. Zur Förderung der Bereitschaft von Frauen, sich an der betrieblichen Interessenvertretung zu beteiligen, bestimmt § 16 Abs. 2 S. 6 BetrVG, dass dem Wahlvorstand Frauen und Männer angehören sollen.

80   Wahlberechtigt sind alle Arbeitnehmerinnen und Arbeitnehmer, die das 18. Lebensjahr vollendet haben, § 7 BetrVG. Wählbar sind alle Wahlberechtigten, die sechs Monate dem Betrieb angehören; das gilt nicht bei neu gegründeten Betrieben, die noch nicht sechs Monate bestehen, § 8 BetrVG.

81   Die **Zahl der zu wählenden Betriebsratsmitglieder** ist gesetzlich nach der regelmäßigen Beschäftigtenzahl und damit **nach der Betriebsgröße gestaffelt**, §§ 9, 10 BetrVG: Ein einköpfiger Betriebsrat wird bei einem Betrieb mit fünf bis zu 20 wahlberechtigten Arbeitnehmern gewählt. Bei mindestens 21 wahlberechtigten Arbeitnehmern ist ein mehrköpfiger Betriebsrat zu wählen. Sind mindestens 51 wahlberechtigte Arbeitnehmer vorhanden, so orientiert sich die gesetzliche Staffelung nunmehr an der Anzahl aller Arbeitnehmer selbst: auf das aktive Wahlrecht der übrigen Mitarbeiter kommt es nicht mehr an. Stehen jeweils nicht ausreichend viele wählbare Arbeitnehmer zur Verfügung, so ist die Mitgliederzahl der nächstniedrigeren gesetzlichen Staffel maßgeblich.

82   Die Unterscheidung von Arbeitern einerseits und Angestellten andererseits ist aufgegeben. Das Gebot, dass sich der Betriebsrat möglichst aus Arbeitnehmern der einzelnen Organisationsbereiche und der verschiedenen Beschäftigungsarten zusammensetzen soll, § 15 Abs. 1 BetrVG, ist nicht zwingend. Bei einem mindestens dreiköpfigen Betriebsrat muss das Geschlecht, welches in der Belegschaft in der Minderheit ist, zumindest nach seinem Anteil in der Belegschaft vertreten sein, § 15 Abs. 2 BetrVG.

83   In Betrieben mit bis zu 50 wahlberechtigten Mitarbeitern sind zwingend die Besonderheiten des **vereinfachten Wahlverfahrens** nach §§ 14, 14a, 17a BetrVG (i. V. m. §§ 28 ff. WahlO) zu beachten. Bei 51 bis zu 100 regelmäßig wahlberechtigten Arbeitnehmern können Wahlvorstand und Arbeitgeber die Anwendung des vereinfachten Wahlverfahrens vereinbaren. In Betrieben ohne Betriebsrat, in denen ein vereinfachtes Wahlverfahren durchzuführen ist, werden Wahlvorstand und Betriebsrat in einem zweistufigen Verfahren auf verschiedenen Wahlversammlungen gewählt. (Zu den weiteren Anwendungsvoraussetzungen und Besonderheiten des einstufigen Wahlverfahrens, vgl. Koch, in Schaub, § 217 Rdnr. 39 ff.).

84   Die Betriebsratswahl wird im vereinfachten Verfahren und, wenn es im normalen Wahlverfahren nur einen Wahlvorschlag (eine Liste) gibt, als **Persönlichkeitswahl** durchgeführt. Sie wird als **Verhältniswahl (Listenwahl)** durchgeführt, wenn zwei oder mehr gültige Wahlvorschläge (Listen) eingereicht werden, § 14 Abs. 3 BetrVG. Die wesentlichen Formalien des Wahlverfahrens sollten streng beachtet werden, um insbesondere bei groben Verstößen, die eine Nichtigkeit der Wahl begründen, nicht die Nichtigkeit der folgenden Betriebsratsarbeit und insbesondere der gefassten Betriebsratsbeschlüsse zu riskieren. Niemand darf die Betriebsratswahl behindern oder beeinflussen, ansonsten begeht er oder sie eine Straftat, die mit Freiheitsstrafe bis zu einem Jahr oder mit Geldstrafe geahndet werden kann, § 20 Abs. 1 und 2, § 119 Abs. 1 Nr. 1 BetrVG. So ist der Wahlschutz gegenüber jedweder Repressalie jedenfalls formal gewährleistet.

Fischer/Beduhn

3. Amtszeit und Geschäftsführung des Betriebsrats

Die **regelmäßige Amtszeit** des Betriebrats dauert **vier Jahre**, § 21 BetrVG. Aus- 85
nahmsweise ist ein Betriebsrat vorzeitig zu wählen, wenn z. B. die Betriebsratswahl
rechtswirksam angefochten wurde, sich die Beschäftigtenzahl um die Hälfte, mindestens aber um 50 nach oben oder unten verändert oder einzelne Mitglieder und Ersatz-
mitglieder ausgeschieden sind und dadurch die gesetzlich vorgeschriebene Zahl der
Betriebsratsmitglieder nicht mehr erreicht wird, § 13 Abs. 2 BetrVG.

Der mehrköpfige Betriebsrat muss aus seiner Mitte den **Betriebsratsvorsitzenden** 86
und seinen Stellvertreter wählen, um funktionsfähig zu werden, § 26 BetrVG. Der
oder die Betriebsratsvorsitzende bzw., falls dieser oder diese verhindert ist, der Stellvertreter **vertritt den Betriebsrat im Rahmen der von ihm gefassten Beschlüsse**.
Und ausschließlich er oder sie ist – soweit der Betriebsrat nicht andere Mitglieder dazu
ausdrücklich ermächtigt hat – zur Entgegennahme von Erklärungen befugt, die dem
Betriebsrat gegenüber z. B. durch den Arbeitgeber abzugeben sind. So ist z. B. die Be-
triebsratsanhörung vor Ausspruch einer Kündigung nicht wirksam, wenn der Arbeitgeber ausschließlich ein Betriebsratsmitglied informiert, welches weder Vorsitzender
noch zur Entgegennahme von Erklärungen ermächtigt ist.

Darüber hinaus obliegt dem oder der Betriebsratsvorsitzenden die **Führung der** 87
**laufenden Geschäfte, die Einberufung der Betriebsratssitzungen und die Leitung
der Betriebsversammlung**. Um eine etwaige Nichtigkeit von Betriebsratsbeschlüssen
zu vermeiden, sollte er oder sie darauf achten, dass die entsprechenden **Formvor-
schriften** eingehalten werden (z. B. Einladung der Betriebsratsmitglieder unter Mitteilung der vollständigen Tagesordnung, Beschlussfähigkeit des Betriebsrats, Sitzungsnie-
derschrift mit Anwesenheitsliste etc., §§ 29, 30, 33, 34 BetrVG). Soweit erforderlich
haben die einzelnen Betriebsratsmitglieder einen **Anspruch auf Schulungs- und Bil-
dungsveranstaltungen**, die ihnen die Kenntnisse vermitteln, die für die Betriebsratsarbeit erforderlich sind, § 37 Abs. 6 BetrVG.

Bei einem Betriebsrat von neun oder mehr Mitgliedern ist ein **Betriebsausschuss** zu 88
bilden, der die Geschäftsführung übernimmt, § 27 BetrVG. In einem solchen Fall kann
der Betriebsrat weitere Ausschüsse für bestimmte Aufgaben, zum Beispiel einen Per-
sonalausschuss bilden, § 28 BetrVG.

4. Die Betriebsversammlung

Zumindest **einmal in jedem Kalendervierteljahr** hat der Betriebsrat eine Betriebs- 89
versammlung einzuberufen. Kann wegen der Eigenart des Betriebes eine gleichzeitige
Versammlung aller Arbeitnehmerinnen und Arbeitnehmer nicht stattfinden, so sind
zeitlich parallel Teilversammlungen durchzuführen. Wenn dies zur Erörterung besonderer Belange erforderlich ist, müssen Abteilungsversammlungen einberufen werden.
Darüber hinaus können der **Arbeitgeber**, mindestens **ein Viertel der wahlberechtigten Arbeitnehmer** und im Betrieb vertretene **Gewerkschaften Betriebsversammlun-
gen beantragen** (zum Ganzen: §§ 42, 43 BetrVG). An den Versammlungen können
Beauftragte der im Betrieb vertretenen Gewerkschaften und, sofern der Arbeitgeber
ebenfalls anwesend ist, Vertreter der entsprechenden Arbeitgeberverbände teilnehmen,
§ 46 Abs. 1 BetrVG.

Auf der ordentlichen Betriebsversammlung hat der Betriebsrat seinen **Tätigkeitsbe-** 90
richt zu erstatten. Der Arbeitgeber ist verpflichtet, mindestens einmal im Kalenderjahr
über das **Personal- und Sozialwesen, über die wirtschaftliche Lage und Entwicklung des Betriebes und den betrieblichen Umweltschutz** zu berichten, § 43 BetrVG.

Fischer/Beduhn

Im Übrigen können in den Betriebs- und Abteilungsversammlungen alle betrieblichen Angelegenheiten, insbesondere solche tarifpolitischer, sozialpolitischer oder wirtschaftlicher Art erörtert werden, sofern diese den Betrieb oder seine Arbeitnehmer unmittelbar betreffen, § 45 S. 1 BetrVG. Die Betriebs- und Abteilungsversammlungen können auch die **Betriebsratsarbeit inhaltlich durch Anträge und Stellungnahmen beeinflussen,** § 45 S. 2 BetrVG.

5. Die Beteiligungsrechte des Betriebsrats

91   Dem Betriebsrat stehen **Mitwirkungs- und die stärkeren Mitbestimmungsrechte** zu (§§ 74 – 113 BetrVG). Die Mitwirkungsrechte teilen sich auf in Informations-, Anhörungs- und Beratungsrechte.

Damit der Betriebsrat seinen umfassenden Aufgabenkatalog erfüllen kann, hat der Arbeitgeber den Betriebsrat rechtzeitig und umfassend zu unterrichten und ihm auf Verlangen alle Unterlagen und – soweit erforderlich – sachkundige Arbeitnehmer als Auskunftspersonen zur Verfügung zu stellen, § 80 BetrVG. Neben **Informationsrechten** und den daraus resultierenden Beratungsrechten, z. B. bei Beschwerden von einzelnen Arbeitnehmern, bestehen umfangreiche Informationsrechte, z. B. für Planungen des Arbeitgebers. Das betrifft Änderungen baulicher Art und Arbeitsverfahrensänderungen (§ 90 BetrVG), die Personalplanung (§ 92 BetrVG), Informationsrechte bei Einstellungen, Ein- und Umgruppierungen sowie Versetzungen (§ 99 BetrVG), bei Entlassungen (§ 102 BetrVG), bei Rationalisierungsmaßnahmen (§ 111 BetrVG) usw. (vgl. Koch, in Schaub, § 230 Rdnr. 2).

Das Recht des Betriebsrats, vor dem beabsichtigten Ausspruch einer arbeitgeberseitigen Kündigung über die Arbeitnehmerdaten und Kündigungsgründe informiert zu werden, wird durch sein **Anhörungsrecht** ergänzt. Dem Betriebsrat ist Gelegenheit zu geben, zu der beabsichtigten Kündigung Stellung zu nehmen. Wird eine Kündigung ausgesprochen bzw. abgesandt, ohne dass die Stellungnahme des Betriebsrates bzw. die dafür vorgesehene Anhörungsfrist abgewartet wurde, so ist diese Kündigung auch dem einzelnen Arbeitnehmer gegenüber unwirksam (§ 102 BetrVG).

92   Zudem hat der Betriebsrat bei **wirtschaftlichen, personellen und sozialen Angelegenheiten ein echtes Mitbestimmungsrecht;** ohne seine Zustimmung darf der Arbeitgeber die geplante Maßnahme daher nicht durchführen:

Beispiel zur personellen Mitbestimmung:
Ein Theater beabsichtigt, den befristet beschäftigten zweiten Beleuchtungsassistenten A, nachdem dessen Vertrag ausgelaufen ist, durch einen anderen zu ersetzen und schreibt diese Stelle nunmehr als unbefristete Stelle aus. Der Betriebsrat verweigert seine Zustimmung zur Einstellung des Nachfolgers B mit der Begründung, durch diese Einstellung werde der bereits im Betrieb befristet beschäftigte A benachteiligt, § 99 Abs. 2 Nr. 3 BetrVG.

Um B beschäftigen zu dürfen, muss das Theater nunmehr die Zustimmung des Betriebsrats durch das zuständige Arbeitsgericht ersetzen lassen, § 99 Abs. 4 BetrVG. Bis zu der gerichtlichen Entscheidung darf der Arbeitgeber B nur unter strengen Voraussetzungen vorläufig beschäftigten (§ 100 BetrVG), ansonsten kann der Betriebsrat dem Arbeitgeber gerichtlich aufgeben lassen, die tatsächliche Beschäftigung des B aufzuheben (§ 101 BetrVG).

Die oftmals für Kulturschaffende an Bühne und Rundfunk- und Fernsehanstalten tariflich vorgeschriebene Nicht-Verlängerungsanzeige zur Beendigung eines befristeten Arbeitsvertrages bedarf nicht der Zustimmung des Betriebsrates, wohl aber die Verlängerung eines solchen befristeten Vertrages.

Fischer/Beduhn

Auch bei den **sozialen Angelegenheiten aus dem Katalog des § 87 Abs. 1 BetrVG** 93
steht dem Betriebsrat ein **echtes Mitbestimmungsrecht** zu. Hat der einer Maßnahme
nicht vorab zugestimmt oder hat er umgekehrt beim Arbeitgeber erfolglos angeregt,
sog. **Initiativrecht**, einen bestimmten Gegenstand aus diesem Katalog in bestimmter
Weise zu regeln, so entscheidet **auf Antrag verbindlich eine betriebliche Einigungs-
stelle**, § 87 Abs. 2, § 76 BetrVG. Somit hat die Arbeitnehmervertretung auch in Ten-
denzbetrieben (s. u. Rdnr. 94 ff.) u. a. entscheidenden Einfluss auf die Regelung
- der Betriebsordnung und des Arbeitnehmerverhaltens
- der Verteilung der Arbeitszeitlage und der Pausen sowie der Anordnung von Überstunden oder Kurzarbeit
- der Urlaubsgrundsätze und Urlaubspläne
- der Einführung und Anwendung von technischen Überwachungseinrichtungen
- des Unfallschutzes und zur Verhinderung von Berufskrankheiten
- von Sozialeinrichtungen
- der betrieblichen Lohngestaltung sowie der leistungsbezogenen Entgelte
- des betrieblichen Vorschlagswesens und
- der Grundsätze der Durchführung von Gruppenarbeit.

Die wirtschaftliche Mitbestimmung ist ebenfalls stark ausgestaltet: Will der Arbeitgeber z. B. rationalisieren und einen hohen Anteil der vorhandenen Arbeitsplätze ab-
bauen, so kann der Betriebsrat über sein Initiativrecht letztlich den **Abschluss eines
Sozialplans erzwingen**, § 112 Abs. 4, 112a BetrVG.

6. Der Tendenzschutz

Die Beteiligungsrechte des Betriebsrats sind in Tendenzunternehmen und -betrie- 94
ben eingeschränkt. Das sind Unternehmen und Betriebe, die unmittelbar und überwiegend den in § 118 Abs. 1 BetrVG genannten Zwecken dienen, also u. a. politischen,
konfessionellen, wissenschaftlichen, **künstlerischen Bestimmungen** oder Zwecken
der **Berichterstattung oder Meinungsäußerung.**

Um die künstlerische Freiheit des Kulturbetriebes einerseits und das Interesse an der
betrieblichen Mitbestimmung andererseits auszugleichen, sind hier **die Beteiligungsrechte** des Betriebsrats in sozialen und personellen Angelegenheiten und bei der Ar-
beitsplatzgestaltung **nicht anwendbar, soweit die Eigenart des Unternehmens oder
Betriebes dem entgegensteht.** Entscheidend ist, ob diese Einschränkung durch die
Tendenz bedingt oder durch sie erforderlich ist, weil sonst die Tendenzverwirklichung
– z. B. die Pressefreiheit geschützt durch Art. 5 GG – durch die Beteiligungsrechte verhindert oder ernstlich beeinträchtigt werden könnte (BVerfG vom 15. 12. 1999, 1 BvR
505/95, AP Nr. 67 zu § 118 BetrVG 1972 = NZA 2000, 264 f.; BAG vom 21. 9. 1993, 1
ABR 28/93, AP Nr. 4 zu § 94 BetrVG 1972 = NZA 1994, 375, 376 f.). Ob der Tendenz-
schutz eingreift und damit die Mitbestimmung einschränkt, ist jeweils im konkreten
Einzelfall nach dem Gegenstand der Mitbestimmung oder des Beteiligungsrechts zu
entscheiden. So bestehen z. B. bei der Einstellung von Maskenbildnerinnen durch ein
Theater in der Regel die vollen Mitbestimmungsrechte nach § 99 BetrVG. Sollen Arbeitnehmer, die auf Grund ihres Arbeitsvertrages die Tendenz des Betriebes verwirklichen sollen (sog. Tendenzträger), z. B. Schauspieler oder Redakteure eingestellt werden, so ist der Betriebsrat lediglich zu informieren. Die Kündigung eines
Betriebsratsmitgliedes aus tendenzbezogenen Gründen bedarf nur der Anhörung,
nicht aber der Zustimmung des Betriebsrats (BAG vom 28. 8. 2003, 2 ABR 48/02, AP
Nr. 49 zu § 103 BetrVG 1972 = NZA 2004, 501, 504 f.).

Fischer/Beduhn

95   **Soziale Mitbestimmungsrechte** beeinträchtigen in der Regel die ideellen Zielset-
zungen des Betriebes nicht und **bestehen daher uneingeschränkt** fort. So hat bei Theatern und Orchestern der Betriebsrat z. B. generell bezüglich des Beginns und des
Endes der täglichen Probezeiten mitzubestimmen. Ausschließlich dann, wenn künstlerische Aspekte eine bestimmte Dauer oder Lage der Arbeitszeit erfordern, hat das Mitbestimmungsrecht zurückzutreten (BAG vom 4. 8. 1981, 1 ABR 106/79, AP Nr. 5 zu
§ 87 BetrVG 1972 Arbeitszeit).

96   In Tendenzunternehmen besteht keine Pflicht, einen Wirtschaftsausschuss zu bilden
und dessen Beteiligungsrechte zu beachten (§ 118 Abs. 1 S. 2 BetrVG). Bei Betriebsän-
derungen hat der Betriebsrat **ein umfassendes Informationsrecht und ein Mitbestimmungsrecht hinsichtlich des Ausgleichs- oder der Milderung der wirtschaftlichen
Nachteile** für die Arbeitnehmer (**Sozialplan**, vgl. BAG vom 30. 3. 2004, 1 AZR 7/03,
AP Nr. 47 zu § 113 BetrVG 1972 = NZA 2004, 931 ff.). Der Betriebsrat muss über die
beschlossene Betriebsänderung jedenfalls so informiert werden, dass er schon vor deren Durchführung sachangemessene Überlegungen zum Inhalt eines künftigen Sozialplans anstellen kann. Obwohl in Tendenzunternehmen nicht über die Betriebsänderung selbst durch einen Interessenausgleich mitbestimmt werden kann, stehen den
einzelnen Arbeitnehmern Ansprüche auf **Nachteilsausgleich** (**Abfindungen**) zu,
wenn der Arbeitgeber dem Betriebsrat gegenüber seine Informationspflichten verletzt
und keine Verhandlungen über einen Sozialplan ermöglicht hat (BAG vom 18. 11.
2003, 1 AZR 637/02, AP Nr. 76 zu § 118 BetrVG 1972 = NZA 2004, 741 ff.; BAG vom
27. 10. 1998, 1 AZR 766/97, AP Nr. 65 zu § 118 BetrVG 1972 = NZA 1999, 328,
329 ff.).

7. Die Jugend- und Auszubildendenvertretung

97   Sind in einem Betrieb regelmäßig mindestens fünf Arbeitnehmer beschäftigt, die das
18. Lebensjahr oder als Auszubildende das 25. Lebensjahr noch nicht vollendet haben,
so kann zur Vertretung ihrer spezifischen Interessen eine Jugend- und Auszubildendenvertretung gewählt werden, § 60 Abs. 1 BetrVG. Im Unternehmen mit mehreren
Betrieben kann eine Gesamt-, im Konzern eine Konzern-Jugend, und Auszubildendenvertretung gebildet werden (§§ 72 f., 73a f. BetrVG).
     Die regelmäßige Amtszeit der Jugend- und Auszubildendenvertretung beträgt
zwei Jahre. Die Vorschriften über das Wahlverfahren und die Geschäftsführung sind
an die für den Betriebsrat angelehnt. Im Gegensatz zum Betriebsrat hat die Jugend-
und Auszubildendenvertretung **keine Beteiligungsrechte** gegenüber dem Arbeitgeber. Sie hat die spezifischen Interessen der Jugendlichen und Auszubildenden gegenüber dem Betriebsrat wahrzunehmen (§ 66 ff. BetrVG). So stehen ihr zum **Beispiel
Teilnahme- und Stimmrechte bei Betriebsratssitzungen** und Tagesordnungspunk-
ten zu, die besonders oder überwiegend die Belange der Jugendlichen und Auszubildenden betreffen, § 67 BetrVG. Mit dem Betriebsrat zusammen nimmt die Jugend-
und Auszubildendenvertretung die Interessen gegenüber dem Arbeitgeber wahr,
§§ 67, 68 BetrVG.

8. Der Schutz der Betriebsverfassungsorgane

98   Auf Grund des Tätigkeits- und des Entgeltschutzes der Betriebsratsmitglieder gemäß § 37 Abs. 4 und 5 BetrVG dürfen diese nur mit Tätigkeiten vergleichbarer Arbeitnehmer beschäftigt werden. Desgleichen ist zu sichern, dass sie an der Lohn- und Ge-
haltsentwicklung vergleichbarer Beschäftigter teilnehmen.

Fischer/Beduhn

Betriebsratsmitglieder **dürfen in ihrer Amtsausübung nicht behindert werden,** 99 eine unterschiedliche Behandlung wegen des Betriebsratsamtes hat der Arbeitgeber zu unterlassen, § 78 BetrVG. Diese Gebote sind auf Antrag strafbewährt, § 119 BetrVG (weitere Unterlassungsansprüche ergeben sich aus § 23 Abs. 3 BetrVG).

Der daneben wichtigste Schutz der Betriebsverfassungsorgane zur Sicherung der 100 Unabhängigkeit und Kontinuität ihrer Arbeit besteht in dem **Sonderkündigungsschutz ihrer Mitglieder.** Wenn der Betrieb oder die Betriebsabteilung nicht gerade stillgelegt wird, ist die **ordentliche Kündigung** eines Betriebsratsmitgliedes, eines Jugend- und Auszubildendenvertreters, eines Wahlvorstandes sowie die von Wahlbewerbern **unzulässig.** Ihnen kann nur aus wichtigem Grund gekündigt werden (§ 15 KSchG, zur außerordentlichen Kündigung s. o. Rdnrn. 38, 39 und 54). Ein wichtiger Grund kann nur ganz ausnahmsweise in der Amtsführung eines Betriebsratsmitgliedes liegen, wenn eine Amtspflichtverletzung zugleich eine schwere Verletzung des Arbeitsvertrags beinhaltet (Linck, in Schaub, § 143 Rdnr. 31, 34). **Der Kündigung eines Betriebsratsmitglieds bzw. eines Mandatsträgers oder Wahlbewerbers muss der Betriebsrat** außerdem zuvor ausdrücklich **zustimmen** (§ 103 BetrVG). Verweigert der Betriebsrat die Zustimmung zur außerordentlichen Kündigung, muss der Arbeitgeber diese in einem Beschlussverfahren vom Arbeitsgericht ersetzen lassen. Der betroffene Arbeitnehmer ist in diesem Verfahren zu beteiligen (§ 103 Abs. 2 BetrVG) und hat bereits hier alle Einwendungen gegen die Kündigung vorzutragen.

VII. Rechtsstreitigkeiten im Arbeitsrecht

1. Die Arbeitsgerichtsbarkeit

Für **Rechtsstreitigkeiten** zwischen **Tarifvertragsparteien, Betriebsrat** und **Unter-** 101 **nehmer,** zwischen Arbeitnehmern untereinander sowie zwischen **Arbeitnehmern und Arbeitgebern** aus dem Arbeitsverhältnis ist ausschließlich die Arbeitsgerichtsbarkeit sachlich zuständig, §§ 2 ff. ArbGG. Gleiches gilt für die Streitigkeiten zwischen **arbeitnehmerähnlichen Personen** und ihren Auftraggebern, § 5 Abs. 1 S. 2 ArbGG.

Die Besonderheiten des Arbeitsgerichtsverfahrens sollen den Gegebenheiten des Arbeitslebens Rechnung tragen und den Zugang zu den Arbeitsgerichten erleichtern. Um Praxis- und Sachnähe zu Gewähr leisten, sind die Kammern und Senate der jeweiligen Instanzgerichte sowohl mit Berufsrichtern als auch mit **ehrenamtlichen Richtern aus den Kreisen der Arbeitnehmer und der Arbeitgeber** besetzt, §§ 6, 20 ff., 35 ff., 43 f. ArbGG.

Die **Gerichtsgebühren sind niedriger** als diejenigen bei der ordentlichen Gerichtsbarkeit, Kostenvorschüsse werden dafür nicht erhoben. Selbst wenn eine Partei verliert, ist sie in der ersten Instanz **ausschließlich** dazu verpflichtet, neben den Gerichtskosten **die eigenen Kosten der Rechtsvertretung** zu tragen, § 12a Abs. 1 ArbGG.

Jede und jeder kann vor dem Arbeitsgericht (1. Instanz) selbst Klage erheben, schriftlich oder zu Protokoll der Rechtsantragsstelle. Vor den Arbeits- und Landesarbeitsgerichten können sich die Gewerkschaftsmitglieder von den Rechtsbeiständen der Gewerkschaften vertreten lassen, § 11 ArbGG. Nur vor dem Bundesarbeitsgericht besteht Anwaltszwang.

Die mündliche Verhandlung beginnt in Urteilsverfahren mit einer Verhandlung vor 102 dem Vorsitzenden der jeweiligen Kammer des Arbeitsgerichts, um eine gütliche Einigung der Parteien herbeizuführen, **Güteverhandlung** (§ 54 ArbGG). Da ein Vergleich besser als ein streitentscheidendes Urteil geeignet ist, den Rechtsfrieden herbeizuführen und zu bewahren, ist das Gericht in jeder Lage des Verfahrens gehalten, eine gütliche Einigung herbeizuführen.

Es besteht eine besondere **Prozessförderungspflicht in Kündigungsverfahren**: Um möglichst bald Klarheit über den Bestand der Existenzgrundlage für den Arbeitnehmer, über das Arbeitsverhältnis zu schaffen, sollen Bestandsstreitigkeiten vorrangig erledigt werden und innerhalb von zwei Wochen nach Klageerhebung soll die Güteverhandlung stattfinden.

Betriebsverfassungsrechtliche Streitigkeiten (s. o. Rdnr. 72 ff.) werden im **Beschlussverfahren** verhandelt, §§ 2a, 80 ff. ArbGG. Das Gericht erforscht den Sachverhalt im Rahmen der gestellten Anträge von Amts wegen, § 83 Abs. 1 BetrVG. Sämtliche Personen und Institutionen, deren Rechte betroffen sein können, sind zu beteiligen.

103   Das Arbeitsrecht ist sehr umfangreich und besteht aus sehr viel Richterrecht. Für die Rechtsdurchsetzung müssen oftmals sehr **kurze Fristen** eingehalten werden. So gilt z. B. eine **schriftliche Kündigung als rechtswirksam**, wenn sie nicht innerhalb von **drei Wochen nach** ihrem **Zugang** mit einer **Kündigungsschutzklage** vor dem Arbeitsgericht angegriffen wird. Auch Tarifverträge oder Arbeitsverträge sehen häufig **Ausschlussfristen von wenigen Wochen oder Monaten** vor, innerhalb derer die Ansprüche aus einem Arbeitsverhältnis geltend gemacht werden müssen, damit sie nicht verfallen. Daher sollten angestellte Künstler und Künstlerinnen zeitnah den Rechtsrat durch ihre Gewerkschaft oder Anwälte für Arbeitsrecht einholen, um ihre Rechte effektiv durchsetzen zu können.

2. Schiedsverfahren

104   Gemäß § 101 Abs. 2 ArbGG kann in Tarifverträgen eine Schiedsklausel vereinbart sein, wenn u. a. der persönliche Geltungsbereich des Tarifvertrages überwiegend Bühnenkünstler, Filmschaffende oder Artisten umfasst. Dann ist die Klage vor dem Arbeitsgericht zunächst unzulässig, da Rechtsstreitigkeiten aus dem Arbeitsverhältnis durch ein **Schiedsgericht** entschieden werden müssen. Das gilt auch dann, wenn die Arbeitsvertragsparteien zwar nicht tarifgebunden sind, aber einzelvertraglich auf den Tarifvertrag Bezug genommen haben, (BAG vom 30. 5. 2000, 7 AZR 909/98, Juris).

Tarifverträge mit einer derartigen Schiedsklausel bestehen z. B. für Bühnenmitglieder, Opernchorsänger und Tanzgruppenmitglieder (§ 53 NV Bühne). Nur unter eingeschränkten Voraussetzungen, z. B. wenn der Schiedsspruch auf der Verletzung einer Rechtsnorm beruht, kann dieser mit einer **Aufhebungsklage beim Arbeitsgericht** angegriffen werden, § 110 ArbGG.

4. Kapitel: Vertragsrecht

§ 8 Rechtsgrundlagen für Verträge und deren inhaltliche Gestaltung

I. Marktbeziehungen und Vertragsfreiheit

Auch Kunst – genauer: ihre Erzeugnisse und Darbietungen – drängt auf den Markt. **1**
Auch die Künstlerinnen und Künstler sind in der Regel darauf angewiesen, ihre Arbeitskraft bzw. deren Verdinglichungen am Markt zu verkaufen, um die eigenen Reproduktionskosten zu erwirtschaften. Kunst erhält so gleichermaßen **Warencharakter** wie alle Produkte „profanerer" menschlicher Tätigkeit, denen ein Tauschwert zukommt. Somit sind auch für den Kunst-Markt und seine Beziehungen die einschlägigen Regeln des **Bürgerlichen Rechts** zuständig. Diese Regeln werden im folgenden dargestellt.

Zentrales Grundprinzip des Rechtsverkehrs der Personen untereinander ist die aus **2**
dem Grundrecht der allgemeinen Handlungs- und Entfaltungsfreiheit des Art. 2 GG abgeleitete **Vertragsfreiheit** (Privatautonomie). Dieser Grundsatz der Vertragsfreiheit bedeutet einmal, dass jedermann grundsätzlich frei ist, zu entscheiden, ob und mit wem er einen Vertrag eingeht. Diese **Abschlussfreiheit** erfährt allerdings Einschränkungen überall dort, wo ein Anbieter eine Monopolstellung innehat, der Nachfrager die betreffende Leistung also nur von einem einzigen Unternehmen erhalten kann. Dann besteht für diesen Anbieter nach allgemeiner Meinung (vgl. nur Larenz/Wolf, Lehrbuch des Schuldrechts, Allgemeiner Teil, § 34, Rdnr. 29 m. w. Nachw.) ein **Kontrahierungszwang**, d. h., der Anbieter muss den gewünschten Vertrag mit dem Nachfrager schließen, anderenfalls dieser seinen Abschlussanspruch gerichtlich durchsetzen kann.

Der Kontrahierungszwang gilt auch für sog. **marktbeherrschende Unternehmen** **3**
nach §§ 19, 20 des Gesetzes gegen Wettbewerbsbeschränkungen (GWB). Marktbeherrschend ist ein Unternehmen nach § 19 Abs. 2 GWB dann, wenn es als Anbieter oder Nachfrager einer bestimmten Art von Waren oder gewerblichen Leistungen auf einem sachlich, räumlich und zeitlich eingegrenzten Markt ohne Wettbewerber ist oder keinem wesentlichen Wettbewerb ausgesetzt ist (vgl. hierzu im einzelnen Immenga/Mestmäcker/Markert, GWB § 20 Rdnr. 109). Nach § 20 GWB dürfen markbeherrschende Unternehmen andere Unternehmen *in einem Geschäftsverkehr, der gleichartigen Unternehmen üblicherweise zugänglich ist, weder unmittelbar noch mittelbar unbillig behindern oder gegenüber gleichartigen Unternehmen ohne sachlich gerechtfertigten Grund unmittelbar oder mittelbar unterschiedlich behandeln.* Das gleiche trifft nach Abs. 2 S. 2 dieser Vorschrift auch für Unternehmen zu, *soweit von ihnen Anbieter oder Nachfrager einer bestimmten Art von Waren oder gewerblichen Leistungen in der Weise abhängig sind, dass ausreichende und zumutbare Möglichkeiten, auf andere Unternehmen auszuweichen, nicht bestehen.* Das bedeutet etwa für **kommunale** oder **staatliche kulturelle Einrichtungen**, aber auch für die Veranstalter von **Kunstmessen**, dass sie Künstler zulassen müssen, wenn die vorgenannten Voraussetzungen erfüllt sind. Stehen Kapazitätsgrenzen der Zulassung aller Künstlerinnen und

Künstler entgegen, wird der Anbieter geeignete, rational nachprüfbare Auswahlkriterien entwickeln müssen.

4   Der Grundsatz der Vertragsfreiheit impliziert zum anderen aber auch die Freiheit der **inhaltlichen Gestaltung** des Vertrages (**Inhaltsfreiheit**), d. h. beide Vertragspartner können den Vertragsinhalt – beiderseitiges Einvernehmen vorausgesetzt – nach ihren konkreten Bedürfnissen und Vorstellungen ausgestalten. Soweit es sich hierbei nicht ausnahmsweise um zwingendes Recht handelt, können sie hierbei auch von gesetzlichen Regelungskonzepten abweichen. Eine weitere Schranke der Inhaltsfreiheit ergibt sich durch die „guten Sitten", d. h. die Freiheit zur inhaltlichen Gestaltung des Vertrages endet dort, wo gegen die in der Gemeinschaft allgemein anerkannten Grundsätze sozialer Moral verstoßen wird. Generell lässt sich sagen, dass das Urteil „sittenwidrig" von einer Abwägung der im Einzelfall kollidierenden Interessen abhängt. Sittenwidrig und damit nichtig (§ 138 BGB) sind etwa Verträge, durch die der eine Vertragspartner den anderen in seiner wirtschaftlichen Handlungs- und Entscheidungsfreiheit übermäßig einschränkt (sog. **Knebelungsverträge**). Zu nennen sind in diesem Zusammenhang insbesondere Konkurrenzklauseln i. S. von Konkurrenzverboten in Verträgen, durch die die Freiheit der künstlerischen Betätigung von Künstlerinnen und Künstlern in unangemesener Weise eingeschränkt wird.

Beispiel:
Der Bundesgerichtshof (BGHZ 22, 354) hat einen Vertrag, in dem sich ein Schriftsteller einem Verlag gegenüber verpflichtet hatte, diesem zunächst alle seine künfigen Werke anzubieten – ohne dass dieser sie übernehmen musste – wegen der hierin liegenden übermäßigen Einengung der wirtschaftlichen und persönlichen Freiheit des Schriftstellers für nichtig erklärt.

5   Neben diesen rechtlichen Schranken der Vertragsfreiheit sind ihre faktischen – genauer: **ökonomischen Beschränkungen** unübersehbar. Überall dort, wo sich ein Anbieter, der zur eigenen Reproduktion auf den Verkauf seiner Leistung existenziell angewiesen ist, einem marktmächtigen Nachfrager gegenübersieht, wird er dessen Vertragsdiktat hinnehmen müssen. Dies gilt vor allem für Künstler, deren Ohnmacht, auf die Vertragsgestaltung Einfluss zu nehmen, in dem Maße wächst, wie sie mit anderen Künstlerinnen und Künstlern konkurrieren. Die Unternehmerseite arbeitet hier vielfach mit vorgefertigten Vertragsformularen, die allen Künstlern gegenüber gleichförmig verwendet werden und in denen durch eine Vielzahl von komplex formulierten Vertragsklauseln (sog. Allgemeine Geschäftsbedingungen, vgl. hierzu unten Rdnr. 22 ff.) – zumeist erfolgreich – versucht wird, das in jeder Vertragsbeziehung steckende ökonomische Risiko auf die wirtschaftlich schwächeren Künstler abzuwälzen.

II. Grundregeln des Vertragsschlusses

1. Die Willenserklärung als Grundlage jeder vertraglichen Bindung

6   Unter der Geltung des Prinzips Vertragsfreiheit kommt es zu vertraglichen Bindungen grundsätzlich nur, wenn und soweit die Vertragspartner dies **wollen**. In diesem privatrechtlichen Bereich (Gegensatz: öffentlich-rechtliche Beziehungen, hier ist der Staat kraft hoheitlicher Gewalt beteiligt) gilt der Vorrang des freien Willens. Grundlegendes Element der Vertragsbeziehungen ist dementsprechend die **Willenserklärung**, die auf einen bestimmten Rechtserfolg (vertragliche Bindung) abzielende private Willensäußerung einer Person. Die gewollte vertragliche Bindung tritt allerdings erst dann und in dem Umfang ein, wenn und soweit eine korrespondierende, in-

haltlich entsprechende Willenserklärung des Vertragspartners hinzukommt (Vertragsangebot und dessen Annahme, dazu unten Rdnr. 18 ff.). Da Verträge grundsätzlich formfrei sind (Ausnahmen z. B. Grundstücksgeschäfte, § 311 b BGB, und Schenkungsversprechen, § 518 BGB), können Willenserklärungen prinzipiell mündlich, schriftlich oder durch sog. **konkludentes Verhalten** wirksam geäußert werden. Im letzteren Falle handelt es sich um Verhaltensweisen, die nach der Verkehrssitte, also typischerweise, den Schluss auf einen Rechtsfolgewillen des sich so Verhaltenden zulassen. Wer daher in der Kunsthandlung aus mehreren ausgestellten Grafiken eine auswählt und dem Händler wortlos auf den Tresen legt, macht damit konkludent das Angebot auf Abschluss eines Kaufvertrages über das Kunstwerk. Vertragsschlüsse durch konkludentes Verhalten sind zwischen Künstlern und Institutionen, die seine Leistung verwerten, eher selten. Eine wichtige Rolle spielen sie indessen dann, wenn sich Künstler und Künstlerinnen ihrerseits zu Gruppen zusammenschließen. Anders als das konkludente Verhalten hat das bloße **Schweigen**, das sich-nicht-verhalten – etwa als Reaktion auf den Zugang eines Angebots – in der Regel niemals die Qualität einer Willenserklärung. Wer hierauf nicht reagiert, lehnt das Angebot ab. Nur in Ausnahmefällen wird man auf Grund besonderer Umstände von einer Willenserklärung, das Angebot anzunehmen, ausgehen können, wenn z. B. potenzielle Vertragspartner vereinbart haben, dass ein solches Vertragsangebot als angenommen gelten soll, wenn der Adressat schweigt.

2. Die Auslegung von Willenserklärungen und die ergänzende Vertragsgestaltung

Je höher der Grad der Verallgemeinerung von sprachlichen Begriffen, desto breiter **7** ist die Palette möglicher inhaltlicher Bedeutungen und damit umso größer das Risiko von Missverständnissen. Dies gilt auch und gerade für Willenserklärungen und vertragliche Vereinbarungen. Andererseits werden auch an sich eindeutige Erklärungen nicht selten missverstanden. In allen solchen Fällen wird der Erklärende seinem Verständnis vom Inhalt der Erklärung Geltung verschaffen wollen, während sich der Erklärungsempfänger auf den Vertragsinhalt, wie er ihn verstanden hat, berufen wird. Dass es nach den Vorstellungen des BGB-Gesetzgebers auf das Verständnis des Erklärenden, das er seiner Erklärung beigelegt hat, nicht ankommen kann, belegt die Existenz der Anfechtungsmöglichkeiten des § 119 Abs. 1 BGB wegen Irrtums über den Inhalt der abgegebenen Erklärung (dazu im einzelnen unten Rdnr. 10 ff.). Käme es immer auf den vom Erklärenden gemeinten Inhalt an, wäre eine Anfechtung überflüssig. Aber auch ein einseitiges Abstellen auf das Verständnis des Erklärungsempfängers wäre wenig sinnvoll; er könnte sich unter Berufung auf seine Vorstellungen vom Inhalt der Erklärung einseitig jeder vertraglichen Bindung entziehen. Ziel der Auslegung missverständlicher und missverstandener Willenserklärungen bzw. von in ihnen verwendeten Begriffen ist deshalb nach ganz herrschender Meinung (vgl. Larenz/ Wolf Allgemeiner Teil des Deutschen Bürgerlichen Rechts, § 28 Rdnr. 47 ff.) die Ermittlung der vom Empfängerhorizont her zu bestimmenden **objektiven Erklärungsbedeutung**. Es ist also zu fragen, wie ein durchschnittlicher Teilnehmer am Rechtsverkehr bei hinreichender Aufmerksamkeit und unter Berücksichtigung aller ihm bekannten Umstände die Erklärung verstehen konnte und musste. Die so ermittelte „normative" Erklärungsbedeutung legt den für beide Teile verbindlichen Vertragsinhalt fest.

Kein Raum für die Ermittlung der normativen Erklärungsbedeutung ist überall **8** dort, wo Vertragspartner mehrdeutige Begriffe übereinstimmend im gleichen Sinne verstanden haben. Angesichts dieses „Einigseins" (Vertragsfreiheit!) verbietet es sich, ihnen über eine Normierung der Erklärungsbedeutung einen anderen Vertragsinhalt aufzuzwingen. Das geht sogar so weit, dass selbst im Falle einer unrichtigen Bezeichnung des Geschäftsgegenstandes das Gewollte gilt, wenn nur eine diesbezügliche Übereinstimmung der Vertragspartner gegeben ist.

Beispiel:
Haben die beiden Vertragsseiten etwa in einem Aufführungsvertrag das Streichquartett opus 16 eines bestimmten Komponisten benannt, hatten aber opus 18 im Sinne, gilt die Einigung für opus 18.

Andererseits kann es vorkommen, dass bei Vertragsausführung offenbar wird, dass keine Übereinstimmung – ein Dissens – über die Tragweite einer zunächst als vereinbart geglaubten Regelung besteht oder aber die Vertragspartner feststellen, dass ein an sich regelungsbedürftiger Punkt nicht geregelt worden war. Hier kann die **ergänzende Vertragsauslegung** eingreifen. Auf der Basis des Gesamtregelungskonzeptes des Vertrages, insbesondere unter Berücksichtigung des Vertragszweckes, ist danach zu fragen, was die Parteien bei Kenntnis der Unvollständigkeit des Vertrages in dem betreffenden Punkt vernünftigerweise gewollt haben würden (sog. hypothetischer Parteiwille). Wenn der für die Vertragsauslegung maßgebliche § 157 BGB hier verlangt, dass Verträge so auszulegen sind, *wie Treu und Glauben mit Rücksicht auf die Verkehrssitte es erfordern*, so bedeutet dies mangels konkreter Anhaltspunkte im Vertrag, aus einer objektivierenden Sicht zu urteilen. Der Inhalt der gesuchten, in den Vertrag hineinzuinterpretierenden Regelung kann sich aus den Usancen ergeben; es wird dann also zu fragen sein, was Vertragspartner in dem konkreten Konfliktfall üblicherweise zu vereinbaren pflegen. Zu beachten ist hierbei immer, dass auch die ergänzende Vertragsauslegung nicht zu einer Ersetzung von eindeutigen Vertragsvereinbarungen führen darf. Der Interpret des Vertrages (in der praktischen Zuspitzung der Richter!) darf „lediglich die von den Parteien zugrundegelegten Wertungen zu Ende denken" (so zutreffend Larenz a. a. O. § 28, Rdnr. 108 ff.). Führt die ergänzende Vertragsauslegung zu keinem Ergebnis, weil sich die Problemlösung aus dem Vertragszweck auch unter Berücksichtigung der Grundsätze des § 157 BGB nicht herleiten lässt, muss auf das abdingbare Gesetzesrecht zurückgegriffen werden.

3. Die fehlerhafte Willenserklärung

9   Gilt in unserer Privatrechtsordnung der Vorrang des freien Willens, muss es für die gewollte, möglicherweise schon umgesetzte Rechtsfolge Konsequenzen haben, wenn die Willensbildung **unfrei** erfolgte oder der Wille **fehlerhaft** gebildet wurde. Es geht hier also grundsätzlich um das Problem, wann und unter welchen Voraussetzungen sich der Erklärende der Verantwortung für seine Erklärung einseitig entziehen kann. Es liegt auf der Hand, dass bei der Beantwortung dieser Frage der Schutz des Empfängers der Erklärung, der ja auf ihre Gültigkeit vertraut hat, berücksichtigt werden muss. Die Lösung der hier entstehenden Konflikte läuft also letztlich immer auf eine Abwägung der Interessen von Erklärendem und Erklärungsempfänger hinaus.

a) Der einseitige Irrtum

10   Der neben arglistiger Täuschung und Drohung praktisch zentrale Willensfehler ist der **Irrtum**. Ein Irrtum liegt dann vor, wenn – für den Erklärenden nicht bewusst – der wirkliche Wille und der erklärte Wille nicht übereinstimmen. Nach § 119 BGB steht in

diesen Fällen dem Erklärenden ein **Anfechtungsrecht** zu. Er kann somit durch einseitige Erklärung (Anfechtung) seine ursprüngliche Vertragserklärung und letztlich den gesamten Vertrag wieder beseitigen; denn die wirksame Anfechtung führt zur Nichtigkeit der angefochtenen Willenserklärung, § 142 BGB. Die wirksame Anfechtung setzt jedoch als Anfechtungsgrund einen **rechtlich relevanten Irrtum** voraus. Nicht jeder Irrtum also, der dem Erklärenden bei Abgabe der Willenserklärung unterläuft, ist ein Anfechtungsgrund. Aus Gründen des Verkehrsschutzes (= Schutz des Vertrauens des Erklärungsempfängers) muss dem Erklärenden seine Erklärung prinzipiell immer zugerechnet werden. Der rechtlich relevante, zur Anfechtung berechtigende Irrtum hat so gesehen Ausnahmecharakter.

Irrtümer können in den unterschiedlichsten Stadien des Verlaufs der Abgabe einer **11** Willenserklärung angesiedelt sein. So kann man sich schon vor der Entschlussfassung über bestimmte Fakten irren, wobei der Irrtum ursächlich für den gefassten Entschluss und die dann geäußerte Willenserklärung wird.

Beispiel:
Ein Orchestermanager mietet für den 3. 10. einen Bus, weil er irrig annimmt, am Abend dieses Tages finde das Konzert in München statt. Der Konzerttermin ist indessen der 3. 11.

Dieser Irrtum im Beweggrund, auch **Motivirrtum** genannt, berechtigt grundsätzlich nicht zur Anfechtung. Sonst wäre es jedermann möglich, sich einseitig unter Hinweis auf im übrigen auch gar nicht überprüfbare Vorstellungen über interne Gegebenheiten aus vertraglichen Bindungen lösen zu können. Eine Ausnahme bringt hier § 119 Abs. 2 BGB: Der **Irrtum über verkehrswesentliche Eigenschaften** der Person (insbesondere des Vertragspartners) oder des Geschäftsgegenstandes – an sich typischer Motivirrtum – berechtigt ausnahmsweise zur Anfechtung.

Weiterhin kann sich der Irrtum auf die Erklärung selbst beziehen. Dabei fallen un- **12** bewusst die Erkärungsbedeutung und die subjektiven Vorstellungen des Erklärenden über den Inhalt der Erklärung auseinander. Hier liegt der **Inhaltsirrtum** des § 119 Abs. 1 1. Alt. BGB vor. Die objektive (normative) Erklärungsbedeutung ist jeweils das Ergebnis der bei Unklarheiten notwendig werdenden Auslegung der Willenserklärung (vgl. oben Rdnr. 7 f.). Weicht der Wille des Erklärenden von der durch Auslegung ermittelten Erklärungsbedeutung ab, so kann er seine Willenserklärung mit der Rechtsfolge der Nichtigkeit, § 142 BGB, anfechten.

Beispiel:
Gibt ein Kulturdezernent bei einer bekannten Kunstmalerin ein Triptychon in Auftrag, in der Annahme, es handele sich hierbei um eine Darstellung der Heiligen Dreieinigkeit, dann ist der Vertrag unter Zugrundelegung der objektiven Erklärungsbedeutung „dreiteiliges Bild" zustandegekommen. Unter Berufung auf seine abweichende subjektive Vorstellung hierüber kann der Kulturdezernent jedoch nach § 119 Abs. 1 BGB seine Willenserklärung anfechten.

Schließlich kann sich der Irrtum auch auf die Erklärungshandlung selbst beziehen, **13** somit der **Erklärungsirrtum** des § 119 Abs. 1 2. Alt. BGB gegeben sein. Hier will der Erklärende schon den äußeren Erklärungstatbestand so nicht wie er jetzt vorliegt. Dies betrifft die Fälle des sich Versprechens, Verschreibens und Vergreifens. Nach § 120 BGB sind dem die Fälle der unrichtigen Übermittlung einer an sich richtig aufgegebenen Erklärung des Erklärenden durch einen Boten oder durch die sonst zur Weitergabe der Erklärung eingeschaltete Institution (z. B. Server eines Providers leitet Vertragsangebot trotz richtiger Eingabe durch Absender an falschen Empfänger weiter) gleichgestellt. Auch in diesen Fällen steht dem Erklärenden ein Anfechtungsrecht zu.

Reeb

Beispiel:
Wird in einem Aufführungsvertrag das mit 12 000 € vereinbarte Honorar vom Veranstalter durch Verwechslung der beiden ersten Ziffern mit 21 000 € ausgewiesen, kann der Veranstalter selbstverständlich nach § 119 Abs. 1 BGB anfechten.

Ein Sonderproblem stellt in diesem Zusammenhang der **Kalkulationsirrtum** bei der Angabe von Preisen, Honoraren u. dergl. dar. Hier ist es entweder so, dass der Erklärende zwar richtig gerechnet hat, bei seiner Berechnung aber von einer falschen Kalkulationsgrundlage ausgegangen ist. Er hat z. B. ein falsches Stundenvolumen zugrundegelegt. Oder es ist so, dass er zwar von der richtigen Kalkulationsgrundlage ausgegangen ist, sich aber verrechnet hat und so zu niedrig anbietet. Die Ermittlung der für die Berechnung eines Honorars oder Preises maßgeblichen Daten und die Berechnung selbst sind nun aber Vorgänge, die vor der eigentlichen Abgabe der Willenserklärung liegen, die also dem Motivbereich zuzuordnen sind. Wille und Erklärung stimmen hier regelmäßig überein. Deshalb berechtigt der Kalkulationsirrtum grundsätzlich nicht zur Anfechtung. Ist die Kalkulation, bei der ein Rechenfehler unterlaufen ist, von beiden Parteien dem Vertrag zu Grunde gelegt worden, so kann der Widerspruch zwischen dem richtigen Preis/Honorar und falsch errechneten Preis/Honorar regelmäßig durch **Auslegung** korrigiert werden (vgl. zu den unterschiedlichen Fallgestaltungen Larenz/Wolf a. a. O. § 36 Rdnr. 58 ff.).

14   Die Irrtumsanfechtung nach §§ 119 BGB ff. hat nach § 121 BGB unverzüglich, d. h. ohne schuldhaftes Zögern zu erfolgen, nachdem der Anfechtungsberechtigte vom Anfechtungsgrund Kenntnis erlangt hat. Das Anfechtungsrecht verjährt in zehn Jahren, § 121 Abs. 2 BGB. Der Gesetzgeber hat mit der Anfechtungsmöglichkeit der §§ 119, 120 BGB einseitig die Interessen des Erklärenden befördert, der damit unter Berufung auf seinen Willensfehler den Vertrag zu Fall bringen kann. Nun ist aber andererseits nicht zu übersehen, dass der Erklärende mit seiner Erklärung das besondere Vertrauen des Erklärungsempfängers in die Gültigkeit seiner Erklärung veranlasst hat. Den hier damit notwendig werdenden Vertrauensschutz hat der Gesetzgeber in § 122 BGB realisiert. Der Anfechtende muss dem Erklärungsempfänger den Schaden ersetzen, den dieser dadurch erlitten hat, dass er auf die Gültigkeit des Vertrages vertraut hatte, zu ersetzen ist also der **Vertrauensschaden**. Formelhaft kann dazu gesagt werden, dass der Erklärungsempfänger nach § 122 BGB so zu stellen ist, wie er stehen würde, wenn er von der angefochtenen Erklärung nicht gehört hätte. Der hier zu ersetzende Schaden umfasst also insbesondere die im Vertrauen auf den Bestand des Vertrages gemachten, nun nutzlosen Aufwendungen, aber auch etwa den Gewinn aus einem anderen Geschäft, das der Erklärungsempfänger nicht tätigen konnte, weil er sich an den angefochtenen Vertrag gebunden glaubte. Dieser Schadensersatzanspruch besteht nach § 122 Abs. 2 BGB allerdings dann nicht, wenn der Erklärungsempfänger den Irrtum des Erklärenden kannte oder doch bei Anwendung der gebotenen Sorgfalt hätte erkennen können.

b) Störung der Geschäftsgrundlage

15   Es wurde oben unter 3 a) klargestellt, dass einseitige irrige Vorstellungen einer Vertragspartei über bestimmte Gegebenheiten, Entwicklungen und Risiken grundsätzlich nicht zu einer Lösung des Vertragsverhältnisses berechtigen. Anders ist die Rechtslage indessen dann, wenn beide Parteien übereinstimmend vom Vorhandensein bzw. Nichtvorhandensein oder dem sicheren Eintritt bestimmter Umstände ausgegangen sind und diese Umstände für ihre vertragliche Bindung und/oder den Inhalt des Ver-

trages maßgebend waren, wenn sie also ausdrücklich oder stillschweigend diese Umstände zur „Geschäftsgrundlage" ihres Vertrages gemacht haben.

Beispiel:
Ein Soloviolinist verpflichtet sich in einem Engagementsvertrag zur Mitwirkung bei der Aufführung des Violinkonzertes Nr. 2 von Mozart. Beide Vertragsteile gehen hierbei davon aus – der Veranstalter hat dies als problemlos dargestellt –, dass ein bekannter Dirigent für die Aufführung gewonnen werden würde. Dieser bekannte Dirigent sagt dann seine ursprünglich zugesagte Mitwirkung wieder ab.

Stellt sich später die Unrichtigkeit dieser Vorstellungen oder Erwartungen heraus und ist anzunehmen, dass ein Vertragspartner bei Kenntnis der Unrichtigkeit den Vertrag nicht geschlossen haben würde, so gilt der Grundsatz der Vertragstreue nicht. Nach den Grundsätzen von Treu und Glauben kann keinem der Vertragspartner das weitere Festhalten am Vertrag zugemutet werden. Die Problematik ist nun in § 313 BGB gesetzlich geregelt. Nach Abs. 1 der Vorschrift gilt folgendes: Haben sich Umstände, die zur Grundlage des Vertrages geworden sind, nach Vertragsschluss schwerwiegend verändert und hätten die Parteien den Vertrag nicht oder mit anderem Inhalt geschlossen, wenn sie diese Veränderungen vorausgesehen hätten, so kann Anpassung des Vertrages verlangt werden, soweit einem Teil unter Berücksichtigung aller Umstände des Einzelfalls, insbesondere der vertraglichen oder gesetzlichen Risikoverteilung, das Festhalten am unveränderten Vertrag nicht zugemutet werden kann. Im Beispiel wird also versucht werden müssen, einen ähnlich qualifizierten Dirigenten zu gewinnen. Es kann aber sein, dass die Divergenz zwischen dem vorgestellten Umstand und der sich jetzt real ergebenden Situation – im Beispiel: es steht nur ein drittklassiger Dirigent zur Verfügung – gravierend ist. Wenn also einer Vertragspartei eine wie auch immer geartete Anpassung nicht zugemutet werden kann (die Partei hätte den Vertrag bei Kenntnis der Sachlage niemals, auch nicht mit einem der veränderten Situation angepassten Inhalt geschlossen), so steht dieser Partei ein **Rücktrittsrecht** (bei Dauerschuldverhältnissen ein Kündigungsrecht) zu, vgl. § 313 Abs. 3. Die Frage nach der Zumutbarkeit läuft auch hier im Einzelfall auf eine Abwägung der Interessen der Vertragspartner hinaus, wobei es im Beispiel sicher darauf ankommen wird, wie „gut" der Violinist ist. In Sonderfällen wird zu erwägen sein, ob dem anderen Vertragsteil ein Anspruch auf Ersatz des Vertrauensschadens in entsprechender Anwendung von § 122 BGB zusteht, vgl. zu Einzelheiten Palandt/Grüneberg § 313 Rdnr. 7 ff.

c) Arglistige Täuschung und widerrechtliche Drohung

Ein relevanter, zur Anfechtung der Willenserklärung berechtigender Willensfehler **16** liegt nach § 123 BGB ferner auch dann vor, wenn der Erklärende von seinem Vertragspartner – oder mit dessen Wissen von einem Dritten – arglistig getäuscht wurde und diese Täuschung ursächlich für den der Erklärung vorausgehenden Willensentschluss war. Gleiches gilt, wenn der Erklärende die Erklärung unter dem Einfluss einer widerrechtlichen Drohung abgegeben hat. Beiden Fällen ist gemeinsam, dass die von dem Prinzip Vertragsfreiheit vorausgesetzte Freiheit des Willensentschlusses hier nicht gegeben ist. **Täuschung** ist jedes Verhalten, durch das vorsätzlich (mit Wissen und Wollen) in dem anderen eine irrige Vorstellung über Tatsachen hervorgerufen, bestärkt oder erhalten wird, die für den Willensentschluss des Getäuschten maßgeblich waren. Die Täuschung kann sowohl in einer Vorspiegelung falscher als auch in der Nichtmitteilung wahrer Tatsachen liegen. Das Verschweigen wahrer Tatsachen, z. B. verschweigt ein Komponist dem Filmhersteller, dass weite Passagen der von ihm komponierten Filmmusik fremden Ursprungs sind, ist als Täuschung aber nur dann zu qualifizieren, wenn eine Rechtspflicht zur Mitteilung bestand. Eine solche Pflicht kann sich einmal aus dem Vertrag selbst ergeben; aber auch im vorvertraglichen Verhandlungsstadium kann eine solche Pflicht nach §§ 311 Abs. 2, 241 Abs. 2 immer dann angenommen werden, wenn der andere Teil nach Treu und Glauben und den Grundsätzen des redlichen Geschäftsverkehrs eine Aufklärung erwarten durfte (so schon RGZ 111, 234). Generell lässt sich sagen: Je enger die Vertrauensbeziehung zwischen den Beteiligten, um so weitergehend die Verpflichtung zur Aufklärung (zu Einzelheiten vgl. Palandt/Heinrichs, § 311 Rdnr. 17 ff.).

Beispiel:
Der bekannte Schauspieler S wird für die Hauptrolle in „Othello" mit der Zusage gewonnen, ihm stehe ein Star-Ensemble zur Seite, dem auch die B, Siegerin im Nachwuchs-Wettbewerb in M., angehöre. Auf der Probe stellt S fest, dass das Ensemble zu einem Teil aus Laiendarstellern besteht.

Normalerweise wird die Täuschung vom Vertragspartner selbst ausgegangen sein. Hat ein Dritter die Täuschung verübt, so ist nach § 123 Abs. 2 BGB zu unterscheiden: Ist der Dritte als Stellvertreter oder sonstiger „Gehilfe" vom Vertragspartner in die Vertragsverhandlungen eingeschaltet worden, so muss er sich Täuschungshandlungen dieser Hilfspersonen wie eigene zurechnen lassen. Ansonsten berechtigen Täuschungen Dritter zur Anfechtung nur dann, wenn der Vertragspartner hiervon wusste oder sich nur infolge Fahrlässigkeit hierüber in Unkenntnis befand (es also hätte „wissen müssen").

17   Weiterer Anfechtungsgrund nach § 123 BGB ist die **widerrechtliche Drohung**. Eine Drohung liegt dann vor, wenn jemand von seinem Vertragspartner durch Inaussichtstellung eines Übels, dessen Zufügung als von der Macht des Androhenden abhängig dargestellt wird, zur Abgabe der Willenserklärung bestimmt wird. Widerrechtlich ist die Drohung dann, wenn entweder das angedrohte Mittel oder der erstrebte Zweck für sich alleine von der Rechtsordnung missbilligt werden oder wenn die Mittel-Zweck-Relation zum Rechtswidrigkeitsurteil führt, wie etwa dann, wenn zwischen dem angedrohten Nachteil und dem erstrebten Vertrag der innere Zusammenhang fehlt. Der Bundesgerichtshof (BGH) (BGHZ 25, 220) will hier geprüft wissen, ob *der Drohende an der Erreichung des von ihm erstrebten Erfolges ein berechtigtes Interesse hat und ob die Drohung nach der Auffassung aller billig und gerecht Denkenden ein angemessenes Mittel darstellt.* Fällt diese Prüfung negativ aus, ergibt sich damit die Widerrechtlichkeit der Drohung.

Beispiel:
Der Manager des Varietés legt der Sängerin einen niedrig dotierten Engagements-Vertrag vor mit dem Hinweis, wenn sie nicht unterschreibe, werde sie „in der Branche kein Bein mehr auf die Erde kriegen."

Nicht widerrechtlich ist hingegen generell die Androhung von Zwangsmaßnahmen, die die Rechtsordnung zur Durchsetzung von Rechten vorsieht (z. B. Androhung von Klage oder Zwangsvollstreckung), sofern nur der innere Zusammenhang zwischen Mittel und erstrebtem Erfolg gegeben ist. Die Anfechtung wegen arglistiger Täuschung oder Drohung muss nach § 124 BGB innerhalb eines Jahres seit Wegfall der Zwangslage bzw. Entdeckung der Täuschung erfolgen. Anders als bei der Irrtumsanfechtung schuldet bei der Anfechtung wegen arglistiger Täuschung oder Drohung der Anfechtende dem Anfechtungsgegner selbstverständlich keinen Schadenersatz. Dieser ist hier nicht schutzwürdig, da er selbst ja rechtswidrig auf die Entschlussfreiheit des Anfechtenden eingewirkt hatte.

Reeb

4. Das Vertragsangebot und dessen Annahme – der Übereinstimmungstatbestand

Verträge kommen als Tatbestände der Übereinstimmung nur bei Vorliegen zweier, **18** beim Gesellschaftsvertrag u. U. mehrerer übereinstimmender Willenserklärungen – Vertragsangebot Und entsprechende Annahmeerklärung – wirksam zu Stande. Das Angebot muss alle inhaltlichen Wesensmerkmale des angestrebten Vertrages enthalten, sodass es durch ein einfaches „ja" angenommen werden kann. Das Vertragsangebot bindet den Antragenden bis zur Ablehnung durch den Adressaten (§ 146 BGB) bzw. bis zum Ablauf der Annahmefrist (§ 145 BGB). Nicht die Qualität eines rechtlich relevanten Vertragsangebotes haben die Zusendung von Katalogen, Preislisten, Prospekten und Zeitungsinserate. Hier liegt lediglich die Aufforderung an einen unbestimmten Personenkreis vor, seinerseits ein Angebot zu machen. Eine Qualifizierung dieser Kundmachungen als bindendes Angebot würde die Vertragsfreiheit (als Abschlussfreiheit) ihrer Absender unerträglich einschränken.

Beispiel:
Ein Orchesterleiter inseriert in der Zeitung: „Namhaftes Salonorchester sucht versierten Akkordeonisten mit Notenkenntnissen." Hierin liegt natürlich noch kein Vertragsangebot, dieses ginge erst von interessierten Akkordeonisten aus.

a) Die Zugangsproblematik

Vertragsangebot und Annahmeerklärung sind zugangsbedürftige Willenserklärun- **19** gen, d. h. sie werden erst wirksam, wenn sie dem anderen Teil zugegangen sind, § 130 BGB. Hierbei ist zu unterscheiden, ob die Erklärung unter Anwesenden, d. h. in Gegenwart des Erklärungsempfängers, oder unter Abwesenden abgegeben wird. Ist der Erklärungsempfänger bei der Abgabe der Erklärung gegenwärtig, so ist ihm die Erklärung in dem Moment zugegangen, wo er sie – bei mündlichen Äußerungen – akustisch oder – bei schriftlichen Äußerungen – optisch zur Kenntnis genommen hat. Abwesenden ist die Erklärung dann zugegangen, wenn sie derart in den Empfangsbereich des Adressaten gelangt ist, dass dieser unter normalen Umständen von ihr Kenntnis nehmen kann und die Kenntnisnahme nach den von ihm getroffenen Vorkehrungen oder nach den Gepflogenheiten des Verkehrs auch erwartet werden kann (vgl. Larenz/Wolf, Allgemeiner Teil, § 26 Rdnr. 11 ff.). Der Zugang der Willenserklärung liegt also nicht ohne weiteres schon dann vor, wenn das betreffende Schreiben etwa in den Briefkasten des Empfängers gelangt ist; dieser Zeitpunkt ist nur dann maßgebend, wenn Kenntnisnahme möglich war und normalerweise erwartet werden konnte. Ist dies zu bejahen, dann ist es für den Zugang allerdings auch unbeachtlich, wenn sich der Empfänger – ohne Kenntnis des Absenders – zufällig auf Reisen befindet. Andererseits ist es aber auch für den Zugang nicht erforderlich, dass der Empfänger konkret Kenntnis von der Willenserklärung nimmt, also das entsprechende Schreiben auch tatsächlich liest; anderenfalls würde man den Zugang von Zufälligkeiten in der Sphäre des Empfängers abhängig machen, auf die der Absender regelmäßig keinen Einfluss hat.

Beispiel:
Der Veranstalter V macht dem Bandleader B das – näher konkretisierte – Angebot, dessen Band für die „Music Rock Night" am 6. 5. zu engagieren. Das entsprechende Schreiben schließt mit dem Satz: „Ich fühle mich an dieses Angebot bis zum 3. 3. gebunden." Das Annahmeschreiben des B gelangt am 3. 3. (einem Montag) in den Briefkasten des V, der zu diesem Zeitpunkt auf einer Auslandsreise war und das Schreiben des B erst am 5. 3. zur Kenntnis nimmt. Nach dem zuvor gesagten ist das Schreiben des B am 3. 3. wirksam zugegangen.

20   Vereitelt der Empfänger den Zugang vorsätzlich – der zu Kündigende hält sich während der mündlichen Kündigung die Ohren zu oder verweigert die Entgegennahme des Kündigungsschreibens –, so muss er sich nach den Grundsätzen von Treu und Glauben so behandeln lassen, als sei ihm die betreffende Erklärung zugegangen. Nach § 151 BGB muss eine Annahmeerklärung dem Antragenden dann nicht zugehen, wenn eine Annahmeerklärung nach der Verkehrssitte nicht zu erwarten ist oder der Antragende auf sie verzichtet hat. Bestellt also eine Musikgruppe am Ort des Gastspiels telegrafisch Hotelzimmer, so kommt der Beherbergungsvertrag auch ohne entsprechendes Bestätigungsschreiben des Hotels zu Stande, weil hier üblicherweise Bestätigungserklärungen nicht abgegeben und dementsprechend auch nicht erwartet werden.

b) Bindungswirkung des Vertragsangebotes

21   Nach § 145 BGB ist derjenige, der einem anderen die Schließung eines Vertrages anträgt, an seinen Antrag gebunden, es sei denn, er hat seine Gebundenheit daran ausgeschlossen. Dieser Ausschluss erfolgt im Geschäftsverkehr durch Formeln wie „Wir bieten an freibleibend" oder „ohne obligo" etc. Die Gebundenheit an den Antrag tritt ferner dann nicht ein, wenn dem Empfänger des Angebots vorher oder gleichzeitig ein Widerruf des Angebots zugeht, § 130 Abs. 2 BGB; denn dann wird das Angebot von vornerherein gar nicht wirksam.

Beispiel:
Wie zuvor. B hatte das Annahmeschreiben am 28. 2. abgeschickt. Am Abend desselben Tages erhält er für den 6. 5. ein weitaus lukrativeres Angebot. Am 1. 3. schreibt er V ein Absageschreiben, das ebenfalls am 3. 3. in den Briefkasten des V gelangt ist. Selbst wenn V die Absage erst nach dem Annahmeschreiben liest, liegt hier ein nach § 130 Abs. 2 BGB wirksamer Widerruf vor.

Der Antragende kann sein Angebot befristen, um dem Empfänger die Möglichkeit zur Prüfung des Angebotes zu geben. Die Gebundenheit dauert dann bis zum Ablauf dieser Frist. Ausnahmsweise wird man in diesen Fällen dem Antragenden dann entsprechend den Grundsätzen von Treu und Glauben ein Widerrufsrecht einräumen müssen, wenn sich zwischenzeitlich wesentliche Voraussetzungen, von denen der Antragende für den Empfänger erkennbar ausgegangen ist, geändert haben (so auch Larenz/Wolf, Allgemeiner Teil, § 29, Rdnr. 27).

III. Vertrag und Allgemeine Geschäftsbedingungen

22   Auch im künstlerischen Bereich – insbesondere in den Tätigkeitsfeldern Film, Theater, Oper – werden vielfach standardisierte Vertragsformulare verwendet, die gleich lautende Vertragsklauseln enthalten, welche entweder die Vertragspflichten der Partner festlegen oder für den Fall von Leistungsstörungen (etwa: Nichtleistung, verspätete Leistung oder Schlechtleistung) bestimmte Rechtsfolgen, insbesondere Vertragsstrafen, anordnen. Diese vorformulierten Vertragsklauseln können dann u. U. als Allgemeine Geschäftsbedingungen (AGB) qualifiziert werden mit der Folge, dass dann die Vorschriften des BGB über die Gestaltung rechtsgeschäftlicher Schuldverhältnisse durch Allgemeine Geschäftsbedingungen (§§ 305 ff.) Anwendung finden. Die Grundproblematik bei der Verwendung von Allgemeinen Geschäftsbedingungen liegt darin, dass deren Verwender mit diesen Vertragsklauseln i. d. R. tendenziell das in jeder Vertragsausführung angesiedelte wirtschaftliche Risiko auf den – oft wirtschaftlich schwächeren – Vertragspartner abzuwälzen trachten. Das BGB soll hier gegen-

steuernd wirken, indem es die Möglichkeit eröffnet, derartige Vertragsklauseln einer gerichtlichen Inhaltskontrolle – mit dem Ziel der Feststellung der Nichtigkeit von Klauseln im Einzelfall – zuführen zu können.

Entsprechend dem Grundgedanken der Generalklausel des § 307 BGB sind Klau- **23** seln in Allgemeinen Geschäftsbedingungen immer dann unwirksam, wenn sie den Vertragspartner des Verwenders entgegen den Geboten von Treu und Glauben unangemessen benachteiligen. Eine **unangemessene Benachteiligung** ist nach Abs. 2 des § 307 BGB dann anzunehmen, wenn eine Bestimmung in Allgemeinen Geschäftsbedingungen mit wesentlichen Grundgedanken der das betreffende Problem regelnden gesetzlichen Vorschriften (etwa des BGB und des UrhG), von denen in den Allgemeinen Geschäftsbedingungen abgewichen wird, nicht vereinbar ist, oder wenn die Bestimmung in Allgemeinen Geschäftsbedingungen wesentliche Rechte oder Pflichten, die sich aus der Natur des Vertrages ergeben, so einschränkt, dass die Erreichung des Vertragszweckes gefährdet ist. Diesen allgemeinen Grundsatz setzt das Gesetz so um, dass in den §§ 308, 309 BGB Kataloge von verkehrstypischen Vertragsklauseln erstellt werden, die als den Vertragspartner unangemessen benachteiligend mit der Rechtsfolge der Unwirksamkeit belegt sind.

Voraussetzung für die Anwendbarkeit dieser Vorschriften ist jedoch immer, dass es **24** sich bei den zur Rede stehenden Klauseln überhaupt um Allgemeine Geschäftsbedingungen handelt. Dies ist nach § 305 Abs. 1 dann der Fall, wenn der Verwender die betreffenden Bestimmungen für eine Vielzahl von Verträgen vorformuliert hat und sie jeweils bei Abschluss eines Vertrages dem Vertragspartner stellt. Keine Allgemeinen Geschäftsbedingungen sind nach § 305b dagegen sog. Individualabreden, Vertragsbedingungen also, die zwischen den Vertragspartnern im einzelnen ausgehandelt sind. Für die Qualifizierung von Klauseln als AGBen ist es nach § 305 Abs. 1 unerheblich, ob die betreffenden Bestimmungen einen äußerlich gesonderten Bestandteil des Vertrags bilden oder in die Vertragsurkunde selbst aufgenommen worden sind, in welcher Schriftart sie verfasst sind und welche Form der Vertrag hat. Wesentlich ist vielmehr, dass die Vorformulierung für eine Vielzahl von Verträgen vorgenommen worden ist, wobei die Absicht genügen soll, sie für eine Vielzahl von Verträgen zu verwenden (so Palandt/Heinrichs § 305 Rdnr. 8 ff.). Eine Vielzahl beabsichtigter Verträge wird dann angenommen, wenn die Mehrfachverwendung objektiv als Ausdruck einseitiger Gestaltungsmacht erscheint. Je nach der Gesamtzahl der Verträge ist dann eine drei- bis fünffache tatsächliche Verwendung ein ausreichendes Indiz hierfür (vgl. Palandt/Heinrichs § 305 Rdnr. 8 ff., BGBH NJW 1981, 2344).

Die Unwirksamkeit von AGB-Klauseln nach §§ 307 ff. BGB ist gerichtlich geltend **25** zu machen. **Klagebefugt** sind nach § 3 Unterlassungsklagegesetz allerdings nur Verbraucherschutzverbände und ähnliche Institutionen. Dieses Klagemonopol der betreffenden Verbände hat seinen Grund in dem vom Gesetzgeber gesehenen Bedürfnis nach Schutz des Verwenders und des Gerichts vor sachlich unfundierter Inanspruchnahme.

Von besonderer Bedeutung sind in diesem Zusammenhang die in Verträgen mit **26** Künstlerinnen und Künstlern vielfach zu findenden **Vertragsstrafenklauseln** (vgl. hierzu auch unten § 9 Rdnr. 17 ff.) Es handelt sich hierbei um die Vereinbarung einer Geldzahlung oder einer anderen Leistung für den Fall, dass die Künstler ihre Verbindlichkeiten schuldhaft nicht oder nicht in gehöriger Weise erfüllen. Nach § 309 Nr. 6 BGB ist eine Bestimmung in Allgemeinen Geschäftsbedingungen nichtig, *durch die dem Verwender für den Fall der Nichtabnahme oder verspäteter Abnahme der Leistung, des Zahlungsverzugs oder für den Fall, dass der andere Vertragsteil sich vom Vertrag löst, Zahlung einer Vertragsstrafe versprochen wird.* Die Vorschrift geht allerdings

Reeb

von der Fallgestaltung aus, dass der Verwender eine Sachleistung (etwa: Waren-Übereignung), der andere Teil eine Geldleistung zu erbringen hat, eine Konstellation, der im künstlerischen Bereich eher untergeordnete Bedeutung zukommt, sodass hier nur der in § 309 Nr. 6 BGB benannte Tatbestand der Vertragslösung durch den Künstler relevant werden dürfte. Enthält also ein Vertrag ein Vertragsstrafeversprechen des Künstlers für den Fall der einseitigen Vertragslösung und hat diese Bestimmung die Qualität einer Allgemeinen Geschäftsbedingung, dann dürfte sie unter § 309 Nr. 6 BGB fallen, mit der Folge ihrer Nichtigkeit. Jenseits dieser Vorschrift kann selbstverständlich in allen Fällen von Vertragsstrafenklauseln eine Inhaltskontrolle anhand der Generalklausel des § 307 BGB stattfinden. Also auch in den von § 309 Nr. 6 BGB nicht erfassten Fällen von Strafbestimmungen für die Tatbestände von Nicht- bzw. Schlechtleistungen durch den Künstler kann es über § 309 BGB zu einer Nichtig-Erklärung derartiger Bestimmungen kommen. Eine Unangemessenheit im Sinne von § 307 BGB kann etwa dann angenommen werden, wenn die für eine Nicht- oder Schlechtleistung vereinbarte Vertragsstrafe auch schon bei leichter Fahrlässigkeit des Schuldners verwirkt sein soll (vgl. hierzu Palandt/Heinrichs, § 309 Rdnr. 33). Auch die Einräumung von Nutzungsrechten ohne angemessene Vergütung kann unangemessen in diesem Sinne sein, vgl. § 3 Rdnr. 51.

IV. Die Auflösung des wirksam zu Stande gekommenen Vertrages

27   Der einmal wirksam zustandegekommene Schuldvertrag bindet beide Parteien. Mit dem Vertragsschluss haben sie sich Verpflichtungen auferlegt, die erfüllt werden müssen und auf deren Erfüllung der je andere Teil einen klagbaren Anspruch hat. Aus dem Prinzip Vertragsfreiheit folgt allerdings, dass sie den geschlossenen Vertrag durch entsprechende übereinstimmende Willenserklärungen jederzeit wieder aufheben, sich also durch Abschluss eines **Aufhebungsvertrages** gegenseitig wieder entpflichten können, § 311 BGB. Ist der aufgehobene Vertrag ein Dauerschuldverhältnis, z. B. Dienstvertrag, Arbeitsvertrag, Mietvertrag, so wirkt die Aufhebung, wenn nicht die Parteien im Einzelfall eine rückwirkende Aufhebung gewollt haben, lediglich in die Zukunft. Von nun an bestehen keinerlei Verpflichtungen mehr. In den übrigen Fällen, beim Werkvertrag, Kaufvertrag u. dergl. bewirkt die Aufhebung des Vertrages dessen Beseitigung von Anfang an mit der Folge, dass bereits empfangene Leistungen nach den Regeln über die Herausgabe einer **ungerechtfertigten Bereicherung**, §§ 812 ff. BGB, zurückzugewähren sind. Hier kann es aber auch so sein, dass die Parteien im Aufhebungsvertrag selbst Rückgewähransprüche festlegen, die dann insofern über Bereicherungsansprüche hinausgehen, als etwa eine Berufung auf den Wegfall der durch die Leistung erlangten Bereicherung (§ 818 Abs. 3 BGB) dann nicht möglich ist. Eine einseitige Lösung des wirksam zustandegekommenen Vertragsverhältnisses durch eine Vertragspartei ist nur ausnahmsweise und dann möglich, wenn man sich auf einen ausdrücklichen gesetzlichen Lösungstatbestand berufen kann, wie ihn etwa die oben Rdnr. 10 ff. behandelte Anfechtung der Vertragserklärung darstellt. Weitere Lösungsmöglichkeiten bestehen in den Fällen der Leistungsstörungen (vgl. dazu unten § 9) in Form insbesondere von **Rücktrittsrechten**. Bei Dauerschuldverhältnissen besteht regelmäßig die Möglichkeit der **Kündigung**, die aber entweder an die Einhaltung von Fristen (ordentliche Kündigung) oder das Vorliegen spezieller Kündigungsgründe, z. B. bei der außerordentlichen Kündigung, gebunden ist.

V. Die im künstlerischen Bereich zentralen Vertragstypen

Bei der ökonomischen Verwertung künstlerischer Schöpfungen spielen in allen Be- **28** reichen die Urheberrechtsverwertungs- und -übertragungsverträge sowie die Lizenzverträge – auch zahlenmäßig – eine dominierende Rolle. Diese Vertragstypen werden unter § 10 ausführlich behandelt. Es werden deshalb an dieser Stelle nur diejenigen Vertragsgestaltungen dargestellt, die die „schlichte" künstlerische Leistungserbringung ohne Beteiligung von Urheberrechtsübertragungen zum Gegenstand haben. Dies betrifft etwa das Engagement von Sängerinnen, Instrumentalisten oder Schauspielern für eine bestimmte Aufführung, aber auch Dauerengagements. In der Bildenden Kunst rechnen hierher Auftragsarbeiten von Malern (das bestellte Portrait) oder Bildhauern (die Skulptur für den Rathausvorplatz) für Privatleute und Kommunen. Die hier in Betracht kommenden Vertragstypen des BGB sind Dienstvertrag/Arbeitsvertrag und der Werkvertrag. Im Verhältnis Bildender Künstler/Galerist regelt der Ausstellungsvertrag die Rechtsbeziehungen der Beteiligten.

Bezüglich der drei erstgenannten Vertragstypen ist zunächst das **Abgrenzungspro- 29 blem** zu klären: Wann ist ein Vertrag als **Dienstvertrag** bzw. **Arbeitsvertrag**, wann als **Werkvertrag** zu klassifizieren? Ein Dienstvertrag liegt immer dann vor, wenn der Künstler als *Dienstverpflichteter* (so die Terminologie der §§ 611 ff. BGB) lediglich seine Tätigkeit als solche schuldet, sich aber nicht zur Herbeiführung eines bestimmten Erfolges als Ergebnis seiner Tätigkeit verpflichtet hat, was gerade das Wesen des Werkvertrages ausmacht. Problematisch und umstritten ist hier insbesondere die Einordnung der **Gastspiel- und Engagementsverträge**. Ist also der Vertrag zwischen dem Veranstalter der Aufführung und dem Künstler, dem Ensemble Dienstvertrag oder Werkvertrag? Die heute wohl herrschende Meinung nimmt hier in der Regel Werkvertrag an, dies jedenfalls dann, wenn eine „bestimmte künstlerische Wertschöpfung insgesamt", also Aufführung, Gastspiel geschuldet werden (vgl. Palandt/Sprau, Einf. vor § 631 Rdnr. 29; OLG München, NJW-RR 2005, 616). Die ältere Lehre hingegen klassifiziert die zur Rede stehenden Sachverhalte regelmäßig als Dienstvertrag (vgl. Staudinger/Riedel, Kommentar zum BGB, Rdnr. 7 vor § 631 m. w. Nachw.). Dieser Auffassung ist im Grundsatz zuzustimmen. Richtigerweise ist bei der Klassifizierung von Verträgen im Sinne eines bestimmten Vertragstyps vom Willen der Parteien auszugehen, wobei alle Umstände, insbesondere die vertragliche Ausgestaltung ihrer Rechte und Pflichten zu berücksichtigen sind. Die Sängerin, der Schauspieler, die Instrumentalistin werden in der Regel im Engagementsvertrag nicht einen bestimmten Erfolg versprechen, sondern sich lediglich zur Leistung ihres künstlerischen Standards verpflichten wollen. Worin sollte der versprochene Erfolg auch liegen? In der Begeisterung des Publikums, der positiven Rezension des Kritikers? Die von der Gegenmeinung bemühte „künstlerische Wertschöpfung" ist begrifflich zu vage und nicht objektivierbar. Aber auch von der Rechtsfolgeseite im Falle von Schlechtleistungen her „paßt" der Werkvertrag hier nicht. Vorrangiger Anspruch des Bestellers des Werkes im Falle der Schlechtleistung ist beim Werkvertrag nach §§ 634, 635 BGB der Anspruch auf Nacherfüllung: Der Künstler müsste nach Wahl des Bestellers/Unternehmers den Mangel beseitigen oder ihm ein neues Werk herstellen. Es liegt auf der Hand, dass dieser Anspruch bei Schlechterfüllung vor Engagementsverträgen ins Leere geht. Wie sollen der Schauspieler, der den Text vergessen hat und bei der Aufführung „einbricht" oder der Instrumentalist, der durch falsche Einsätze „patzt", „nacherfüllen"? Es spricht somit alles dafür, Engagementverträge in der Regel als Dienst- oder Arbeitsver-

Reeb

träge zu klassifizieren (zur Abgrenzung Dienstvertrag/Arbeitsvertrag siehe unten Rdnr. 30 ff.). Diese Sichtweise schließt allerdings die Annahme eines Werkvertrags im Einzelfall nicht aus: Die Gestaltung eines Solokonzertes durch einen Jazzpianisten in freier Improvisation und ohne festgelegte Zeitstrukturen kann durchaus den Charakter eines „Werkes" annehmen, ebenso das Gastspiel eines Orchesters oder eines Theater-Ensembles.

1. Der Dienstvertrag

30   Nach § 611 Abs. 2 BGB können Gegenstand des Dienstvertrages **Dienste jeder Art** werden, damit also jedwede künstlerische Tätigkeit Inhalt dienstvertraglicher Verpflichtungen sein. Künstlerische Tätigkeiten wird man nur dann als „Dienste höherer Art" i. S. v. § 627 BGB (vgl. hierzu die Beispiele bei Palandt/Weidenkaff a. a. O. § 627 Rdnr. 2) qualifizieren können, wenn sie auf Grund eines besonderen Vertrauensverhältnisses übertragen zu werden pflegen; das jederzeitige Kündigungsrecht gem. § 627 BGB wird also nur in Ausnahmefällen gegeben sein. Nach § 613 BGB ist die Dienstleistung im Zweifel (d. h., wenn nichts anderes vereinbart ist) **höchstpersönlich** zu erbringen; es steht dem Gläubiger (Veranstalter) allerdings frei, an Stelle des Vertragspartners einen anderen Künstler zu akzeptieren, er muss dies aber nicht. Andererseits ist auch der Dienstberechtigte nicht befugt, seinen Anspruch auf Erbringung der Dienstleistung an einen Dritten abzutreten, § 613 BGB. Für Arbeitsverträge gilt hier allerdings die Sondervorschrift des § 613a BGB. Wechselt der Betriebsinhaber infolge Veräußerung des Betriebs oder Betriebsteils, so tritt der neue Betriebsinhaber kraft Gesetzes in die bestehenden Arbeitsverhältnisse ein, hat dann aber selbstverständlich die gleichen Kündigungsmöglichkeiten wie sein Vorgänger. Die aus dem Dienstvertrag resultierende **Hauptpflicht** des Dienstberechtigten ist die zur Zahlung eines Lohnes, eines Honorars, § 611 BGB. Hier ist natürlich in erster Linie die vertragliche Vereinbarung maßgebend. Fehlt die Honorarvereinbarung im Vertrag, so gilt nach § 612 Abs. 1 eine Vergütung als stillschweigend vereinbart, wenn die Dienstleistung den Umständen nach nur gegen eine Vergütung zu erwarten ist. Auch die Höhe des Honorars richtet sich primär nach der im Vertrag getroffenen Vereinbarung; fehlt eine solche, so ist nach § 612 Abs. 2 BGB die *taxmäßige Vergütung* (also etwa die sich aus allgemein gültigen Tarifen ergebende), in Ermangelung einer „Taxe" die übliche Vergütung geschuldet.

31   Wie in jedem Vertragsverhältnis, können sich auch im Dienstvertrag aus den Grundsätzen von Treu und Glauben resultierende **Nebenpflichten** ergeben, die neben die Hauptpflichten treten und deren schuldhafte Verletzung Schadenersatzansprüche nach §§ 280, 241 II BGB („positive Forderungsverletzung") auslöst (vgl. hierzu grds. Medicus, Schuldrecht I, § 35 Rdnr. 417 ff.). Nach der hier von Lehre und Rechtsprechung entwickelten Typologie existieren diese Nebenpflichten insbesondere als Treue- und Fürsorgepflichten, Verschwiegenheitspflichten, Obhuts- und Auskunftspflichten. Generell lässt sich sagen, dass jeder Vertragspartner alles zu unterlassen hat, was zu einer Schädigung des anderen Teils führen kann. Konkret ist in diesem Zusammenhang auf die Verpflichtung des Veranstalters nach § 618 BGB hinzuweisen, wonach dieser die Räume, Vorrichtungen oder Gerätschaften, die er zur Verrichtung der Dienste beschaffen muss, so einzurichten und zu unterhalten und Dienstleistungen, die unter seiner Anordnung vorzunehmen sind, so zu regeln hat, dass die Künstler gegen Gefahren für Leben und Gesundheit bestmöglich geschützt sind.

2. Der Arbeitsvertrag

Ein Arbeitsvertrag und nicht Dienstvertrag liegt dann vor, wenn der Dienstleistende **32** verpflichtet ist, **fremdbestimmte, unselbständige Arbeit** zu verrichten, also eine vom Arbeitgeber abhängige, weisungsgebundene Tätigkeit ausübt (vgl. zum Begriff Palandt/Weidenkaff a. a. O. Einf. 1 ff. vor § 611). Arbeitsverträge sind im künstlerischen Bereich dementsprechend überall dort anzunehmen, wo die Art und Ausführung der künstlerischen Tätigkeit von Weisungen des Arbeitgebers oder einer Vertreterperson abhängen. Arbeitsverträge bestehen also etwa in der Regel zwischen fest angestellten Musikern, Schauspielern etc. einerseits und ihren Beschäftigern (Kommune, Theater, Orchester) andererseits. Die Unterscheidung Dienstvertrag/Arbeitsvertrag ist deshalb von großer praktischer Bedeutung, weil nur den im Arbeitsverhältnis stehenden Künstlerinnen und Künstlern das gesamte soziale Arbeitnehmerschutzrecht zugute kommt. (Vgl. zum Arbeitsvertrag ausführlich § 6).

3. Der Werkvertrag

Im Rahmen eines Werkvertrages (Abgrenzung zum Dienstvertrag sieht: oben **33** Rdnr. 29) schuldet der Künstler (das Gesetz nennt ihn *Unternehmer*, den Auftraggeber *Besteller*, vgl. § 631 BGB) einen bestimmten **Erfolg**, das **Werk** also. Dieser Erfolg muss nicht notwendig gegenständlicher Art sein (wie z. B. das Gemälde, der grafische Entwurf, die Komposition), auch unkörperliche Leistungserfolge werden von dem Begriff erfasst, so die „Performance" u. ä. Im Gegensatz zum Dienstvertrag gehört es zur **Hauptpflicht des Künstlers** aus dem Werkvertrag, dass das Werk mängelfrei erstellt wird (§ 633 BGB). Hier liegen gerade im künstlerischen Bereich die Probleme. Ist etwa das erstellte Portrait „mangelhaft", weil der Besteller der Meinung ist, es sei ihm nicht ähnlich genug, es karikiere ihn gar? Der Bundesgerichtshof (BGHZ 19, 382) hat hierzu schon recht frühzeitig heute immer noch verbindliche Rechtssätze entwickelt. Künstlerin und Künstler genießen grundsätzlich im Rahmen eines Werkvertrags eine Gestaltungsfreiheit, die ihrer künstlerischen Eigenart entspricht; es ist ihnen deshalb erlaubt, in ihren Werken ihrer individuellen Schöpferkraft und ihrem Schöpferwillen Ausdruck zu verleihen. Wer einen Künstler mit der Herstellung eines Kunstwerks beauftragt, muss sich zuvor mit dessen künstlerischen Eigenarten und Auffassungen vertraut machen. Der Gestaltungsfreiheit des Künstlers entspricht das Risiko des Bestellers, ein den vereinbarten Zweckgedanken und die tragende Idee zum Ausdruck bringendes Kunstwerk auch dann abnehmen zu müssen, wenn es nicht seinem Geschmack entspricht. Auf der anderen Seite muss sich das Werk z. B. der Designerin im Rahmen dessen halten, was der Auftraggeber vorgegeben hat. Ein eigenmächtiges Abweichen hiervon kann die Verpflichtung des Auftraggebers zur Abnahme und Bezahlung des Werkes aufheben.

Der Künstler kann indes seine **Gestaltungsfreiheit vertraglich beschränken** und **34** sich verpflichten, ein Werk nach einem von ihm erstellten und vom Besteller genehmigten Entwurf herzustellen. Auch in diesem Fall aber ist er grundsätzlich nicht zu einer maßstabgetreuen Ausführung verpflichtet. Die Vertragspraxis versucht, soweit ersichtlich, das Problem zu regeln. So finden sich in vielen Verträgen folgende Klauseln (vgl. Münchener Vertragshandbuch, Band 3, Wirtschaftsrecht, S. 1189): *Nach Fertigstellung des Portraits wird es dem Besteller übergeben und zu Eigentum übertragen. Der Besteller ist zur Abnahme nicht verpflichtet, wenn es nicht seinen Wünschen und Vorstellungen entspricht. Im Falle der Nichtabnahme verbleibt es mit allen Rechten dem Maler. Der Besteller ist zur Zahlung eines Betrages von Euro ... als Vergütung für* die Tätigkeit des Malers verpflichtet. Der Besteller hat nur die Möglichkeiten, das fertige Portrait abzunehmen oder die Abnahme zu verweigern. Ansprüche auf Nachbesserung bestehen nicht. Vorstehende Regelung schließt nicht aus, dass sich die Parteien darüber einigen, dass bestimmte Änderungen vorgenommen werden. Hier ist der künstlerischen Gestaltungsfreiheit dadurch Rechnung getragen, dass Nachbesserung generell ausgeschlossen ist. Der Besteller kann allerdings die Abnahme verweigern, wenn das Werk seinen Vorstellungen nicht entspricht, muss dann aber die Tätigkeit des Künstlers gleichwohl vergüten.

35   Es ist im Grundsatz davon auszugehen, dass der Künstler verpflichtet ist, das Werk höchstpersönlich herzustellen, er also keinen „Subunternehmer" einschalten darf. Etwas anderes wird man für die Fälle der technischen Zuarbeitung annehmen können, soweit hier kein künstlerisches Gestaltungspotenzial erforderlich ist. Vergibt also der Bildhauer, der eine Plastik aus Eisenteilen nach einem vorgefertigten und vom Besteller genehmigten Entwurf erstellen soll, Schweißarbeiten nach genauem Plan an einen Handwerksbetrieb, so wird hiergegen nichts einzuwenden sein. **Hauptleistungspflicht des Bestellers** des Werks ist die Zahlung der vereinbarten Vergütung. Ist eine entsprechende Vereinbarung nicht getroffen worden, so gilt § 632 BGB, der eine dem § 612 Abs. 1 und Abs. 2 BGB wortgleiche Bestimmung enthält. Es kann deshalb insofern auf die Ausführungen zum Dienstvertrag verwiesen werden. Auch bezüglich der Nebenpflichtenstruktur kann auf die Darstellung zum Dienstvertrag Bezug genommen werden, es gilt hier nichts anderes, s. o. Rdnr. 30 f.

4. Der Ausstellungsvertrag

36   Im bildnerischen Bereich ist die Ausstellung in einer Galerie gerade für die Künstler mit geringem Bekanntheitsgrad meist die einzige Möglichkeit, das Oeuvre einem größeren Kreis von Interessierten zugänglich zu machen und so Marktbeziehungen herstellen zu können. Zwischen Künstler und Galeristen wird dann regelmäßig ein mündlich oder schriftlich abgeschlossener, mehr oder weniger detailgenau gestalteter Vertrag zustandekommen, der Ausstellungsvertrag (vgl. das Musterformular im Münchener Vertragshandbuch, Band 3, Wirtschaftsrecht, S. 1183 ff.). Dieser Vertragstyp ist als solcher im Gesetz nicht geregelt. Er stellt sich dar als **gemischt-typischer Vertrag**, der also Elemente verschiedener, gesetzlich geregelter Vertragstypen in sich vereinigt. In erster Linie ist der Ausstellungsvertrag **urheberrechtlicher Nutzungsvertrag**, da der Künstler dem Galeristen sein aus § 18 UrhG resultierendes Ausstellungsrecht überträgt (vgl. hierzu § 10 Rdnr. 51 ff.). In diesem Zusammenhang ist das Bestreben von Künstlerinnen und Künstlern zu erwähnen, Ausstellungshonorare zur Ablösung des übertragenen Veröffentlichungsrechts zu erhalten. Hinzu können je nach Vertragsgestaltung Elemente des **Kaufvertrages** nach §§ 433 ff. BGB (dem Galeristen werden Ankaufsrechte zu bestimmten Preisen eingeräumt), des **Kommissionsgeschäfts** nach §§ 383 ff. HGB (der Galerist behält Werke des Künstlers über den Zeitraum der Dauer der Ausstellung im Besitz, um sie im eigenen Namen, aber für Rechnung des Künstlers zu verkaufen) und des **Verwahrungsvertrages** nach §§ 688 ff. BGB treten. Die Klassifizierung der Teileelemente ist für den Fall von Leistungsstörungen praktisch bedeutsam, denn es gilt dann – soweit der Vertrag keine Regelung des Störungsfalles enthält – das Recht desjenigen Teilelements, in dessen Bereich die Störung angesiedelt ist.

§ 9 Vertragsstörungen

I. Einführung

Soweit vertragliche Leistungen dem vereinbarten Leistungsprogramm und damit 1
den Erwartungen der Vertragspartner entsprechend erbracht werden, sind juristische
Konfliktlösungspotenziale naturgemäß nicht gefragt. Dies ist jedoch dann sofort anders, wenn ein Vertragspartner seine Leistung gar nicht, verspätet oder „schlecht" erbringt: Der Künstler erscheint zum vertraglich vereinbarten Auftritt gar nicht, er
kommt eine Stunde zu spät oder er erscheint zwar pünktlich, verdirbt aber die Aufführung, weil er ständig falsche Einsätze bläst. Aufseiten des Veranstalters (allgemein: des
Bestellers der künstlerischen Leistung) ergibt sich die Problematik insbesondere dann,
wenn der Veranstalter das vereinbarte Honorar nicht oder mit zeitlicher Verzögerung
zahlt. In allen solchen Fällen so genannter Leistungsstörungen wollen die Beteiligten
wissen, welche Rechtsfolgen, insbesondere welche Ansprüche die jeweilige Leistungsstörung auslöst. Hierauf soll im folgenden eingegangen werden, wobei sich die
Darstellung nicht an der üblichen juristischen Systematik der Leistungsstörungen
orientiert, sondern um eines besseren Verständnisses willen an situativ-typische Fall-
konstellationen anknüpft. Dargestellt wird jeweils die Rechtslage, wie sie sich unter
Geltung des BGB ergibt. Zu beachten ist immer, dass Regelungen für den Fall des Ein-
tritts von Leistungsstörungen im konkreten Vertrag getroffen sein können. Es sei
nochmals betont, dass wegen der hier geltenden Vertragsfreiheit diese vertraglichen
Regelungen den gesetzlichen Vorschriften vorgehen, soweit sie nicht etwa wegen Verstoßes gegen die §§ 305 ff. BGB oder die guten Sitten nichtig sind. Insbesondere die
Fälle der Nicht- oder Schlechtleistung durch den Künstler werden in der Praxis in den
konkreten Verträgen üblicherweise durch die Vereinbarung von Vertragsstrafen sank-
tioniert (zur Problematik von Allgemeinen Geschäftsbedingungen s. § 8 Rdnr. 26).

II. Der Künstler erbringt die von ihm geschuldete Leistung aus in seiner Person respektive in seinem Bereich liegenden Gründen nicht

1. Die so genannte „physische" Unerbringbarkeit der vertraglichen Leistung

Beispiel:
Der für den Opernabend engagierte bekannte Tenor T sagt die Aufführung ab, weil er er-
krankt ist. Die Rolle wird kurzfristig mit dem unbekannten Nachwuchssänger S besetzt, der vom
Publikum ausgebuht wird. Einige Konzertbesucher verlangen wegen der schlechten Leistung des
S Rückerstattung des Eintrittsgeldes.

Die durch das Beispiel repräsentierte Fallgruppe der so genannten **Leistungsun-** 2
möglichkeit ist generell dadurch gekennzeichnet, dass der Leistungspflichtige die geschuldete Leistung nicht erbringt, weil er an ihrer Erbringung – durch welche Gründe
auch immer – gehindert war. Hier ist zunächst – wegen der je unterschiedlichen
Rechtsfolgen – eine Abgrenzung der endgültig unmöglich gewordenen von derjenigen
Leistung vorzunehmen, der nur ein zeitweiliges Hindernis entgegensteht, die also –
wenn auch verspätet – doch noch nachholbar und damit „möglich" ist. Für die Abgrenzung ist folgende Erwägung entscheidend: Für nahezu jede vertragliche Leistung
ergibt sich aus dem vertraglichen Zweckprogramm eine zeitliche Determinante dahin-

gehend, dass die Leistung sinnvollerweise nur zu einer ganz bestimmten Zeit oder innerhalb eines kurzen Zeitraumes erfolgen kann, weil eine Leistungserbringung zu einer anderen Zeit oder außerhalb des betreffenden Zeitraumes den Vertragszweck nicht (mehr) erfüllen kann, weil der Gläubiger den Gebrauch, für den die Leistung vorgesehen war, nun nicht mehr machen kann (Larenz, Lehrbuch des Schuldrechts, Allgemeiner Teil, § 21 1 spricht hier zutreffend vom „Erfüllungszeitraum"; vgl. hierzu auch BGH NJW 1982, 38). M. a. W.: Da die Leistung für den Gläubiger nach dem für beide Vertragsteile erkennbaren Vertragszweck außerhalb des Erfüllungszeitraumes in der Regel ohne jedes Interesse sein wird, ist sie – auch wenn am nächsten Tag nachholbar (im Beispiel: T bietet, da dann wieder genesen, seinen Auftritt für den nächsten Tag an) – als endgültig unmöglich anzusehen. Anders ist es etwa dann, wenn der Komponist einer Filmmusik während deren Fertigstellung für einige Zeit erkrankt: Zwar werden in entsprechenden Verträgen regelmäßig auch Fertigstellungstermine vereinbart werden; soweit jedoch das versprochene Werk auch nach Überschreitung des Fertigstellungstermins für den Besteller verwertbar ist, ist dies kein Fall der endgültigen Unmöglichkeit. Eine andere Frage ist dann aber, ob der Besteller einen infolge der Verzögerung der Fertigstellung entstandenen Schaden vom Künstler unter dem Aspekt des Verzugs (vgl. dazu unten Rdnr. 11) ersetzt verlangen kann.

3   Für die Frage der bei endgültiger Leistungsunmöglichkeit eintretenden Rechtsfolgen kommt es nach den vom BGB getroffenen Regelungen (vgl. §§ 276, 280 ff. BGB) entscheidend darauf an, wer den Grund für die Unmöglichkeit **zu vertreten** hat. Der Begriff des „Vertretenmüssens" ist identisch mit dem Verschuldensbegriff, das heißt, es ist bei der hier zur Rede stehenden Fallgruppe zu prüfen, ob der Künstler, der seine Leistung nicht erbringt, die Leistungsunmöglichkeit verschuldet hat, ob er also entweder vorsätzlich oder fahrlässig seine Leistungsunmöglichkeit herbeigeführt hat, oder ob ihn ein entsprechender Vorwurf nicht trifft. Vorsätzlich handelt der Künstler, der sein Unvermögen zur Leistungserbringung bewusst und gewollt herbeiführt, wie etwa der Pianist, der zum vertraglich vereinbarten Auftritt nicht erscheint, weil er am selben Abend ein wesentlich besser honoriertes Engagement wahrnimmt. Im Falle der Fahrlässigkeit hingegen tritt das Unvermögen ungewollt ein: Die Tatsache, dass der Künstler seine Leistung nicht erbringen kann, ist hier vielmehr das Ergebnis der Verletzung von Sorgfaltspflichten durch den Künstler. Nach § 276 Abs. 2 BGB handelt fahrlässig, „wer die im Verkehr erforderliche Sorgfalt außer Acht lässt". Das Fahrlässigkeitsurteil beinhaltet also in diesem Zusammenhang den Vorwurf, dass der Künstler das Unvermögen zur Leistung als mögliche Folge seines Verhaltens hätte voraussehen können, es aber durch Außerachtlassung der gebotenen Sorgfalt, Achtsamkeit und Umsicht gleichwohl dazu hat kommen lassen, sein Unvermögen also nicht vermieden hat.

4   Vielfach wird es so sein, dass die Leistungsunmöglichkeit auf ein Ereignis unmittelbar zurückzuführen ist, für das der Künstler „nichts kann", an dessen Eintritt ihn also kein Verschulden trifft: Der Künstler verpasst den Auftritt, weil er in einen Verkehrsstau gerät, er versäumt das Flugzeug, weil er sich auf dem Flugplatz zeitraubenden Kontrollen unterziehen muss. Oder: Der Pianist kann das abendliche Konzert nicht spielen, weil er am Nachmittag Ski gelaufen und auf einer unerkennbar vereisten Stelle des Hanges schwer gestürzt war. Es liegt auf der Hand, dass der Künstler mit der Feststellung, dass er den Eintritt dieser Ereignisse (Stau, Kontrolle, Sturz) als solche nicht verschuldet hat (so hat etwa der Pianist beim Skilaufen alle Sorgfalt aufgewendet), noch nicht entlastet ist. Es ist vielmehr in solchen Fällen immer der Rückgriff auf früheres Verhalten des Künstlers möglich und eine Prüfung dahingehend erforderlich, ob er nicht in einem früheren Stadium den Eintritt der Leistungsunmöglichkeit durch sorg-

Reeb

faltspflichtgemäßes Verhalten hätte vermeiden können. So entspricht es etwa üblicher Sorgfalt, sich vor Reiseantritt über mögliche Behinderungen zu informieren und entsprechende Vermeidungsstrategien durchzuführen. In den durch das Beispiel des Ski laufenden Pianisten angesprochenen Fällen ist die Wertung schwieriger: Hier kann die Statuierung einer adäquaten Sorgfaltspflicht im Extrem sogar auf das Verbot für den Künstler hinauslaufen, derart risikobehaftete Tätigkeiten überhaupt auszuüben. Generelle Aussagen lassen sich hier nicht machen, es wird immer auf die Einzelfallbeurteilung ankommen, wobei die Abwägung der Risiken des zur Rede stehenden Verhaltens (Ski laufen) mit seinem Nutzen für den Künstler eine Rolle spielen wird.

Je nachdem nun, ob den Künstler bezüglich seines Leistungsunvermögens ein 5 Schuldvorwurf (Vorsatz oder Fahrlässigkeit) im dargelegten Sinne trifft, ist bezüglich der **Rechtsfolgen** wie folgt zu unterscheiden: Hat der Künstler sein Unvermögen **nicht zu vertreten** (wie etwa im Eingangsbeispiel im Falle der – unverschuldeten – Erkrankung), dann wird er von seiner Leistungspflicht frei, § 275 BGB, schuldet dann folgerichtig auch keinen Schadensersatz. Das Schicksal der **Gegenleistung** (Honoraranspruch des Künstlers) hängt dann davon ab, ob der Besteller der künstlerischen Leistung das Unvermögen des Künstlers zu vertreten hat oder nicht. Ist dies nicht der Fall – das wird die Regel sein –, lässt das BGB wertungskonsequent auch den Honoraranspruch des Künstlers entfallen, § 326 BGB, beide Vertragspartner sind dann ihrer Leistungspflichten enthoben. Für den Fall, dass das Leistungsunvermögen des Künstlers in den Verantwortungsbereich des Bestellers fällt, vgl. unten unter III.

Hat hingegen der Künstler für sein Unvermögen einzutreten, (Sorgfaltspflichtver- 6 stoß!), so geben die §§ 280 ff. BGB dem Besteller ein Wahlrecht: Er kann vom Künstler nach §§ 280, 281 Schadensersatz statt der nicht erbrachten Leistung, oder an Stelle des Schadensersatzes Ersatz vergeblicher Aufwendungen verlangen, § 284 BGB. Am weitesten gehend ist hier der Schadensersatzanspruch, der allerdings einen konkreten, aus der Nichtleistung des Künstlers resultierenden Schaden des Bestellers voraussetzt. Generell gilt hier die Formel: Der Besteller ist so zu stellen, wie er stehen würde, wenn der Künstler den Vertrag ordnungsgemäß erfüllt hätte (vgl. zur Schadensberechnung in diesen Fällen Palandt/Heinrichs, § 281 Rdnr. 25 ff.). Der Schaden besteht dann nach der hier anzuwendenden Differenzmethode in der Differenz zwischen der Vermögenslage des Bestellers, die eingetreten wäre, wenn der Künstler ordnungsgemäß erfüllt hätte und der infolge der Nichterfüllung nunmehr entstandenen Vermögenslage. Insbesondere kann der Besteller die jetzt nutzlos gewordenen Aufwendungen, die er für die Durchführung des Vertrags gemacht hat (etwa: Saalmiete) geltend machen, da vermutet wird, dass er diese bei ordnungsgemäßer Erfüllung des Vertrages durch den Künstler wieder „verdient" hätte. Hier kann der Künstler aber den Gegenbeweis dahin erbringen, dass der Besteller – etwa mangels Publikums – auch bei Vertragserfüllung Verluste gemacht hätte, das heißt, auf seinen Kosten „sitzen geblieben" wäre (vgl. wegen der hier anzustellenden „Rentabilitätsvermutung" und Einzelheiten Palandt/ Heinrichs, § 281 Rdnr. 23 ff.). Nach dem neuen § 284 BGB kann der Gläubiger (also: der Besteller) an Stelle des Schadensersatzes Ersatz der Aufwendungen verlangen, die er im Vertrauen auf die Leistung gemacht hat und billigerweise machen durfte, es sei denn, deren Zweck wäre auch ohne die Pflichtverletzung des Schuldners (also: des Künstlers) nicht erreicht worden. Angesichts der Rechtslage, dass (s. o.) nutzlos gewordene Aufwendungen bereits im Rahmen des Schadensersatzanspruches nach §§ 280, 281 BGB geltend gemacht werden können, dürfte § 284 im Bereich der vorliegenden Problematik kaum eine praktische Rolle spielen.

Reeb

2. Die so genannte „psychische" oder „moralische" Unerbringbarkeit der vertraglichen Leistung

Beispiele:

1. Sängerin S findet nach der Rückkehr von der Probe den Abschiedsbrief ihres Lebensgefährten vor. Sie sagt daraufhin den abendlichen Auftritt mit der Begründung ab, sie sei zwar bei Stimme, es sei ihr in ihrer gegenwärtigen psychischen Situation aber unmöglich, zu singen.

2. Schlagersänger X war für eine „Wahlveranstaltung" engagiert worden. Am Veranstaltungsort stellt X fest, dass es sich um eine Wahlveranstaltung der Partei der Republikaner handelt. Er verweigert den Auftritt mit der Begründung, er könne es mit seinem politischen Gewissen nicht vereinbaren, für diese Partei aufzutreten.

7   Es geht hier um die Fälle, die in denen die Leistungserbringung dem Künstler zwar physisch möglich wäre, er die Leistung jedoch mit Hinweis auf ihre „Unzumutbarkeit" ablehnt. Hier greift der neue § 275 Abs. 3 BGB. Nach dieser Vorschrift kann der Künstler die Leistung dann verweigern, wenn er die Leistung persönlich zu erbringen hat (das ist der Regelfall) und sie ihm unter Abwägung des seiner Leistung entgegenstehenden Hindernisses (i. Bsp. 1: Abschiedsbrief des Lebensgefährten) mit dem Leistungsinteresse des Bestellers nicht zugemutet werden kann. Nun kann freilich nicht jede Leistungserschwerung zum Anlass genommen werden, eine Lösung der vertraglichen Bindung herbeizuführen. Dem Einwand der Unzumutbarkeit ist jedoch dann stattzugeben, wenn eine Art psychischer oder moralischer „Opfergrenze" erreicht ist, die das Beharren des Gläubigers auf der Leistungserbringung als anstößig und nicht mehr hinnehmbares Ansinnen erscheinen lässt (vgl. dazu etwa Medicus, Schuldrecht I, Rdnr. 368 ff.; Palandt/Heinrichs, § 275, Rdnr. 30). Wann dies der Fall ist, lässt sich generell nicht sagen, es wird auch hier immer eine Einzelfallwürdigung erforderlich sein, die die Interessen der Vertragspartner gegeneinander abzuwägen hat. Hier ist einmal mehr der „gesunde Menschenverstand" gefragt, das heißt, der Einwand der Unzumutbarkeit wird überall dort greifen, wo jeder „billig und gerecht" Denkende das Beharren des Gläubigers auf der Leistungserbringung als unanständig empfinden würde, wie dies in den Fällen von Partnertod oder -trennung (Beispiel zu 1) angenommen werden muss.

8   Eine besondere Akzentuierung ergibt sich für die durch das Beispiel zu 2 gekennzeichneten Fälle der Glaubens- oder Gewissensnot wegen der hier zu berücksichtigenden grundgesetzlichen Garantie der Freiheit des Gewissens, Artikel 4 Grundgesetz. Der Einwand der Unzumutbarkeit dürfte hier immer dann begründet sein, wenn der Künstler bei Eingehung der vertraglichen Verpflichtungen nicht wusste und auch nicht voraussehen konnte, dass ihn die Vertragserfüllung in eine Gewissensnot bringen würde (so auch Larenz a. a. O. § 10 II, c). Wäre hingegen X im Beispiel zu 2 das Engagement in Kenntnis der Tatsache eingegangen, dass Veranstalter die nämliche Partei ist, dann wäre er nicht schutzwürdig: Er hätte dann von vorneherein den Vertragsschluss ablehnen können und müssen.

III. Der Künstler kann seine Leistung aus Gründen nicht erbringen, die in der Sphäre seines Vertragspartners liegen

Beispiele:

1. V hat den Pianisten P für einen Soloabend engagiert. Beim Einspielen stellt P fest, dass der Flügel völlig verstimmt und unbespielbar ist. V bemüht sich, bis zum vorgesehenen Beginn des Konzerts vergeblich, einen Klavierstimmer aufzutreiben. Das Konzert kann

nicht stattfinden. V verweigert die Zahlung der vereinbarten Gage mit dem Hinweis „ohne Leistung kein Honorar".

2. Soloviolinist V ist für die Aufführung der „Vierjahreszeiten" von Vivaldi in der Philharmonie am 10. 2. engagiert. Am 8. 2. stellt die Bauaufsicht fest, dass die Decke in der Philharmonie in weiten Teilen erheblich einsturzgefährdet ist. Das Konzert wird daraufhin abgesagt. V ist der Auffassung, dass ihm die vereinbarte Gage gleichwohl zustehe, da er ja „spielbereit" sei.

Hier geht es um die Frage, ob und unter welchen Voraussetzungen der Künstler sei- **9** nen Honoraranspruch in den Fällen behält, in denen er leistungsbereit ist, die Leistung aber aus Gründen nicht erbringen kann, die in der Sphäre des Gläubigers angesiedelt sind. Nach § 326 Abs. 2 BGB erhält er seinen Anspruch auf die Gegenleistung immer dann, wenn der Gläubiger die Leistungsunmöglichkeit zu vertreten hat. Zum Vertreten-müssen siehe die Ausführungen oben zu Rdnr. 3. Hier gilt nichts anderes. Darüber hinaus ist nach h. M. (vgl. Larenz a. a. O. § 25 III; BGHZ 38, 187 ff. [192]) der Gläubiger auch für solches Verhalten verantwortlich, das zwar nicht als Sorgfaltspflichtverstoß qualifiziert werden kann, das aber dennoch geeignet ist, die Durchführung des Vertrages zu vereiteln. Wer also den vom Künstler zu bewirkenden Leistungserfolg durch sein eigenes freies Verhalten selbst unmöglich macht, kann – auch wenn das Verhalten keinen Pflichtverstoß darstellt – die nachteiligen Folgen des eigenen Handelns nicht auf den vertragstreuen, leistungsbereiten Künstler abwälzen. Das bedeutet für P im Beispiel zu 1, dass er seinen Honoraranspruch behält. In dem Nichtüberprüfen des Flügels durch V wird man eine Sorgfaltspflichtverletzung im Sinne des Fahrlässigkeitsvorwurfes sehen können; aber selbst wenn man diese Sichtweise nicht teilt, gelangt man mit der zuvor dargestellten herrschenden Meinung zum selben Ergebnis, da V jedenfalls die Erbringung der künstlerischen Leistung durch sein eigenes Verhalten unmöglich gemacht hat. Der Künstler, der in den zur Rede stehenden Fällen seinen Honoraranspruch nach § 326 Abs. 2 Satz 1 BGB behält, muss sich allerdings nach Satz 2 der Vorschrift dasjenige auf den Anspruch anrechnen lassen, das er infolge der Befreiung der Leistung erspart oder durch anderweitige Verwendung seiner Arbeitskraft erwirbt oder zu erwerben böswillig unterlässt. Das bedeutet insbesondere, dass der Künstler einen ihm für den Zeitraum der nun unmöglich gewordenen Leistung angebotenen anderweitigen Auftrag, soweit dieser ihm zumutbar ist, nicht ablehnen darf.

Schwieriger in der Beurteilung sind die durch Beispiel zu 2 charakterisierten Fälle, **10** die dadurch gekennzeichnet sind, dass der leistungsbereite Künstler seinen Leistungserfolg nun nicht mehr bewirken kann aus Gründen, die der Gläubiger nicht zu vertreten hat, die auch nicht auf seinem Verhalten beruhen, die aber doch irgendwie in seiner „Sphäre" angesiedelt sind. Eine unmittelbare, allgemein gültige gesetzliche Regelung dieser Fälle fehlt, weshalb hier vieles streitig ist. Für die hier im Vordergrund stehenden Dienst- und Werkverträge hat sich jedoch mittlerweile in der Grundlinie eine herrschende Sichtweise herausgebildet (vgl. Palandt/Grüneberg, § 326, Rdnr. 9). Danach ist aus § 645 Abs. 1 BGB ein allgemeiner Rechtsgedanke dahin zu entnehmen, dass sämtliche Leistungsstörungen, die ihren Grund letztlich in dem vom Gläubiger zu stellenden – im weitesten Sinne aufzufassenden – Leistungssubstrat haben, in seine „Sphäre", seinen Verantwortungsbereich fallen, mit der Folge, dass der Schuldner (Künstler) dann trotz der Unerbringbarkeit seiner Leistung wenigstens eine **Teilvergütung** soll beanspruchen können. Als Leistungssubstrat wird derjenige Gegenstand verstanden, an dem oder mit dem die Leistung zu erbringen ist, also im Beispiel 2 auch der Konzertsaal.

Reeb

IV. Der Künstler erbringt seine Leistung verspätet

Beispiel:
Bildhauer B hat die Fertigstellung der Plastik für die Vorhalle des neuen Rathauses vertraglich bis spätestens zum 4. 2. zugesagt. Die Einweihungsfeierlichkeiten wurden deshalb auf den 23. 2. terminiert. Da die Plastik am 20. 2. noch immer nicht geliefert ist, wird die Einweihung abgesagt. B verspricht nunmehr Fertigstellung bis zum 1. 3.

11   Leistet der Künstler verspätet, so kann der Besteller der künstlerischen Leistung den ihm durch die Verspätung entstandenen Schaden ersetzt verlangen, §§ 280 Abs. 1 u. 2, 286 BGB; daneben gibt § 323 BGB ihm das Recht, nach Setzen einer Frist und gleichzeitiger Androhung der Ablehnung der Leistung dann vom Vertrag zurückzutreten. Das Recht auf Schadensersatz wird durch den Rücktritt nicht ausgeschlossen, § 325 BGB. Der Fristsetzung bedarf es nicht, wenn der Künstler die Leistung ernsthaft und endgültig verweigert oder die Leistung zu einem im Vertrag bestimmten Termin oder innerhalb einer bestimmten Frist nicht bewirkt und der Besteller im Vertrag den Fortbestand seines Leistungsinteresses an die Rechtzeitigkeit der Leistung gebunden hat, § 323 Abs. 2 BGB. Den Interessenwegfall muss der Besteller behaupten und beweisen. Diese Rechtsfolgen treten indes nur ein, wenn die Voraussetzungen des **Schuldnerverzugs** nach §§ 286 ff. BGB gegeben sind. Das bedeutet zunächst, dass die Leistung überhaupt noch nachholbar und trotz der Verspätung für den Gläubiger noch von Wert ist, dass also nicht wegen Ablaufs des „Erfüllungszeitraums" (vgl. dazu oben Rdnr. 2) Leistungsunmöglichkeit eingetreten ist. Weitere Voraussetzungen sind nach § 286 BGB Nichtleistung durch den Künstler trotz Fälligkeit der Leistung und darauf erfolgte Mahnung des Gläubigers; die Mahnung ist nach § 286 Abs. 2 BGB jedoch dann überflüssig, wenn ein Termin für die Leistung vertraglich vereinbart war (vgl. Beispiel): Dann kommt der Künstler automatisch in Verzug, wenn er diesen Leistungstermin nicht einhält. Der Künstler kommt trotz Vorliegens dieser Voraussetzungen dann nicht in Verzug, wenn er die Verspätung seiner Leistung **nicht zu vertreten hat**, § 286 Abs. 4 BGB; es gilt also auch für diese Form der Leistungsstörung das Verschuldensprinzip. Als Entschuldigungsgründe, die den Künstler entlasten können, kommen etwa in Betracht: Unverschuldete tatsächliche Leistungshindernisse vorübergehender Natur, wie etwa Krankheit, Schwierigkeiten bei der Beschaffung von Materialien, Naturereignisse oder sonstige höhere Gewalt, aber auch unverschuldete rechtliche Leistungshindernisse, wie etwa Verzögerungen bei der Erteilung von notwendig werdenden behördlichen Genehmigungen. Derartige Entschuldigungsgründe sind vom Künstler geltend zu machen und gegebenenfalls im Prozess zu beweisen.

V. Die Fälle der „Schlechtleistung" durch den Künstler

12   Hier ist zunächst zu unterscheiden, ob die Schlechtleistung in einer mangelhaften Erfüllung der vertraglichen **Hauptpflicht** oder in einer Verletzung von **Nebenpflichten** (etwa Sorgfalts- und Rücksichtspflicht) besteht. Zu den Nebenpflichten wurde bereits oben unter § 8 Rdnr. 31 Stellung genommen. Hier gilt generell, das heißt für alle Vertragstypen, dass die schuldhafte, also vorsätzliche oder fahrlässige Verletzung solcher vertraglicher Nebenpflichten eine Schadensersatzpflicht des Vertragspartners auslöst, so genannte „positive Forderungsverletzung", §§ 280, 241 Abs. 2 BGB. Solche Nebenpflichten treffen selbstverständlich nicht nur den Künstler, sondern gleicherma-

ßen seinen Vertragspartner, sodass dieser sich umgekehrt auch Schadensersatzansprüchen des Künstlers ausgesetzt sehen kann.

Bezüglich der Schlechterfüllung der vertraglichen Hauptleistung gibt es eine generelle Regelung nicht, hier ist vielmehr nach Vertragstypen zu differenzieren, wobei sich die Darstellung auf die hier zentralen Typen, Dienstvertrag und Werkvertrag, beschränken soll. **13**

1. Schlechterfüllung im Dienstvertrag

Beispiel:

Sänger V wird für die abendliche Opernaufführung als Ersatz für den erkrankten bekannten Tenor T engagiert. V „bekämpft" sein Lampenfieber mit einer halben Flasche Cognac. Insbesondere bei seinen Solostellen offenbart er erhebliche Intonationsschwächen und wird am Ende der Veranstaltung vom Publikum ausgebuht. Einige Konzertbesucher verlangen und erhalten vom Leiter des Opernhauses eine Minderung ihres Eintrittspreises. Die insoweit ausbezahlten Beträge werden V von der Gage abgezogen.

Im Gegensatz zu den anderen, wirtschaftlich wichtigen Vertragstypen wie etwa **14** Kaufvertrag, Werkvertrag, Mietvertrag fehlt im Regelungskonzept der für den Dienstvertrag geltenden §§ 611 ff. BGB eine Vorschrift über mangelhafte Dienstleistung völlig Es gelten aber auch hier die Regeln der „positiven Forderungsverletzung", §§ 280, 241 Abs. 2 BGB, das heißt, der Dienstverpflichtete schuldet dem Dienstberechtigten Schadensersatz, wenn und soweit er seine Dienstleistung schuldhaft „schlecht" erbringt. Hier liegen nun aber gerade im künstlerischen Bereich gleich mehrere Probleme. Zunächst: Wann kann hier überhaupt von einer „mangelhaften" („Schlecht"-) Leistung die Rede sein? Der Leistungsstandard kann von Künstler zu Künstler völlig unterschiedlich sein (zwischen V und T im Beispiel können „Welten" liegen), jeder Künstler schuldet aber nur **seinen** Standard, und ob ein Sänger gut oder schlecht war, ist objektiver Beurteilung nur sehr entfernt zugänglich. Zum anderen: Der Schadensersatzanspruch aus §§ 280, 241 Abs. 2 BGB erfordert mindestens Fahrlässigkeit, also einen Sorgfaltspflichtverstoß aufseiten des Künstlers; der Pflichtverstoß muss ferner ursächlich für die Schlechtleistung geworden sein. Als insofern in Betracht kommende Verhaltensweisen im Sinne eines Pflichtverstoßes sind allenfalls die Einnahme von Rauschmitteln, die unterlassene Konsultation eines Arztes oder ähnliches ersichtlich. Der Tatbestand einer schuldhaften Schlechtleistung des Künstlers mit daraus resultierendem Schadensersatzanspruch des Vertragspartners wird also eher Ausnahmecharakter haben: Auch die mit Mängeln behaftete künstlerische Leistung wird in der Regel keinerlei Sanktionen auslösen können. Dies gilt auch für die umstrittene Frage der Kürzung der Vergütung bei schlechter Dienstleistung: Kann also im Beispiel (hier wurde zunächst mit einer Schadensersatzforderung aufgerechnet) auch dann, wenn kein Minderungsbegehren bezüglich des Eintrittspreises seitens der Besucher geltend gemacht worden wäre (vgl. zum entsprechenden Anspruch von Konzertbesuchern AG Düsseldorf NJW 1990, 2559) die Opernhausleitung die Gage von V wegen seiner schlechten Leistung kürzen? Auch dies wird letztlich zu verneinen sein, da beim Dienstvertrag gerade nicht ein bestimmter Erfolg geschuldet wird, sondern das schlichte Tätigwerden des Künstlers, im übrigen eine die Kürzung legitimierende Rechtsnorm auch fehlt (vgl. in diesem Sinne auch Palandt/Weidenkaff, § 611, Rdnr. 16, der den Kürzungsanspruch am fehlenden Maßstab scheitern lässt; ausführlich zum Problem Ullrich NJW 1984, 585). Wer also einen Künstler im Rahmen eines Dienstvertrags engagiert, muss sich im Vorhinein über dessen Leistungsstandard informieren.

Reeb

2. Schlechterfüllung im Werkvertrag

Beispiel:
A hatte bei Kunstmaler K ein Portrait seiner Frau in Auftrag gegeben. A lehnt die Abnahme des fertig gestellten Portraits mit der Begründung ab, die dargestellte Person sähe aus wie eine „ausgemolkene Ziege", eine Ähnlichkeit mit seiner Frau sei auch nicht im entferntesten gegeben.

15   Nach § 633 Abs. 1 BGB ist der Künstler verpflichtet, das Werk so herzustellen, dass es die zugesicherten Eigenschaften hat und nicht mit Fehlern behaftet ist, die den Wert oder die Tauglichkeit zu dem gewöhnlichen oder dem nach dem Vertrag vorausgesetzten Gebrauch aufheben oder mindern. Die Sollbeschaffenheit des Werkes ergibt sich also in erster Linie aus den im Vertrag getroffenen Vereinbarungen. Probleme entstehen aber gerade im künstlerischen Bereich dann, wenn die getroffenen Vereinbarungen unpräzise sind oder solche Vereinbarungen gänzlich fehlen. Welche Kriterien sind dann maßgeblich für die Sollbeschaffenheit eines **Kunst**werkes? Die zuvor zitierten Richtlinien des § 633 Abs. 1 helfen hier wenig weiter, denn was ist „der gewöhnliche Gebrauch" eines Kunstwerkes? Es wurde bereits oben unter § 8 Rdnr. 33 f. auf die vom BGH (BGHZ 19, 382) hier anerkannte weitgehende Gestaltungsfreiheit des Künstlers bei der Erstellung des Werkes eingegangen. Eine „Mangelhaftigkeit" eines Kunstwerkes wird man deshalb – abgesehen von den Fällen der Abweichung von präzisen vertraglichen Vereinbarungen über die Sollbeschaffenheit – nur in extremen Ausnahmefällen annehmen dürfen. Im Beispiel kann die fehlende Ähnlichkeit eine Mangelhaftigkeit des Portraits also nur dann begründen, wenn die Ähnlichkeit (Foto-Realismus?) im Vertrag zugesichert war oder wenn K das Bild in einem gänzlich anderen als dem von ihm bekannten Stil gemalt hat.

16   Ist ausnahmsweise von einer **Mangelhaftigkeit** des Kunstwerks auszugehen, so löst dies die folgenden Ansprüche des Bestellers aus:

(1) Primäre Rechtsfolge ist der Anspruch des Bestellers auf **Beseitigung des Mangels** (so genannte Nacherfüllung, früher „Nachbesserung"), §§ 634 Abs. 1, 635. Der Künstler kann die Nacherfüllung nach § 635 Abs. 3 BGB verweigern, wenn sie nur mit unverhältnismäßigen Kosten möglich ist, s. a. § 275 Abs. 2 u. 3 BGB. Dieser Anspruch besteht dann nicht, wenn eine Nachbesserung unmöglich ist, wie etwa im musikalischen oder darstellenden Bereich dann, wenn der „Erfüllungszeitraum" abgelaufen ist (die „Performance" ist beendet). Wenn die Beseitigung des Mangels unmöglich ist, stellt sich die Frage, ob der Künstler zu einer **Neuherstellung** des Werkes verpflichtet ist (muss er also ein neues Portrait malen?). Nach § 635 Abs. 1 BGB ist die Neuherstellung eine Art der Nacherfüllung, die der Künstler an Stelle der Mängelbeseitigung wählen kann – dieses Wahlrecht entfällt aber dann, wenn die Mängelbeseitigung unmöglich ist (vgl. Medicus, Schuldrecht II, Rdnr. 371).

(2) Sekundäre Rechtsfolge bei Mangelhaftigkeit des Kunstwerkes ist der Anspruch des Bestellers nach §§ 634 Nr. 3, 636, 638 BGB wahlweise auf **Rückgängigmachung des Vertrags** (Rücktritt) oder **Herabsetzung des Honorars** (Minderung). Voraussetzung für das Rücktrittsrecht ist nach § 323 Abs. 1 BGB, dass der Besteller dem Künstler eine angemessene Frist zur Nacherfüllung bestimmt hat. Vgl. wegen der Fälle, in denen die Fristsetzung entbehrlich ist, § 323 Abs. 2 BGB. Nach § 636 BGB bedarf es der Fristsetzung auch dann nicht, wenn der Künstler die Nacherfüllung gem. § 635 Abs. 3 BGB verweigert oder wenn die Nacherfüllung fehlgeschlagen oder dem Besteller unzumutbar ist. Bei der **Honorarminderung** ist die Vergütung in dem Verhältnis herabzusetzen, in welchem zur Zeit des Vertragsschlusses der Wert des Werkes in mangelfreiem Zustand zu dem wirklichen Wert gestanden haben

würde, § 638 Abs. 3 BGB (vgl. zu Einzelheiten der Berechnung Palandt/Sprau, § 638, Rdnr. 4 ff.).

(3) Neben Rücktritt und Minderung des Honorars kann der Besteller bei Mangelhaftigkeit des Werkes vom Künstler **Schadensersatz** nach §§ 634 Nr. 4, 636 i. V. m. 280 ff. BGB verlangen. Die Ersatzpflicht des Künstlers setzt allerdings auch hier (wie immer nach § 280 BGB) eine Sorgfaltspflichtsverletzung durch den Künstler voraus. Der Ersatzanspruch des Bestellers des Werkes umfasst nicht nur den eigentlichen Mangelschaden, sondern auch die sog. Mangelfolgeschäden (es kommt bspw. auf Grund der Mangelhaftigkeit einer Elektro-Skulptur zu einem Brand in der Galerie) (vgl. hierzu Medicus, Schuldrecht II, § 99, Rdnr. 377). Aber auch insofern muss dem Künstler mindestens der Fahrlässigkeitsvorwurf gemacht werden können: Er müsste also im Bewusstsein der Möglichkeit des Schadenseintritts Sorgfaltspflichten verletzt haben. Dieses Bewusstsein wird aber in aller Regel fehlen, sodass ein Eintretenmüssen des Künstlers für solche Mangelfolgeschäden eher die Ausnahme bilden dürfte.

VI. Die Vereinbarung von Vertragsstrafen oder von pauschaliertem Schadensersatz für die Fälle von Leistungsstörungen seitens des Künstlers

Es ist auch im künstlerischen Bereich weitgehende Vertragspraxis, dass für die Fälle **17** der Nichtleistung, der verspäteten Leistung oder der Schlechtleistung seitens des Künstlers eine Vertragsstrafe („Konventionalstrafe") vereinbart wird. Primärer Zweck dieser Konventionalstrafen ist es, den Künstler zu ordnungsgemäßer Vertragserfüllung zu bewegen; die hier in der Praxis vereinbarten Strafsummen sind deshalb relativ hoch. Daneben bringt die Vertragsstrafe für den Gläubiger des Künstlers den Vorteil, dass er im Falle der Nichterfüllung oder nicht ordnungsgemäßen Erfüllung des Vertrages durch den Künstler zu Schadensersatz gelangen kann, ohne einen konkreten Schadensnachweis führen zu müssen. Eine solche Vertragsstrafenvereinbarung ist nicht nur aus diesem Grunde für den Künstler tendenziell immer nachteilig. Da er jedoch im Verhältnis zum Vertragspartner meist der wirtschaftlich Schwächere sein wird, wird er sie – will er nicht des Auftrags verlustig gehen –, akzeptieren müssen.

Das **Gesetz** lässt ihn hier allerdings nicht gänzlich schutzlos. Hinzuweisen ist hier **18** vor allem auf die nach §§ 305c, 307, 308, 309 BGB stattfindende Inhaltskontrolle, die dann möglich ist, wenn das Vertragsstrafeversprechen als „allgemeine Geschäftsbedingung" qualifiziert werden kann (vgl. hierzu bereits oben § 8 Rdnr. 22 ff.). Ein Verstoß gegen § 307 BGB und damit Nichtigkeit der Vertragsstrafenklausel wird insbesondere dann angenommen, wenn die Vertragsstrafe in Abweichung von § 339 BGB auch dann verwirkt sein soll, wenn die Leistung aus einem Grunde unterbleibt, den der Künstler nicht zu vertreten hat (vgl. BGH NJW 1972, 174 ff.).

Eine weitere wichtige Frage ist in diesem Zusammenhang, ob und unter welchen Vo- **19** raussetzungen der Künstler gegen die **Höhe** der Vertragsstrafe vorgehen kann. Hier bestimmt § 343 BGB, dass eine verwirkte, aber unverhältnismäßig hohe Strafe „auf Antrag des Schuldners durch Urteil auf den angemessenen Betrag herabgesetzt werden" kann. Welcher Betrag „angemessen" ist, kann nur im Einzelfall durch Abwägung der Interessen beider Vertragsteile ermittelt werden; bei dieser Interessenabwägung wird es darauf ankommen müssen, welcher Schaden dem Gläubiger aus der Vertragsverletzung möglicherweise entstehen kann, ferner auf die Vermögenslage des Künstlers, auf die Schwere seines Verschuldens etc. (vgl. hierzu Larenz a. a. O. § 24 II a);

BGHZ 49, 84; BGH NJW 1984, 919). Zu beachten ist, dass die Herabsetzung der Strafe nach § 343 BGB erst möglich ist, wenn sie verwirkt ist. Eine Herabsetzung der Strafe ist natürlich dann nicht erforderlich, wenn die Strafklausel überhaupt nichtig ist, weil sie gegen die guten Sitten verstößt. Sittenwidrig und damit nichtig sind Strafvereinbarungen etwa dann, wenn sie eine hohe Strafe für jede kleine Verfehlung des Schuldners androhen, der Vertrag damit also „Knebelungscharakter" erhält (vgl. hierzu Larenz a. a. O. § 24 II a).

20   Zu klären ist schließlich noch das Verhältnis des Vertragsstrafenanspruchs des Gläubigers des Künstlers zu dessen möglicherweise bestehenden **gesetzlichen** Schadensersatzansprüchen wegen Unmöglichkeit, Verzug oder Schlechtleistung. Hier unterscheidet das Gesetz wie folgt: Erfüllt der Künstler den Vertrag überhaupt nicht, so kann sein Gläubiger statt der Erfüllung die verwirkte Strafe verlangen; mit dem Verlangen der Strafe ist der Erfüllungsanspruch ausgeschlossen, § 340 Abs. 1 BGB. Hat der Gläubiger einen Schadensersatzanspruch wegen Nichterfüllung (etwa nach § 280 f. BGB), so gilt die verwirkte Strafe nach § 340 Abs. 2 BGB unwiderlegbar als Mindestschaden, das heißt, der Gläubiger muss dann keinen konkreten Schadensnachweis führen, kann zusätzlich aber auch einen weiteren Schaden (mit Nachweis!) geltend machen. Liegen Verzug oder Schlechterfüllung vor, erfüllt der Künstler also den Vertrag „nicht in gehöriger Weise" (§ 341 BGB), so kann der Gläubiger die verwirkte Strafe neben der Erfüllung verlangen; nimmt er die Leistung des Künstlers als Erfüllung an, dann kann er die Strafe nur dann verlangen, wenn er sich das Recht dazu bei der Annahme der Leistung vorbehält, § 341 Abs. 3 BGB.

VII. Ansprüche des Künstlers bei Nichtzahlung respektive verspäteter Zahlung des Vertragshonorars durch seinen Vertragspartner

21   Mangels spezieller Vertragsbestimmungen wird das Künstlerhonorar beim Dienstvertrag nach der Leistung der Dienste fällig, § 614 BGB, beim Werkvertrag nach §§ 641, 646 BGB mit der Abnahme bzw., wenn eine Abnahme wegen der Beschaffenheit des Werkes nicht möglich ist (wie etwa bei Musik- oder darstellenden Aufführungen), mit der Vollendung des Werkes. Enthält der Vertrag Bestimmungen über die Fälligkeit des Honorars, dann gehen diese den gesetzlichen Regeln vor (Vertragsfreiheit!). Ausnahmsweise steht dem Künstler im Rahmen des Dienstvertrags der Vergütungsanspruch auch dann zu, wenn er seine Dienste nicht geleistet hat: Nach § 615 BGB schuldet der Dienstberechtigte die Vergütung dann, wenn er die ihm ordnungsgemäß angebotene Dienstleistung nicht annimmt, sich also im so genannten Annahmeverzug, §§ 293 ff. BGB, befindet. Der Dienstverpflichtete muss sich dann allerdings dasjenige anrechnen lassen, was er durch das Unterbleiben seiner Leistung erspart oder zu ersparen böswillig unterlässt, § 615 Satz 2 BGB.

22   Zahlt der Vertragspartner des Künstlers das geschuldete Honorar trotz Fälligkeit nicht und war ein Zahlungszeitpunkt vertraglich vereinbart, so gerät der Honorarschuldner damit ohne weiteres in Verzug, § 286 Abs. 2 BGB; war hingegen ein Zeitpunkt nicht vereinbart (das dürfte der praktische Regelfall sein), dann bedarf es zum Eintritt der Verzugsfolgen einer **Mahnung** durch den Künstler, § 286 Abs. 1 BGB. Die Mahnung ist eine empfangsbedürftige Erklärung, sie muss also dem Schuldner zugehen. Eine besondere Form ist nicht erforderlich, es empfiehlt sich jedoch aus Beweisgründen, sie schriftlich abzufassen. Der Schuldner einer Entgeltforderung (Honorar!)

kommt nach § 286 Abs. 3 BGB spätestens in Verzug, wenn er nicht innerhalb von 30 Tagen nach Fälligkeit und Zugang einer Rechnung oder gleichwertigen Zahlungsaufstellung zahlt (vgl. hierzu Palandt/Heinrichs, § 286, Rdnr. 26 ff.).

Zu den **Verzugsfolgen** wurde bereits oben (s. Rdnr. 16) im Zusammenhang mit der 23 Verspätung der Leistung des Künstlers Stellung genommen. Die Ausführungen dort gelten entsprechend für die verspätete Honorarzahlung durch den Honorarschuldner des Künstlers. Hier kommt aber folgendes hinzu: Geldschulden sind nach § 288 Abs. 1 BGB mit 8 % p. a. über dem Basiszinssatz nach § 247 BGB zu verzinsen, dem Künstler steht also ein entsprechender Zinsanspruch als Verzugsmindestschaden zu. Der Basiszinssatz nach § 247 BGB verändert sich zum 1. Januar und 1. Juli jeden Jahres um die Prozentpunkte, um welche die Bezugsgröße seit der letzten Veränderung des Basiszinssatzes gestiegen oder gefallen ist. Bezugsgröße ist der Zinssatz für die jüngste Hauptrefinanzierungsoperation der Europäischen Zentralbank vor dem ersten Kalendertag des betr. Halbjahres. Die Basiszinssätze werden regelmäßig in den seriösen Tageszeitungen veröffentlicht. Ist der Vertragspartner des Künstlers ein Verbraucher (vgl. zum Begriff § 13 BGB), so beträgt der Verzugszins lediglich 5 % über dem Basiszinssatz, § 288 Abs. 1 BGB. Nach § 288 Abs. 4 BGB ist aber die Geltendmachung eines weiteren Schadens nicht ausgeschlossen. Das Ausbleiben des Honorars wird für den Künstler nicht selten zu einem Liquiditätsengpass führen, den er nur durch Aufnahme eines Bankkredits überwinden kann. Die hierfür aufzuwendenden Kosten kann er dann als „weiteren Schaden" im Sinne von § 288 Abs. 4 BGB von seinem Honorarschuldner ersetzt verlangen. Es sei nochmals darauf hingewiesen, dass sämtliche Verzugsfolgen dann nicht eintreten, wenn den Schuldner an der Verspätung seiner Leistung kein Verschulden trifft, § 286 Abs. 4 BGB. Dies gilt selbstverständlich auch für den Honorarschuldner.

Zahlt der Vertragspartner des Künstlers das geschuldete Honorar und etwaige Ver- 24 zugsschäden nicht, so werden Überlegungen anzustellen sein, ob eine prozessuale Rechtsverfolgung sinnvoll und Erfolg versprechend ist. Als Alternativen bieten sich das gerichtliche Mahnverfahren nach §§ 688 ff. ZPO oder das „normale" Klageverfahren an. Hier sollte der Künstler aber anwaltlichen Rat einholen, da der Anwalt in der Regel besser wird einschätzen können, ob das Prozesskostenrisiko eingegangen werden soll oder nicht. Bei Prozessen vor dem Landgericht – es ist in erster Instanz zuständig für alle vermögensrechtlichen Streitigkeiten mit Streitwerten über Euro 5000,– – und den Instanzgerichten (Oberlandesgericht, Bundesgerichtshof) ist ohnehin anwaltliche Vertretung zwingend vorgeschrieben.

VIII. Kündigung von Werkverträgen und deren Rechtsfolgen

Für Künstler, die auf Basis von Werkverträgen tätig werden, ist das Kündigungs- 25 recht des Bestellers praktisch relevant. Die Bestimmung des § 649 BGB statuiert, dass „der Besteller bis zur Vollendung des Werkes jederzeit den Vertrag kündigen" (kann). Ein solches **„freies Kündigungsrecht des Bestellers"** ist anderen Vertragstypen, insbesondere dem Kaufrecht, dem Dienstvertragsrecht, dem Lizenzvertragsrecht und dem Arbeitsrecht fremd. Die Kündigung ist ohne Grund und ohne Begründung zulässig, jedoch nur bis zur Vollendung des Werkes. Die Einhaltung einer Frist ist nicht erforderlich, die Kündigung ist formlos möglich. Mit der Kündigung enden die beiderseitigen Pflichten zur Herstellung des Werkes, das heißt, der Unternehmer (Künstler) muss das Werk nicht mehr fertig stellen und der Besteller hieran nicht mehr mitwirken.

Reeb

26   Zum Ausgleich für das einseitige Kündigungsrecht gewährt das Gesetz dem Unternehmer (Künstler) einen **gesetzlichen Schadensersatzanspruch**: *„Kündigt der Besteller, so ist der Unternehmer berechtigt, die vereinbarte Vergütung zu verlangen"* (§649 *Satz 2 BGB). „Er muss sich jedoch dasjenige anrechnen lassen, was er infolge der Aufhebung des Vertrages an Aufwendungen erspart oder durch anderweitige Verwendung seiner Arbeitskraft erwirbt oder zu erwerben böswillig unterlässt."*

27   Der Künstler soll also durch die Kündigung des Werkauftrages seitens des Bestellers **keine Nachteile** erleiden, allerdings auch keine über den Vertrag hinausgehenden Vorteile erzielen können. Die mitunter restriktive Rechtsprechung der Tatsacheninstanzen verkennt diese vom Gesetzgeber gewollte Rechtsfolge. Der **Vergütungsanspruch bleibt**, wenn auch im Gewand eines Schadenersatzanspruches, **vollständig erhalten**. Allerdings kann der Besteller dann **nicht** mehr verlangen, dass er das Werk erst **abzunehmen** habe. Denn unvollständige Werke lassen sich nicht abnehmen.

28   In der Praxis entstehen oft Streitigkeiten bei der Berechnung der **ersparten Aufwendungen**. Was der Künstler im Einzelnen erspart hat, ist im Einzelfall von ihm vorzutragen und zu beziffern. Dabei braucht er sich nur solche Ersparnisse anrechnen zu lassen, die ganz konkret durch die Kündigung des Bestellers eingetreten sind, also nicht anteilige Gemeinkosten, das sind allgemeine Geschäftskosten, wie Ateliermieten, Angestelltengehälter etc. Erspart sind typischer Weise Verbrauchsmaterialien, wie Pinsel, Farbe, Papier, Disketten und für die Werkherstellung angeschaffte, aber für die Herstellung nicht mehr verwendete Materialien, es sei denn, diese sind auch nicht anderweitig verwendbar, Reisekosten, Kosten für Zuarbeiten Dritter, z. B. der Bronzegießerei.

29   Anzurechnen ist auch der **anderweitige Erwerb**, allerdings nur, wenn dieser **zweifelsfrei** durch die Kündigung des Bestellers **verursacht** ist. Ist der Künstler in der Lage, zur gleichen Zeit neben dem gekündigten Werkvertrag auch noch andere Aufträge auszuführen, wovon in der Regel auszugehen ist, sind die Erträge aus diese Aufträgen nicht anzurechnen (Busche in Münchener Kommentar, § 649 BGB, Rn. 27 m. w. Nachw.). Wenn der Besteller jedoch beweisen kann, dass der Künstler einen zumutbaren Ersatzauftrag ausgeschlagen hat, ist der dadurch mögliche Erwerb anzurechnen. Dies wird jedoch in der Praxis kaum relevant.

30   Mit der Klage muss die Höhe der ersparten Aufwendungen **dargelegt** werden, z. B. „eine Leinwand, ein Skizzenblock, 10 Tuben Ölfarbe". In der Praxis empfiehlt sich eine Vertragsgestaltung, wonach sämtliche für die Werkherstellung benötigten Materialkosten, Reisekosten etc. gesondert vom Besteller getragen und diesem in Rechnung gestellt werden. Dann ist die Kürzung des Werklohns insoweit logisch ausgeschlossen. Zweifelt der Besteller die Aufstellung der ersparten Aufwendungen an, muss er selber hierzu vortragen.

31   Versucht der Besteller der Rechtsfolge des § 649 Satz 2 BGB durch Behauptung eines **außerordentlichen Kündigungsrechts** zu entgehen, gelten die dafür vom Gesetz und der Rechtsprechung bestimmten Grundlagen, wie insbesondere die §§ 313, 314 BGB, das heißt, die weitere Zusammenarbeit muss der kündigenden Partei grundsätzlich unzumutbar sein. Kündigt der Besteller aus wichtigem Grund und lediglich hilfsweise gemäß § 649 Satz 1 BGB, hat er damit zum Ausdruck gebracht, dass er die Sanktion des § 649 Satz 2 BGB (voller Vergütungsanspruch) herbeizuführen wünscht, wenn sich vor Gericht erweisen sollte, dass ein tragfähiger außerordentlicher Kündigungsgrund nicht besteht (vgl. BGH NJW 2003, 3474, 3475). Im Interesse der Rechtsklarheit, auch für den Werkunternehmer, empfiehlt sich, auf einer klaren Wortwahl in der Kündigungserklärung zu bestehen. Denn der Künstler muss wissen, ob er im Zweifel

die Fertigstellung des Werkes noch schuldet mit der Folge, dass er auf Abnahme und Vergütung klagen muss oder ob der Besteller diese von ihm nicht mehr wünscht mit der Folge, dass der Künstler den Werklohn als Schadensersatzanspruch ohne Fertigstellung des Werkes einfordern kann.

§ 10 Übersicht über ausgewählte Verträge

I. Einleitung

Die folgende Übersicht über häufig vorkommende Vertragsgestaltungen in allen 1 künstlerischen Bereichen dient dazu, die jeweils **wichtigsten Vertragsbestandteile**, die sog. Essentials hervorzuheben, die bei Vertragsverhandlungen zu beachten sind. Vertragsmuster werden wegen des beschränkten Umfanges des Handbuches nicht aufgenommen. Hier wird auf das Münchener Vertragshandbuch, Bd. 3 – Wirtschaftsrecht verwiesen.

II. Vertragsbeziehungen zwischen Künstlern

1. Einführung

Die gleichberechtigte Zusammenarbeit von Künstlern und kreativ Schaffenden hat 2 typischerweise urheberrechtliche Aspekte, sofern nämlich Werke einer Gattung gemeinsam geschaffen werden, und gesellschaftsrechtliche Aspekte, soweit der gemeinsam verfolgte Zweck in Rede steht.

2. Urheberrechtliche Regelungen

Zwischen den Miturhebern regelt § 8 Urheberrechtsgesetz (UrhG) die Befugnisse 3 zur Veröffentlichung, Verwertung und Erlösverteilung (eingehend dazu oben § 3 Rdnr. 32 ff.)., wonach ein Miturheber seine Einwilligung zur Veröffentlichung, Verwertung oder Änderung nicht „wider Treu und Glauben verweigern darf". Diese Regelung kann vertraglich ergänzt werden. Damit nicht ein Mitautor ohne nachvollziehbaren Grund die eigentlich erstrebte Veröffentlichung und Verwertung oder erforderlich werdende Änderungen und Bearbeitungen durch Verweigerung seiner Zustimmung verhindern kann, sollte ein **Begründungszwang** vereinbart und zugleich das Recht zur Verweigerung der Zustimmung auf bestimmte **wichtige Gründe** beschränkt werden. Die **Verteilung der Erträge** aus der Verwertung sollte ebenfalls konkret bestimmt werden, damit Streit über den Umfang der Einzelleistungen am fertigen Werk vermieden wird. Schließlich ist im Interesse einer effektiven Auswertung nach dem Tod eines Miturhebers eine Zersplitterung von Kompetenzen zu vermeiden. Hierzu dient die Vereinbarung zur **Bestellung von Testamentsvollstreckern**. Die Verbindung von Werken **verschiedener Gattungen** (z. B. Musik und Text) zu gemeinsamer Verwertung (dazu oben § 3 Rdnr. 39) lässt die Klarstellung der Urheberschaft, der Erlösverteilung (falls die Urheber nicht ohnehin einer Verwertungsgesellschaft angehören, deren Verteilungsplan dann maßgebend wäre, s. § 4)und der Regelung für den Todesfall sinnvoll erscheinen.

Reeb/Reich

3. Gesellschaftsrechtliche Regelungen

4   Weiterer Regelungsbedarf besteht auf der Ebene des BGB-Gesellschaftsrechts. Auf Grund des gemeinsam erstrebten Zweckes sind die Regelungen der BGB-Gesellschaft (auch Gesellschaft bürgerlichen Rechts oder GbR genannt) in den §§ 709 bis 740 BGB auch ohne ausdrückliche Vereinbarung anzuwenden. Die hieraus entstehende Rechtslage führt oft zu ungewollten Ergebnissen, sodass eine **individuelle Regelung** zu empfehlen ist. So trifft das Gesetz keine brauchbare Regelung für die **eigentliche Schaffensphase**; denn dass im Zweifel „gleiche Beiträge" zu erbringen sind (§ 706 Abs. 1 BGB), hilft praktisch kaum weiter. Hier sollte sinnvollerweise vereinbart werden, wer welche Beiträge erbringt und wie bei Unstimmigkeiten Entscheidungen getroffen werden (z. B. durch Stichentscheid). Der Klärung bedarf auch die **Anbahnung und Führung von Vertragverhandlungen** mit Auftraggebern und Werknutzern. Die gesetzlich vorgesehene gemeinsame Pflicht zur Geschäftsführung und Vertretung, §§ 709 und 714 BGB, dient dem Schutz aller Gesellschafter, wird aber während der vertraglichen Vorverhandlungen und bei Künstlergruppen oft als zu schwerfällig empfunden. Deshalb ist die Bestimmung eines **Bevollmächtigten** für Vertragsverhandlungen sinnvoll. Dringend empfohlen wird ferner die vertragliche Regelung von periodisch (z. B. halbjährlich) zu erstellenden **Rechnungsabschlüssen** über Einnahmen, Ausgaben, Gewinn und Verlust, da sonst wegen § 721 BGB der Rechnungsabschluss erst nach Auflösung der Gesellschaft verlangt werden kann. Hierbei ist auch **steuerrechtlichen Bedürfnissen** z. B. nach regelmäßiger Anmeldung der Umsatzsteuer und Vorsteuerabzug (s. § 11 Rdnr. 72 ff.) Rechnung zu tragen.

5   Gemäß § 718 BGB werden die Beiträge der Gesellschafter und die von der Geschäftsführung erworbenen Gegenstände (z. B. auch gewerbliche Schutzrechte, Warenzeichen, urheberrechtliche Nutzungs- und Leistungsschutzrechte) **gemeinschaftliches Vermögen** der Gesellschaft. Dies wirft die Frage auf, wem nach Beendigung der Gesellschaft unteilbare Werte oder Rechte, z. B. ein Gruppenname oder Warenzeichen, zustehen soll. Auch führt die **Kündigung der Gesellschaft** durch einen Gesellschafter nach § 723 BGB zu deren Auflösung, falls nicht die Fortführung vertraglich vereinbart ist. Der ausscheidende Gesellschafter ist dann regelmäßig abzufinden, § 738 BGB. **Endet die Gesellschaft**, so findet die Auseinandersetzung unter den Gesellschaftern gem. den §§ 731 ff. BGB statt. Für diesen Fall sollte der Gesellschaftsvertrag eine den konkreten Bedürfnissen angepasste Regelung vorsehen, also z. B. bestimmen, wem welche Gegenstände und Rechte zufallen und wer ggf. zum Ausgleich hierfür in Geld abzufinden bzw. von Schulden der Gesellschaft durch Nachschießen von Geldbeiträgen freizustellen ist.

III. Vermittlung, Agentur- und Managementvertrag

1. Vermittlung

6   Soweit Künstler der Zuständigkeit der **Bundesagentur für Arbeit** unterliegen, es also um Vermittlung in Rechtsverhältnisse arbeitsvertraglicher Art geht, können sie deren Vermittlungsleistungen in Anspruch nehmen. Hierzu hat die Bundesagentur eine Fachvermittlung in Form von **Künstlerdiensten** für die Unterhaltungs-, Musik-, Werbe- und Modebranche eingerichtet. Sie vermitteln Künstler aus den Bereichen
- Orchester, Bands, Musiker
- Show, Artistik, Entertainment

- Models (Fotomodelle, Mannequins, Dressmen)
- Visagisten/Visagistinnen sowie
- Kleindarsteller, Statisten und Komparsen.

Diese Dienste finden sich u. a. in Berlin, Frankfurt, Köln und München.

Für den Bereich Bühne, Fernsehen und Film – und hier in den Sparten Schauspiel, Musiktheater, Orchester, Film und Fernsehen – übernimmt die **Zentrale Bühnen-, Fernseh- und Filmvermittlung (ZBF)** die Vermittlung innerhalb der Bundesagentur. Die ZBF unterhält Agenturen in Köln, Berlin, Hamburg, Leipzig und München.

Grundsätzlich zulässig ist ebenfalls die **private Arbeitsvermittlung.** Insofern gelten 7 für die Verträge von Vermittlern mit Künstlern im Rahmen selbstständiger Rechtsverhältnisse unter Berücksichtigung des Prinzips der Vertragsfreiheit die allgemeinen vertragsrechtlichen Regelungen, s. o. §§ 8 und 9.

Handelt es sich um Vermittlung von Künstlern in Arbeitsverhältnisse, sind bei der privaten Vermittlung u. a. die nachstehenden **Einschränkungen** zu beachten.

Für eine **Auslandsvermittlung** besteht insofern ein Vorbehalt, als das Bundesministerium für Wirtschaft und Arbeit die Vermittlung aus und in Staaten außerhalb der Europäischen Gemeinschaft oder des Europäischen Wirtschaftsraums für bestimmte Berufe und Tätigkeiten ausschließlich der Bundesagentur für Arbeit übertragen kann, § 292 SGB III.

Der Vermittlungsvertrag bedarf der Schriftform, § 296 Abs. 1 SGB III.

Überhöhte Vergütungsvereinbarungen sind unwirksam, § 297 Abs. 1 SGB III, mit der Vergütung sind auch alle Leistungen abgegolten, die zur Vorbereitung und Durchführung der Vermittlung erforderlich sind, § 296 Abs. 1 SGB III.

Die Vermittlungsvergütung ist nur im Erfolgsfall zu zahlen, Vorschüsse sind unzulässig, § 296 Abs. 2 SGB III.

Die Höhe der Vergütung richtet sich nach der Dauer der Arbeitslosigkeit und staffelt sich von einer Arbeitslosigkeit von 3 bis mehr als 9 Monaten zwischen 1500 Euro und 2500 Euro.

Für

1. Künstler, Artisten,
2. Fotomodelle, Werbetypen, Mannequins, Dressmen,
3. Doppelgänger, Stuntmen, Discjockeys und
4. Berufssportler

gelten maximale Vergütungs-Prozentsätze zwischen 14 % und 18 %, die sich am zukünftigen Arbeitsentgelt und der Dauer der Beschäftigung orientieren.

2. Agentur- und Managementvertrag

Während beim Agenturvertrag die **Vermittlung** des Künstlers im Vordergrund 8 steht, enthält der Managementvertrag darüber hinaus eine allgemeine Verpflichtung des Managers zur **Förderung der Künstlerkarriere.** Die Rechtsnatur der Vertragstypen und damit auch die Frage nach den anzuwendenden Gesetzesbestimmungen orientiert sich am Vertragsinhalt, der unter den obigen Prämissen im Grundsatz frei gestaltbar ist. Dabei ergeben sich im Wesentlichen zwei Problemkreise, und zwar der Umfang der Vollmacht des Agenten/Managers und deren Vergütung.

Im Vertrag zwischen Künstler und Agent/Manager muss aus Gründen der Rechts- 9 klarheit geregelt sein, welchen Umfang die **Vollmacht** des Agenten/Managers zum Abschluss von Rechtsgeschäften für den Künstler haben soll. Je nach Vertrauensbasis ist zwischen **Verhandlungsvollmacht** und **Abschlussvollmacht** zu differenzieren.

Reich

Während im ersteren Fall Agent und Manager die Vertrags-Verhandlungen im Auftrage des Künstlers führen, dieser aber den Vertrag z. B. mit dem Veranstalter selbst unterzeichnet, verleiht die Abschlussvollmacht auch die Befugnis, Verträge für den Künstler verbindlich abzuschließen

10   Sowohl für den Agenturvertrag als auch für den Managementvertrag gilt, dass als Vergütung für die Leistungen von Agentur und Management seitens des Künstlers ein Provision zu zahlen ist, also eine prozentuale Beteiligung an den Einnahmen des Künstlers. Die im Vertrag festzulegende Fälligkeit der Provision hängt davon ab, welcher Rechtscharakter diesem Vertrag zukommt.

11   Beim **Agenturvertrag** liegt je nach Inhalt einerseits wegen der Elemente des Dienst- und Werkvertrages der Typus **Geschäftsbesorgungsvertrag (§ 675 BGB)** nahe, andererseits erscheint auch der **Mäklervertrag** einschlägig, § 652 ff. BGB. Nicht zuletzt kann man auch an die Institution eines **Handelsvertreters, § 84 ff. HGB** denken.

Der Geschäftsbesorgungsvertrag enthält keine ausdrückliche Festlegung der Provisions-Fälligkeit, sodass auf Dienst- oder Werkvertrag Bezug genommen werden müsste. Der Mäklervertrag sieht die Fälligkeit beim Zustandekommen des vom Agenten vermittelten Geschäfts, ohne dass die Frage, ob es z. B. zur Veranstaltung kommt, Berücksichtigung findet. Beim Handelsvertretervertrag kann die Provision auch wieder entfallen, wenn das Geschäft aus Gründen, die vom Unternehmer nicht zu vertreten sind, entfällt. Abgesehen davon, dass im Falle einer Handelsvertretung auf der Künstlerseite ein Unternehmer gefordert ist, dürfte die für die Vertragsparteien angemessene Lösung darin bestehen, den Fälligkeitszeitpunkt auf den Termin der Durchführung der Veranstaltung festzulegen. Dabei wird dem Agenturvertrag ein Typus „eigener Art" zugeschrieben.

12   Der **Managementvertrag** ist als **Dienstvertrag** mit Geschäftsbesorgungselementen zu qualifizieren. Die Provision ist damit nach Erbringung der Leistung fällig, kann und sollte bei umfänglichen Managementverträgen und regelmäßigen Einkünften des Künstlers sinnvollerweise nach Zeitabschnitten bemessen werden. Als Besonderheit ist zu beachten, dass die Künstler-Einnahmen aus seiner Urhebertätigkeit in der Regel nicht zu den provisionsfähigen Entgelten zählen.

IV. Verträge über Auftragswerke

13   Allen Auftragswerken, z. B. dem **Kompositionsauftrag**, dem **Drehbuchauftrag**, dem **Auftrag, einen Zeitungs- oder Zeitschriftenartikel zu schreiben**, ein **Porträt zu malen, eine Skulptur anzufertigen** oder ein **Plakatdesign zu entwerfen**, ist gemeinsam, dass sich der Künstler verpflichtet, für den Auftraggeber gegen Vergütung ein künstlerisches Werk zu erschaffen. Die hierüber getroffenen Vereinbarungen ähneln dem Vertragstypus des **Werkvertrages mit gewissen Besonderheiten:** So kann die Qualität der künstlerischen Aussage kaum zum Inhalt des geschuldeten Ergebnisses des Schaffungsprozesses gemacht werden, da sie sich kaum justiziabel definieren lässt (s. dazu näher oben § 9 Rdnr. 15). Definierbar dagegen sind gewisse **Rahmenbedingungen**, die das Werk erfüllen muss, z. B. hinsichtlich seiner Gattung, gewisser inhaltlicher Vorgaben und des Umfanges (z. B. durch Bestimmung des Genres, der Sprache, des Materials, der Besetzung von Musikwerken, der Vorlage, der Zeilenzahl, Dauer des Konzerts und vieles mehr). Es bestehen keine Bedenken dagegen, derartige objektiv nachprüfbare Eigenschaften zum Gegenstand der vertraglichen Regelung zu machen. Mitunter wird die Einhaltung von Fertigstellungsfristen oder sogar von Fixterminen

vereinbart. Bei Überschreitung der Frist ist der Auftraggeber zur Setzung einer „Nachfrist mit Ablehnungsandrohung" und nach deren fruchtlosem Ablauf zum Schadensersatz oder Rücktritt berechtigt (s. o. § 9 Rdnr. 11). Beim Fixtermin bedarf es der Nachfristsetzung nicht, § 640 Abs. 1 BGB. Mangels besonderer Vereinbarung ist die **Abnahme des Werkes** Voraussetzung für die Fälligkeit des Vergütungsanspruchs, es sei denn, diese ist nach der Beschaffenheit des Werkes ausgeschlossen (Beispiel: Konzert). Der Künstler hat gegenüber dem Besteller Anspruch auf die Abnahme, sofern er das Werk gemäß den Vertragsbedingungen erstellt hat. Die Abnahme darf grundsätzlich nicht wegen Beanstandungen des künstlerischen Inhalts verweigert werden.

Die **Vergütung** soll die Werkleistung als solche und die eventuell eingeräumten ur- **14** heberrechtlichen Nutzungsbefugnisse honorieren. Da sich übliche Vergütungssätze in vielen künstlerischen Bereichen nicht ermitteln lassen und Unklarheiten praktisch zulasten des Anspruchstellers, also des Künstlers, gehen würden, ist eine konkrete Vergütung zu vereinbaren. Neben der Vergütung kommt ein Anspruch auf Erstattung von **Auslagen** in Betracht, wenn diese auf Wunsch des Auftraggebers getätigt wurden. Fehlt es an einer ausdrücklichen Vereinbarung hierüber, kann ein gesetzlicher Aufwendungserstattungsanspruch aus § 670 BGB bestehen.

Hat der Künstler den Auftrag auf Grund eines von ihm erstellten **Kostenvoran-** **15** **schlags** erhalten, darf er diesen ohne Zustimmung des Auftraggebers um höchstens 15–20% überschreiten. Bei darüber hinausgehender wesentlicher Überschreitung darf der Besteller kündigen, § 650 BGB. Der Künstler kann dann nur die Vergütung verlangen, die der bis zum Entstehen des Kündigungsrechts geleisteten Arbeit entspricht. Sofern es dem Auftraggeber auf die urheberrechtlich relevante Verwertung des Werkes ankommt, sind ihm die erforderlichen **Nutzungsrechte** einzuräumen. Je nach Interessenlage ist auch eine Regelung der Nutzungsverpflichtung des Bestellers zu treffen. Hat der Künstler urheberrechtliche Nutzungsrechte einer Verwertungsgesellschaft abgetreten (s. dazu § 4), kann er über diese Nutzungsrechte nicht mehr verfügen. Kommt es dem Besteller nicht bloß auf eine Nutzung des Werkes, sondern auf den Erwerb des Eigentums an einem Werkstück an, so enthält der Vertrag die entsprechende Verpflichtung des Künstlers hierzu.

V. Verträge aus den einzelnen Schaffensbereichen

1. Schriftwerke

a) Verlagsvertrag

Bis heute enthält das **Verlagsgesetz (VerlG)**, welches in seiner ursprünglichen Fas- **16** sung im Jahr 1901 in Kraft trat, die einzige komplette Regelung des besonderen Urhebervertragsrechts, und zwar, entsprechend dem damaligen Stand der Medien, für den Bereich der „**Druckausgaben von Werken der Literatur oder der Tonkunst**". Mit anderen Worten: Seit über einhundert Jahren hat es der Gesetzgeber nicht für notwendig erachtet, mit der Entwicklung der Medien Schritt zu halten und das besondere Urhebervertragsrecht für die inzwischen entstanden weiteren Medien und deren Industrien zu entwickeln. Es gibt keine gesetzliche Regelung des besonderen Urhebervertragrechts für die Musikindustrie, keine für die Film- und Fernsehindustrie, von den wenigen Bestimmungen im UrhG (§§ 88 ff.) abgesehen, keine für die Softwareindustrie und keine für die neuen Medien. Dies ist kein Ruhmesblatt für eine Kulturnation, die inzwischen eine Informationsgesellschaft geworden ist.

Reich

17   In dieser unbefriedigenden Lage neigt der Rechtssuchende dazu, die Bestimmungen des (inzwischen modernisierten) Verlagsgesetzes auch außerhalb der Printmedien analog anzuwenden. Diese ersetzen aber nicht die ansonsten fehlenden Regelungen, sondern „passen" nach wie vor am besten auf die Printmedien und am wenigsten auf die trägerlosen und interaktiven Medien. Damit sind der analogen Anwendung Grenzen gesetzt. Das Verlagsgesetz ist inzwischen nicht nur im Einklang mit der Verfassung, sondern auch mit dem Urheberrechtsgesetz und dem Europarecht anzuwenden, die letztgenannten Rechtsquellen sind grundlegend bzw. höherrangig. Vorrangig ist praktisch die Parteivereinbarung, denn das Verlagsgesetz enthält kaum zwingende Regelungen, sondern nachgiebiges Recht. Seit In-Kraft-Treten des Verlagsgesetzes vor mehr als 100 Jahren haben sich die wirtschaftlichen Verhältnisse und entsprechend die Bedürfnisse des Verlagswesens und der Autoren verändert. Anhaltspunkte für die in modernen Verlagsverträgen zutreffenden Regelungen bieten der **Normvertrag für den Abschluss von Verlagsverträgen** zwischen dem Verband Deutscher Schriftsteller (VS) in der IG Medien und dem Börsenverein des Deutschen Buchhandels e. V. (abgedruckt in Beck/dtv Urheber und Verlagsrecht unter Nr. 7) und der **Normvertrag für den Abschluss von Übersetzungsverträgen**, der ebenfalls von den beiden vorgenannten Verbänden ausgehandelt worden ist. Der Börsenverein des Deutschen Buchhandels und der Hochschulverband haben ferner eine Vereinbarung über **Vertragsnormen bei wissenschaftlichen Verlagswerken** getroffen (Nr. 9 der vorb. Textsammlung).

18   Motiv und Zweck für den Abschluss eines Verlagsvertrages ist für den Verfasser die möglichst **effektive Verbreitung** seines Werkes. Der Verfasser hat hierin erhebliche Leistungen investiert und erwartet nun vom Verleger, dass dieser die zur Vervielfältigung erforderlichen wirtschaftlichen und organisatorischen Leistungen erbringt und über effektive Vertriebskontakte verfügt. Der Verleger seinerseits muss wirtschaftlich und organisatorisch in der Lage sein, das Werk zu vervielfältigen und zu verbreiten. Nur dann kann er sich trotz der hohen Herstellungskosten eine reale Gewinnchance ausrechnen, sofern er die exklusiven Verlagsrechte innehat, wie dieses Verlagsverträge immer vorsehen.

Die Vertragsparteien sollten sich über Titel, Ausstattung, Mindestauflage, Termine für die Manuskriptablieferung, Korrektur, Veröffentlichung und über die Vergütung einigen.

(1) Grundlagen

19   Die **Grundpflichten** regelt § 1 VerlG: *„Durch den Verlagsvertrag ... wird der Verfasser verpflichtet, dem Verleger das Werk zur Vervielfältigung und Verbreitung auf eigene Rechnung zu überlassen. Der Verleger ist verpflichtet, das Werk zu vervielfältigen und zu verbreiten"*. **Verfasser** ist der, oder sind die (Mit)- Urheber des Werkes (s. o. Rdnr. 3). Wer das Werk dritter Urheber „herausgibt", ist „**Herausgeber**", nicht Verfasser. **Verleger** ist der Kaufmann oder die Handelsgesellschaft, die das Werk „in Verlag nehmen". Gegenstand des Verlagsvertrages ist das „Werk" der Literatur oder der Tonkunst, welches also gem. § 2 UrhG geschützt sein muss, mit Ausnahmen für nachgelassene Werke und wissenschaftliche Ausgaben, §§ 70 und 71 UrhG. Abgesehen von diesen Ausnahmen kann an gemeinfreien Werken (s. o. § 3 Rdnr. 72) kein Verlagsrecht begründet werden. Der Verlagsvertrag begründet gegenseitige Pflichten (§§ 320 ff. BGB) einschließlich der damit einhergehenden Pflichten zur Rücksichtnahme auf die Rechtsgüter des Vertragspartners (Nebenpflichten), namentlich für den Verfasser die Pflicht zur Überlassung des Werkes, d. h. zur Lieferung eines geeigneten Werkexemplars, für den Verleger die Pflicht zur Vervielfältigung und Verbreitung auf eigene Rechnung, nicht also auf Rechnung oder im Auftrag des Verfassers, womit die Unterscheidung zum Druckauftrag und zum Kommissionsgeschäft gemacht wird. Des damit einhergehenden, dem Verlag zu verschaffenden (§ 8 VerlG), ausschließlichen Rechts zur Vervielfältigung und Verbreitung bedarf es nach dem Zweckübertragungsgrundsatz selbstverständlich, aber eben nur als Mittel zum Zweck, nicht als Selbstzweck. Zu „verschaffen" bedeutet über die schuldrechtliche Verpflichtung hinaus mit dinglicher Wirkung ein vom sog. Mutterrecht abgeleitetes Tochterrecht zu konstituieren. Damit ist zugleich das Trennungsprinzip zwischen Verpflichtung und Verfügung gesetzlich geregelt. Die subjektive Unmöglichkeit zur Begründung des Verlagsrechts wirkt sich nur als (mitunter vorübergehendes) Hindernis aus, macht den Verlagsvertrag aber nicht nichtig.

Auf Grund der **Vertragsfreiheit** sind vielfältige Abwandlungen dieses Typus entstanden, die sich über die ursprünglichen bekannten Printmedien (Buch, Zeitung, Zeitschrift und Notendruckausgabe) hinaus erstrecken. Da schon seit langem die Verleger sich nicht mehr bloß mit der Verbreitung von Drucken befassen, sondern in einer Reihe weiterer Medien auswerten, hat die Einräumung und Verwertung von „**Nebenrechten**", wie der Übersetzung, der Tonaufnahme, der Sendung, der Filmherstellung, der der Werbenutzung, der Internetübertragung etc. zunehmende Bedeutung erlangt. Hierbei wird oft zwischen „buchnahen" und „buchfernen" Nebenrechten unterschieden, wobei für letztere das Verlagsgesetz keine Geltung haben soll. Die Grenzen sind in der Praxis fließend und werfen die Frage nach den Konsequenzen der Nichtausübung auf, s. dazu auch oben § 3 Rdnr. 172 ff. zum Rückrufsrecht aus § 41 UrhG. **20**

(2) Inhalt des Verlagsrechts

§ 2 VerlG regelt die „**Enthaltungspflicht**" des Verfassers und definiert so einen Teilaspekt des abgetretenen ausschließlichen Nutzungsrechts. Übersetzen in eine andere Werkgattung, z. B. ein Bühnenwerk transformieren, Musikwerke bearbeiten, akustisch mittels Tonträgers wahrnehmbar machen und verfilmen soll der Verfasser sein Werk dürfen, wenn nichts anderes geregelt ist, was heute aber praktisch immer der Fall ist. Auch das gegenständliche Verwertungsverbot des § 4 VerlG ist abdingbar, wonach der Verleger nicht ein als Einzelausgabe erschienenes Werk in einer Gesamtausgabe herausbringen darf und umgekehrt und wird regelmäßig abbedungen, wie auch die nach § 5 VerlG vorgesehene Beschränkung auf nur eine Auflage von maximal „tausend Abzügen". Ist dem Verlag „das Recht zur Veranstaltung mehrer Auflagen eingeräumt, so gelten im Zweifel für jede neue Auflage die gleichen Abreden wie für die vorhergehende", § 5 Abs. 1 Satz 2 VerlG. „Zuschuss- und Freiexemplare" zählen nicht mit, § 6 VerlG, auch nicht verloren gegangene Exemplare, § 7 VerlG. Gemäß § 8 VerlG hat der Verfasser dem Verleger das **ausschließliche Recht zur Vervielfältigung und Verbreitung (Verlagsrecht)** zu verschaffen, und zwar in „dem Umfang, in welchem der Verfasser nach den §§ 2–7 verpflichtet ist, sich der Vervielfältigung und Verbreitung zu enthalten und sie dem Verleger zu gestatten. Damit differenziert das Gesetz zwischen der schuldrechtlichen Pflicht zur Einräumung des Verlagsrechts und dessen Verschaffung mit konstitutiver, dinglicher Wirkung, vgl. Schricker, Verlagsrecht, § 8 VerlG Rdnr. 4. Das Verlagsrecht entsteht mit der Ablieferung des Werkes an den Verleger und erlischt mit der Beendigung des Vertragsverhältnisses. Soweit der Schutz des Verlagsrechts es erfordert, kann der Verleger gegen den Verfasser sowie gegen Dritte die Befugnisse ausüben, die zum Schutze des Urheberrechts durch das Gesetz vorgesehen sind, § 9 VerlG. Die Bestimmung des Ladenpreises, zu welchem das Werk verbreitet wird, steht für jede Auflage dem Verleger zu. Er darf den Ladenpreis ermäßigen, so- **21** weit nicht berechtigte Interessen des Verfassers verletzt werden. Zur Erhöhung des Preises bedarf es stets der Zustimmung des Verfassers, § 21 VerlG.

(3) Pflichten des Verfassers

22   Der **Verfasser ist verpflichtet**, dem Verleger **das Werk** in einem für die Vervielfältigung geeigneten Zustand **abzuliefern**, § 10 VerlG, und zwar „sofort", wenn der Verlagsvertrag über ein bereits vollendetes Werk geschlossen wurde, andernfalls richtet sich die Ablieferungsfrist nach dem Zweck, dem das Werk dienen soll und soweit sich hieraus nichts ergibt, nach dem Zeitraum, innerhalb dessen der Verfasser das Werk bei einer seinen Verhältnissen entsprechenden Arbeitsleistung herstellen kann, § 11 VerlG. Auch nach Ablieferung des Manuskriptes darf der Verfasser **Änderungen** an dem Werk **vornehmen**, und zwar „bis zur Beendigung der Vervielfältigung", § 12 VerlG. Diese soll nach der herrschenden Meinung mit der Drucklegung und Fertigstellung des Drucksatzes beendet sein, s. Schricker, a. a. O. § 12 Rdnr. 6. Vertraglich kann dieses Befugnis zwar eingeschränkt, nicht aber ausgeschlossen werden, da die Bestimmung wie das unverzichtbare Rückrufsrecht wegen gewandelter Überzeugung, § 42 UrhG, seinen Grund im unveräußerbaren Urheberpersönlichkeitsrecht hat. Änderungen sind nur insoweit zulässig, als nicht durch sie ein berechtigtes Interesse des Verlegers verletzt wird, womit das Gesetz eine Interessenabwägung im Einzelfall fordert. Beispielsweise kann die Änderung des Werktitels unzulässig sein, nachdem der Verleger bereits den Titel beworben hat. Der Verfasser darf Änderungen auch durch einen Dritten vornehmen lassen. Nimmt er Änderungen, die das übliche Maß übersteigen, allerdings erst nach dem Beginn der Vervielfältigung vor, muss er dem Verleger die hieraus entstehenden Kosten zu ersetzen, es sei denn, die Änderungen sind auf Grund neu eingetretener (äußerer) Umstände gerechtfertigt, z. B. durch gesellschaftliche, politische, kulturelle oder gesetzliche Änderungen. Das Änderungsrecht lebt mit jeder Neuauflage wieder auf. Das UrhG stellt zudem klar, dass der Inhaber eines Nutzungsrechts das Werk, dessen Titel oder Urheberbezeichnung nicht ändern darf, § 39 UrhG, s. § 3 Rdnr. 69. Wenn sich der Verfasser vor dem Beginn der Vervielfältigung die Rückgabe des Manuskripts vorbehalten hat, muss der Verleger dieses nach Ende der Vervielfältigung zurückgeben, § 27 VerlG.

(4) Pflichten des Verlegers

23   Die **Hauptpflichten des Verlegers** bestehen darin, **das Werk** in der zweckentsprechenden und üblichen Weise **zu vervielfältigen und zu verbreiten**. Die Form und Ausstattung bestimmt der Verleger nach der im Verlagshandel herrschenden Übung sowie mit Rücksicht auf den Zweck und Inhalt des Werkes, § 14 VerlG. Der Verleger hat mit der Vervielfältigung zu beginnen, sobald ihm das vollständige Werk (bzw. der vollständige Werkteil eines in Teilen erscheinenden Werkes) zugegangen ist, § 15 VerlG. Die **Anzahl** der herzustellenden **Exemplare** bestimmt § 5 VerlG („eintausend Abzüge"), wenn die Vertragspartner nichts vertraglich geregelt haben. Der Verleger hat rechtzeitig dafür zu sorgen, dass der Bestand nicht vergriffen wird, § 16 VerlG. Daraus folgt, dass der Verleger für die Verbreitung des Werkes in geeigneter und branchenüblicher Weise sorgen muss, dass heißt durch Bewerbung des Werkes und Herstellung der Vervielfältigungsexemplare. Beim Nachdruck von Sammelwerken darf der Verleger im Einverständnis mit dem Herausgeber einzelne Beiträge weglassen, § 19 VerlG, z. B. um diese einem zu aktualisieren, nicht mehr mitwirkende Autoren zu ersetzen o. Ä., an deren Beiträgen dann das Verlagsrecht erlischt, so Schricker a. a. O., § 19 Rdnr. 6. Der Verleger hat für die **Korrektur** zu sorgen und dem Verfasser den

Probeabzug (im Kunstverlag: das Probestück) rechtzeitig zur Durchsicht vorzulegen, der dann als genehmigt gilt, wenn dieser ihn nicht binnen angemessener Frist beanstandet, was praktisch durch Korrektur erfolgt. Die Kosten der Druckfehlerkorrektur trägt der Verleger, die von sachlichen Änderungen, die nicht durch äußere Umstände geboten sind, der Verfasser entspr. § 12 Abs. 3 VerlG.

Der Verleger ist verpflichtet, dem Verfasser die vereinbarte **Vergütung** zu zahlen. **24** Eine Vergütung gilt als stillschweigend vereinbart, wenn die Überlassung des Werkes den Umständen nach nur gegen eine Vergütung zu erwarten ist, § 22 VerlG. Üblich sind heutzutage **Absatzbeteiligungen** in verschiedenen Varianten. Angesichts der im Buchhandel bestehenden Preisbindung kann und sollte von dem Netto-Einzelverkaufspreis ausgegangen werden, also vom Ladenpreis abzüglich Mehrwertsteuer. Dieser Preis sollte – soweit möglich – im Verlagsvertrag neben der Mindestauflage auch genannt werden, damit der Verfasser seine voraussichtlichen Einnahmen abschätzen kann. Die Beteiligungen betragen üblicherweise 10 % vom Netto-Einzelverkaufspreis, für die Zweitverwertung als Taschenbuch (*paperback*) oft nur 8 % oder darunter, für wissenschaftliche Werke 12 %. Üblich ist es ferner, für **höhere Auflagen** stufenweise Erhöhungen der prozentualen Beteiligung zu vereinbaren, z. B. je 5000 aufgelegter Exemplare (Vergütungssprünge). Dem liegt der Gedanke zu Grunde, dass sich ab einer gewissen Mindestauflage die Aufwendungen des Verlegers amortisiert haben und der Urheber gerechterweise an den (steigenden) Erträgen aus der Nutzung seines Werkes beteiligt wird. Mitunter sind, insbesondere zu Gunsten von Verfassern mit einem höheren Marktwert, einem „großen Namen" u. Ä. auch **Vorschussvereinbarungen** üblich, wonach dem Urheber eine mit den Absatzbeteiligungen verrechenbare, nicht rückzahlbare Mindestumsatzbeteiligung gezahlt wird, mit der Folge, dass sie dem Urheber verbleibt, auch wenn eine entsprechende Verkaufszahl nicht erreicht werden sollte. Umgekehrt gibt es die Praxis der Druckkostenzuschüsse durch den Verfasser (oder einen Sponsor) insbesondere bei Pflichtveröffentlichungen von Dissertationen. Bei Zeitungen und Zeitschriften ist das **Zeilenhonorar** üblich. Vor unangemessenen Vergütungen schützen dabei die §§ 32 ff. UrhG, s. § 3 Rdnr. 152 ff.

Die Vergütung wird mit Ablieferung des Werkes **fällig** § 23 VerlG, wird aber übli- **25** cherweise vertraglich von den verkauften Exemplaren pro Abrechnungszeitraum abhängig gemacht, wodurch der Verfasser am wirtschaftlichen Erfolg bzw. Misserfolg seines Werkes beteiligt wird. Im beiderseitigen Interesse sollte dann auch ein möglichst klarer, möglichst halbjährlicher Abrechnungsmodus vereinbart werden. Gem. § 24 VerlG hat der Verleger dem Verfasser mindestens jährlich für das vorangegangene Geschäftsjahr Rechnung zu legen und ihm, soweit es für die Prüfung erforderlich ist, die Einsicht in seine Geschäftsbücher zu gestatten. Der Verleger eines Werkes der Literatur ist verpflichtet, dem Verfasser auf je hundert Abzüge ein Freiexemplar, mindestens aber 5 und höchstens 15 Freiexemplare zu liefern, bei Musikwerken „die übliche Zahl". Bei Sammelwerken dürfen Sonderabzüge als Freiexemplare geliefert werden, § 25 VerlG. Der Verfasser hat Anspruch auf Überlassung von Abzügen zum niedrigsten Verlagsabgabepreis, § 26 VerlG., die er weiterverkaufen darf, für Hörerexemplare von Lehr- und Studienbüchern gilt die Praxis der Ermäßigung gegen Hörerscheine.

(5) Laufzeit und Beendigung des Verlagsvertrages

Ohne besondere vertragliche Vereinbarung endigt das Vertragsverhältnis, wenn die **26** Auflagen oder Abzüge vergriffen sind, bzw. mit Ablauf einer Zeitdauer, auf die der Verlagsvertrag beschränkt ist, § 29 VerlG. Umgekehrt endet das Vertragsverhältnis des

„für alle Auflagen" ohne zeitliche Beschränkung eingegangenen Verlagsvertrages mit Ablauf der urheberrechtlichen Schutzfrist (vgl. § 3 Rdnr. 187 ff.). Der Verleger ist verpflichtet, dem Verfasser auf Verlangen darüber Auskunft zu erteilen, ob die einzelne Auflage oder die bestimmte Zahl von Abzügen vergriffen ist, § 29 VerlG.

(6) Leistungsstörungen und deren Rechtsfolgen beim Verlagsvertrag

27   aa) Störungen durch den Verfasser. Nach den §§ 30 und 31 VerlG gelten insoweit die nachfolgenden Regelungen. Liefert der Verfasser das Werk ganz oder zum Teil nicht rechtzeitig ab, oder ist das Werk nicht von vertragsgemäßer Beschaffenheit, kann der Verleger, statt den Anspruch auf Erfüllung geltend zu machen, eine **angemessene Frist zur Ablieferung** mit der Erklärung bestimmen, dass er die Abnahme nach dem Fristablauf verweigere. Zeigt sich schon vor dem vereinbarten Lieferzeitpunkt, dass das Werk nicht rechtzeitig abgeliefert werden wird, so kann der Verleger die Frist sofort bestimmen, die so bemessen sein muss, dass sie nicht vor dem vereinbarten Lieferzeitpunkt abläuft. Nach dem Ablauf der Frist ist der Verleger berechtigt, von dem Vertrag **zurückzutreten**, wenn nicht das Werk rechtzeitig abgeliefert worden ist; der Anspruch auf Lieferung des Werkes ist ausgeschlossen. Der Bestimmung einer Frist bedarf es nicht, wenn die rechtzeitige Herstellung des Werkes unmöglich ist oder von dem Verfasser verweigert wird oder wenn der sofortige Rücktritt vom Vertrag durch ein besonderes Interesse des Verlegers gerechtfertigt wird. Der Rücktritt ist ausgeschlossen, wenn die nicht rechtzeitige Ablieferung des Werkes für den Verleger nur einen unerheblichen Nachteil mit sich bringt. Beruht der Mangel des Werkes auf einem Umstand, den der Verfasser zu vertreten hat, kann der Verleger statt des Rücktrittsrechts den **Anspruch auf Schadensersatz** wegen Nichterfüllung geltend machen. Wird der Rücktritt vom Verlagsvertrag erklärt, nachdem das Werk ganz oder zum Teil abgeliefert worden ist, so hängt es von den Umständen ab, ob der Vertrag teilweise aufrechterhalten bleibt. Im Zweifel bleibt der Vertrag insoweit aufrechterhalten, als er sich auf die nicht mehr zur Verfügung des Verlegers stehenden Abzüge, auf frühere Abteilungen des Werkes oder auf ältere Auflagen erstreckt. Soweit der Vertrag aufrechterhalten bleibt, kann der Verfasser einen entsprechenden Teil der Vergütung verlangen, § 38 VerlG. Diese Vorschriften finden auch Anwendung, wenn der Vertrag in anderer Weise rückgängig gemacht wird. Durch diese Vorschriften des VerlG werden die im Falle des Verzugs und der Verletzung von Nebenpflichten des Verfassers dem Verleger zustehenden Rechte nicht berührt, s. o. § 9.

(7) Störungen durch den Verleger

28   Wird das Werk nicht vertragsgemäß vervielfältigt und verbreitet, kann der Verfasser zunächst **Erfüllung des Verlagsvertrags** verlangen. Statt den Anspruch auf Erfüllung geltend zu machen, findet zu Gunsten des Verfassers § 30 VerlG entsprechende Anwendung, § 32 VerlG, d. h. er kann als Verfasser auch eine **angemessene Frist** zur vereinbarungsgemäßen Vervielfältigung und Verbreitung mit der Erklärung bestimmen, dass er die Erfüllung nach dem Fristablauf verweigere. Zeigt sich schon vor dem vereinbarten Erscheinenszeitpunkt, dass das Werk nicht rechtzeitig vervielfältigt und verbreitet werden wird, so kann der Verfasser die Frist sofort bestimmen, die so bemessen sein muss, dass sie nicht vor dem etwaig vereinbarten Erscheinungsdatum abläuft. Nach dem Ablauf der Frist ist der Verfasser berechtigt, von dem Vertrag **zurückzutreten**, wenn nicht das Werk rechtzeitig erschienen ist; der Anspruch auf Vervielfältigung und Verbreitung des Werkes ist ausgeschlossen. Der Bestimmung einer Frist bedarf es nicht, wenn das rechtzeitige Erscheinen des Werkes unmöglich ist oder von dem Verlag

verweigert wird oder wenn der sofortige Rücktritt vom Vertrag durch ein besonderes Interesse des Verfassers gerechtfertigt wird. Der Rücktritt ist ausgeschlossen, wenn das nicht rechtzeitige Erscheinen des Werkes für den Verfasser nur einen unerheblichen Nachteil mit sich bringt. Durch diese Vorschriften des VerlG werden die im Falle des Verzugs und der Verletzung von Nebenpflichten des Verlegers dem Verfasser zustehenden Rechte nicht berührt, s. o. § 9.

Zur **Neuauflage** kann ihm der Verfasser eine angemessene Frist bestimmen, nach **29** deren Ablauf der Verfasser berechtigt ist, „vom Vertrag zurückzutreten", wenn die Neuauflage nicht rechtzeitig „veranstaltet" wurde. Der Frist bedarf es nicht, wenn der Verleger die Neuauflage verweigert hat, § 17 VerlG. Die Vertragspartner können Abweichendes vereinbaren, z. B. eine Pflicht zur Neuauflage oder eine vertragliche Frist bestimmen, binnen derer nach Vergriffensein der Vorauflage eine Neuauflage erscheinen muss, oder der Vertrag endet. Die vom Verfasser gesetzte Frist muss ausreichend lang sein, um eine Neuauflage technisch zuzulassen. Bei Werken, die aktualisiert werden müssen, insbes. bei wissenschaftlichen Werken, erfordert allerdings eine Neuauflage die Mitwirkung des Verfassers, vor deren Fertigstellung die Frist sinnvollerweise nicht beginnen kann. Der nach ergebnislosem Fristablauf zulässige **Rücktritt** ist eigentlich eine Kündigung, da der Vertrag nicht für die Vergangenheit rückabgewickelt, sondern erst mit Wirkung ab Zugang der Kündigungserklärung endet, h. M. s. Schricker, a. a. O. § 18 Rdnr. 15, wobei Restbestände weiter vertrieben werden dürfen.

Die Rückrufsrechte wegen Nichtausübung, § 41 UrhG, und wegen gewandelter Überzeugung, § 42 UrhG (s. o. § 3 Rdnr. 173 ff.), sowie die Bestimmungen zur angemessenen Vergütung der Urheber, §§ 32 ff UrhG (s. o. § 3 Rdnr. 152 ff.) werden durch die vorgenannten Rechte nicht ausgeschlossen.

(8) Veränderte Umstände, Wegfall der Geschäftsgrundlage

Gemäß § 35 VerlG ist bis zum Beginn der Vervielfältigung der Verfasser berechtigt, **30** von dem Verlagsvertrag **zurückzutreten**, wenn sich Umstände ergeben, die bei Vertragsschluss nicht vorauszusehen waren und den Verfasser bei Kenntnis der Sachlage und verständiger Würdigung des Falles von der Herausgabe des Werkes zurückgehalten haben würden. Entsprechendes gilt für Neuauflagen. Erklärt der Verfasser den Rücktritt auf Grund dieser Vorschrift, so ist er dem Verleger zum **Ersatz** der von diesem gemachten **Aufwendungen** verpflichtet. Gibt er innerhalb eines Jahres seit dem Rücktritt das Werk anderweitig heraus, ist er zum Schadensersatz wegen Nichterfüllung verpflichtet, es sei denn, der Verleger hat einen zuvor vom Verfasser gemachtes nachträgliches Angebot nicht angenommen hat, § 35 VerlG. Solche veränderten Umstände können objektive Gründe sein, wie neue wissenschaftliche Erkenntnisse, Verlust der Aktualität oder Erscheinen eines anderen Werkes mit konkurrierendem Inhalt, oder subjektive Gründe in der Person des Verfassers z. B. weltanschauliche Gründe, berufliche Veränderung, krankheitsbedingte Verhinderung, sofern der Verfasser von der Herausgabe des Werkes abgesehen hätte, wenn er diese gekannt hätte.

Die Lehre vom Wegfall der Geschäftsgrundlage, die jetzt in § 313 BGB kodifiziert ist, spielt im Verlagsrecht wegen der spezialgesetzlichen Regelungen im Übrigen praktisch nur eine geringe Rolle.

(9) Von keinem Vertragspartner zu vertretende Leistungshindernisse

Das VerlG regelt speziell den Fall, dass das Manuskript, in dem das Werk verkörpert **31** ist, nach Ablieferung an den Verleger durch Zufall „**untergeht**", d. h. verloren geht da-

Reich

hingehend, dass der Verfasser seinen Vergütungsanspruch behält, im Übrigen aber beide Vertragspartner von der Leistung frei werden. Allerdings muss der Verfasser gegen angemessene Vergütung ein anderes im Wesentlichen übereinstimmendes Werk liefern, wenn dies auf Grund der Vorarbeiten „mit geringer Mühe" geschehen kann. Erbietet sich der Verfasser, ein solches Werk innerhalb einer angemessenen Frist kostenfrei zu liefern, so ist der Verleger verpflichtet, das Werk an Stelle des untergegangenen zu vervielfältigen und zu verbreiten. Jeder Vertragspartner kann diese Rechte auch geltend machen, wenn das Werk nach der Ablieferung infolge eines Umstandes untergegangen ist, den der andere Teil zu vertreten hat. Dasselbe gilt beim **Annahmeverzug** (§ 293 BGB) des Verlegers.

32   Der **Tod des Verfassers** vor Vollendung des Werkes aber nach Ablieferung eines Teils berechtigt den Verleger, hinsichtlich des gelieferten Teils durch eine dem Erben des Verfassers gegenüber abzugebende Erklärung den Vertrag aufrechtzuerhalten, § 34 VerlG. Dieses Recht erlischt, wenn sich der Verleger auf eine vom Erben gesetzte angemessene Frist nicht für die Aufrechterhaltung des Vertrages erklärt. Diese Regelung gilt entsprechend wenn die Vollendung des Werkes infolge eines sonstigen nicht von dem Verfasser zu vertretenden Umstandes **unmöglich wird**, womit dauerhafte Verhinderung gemeint ist. Für vorübergehende Leistungshindernisse gilt § 30 VerlG (s. o. Rdnr. 20 ff.).

(10) Die Übertragung der Verlegerrechte

33   Die Übertragung der Verlegerrechte ist unter den Voraussetzungen des § 34 UrhG zulässig, § 28 VerlG ist dadurch überholt, soweit dieser keine speziellen Regelungen enthält.

(11) Kündigungsrechte

34   Die Partner des Verlagsvertrages können **ordentliche Kündigungsrechte** vereinbaren, wenngleich diese dem Wesen eines Verlagsvertrages meist nicht entsprechen, der entsprechend der wirtschaftlichen Ungewissheit über den Erfolg des Werkes für eine oder alle Auflagen und damit häufig für die Dauer der Schutzfrist gilt. Bestimmte Ausnahmefälle können aber als *Ultima Ratio* zur **außerordentlichen Kündigung** ohne Einhaltung einer Kündigungsfrist berechtigen, denn der Verlagsvertrag begründet ein Dauerschuldverhältnis, für das nunmehr seit der Schuldrechtsreform § 314 BGB regelt, was zuvor bereits von der Rspr. und h. M. aus der analogen Anwendung des § 626 BGB hergeleitet worden war: Ein wichtiger Grund liegt vor, wenn dem kündigenden Teil unter Berücksichtigung aller Umstände des Einzelfalls und unter Abwägung der beiderseitigen Interessen die Fortsetzung des Vertragsverhältnisses bis zur vereinbarten Beendigung oder bis zum Ablauf der Kündigungsfrist nicht zugemutet werden kann. Besteht der wichtige Grund in der Verletzung einer Pflicht aus dem Vertrag, ist die Kündigung erst nach erfolglosem Ablauf einer zur Abhilfe bestimmten Frist oder nach erfolgloser Abmahnung zulässig. Die Fristsetzung ist entbehrlich, wenn der Schuldner die Leistung ernsthaft und endgültig verweigert, der Schuldner die Leistung zu einem im Vertrag bestimmten Termin oder innerhalb einer bestimmten Frist nicht bewirkt und der Gläubiger im Vertrag den Fortbestand seines Leistungsinteresses an die Rechtzeitigkeit der Leistung gebunden hat oder besondere Umstände vorliegen, die unter Abwägung der beiderseitigen Interessen den sofortigen Rücktritt rechtfertigen, §§ 314, 323 Abs. 2 BGB.

35   Derartigen Fällen ist gemeinsam, dass die **Vertrauensgrundlage** zerstört und eine weitere **Zusammenarbeit** zum Zeitpunkt der Kündigung **nicht zumutbar** erscheint. Deshalb kann die Kündigung nur innerhalb einer angemessenen Frist erfolgen, nach-

dem der Kündigende von dem Kündigungsgrund Kenntnis erlangt hat. Bei Überschreitung der angemessenen Frist wird unterstellt, dass die Fortsetzung des Vertrages zumutbar ist.

Die Berechtigung, Schadensersatz zu verlangen, wird durch die Kündigung nicht ausgeschlossen, § 314 Abs. 4 BGB.

(12) Insolvenz eines Vertragspartners

Wird der **Verleger insolvent**, ist zu unterscheiden. Vor Eröffnung des Insolvenzver- 36 fahrens hat der Verfasser die oben erläuterten Rechte. Kommt es zur Eröffnung des Insolvenzverfahrens, tritt an die Stelle des Verlegers die Insolvenzmasse, die der Insolvenzverwalter im Interesse der Gläubiger verwaltet. Es gilt gemäß § 36 VerlG in Verbindung mit § 103 der Insolvenzordnung („InsO") Folgendes: War zurzeit der Eröffnung des Verfahrens mit der Vervielfältigung noch nicht begonnen, kann der Verfasser ohne weiteres vom Vertrag zurücktreten, mit der Folge, dass die Vertragspartner alle einander empfangenen Leistungen zurückzugewähren haben und das Verlagsrecht erlischt (Schricker a. a. O. § 36 Rdnr. 8). Bei Miturhebern s. o. § 3 Rdnr. 32 ff.

War mit der Vervielfältigung begonnen und ist der Vertrag von einem der Vertrags- 37 partner noch nicht vollständig erfüllt worden, kann der Insolvenzverwalter an Stelle des Verlegers den Vertrag erfüllen und die Erfüllung vom Verfasser verlangen, § 103 InsO. Dieses Wahlrecht muss der Insolvenzverwalter auf Verlangen des Verfassers unverzüglich erklären, sonst kann er auf Erfüllung nicht bestehen. Wählt der Insolvenzverwalter die Erfüllung des Vertrages, ist er wie der Verleger an den Verlagsvertrag gebunden, kann aber auch die Verlagsrechte gemäß § 34 UrhG (zu den Voraussetzungen s. o. § 3 Rdnr. 139) sofort oder später einem Dritten übertragen, wodurch der Erwerber in den Verlagsvertrag mit dem Verfasser eintritt. Lehnt der Insolvenzverwalter die Erfüllung ab oder äußert sich nicht unverzüglich, erlöschen dessen Erfüllungsanspruch und das Verlagsrecht mit Wirkung ab sofort.

Wird das Insolvenzverfahren über das Vermögen des **Verfassers** durchgeführt, 38 kommt es darauf an, ob dieser persönlich (ggf. gemeinsam mit den Miturhebern) in die Verwertung seines Vervielfältigungs- und Verbreitungsrechts durch den Insolvenzverwalter einwilligt, § 113 UrhG. Lediglich die gesetzlichen Vergütungsansprüche fallen ohne weiteres in die Insolvenzmasse, § 112 UrhG.

b) Herausgeber-Verlagsvertrag

Der Herausgeber-Verlagsvertrag enthält zweckmäßigerweise darüber hinaus einige 39 Regelungen, die der Aufgabe des Herausgebers gerecht werden. Dem Herausgeber obliegt die Koordination der Arbeiten einzelner Autoren untereinander und in Abstimmung mit dem Verlag. Hierbei geht es um die einheitliche formale Gestaltung des Werkes. Der Verlag oder der Herausgeber lassen sich von den Autoren die hierzu erforderlichen Kontroll- und Änderungsbefugnisse einräumen. Die Herausgebertätigkeit wird neben der Autorentätigkeit honoriert. Der angemessene Vergütungssatz beträgt etwa ein Fünftel aller Autorenhonorare.

c) Verträge von Miturhebern untereinander

Sofern die Werke mehrer Autoren vom Herausgeber zusammengefügt werden, liegt 40 eine Werkverbindung vor, die dann meist keine vertraglichen Regelungen der Autoren untereinander erforderlich macht. Gibt es keinen Herausgeber, so sind die gesellschafts- und urheberrechtlichen Fragen gem. dem oben Gesagten (vgl. Rdnr. 3 ff.) zu regeln.

Reich

d) Wahrnehmungsvertrag

41   Mit der VG Wort können Autoren einen Wahrnehmungsvertrag schließen, mit dem dieser die Zweitverwertungsrechte übertragen werden. Die Autoren erhalten von der VG Wort Vergütungen für weitere Nutzungen ihrer Werke, die z. T. nur von einer Verwertungsgesellschaft geltend gemacht werden können, wie z. B. die Vermiet- und Verleihtantieme (Näheres zur VG Wort und ihrem Wahrnehmungsbereich s. § 4 Rdnr. 22 ff.).

2. Bildende Kunst, Design

a) Bestellvertrag über ein Werk der bildenden Kunst

42   Die **Definition** des vom Künstler (Maler, Bildhauer, Designer) zu schaffenden **Werkes** verdient bei den bestellten Kunstwerken besondere Aufmerksamkeit. Die Streitigkeiten über die Erkennbarkeit des Porträtierten, die mitunter im Zusammenhang mit bekannten Politikern auftreten, illustrieren die Problematik. Wer z. B. von einer berühmten Malerin porträtiert werden will, die sich kaum jemals eine Einschränkung ihrer Gestaltungsfreiheit gefallen lassen würde, muss deren Werkleistung abnehmen und vergüten, auch wenn das Bild unerwartet, z. B. wenig gegenständlich ausfällt. Das Gegenbeispiel wäre der Auftrag an einen Straßenmaler, der anhand einiger ausgestellter Werke seine Fähigkeit zur gegenständlichen, naturgetreuen Porträtzeichnung unter Beweis stellt. Hier darf der Auftraggeber ein naturgetreues Porträt erwarten, wenn nichts anderes vereinbart ist, und muss das wesentlich von dieser Vorgabe abweichende Bild nicht abnehmen und bezahlen.

Grundsätzlich gilt die **Regel**, dass sich der Auftraggeber vor Auftragserteilung von den künstlerischen Qualitäten des Beauftragten überzeugen muss. Außerdem müssen konkrete Wünsche auch entsprechend konkret vertraglich vereinbart werden, wenn insoweit der Schaffensspielraum des Künstlers eingeengt werden soll. In allen Fällen aber sollte abweichend von der gesetzlichen Regelung des Werkvertragsrechts vereinbart werden, dass der Besteller nicht verpflichtet ist, ein Bild abzunehmen, die Abnahme aber auch nicht Voraussetzung für die Fälligkeit des Honorars ist. Es wäre nicht sinnvoll, Streitigkeiten darüber, ob ein künstlerisches Werk gefällt oder „gelungen" ist, vor Gericht auszutragen. Vor Vollendung des Werkes kann der Besteller jederzeit kündigen, er muss aber dennoch die vereinbarte Vergütung zahlen.

43   Vereinbart werden sollten auch die **Mitwirkungspflichten** des Bestellers zur Erreichung des vereinbarten Zwecks, z. B. zum Modell sitzen, Ermöglichen des Zugangs zu dem darzustellenden Objekt u. Ä. Kommt der Besteller seiner Mitwirkungspflicht nicht nach, kann der Künstler (der „Unternehmer"), wenn der Besteller dadurch in Annahmeverzug kommt, eine angemessene Entschädigung verlangen oder dem Besteller zur Nachholung der Mitwirkung eine angemessene Frist mit der Erklärung bestimmen, dass er den Vertrag kündige, wenn die Mitwirkungshandlung nicht bis zum Ablauf der Frist vorgenommen werde, §§ 642, 643 BGB. Der Vertrag gilt als aufgehoben, wenn der Besteller bis zum Fristablauf nicht mitwirkt, § 643 Satz 2 BGB. Die Vergütungspflicht bleibt aber als Schadensersatzanspruch des Künstlers bestehen, der sich ersparte Aufwendungen anrechnen lassen muss, sowie dasjenige, was er durch anderweitige Verwendung seiner Arbeitskraft erwerben kann. § 642 Abs. 2 BGB, vgl. auch die Ausführungen zu § 649 BGB, § 9 Rdnr. 25 ff.

44   Vertraglich geregelt werden sollte auch der **Zeitraum**, innerhalb dessen das Werk fertig gestellt werden soll. Welche Nachfrist im Falle der nicht rechtzeitigen Fertigstel-

lung erforderlich ist, ehe die Kündigung durch den Künstler möglich ist, sollte ebenfalls vorab bestimmt werden, da die „angemessene Nachfrist" für das künstlerische Schaffen nur unter Schwierigkeiten zu bestimmen wäre.

Ist das Werk schließlich fertig gestellt, so ist dem Besteller Zug um Zug gegen Zahlung der Vergütung das **Eigentum** hieran zu übertragen. Dies geschieht gemäß § 929 BGB durch entsprechende Einigung und Besitzübergabe. Die Einräumung umfassender urheberrechtlicher Nutzungsrechte ist hiermit jedoch nicht automatisch verbunden. Der Erwerber ist lediglich zur öffentlichen Ausstellung des Werkes berechtigt, es sei denn, der Künstler hat dies bei Veräußerung des Originals ausdrücklich ausgeschlossen, § 44 Abs. 2 UrhG (zum Ausstellungsrecht und dem daraus folgenden Recht auf Katalogabbildung s. o. § 3 Rdnr. 100, 212). **45**

b) Designauftrag

Designwerke sind in der Regel urheberrechtlich geschützt, die Anforderungen an **46** die Schöpfungshöhe dürfen nicht überspannt werden, wobei die Möglichkeit des Geschmacksmusterschutzes den urheberrechtlichen Schutz überlagern kann. Für nicht urheberrechtlich geschützte Werke, die neuartig und deshalb dem Geschmacksmusterschutz zugänglich sind, s. § 5 Rdnr. 2 ff. Verträge über die Gestaltung von Werken in den Bereichen Grafikdesign, Produktdesign, sowie Buch- und Zeitschriftenillustration sind in der Regel gemischt-typische Verträge, wobei hinsichtlich der werkvertraglichen Pflichten gem. §§ 631 ff. BGB die oben stehenden Erläuterungen (§ 8 Rdnr. 33 ff.) gelten, sowie die Ausführungen zum Bestellvertrag über Werke der bildenden Kunst. Hinzu kommen regelmäßig mit der Einräumung von Nutzungsrechten urheber- und lizenzvertragliche Elemente, die vom Urheber- und Verlagsrecht geprägt sind und Elemente des Rechtskaufs aufweisen können, s. dazu oben § 3 Rdnr. 125 ff.

Folgende Regelungspunkte sind wesentlich (*„essentials"*): Die Bestimmung des zu schaffenden Werkes, wobei die Aufgabe darin besteht, die objektivierbaren Aspekte zu beschreiben, denn die kreativen Spielräume lassen keine genaue Festlegung zu, solange das Werk nicht fertig ist. Deshalb hat sich ein **Stufenverfahren** durchgesetzt, wonach zunächst **Entwürfe** geschaffen werden, ehe es zur **Vollendung des Werkes** kommt, an dem in einer weiteren Stufe zu Gunsten des Bestellers **Nutzungsrechte** eingeräumt werden können. Bei **Produktdesignwerken** sind neben den Entwurfszeichnungen (oft elektronisch – CAD) die Modelle, Konstruktionsunterlagen, Produktionsunterlagen und Prototypen Vertragsgegenstand. Der Vertrag regelt auch, in welcher Weise **Fremdleistungen** beauftragt, abgenommen und vergütet werden, die der Grafikdesigner selber nicht erbringen kann. Auch die **Mitwirkungspflichten** des Bestellers sollten geregelt werden, z. B. die Lieferung von Produktdaten, Fotografien, Textinhalte und dgl., sowie die **Auslagenerstattung** (Material- und Reisekosten etc.) und die Fertigstellungsfristen oder **Termine** und das **Eigentum** an Werkstücken, Entwürfen etc. In lizenzrechtlicher Hinsicht bietet sich die Verpflichtung zur Einräumung der Nutzungsrechte bei Auftragserteilung, oder optional (stepp-deal) an. Der Künstler gewährleistet, dass er die Rechte verschaffen kann, was regelmäßig der Fall ist, wenn das Werk seine persönliche geistige Schöpfung ist. Irren sich die Vertragspartner über die Schutzfähigkeit des in Auftrag gegebenen Werkes, machen also ein nicht schutzfähiges (da z. B. bereits dem bekannten Formenschatz, also dem public domain zugehöriges Design) zum Vertragsgegenstand, bleibt der Vertrag regelmäßig wirksam, es entfällt lediglich die Möglichkeit der Verschaffung dinglicher Nutzungsrechte am Design, was zum Lebensrisiko gehört.

Reich

47   Die **Nutzungsrechte** z. B. zur Vervielfältigung, Verbreitung, Sendung, online Nutzung etc. werden meist nach Produkten, Medien, Gebieten, Stückzahlen, Dauer und zur einfachen (nicht-ausschließlichen) oder exklusiven (ausschließlichen) Nutzung differenziert. Danach richtet sich die **Vergütung**, die regelmäßig entweder alle Nutzungen pauschal abgilt oder per Stücklizenz oder einer Kombination aus beiden berechnet wird und deren Zahlung eine aufschiebende oder im Falle der Nichtzahlung einer Stücklizenz eine auflösende Bedingung für die Verschaffung des Nutzungsrechts bilden kann. Das Nennungsrecht des Verfassers und dessen Änderungs- und Bearbeitungsrecht (unter Ausschluss Dritter) ergeben sich aus dem Gesetz, s. o. § 3 Rdnr. 53. Abweichungen hiervon können in den Schranken des im Kern unverzichtbaren Urheberpersönlichkeitsrechts vertraglich vereinbart werden. Verlangt der Besteller über den Auftrag hinausgehend Änderungen, muss er sich wegen §§ 23 und 39 UrhG der Befugnis zur Beauftragen Dritter versichern, falls der Künstler den erweiterten Auftrag nicht annimmt. Zu weiteren Einzelheiten, Vertragsmustern und Formularen s. Maaßen/May, Designers Contract und die Empfehlungen der Verbände, zur Rechtsprechung s. Nachweise bei Kur, in Beier/Götting/Lehmann/Moufang, S. 513 ff.

c) Der Kaufvertrag über ein Kunstwerk

48   Der Verkauf von Originalen bzw. Stücken limitierter Auflagen beinhaltet grundsätzlich **nicht die Einräumung urheberrechtlicher Nutzungsrechte** an einem geschützten Werk, § 44 UrhG. Wer das Werk vervielfältigen, verbreiten, digitalisieren oder in anderer Weise als durch Ausstellung nutzen möchte, muss dazu vom Urheber die entsprechenden Nutzungsrechte erwerben, von der Ausnahme für Ausstellungskataloge abgesehen, s. u. Rdnr. 44 ff. Abgesehen davon ist das **Urheberrecht** durch die Übertragung des Sacheigentums auf den Erwerber **nicht tangiert**, d. h. für die Dauer der Schutzfrist ist jede Verletzung des Urheberrechts, z. B. die Änderung oder Zerstörung des Werkes verboten, es sei denn, der Urheber bzw. dessen Erben stimmen zu, er behält das Zugangsrecht aus § 25 UrhG, das Rückrufsrecht aus § 42 UrhG etc.

49   Bei **Kaufverträgen zwischen Dritten** ist die **Echtheit** als wertbildende Eigenschaft des Werkes wesentlich für deren Beschaffenheit, § 434 BGB, deren Fehlen im Fall der Unechtheit den Käufer berechtigt, Nacherfüllung, Kaufpreisminderung, Schadensersatz, Aufwendungsersatz nach §§ 437 ff. BGB zu verlangen, oder ihn berechtigt, vom Vertrag zurückzutreten, § 440 BGB. Gibt ein Dritter, z. B. ein Galerist eine Echtheitsgarantie, stehen dem Käufer ferner die Rechte aus der Garantie zu den in der Garantieerklärung und den in der einschlägigen Werbung angegebenen Bedingungen gegenüber dem Garantiegeber zu, § 443 BGB. Auch im Übrigen richten sich die Rechte und Pflichten nach Kaufrecht, §§ 433 ff. BGB.

50   Abhanden gekommene Werke, d. h. **gestohlene Werke** können nicht wirksam veräußert werden, der gutgläubige Erwerb und die Ersitzung sind ausgeschlossen, §§ 935 und 937 Abs. 2 BGB, Art. 14 GG, der rechtmäßige Eigentümer verliert sein Eigentum durch spätere Verfügungen nicht, das gilt auch und trotz der langen seither verstrichenen Zeit für die von den Nazis enteigneten Werke, vgl. Fischer/Reich NJW 1993, 1417 ff. zum Eigentum an Werken der „entarteten Kunst". Noch heute werden weltweit von den Erben der rechtmäßigen Eigentümer erfolgreich Herausgabeklagen wegen solcher Werke geführt.

d) Der Ausstellungsvertrag

Der Ausstellungsvertrag zwischen Künstler und Galerist bezweckt die **Präsenta- 51 tion** seiner Werke in der Galerie und deren **Verkauf.** Dementsprechend ist sowohl die Ausstellung als auch der Verkauf von Werken Gegenstand vertraglicher Regelungen. Ein Vertragsmuster hat der Berufsverband bildender Künstler Berlin gemeinsam mit der Interessengemeinschaft Berliner Kunsthändler erarbeitet. In urheberrechtlicher Hinsicht enthält die Vereinbarung die Einräumung des Ausstellungsrechts an den aus- zustellenden, bisher unveröffentlichten Werken für die Dauer der Ausstellung. Eigen- tum an den Ausstellungsstücken erwirbt der Galerist nicht. Es empfiehlt sich, die Aus- stellungsstücke möglichst genau anzugeben und spätestens bei Übergabe an den Galeristen den Empfang der einzelnen Stücke quittieren zu lassen. Der Galerist ist zur Ausstellung der Werke verpflichtet und muss hierfür werben. Insoweit lassen sich de- taillierte Vereinbarungen treffen. Die Mitwirkung des Künstlers bei der Vernissage dürfte üblicherweise vereinbart werden.

Den **Galeristen** trifft die **Pflicht,** die angenommenen Werke sorgfältig zu verwahren 52 und insbesondere auch während des Kontakts mit dem Publikum vor Beschädigung zu schützen. Der Künstler sollte sich ferner die möglichst umfassende **Versicherung** der Werke gegen Diebstahl, Verlust und Beschädigung ausbedingen und den Abschluss ei- nes entsprechenden Versicherungsvertrages vom Galeristen nachweisen lassen. Die Kosten der Präsentation sowie die Nebenkosten für Werbung, Katalog, Versicherun- gen, Transport zur Galerie etc. trägt üblicherweise der Galerist. Die entsprechende Vorleistung des Künstlers ist insoweit in der Schaffung der Werke zu sehen.

Erträge erzielen beide Seiten durch den Verkauf von Werken. Insoweit handelt der 53 Galerist als **Kommissionär,** der die Werke im eigenen Namen, aber auf Rechnung des Künstlers verkauft und einen erheblichen Teil des Kaufpreises als Kommission einbe- hält. Üblicherweise bestimmt der Künstler den Mindestverkaufspreis, mit der Folge, dass der Galerist nicht unter diesem Limit verkaufen darf. Der Galerist muss den Künstler unverzüglich über jeden Verkauf informieren, hierüber abrechnen und den Kaufpreis abzüglich der Kommission an den Künstler auszahlen. Sofern ein vom Gale- risten vermittelter Interessent ein nicht in Kommission befindliches Werk direkt vom Künstler erwirbt, hat der Galerist keinen Anspruch auf Kommission, es sei denn, die Vertragspartner haben hierüber eine andere Regelung getroffen. Vereinbart werden sollte, ob der Galerist berechtigt ist, in Kommission genommene Bilder selbst zu erwer- ben (vgl. § 400 HGB). Kommt der Galerist seinen Pflichten nicht oder nur ungenügend nach, so stehen dem Künstler je nach Sachlage Handlungs-, Unterlassungs-, Auskunfts- und Rechnungslegungs- sowie Zahlungsklage zu Gebote, in Eilfällen auch der Antrag auf Erlass einer einstweiligen Handlungs-, Unterlassungs- oder Sicherungsverfügung.

e) Der Kunstverlagsvertrag

Der Kunstverlagsvertrag weist kaum Besonderheiten gegenüber dem **Verlagsver- 54 trag** für Schriftwerke auf. Die entsprechenden Ausführungen gelten auch hierfür (s. o. Rdnr. 16 ff.); s. auch die „Richtlinien für Abschluss und Auslegung von Verträgen zwi- schen bildenden Künstlern und Verlegern „). Besonders zu beachten ist, dass die Ori- ginale, falls solche zur Reproduktion dem Verlag übergeben werden, im Eigentum des Künstlers verbleiben und diesem nach Anfertigung der Druckvorlagen zurückzugeben sind. Ob neben dem Verlagsrecht noch andere Rechte („Nebenrechte") übertragen werden, richtet sich nach dem Vertragszweck, der auch für die Dauer der Rechteein- räumung beachtlich ist: Da Kunstreproduktionen sehr aufwändig sind und oft nur eine

Reich

begrenzte Auflage hergestellt wird, beschränkt sich die Übertragung des Verlagsrechts meist hierauf, wie auch im Verlagsgesetz vorgesehen, zumal die Begrenztheit der Auflage ein erwünschter wertbildender Faktor sein kann.

f) Der Illustratoren-Verlagsvertrag

55   Der Illustrator schafft und wählt seine Werke i. d. R. im Hinblick auf das zu illustrierende Schriftwerk aus. Diese bilden dann eine **Werkverbindung** (s. § 3 Rdnr. 33) mit dem Schriftwerk. Der Verlag muss die vertragsgemäß erstellten Illustrationen verwenden (vgl. BGH UFITA 25, 232 – „Synchronoptische Weltgeschichte"; Münchener Vertragshandbuch, Band 3, Vinck, Anm. 5 zu Form. IX 57). Die **Verwendungspflicht** kann aber vertraglich ausgeschlossen werden. In diesem Fall aber müssen dem Illustrator seine Werkleistung und Aufwendungen vergütet werden. Lediglich eine Umsatzbeteiligung unterbleibt, da der Verlag dann ein Verlagsrecht an den Illustrationen nicht erwirbt: Formularklauseln, die die berechtigten Interessen des Illustrators nicht mindestens insoweit berücksichtigen, sind wegen dessen unangemessener Benachteiligung nichtig, da hier vom gesetzlichen Typus des Verlagsvertrages in einer Weise abgewichen wird, die gegen Treu und Glauben verstößt. Anhaltspunkte für übliche Vertragsgestaltungen und Honorare geben die „Honorarempfehlungen" der Mittelstandsgemeinschaft Foto-Marketing". Im Übrigen gelten die allgemeinen Ausführungen zum Verlagsgesetz und zum Verlagsvertrag über Schriftwerke (s. o. Rdnr. 16 ff.).

g) Der Bildagenturvertrag

56   Im Bereich der journalistischen Fotografie und des Fotodesigns sind die Bildagenturen bedeutsam, die **urheberrechtliche Nutzungsrechte** an den vorgenannten Werken **vermitteln.** Da die Vermittlung von urheberrechtlichen Lizenzverträgen nicht Arbeitsvermittlung ist, sind die Betätigungsmöglichkeiten der Bildagenturen nicht beschränkt. Die Grundlage für die **Geschäftsbesorgungstätigkeit** der Bildagenturen sind die von Fotografen und Fotodesignern überlassenen Fotografien und Lichtbildwerke nebst der hieran bestehenden Nutzungsrechte. Auf Grund der Einräumung der Nutzungsrechte sind die Agenturen in der Lage, Interessenten die Nutzung der Abbildungen für die verschiedensten Zwecke (z. B. für Werbung und Berichterstattung) zu gestatten. Die Gestattung erfolgt in der Regel nicht-exklusiv und gegen Vergütungen, die sich z. B. an der Größe des Abdrucks, der Art der Verwendung (z. B. Berichterstattung, Werbung), der Auflage und Verbreitung orientieren. Das von der Mittelstandsgemeinschaft Foto-Marketing jährlich herausgegebene Verzeichnis gibt die marktüblichen Honorare und Konditionen wieder. Die bisher üblichen „Blockierungskosten" und Schadenspauschalen für den Fall der verspäteten Rückgabe und des Verlustes von Originaldias dürften allerdings in weiten Bereichen inzwischen durch die Möglichkeit des Versands digitaler Bilddaten per E-Mail obsolet werden.

57   Die von der Bildagentur erzielten **Lizenzhonorare** werden üblicherweise im Verhältnis 50 zu 50 mit dem Bildautor geteilt. Da die Bildagenturen in den Verträgen mit den Nutzern den Bestand der Nutzungsrechte und die Berechtigung zum Abdruck dargestellter Personen garantieren müssen, muss auch der Bildautor eine entsprechende **Garantie** gegenüber der Bildagentur geben können. Nach dem (unverbindlichen) **Mustervertrag** zwischen dem Bundesverband der Pressebildagenturen und dem Fachausschuss Bildjournalismus des Deutschen Journalistenverbandes(DJV) ist auch eine weitgehende **Bearbeitungsbefugnis** der Bildnutzer vorgesehen. Hier lauern allerdings angesichts der modernen Bildsynthesizer Gefahren für die Bildautoren dergestalt, dass deren Werke ganz oder ausschnittweise insgesamt verfremdet oder in völlig anderen Zusammenhängen so wiedergegeben werden, dass der Betrachter dies nicht bemerken kann. Hier droht auf Grund der modernen Technik potenziell immer eine Verfälschung oder Entstellung, die das Urheberpersönlichkeitsrecht des Bildautors verletzt und deshalb verboten ist, § 14 UrhG.

Die Verträge mit der Bildagentur sind gewöhnlich **Dauerschuldverhältnisse**, die in **58** der vereinbarten Frist von beiden Seiten gekündigt werden können. Regelmäßig verlangt die Bildagentur, dass der Bildautor ihr seine Werke zum **exklusiv Verkauf** anbietet. Auf Grund der damit verbundenen besonderen Verantwortung der Agentur ist sie verpflichtet, das ihr überlassene Material mit besonderer Sorgfalt zu behandeln und bei der Lizenzerteilung die Interessen des Urhebers zu wahren. Verstöße hiergegen können einen wichtigen Grund zur außerordentlichen Kündigung des Bildagenturvertrages durch die Künstlerin oder den Künstler darstellen.

h) Verträge über Werke der Baukunst

Schöpferisch gestaltete Bauwerke sind urheberrechtlich schutzfähig, zu den Einzelheiten s. o. § 3 Rdnr. 7. Dennoch enthält der **Architektenwerkvertrag** nicht notwendigerweise urheberrechtliche Regelungen. Denn die Realisierung des vom Architekten entworfenen Bauwerkes erfordert nicht die Einräumung weiterer urheberrechtlicher Befugnisse oder Nutzungsrechte. Was der Bauherr darf, ergibt sich unschwer aus dem Zweckübertragungsgrundsatz, vgl. dazu o. § 3 Rdnr. 131 ff. Wer nur einen Entwurf, aber keine vollständige Planung wünscht, gibt dabei zu erkennen, dass er das Gebäude noch nicht unbedingt errichten möchte, sondern z. B. erst die Baugenehmigung abwarten will. Mangels Vollauftrags ist dann auch das Recht zum Bau nach den Entwürfen (das „**Nachbaurecht**") nicht eingeräumt. Dasselbe gilt für die Einreichung von Plänen bei Architektenwettbewerben. Denn eine Rechteeinräumung ohne Gegenleistung, z. B. in allgemeinen Vertragsbedingungen, ist nichtig, §§ 134 BGB, 32, 32b UrhG, so auch für das alte Recht: Heath, in Beier/Götting/Lehmann/Moufang, S. 468. Das Recht zur Errichtung weiterer Gebäude nach der ersten Planung ist ebenfalls nicht eingeräumt. Die Einräumung von weiteren Nachbaurechten nach Errichtung des ursprünglichen Gebäudes kommt allenfalls bei Entwürfen zu Serienbauwerken in Betracht, sofern schutzfähige Entwürfe zu Grunde liegen und ist dann auch entsprechend der HOAI zu vergüten.

Klauseln zu **Änderungsbefugnissen des Bauherrn** müssen das Urheberpersönlich- **59** keitsrecht des Architekten respektieren. Die Entstellung des Werkes oder auch nur dessen Bearbeitung kann nicht ohne konkrete Kenntnis von der Änderung vorab genehmigt werden, entsprechende AGBn sind unwirksam, § 307 Abs. 1 i. V. m. Abs. 2 Nr. 1 BGB. Das Namensnennungsrecht ist zu beachten, § 13 UrhG, Entstellungen des Bauwerkes sind unzulässig, §§ 14, 39 UrhG. Gerade bei der Baukunst ist für den Fall, dass Bauherren bzw. Eigentümer Bearbeitungen und Änderungen wünschen, das Einvernehmen mit dem Entwurfsverfasser nicht immer gegeben ist, ein Beispiel hierfür sind angeblich Kosten sparende Maßnahmen, die sich auf die Gestaltung auswirken. Um beiden Seiten das Risiko zu ersparen, einen langjährigen Rechtsstreit durch mehrere Instanzen mit hohen Kosten und Folgekosten (für Rückbau von Änderungen oder Schadensersatz wegen Bauverzögerungen, Verletzung von Urheberrechten) zu ersparen, empfiehlt es sich dringend, im Vertrag über ein Werk der Baukunst moderne Modalitäten zur beschleunigten, außergerichtlichen Konfliktlösung zu vereinbaren (Mediationsvereinbarungen, Schiedsgerichtsvereinbarungen).

Reich

3. Musik

a) Wahrnehmungsverträge

60　　Komponisten, Textdichter und Musikverleger gehören in der Regel der **GEMA** an, der mit dem „Berechtigungsvertrag" die „kleinen Rechte" an Musikwerken zur Wahrnehmung übertragen werden. Interpreten und Tonträgerproduzenten gehören der **GVL** an und schließen mit dieser einen entsprechenden Wahrnehmungsvertrag (Näheres zu den Wahrnehmungsbereichen beider Verwertungsgesellschaften s. § 4 Rdnr. 6 ff. und 18 ff.).

b) Miturheberverträge

61　　Wenn Komponisten oder Textdichter ein Werk gemeinsam schaffen und deren Beiträge nicht gesondert verwertbar sind, empfiehlt sich der Abschluss eines Miturhebervertrages. (s. o. Rdnr. 3).

c) Gesellschaftsvertrag einer Musikgruppe

62　　Häufig verbinden sich mehrere freischaffende Musiker zu einer Gruppe, um gemeinsam ein Repertoire zu erarbeiten, aufzuführen und diese Darbietungen auswerten zu lassen. Die Erträge sollen dabei allen Musikern zugute kommen. Auch ohne ausdrückliche Regelung bilden die Mitglieder der Musikgruppe eine **Gesellschaft bürgerlichen Rechts**, auf die mangels besonderer Vereinbarung das Gesellschaftsrecht des BGB (§ 709 ff. BGB) Anwendung findet (s. o. Rdnr. 4 f.). Um den Besonderheiten einer Musikgruppe gerecht zu werden, empfiehlt sich eine **individuelle, schriftliche Vereinbarung**. Hiernach ist zu bestimmen, welche Leistungen und Einlagen jedes Gruppenmitglied mindestens erbringen muss und wie die Einnahmen aus Konzerttätigkeit u. a. Auftritten untereinander aufgeteilt werden. Wichtig sind auch Regelungen der Willensbildung (Gesellschafterbeschlüsse), der rechtsgeschäftlichen Vertretung nach außen, der ordentlichen Kündigung, der außerordentlichen Kündigung aus wichtigem Grund und im Zusammenhang damit die Regelung dessen, was als wichtiger Kündigungsgrund gilt, sowie die Abfindung beim Ausscheiden oder beim Ausschluss von Gesellschaftern. Ferner ist zu klären, wie der Gruppenname lautet und ob dieser beim Ausscheiden einzelner Gesellschafter bei der Gruppe verbleibt und wem er bei Auflösung der Gesellschaft zusteht. Entsprechendes gilt für die Verwendung von Gruppenkennzeichen. Sinnvoll ist auch eine Konkurrenzschutzvereinbarung sowie die Regelung der solistischen Betätigung und des anderweitigen Engagements einzelner Gruppenmitglieder außerhalb der Gruppe.

d) Konzertvertrag

63　　Die Mitwirkung eines Musikers an einem Konzert kann **werk-, dienst- oder arbeitsvertragliche** Pflicht sein (zur Abgrenzung s. o. § 8, zu den Pflichten aus dem Arbeitsverhältnis s. o. § 7). Der **Arbeitsvertrag** setzt zusätzlich zu einem Dienstverhältnis die arbeitsorganisatorische Eingliederung in den Betrieb des Arbeitgebers voraus. Ein Indiz hierfür ist die Weisungsgebundenheit. Der Musiker ist weisungsgebunden, wenn er sich vertraglich verpflichtet hat, nach Weisung zu agieren, z. B. das ihm vorgelegte Repertoire aufzuführen oder nach Anweisungen des musikalischen Leiters zu spielen. Die arbeitsorganisatorische Eingliederung erfordert außerdem eine gewisse Intensität und Regelmäßigkeit der vertraglichen Verpflichtungen. Typischerweise wird

Reich

der Aushilfsmusiker im Orchester mit Dienstvertrag verpflichtet, der ständige Orchestermusiker pflegt in einem Arbeitsverhältnis zu stehen. Ob der Musiker Teil einer Band oder eines Orchesters in Form einer Gesellschaft bürgerlichen Rechts (GbR) ist, ist für die Qualifizierung unerheblich, auch die GbR-Musiker können als betriebliche Eigengruppe Arbeitnehmer sein und haften dann jeder für die Erfüllung der arbeits- oder dienstvertraglichen Verpflichtungen durch alle Gruppenmitglieder.

Sofern die Rechtsbeziehungen von Veranstalter und Musiker als **Werkvertrag** ge- **64** staltet sind, schuldet der Musiker bzw. die Musikgruppe als „Erfolg" im Sinne des Werkvertragsrechts nicht den künstlerischen Erfolg, sondern lediglich die Konzertaufführung als solche. Der Werkvertrag sieht grundsätzlich keine Haftung für künstlerische Qualität vor. Sofern im Vertrag die auftretenden Musiker durch namentliche Nennung konkretisiert sind, wird grundsätzlich die höchstpersönliche Erbringung der Leistungen geschuldet. Beim Dienst- und Arbeitsverhältnis ist dies ohnehin der Regelfall.

Den **Veranstalter** trifft die Verpflichtung, die Konzertdarbietung zu ermöglichen **65** und die dafür erforderlichen technischen und organisatorischen Vorkehrungen zu treffen. Der bloße Vermieter des Konzertsaals ist nicht Veranstalter. Zu den Veranstalterpflichten gehören ferner die Pflichten zur Werbung, zur Obhut über eingebrachte Gegenstände des Orchesters, zur Wahrung der gesetzlichen und etwaigen behördlichen Auflagen, z. B. hinsichtlich der Feuersicherheit, zum Verkauf der Karten und zur ordnungsgemäßen Auskunft und Abrechnung der Kartenverkäufe bei Verträgen, die eine Beteiligung des Musikers oder Orchesters an den Einnahmen vorsehen. Der Veranstalter haftet ferner für die Zahlung der GEMA-Gebühren gemäß den einschlägigen Tarifen. Grundsätzlich ist der Veranstalter zur Zahlung der Gage bei Konzertausfall verpflichtet, wenn sich das Veranstalterrisiko konkretisiert hat, z. B. bei der Freiluftveranstaltung, wenn die Witterungsbedingungen eine Aufführung nicht zulassen oder das Publikum ausbleibt. Dagegen trägt das **Orchester** das Risiko, zu spät am Veranstaltungsort zu erscheinen (da es sich um ein Fixgeschäft handelt), sowie das Risiko des Ausfalls von Mitwirkenden, deren höchstpersönliche Leistung geschuldet ist.

Im Übrigen haften die **Vertragspartner** für die von ihnen zu vertretenden (d. h. **66** fahrlässig oder vorsätzlich herbeigeführten) Vertragsstörungen. Voraussetzung für die Zahlungsverpflichtung ist auch beim Werkvertrag lediglich die Durchführung des Konzertes. Eine Abnahme ist nach der Beschaffenheit desselben nicht möglich und deshalb nicht erforderlich, § 646 BGB. In der Praxis werden ferner häufig in sog. „*riders*" (das sind Anhänge zum Vertrag) bis ins Kleinste technische und organisatorische Details als Nebenpflichten festgelegt, z. B. die Bestandteile des bei Ankunft bereitzustellenden „kalten Buffets" betreffend, und Vertragsstrafen (dazu s. o. § 9 Rdnr. 17 ff.) für den Fall der Nicht- oder Schlechterfüllung vereinbart.

e) Tonträgerproduktionsvertrag

(1) Überblick

Gegenstand des Tonträgerproduktionsvertrages ist die **Herstellung und Auswer- 67 tung von Schallaufnahmen** mit Darbietungen des Musikers oder Ensembles. Hiernach verpflichtet sich der Tonträgerproduzent, die Tonaufnahmen herzustellen und die dafür erforderlichen organisatorischen und finanziellen Leistungen zu erbringen, wodurch dieser kraft Gesetzes das originäre Leistungsschutzrecht des Tonträgerherstellers gem. § 85 UrhG erwirbt, s. dazu § 3 Rdnr. 234 f. Der Musiker bzw. das Ensemble verpflichten sich, die erforderlichen Darbietungen zu erbringen und ihre **Leistungs-**

schutzrechte hieran (s. o. § 3 Rdnr. 217 ff.) dem Produzenten zu übertragen, der diese derivativ erwirbt, soweit diese nicht zwingend von der GVL (s. o. § 4 Rdnr. 18 ff.) für die ausübenden Künstler wahrgenommen werden.

68   Mitunter werden die **einzuspielenden Werke** bei Vertragsschluss noch nicht näher konkretisiert, sondern lediglich Rahmenvereinbarungen über Zahl, Art und Dauer der innerhalb der Vertragszeit zu produzierenden Werke getroffen. Sofern eine Seite (meist das Tonträgerunternehmen) der anderen Seite Bedingungen, etwa im Wege eines Formularvertrages diktiert, ist zu prüfen, ob Bestimmungen des BGB zum Recht der allgemeinen Geschäftsbedingungen) verletzt werden und im Einzelfall unangemessene Bedingungen unwirksam sind (dazu s. o. § 8 Rdnr. 22 ff.).

(2) Vergütung

69   Üblich ist die Beteiligung des Musikers oder Ensembles am **Umsatz der verkauften Tonträger**. Hierbei sind folgende Definitionen für die Berechnungsgrundlagen und damit zusammenhängende Vertragsbestimmungen üblich:

Händlerabgabepreis („**HAP**"): Der Preis, zu dem ein Tonträgerexemplar vom Hersteller bzw. Vertriebsunternehmen an den Handel abgegeben wird, auf Englisch *published price per dealer* („*ppd*").

Detailpreis: Der Preis, zu dem der Endverbraucher den Tonträger erwirbt.

Netto-Detailpreis: Der vom Einzelhändler erzielte Preis ohne Mehrwertsteuer (Brutto-Detailpreis entsprechend mit Mehrwertsteuer).

Großhandelspreis: Der Preis, zu dem der Einzelhändler den Tonträger erwirbt (meist die Hälfte des Netto-Detailpreises).

(Höchster) Fabrikabgabepreis: Der Preis, zu dem der Großhändler beliefert wird, ohne Rabatte und Boni.

70   Die für Tonträgerproduktionsverträge üblichen Vergütungen betragen im Mittel ca. **zehn Prozent vom Netto- Detailpreis bzw. zwanzig Prozent vom HAP**, eine Staffelung der prozentualen Beteiligung mit Zuschlägen ab bestimmten Absatzmengen ist üblich.

71   Vertragsgestaltungen der „**Majors**" sehen ferner pauschale Reduzierungen („Bereinigungen") der Bemessungsgrundlagen vor, insbesondere um die technischen Herstellungskosten (oft 15 bis 25 % des HAP) und die Urhebergebühren vor, sowie für den Fall und die Dauer von Vertriebscampagnen (z. B. für TV-beworbene Tonträger), für Verkäufe ausländischer Lizenznehmer (ein halb bis ein Drittel). Für sog. Billigpreisangebote (mid-, low-price) wird der Beteiligungsfaktor oft nochmals vertraglich bis um die Hälfte reduziert, obwohl hier bereits durch den reduzierten Detailverkaufspreis eine proportionale Reduzierung der Erträge des Interpreten oder des Ensembles eintritt. Vergleichbares gilt für Zusammenstellungen mit Titeln anderer Interpreten („*compilations*"). Problematisch sind kumulative Reduzierungen, z. B. Abzug von Technikkosten, Urhebergebühren, Reduzierungen für Auslandslizenznehmer, low-price Verkäufe, TV-Werbung etc., welche die Bemessungsgrundlage zusammenschmelzen lassen.

72   Von den abzurechnenden Umsätzen aus Tonträgerverkäufen werden die „**Retouren**", d. h. die nicht verkauften und dem Tonträgerhersteller zurückgesandten Exemplare in Abrechnung gebracht, da üblicherweise der Einzelhandel nur die verkauften Exemplare zahlen muss, nicht verkaufte Exemplare aber retournieren darf. Häufig sieht der Produktionsvertrag die Bildung entsprechender „Retourenreserven" vor.

73   Ferner sehen derartige Verträge auch die Verwertung anderer Rechte vor, insbesondere des **Filmherstellungsrechts** (s. o. § 3 Rdnr. 138), des Werberechts sowie, mit zu-

nehmender Bedeutung, der Online-Rechte (s. § 3 Rdnr. 148 und unten Rdnr. 84). für die daraus dem Tonträgerunternehmen zufließende Erlöse werden häufig quotale Verteilungsschlüssel vereinbart.

Durch die Zahlung mit den Erlösbeteiligungen verrechenbarer, aber nicht rückzahlbarer **Vorschüsse**, stellen Künstler möglichst die Erzielung von Mindestvergütungen für jede Veröffentlichung sicher. Der Gestaltung einer mit Produktionskosten verrechenbaren Erlösbeteiligung hat die Rechtsprechung allerdings die Wirksamkeit versagt, da die Überbürdung der Produktionskosten auf den Lizenzgeber bei Übertragung exklusiver Auswertungsrechte auf den Lizenznehmer sittenwidrig sei, BGH GRUR 1989, 198 – KünstUrverträge). **74**

Der Vertrag sollte eine **Überprüfung der Abrechnung** durch einen zur Verschwiegenheit verpflichteten Dritten (z. B. Wirtschaftsprüfer) vorsehen, konkrete, mindestens halbjährliche Abrechnungstermine und -Inhalte vorsehen und – bei Verträgen mit ausländischen Produzenten – die Währung, in der zu zahlen ist, nennen. **75**

Vertraglich zu regeln sind auch der **Mindestproduktionsumfang** (Anzahl der Titel und Art und Anzahl der Tonträger sowie Mindestauflage), das späteste Veröffentlichungsdatum und die Produktionsbedingungen. **76**

Es empfiehlt sich ferner, die vorgesehenen **Werbemaßnahmen** zu klären und den Produzenten zu verpflichten, hierüber regelmäßig zu berichten. Für den Fall, dass der Produzent nicht die nötigen Werbe und Vertriebsbemühungen unternimmt, sollten sich der Interpret oder das Ensemble ein Kündigungsrecht ausbedingen. **77**

(3) Persönliche Ausschließlichkeit

Häufig wünschen die Produzenten eine **exklusive Bindung** des Interpreten oder des Ensembles über längere Zeit, um eine längerfristige Entwicklung des Künstlers zu begleiten („aufzubauen") und so über die sog. Laufzeit des Vertrages durch mehrere Veröffentlichungen die Amortisation der Kosten und die Möglichkeit zur Gewinnerzielung zu verbessern. Man spricht dann im Branchenjargon von einem „**Künstlervertrag**". Diese Verträge sehen meist mehrere optionale Verlängerungen zwecks weiterer Veröffentlichungen vor, bei entsprechenden oder für den Fall von Verkaufserfolgen verbesserten Vertragsbedingungen. Die Klauseln zur Bestimmung der Fristen sind kompliziert und bewirken im Ergebnis oft eine schwer absehbare, von künftigen Bedingungen abhängige Zeitspanne, während derer der Künstler zur aktiven Mitwirkung verpflichtet ist. Soweit die Verträge vorsehen, dass der Interpret während der Vertragsdauer keinerlei anderweitige Aufnahmen seiner Darbietungen gestatten oder durchführen darf, kann dies insbesondere bei Studio-Musikern dazu führen, dass die Grundlage für deren Lebensunterhalt verloren geht, es sei denn, der exklusiv produzierte Tonträger ist derart erfolgreich, dass das Tantiemenaufkommen für den Lebensunterhalt des Interpreten ausreicht. Dies dürfte jedoch nur selten der Fall sein. Es empfiehlt sich daher, zumindest anonyme Studio- und Ensembleaufzeichnungen für andere Tonträgerhersteller, Rundfunk- oder Fernsehsender von der Exklusivität auszunehmen. Außerdem sollte die Dauer der Exklusivitätsbindung auf höchstens drei Jahre beschränkt werden (einschließlich der Verlängerungsoptionen). Bindungen von mehr als fünf Jahren sind u. U. als Knebelungsverträge gemäß § 138 BGB sittenwidrig und nichtig. **78**

Zusätzlich wird häufig die Exklusivität auf die in dem Tonträgerproduktionsvertrag genannten Titel beschränkt (**zeitlich befristetes Wiederaufnahmeverbot** – „**Titelexklusivität**"). Hierbei wird bei Überschreitung im vertraglichen Kontext sinnvoller, zu- **79**

Reich

mutbarer Zeiträume gegen die Kunstfreiheitsgarantie verstoßen und deshalb nicht wirksam zu vereinbaren sein, Art. 3 GG, §§ 134 BGB.

80   Von der sog. „Vertragsdauer", die den Zeitraum, innerhalb dessen der Interpret oder das Ensemble zur Erbringung von Mitwirkungsleistungen gegenüber dem Produzenten verpflichtet ist, bleibt die Dauer der **Rechteübertragung** zu unterscheiden. Diese wird oft für die Dauer der gesetzlichen Schutzfrist (50 Jahre nach dem Erscheinen des Tonträgers) vereinbart. Häufig ist der Produzent mit einem Verlagsunternehmen wirtschaftlich verbunden. Dementsprechend findet sich häufig in Vertragsformularen der Produzenten eine Bedingung, wonach der Interpret, falls dieser zugleich Urheber der interpretierten Werke ist, sich verpflichtet, einem vom Produzenten bestimmten Verleger die Verlagsrechte zu übertragen. Sofern der Inhalt des Verlagsvertrages hierbei allerdings nicht näher bestimmt ist, kann der Urheber nicht zum Abschluss eines Verlagsvertrages gezwungen werden. (zur Schmälerung der Anteile an den Urhebertantiemen, da der Verleger zu einem erheblichen Anteil an den GEMA-Ausschüttungen beteiligt wird, s. § 4 Rdnr. 7). Entsprechende Verpflichtungen sollte der Interpret, der zugleich Urheber ist, nicht ohne Gegenleistung eingehen.

f) Tonträgerlizenzvertrag

(1) Bandübernahmevertrag

81   Der Tonträgerlizenzvertrag wird im Verhältnis vom Tonträgerhersteller zum Vertriebspartner oder zwischen einem Lizenzinhaber und dem weiteren Lizenznehmer vereinbart. Sinn des Vertrages ist es, die **Verbreitung von Tonaufnahmen**, die der Lizenzgeber zur Verfügung stellt, durch den Lizenznehmer zu bewirken. Dementsprechend verpflichtet sich der Lizenzgeber, bestimmte Tonaufnahmen dem Lizenznehmer zur Verfügung zu stellen. Der Lizenznehmer verpflichtet sich zur Vervielfältigung, Veröffentlichung und Verbreitung der Aufnahmen. Im Interesse des Lizenzgebers sollten das späteste Veröffentlichungsdatum, die Mindestauflage, das Label und die vorgesehenen Werbemaßnahmen innerhalb des Vertriebs- (Lizenz-) Gebietes möglichst konkret bestimmt werden. Um die Vervielfältigung und Verbreitung zu ermöglichen, bedarf es der Lizenzierung entsprechender **Leistungsschutzrechte**. Hierzu zählen die Leistungsschutzrechte der Interpreten und das Leistungsschutzrecht des Tonträgerherstellers, bei Liveaufzeichnungen auch des Veranstalters des Konzertes. Der Lizenzgeber muss diese Rechte innehaben und hierüber verfügen dürfen.

82   Der Lizenznehmer verlangt in der Regel, dass ihm eine **ausschließliche Lizenz** an den Tonaufzeichnungen eingeräumt wird. Dem kann soweit entsprochen werden wie das Vertriebs gebiet des Lizenznehmers reicht. Häufig wird auch verlangt, dass die aufgenommenen Titel innerhalb einer gewissen Frist von einigen Jahren nach Vertragsschluss nicht anderweitig von den mitwirkenden Künstlern oder dem Tonträgerhersteller aufgezeichnet und Lizenzen hieran an Dritte vergeben werden.

83   Die **Vergütung** wird entweder als einmalige Pauschal-Zahlung oder in Form einer Umsatzbeteiligung vereinbart. Mischformen sind möglich. Zu den Umsatzbeteiligungen s. o. Rdnr. 62 ff. Hinsichtlich der Abrechnung sind Stichdaten und die üblichen Auskunfts- und Kontrollpflichten zu vereinbaren. Die Dauer der Auswertungsbefugnis kann beschränkt werden. Hiervon zu unterscheiden ist eine etwaige Dauerlieferverpflichtung, die zur Folge hat, dass der Lizenzgeber auch in Zukunft zu vereinbarenden Stichtagen Tonaufnahmen bestimmten zu vereinbarenden Umfanges zur Verbreitung durch den Lizenznehmer zu liefern hat.

Reich

(2) Online-Lizenzvertrag

Die Online-Übertragung von digitalen Musik-*Files* ist als **eigenständige neue Nut-** 84 **zungsart** erlaubnispflichtig, §§ 16, 19a UrhG und nicht im Tonträgervervielfältigungsrecht mit enthalten, vgl. auch § 79 Abs. 2 Satz 1 UrhG. Die Praxis der unlizenzierten *downloads*, egal ob unter Angehörigen sog. Tauschbörsen oder durch andere illegale Anbieter ist rechtswidrig und hat bereits zu Schäden in der Musikwirtschaft mit volkswirtschaftlichen Auswirkungen geführt, da es sich nicht um einen innovationsbedingten Substitutionsvorgang handelt, sondern um Piraterie. Inzwischen ist die Branche aus der Lähmung erwacht und hat erfolgreich legale digitale Musikvertriebswege und Infrastrukturen geschaffen (*i-pod* u. a.), die derzeit stetig steigende Umsätze erwirtschaften. Eng verbunden mit dem online-Vertrieb sind **elektronische Inkassoverfahren**, ohne die eine Abrechnung der einzelnen Nutzungen nicht möglich wäre. Nur die Verwertungsgesellschaften haben entgegen anders lautender Bekenntnisse auf diesem Feld praktisch keine effizienten Strukturen schaffen können, obwohl dieses Feld dafür prädestiniert ist. So bleibt es den ausübenden Künstlern in ihren Labels und den sog. Aggregatoren überlassen, den Online Vertrieb und die Abrechnungsvorgänge zu organisieren. Auch bei der Online-Lizenz sind Exklusivität oder Nichtausschließlichkeit, Gebietsbeschränkungen, Dauer, Erlösanteile und Nebenrechte zu regeln. Die Tonträgerindustrie schlägt in Formularverträgen auch hier bereits umfangreiche Abzüge z. B. für technische Kosten vor, um die Lizenzbasis zu schmälern.

g) Musikverlagsvertrag

Der Musikverlagsvertrag entsprach eigentlich noch nie genau dem Idealtyp des Ver- 85 lagsvertrages, wie ihn das Verlagsgesetz (hierzu s. o. Rdnr. 16 ff.) beschreibt. Denn den Musikverlegern ging es nie ausschließlich um das sog. Papiergeschäft, d. h. den Druck und den Verkauf von Noten, sondern wesentlich auch um eine Verwertung der verlegten Werke zunächst durch Aufführungen, später auch auf Ton- und Bild-Tonträgern und durch Funksendungen und neuerdings per *downloading*. Heutzutage ist das Papiergeschäft auf dem Gebiet der sog. Unterhaltungsmusik nur noch insoweit relevant, als dass lediglich Hits in Noten gedruckt und verkauft werden. Im Übrigen werden keine Noten mehr gedruckt, bis auf relativ wenige Künstlerexemplare, die der Verlag Interpreten zur Verfügung stellt, die er für eine Verbreitung des Werkes gewinnen will.

Der U-Musikverlag betätigt sich heutzutage, sofern es um neue Werke geht, als **Pro-** 86 **duzent von Tonträgern und/oder Bildtonträgern** und ist mitunter mit Tonträgerproduzenten wirtschaftlich eng verbunden. Diese Produktionen werden durch Vergabe von **Lizenzen** zur Tonträger- oder Filmherstellung und/oder durch Rundfunkund Fernsehsendungen ausgewertet. Die Einnahmen des Verlages bestehen hierbei im Wesentlichen aus den von der Verwertungsgesellschaft (in Deutschland: der GEMA) gezahlten **Tantiemen**, an denen der Verleger mit etwa einem Drittel bis vierzig Prozent beteiligt ist, s. o. § 4 Rdnr. 15. Eine weitere Einnahmequelle sind die Lizenzerlöse und die Erlöse aus dem Verkauf von gedruckten Noten.

Die Beteiligung der Verleger an den für die Werknutzung mit Ausnahme des Noten- 87 drucks gezahlten **Tantiemen** wird im Urheberrechtsgesetz nirgendwo erwähnt und erscheint systemwidrig, weil die Verleger nicht selbst Werke erschaffen, sondern an der Verbreitung der Werke anderer beteiligt sind. Das Urheberrechtsgesetz hat den Verlegern auch kein Leistungsschutzrecht, wie z. B. den Tonträgerherstellern oder Veranstaltern oder Sendeunternehmen, zuerkannt. Es stellt sich daher die Frage, ob die Be-

teilung der Verleger an den Verwertungsgesellschaften und an den von Gesetzes
wegen eigentlich voll und ganz den Urhebern zustehenden Tantiemen gesetzeswidrig
ist (vgl. hierzu Dt. Pat. Amt UFITA 81, 348). Diese Frage scheinen die Urheber und
Verwertungsgesellschaften zu verneinen, die offenbar auf die geschäftliche Erfahrung
der Verleger zu Gunsten der Urheber nicht verzichten wollen. Es wird gesagt, die
Schmälerung des Urheberanteils durch den Verlagsanteil der Tantiemen sei im Ergebnis nicht gegeben, weil ein Urheber mithilfe eines Verlages einen wesentlich höheren
Verbreitungsgrad erreichen könne und dadurch höhere Einnahmen erziele als ohne die
Hilfe eines Verlegers. Es kommt auch vor, dass die Urheber wiederum an den Tantiemen beteiligt werden, die dem Verlag von der Verwertungsgesellschaft zufließen. Dies
kann geschehen durch im Verlagsvertrag vereinbarte „**Refundierung**" oder durch Beteiligung des Urhebers an dem Verlag in Gestalt einer Edition.

88   Regelmäßig lassen sich Musikverleger auch umfassende „Nebenrechte" zur Nutzung der verlegten Werke einräumen. Sofern Komponist bzw. Textdichter Rechte der
GEMA abgetreten haben, sind die entsprechenden Nebenrechteeinräumungen gegen-
standslos. Dies vorausgeschickt ist bei einem Musikverlagsvertrag insbesondere auf die
folgenden **essenziellen Regelungen** zu achten. Hauptleistungspflichten des Musikverlagsvertrages alter Art sind aufseiten des Urhebers die Verpflichtung zur Ablieferung
des Werkes und die Übertragung des grafischen Vervielfältigungsrechts (Verlagsrechts). Der Verleger verpflichtet sich, Noten zu drucken und dem Urheber eine im
Verlagsvertrag genannte Beteiligung an den Verkaufserlösen zu zahlen. Diese Hauptleistungspflicht des Verlages wird im modernen Musikverlagsvertrag häufig durch entsprechende Formulierungen (z. B. „Notendruckverzichtserklärung", bzw. „Veranstaltung einer Druckausgabe nach Ermessen des Verlegers") auf „Null" reduziert. Damit
rückt die Einräumung der Verlagsrechte seitens des Urhebers in die Nähe einer Schenkung, sofern dieser nicht darauf achtet, dass der Verleger sich vertraglich zur Propagie-
rung des Werkes entsprechend dem modernen Verlegerbild verpflichtet. Eine entsprechende Vertragsklausel sollte durch eine Berichtspflicht des Verlegers über dessen
Aktivitäten ergänzt werden. Das Rückrufsrecht des Urhebers wegen Nichtausübung
gemäß § 41 UrhG kann sonst die Interessen des Urhebers nur unzureichend schützen,
zumal die Musikverleger sich gerne Nachfristen für die Ausübung des Rückrufsrechts
bis an die Grenze des Zulässigen (s. § 3 Rdnr. 173 ff.) ausbedingen. Dies gilt insbesondere für dem Zeitgeschmack entsprechende Werke, die oft zu dem Zeitpunkt, zu dem
das Rückrufsrecht ausgeübt werden kann, keine weite Verbreitung mehr finden können. Ist das Werk allerdings einmal veröffentlicht und verbreitet worden, sind die wesentlichen Verlegerpflichten regelmäßig erfüllt.

h) Subverlagsvertrag

89   Komponist und Textdichter pflegen dem Verlag, mit dem sie direkt einen Verlagsvertrag schließen, häufig die **weltweiten Verlagsrechte** einzuräumen. Hingegen sind
die Verleger in der Regel nicht im Stande, selbst weltweit tätig zu werden. Für ausländische Vertriebsgebiete bedienen sie sich daher dort ansässiger Geschäftspartner, denen
sie die erforderlichen Rechte über Subverlagsverträge einräumen. Der **Subverleger** erhält vom Originalverleger die von diesem abgeleiteten Verlagsrechte, beschränkt auf
das Vertriebsgebiet des Subverlegers. Der Originalverleger kann dem Subverleger hierbei nicht mehr Rechte einräumen als er selbst innehat. Abhängig vom Genre werden
dem Subverleger ferner bestimmte **Bearbeitungsbefugnisse** eingeräumt, z. B. zur
Übersetzung von Liedtexten in die Landessprache, zur Anfertigung von Arrange-

ments, die dem dortigen Geschmack entgegenkommen und Ähnlichem. Die Pflichten des Subverlegers entsprechen denen des Originalverlegers (siehe Erläuterungen zum Musikverlagsvertrag oben).

Die **Einnahmen**, die der Subverleger erzielt, teilt dieser meist hälftig mit dem Origi- 90 nalverleger. Der Originalverleger seinerseits trifft meist mit den Urhebern Regelungen, die eine geringere Einnahmenbeteiligung an den Erträgen und Subverlagsrechten vorsieht. Eine Reduzierung des Urheberanteils auf unter 50 % aller Erlöse ist nach den internationalen Verträgen der Verwertungsgesellschaften nicht zulässig. Auf geringere Beteiligungen sollten sich Urheber nicht einlassen, da der Urheberanteil ohnehin dadurch zusätzlich geschmälert würde. In keinem Fall sollte der Urheber die Einräumung von Rechten seitens des Originalverlages an mehr als einen Subverlag pro Vertriebsgebiet gestatten, da sonst mittels einer geschickt konstruierten Subverlagskette der Urheber um eine angemessene Beteiligung an den Einnahmen gebracht werden könnte. Die Dauer des dem Subverlag eingeräumten Rechtes sollte begrenzt und als Folge des Zeitablaufs ein automatischer Rückfall der Rechte an den Originalverlag vereinbart werden.

4. Darstellende Kunst

a) Rechtsgrundlagen

Die **Genossenschaft Deutscher Bühnen-Angehöriger** (GDBA) und der **Deut-** 91 **sche Bühnenverein** waren die ersten, frühen Interessenvertreter von Bühnenbetrieb und Bühnenbeschäftigten. Als spätere Tarifpartner haben sie wesentliche rechtliche Grundlagen für das Bühnenrecht geschaffen. Die Arbeitsverträge der Bühnenkünstler sind heute im allgemeinen Arbeitsrecht begründet (s. § 7) und durch Arbeitsverträge (§§ 611 ff. BGB) geregelt. Neben den allgemeinen Normen des Arbeitsrechts in den §§ 611 ff BGB und den Arbeitsschutzgesetzen spielen aber die tarifvertraglich geordneten Rechtsverhältnisse eine entscheidende Rolle bei der Klärung, welche Rechte und Rechtsansprüche dem einzelnen Künstler auf und hinter der Bühne zustehen.

Am 12. Mai 1919 wurde auf Grund der Verordnung vom 23. Dezember 1918 ein **Ta-** 92 **rifvertrag** nebst **Normalvertrag** abgeschlossen. Mitte November 1919 entwickelte sich eine neue **Schiedsgerichtsordnung**, wonach alle Streitigkeiten zunächst dort und nicht vor den allgemeinen Arbeitsgerichten ausgetragen wurden. Am 19. April 1924 wurde zwischen dem Deutschen Bühnenverein und der Genossenschaft Deutscher Bühnenangehöriger mit Wirkung vom 1. Mai 1924 ein neuer Tarifvertrag mit Normalvertrag vereinbart, ebenso wurde mit **Chorsängerverband** und **Tänzerbund** ein Tarifvertrag abgeschlossen. Bestandteile der Tarifverträge waren auch entsprechende Hausordnungen (Betriebsordnungen). Die Tarifverträge wurden am 4. Oktober 1924 für allgemeinverbindlich erklärt.

Der Nationalsozialismus hob die Tarifautonomie auf, durch das **Reichskulturkam-** 93 **mergesetz** schafften sich die Nazis „legale Grundlagen" um auf die Bühnenkunst und die einzelnen Künstler einwirken zu können. Nach dem Ende des Krieges wurde das Theatergesetz vom 15. Mai 1934 wieder aufgehoben, Bühnenverein und Gewerkschaften wurden reorganisiert. Nach Auffassung der Tarifparteien war das gesamte Bühnentarifvertragsrecht aus der Weimarer Republik in Kraft geblieben (Kurz, S. 38). Während in der **ehemaligen DDR** nur ein Tarifvertrag in Kraft gesetzt wurde, in dem Entlohnung, Arbeitszeit und Ausgestaltung der Arbeitsverhältnisse geregelt wurden, gab es in der BRD eine Fülle unterschiedlichster Tarifverträge für die einzelnen Künstlergruppen und das Bühnenpersonal.

94   Im Zuge der **Wiedervereinigung** wurden im Konsens zwischen GDBA, IG Medien und Bühnenverein alle zwischen den Parteien geltenden Tarifverträge auch im „Beitrittsgebiet" mit zahlreichen Modifikationen in Kraft gesetzt. Der in der ehemaligen DDR geltende Rahmenkollektivvertrag Theater/Orchester (RVK) trat danach für die auf NV-Solo, BTT oder BTTL Beschäftigten außer Kraft.

b) Der NV Bühne

95   Am 1. Januar 2003 ist nach jahrelangen Verhandlungen der „Normalvertrag Bühne" in Kraft getreten (Nix/Tietje, TdZ 2/2003, S. 35). Mit diesem umfassenden Tarifvertrag werden die selbstständigen NV Solo und Bühnetechnikertarifverträge aufgehoben. Ebenso sind die Tarifverträge über Nichtverlängerungsmitteilungen, Urlaubstarifverträge oder der Tarifvertrag für freie Tage in den NV Bühne eingearbeitet worden. Umstritten ist die Frage, ob neben der Neuordnung des Bühnenrechts Hausordnung und Bühnenbräuche noch eine große Rolle spielen können.

(1) Anwendungsbereich

96   Ob ein **Arbeitsvertrag oder ein freies Beschäftigungsverhältnis** vorliegt (vgl. § 6), hat das Bundesarbeitsgericht in ständiger Rechtsprechung davon abhängig gemacht, ob der Arbeitnehmer in die Organisation des Unternehmens und seine Hierarchie eingebunden ist, persönlich abhängig ist oder ob er frei seine Arbeitszeit und seine Leistung bestimmen kann (BAG AP Nr. 28 und Nr. 42 zu § 611 BGB Abhängigkeit). Für die meisten, kontinuierlich Beschäftigten (vgl. unten die Abgrenzung zum Gastvertrag) im Bühnenbereich dürfte außer Zweifel stehen, dass sie Arbeitnehmer, zumindest arbeitnehmerähnliche Personen sind und in einem unselbstständigen Dienstverhältnis stehen.

97   aa) Künstlerische Mitglieder. In § 1 des NV Bühne findet sich eine exemplarische Aufzählung der **Solomitglieder** (Abs. 2), der **Bühnentechniker** (Abs. 3), der **Opernchormitglieder** (Abs. 4) und eine Abgrenzung zu **Solomitgliedern mit Gastverträgen** (Abs. 5) und **Aushilfen** (Abs. 5 letzter Satz), für die im Wesentlichen der NV Bühne keine Geltung entfalten soll. Zahlreiche Streitfälle über Puppenspieler (Bolwin/Sponer, § 1 Rdnr. 50), Konzertdramaturgen (Bezirksschiedsgericht Berlin vom 18. 5. 1999-Az. 2/99), Schauspielmusiker (BAG AP Nr. 53 zu § 611 BGB Bühnenengagementsvertrag), Pressereferenten (BVerwG ZTR 2004, 104) dürften jetzt der Geschichte angehören, da die explizite Nennung in § 1 bzw. das Tatbestandsmerkmal der „Personen in ähnlicher Stellung" (Chefdisponenten, Chef- und Solomaskenbildner, BOSchG Hamburg vom 13. 11. 1995-BOSchG 17/95; VG Kassel vom 12. 3. 2001) oder auch Theaterpädagogen (LAG Köln vom 17. 6. 1993-6 Sa 190/93) eindeutig zum künstlerischen Personal zu zählen sind. Ihre Einstellung unterliegt damit aber auch nicht mehr der Zustimmungspflicht durch die Betriebs- und Personalräte.

98   Zu den **geborenen künstlerischen Bühnentechnikern** zählen beispielsweise die Technischen Direktoren, die Leiter der Gewerke, die Tonmeister, zu den **gekorenen künstlerischen Bühnentechnikern** die Bühnenmaler, die Beleuchtungsmeister, Plastiker und Requisiteure, die durch extensive Auslegung des Begriffes Künstlerisches Personal allerdings in wesentlichen Fragen dem Mitbestimmungsbereich entzogen werden.

bb) Betrieblicher Geltungsbereich. Grundsätzlich gilt der NV-Bühne nur an 99 „Bühnen", die von öffentlichen Trägern ganz oder überwiegend rechtlich oder wirtschaftlich getragen werden. Da sich die Theaterbetriebsformen von den traditionellen (Regiebetrieb, Eigenbetrieb) immer stärker zur Privatrechtsreform der GmbH oder auch des e. V. hin entwickeln, ist der Charakter der Bühne nicht immer gleich auszumachen. So vertreten Bolwin/Sponer (NV-Bühne § 1 Rdnr. 226) die Auffassung, dass ein von einer Privatperson getragenes Theater ein Privattheater sei, wenn die Gemeinde, die mitfinanziert, unter 50% beteiligt ist. Problematisch wird es, wenn die Gemeinde aber in den Entscheidungen eine Sperrminorität hat.

(2) Der Arbeitsvertrag

§ 2 NV-Bühne enthält nunmehr **Minima**, die einzuhalten sind, wenn es zur Begrün- 100 dung des Arbeitsvertrages kommt. Er bedarf der **Schriftform** – Muster sind Bestandteil des Tarifvertrages –, er ist in der Regel ein zeitlich **befristeter Vertrag**, der zumindest die Sparte der künstlerischen Tätigkeit beschreiben muss und die Gattung oder das Kunstfach festlegen soll. Bühnentechniker müssen im Vertrag die vereinbarte wöchentliche Arbeitszeit festgeschrieben haben, Opernchormitglieder ihre Stimmgruppe und das Tanzgruppenmitglied, ob es auch zu Sololeistungen verpflichtet ist. Die zeitliche Befristung ergibt sich aus dem Interesse der Bühne an Abwechslung und Flexibilität. Damit endet der Arbeitsvertrag in der Regel nicht durch Kündigung sondern durch Fristablauf, dennoch gelten besondere Modifikationen bei der Nichtverlängerung, die häufig von Arbeitgeberseite verletzt werden (vgl. (4) aa).

Häufig kommt es vor, dass es vor, bei oder während des Abschlusses von Arbeits- 101 verträgen zu **Störungen** zwischen den Parteien kommt, da Engagements „in Aussicht gestellt werden", Stücke wieder vom Spielplan verschwinden oder Künstler abgeworben werden. Auch tritt der Fall auf, dass Intendanten, die grundsätzlich die Vollmacht zum Abschluss von Künstlerverträgen in eigener Verantwortung haben, andernfalls sie nach den allgemeinen Regeln des BGB, der §§ 177 ff. BGB als Vertreter mit Anscheinsvollmacht haften (Palandt/Heinrichs, § 179 Rdnr. 3), Sparauflagen erhalten oder von ihren Verwaltungsdirektoren dominiert werden.

So finden wir auch im Bühnenrecht **faktische Arbeitsverhältnisse**, von denen 102 man sich zwar durch einseitige, empfangsbedürftige Willenserklärungen lösen kann, die aber quasivertragliche Ansprüche für die Vergangenheit (Lohnzahlung, Urlaubsansprüche, Leistung) begründen. Zugleich kann die schuldhaft verursachende Partei eines unwirksamen Arbeitsvertrages nach den Grundsätzen von c. i. c. oder nach den §§ 311 Abs. 2 und 3 i. V. m. § 280 BGB zu **Schadenersatz** verpflichtet werden.

Als problematisch erweisen sich derzeit im Zuge von Bühnenauflösungen, Betriebs- 103 formänderungen oder Fusionen, wie mit dem **Leistungsort** oder der Betriebsnachfolge, für die es im Tarifvertrag keine Regelung gibt, umzugehen ist (Bolwin/Sponer, ausführlich in § 2 Rdnr. 95 ff.). Hat der Arbeitsvertrag zunächst einen Leistungsort genannt, wie z. B. „Städtische Bühnen N.", so ist entgegen einer alten Entscheidung des BOSchG 14/57 nicht ohne weiteres der Künstler verpflichtet, dauerhaft an zwei oder drei Orten spielen zu müssen. Zwar gilt nach § 7 Abs. 2 NV-Bühne eine nahezu uneingeschränkte Mitwirkungspflicht, auch wenn die Bühne nach Abschluss des Arbeitsvertrages andere Bühnen in Betrieb nimmt, doch kann diese Mitwirkung auch von den Tarifparteien nicht vereinbart werden, wenn sie gegen Treu und Glauben verstoßen würde, so wie es der Fall ist, wenn beispielsweise in Thüringen Bühnen einer Gesellschaft bis zu 100 km auseinander liegen.

Nix

104　　Hinsichtlich der **Zeitangabe** im Vertrag ist auf Bestimmtheit zu achten. Fehlt es beispielsweise an einem Enddatum, so liegt ein unbefristetes Arbeitsverhältnis vor (BSCHG Chemnitz 21/96; Bolwin/Sponer, § 2 Rdnr. 140).

105　　Zahlreiche Auseinandersetzungen ranken sich um die Fragen, ob und welche **Kunstgattungen** Bestandteil der Arbeitsverträge geworden sind. Es liegt im Interesse der Arbeitgeber, zunehmend den einzelnen Künstlern alle oder mehrere Gattungen in den Vertrag zu schreiben, damit sog. „Spartenübergreifende Projekte" (Tanz im Schauspiel, Sprechtheater und Musiktheater) nicht extra vergütet werden müssen. Schlager zu singen gehört nicht zum Kunstfach eines Charaktertenors, selbst wenn es der jeweiligen Stimmlage entspricht (NW BSchG 18/89 vom 13. 12. 1988). Andrerseits hat das BOSchG Frankfurt (Entscheidung vom 8. 6. 1999-7/99) den Begriff des Musiktheaters weit gefasst, indem Szene und Musik, Avantgarde und Operette, Revue und Tanz, Singspiel und Musical subsumiert werden.

106　　Mit dem NV-Bühne wurde die sog. „Anfängerzeit" für Solisten und Bühnentechniker abgeschafft. Da es keine Vergütungsgruppen oder feste Tarifgruppen gibt und der einzelne Künstler und künstlerische Bühnentechniker letztlich auf die individuellen Verhandlungen mit der Bühne angewiesen ist, war es wichtig, eine **Mindestgage** zu sichern, die in den §§ 58, 67 mit 1550 € festgeschrieben wurde. Selbstverständlich können Spielgelder vereinbart werden, in jedem Falle steht dem Solisten nach § 58 Abs. 3 für die Mitwirkung an Doppelvorstellungen (z. B. das an einem Tag zwei Mal gespielte Weihnachtsmärchen) eine „besondere angemessene Vergütung" zu. Restriktionen finden sich wiederum in § 58 Abs. 5 und in § 67 Abs. 4. Danach kann die Gage beim neu engagierten Mitglied auf 12 Monate festgeschrieben werden.

(3) Beschäftigungsanspruch

107　　Zu den wesentlichen Rechten des Bühnenkünstlers gehört der Beschäftigungsanspruch (BOSchG 25/95; Angele 1966). Dieser ergibt sich allgemein aus den §§ 611, 613, 242 BGB und speziell aus § 54 Abs. 2 NV-Bühne. Soweit der Künstler eine reale Verhandlungsmacht beim Aushandeln des Arbeitsvertrages hat, ist es sinnvoll, so konkret wie möglich den Umfang und die Art der künstlerischen Aufgabe zu vereinbaren, desto eindeutiger sind die Rechtsbeziehungen zwischen dem Künstler und der Bühne.

108　　Der **Anspruch** auf angemessene Beschäftigung ist **unabdingbar** und nicht im Wege von Parteivereinbarungen aufzuheben (BOSchG 38/36 bei Bolwin/Sponer, Rdnr. 67). Sollte ein Bühnenmitglied keinen Anspruch auf eine **Premiere** haben, so bedarf eine solche Vereinbarung der Schriftform, im Umkehrschluss, jeder Solist hat einen solchen Anspruch (BOSchG vom 19. 6. 1973-BOSchG 12/71). Geht ein Bühnenunternehmer davon aus, dass auf Grund von Besonderheiten im Spielplan der übliche Anspruch von zwei Fachrollen in zwei Premieren pro Spielzeit nicht zu leisten ist, so kann der Anspruch durch besondere Vereinbarung zwar geregelt, aber nicht dauerhaft außer Kraft gesetzt werden (BOSchG Köln vom 17. 1. 1975-BOSchG 13/74). Das BOSchG Frankfurt hat am 13. 5. 1997 (14/96) entschieden, dass im Rahmen einer Änderungs-Nichtverlängerungsmitteilung keineswegs der Anspruch auf Besetzung in einer Premiere abbedungen werden kann. Hat eine Gesangssolistin Anspruch für die Kunstgattung Spieloper und wird das Musiktheater abgeschafft, so haftet der Theaterträger für den materiellen Schaden (BOSchG vom 11. 12. 1973-BOSchG 11/73).

109　　Die Bühnenschiedsgerichte haben in der Vergangenheit auch stets den besonderen Anspruch von **Berufsanfängern** auf angemessene Beschäftigung hervorgehoben und die Bühnen an ihre Verantwortung und künstlerische Förderungspflicht erinnert

Nix

(BOSchG 4/71), wobei das BOSchG Berlin es bei Anfängern auch für ausreichend hält, wenn sie in kleineren Rollen (so der Brandner im Urfaust) besetzt sind (Beschluss vom 25. 4. 1974-16/73). Auch **ältere Bühnenmitglieder** (BOSchG vom 22. 1. 1973-13/72), insbesondere aber nichtverlängerte Solomitglieder haben einen besonderen Beschäftigungsanspruch in ihrer Fachrolle. (BOSchG vom 26. 2. 1964-3/63).

Wird durch die **Nichtbeschäftigung** oder die **unzulängliche Beschäftigung** eines **110** Bühnenkünstlers eine Minderung seines künstlerischen Marktwertes verursacht, kann er, soweit ein tatsächlicher Schaden eingetreten und nachgewiesen werden kann, **Schadenersatz** verlangen. Der Berufsschaden kann bei der Berechnung bis zu sechs Monatsgagen betragen (BAG, Urteil vom 12. 11. 1985-3AZR 576/83).

Wird vom Bühnenmitglied angenommen, dass er zur Erfüllung einer ihm zugeteil- **111** ten Aufgabe nicht verpflichtet ist, so kann er das **Schiedsgericht** anrufen. Bis zur Entscheidung hat das Mitglied die Aufgabe durchzuführen, vorbehaltlich aller Ansprüche, die ihm aus einer unberechtigten Zuteilung einer Aufgabe gegen den Unternehmer erwachsen. Die Regelung des § 54 Abs. 8 will damit den laufenden Spielbetrieb aufrechterhalten, aber dem Künstler soll der Rechtsweg offen gehalten werden.

Obwohl § 2 Abs. 4a NV-Bühne nur noch eine Sollvorschrift enthält, besteht Über- **112** einkunft, dass am **Bühnenbrauch** festgehalten wird, wonach dem Künstler zwei Fachpartien (bzw. Partien oder Rollen) in Premieren je Spielzeit zu übertragen sind. (Bolwin/Sponer, § 54 Rdnr. 80). Allerdings gibt es keinen Bühnenbrauch des Inhalts, unter Rollen nur solche zu verstehen, die in Neueinstudierungen gespielt werden (BOSchG 6. 10. 1955-BOSchG 4/55).

Ist der Theaterunternehmer dem Beschäftigungsanspruch nachgekommen, so hat er **113** auch für eine angemessene **Ansehzeit** zusorgen, die zwar nicht genau von der Rechtsprechung bestimmt ist, aber herausgebildet hat sich die Zeit von Dezember bis Anfang April (BSchG München vom 8. 12. 1966 – 8/66), will sagen, dass eine Beschäftigung eines für ein Jahr engagierten Künstlers mit einer Rolle in der Sommerspielpremiere in keine Falle ausreichend ist.

Der Beschäftigungsanspruch gilt selbstverständlich auch für die **nichtdarstellende** **114** **Bühnenmitglieder**, hier existiert jedoch kein entsprechender Bühnenbrauch. Eine alphabetische Übersicht der Rechtsprechung findet sich bei Bolwin/Sponer (§ 54 Rdnr. 96 ff.). Dabei hat sich auch hier eine Entwicklung ergeben, dass eine Beschäftigung von Dramaturgen, Spielleitern, Bühnenbildnern oder auch Regieassistenten nur angemessen ist, wenn sie wenigstens zwei Produktionen pro Spielzeit betreuen. Wird der Beschäftigungsanspruch verletzt, so steht dem Künstler ein Anspruch auf Berufsschaden zu, der nach § 287 Abs. 1 ZPO zu schätzen ist.

(4) Beendigung des Arbeitsverhältnisses

Die regelmäßige Form der Beendigung des Arbeitsverhältnisses ist im Bühnenrecht **115** nicht die Kündigung oder der Aufhebungsvertrag, sondern der durch Zeitablauf endende **befristete Arbeitsvertrag**. Damit ist das künstlerische Personal des § 1 NV-Bühne im Sinne einer Existenzabsicherung schlechter gestellt als viele Arbeitnehmer außerhalb der Bühne, aber auch innerhalb des Theaterbetriebes, zieht man Vergleiche mit den VÖD-Angestellten oder dem umfangreichen Kündigungsschutz von Orchestermitgliedern (§ TVK).

Der langjährige Bühnenbrauch, wonach den Vertragspartnern rechtzeitig vor Beendigung eines befristeten Arbeitsvertrages die Möglichkeit einzuräumen ist, ein neues Engagement aufzunehmen bzw. neue Bühnenmitglieder zu engagieren, bestand darin, dass ein für ein Jahr (Spielzeit) abgeschlossener Arbeitsvertrag um ein Jahr zu den gleichen Bedingungen verlängert wird, wenn eine Vertragspartei bis zum 31. Oktober der Spielzeit keine schriftliche Nichtverlängerungsmitteilung erhält. Dieser Brauch hat Eingang gefunden in den **Tarifvertrag über die Mitteilungspflicht** vom 23. 11. 1977 i. d. F. des TV vom 22. 1. 1991.

Im NV Bühne finden wir die Regelungen über die Beendigung des Arbeitsverhältnisses einerseits im Allgemeinen Teil unter den §§ 42 bis 46 und als Sonderregelungen in den §§ 61 (Solisten), 69 (Bühnentechniker), 83 (Chorsänger) und 96 (Tänzer). Dabei ist der TV über die Mitteilungspflicht eingearbeitet worden. Verbessert und ergänzt wurde das Anhörungsverfahren, das einer beabsichtigten Nichtverlängerung vorauszugehen hat. Positiv zu bewerten ist die Einführung einer Ladungsfrist von fünf Tagen vor einer Anhörung. Im Falle einer schriftlichen Verzichtserklärung – die unwiderruflich ist – muss keine Ladung zur Anhörung mehr erfolgen (Herdlein, Einf. S. 15).

116   aa) Kündigungen. Mag die Kündigung in der Bühnenpraxis keine große Rolle spielen, so ist sie grundsätzlich nach allgemeinem Arbeitsrecht als **außerordentliche Kündigung** (§ 626 BGB) aus wichtigem Grund möglich und auch im Tarifvertrag vorgesehen (§ 44 NV Bühne). Zu den wichtigen Gründen gehören insbesondere Tätlichkeiten, erhebliche Beleidigungen – Regisseur durch Bühnentechniker als „Schwule Sau", Intendant durch GMD als Antisemit („Paternostro-Fall") –, unsittliche Zumutungen, beharrliche Verweigerungen oder schwere Vernachlässigungen der Dienstleistungen. Die Vorschrift orientiert sich im Wesentlichen am Wortlaut des § 626 BGB. Nach § 44 Abs. 1 ist die Schriftform erforderlich, ebenso wie das Vorliegen von Tatsachen, die verifizierbar sein müssen. Die Beweislast liegt beim Kündigenden (Bolwin/Sponer, § 44 Rdnr. 91). Es gibt keine Sonderregelung bei Vorliegen der Verdachtskündigung. Die **ordentliche Kündigung** ist in § 43 normiert, sie darf erst zum Schluss eines Vertragsjahres mit einer Frist von sechs Wochen erfolgen. Ausweislich der Protokollnotizen zu Absatz 2 sind betriebsbedingte **Änderungskündigungen**, die die Umwandlung eines Vollzeitarbeitsverhältnisses in ein Teilzeitarbeitsverhältnis bezwecken, unzulässig. Im Alltag des Bühnenarbeitsrechts spielt die ordentliche Kündigung nach § 43 NV-Bühne kaum eine Rolle, allerdings nehmen betriebsbedingte Kündigungen auf Grund von Spartenabbau und Fusionen zu.

117   bb) Nichtverlängerungen von Verträgen. Der seither selbstständige Tarifvertrag über die Mitteilungspflicht ist in den NV-Bühne eingearbeitet worden. Die Bestimmungen über die Mitteilungstermine und die automatische Fortsetzung des Arbeitsverhältnisses, wenn keine Nichtverlängerungsmitteilung (NVM) ergangen ist, gelten weiter (Herdlein, S. 15). Die Bestimmungen über die Nichtverlängerung befinden sich im BT des NV-Bühne und sind unterschiedlich nach Beschäftigtengruppen geregelt (§ 42).

Die Regelung des § 61 klärt für **Solisten**, dass die Nichtverlängerungsmitteilung spätestens bis zum 31.Oktober zugegangen sein muss, bei Solisten, die über acht Jahre(Spielzeiten) im Engagement an ein und der selben Bühne sind (BOSchG Frankfurt/M vom 18. 5. 2000, – 30/99 –), muss die NVM der anderen Vertragspartei gegenüber bis zum 31. Juli der jeweils vorangegangen Spielzeit zugegangen sein. Nach Abs. 3 ist eine NVM gegenüber Solisten, die länger als fünfzehn Jahre (Spielzeiten) bei der gleichen Bühne beschäftigt sind, nicht möglich. Hier können nur sog. **Änderungsmitteilungen** ausgesprochen werden. Insofern existiert eine Rechtspflicht für den Arbeitgeber, den sozialen Schutz des Bühnenmitglieds zu gewährleisten, insbesondere dann,

Nix

wenn die Bühnenmitglieder das 55. Lebensjahr vollendet haben. Eine Sonderregelung hat der neue NV-Bühne für Solisten geschaffen, die über acht Jahre beschäftigt sind. Hier können die Vertragsparteien vereinbaren, dass bis zu vier Spielzeiten auf die 15 Jahre Anwartschaftszeit nicht angerechnet werden. Der Effekt soll darin bestehen, dass ein zeitlich begrenzter Verbleib an der Bühne möglich ist, auch wenn innerhalb dieser Zeit die 15 Jahre, die eigentlich zur Unmöglichkeit der NVM führen, vollendet sein sollten.

Das Verfahren der Anhörung vor Nichtverlängerung weist zahlreiche **Formalitäten** **118** auf, die dem Schutz des Künstlers dienen und häufig von den Bühnenleitungen verletzt werden. Die nicht ordnungsgemäße Anhörung führt zur Unwirksamkeit der NVM (seit BAG, Urteil vom 11. 3. 1982 – 2 AZR 233/81). Der Inhalt der NVM muss klar und deutlich sein und erkennen lassen, was der Arbeitgeber vorhat (BOSchG vom 18. 10. 1982-BOSchG 9/82). Dem Anzuhörenden ist auch Gelegenheit zu geben, durch schriftliche Erklärung darzutun, dass er den Spartensprecher oder ein Mitglied der Gewerkschaft bei der Anhörung als Begleiter wünscht, der ebenfalls anzuhören ist. Die Einladung zur Anhörung muss spätestens 5 Tage vor dem Termin vom Arbeitgeber erfolgen. Die Bestimmung des § 61 Abs. 4 S. 3 enthält insoweit eine Fiktion des Zugangs. Letzter Termin für Anhörung ist der 16. Oktober bzw. der 16. Juli. Einen Anhörungstermin in den Theaterferien braucht das Mitglied nicht wahrzunehmen (BOSchG vom 13. 6. 1994-BOSchG 8/94). Nach Auffassung von Bolwin/Sponer (§ 61 Rdnr. 78) können Intendanten auch die Anhörungsgespräche an untergeordnete künstlerische Mitarbeiter delegieren, wie z. B. an den Schauspieldirektor. Designierte Intendanten sind berechtigt, die Anhörungsgespräche durchzuführen und Nichtverlängerungen auszusprechen, wenn sie vom Träger der Bühne bevollmächtigt sind (BOSchG vom 22. 10. 1984-BOSchG 10/84). Das BOSchG Hamburg vertritt sogar die Auffassung, dass nicht einmal die schriftlich Vollmacht im Gespräch vorliegen muss (BOCHG 17/97).

Die Nichtverlängerungsmitteilung muss eine **künstlerische Begründung** enthalten, **119** auch das Anhörungsgespräch darf sich nicht auf formelhafte Angaben beschränken (BAG AP Nr. 19 zu § 611 BGB-Bühnenengagementsvertrag). Etwas Anderes gilt nur, wenn die Nichtverlängerung aus Anlass eines Intendantenwechsels ausgesprochen wird, dann bedarf es keiner künstlerischen Begründung, das Mitglied hat jedoch Anspruch auf **Abfindungen** nach dem § 62 NV-Bühne, je nachdem wie lange es am Hause war (Abs. 1) und im ersten Jahr ohne Engagement bleibt. Ihm stehen auch Vorschüsse und Umzugskosten (Abs. 2) zu. Für die künstlerisch tätigen Bühnentechniker, den Chor und den Tanz gelten ähnliche (§§ 69,96), teils aber auch erheblich (§ 83) abweichende Regelungen. Die Regelungen des Kündigungsschutzes (Mutterschutz, Kündigungsschutz der Personal- und Betriebsräte, BErzGG) haben bei der Nichtverlängerung keine Bedeutung, da die NVM keine Kündigung darstellt (BOSchG vom 13. 6. 1994-BOSchG 36/93). Hier ist der Gesetzgeber aufgerufen, die NVM im Mutterschutzrecht wenigstens aus sozialen Gründen gleichzustellen.

Im Rahmen der Nichtverlängerung von Verträgen spielen die Änderungsmitteilun- **120** gen eine besondere Rolle. Der Inhalt der Mitteilung bezieht sich auf die **Änderung der Arbeitsbedingungen**. Es herrscht Uneinigkeit darüber, ob bei der Änderungsmitteilung auch ein sachlicher Grund angegeben werden muss. Während das BOSchG noch am 13. 2. 1991 (BOSchG 11/91) die Auffassung vertrat, dass „... *(es) für die Wirksamkeit einer NVM in Gestalt einer Änderungsmitteilung ... keines sachlichen Grundes bedarf ...* ", hat das BAG (Urteil vom 3. 11. 1999 – 7 AZR 898/98) hierzu die Gegenauffassung vertreten.

Nix

Die Anhörungspflicht ist in **Privattheatern** aufgehoben worden (Bolwin/Sponer § 61 Rdnr. 96). Weitere Modalitäten über die Berücksichtigung der Theaterferien und die Verhinderung des Künstlers bei Arbeitsunfähigkeit finden sich in § 61 Abs. 5–6. Klagen gegen die NVM sind innerhalb einer Ausschlussfrist von vier Monaten zu erheben (§ 61 Abs. 8).

121   **Bühnenbräuche** sind von Bühnenlegenden zu unterscheiden. Sie sind rechtlich gesehen eine Tarifübung im Bereich der Bühne, sie liegt aber nur vor, wenn beide Tarifpartner sie kennen und billigen. Im Grunde ist für Bühnenbräuche nur Raum, wenn die gesetzliche Regelung und der Tarifwortlaut nicht zu einer eindeutigen Auslegung führen (Kurz, S. 169).

c) Gastspielverträge, Regievertrag, Bühnenbildvertrag

122   Der NV-Bühne enthält für Gastspielverträge nur eine Ausschlussregel. Nach § 1 Abs. 5 gilt der Tarifvertrag NV-Bühne grundsätzlich nicht für Gastverträge, ausgenommen sind nur die §§ 53 (Bühnenschiedsgerichtsbarkeit), 60 (Vermittlungsgebühr) und 98 (Ausschlussfristen). Gastspielverträge dienen der Ergänzung des ständigen Personals und zur Ausgestaltung des Spielplans mit Bühnenkünstlern. Zu unterscheiden ist zwischen **Gastspielarbeitsverträgen**, **Gastspieldienstverträgen** und **Gastspielwerkverträgen** (im Einzelnen vgl. Bolwin/Sponer, § 1 Rdnr. 164 ff.) Sofern es sich nicht um einen „versteckten Gastvertrag" handelt, endet der Gastspielvertrag durch Zeitablauf, ohne das eine NVM ausgesprochen werden muss (BOSchG 6/80, UFITA 1997, 261).

123   Zu den **wesentlichen Inhalten** eines (Schauspieler-) Gastspielvertrages gehört die Vereinbarung der Rolle, beim Regisseur die betreffende Inszenierung, beim Bühnenbildner das auszustattende Stück, beim Maskenbildner entweder die Produktion oder sogar die einzelnen Figuren (BOSchG 4/61). Außer seiner relativen Freiheit, muss der Gast vor allem über seine **Dispositionsfreiheit** verfügen können, er ist meist an anderen Häusern oder in anderen Produktionen tätig und muss daher von der Bühne eine klare Planungsgröße erhalten.

124   Der Gast ist dem Theater nur für die vertraglich festgelegte Probezeit unbeschränkt verpflichtet, danach muss er nur zu den Vorstellungen erscheinen (Kurz, S. 375). Es kann auch ein normaler NV-Bühne-Vertrag neben einem normalen Gastvertrag existieren. Zu beachten sind hier die Voraussetzungen an die anzeigepflichtigen oder genehmigungspflichtigen Nebenbeschäftigungen nach § 4 NV-Bühne. Für den Gast besteht grundsätzlich keine Residenzpflicht bei Matineen oder Werbeveranstaltungen. Dies muss gesondert vereinbart und ggf. auch vergütet werden. Der Gast muss sich, anders als der fest angestellte Künstler nicht über Vorstellungsänderungen selbst informieren. Diese Informationspflicht obliegt der Bühne. Der Vorlauf für die Festlegung der Termine, soweit sie nicht vertraglich festgeschrieben wurden, liegt bei zwei bis vier Wochen (Kurz, S. 376). Änderungen des uneingeschränkt mitgeteilten Monatsplanes sind für einen Gast nur verbindlich, wenn er zugestimmt hat.

125   In einer jüngeren Entscheidung hat das BOSchG Hamburg (4/01) vom 10. 7. 2001 in Abgrenzung eines freien Dienstverhältnisses vom Arbeitsvertrag hervorgehoben, dass … *„wenn statt der freien Tätigkeitsbestimmung die Einbindung in eine fremde Arbeitsorganisation vorliegt, die sich im Weisungsrecht des Arbeitgebers bezüglich Inhalt, Durchführung, Zeit, Dauer und Ort der Tätigkeit zeigt"* …, es sich immer um einen Gastspiel-Arbeitsvertrag handelt, unabhängig davon, wie stark die wirtschaftliche Dependenz des Beschäftigten von der Bühne ist (so auch Schaub, Arbeitsrechts-Handbuch, S. 255).

Nix

Bei Vorstellungsabsagen wegen „höherer Gewalt" (so auch Krankheit und Tod) **126**
trägt die Bühne auch dieses Betriebsrisiko. Hat der Gast den Ausfall der Vorstellung zu
vertreten, so steht ihm kein Honorar zu, ggf. ergibt sich noch ein Schadenersatzan-
spruch der Bühne. Bei Vorstellungsgarantien hat der Gast Anspruch auf Vergütung aller Vorstellungen, selbst wenn die Bühne wegen Erfolglosigkeit das Stück absetzt
(Kurz, S. 378). Gibt der Gast die Partie nicht rechtzeitig zurück, so haftet er für das
Engagement einer Ersatzkraft (BOSchG 4/63). Sagt das Theater treuwidrig andere Termine ab, so gelten die allgemeinen Regeln des Annahmeverzuges, mit der Konsequenz
des Gagenanspruches. Spielt der Gast mehr als 72 Vorstellungen, so wandelt sich der
Vertrag in ein festes, befristetes Arbeitsverhältnis, ebenso wenn der auf bestimmte Zeit
geschlossene Vertrag auch die Klausel enthält, auch andere, durchaus nur kleinere Rollen bei Bedarf zu übernehmen (BOSchG 4/61). Dem Gast steht nach dem Bundesurlaubsgesetz, aber nicht nach § 33 NV-Bühne, ein Mindesturlaubsanspruch zu. Der Anspruch kann nicht abbedungen (§ 13 BUrlG) werden. Der Urlaub kann auch an
spielfreien Tagen gewährt werden, ist aber zu vergüten (LAG Düsseldorf UFITA 1992,
293).

Zu den **Hauptpflichten** eines freien **Regievertrages** (im Gegensatz zum fest ange- **127**
stellten Regisseur) gehört es, innerhalb einer bestimmten Zeit, ein bestimmtes Stück zu
inszenieren, d. h. im Rahmen der festgelegten Proben zur Premiere zu bringen. Umstritten ist, ob dem Regisseur selbst ein **Urheberrecht** an der Inszenierung zusteht
(Kurz, S. 519 m. w. Nachw.), unter arbeitsrechtlichen Gesichtspunkten ist hier relevant,
ob die Bühnenleitung Änderungen an der Inszenierung vornehmen kann (§ 39 UrhG).
Das zur Aufführung berechtigte Theater benötigt in der Regel zur Aufführung einer
Bearbeitung (§ 37 Abs. 1 UrhG), ebenso zu Änderungen der Inszenierung die Zustimmung des Regisseurs (Kurz, S. 536). Kann allerdings der Urheberregisseur einer Änderung des Werkes nach Treu und Glauben seine Einwilligung nicht versagen, so kann
das Theater unabhängig von der tatsächlichen Zustimmung Änderungen vornehmen
(OLG Frankfurt GRUR 1976, 199).

Die Bühne hat selbst entsprechende **Mitwirkungspflichten**, um die Inszenierung zu **128**
ermöglichen. Sie hat ausreichende Probezeiten zu disponieren, ebenso genügend Büh-
nen- wie auch Orchesterproben zu planen. Fehlt es hieran, so steht dem Regisseur ein
außerordentliches Kündigungsrecht zu. Grundsätzlich unterliegt der Regisseur keinen
Weisungen zur künstlerischen Gestaltung, etwas Anderes gilt, wenn er sich mit der
Bühnenleitung auf ein Konzept festgelegt hat und dieses Vertragsbestandteil geworden
ist. Der Erfolg der Inszenierung liegt im Übrigen im Risiko der Bühne und ist allge-
meines Lebensrisiko der Kunstfreiheit. Hier können und müssen in der Regel Regisseure nur an Reputation und Bekanntheit gewinnen, während Intendanten scheitern.

Der „**Bühnenbildner**" bezeichnet nach Bolwin/Sponer (§ 1 Rdnr. 81) keinen staat- **129**
lich anerkannten Ausbildungsberuf, wenn auch die Ausbildungsmöglichkeit an Kunst-
hochschulen und Kunstakademien besteht. Der „freie Bühnenbildvertrag" kann Werkvertrag oder auch Dienstvertrag sein, die Übertragung des Urheberrechtes an der
Ausstattung gehört mittlerweile zu den Standardverträgen. Dabei sollten sich Bühnenbildner hüten, so genannten abgespeckten Versionen zuzustimmen. Diese verkommen
häufig bei Landesbühnen oder Tourneetheatern zu völlig neuen Standardlösungen.

Da Bühnenbildner oft produktionsbezogen freiberuflich beschäftigt werden, sind
an manchen Theatern Bühnenbildassistenten tätig, die als feste Angestellte des Hauses
mit den entsprechenden Kenntnissen der internen Gegebenheiten zwischen dem frei-
beruflichen Bühnenbildner und dem Theater vermitteln (DBV, Berufe am Theater
2001).

Nix

d) Kollektives Arbeitsrecht und freie Kunst

130   In den öffentlich-rechtlichen Theatern und den Privattheatern nicht minder herrscht häufig eine Diskrepanz zwischen den dem NV-Bühne unterliegenden künstlerischen Personal und dem Technischen- und Verwaltungspersonal, für die andere Tarifverträge gelten (jetzt TVÖD). Das Recht der Personalvertretung ist für öffentlich-rechtlich organisierte Bühnen in den **landesrechtlichen Personalvertretungsgesetzen** und für privatrechtlich organisierte Bühnen im **Betriebsverfassungsgesetz** geregelt. Da Theater sog. **Tendenzunternehmen** sind (BAG NJW 1982, 671 f.; NJW 1987, 2540 ff.), werden Mitbestimmungsmöglichkeiten erheblich eingeschränkt, nahezu ausgeschlossen ist die Beteiligung der Betriebs- und Personalräte beim künstlerischen Personal. Umgekehrt fühlen sich viele Künstler auch von den betrieblichen Interessenvertretungen nicht verstanden.

Der NV-Bühne verfügt über ein eigenes, wenn auch schwach ausgebildetes Repertoire an Interessenvertretungsmöglichkeiten. Nach § 6 Abs. 3 muss den Mitgliedern die Möglichkeit gegeben werden, zwei Gruppenversammlungen pro Spielzeit durchzuführen. Hier können Solisten und BTT-Mitglieder ihre Sprecher wählen. Ausgeprägter hingegen ist die Normierung von Tanz- und Chorvorstand in den §§ 48 ff. NV-Bühne. Eine schwache, eher deklaratorische Vorschrift sagt aus, dass Mitgliedern wegen ihrer Tätigkeit im Vorstand keine Nachteile erwachsen dürfen, sie ist § 8 BPersVG nachgebildet und findet sich in § 52 Abs. 1 NV-Bühne.

Interessanter und auf die Zukunft gerichtet ist die Frage, wie viel innere Demokratie eine staatlich oder privat organisierte Bühne aushält, wünscht oder gar fördert. In der Nachkriegsgeschichte des deutschen Theaters findet sich das Experiment eines Mitbestimmungsmodells am Schauspiel in Frankfurt. Anfangs unter der Intendanz von Peter Palitzsch, später in den Händen eines Direktoriums (Loschütz/Laube, War da was? Theaterarbeit und Mitbestimmung am Schauspiel Frankfurt 1971–1980), entwickelte ein ganzes Ensemble in Kunst und Technik ein umfassendes Konzept demokratischen Theaters. Diese Geschichte schien selbst den Tarifparteien zu urdemokratisch, als dass es jemals in tarifliche Gespräche Eingang gefunden hätte. Das Mitbestimmungsmodell in Frankfurt war von 1972–1980 aber die einzig große Herausforderung an Kunst, Demokratie und Arbeitsrecht.

e) Schiedsgerichtsbarkeit

131   Nach § 53 NV-Bühne sollen **alle bürgerlichen Streitigkeiten** im Sinne des § 2 ArbGG **zwischen den Arbeitsvertragsparteien** vor einer eigenen Schiedsgerichtsbarkeit verhandelt werden. Die Vorschrift geht zurück auf den Tarifvertrag über die Bühnenschiedsgerichtsbarkeit – BSCHGO – vom 1. Oktober 1948 und den TV über die Bühnenschiedsgerichtsbarkeit für Opernchöre vom 30. März 1977, letztlich ist es nur eine Verweisungsnorm. Die genannten Tarifverträge bieten im Wesentlichen die Rechtsgrundlage für die Bühnenschiedsgerichte in Berlin, Hamburg, Köln, Frankfurt a. Main, München und Chemnitz (§ 3 BschGO/GDBA, sowie § 3 BüSchG/VdO). In Frankfurt befindet sich das Bühnenoberschiedsgericht (BOSchG) für die Beschäftigten nach § 1 NV-Bühne, in Köln das Schiedsgericht und das BOSchG für Opernchöre.

132   Da die Bühnenkünstler-Tarifverträge **nicht allgemeinverbindlich** sind, gilt die Schiedsgerichtsvereinbarung nur zwischen tarifgebundenen Vertragspartnern (§ 101 Abs. 2 S. 2 ArbGG), sie kann aber auch individualarbeitsvertraglich in Schriftform vereinbart werden.

Nix

Die Schiedsgerichts-Tarifverträge sehen **zwei Instanzen** vor, die Bühnenschiedsgerichte und das Bühnenoberschiedsgericht. Vertreter der Gewerkschaften und Rechtsanwälte können als Beistände auftreten, es gibt aber keine entsprechende Anwendung des § 116 Abs. 1 ZPO, womit ein Antrag auf Prozesskostenhilfe einer „armen" Partei nicht möglich ist. Die Schiedsgerichtsbarkeit kann weder im Eilverfahren, noch im Arrestverfahren entscheiden (Kurz, S. 483). Hier liegt die alleinige Zuständigkeit bei den Arbeitsgerichten, ebenso kommt der allgemeinen Arbeitsgerichtsbarkeit die Funktion einer Art Revisionsinstanz zu. Die Regelung des § 110 ArbGG sieht vor, dass durch Klage beim zuständigen Arbeitsgericht die **Aufhebung eines Schiedsspruches** verlangt werden kann. Die Tarifparteien haben festgelegt (§ 38 BschGO/GDBA und § 37 BüSchG/VdO), dass die örtliche Zuständigkeit beim Arbeitsgericht in Köln liegt. Die Zuständigkeitsfestlegung hat der Gesetzgeber den Parteien in § 48 Abs. 2 ArbGG eingeräumt.

5. Film

a) Drehbuchvertrag

Dem Filmdrehbuchvertrag liegt der **Auftrag des Filmherstellers** zu Grunde, entwe-   **133** der auf Grundlage eines vorbestehenden literarischen Werkes oder einer Originalidee das Drehbuch für einen Film zu schaffen. Der Drehbuchvertrag hat hinsichtlich der Werkleistung **werkvertraglichen Charakter, hinsichtlich der Urheberrechte verlags- und lizenzrechtlichen.** Zu regeln sind daher Abnahme, Herstellungszeitpunkt und Folgen der verspäteten Herstellung. In der Regel behält sich der Filmhersteller die Entscheidung über die Abnahme vor, die allerdings nicht ohne nachvollziehbaren Grund verweigert werden darf, insofern gelten die Ausführungen zum Bestellvertrag über ein Kunstwerk oben Rdnr. 35 ff. entsprechend. Üblicherweise ist vorgesehen, dass der Autor dem Filmhersteller einen bestimmten Zeitraum ab Ablieferung bzw. Ablauf einer vereinbarten Überprüfungszeit für die Vornahme von Änderungen und Ergänzungen des Drehbuches zur Verfügung steht. Es sind Regelungen üblich, wonach die **Vergütung** in Teilen nach Fertigstellung des Buches, im Übrigen erst bei Abnahme des Drehbuches fällig ist. Denkbar ist auch die stufenweise Beauftragung, die allerdings regelmäßig beinhaltet, dass Rechte zur Filmherstellung und -Auswertung erst bei Abnahme des Buches übergehen und vergütet werden.

Es wird dem Interesse des Filmherstellers entsprechen, sich sehr weitgehende **Aus-** **134** **wertungsbefugnisse** einräumen zu lassen. Hier gelten die gleichen Voraussetzungen wie für den Verfilmungsvertrag (s. u. Rdnr. 138 ff.). Hierauf muss sich der Autor nicht einlassen und kann einzelne Rechte zurückhalten, z. B. das Kinoauswertungsrecht, das Wiederverfilmungsrecht, Merchandisingrechte, *Game*-Rechte. Da der Filmhersteller ein Interesse daran hat, seine Rechte erforderlichenfalls auf einen anderen Produzenten übertragen zu können, wird er sich eine weitgehende **Weiterübertragungsbefugnis** einräumen lassen. Der Filmhersteller wird auch darauf achten, dass ihm das Recht zur Umgestaltung des Drehbuches durch andere Autoren eingeräumt wird, da sich Änderungen häufig erst bei der tatsächlichen Umsetzung des Drehbuches bei den Dreharbeiten oder dem Schnitt ergeben. Da das zu den unverzichtbaren Urheberpersönlichkeitsrechten gehörende allgemeine Entstellungsverbot zu Gunsten des Filmherstellers auf gröbliche Beeinträchtigungen beschränkt ist, sollte der Autor dies zum Anlass nehmen, sich Zustimmungsrechte zu wesentlichen Änderungen vertraglich einräumen zu lassen, sonst kann es ihm passieren, dass „redaktionelle" Eingriffe Dritter in den Charakter des Werkes geschehen.

Nix/Reich

135　　Auch ohne ausdrückliche vertragliche Regelung **haftet der Autor** dafür, dass er über die übertragenen Rechte noch nicht anderweitig verfügt hat. Darüber hinaus wird der Filmhersteller sich im Einzelnen von dem Autor versichern lassen, dass dieser weder in Urheberrechte noch in Persönlichkeitsrechte anderer eingegriffen hat und dass an dem Drehbuch kein Dritter mitgearbeitet hat. Dennoch haftet der Filmhersteller gegenüber dem verletzten Dritten selbstständig, sodass er von sich aus prüfen sollte, ob in dem Drehbuch Stoffrechte Dritter berührt werden. Der Anspruch auf **Namensnennung** sollte im Interesse einer Rechtsklarheit ausdrücklich geregelt werden. Auch ohne ausdrückliche Festlegung hat der Autor ein Recht, im Vor- und Nachspann genannt zu werden, § 13 UrhG.

b) Filmregievertrag

136　　Die Beschäftigung des **Filmregisseurs** verdient eine besondere Würdigung. So ist der Filmregisseur der **Urheber des Filmwerkes** in seiner Gesamtheit. Er trägt die künstlerische Verantwortung für das Gelingen des oft sehr aufwändigen Filmvorhabens und ist weisungsbefugt gegenüber den übrigen Filmschaffenden. Mitunter werden Regisseure für besondere Aufgaben, z. B. für Aktionsszenen oder Trickdarstellungen, herangezogen.

Arbeitsrechtlich gesehen ist der Regisseur in der Regel ein **leitender Angestellter** des Filmherstellers. Die Aufgabe des Filmregisseurs besteht in der Leitung der Vorproduktion, der Dreharbeiten und der Nachproduktion bis hin zur Fertigstellung des Films. Mitunter lässt sich die Dauer der Filmproduktion wegen gewisser Unwägbarkeiten nicht im Vorhinein festlegen. Vom Regisseur wird eine entsprechende Flexibilität erwartet. So lässt sich der Beginn seiner Anstellung zwar meist noch kalendarisch festlegen, doch bleibt oft die Ungewissheit, wann genau das Filmvorhaben beendet ist. Die Vertragslaufzeit wird daher in der Regel unter der **Zweckbefristung** stehen, dass der Film fertig zu stellen ist. Während der Filmherstellung schuldet der Regisseur in der Regel seine volle Arbeitskraft. Arbeitszeitregelungen unterbleiben meist. Das **Arbeitszeitgesetz** ist auf die Tätigkeit des Filmregisseurs in der Regel nicht anzuwenden. Die **Gage** kann als Pauschale für die gesamte Vertragszeit, oder in Monats-, Wochen- oder Tagessätzen vereinbart werden. Zumindest die nicht ständig bei einem Unternehmen oder einer Rundfunk- oder Fernsehanstalt angestellten Regisseure pflegen während der Filmherstellung keinen **Urlaub** zu nehmen. Daher wird in der Regel wegen der Urlaubsansprüche eine pauschale Abgeltung fingiert. Auf Grund der besonders hohen Kosten eines Filmvorhabens (mitunter kostet ein Drehtag mehrere hunderttausend Euro), kann eine krankheitsbedingte Arbeitsverhinderung des Regisseurs Grund zur **außerordentlichen Kündigung** oder unbezahlten Aussetzung des Filmvorhabens sein. Diese Risiken lassen sich nur begrenzt durch Ausfallversicherungen decken.

137　　Als einer der **Haupturheber des Filmwerkes** genießt der Filmregisseur Schutz nach Maßgabe des Urheberrechtsgesetzes. Auf Grund der gesetzlichen Privilegierung des Filmherstellers wird jedoch im gesetzlichen Regelfall bestimmt (siehe § 89 UrhG), dass der Regisseur dem Filmhersteller im Zweifel das ausschließliche Recht einräumt, das Filmwerk auf alle bekannten Nutzungsarten zu nutzen. Die Rechteeinräumung ist dem Regisseur z. B. durch ein **Sende- und Wiederholungshonorar** zu honorieren. Regieverträge enthalten oft genau definierte Regelungen hierzu. Ein Regisseur, dessen Marktwert hoch ist, wird sich zusätzlich zu seiner Regiegage eine Erfolgsbeteiligung, z. B. eine Beteiligung an den Erträgen des Filmvorhabens, ausbedingen. Sofern nicht ausdrücklich ausgeschlossen, hat der Filmhersteller das Recht, das vom Regisseur geschaffene Filmwerk umzugestalten oder bearbeiten zu lassen. Der Filmregisseur sollte sich jedoch zur Abmilderung der etwas zu weit gehenden gesetzlichen Regelung in § 93 UrhG, die nur gröbliche Einstellungen seines Werkes verbietet, ein Zustimmungsrecht zur Änderung oder einen ausdrücklichen Schutz auch vor sonstigen Entstellungen ausbedingen. Dem Filmhersteller wird das Recht zuerkannt, die Leistungen des Regisseurs ganz oder teilweise nicht zu verwerten. Das im Kern unverzichtbare Urheberpersönlichkeitsrecht, § 13 UrhG, gibt dem Filmregisseur Anspruch auf Nennung an üblicher Stelle (Vorspann, Abspann). Wegen weiterer Einzelheiten, zu den Verträgen mit den Filmschaffenden, zum geltenden Tarifwerk und zur Rechtsprechung siehe im Einzelnen: von Hartlieb/Schwarz, Handbuch des Film-, Fernseh- und Videorechts, 94. Kapitel.

c) Verfilmungsvertrag

Filmhersteller und Fernsehanstalten greifen in großem Umfang auf bestehende literarische Stoffe wie Erzählungen, Romane, Novellen, Theaterstücke und dergleichen zurück. Die Rechte zur filmischen Bearbeitung dieser Werke und zur Nutzung des Filmwerkes müssen vom Autor oder dem aktuellen Rechtsinhaber erworben werden. Da die Verfilmung als **Bearbeitung** des vorbestehenden Werkes gilt, ist die **Einwilligung des Urhebers** bereits für die Herstellung des Films und nicht erst für die Verbreitung notwendig. Erwirbt der Filmhersteller die Lizenz nicht vom Autor selbst, sondern von einem Erben oder Dritten, wie z. B. einem Verlag, sollte er einen Nachweis der **Rechteinhaberschaft** (*chain of title*) verlangen. Da die Entwicklung eines verfilmungsreifen Drehbuches und die Finanzierung eines Filmvorhabens langwierig und oft von ungewissem Erfolg sind, sind zunächst Optionen, d. h. Angebote auf Abschluss eines Verfilmungsvertrages mit einer längeren Bindungsfrist gegen Zahlung einer Optionsvergütung üblich. Die Ausübung der Option durch den Filmhersteller erfolgt dann vor Fristablauf durch Annahmeerklärung, wodurch der Verfilmungsvertrag zu Stande kommt. **138**

Selbst wenn zwischen Urheber und Filmhersteller nichts Näheres vereinbart ist, erwirbt der Filmhersteller nach der gesetzlichen Auslegungsregel des § 88 UrhG mit der Gestattung der Verfilmung des Werkes das ausschließliche, räumlich unbegrenzte Recht, das Werk für die Herstellung des Filmwerkes zu benutzen und umfassend auszuwerten. **139**

Die **Auswertungsbefugnis** richtet sich nach dem Zweck der Vereinbarung. Liegt dem Vertrag ein für das Kino bestimmter Spielfilm zu Grunde, ist der Filmhersteller nur zur Herstellung und Verbreitung von Kopien, sowie zur Vorführung des Films im Kino berechtigt. Soll ein Fernsehspiel hergestellt werden, ist ausschließlich das Fernsehsenderecht eingeräumt. Jede weitere Nutzung, z. B. für die audiovisuelle Verwertung oder die Sendung über Pay-TV bedarf der ausdrücklichen Vereinbarung.

Sowohl für den Filmhersteller, der an einer möglichst umfassenden Auswertungsbefugnis interessiert ist, als auch für den Autor, der unter Umständen bestimmte Rechte anderweitig vergeben möchte, empfiehlt es sich daher, sowohl die zeitliche und räumliche Geltung der eingeräumten Rechte als auch den Umfang der Rechteübertragung möglichst **eingehend** zu **regeln**. In der Regel und mangels besonderer Vereinbarung wird das Recht zur Vorführung, Vervielfältigung und Verbreitung des Filmwerkes umfassend übertragen, § 88 UrhG, neue Fassung, bei Verträgen vor dem 1. 7. 2002 galt im Zweifel der Zweckübertragungsgrundsatz gem. §88 UrhG a. F. **140**

Reich

141   Die üblicherweise verwendeten Formularverträge sehen in ihren allgemeinen Bedingungen eine **Garantie des Rechtebestandes** durch den Autor vor. Dies hat zur Folge, dass er auch dann zum Schadensersatz verpflichtet ist, wenn er seine vertraglichen Verpflichtungen ohne eigenes Verschulden nicht erfüllen kann. Unter dem Gesichtspunkt der Schadensersatzpflicht hat der Autor z. B. zu beachten, dass die den Gegenstand des Verfilmungsvertrages bildenden Rechte nicht bereits zuvor an einen Dritten übertragen wurden.

142   Die **Vergütung** erfolgt meist stufenweise, unter Anrechnung einer etwaigen Optionsvergütung, z. B. mit einer Teilvergütung bei Zustandekommen des Vertrages, bei Schließung der Finanzierung und am ersten Drehtag, mit etwaigen erfolgsabhängigen Zahlungen aus der Filmauswertung.

Mitspracherechte sind üblich, allerdings erfordert die Transformation eines literarischen Werkes in ein Drehbuch und dessen Umsetzung in einen Film mannigfache Auslassungen, Änderungen und Ergänzungen, die nicht verboten werden können, ohne das Vorhaben zu vereiteln.

Zum **Nennungsrecht** s. o. Rdnr. 88.

d) Anstellungsvertrag für Filmschaffende

143   Zur Realisierung von Filmvorhaben werden die künstlerisch Mitwirkenden hieran, also insbesondere die Schauspieler, aber auch die Regieassistenten, Kameramänner oder -frauen, Lichtdesigner, Filmarchitekten, Maskenbildner und Kostümbildner, Cutterinne vorübergehend eingestellt. Während der Produktion erfolgt eine dann meist sehr intensive Einbindung in den Herstellungsbetrieb. Die Filmschaffenden unterliegen den **Weisungen des Herstellers** und des **Regisseurs**. Die **Arbeitsaufgaben** werden in der Regel durch die entsprechenden Berufsbezeichnungen und durch besondere Abmachungen definiert. Abweichend von der üblichen arbeitsrechtlichen Regel besteht **kein Beschäftigungsanspruch** des Filmschaffenden, der aber auch im Falle der Nichtbeschäftigung Anspruch auf die volle Vergütung hat. Die den Filmschaffenden in der freien Produktion abgeforderten **Arbeitszeiten** entziehen sich gewöhnlichen oder schematischen Regelungen und müssen sich den Erfordernissen der Produktion unterordnen. Eine Mindest- oder Höchstarbeitszeit wird daher vertraglich oft nicht vereinbart. Der Arbeitseinsatz muss jedoch die Grenzen, die, die Arbeitszeitordnung setzt, respektieren. Die **Vertragszeit** wird in der Regel bezogen auf das der Anstellung zugrunde liegende Filmvorhaben begrenzt. Meist ist es möglich, den Beginn der Arbeitstätigkeit kalendarisch festzulegen. Dennoch behalten sich Produktionsfirmen oft vor, Filmschaffende für zeitlich davor liegende Vorbereitungsarbeiten heranzuziehen, falls dies nötig ist. Um das Ende der Beschäftigung festzulegen, kann ein kalendarischer Termin gewählt werden, ggf. mit Verlängerungsoptionen. Auch die **Zweckbefristung** ist zulässig, erfordert allerdings eine entsprechend genaue Beschreibung des Arbeitszweckes, z. B. „für die Dauer der Dreharbeiten für die Filmproduktion (Titel)". Das Arbeitsverhältnis endet dann mit der Erfüllung der Arbeitsaufgabe im Hinblick auf das konkrete Vorhaben. Bei unbestimmter Vertragsdauer kann die Möglichkeit einer **fristgemäßen Kündigung** vereinbart werden. Sofern die Fertigstellung des Filmvorhabens mit zur Voraussetzung für eine Kündigung gemacht wird, bestehen keine Bedenken gegen kurze Kündigungsfristen (Kombination von Zweckbefristung und Kündigungsrecht). Üblicherweise treffen den Filmschaffenden auch **nachwirkende Vertragspflichten**, falls z. B. nach Beendigung der Dreharbeiten noch Nachbesserungsarbeiten oder eine Mitwirkung an der Nachproduktion erforderlich sind.

Die **Vergütung** wird oft als Gesamtpauschale oder als Wochen- oder Monatsgehalt 144 vereinbart. Gesamtpauschalvergütungen pflegen die „**Urlaubsabgeltung**" mit zu beinhalten. Dies dürfte nicht ganz unproblematisch sein (vgl. Schaub, Arbeitsrechtshandbuch, § 102 VII 1), wenn auch die Filmschaffenden oft keinen Wert darauf legen, während kürzerer Filmproduktionen Urlaub zu machen und die Erfordernisse einer Filmproduktion dies oft nicht zulassen. Man stelle sich vor, eine ohnehin meist durch einen Liefertermin unter Zeitdruck stehende Produktion müsste wegen des Urlaubs eines oder mehrerer Beteiligter unterbrochen werden. Die Vereinbarungen von Wochen oder Monatsgehältern wird daher meist mit der Vereinbarung gekoppelt, dass der Urlaub gemäß dem Bundesurlaubsgesetz durch Gewährung von arbeitsfreien Tagen nach Beendigung der für das Filmvorhaben erforderlichen Arbeiten durch Verlängerung der Anstellungszeit bei Fortzahlung der Vergütung gewährt wird. Neben der Vergütungsregelung ist an Spesen, Diäten und Reisekostenregelungen zu denken.

Für Filmschaffende gelten besondere Regelungen des **Urheberrechtsgesetzes**. Aus- 145 übende Künstler (z. B. Schauspieler), die bei der Herstellung eines Filmwerkes mitwirken oder deren Darbietung erlaubter weise zur Herstellung eines Filmwerkes benutzt wird, stehen hinsichtlich der Verwertung des Filmwerkes die **Leistungsschutzrechte nicht zu**, § 92 UrhG. Urheber, die bei der Herstellung eines Filmes mitwirken, räumen dem Filmhersteller im Zweifel das ausschließliche Recht ein, das Filmwerk auf alle bekannten Nutzungsarten zu nutzen, § 89 UrhG. Die mit den Filmschaffenden vereinbarten Verträge sehen oft noch weitergehende Nutzungsbefugnisse des Filmherstellers vor, z. B. zur Auswertung von Tonaufnahmen. Eine **Beteiligung** von ausübenden Künstlern **an den Erträgen** des Filmwerkes ist nach der gesetzlichen Regelung **nicht vorgesehen**. Lediglich Star-Schauspieler pflegen diese Regel zu durchbrechen und eine Ertragsbeteiligung (z. B. durch eine Beteiligung an den Netto-Einnahmen o. Ä. auszuhandeln. Entsprechendes gilt für die Filmurheber, z. B. den Kameramann oder die Cutterin und den Regisseur.

Hinsichtlich der Arbeitsbedingungen der Filmschaffenden ist im Übrigen auf den 146 **Manteltarifvertrag** und den **Gagentarifvertrag für Film und Fernsehschaffende** hinzuweisen, der von der IG Medien im DGB mit dem Bundesverband Deutscher Fernsehproduzenten e. V., der Arbeitsgemeinschaft Neuer Deutscher Spielfilmproduzenten e. V. und dem Verband Deutscher Spielfilmproduzenten e. V. abgeschlossen wurde, der aber nicht allgemeinverbindlich ist.

e) Filmmusikvertrag

Musik wird in vielfältiger Weise für filmische Zwecke verwendet, z. B. für Werbejin- 147 gles, Fernseh- oder Spielfilme. Hierbei richtet sich die Komposition in der Regel nach den künstlerischen Vorgaben des Filmregisseurs. Der **Filmmusikkomponist** versucht, dessen Vorstellung zu erahnen und entsprechende Musik zu schaffen, um diese dem Regisseur „anzubieten". In der Regel ist der Filmmusikkomponist an der Realisierung seiner Kompositionen intensiv beteiligt, sei es, dass er selbst die gängigen Computermusiksysteme bedient, das Orchester dirigiert oder selbst eine Interpretenrolle wahrnimmt.

Je nach Ausgestaltung des Einzelfalles vereint der Filmmusikvertrag die Regelungen 148 verschiedener Vertragstypen, z. B. des **Werkvertrages, des Dienstvertrages und des Lizenzvertrages** in sich. Der Deutsche Komponistenverband e. V. und der Verband Deutscher Filmproduzenten e. V. haben **Allgemeine Bedingungen zum Filmmusikvertrag** entworfen. Diese können Anregungen für einen Filmmusikvertrag bieten.

Durch den Filmmusikvertrag **verpflichtet** sich der Komponist, für einen vertraglich genau bestimmten Film gemäß den Anweisungen der Regie, Musikstücke zu komponieren, und ggf. selbst im Studio und oder per EDV zu realisieren oder deren Aufführung zu dirigieren. Hierbei lassen sich gewisse **Rahmenbedingungen,** etwa der zeitliche Umfang der zu schaffenden Musik und der Zeitraum, innerhalb dessen der Komponist zur Verfügung steht, konkretisieren. Qualitative Kriterien, die der Komponist Gewähr leisten muss, sind auf technische Aspekte zu beschränken. Das künstlerische Schaffen entzieht sich im Übrigen der gesetzlichen Normierung und Gewährleistung.

149   Der **Filmhersteller** muss ferner das Filmherstellungsrecht, sowie die für die konkrete filmische Nutzung erforderlichen Nutzungsrechte erwerben, z. B. die Vorführungsrechte in Filmtheatern, das Senderecht, Videorecht und sonstige Rechte. Sofern der Filmkomponist der GEMA angehört, nimmt diese das Filmherstellungsrecht und die Nutzungsrechte des Komponisten kraft des Wahrnehmungsvertrages wahr, mit der Folge, dass der Filmkomponist hierüber in dem Vertrag mit dem Filmhersteller nicht verfügen kann. Sofern der Komponist mit dem Filmhersteller einen Filmmusikvertrag schließt, der dem oben erwähnten Muster nicht nachsteht, kann er gemäß § 1 Abs. 1 (i) des GEMA-Berechtigungsvertrages die Rückübertragung der für die Filmherstellung und filmische Nutzung erforderlichen Rechte von der GEMA erbitten. Nur dann kann er selbst über die Nutzungsrechte verfügen. Für TV-Eigen- und Auftragsproduktionen nimmt die GEMA die Filmherstellungsrechte unwiderruflich wahr. Sofern der Filmmusikkomponist sich der schöpferischen oder interpretatorischen Leistungen anderer bedient, muss er dem Filmhersteller Gewähr leisten, dass er die entsprechenden Nutzungsrechte innehat und dem Filmhersteller überträgt. Dafür dienen sog. Künstlerquittungen, die umfassende Rechteeinräumungen bestätigen.

150   Das **Honorar** des Filmmusikkomponisten sollte seine Werkleistung (das kompositorische Schaffen), etwaige Dienstleistungen (z. B. bei der Interpretation und Ausführung der Filmmusikkomposition) und, falls die GEMA dem Komponisten die ihr übertragenen Rechte zurückübertragen hat, auch die Einräumung der Nutzungsrechte honorieren. Verbleiben die Rechte bei der GEMA, so trifft den Filmhersteller die Pflicht, nach den entsprechenden GEMA-Tarifen Gebühren an die GEMA zu entrichten. Die **Fälligkeit** des Vergütungsanspruchs wird in der Regel an die Fertigstellung der Filmmusik geknüpft. Die Ausbedingung eines Vorschusses und von Abschlagszahlungen ist – insbesondere bei Vorleistungen und Aufwendungen größeren Umfangs – ratsam.

Näheres zum Filmmusikvertrag und zur filmischen Nutzung von Musik, sowie zur einschlägigen Rechtsprechung siehe Reich in von Hartlieb/Schwarz, Handbuch des Film- und Fernsehrechts, 98 f.

VI. Sponsoring-Verträge

151   Die Bedeutung des Sponsoring für Kunst und Kultur (neben dem Sportsponsoring) nimmt stetig zu, ohne den Bundesländern, denen die Kulturhoheit obliegt, damit als Entschuldigung für den Rückzug aus der kulturellen Verantwortung dienen zu können. Das „richtig" durchgeführte Sponsoring ermöglicht die (Mit)Finanzierung kultureller Veranstaltungen, wobei die Geld- oder Sachbeiträge der Sponsoren bei diesen als Betriebsausgaben oder als Spenden gewinn mindernd wirken, ohne bei denjenigen Empfängern, die gemeinnützig im Sinne der Abgabenordnung sind, diesen Status zu

gefährden, also ohne dort zu versteuerndem Einkommen zu führen. Zur **steuerrecht-lichen Behandlung** des Sponsoring s. § 11, Rdnr. 120 ff. Nicht nur aus steuerrechtlichen Gründen sind Sponsoringverträge, die der Gesetzgeber trotz ihrer wirtschaftlichen Bedeutung bisher keiner gesetzlichen Regelung für würdig befunden hat, zweckmäßigerweise schriftlich zu vereinbaren.

Demgemäß sollte in der Präambel der Zweck des Sponsoring-Vertrages zusammen- **152** gefasst werden und in den weiteren Bestimmungen, neben den **Geld-, Sach-, Dienstleistungen oder Beistellungen** des Sponsors die Gegenleistung des Gesponsorten bestimmt werden, die zumeist in der Nennung des Sponsors in öffentlichen Verlautbarungen des Gesponserten (z. B. des **Logos** des Sponsors) bestehen, wobei aus steuerrechtlichen Gründen darauf zu achten ist, dass **keine „aktive" Mitwirkung** des Gesponsorten im Sinne des Sponsoringerlasses vereinbart werden sollte, s. Kapitel 5, Steuerrecht, Rdnr. 126 f. Als **Nebenleistungen** kommen freie oder ermäßigte Eintrittskarten, Aufzeichnungen der Veranstaltung u. Ä. in Betracht. Dabei ist seitens des Veranstalters darauf zu achten, dass urheberrechtliche Nutzungsrechte entsprechenden Nutzungen ermöglichen, s. o. 3. Kapitel, Urheberrecht, Rdnr. 125 ff. Je nach Interessenlage und Beitrag wird der Sponsor neben dem Wohlverhalten des Gesponserten auch **Exklusivität** verlangen, wenngleich viele Veranstaltungen auch mehrere Sponsoren erfordern und zulassen. Der **Ausschluss der Abtretbarkeit** der Ansprüche aus dem Vertrag ist regelmäßig dadurch bedingt, dass der Sponsor nicht „irgendwen" für die Aufwertung seines Images nutzen möchte. Der Vertrag wird meist eine bestimmte **Laufzeit mit Verlängerungsoptionen** haben und für den Fall, dass nur eine Veranstaltung gesponsert wird und diese ausfällt, auch einen **Ausgleich für nicht mögliche** Leistungen vorsehen. Deren Sicherstellung können auch Vertragsstrafen dienen. Zu weiteren Einzelheiten s. Weiand/Poser, Sponsoringvertrag, Beck'sche Musterverträge.

5. Kapitel: Steuer- und Sozialversicherungsrecht

§ 11 Steuerrecht

I. Einführung

1   Die Bedeutung des Steuerrechts für die Kulturberufe ist offensichtlich:
Jeder ist hiervon auf der Passivseite direkt über die Ertrags- und Objektsteuern und indirekt über die Verbrauchssteuern betroffen, allerdings darf auch die Aktivseite nicht unterschätzt werden: Die öffentlichen Kulturinstitutionen sind größtenteils durch Steuern finanziert und nur hierdurch finanzierbar, allen Forderungen nach Deckungsbeiträgen der „Nutzer" zum Trotz. Kultur ist zwar ein Wirtschaftsfaktor, aber letztlich eben doch kein bloßes Konsumgut, sondern vorrangige Aufgabe des sich als Kulturnation verstehenden Staates und als solche nur durch Steuern finanzierbar. Deshalb ist es umso bedauerlicher, wenn das Steuerrecht die Grenze zur Geheimwissenschaft längst überschritten zu haben scheint und proportional dazu die Schattenwirtschaft wächst.

2   In Zeiten zunehmender Komplexität und Widersprüchlichkeit der Steuergesetze, die auf das Fehlen einer Rechtsordnung im Sinne einer Ordnung der Steuerrechtsvorschriften schließen lässt, bietet eine Rückbesinnung auf die **Verfassung** Orientierung, zumal der Wildwuchs keinem Adressaten mehr verständlich, aber auch wegen sachlich nicht gerechtfertigter Ungleichbehandlung – Art. 3 Abs. 1 GG, wegen Benachteiligung von Familien – Art. 6 GG, wegen übermäßiger Belastung mit Abgaben – Art 14 GG, wegen der Erfindung der „unechten" Rückwirkung von Gesetzesänderungen, u. v. m. Auch mit dem **Europarecht** kollidieren unsere Steuergesetze häufiger, was zur Nichtanwendbarkeit von Gesetzen infolge von Entscheidungen des Europäischen Gerichtshofs geführt hat und weiter führen wird. Da auch „der" Bundestagsabgeordnete selber diese Gesetze weder versteht noch durchschaut, ist eine Abhilfe aus dem Parlament nicht zu erwarten. Deshalb ist dringend eine Entscheidung des Bundesverfassungsgerichts zu wünschen, die nach britischem Vorbild den Steuergesetzen ein Ablaufdatum, beispielsweise für das Jahresende 2009 beschert, um bis dahin eine echte Neuregelung zu erzwingen, die mit unserer Verfassung und dem Europarecht gleichermaßen im Einklang steht. Im Rahmen der vorliegenden kurzen Darstellung wird allerdings nur auf die für Kunst- und Kulturschaffende relevanten Grundlagen und Details eingegangen. Leider hat die Rechtssicherheit seit der Vorauflage erheblichen Schaden dadurch genommen hat, dass rückwirkende Gesetze und ständige, handstreichartige Änderungen der Rechtslage das Vertrauen in die Rechtsgrundlagen erodiert haben. Wer heute geltendes Steuerrecht zu Grunde legt, muss damit rechnen, dass schon gestern etwas anderes gegolten hat.

3   Die im Jahr 1986 veröffentlichten **Steuerpolitischen Vorschläge** des Deutschen Kulturrats sind unvermindert aktuell. Sie wurden unter der Überschrift „Für ein kulturfreundliches Steuerrecht" wie folgt eingeleitet:
„Kunst und Kultur können sich nur entwickeln, wenn die gesellschaftlichen Rahmenbedingungen dies zulassen. Diese Bedingungen reichen weit über die Kulturpolitik im engeren Sinne hinaus. Gerade die Ausgestaltung des Steuerrechts spielt in diesem

Zusammenhang eine wichtige Rolle, die jedoch in Deutschland vom Gesetzgeber und von der Verwaltung bisher nur unzureichend erkannt und genutzt worden ist."

Betrachtet man lediglich einige der Forderungen des Kulturrates:

Keine Umsatzsteuerpflicht für Künstler und Autoren, die nicht unternehmerisch tätig sind, sowie Erleichterung des Kulturaustausches durch Abbau der Einfuhrumsatzsteuern in Europa

Generell ermäßigter Steuersatz für freiberufliche Leistungen von Künstlern und Autoren

Keine Disqualifizierung künstlerischer Arbeit als steuerlich nicht wirksame „Hobby-Tätigkeit"

Begünstigung der künstlerischen und schriftstellerischen Nebentätigkeit mit Höchstgrenzen zur Vermeidung von Missbrauch im Sinne der Regelungen vor 1982

Generelle Freistellung von Kunstpreisen und Stipendien von der Einkommensteuer, wird bei einem Vergleich mit der nachstehend dargestellten gegenwärtigen Rechtslage sehr schnell deutlich, dass die Eingangsbemerkung des Kulturrates weiterhin Gültigkeit besitzt. Auch das am 22. 12. 1990 in Kraft getretene **Gesetz zur steuerlichen Förderung von Kunst, Kultur und Stiftung sowie zur Änderung steuerlicher Vorschriften** führte nicht zu einer grundlegend anderen Bewertung, da es nur in geringem Umfange oder unzureichend die oben angesprochenen Rahmenbedingungen verbessert (vgl. Thiel/Eversberg DB 1991, 118 ff.).

Der Künstler und Kulturschaffende als Steuersubjekt unterliegt hinsichtlich seiner **4** Einkünfte den Ertragssteuern, die das Einkommenssteuergesetz im Zusammenhang mit dem Außensteuergesetz und – im Zusammenspiel mit juristischen Personen – das Körperschaftsteuergesetz regeln, bei gewerblicher Tätigkeit ist auch das Gewerbesteuergesetz anzuwenden. Hinsichtlich seiner Einnahmen und Ausgaben („Umsätze") unterliegt der Künstler dem Umsatzsteuerrecht. In Fällen der Erbschaften und Schenkungen sind die Erben bzw. Beschenkten u. U. der Erbschafts- und Schenkungssteuer nach dem Erbschaftsteuergesetz ausgesetzt, wobei es zu Bewertungsfragen kommen kann. Vielfach sind Künstler im In- und Ausland tätig und werden die Ergebnisse künstlerischer Leistungen international verwertet, wobei das Außensteuerrecht relevant ist und die Frage, welcher Staat das Besteuerungsrecht hat, durch Doppelbesteuerungsabkommen zwischen den beteiligten Staaten geregelt wird.

II. Einkommensteuer

1. Einführung

Die Einkommensteuer wird – so die ursprüngliche Grundidee – nach dem Prinzip **5** der Leistungsfähigkeit abgestuft erhoben und trägt mit einem 178 Milliarden Euro im Jahre 2004 maßgeblich zur Finanzierung des Staatshaushalts bei Zur Einkommensteuer gehören die Lohnsteuer, die Kapitalertragsteuer, die Zinsabschlagsteuer und die Ausländersteuer, die an der Quelle erhoben werden, und bei unbeschränkt Steuerpflichtigen mit der später festgestellten Einkommensteuerschuld verrechnet werden, sowie der Solidaritätszuschlag. Problematisch ist die Feststellung der Gewerbesteuerpflicht in den Fällen, in denen Künstler als Gewerbetreibende eingestuft werden. Hier kommt es trotz der Anrechnung des 1,8 fachen Gewerbesteuermessbetrages auf die persönliche Einkommensteuerschuld in Gebieten mit einem Hebesatz von mehr als ca. 350 % zu erhöhten Belastungen mit Ertragssteuern im Vergleich zu nicht-gewerblich tätigen Künstlern.

Reich

2. Steuertechnik

a) Steuersubjekt

6   Steuersubjekt und damit **Steuerschuldner** der Einkommensteuer ist gem. § 1 Einkommensteuergesetz (EStG) jede **natürliche Person.** Wenn diese ihren gewöhnlichen Aufenthalt oder ihren Wohnsitz im Inland hat, ist sie in Deutschland **unbeschränkt steuerpflichtig** und muss sämtliche Einkünfte, egal, ob sie im Inland oder im Ausland bezogen wurden, grundsätzlich in Deutschland versteuern (**Welteinkommensprinzip**).

> **Beispiele:**
> 1) Der weltweit tätige Dirigent verlegt seinen Wohnsitz aus dem Ausland nach Deutschland. Er wird mit Begründung seines inländischen Wohnsitzes unbeschränkt, d. h. mit seinem Welteinkommen in Deutschland steuerpflichtig.
> 2) Der Schlagersänger U. sagt überraschend seine bereits ausverkaufte Deutschland-Tournee ab, weil durch die Tournee seine gesamte Aufenthaltsdauer im Inland mehr als 187 Tage betragen hätte und dadurch sein gewöhnlicher Aufenthalt in Deutschland begründet worden wäre, mit der Folge, dass U. in Deutschland unbeschränkt steuerpflichtig geworden wäre.

7   Dabei regeln die **Doppelbesteuerungsabkommen (DBA)** welcher Staat das Besteuerungsrecht hat. Zu den unbeschränkt Steuerpflichtigen zählen auch Personen mit deutscher Staatsangehörigkeit, die im Inland weder einen Wohnsitz noch ihren gewöhnlichen Aufenthalt haben, aber zu einer inländischen juristischen Person des öffentlichen Rechts in einem Dienstverhältnis stehen und dafür Arbeitslohn aus einer inländischen öffentlichen Kasse beziehen.

> **Beispiel:**
> Der im Ausland wohnende Journalist, der in einem Dienstverhältnis zu einer deutschen öffentlich-rechtlichen Rundfunkanstalt steht, fällt unter die deutschen Regelungen für die unbeschränkt Steuerpflichtigen.

Ansonsten ist die Staatsangehörigkeit nicht relevant.

8   Unbeschränkt einkommenssteuerpflichtig sind auch die Gesellschafter von Personengesellschaften (GbR, OHG, KG) ohne Rücksicht auf deren Staatsangehörigkeit.

> **Beispiel:**
> Eine international tätige Künstlergruppe als Personengesellschaft, bestehend aus den ihrem im jeweiligen Wohnsitzstaat unbeschränkt steuerpflichtigen Künstlern A (Deutschland), B (Großbritannien) und C (Italien), erzielt weltweit Einkünfte aus künstlerischen Darbietungen, die den Künstlern zu je einem Drittel zufließen. A muss diese vollständig in Deutschland versteuern, soweit nicht einzelne Staaten Abzugssteuern einbehalten haben und A insoweit per DBA von der Versteuerung in Deutschland freigestellt ist.

9   Natürliche Personen, die im Inland weder einen Wohnsitz noch ihren gewöhnlichen Aufenthalt haben, sind mit inländischen Einkünften im Sinne von §§ 49, 50 EStG **beschränkt einkommensteuerpflichtig,** während die von dieser Person im Ausland erzielten Einkünfte grundsätzlich der dortigen Besteuerung unterliegen.

Hat ein unbeschränkt Steuerpflichtiger **Einkünfte im Ausland** bezogen und sie dort auch versteuert, die eigentlich nach dem System des Steuerrechts der vollen Versteuerung im Inland unterliegen, z. B. Einkünfte aus Konzertauftritten einer Musikerin im Ausland, erfolgt gemäß § 34c EStG eine Anrechnung der im Ausland gezahlten Steuern, soweit keine **DBA mit dem betreffenden Staat bestehen, die vorrangig** zu berücksichtigen sind, wonach entweder die im Ausland gezahlte Steuer auf die deutsche Einkommensteuer, soweit sie ihr entspricht, angerechnet (Anrechnungsmethode) oder das ausländische Einkommen von der deutschen Steuerpflicht freigestellt wird (Freistellungsmethode) oder auf Antrag die ausländische Steuer bei der Ermittlung des Gesamtbetrages der Einkünfte abgezogen wird. Allerdings ist bei Berechnung des **Steuersatzes** das gesamte Einkommen zu berücksichtigen (**Progressionsvorbehalt,** § 32b EStG).

Beispiel:
M. erzielt im Jahr 2005 Einkünfte in Höhe 7664,– Euro in Deutschland und im Ausland weitere 20 000,– Euro, die nach DBA nicht dem deutschen Besteuerungsrecht unterliegen. Die Besteuerung der in Deutschland steuerpflichtigen Einkünfte erfolgt nach dem Steuersatz, der sich aus dem Gesamteinkommen errechnet (fiktiver Steuersatz), d. h. die in Deutschland erzielten Einkünfte werden nach dem Steuersatz für 27 664,– Euro versteuert, obwohl die in Deutschland erzielten Einkünfte für sich genommen als „steuerfreies Existenzminimum" nicht zu besteuern wären.

Steuerpflichtige sind in den Fällen der Abzugsteuern auch die **Vertragspartner** des Steuerpflichtigen, also der Arbeitgeber für den Angestellten, der Auftraggeber für den ausländischen Künstler ohne Sitz bzw. gewöhnlichen Aufenthalt im Inland, der Lizenznehmer für den Lizenzgeber aus dem Ausland, § 33 Abgabenordnung (AO).

Kapitalgesellschaften unterliegen der Körperschaftsteuer. Diese regelt in § 1 KStG 10 auch die Frage der unbeschränkten und beschränkten Steuerpflicht. Gemäß § 8 KStG sind die Vorschriften des EStG anzuwenden, wie z. B. Bewertungsvorschriften des § 6 EStG oder Afa Ermittlung etc. Die Gesellschafter einer Kapitalgesellschaft unterliegen bei Gewinnausschüttungen der Einkommensteuer.

b) Steuerobjekt und Schema zur Ermittlung der Einkommensteuer

Das EStG in den §§ 13 bis 22 unterscheidet **Gewinneinkünfte,** wozu Einkünfte aus 11 selbstständiger Arbeit und Gewerbebetrieb zählen und **Überschusseinkünfte,** die z. B. aus nichtselbstständiger Arbeit, Kapitalanlagen, Vermietung und Verpachtung erzielt werden. Der Unterschied besteht darin, dass für die Gewinnermittlung der **Betriebsvermögensvergleich** bzw. die Einnahmenüberschussrechnung nach § 4 Abs. 3 EStG zu Grunde gelegt werden. Folglich existiert ein **Betriebsvermögen,** welches bei Anschaffung zu Aufwendungen und bei Veräußerung oder Umwidmung in Privatvermögen zu Erträgen führt. Bei Ermittlung der Überschusseinkünfte, z. B. aus nichtselbstständiger Tätigkeit, sind lediglich die die Aufwendungen zur Erwerbung, Sicherung und Erhaltung der Einnahmen (**sog. Werbungskosten**) bei der Einkunftsart abzuziehen, bei der sie erwachsen sind, § 9 EStG.

Von der **Summe der Einkünfte** wird der **Altersentlastungsbetrag** (§ 24a EStG) und der **Entlastungsbetrag für Alleinerziehende** (§ 24b EStG) abgezogen. Daraus errechnet sich der **Gesamtbetrag der Einkünfte,** § 2 Abs. 3 EStG. Von diesem werden der **Verlustabzug** gem. § 10d EStG, die **Sonderausgaben,** § 10 ff. EStG (z. B. Renten und Krankenversicherungsbeiträge), und die außergewöhnlichen Belastungen, §§ 33 ff. EStG (z. B. Ehescheidungskosten) abgezogen. Der verbleibende Betrag bildet das **Einkommen im Sinne des** § 2 Abs. 4 EStG. Für das zu versteuernde Einkommen gem. § 2 Abs. 5 EStG ergibt sich die Bemessungsgrundlage für die Einkommensteuer aus dem ermittelten Einkommen, vermindert um **sonstige Abzüge** gem. §§ 31, 32 und 46 EStG. Aus der entsprechend der Bemessungsgrundlage ermittelten Einkommensteuer berechnet sich nach Abzug der Steuerermäßigungen die festzusetzende Einkommensteuer nach der mathematischen **Tarifformel** des § 32a Abs. 1 EStG, die leider nur mithilfe der EDV berechnet werden kann, weshalb die Fachverlage weiterhin Berechnungstabellen herausgeben, die allerdings nur als Anhaltspunkt dienen können.

3. Die Künstler als Steuerschuldner und ihre Einkünfte

a) Künstler als selbstständig Tätige

(1) Selbstständige Tätigkeit in Abgrenzung zur nichtselbstständigen Arbeit

12   Einkünfte aus selbstständiger Arbeit sind die Einkünfte aus **freiberuflicher Tätigkeit** (§ 18 Abs. 1 Nr. 1 EStG), z. B. die selbstständig ausgeübte künstlerische oder schriftstellerische Tätigkeit sowie die Tätigkeiten der Journalisten, Bildberichterstatter und Übersetzer. Mit einer Erweiterung des **Kataloges** in § 18 EStG auf den Beruf des Grafikdesigners, des Fotodesigners, des Restaurators und weiterer ähnlicher Berufe ist nach Maaßen, Rdnr. 377 wohl nicht zu rechnen, was oft zu Abgrenzungsproblemen führt.

      Selbstständig tätig ist, wer den **Weisungen** eines Dritten **nicht zu folgen verpflichtet** ist, und wer auf **eigene Rechnung und Gefahr** arbeitet. Derjenige, der demnach seine Arbeitskraft einem Anderen schuldet, in den Betrieb eines anderen eingegliedert ist, an Weisungen gebunden ist, geregelte Arbeits- und Urlaubszeit hat, kein Unternehmerrisiko trägt u. Ä., ist nicht selbstständig tätig (vgl. § 1 LStDV sowie Scheinselbstständigengesetz). Eine Schauspielerin, die in einem Ensemble fest engagiert ist, ist demnach nicht selbstständig tätig; ein Schriftsteller ist in der Regel selbstständig tätig (vgl. im Übrigen hierzu und zu den folgenden Ausführungen § 6).

13   Die Regelung des § 19 EStG zählt typische Einnahmequellen aus **nichtselbstständiger Arbeit** beispielhaft auf, so Gehälter, Löhne, Gratifikationen, Tantiemen sowie u. a. Ruhegelder aus früheren Dienstleistungen. Daraus geht hervor, dass, obwohl nicht ausdrücklich erwähnt, das arbeitsrechtliche **Dienstverhältnis** in diesem Zusammenhang der zentrale Begriff ist. Zur Abgrenzung der selbstständigen Tätigkeit vom Arbeitsverhältnis s. § 6. Die Finanzverwaltung hat Kriterien entwickelt, die sich auf Tätigkeiten bei u. a. Theaterunternehmen, Rundfunkanstalten, Film- und Fernsehproduzenten, Konzertunternehmen und Kapellenagenturen beziehen. Allerdings sind diese Richtlinien und Ministererlasse niemals Gesetze oder diesen ebenbürtig, sondern dienen lediglich der administrativen Übersetzung der anscheinend auch für Verwaltungsbeamte oft unverständlichen Gesetzessprache in praktische Handlungsanweisungen, die allenfalls das Verwaltungshandeln intern regeln, aber weder Steuerpflichtige noch Finanzgerichte binden.

(2) Künstlerische Tätigkeit

14   Bei selbstständigen Tätigkeiten stellt sich die Frage, ob die Tätigkeit **künstlerisch oder gewerblich** ist. In letzterem Fall ist nämlich der Betroffene als Gewerbetreibender gewerbesteuerpflichtig, mit anderen Worten, er erfährt „Strafe ohne Sünde" (Justus Fischer-Zernin in „Und wer zahlt?" S. 74.: *Dies wäre aber eine nicht hinzunehmende Einschränkung der Kunstfreiheit und anderer Grundrechte*). Die Beantwortung dieser Frage gestaltet sich im Einzelfall ausgesprochen schwierig, Das **Bundesverfassungsgericht (BVerfG)** führt dazu quasi mit Gesetzeskraft aus, *... das Wesentliche der künstlerischen Betätigung ... ist die freie schöpferische Gestaltung, in der Eindrücke, Erfahrungen, Erlebnisse des Künstlers durch das Medium einer bestimmten Formensprache zu unmittelbarer Anschauung gebracht werden* (BVerfGE 30, 173 ff. [188 f.] „Mephisto").

Reich

Der Bundesfinanzhof (BFH) versteht unter künstlerischer Tätigkeit eine „... eigen- **15** schöpferische Tätigkeit mit gewisser **Gestaltungshöhe**". In ihr müsse die individuelle Anschauungsweise und Gestaltungskraft des Künstlers zum Ausdruck kommen, sie müsse, über eine hinreichende Beherrschung der Technik hinaus, eine „künstlerische Gestaltungshöhe" erreichen (BFH BStBl. II 1981, 170 ff. [172]). Dieses Kriterium entspricht den Anforderungen an schutzfähige Werke des Urheberrechts, vgl. § 2 Abs. 2 UrhG. Seine Anwendung eröffnet den Finanzgerichten die Möglichkeit, auf entsprechende Kriterien zurückzugreifen, die von den Zivilgerichten und der Rechtswissenschaft zum Urheberrecht entwickelt wurden. Es genügt aber nur, um den künstlerischen vom nicht-künstlerischen Bereich eigenschöpferischer Tätigkeiten zu unterscheiden. Denn auch die künstlerische Darbietung ist eine künstlerische Tätigkeit, obwohl hier keine Werkschöpfung, sondern eine „Nachschöpfung", also **Interpretationsleistung** vorliegt. Auch die ausübenden Künstler sind aber zweifellos „künstlerisch" tätig. Mit ihren Darbietungen erbringen entstehen ihnen Leistungsschutzrechte gemäß den §§ 73 ff. UrhG, dies auch dann, wenn sie keinerlei „Werke" im Sinne des Urheberrechts interpretieren, sondern eine Darbietung ohne schutzfähiges Werk erbringen, der kein geschütztes Werk zu Grunde liegt. Deshalb ist zur Entscheidung der Frage, ob eine künstlerische oder eine nicht-künstlerische Tätigkeit vorliegt alternativ an das Produkt der künstlerischen Tätigkeit anzuknüpfen. Wenn in der Person eines ausübenden Künstlers durch dessen Darbietung Leistungsschutzrechte nach dem Urheberrechtsgesetz entstehen, liegt immer eine künstlerische Leistung vor, wie z. B. bei Schauspielern, die Werbetexte darbieten, bei Musikensembles gleich welchen Genres regelmäßig der Fall ist, was allerdings die Rechtsprechung teilweise anders beurteilt, s. unten, Rn. 20.

Die **Rechtsprechung der Finanzgerichte** ist weit gefasst und uneinheitlich, wie **16** Maaßen, Rdnr. 182 ff. zu Recht beanstandet hat und nimmt generell eine **Dreiteilung** vor in: **freie Kunst, Kunstgewerbe und Kunsthandwerk.** Der Begriff der freien Kunst meint dabei, dass die Arbeitsergebnisse keinen Gebrauchszweck haben, wie z. B. diejenigen der Maler, Musiker, Komponisten. Hier könne nach der Rechtsprechung von der Feststellung einer ausreichenden künstlerischen Gestaltungshöhe abgesehen werden, wenn den Werken nach allgemeiner Auffassung das Prädikat des Künstlerischen nicht abgesprochen werden kann. Dabei könne als verstärkender Umstand hinzukommen, dass die Arbeitsergebnisse einen nicht nur kleinen Käuferkreis gefunden haben, wie etwa bei Schlagern oder Bildern. Anders sei dies schon bei dem Begriff des Kunstgewerbes und Kunsthandwerks, die auch als sog. **Gebrauchskunst** bezeichnet werden, also einen praktischen Gebrauchswert haben, wie z. B. die Gebrauchsgrafik, Werbefotografie. Künstlerische Betätigung liege hier vor, wenn sie auf einer eigenschöpferischen Leistung beruhe und der Kunstwert den Gebrauchswert erheblich übersteige. Gibt der Auftraggeber allerdings bis in die Details Anweisungen, so liege keine künstlerische Tätigkeit mehr vor, weil nicht mehr genügend Raum für eine eigenschöpferische Tätigkeit gegeben sei. Im Gegensatz zur freien Kunst müsse hier die künstlerische Gestaltungshöhe im Einzelfall auf Grund besonderer Sachkunde beurteilt und festgestellt werden. Entsprechend der höchstrichterlichen Rechtsprechung werden zur Klärung von Zweifelsfällen Sachverständigengutachten von den Finanzämtern und -Gerichten herangezogen. Dazu verfügen die Oberfinanzdirektionen über **Gutachtergremien** mit ehrenamtlich tätigen Sachverständigen, deren Entscheidung oft gesetzeswidrig ohne Begründung ergehen, vgl. § 96 Abs. 7 Satz 1 AO. Unterschiedlich werden auch die Verfahren in den OFD-Bezirken gehandhabt. Eine detaillierte Übersicht über die unterschiedliche Verwaltungspraxis enthält Maaßen, a. a. O. Rdnr. 376 ff.

Reich

17   aa) Abgrenzung zur gewerblichen Tätigkeit. Einkünfte aus selbstständiger Arbeit
und Einkünfte aus Gewerbebetrieb, §§ 15 EStG, 2 GewStG schließen sich definitiv gegenseitig aus. Der Künstler, dessen Tätigkeit als künstlerische Arbeit zu qualifizieren
ist, unterliegt nicht der **Gewerbesteuer**. Er braucht dem Finanzamt keine Bilanzen
vorzulegen, sondern kann seinen Gewinn in einem vereinfachten Verfahren, der Einnahmenüberschussrechnung gem. § 4 Abs. 3 EStG ermitteln. Die gewerbliche Verwendung des Kunstwerkes ist unschädlich. So kann die künstlerische Arbeit in der Erstellung eines Entwurfes oder Planes bestehen (vgl. Giloy, Die Steuern des Künstlers,
A 2. 1. 1. 1.).

Zur Abgrenzung siehe Maaßen, hier insbesondere Anhang B (Dokumentation der
Rechtsprechung) und Anhang C (Übersicht zum Begutachtungsverfahren).

18   bb) Mischtätigkeit. Umgekehrt soll aber ein erheblicher Anteil gewerblicher Tätigkeit die freiberufliche Tätigkeit „infizieren" und die gesamte Arbeit des Betroffenen
zum „Gewerbe" machen.

Beispiel:
Der selbstständig tätige Fotograf mit künstlerischen Ambitionen erzielt einen erheblichen
Anteil seiner Umsätze in seinem Fotostudio durch Gebrauchsporträtfotos (Passbilder, Bewer-
bungsfotos), dies führt zur Gewerbesteuerpflicht insgesamt.

Insbesondere bei einer (kommerziellen) **Serienproduktion** verzahnen sich künstlerische Entwurferstellung und gewerbliche Verwendung in einem Maße, dass eine Trennung nicht mehr möglich erscheint, somit ggf. eine gewerbliche Tätigkeit anzunehmen
ist. Vielfach ist zwischen den verschiedenen Aufgabenfeldern aber auch eine klare
Trennung herzustellen, die dann steuerrechtlich beachtlich ist. Dies ist der Fall bei
Künstlerinnen und Künstlern, die z. B. Kunst- und Gebrauchsgegenstände restaurie-
ren, oder bei Schriftstellern, die ihr Buch im Selbstverlag herausgeben, also auch eine
verlegerische Tätigkeit ausüben.

19   cc) Einzelne Berufe. Den folgenden Fallbeispielen aus der Rechtsprechung und
Verwaltungspraxis liegen reale Fälle zu Grunde, bei denen die Verneinung der Künstlereigenschaft nach teils aufwändigen Prozessen festgestellt wurde, mit der Folge, dass
die Betroffenen zur Gewerbesteuer herangezogen wurden, was wiederum erheblichen
Mehraufwand bei der Buchführung, beim Jahresabschluss, bei der Veranlagung und
schließlich mitunter auch zu höheren Steuerbelastungen geführt hat, als bei vergleichbar tätigen selbstständigen Künstlern, wobei der Erhebung der Gewerbesteuer eine
höchst aufwändige Verwaltungstätigkeit vorausgeht. Der Nutzen der Gewerbesteuer
für den Fiskus ist nach Saldierung des Aufwands gering, der volkswirtschaftliche
Nachteil durch Bindung von Kräften erheblich, nach Meinung der fünf Wirtschafts-
weisen vereint deshalb diese (ursprünglich von den Nazis im Dritten Reich einge-
führte) Steuer alle schlechten Eigenschaften, die Steuern überhaupt aufweisen können
(zitiert nach Fischer-Zernin S. 79), ihre Wirtschafts- und Kulturfeindlichkeit ist deshalb nicht noch gesondert nachzuweisen.

20   **Einzelfälle** (Ja bedeutet „künstlerisch tätig, Nein bedeutet gewerblich tätig):

- **Artisten:** Nein.
- **Schauspielerinnen** und **Schauspieler:** grundsätzlich Ja
- **Regisseure:** Ja
- **Sprecherin** von Werbetexten: Nein (BFH BStBl. III 1962, 385)

Reich

- **Ballett-Tänzer und Pantomimen:** Ja
- **Turniertänzer und Eiskunstläufer, Mannequins und Berufsfotomodelle:** Nein
- **Designer:** Ja nur, wenn das Werk nicht lediglich das Produkt einer handwerksmäßig erlernten oder erlernbaren Tätigkeit darstellt, sondern darüber hinaus auch etwas Eigenschöpferisches enthält und eine gewisse künstlerische Gestaltungshöhe erreicht. So ist die Arbeit des **Foto-Designers** nach ständiger Rechtsprechung des Bundesfinanzhofes grundsätzlich keine künstlerische Tätigkeit, sondern ein Gewerbe. Nur, wo die Fotografie über die Wiedergabe der Wirklichkeit hinausgeht – etwa bei eigenschöpferischer Motivgestaltung oder Nutzbarmachung der fotografischen Technik zum Zweck einer eigenschöpferischen Bildaussage – kommt eine Bewertung als künstlerische Betätigung in Betracht (BFH BStBl. II 1977; 474 ff. [476]).
- **Grafik- und Industrial-Designer:** Ja, wobei weder ein abgeschlossenes Hochschulstudium in einem künstlerischen Fach noch die Zugehörigkeit zu einem Künstlerverband ausreichen. Entscheidend ist, ob diese Befähigung beruflich auch in künstlerische Leistungen umgesetzt wird. Wo Finanzbehörden Zweifel hegen, erfolgen Prüfungen durch Gutachterausschüsse, die bei fast allen Oberfinanzdirektionen eingerichtet sind.
- **Film-** oder **Fernsehkameramann:** Ja (BFH BStBl. II 1974, 383 ff. [385])
- **Filmproduzent:** Ja, nur „*... wenn er an allen Tätigkeiten, die für den einzelnen Film bestimmend sind (z. B. Drehbuch, Regie, Kameraführung, Schnitt, Vertonung), selbst mitwirkt und dabei den entscheidenden Einfluss auf die Gestaltung des Films ausübt.*" (BFH BStBl. II 1981, 170 ff. [172]).
- **Künstleragenten:** Nein, wenn sie, wie in der Regel, wie ein Makler tätig sind daher keine künstlerische Tätigkeit ausübend.
- **Musikschaffende:** Ja oder nein, je nachdem, ob es sich um die Tätigkeit einer Komponistin, eines Arrangeurs bzw. Bearbeiters einerseits oder um die Tätigkeit eines Solisten, einer Konzertmeisterin oder Ensemblemusikerin handelt, wozu von der Rechtsprechung unterschiedliche Kriterien angewendet werden. Komposition ist grundsätzlich als künstlerische Tätigkeit anzusehen. Bei der Beurteilung eines Ensembles im Ganzen kommt es darauf an, wie der Vortrag und das Niveau insgesamt zu bewerten sind. Dabei spielen Präzision im Zusammenspiel, spezifische Artikulationen, Fantasie und Prägnanz bei der Darbietung improvisierter Teile, und eigene Arrangements eine große Rolle (BFH BStBl. II 1983, 7 ff. [9]).
- **Tontechniker:** Ja, wenn seine Aufgabe darin besteht, aus den Darbietungen der einzelnen Musiker ein bestimmtes Gesamtklangbild herzustellen (Nieland, in Littmann/Bitz/Meincke, § 18 Rdnr. 100).

(3) Schriftstellerische Tätigkeit

Nach der Definition durch die Rechtsprechung liegt eine **schriftstellerische Tätig- 21 keit** vor, wenn eigene Gedanken mit den Mitteln der Sprache schriftlich für die Öffentlichkeit niedergelegt werden (BFH BStBl. III 1958, 316). Anders als bei der künstlerischen Tätigkeit soll es hier nicht auf eine bestimmte Qualität der Darlegungen ankommen. Schriftstellerisch tätig ist allerdings nicht, wer ein Gutachten für einen Auftraggeber erstellt. Unter den Begriff der Schriftstellerinnen und Schriftsteller fallen auch die Übersetzer von Texten der Weltliteratur (BFH BStBl. II 1976, 192 f. [193]), nicht dagegen die Übersetzer von Werbefilmbüchern (BFH BStBl. II 1971, 703 f. [704]). Anders ist dies bei Werbetextern, die Firmenzeitschriften und Informations-

broschüren textlich gestalten (FG Nürnberg EFG 1980, 599; Nieland, in Littmann/
Bitz/Meincke, § 18 Rdnr. 108).

(4) Abgrenzung zur „Liebhaberei"

22   Einkünfte beruhen nach der Struktur des Steuerrechts auf Handlungen, welche die
Erzielung von Einkünften bezwecken, d. h. in objektiver Hinsicht auf einer Beteiligung am wirtschaftlichen Verkehr (sie ist nicht gegeben bei Erbschaften und Schenkungen – hier greifen Erbschafts- und Schenkungssteuer ein) und subjektiv in der Absicht, während der Erwerbstätigkeit einen Überschuss der Bezüge über die
Aufwendungen zu erzielen, also in der Einkünfte-Erzielungsabsicht (BFH BStBl. II
1984, 751 ff. [765]). Davon abzugrenzen ist die Liebhaberei, die eine **Beschäftigung
ohne Einkünfte-Erzielungsabsicht** ist, d. h. die aus im privaten Bereich liegenden
Gründen betrieben und nicht besteuert wird, mit der Folge, dass Verluste auch nicht
verrechnet werden können.

> **Beispiel:**
> Eine Künstlerin schafft neben ihrer hauptberuflichen Tätigkeit als angestellte Werbegrafikerin
> aufwändige Plastiken, die sie in Ausstellungen mit Katalogen anbietet, verkauft aber davon nur
> wenig, jedenfalls verbleibt auch nach Jahren kein Gewinn nach Saldierung von Aufwand für die
> Herstellung der Werke und der Kataloge von den mageren Erträgen.

23   Für die Beurteilung, ob eine Gewinnerzielungsabsicht vorliegt, kommt es zunächst
darauf an, welchen **Plan** der Steuerpflichtige für die gesamte Dauer der Erwerbstätigkeit verfolgt (im Laufe seines Arbeitslebens). Bei der künstlerischen Tätigkeit ist die
Abgrenzung besonders schwierig, weil ein Gewinn häufig erst nach längerer Anlauf-
phase erzielt wird, wenn überhaupt, und weil die nachhaltige Tätigkeit mit Gewinnerzielungsabsicht mitunter niemals zu Gewinnen führt, weil der Künstler erfolglos
bleibt. Für die Finanzverwaltung ist es häufig auch schwer nachvollziehbar bzw. beweisbar, ob diese Gewinnerzielungsabsicht vorliegt. Deshalb stellt diese gerne auf äußere Merkmale ab und prüft, ob ein **Totalüberschuss** der Erwerbsbezüge über die
Erwerbsaufwendungen „zu erwarten" ist. Wird dies nach Auffassung der Finanzverwaltung verneint, stellen Verluste in diesem Bereich keine negativen Einkünfte dar, mit
der Folge, dass sie steuerrechtlich nicht beachtet werden können (und bei Einkom-
mensteuerbescheiden, die unter dem Vorbehalt der Nachprüfung ergangen sind, dies
auch rückwirkend gilt). Gerade im Bereich der Kunst wird diese Vorgehensweise zum
Teil heftig kritisiert, denn nach dieser Beurteilung hätte z. B. van Gogh, der zu Lebzeiten nur ein einziges seiner Bilder verkaufte, Liebhaberei im steuerrechtlichen Sinne betrieben. Nach Auffassung der Oberfinanzdirektion Köln (FR 1984, 561) ist das erkennbare Bemühen des Künstlers, nicht notwendige Kosten zu vermeiden, ein Indiz
für Gewinnerzielungsabsicht. Der Bundesfinanzhof hat immerhin anerkannt, dass bei
künstlerischer Tätigkeit positive Einkünfte mitunter erst nach längerer Anlaufzeit –
acht bis zehn Jahre – erzielt werden (BFH BStBl. II 1985, 515 ff. [517]). Grundsätzlich
aber verbleibt das Risiko, dass der wirtschaftlich erfolglose Künstler aller möglichen
Schöpfungshöhe seiner Werke zum Trotz als Hobbykünstler im Sinne des Einkom-
menssteuerrechts behandelt wird, während z. B. der erfolgreiche Komponist der „kleinen Münze" als Selbstständiger anerkannt wird und seinen Aufwand vom Ertrag abziehen kann.

(5) Steuerfreie Einnahmen

Von den Einkünften müssen zunächst die steuerfreien Einnahmen abgegrenzt wer- **24** den. Die Bestimmung des § 3 EStG enthält einen ganzen Katalog steuerfreier Einnahmen. Hierunter fallen:

- Leistungen aus einer **Krankenversicherung** und aus der **gesetzlichen**
- **Unfallversicherung**, § 3 Nr. 1a EStG
- **Sachleistungen und Kinderzuschüsse** aus den gesetzlichen Rentenversicherungen, § 3 Nr. 1b EStG
- **Mutterschaftsgeld** nach dem Mutterschutzgesetz, § 3 Nr. 1d EStG
- **Arbeitslosengeld, Arbeitslosenhilfe**, § 3 Nr. 2 u. 2a EStG.
- **Bezüge aus öffentlichen Mitteln oder Mitteln einer öffentlichen Stiftung,** die wegen Hilfsbedürftigkeit oder als Beihilfe zu dem Zweck bewilligt werden, die Erziehung oder Ausbildung, die Wissenschaft oder Kunst unmittelbar zu fördern. Hierbei ist Voraussetzung, dass der Empfänger nicht zu einer bestimmten wissenschaftlichen oder künstlerischen Gegenleistung oder zu einer Arbeitnehmertätigkeit verpflichtet wird, § 3 Nr. 11 EStG. Neben der Steuerfreiheit von z. B. BAföG werden hier Bezüge von der Steuerpflicht befreit, wenn sie unmittelbar dem Zweck dienen, zu dessen Förderung sie bestimmt sind, d. h. der Aufwand an Büchern, Reisekosten, Bezahlung von Hilfsmitteln, die geeignet sind, die Kunst oder Wissenschaft unmittelbar zu fördern. Nicht darunter fallen Bezüge zur Deckung des Lebensunterhalts des Empfängers. Als solche gelten Preise aus öffentlichen Mitteln, die für Kulturfilme gewährt werden (nicht bei Preisen für Spielfilme (!), (OFD Frankfurt v. 29. 3. 84 StEK, EStG, § 3 Nr. 353). Auch Prämien, die der Bund dem Besitzer eines Filmtheaters für ein gutes Filmprogramm gewährt, sind nicht steuerfrei, weil sie der Förderung der Kunst nicht unmittelbar dienen (BFH BStBl. II 1975, 378 f. [379]).
- (**Nur noch bis zum Veranlagungszeitraum 2005,** ab VZ 2006 nicht mehr): **Abfindungen** wegen einer vom Arbeitgeber veranlassten oder gerichtlich verfügten Auflösung des Dienstverhältnisses (höchstens 7200 Euro; bei Arbeitnehmern, die über 50 Jahre alt sind und das Dienstverhältnis mindestens 15 Jahre bestanden hat, bis 9000 Euro; bei solchen, die über 55 Jahre alt sind und bei denen das Dienstverhältnis mindestens 20 Jahre bestanden hat, bis 11 000 Euro), § 3 Nr. 9 EStG
- aus öffentlichen Kassen gezahlte **Reisekostenvergütungen, Umzugskostenvergütungen und Trennungsgelder**, § 3 Nr. 13 EStG (für Verpflegungsmehraufwendungsvergütungen siehe § 9 Abs. 4 EStG)
- Leistungen auf Grund des **Bundeskindergeldgesetzes**, § 3 Nr. 24 EStG
- in Höhe von 1848 Euro Aufwandsentschädigungen für **nebenberufliche künstlerische Tätigkeiten**, die im Dienst oder Auftrag einer inländischen juristischen Person des öffentlichen Rechts oder gemeinnützigen Vereinigungen im Sinne von § 5 Abs. 1 und 9 KStG ausgeübt werden, § 3 Nr. 26 EStG. (Beispiel: Honorar einer Opernsängerin, die nebenberuflich bei der kulturellen Veranstaltung eines gemeinnützigen Vereins auftritt (Thiel/Eversberg DB 1991, 118, 120)
- Ehrensold für Künstler sowie Zuwendungen aus Mitteln der Deutschen **Künstlerhilfe**, wenn es sich um Bezüge aus öffentlichen Mitteln handelt, die wegen der Bedürftigkeit des Künstlers gezahlt werden, § 3 Nr. 43 EStG
- **Stipendien**, die unmittelbar aus öffentlichen Mitteln oder von zwischenstaatlichen oder überstaatlichen Einrichtungen, denen die Bundesrepublik Deutschland als Mitglied angehört, zur Förderung der künstlerischen Ausbildung oder Fortbildung gewährt werden (oder von Körperschaften, Personenvereinigungen und Vermö-

gensmassen, die ausschließlich und unmittelbar gemeinnützigen, mildtätigen oder kirchlichen Zwecken dienen). Voraussetzung hierfür ist, dass die Stipendien den für die Bestreitung des Lebensunterhalts und die Deckung des Ausbildungsbedarfs erforderlichen Betrag nicht übersteigen und nach den vom Geber erlassenen Richtlinien vergeben werden. Des Weiteren darf der Empfänger im Zusammenhang mit dem Stipendium nicht zu einer bestimmten wissenschaftlichen oder künstlerischen Gegenleistung oder zu einer Arbeitnehmertätigkeit verpflichtet werden und der Abschluss der Berufsausbildung des Empfängers im Zeitpunkt der erstmaligen Gewährung eines solchen Stipendiums darf nicht länger als 10 Jahre zurückliegen, § 3 Nr. 44 EStG. Anders als bei § 3 Nr. 11 EStG wird hier die Förderung des Lebensbedarfes ausdrücklich anerkannt

- die Beträge, die die **Künstlersozialkasse** zu Gunsten des nach dem Künstlersozialversicherungsgesetz Versicherten aus dem Aufkommen von Künstlersozialabgabe und Bundeszuschuss an einen Träger der Sozialversicherung oder an den Versicherten zahlt, § 3 Nr. 57 EStG
- **Wohngeld** nach dem Wohngeldgesetz: und sonstige Leistungen zur Senkung der Miete, § 3 Nr. 58 EStG
- Ausgaben des Arbeitgebers für die **Zukunftssicherung** des Arbeitnehmers, soweit sie auf Grund gesetzlicher Verpflichtung geleistet werden, § 3 Nr. 62 EStG
- **Erziehungsgeld**, § 3 Nr. 67 EStG
- Beiträge des Arbeitgebers aus dem ersten Dienstverhältnis an einen **Pensionsfonds**, eine Pensionskasse oder für eine Direktversicherung zum Aufbau einer kapitalgedeckten betrieblichen Altersversorgung unter bestimmten Voraussetzungen, s. § 3 Nr. 63 EStG.

Nicht zu den zu versteuernden Einnahmen gehören auch **Schadensersatzleistungen** z. B. zum Ausgleich für Verletzungen des Urheberrechts, oder Beschädigung eines Gegenstandes, nicht aber „Entschädigungen, die gewährt worden sind als Ersatz für entgangene oder entgehende Einnahmen oder für die Aufgabe oder Nichtausübung einer Tätigkeit, für die Aufgabe einer Gewinnbeteiligung oder einer Anwartschaft auf eine solche", diese unterliegen der Einkommenssteuer, §§ 24, 2 Abs. 1 EStG.

(6) Einkünfteermittlung

25   Bei der selbstständigen Tätigkeit sind die Einkünfte der Gewinn, § 2 Abs. 2 Nr. 1 EStG. Gem. § 4 Abs. 1 EStG ist der Gewinn der Unterschiedsbetrag zwischen dem Betriebsvermögen am Ende des Jahres und dem des vorigen Jahres, abzüglich der Einlagen und vermehrt um die Entnahmen (sog. **Betriebsvermögensvergleich**). Dieser setzt jedoch eine ordnungsgemäße Buchführung nach den dafür geltenden Grundsätzen voraus, zu der die steuerpflichtigen Künstlerinnen und Künstler, die Einkünfte aus selbstständiger Tätigkeit erzielen, in der Regel nicht verpflichtet sind; dennoch sind Aufzeichnungen über Einnahmen und Ausgaben erforderlich, um eine Schätzung bei der Veranlagung zur Einkommensteuer zu vermeiden. Für diese Einkunftsart ist die vereinfachte Gewinnermittlung gem. § 4 Abs. 3 EStG zulässig. Danach ermittelt sich der Gewinn aus dem **Überschuss der Betriebseinnahmen über die Betriebsausgaben**.

26   aa) Betriebseinnahmen. aaa) Der Begriff der Betriebseinnahmen. Betriebseinnahmen sind betrieblich **veranlasste Zuflüsse von Wirtschaftsgütern**, §, 8 Abs. 1 EStG,

Umkehrschluss aus § 4 Abs. 4 EStG. Darunter sind zunächst **Geldzuwendungen** in Form von laufenden Einnahmen und Vorschüssen zu verstehen. Einnahmen sind demnach also z. B. Honorare, Vorschüsse für Manuskriptarbeiten oder Plattenaufnahmen u. ä. Keine Betriebseinnahmen sind sog. durchlaufende Posten, bei denen der Steuerpflichtige im Namen und für Rechnung eines anderen Gelder vereinnahmt und verausgabt, sein eigenes Vermögen also nicht betroffen wird. Weiter zählen zu den Betriebseinnahmen sonstige Zuwendungen in Geldeswert wie Sachzuwendungen als Gegenleistung für betriebliche Leistungen.

Beispiel:
Ein Künstler erhält an Stelle eines Honorars für seinen Auftritt ein Sachgeschenk.

Nicht darunter fallen Leistungen eines Dritten, die dieser dem Steuerpflichtigen unentgeltlich zuführt, so ein Gedicht, das einem Künstler geschenkt wird. Bei einem Verzicht einer Künstlerin oder eines Künstlers auf Einnahmen gilt: Wird der Künstler von vorn herein unentgeltlich tätig, so liegt hierin keine Betriebseinnahme. **Verzichtet** der Künstler im Nachhinein auf die Forderung, so kommt es auf sein Motiv an. Bei betrieblicher Veranlassung (etwa weil der Schuldner zahlungsunfähig ist) liegt keine Einnahme vor, bei privater Veranlassung liegt eine Einnahme vor, die dem Gewinn hinzu gerechnet werden muss (BFH BStBl. 1975 II, 526 ff. [527 f.]), der nachweisliche Honorarverzicht kann daher den Künstler teuer zu stehen kommen.

bbb) Der für die Betriebseinnahmen maßgebliche Zeitraum. Betriebseinnahmen sind in dem Kalenderjahr anzusetzen, in dem sie dem Steuerpflichtigen zugeflossen sind, § 11 Abs. 1 EStG. Unbeachtlich sind danach die Fälligkeit einer Leistung und der Zeitraum, für den die Leistung erbracht wird.

Beispiel:
Die Honorarforderung, die erst im Februar des darauf folgenden Jahres fällig ist, wird im November diesen Jahres überwiesen.

Regelmäßig wiederkehrende Einnahmen gelten auch dann noch im Kalenderjahr als bezogen, wenn sie erst kurz (d. h. innerhalb von 10 Tagen) nach Ende dieses Kalenderjahres zufließen.

bb) Betriebsausgaben. aaa) Der Begriff der Betriebsausgaben. Betriebsausgaben **27** sind **Aufwendungen**, die **durch den Betrieb veranlasst** sind, § 4 Abs. 4 EStG. Aufwendungen sind zunächst gezahlte Ausgaben in **Geld** oder **Geldeswert**, so der Kauf eines Instruments. Des Weiteren fallen darunter sog. Wertabgänge ohne Zahlung, wie die **Absetzung für Abnutzung von Wirtschaftsgütern**, deren Verwendung oder gewöhnliche Nutzungsdauer sich auf mehrere Jahre erstreckt. Dies gilt z. B. für die Abschreibung der Anschaffungskosten für einen rein beruflich genutzten Pkw. Zu den Betriebsausgaben zählen ebenfalls Betriebseinnahmen, die **zurückgezahlt** werden mussten und betriebliche **Sachaufwendungen** wie der Verlust eines Instruments, das nicht versichert war. Ausnahmen hiervon sind, wie oben ausgeführt, **durchlaufende Posten** und die Hingabe eines **Darlehens**, weil der Darlehensgeber eine Forderung gegen den Darlehensnehmer erhält.

bbb) Die betriebliche Veranlassung. Um die betriebliche (berufliche) Sphäre von **28** der Privatsphäre zu trennen, ist es erforderlich, dass die Betriebsausgaben betrieblich veranlasst sind, d. h. sie müssen **objektiv mit dem Betrieb/der beruflichen Tätigkeit**

Reich

zusammenhängen und der Betriebsinhaber/Tätige muss sie auch **für den Betrieb/Beruf verwenden wollen** (BFH BStBl. II 1984, 160 ff. [163]).

Beispiel:
Der Musiker, der sich ein Instrument kauft, muss dieses auch für die Ausübung seines Berufes nutzen wollen.

29 ccc) Absetzung für Abnutzung (AfA). Nach dem Grundgedanken des § 4 Abs. 3 EStG müssten alle angeschafften Gegenstände sofort in voller Höhe als Betriebsausgaben absetzbar sein. Der § 4 Abs. 3 S. 3 EStG schreibt jedoch vor, dass die Vorschriften über die Absetzung für Abnutzung (AfA) oder **Substanzverringerung** anzuwenden sind. Man wollte damit ursprünglich eine übermäßige Verzerrung des Periodenergebnisses verhindern, nutzt inzwischen aber die Verlängerung der regelmäßig anerkannten Abschreibungsfristen in Verwaltungsanweisungen als versteckte Mittel zur Erhöhung des Steueraufkommens. Die AfA findet nach § 7 Abs. 1 EStG auf Wirtschaftsgüter Anwendung, deren Verwendung oder Nutzung erfahrungsgemäß länger als ein Jahr möglich ist. Die Abnutzung bemisst sich dabei nach der betriebsgewöhnlichen Nutzungsdauer des Wirtschaftsgutes. So wird für einen betrieblich genutzten Pkw regelmäßig eine Nutzungsdauer von sechs Jahren angesetzt. Dabei kann **linear** oder **degressiv** abgeschrieben werden. Das bedeutet, dass ein Pkw, der bei Neuanschaffung 20 000 Euro gekostet hat, linear jährlich mit 3333 Euro abgeschrieben werden kann, wobei im Jahr der Anschaffung nur zeitanteilig (in Zwölfteln pro Monat) abgeschrieben werden darf, § 7 Abs. 1 Satz 4 EStG. Bei der degressiven Methode wird jedes Jahr ein bestimmter Prozentsatz (höchstens 20 %) vom verbleibenden Buchwert abgeschrieben, § 7 Abs. 2 EStG.

Beispiel:
Bei Anschaffung eines Wagens im Wert von 20 000 Euro können im ersten Jahr maximal 20 % abgesetzt werden, demnach 4000 Euro, sodass ein Buchwert von 16 000 Euro verbleibt, von dem im nächsten Jahr ebenfalls 20 % abgesetzt werden, was einen Betrag von 3200 Euro und damit einen verbleibenden Buchwert von 12 800 Euro ergibt, der für das kommende Jahr dann wieder die Bemessungsgrundlage für die degressive Abschreibung ist.

30 Der **Übergang** von der **degressiven** zur **linearen** Abschreibung ist zulässig, § 7 Abs. 3 EStG, (umgekehrt nicht, § 7 Abs. 3 Satz 3 EStG).
Für Gebäude gelten Sondervorschriften, § 7 Abs. 4 u. 5 EStG.
Aus Vereinfachungsgründen lässt es das Gesetz in § 6 Abs. 2 EStG zu, dass **geringwertige Wirtschaftsgüter**, die einer selbstständigen Nutzung fähig sind, sofort abschreibbar sind, wenn die Anschaffungs- oder Herstellungskosten **410 Euro netto** nicht überschreiten, obwohl sonst eine AfA vorgenommen werden müsste.

31 Auch **immaterielle Wirtschaftsgüter** des Betriebsvermögens bzw. des sonstigen für die Erzielung von Einkünften dienenden Vermögens (z. B. **Nutzungsrechte an Urheber- und Leistungsschutzrechten, Verlagsrechte, Marken und -Lizenzen, Software, Leistungsschutz- und Lizenzrechte an Filmwerken** u. Ä.), unterliegen der Abnutzung infolge wirtschaftlichen Wertverzehrs. Die zulässige AfA richtet sich nach dem Wertverzehr, nicht nach der Dauer des gesetzlichen Schutzes oder der Vertragslaufzeit. Der wirtschaftliche Wert verringert sich nämlich i. d. R. wesentlich schneller, bei Film- und Musikwerken z. B. durch Alterung, Veränderung des Geschmacks und andere Marktfaktoren.

Beispiel:
Ein Musikverlag schließt einen Musikverlagsvertrag mit einem Komponisten der Popmusik auf Dauer der gesetzlichen Schutzfrist des Urheberrechts. Die vom Verlag in Ansatz zu brin-

gende Dauer der AfA richtet sich nach der zu erwartenden wirtschaftlich relevanten Nutzungsdauer, die von modischen Strömungen am Musikmarkt abhängt, also keinesfalls länger als wenige Jahre (etwa bis zu 7) beträgt, Ausnahmen (Evergreens) bestätigen diese Regel.

Werden immaterielle Wirtschaftsgüter **selbst hergestellt**, unterliegen sie allerdings 32 dem **Aktivierungsverbot** in der Handelsbilanz (§ 248 HGB), das auch für die Steuerbilanz gilt, § 5 Abs. 2 EStG, mit der Folge, dass die gesamten Herstellungskosten zum Aufwand zählen, es ist dann kein Raum für eine AfA. Dies gilt entsprechend auch für Freiberufler, die immaterielle Wirtschaftsgüter selbst herstellen, z. B. eine Musikproduktion selbst. Zum Herstellerbegriff gibt das Urheberrechtsgesetz Auskunft, s. 2. Kapitel § 3.

Für Künstler, wie auch sonstige Selbstständige, die ihren Gewinn nach § 4 Abs. 3 33 EStG durch Einnahmen-Überschussrechnung ermitteln, sowie für kleine und mittlere Gewerbebetriebe, die bilanzieren, sowie bei Künstlern, die freiwillig bilanzieren und deren Betriebsvermögen zum Schluss des der Anschaffung vorangehenden Wirtschaftsjahrs nicht mehr als 204 517 Euro beträgt, besteht die Möglichkeit der **Ansparabschreibung**. Gemäß § 7g EStG dürfen diese für die künftige Anschaffung eines Wirtschaftsgutes eine den **Gewinn mindernde Rücklage** bilden. Diese darf 40 % der Anschaffungs- oder Herstellungskosten des **Wirtschaftsgutes** nicht überschreiten, das der Steuerpflichtige voraussichtlich bis zum Ende des zweiten auf die Bildung der Rücklage folgenden Jahres anschaffen oder herstellen wird. Das Wirtschaftsgut, dessen Anschaffung geplant wird, muss mindestens ein Jahr nach seiner Anschaffung oder Herstellung in einer inländischen Betriebsstätte im Betrieb verbleiben und „im Jahr der Inanspruchnahme" (gemeint ist das Jahr der Anschaffung, denn die Ansparabschreibung wird ja schon vor Anschaffung in Anspruch genommen) fast ausschließlich betrieblich genutzt werden.

Beispiel:
Ein Fotograf teilt im Rahmen seiner Steuererklärung mit, er habe vor, innerhalb von 2 Jahren nach dem Veranlagungsjahr eine neue fototechnische Ausrüstung zum Listenpreis von 25 000 Euro netto anzuschaffen. Dieses Vorhaben führt gemäß § 7g EStG zur Reduzierung seines Gewinns um 10 000 Euro im Veranlagungsjahr und zu entsprechender Steuerersparnis.

Existenzgründer können Rücklagen bis zum Höchstbetrag von 307 000 Euro im 34 Jahr der Betriebseröffnung und den folgenden **fünf** Geschäftsjahren bilden und müssen diese spätestens am Ende des fünften Jahres auflösen, § 7g Abs. 7 EStG.

Eine Rücklage kann auch gebildet werden, wenn dadurch ein Verlust entsteht oder sich erhöht. Sobald allerdings für das Wirtschaftsgut nach dessen Anschaffung/Herstellung Abschreibungen vorgenommen werden, muss die Ansparrücklage Gewinn erhöhend aufgelöst werden. Unterbleibt die Anschaffung innerhalb des Zwei- bzw. Fünfjahreszeitraums, muss die Rücklage aufgelöst und zusätzlich für jedes volle Wirtschaftsjahr um 6 % p. a. erhöht werden. Bei Existenzgründern wird nach § 7g Abs. 7 EStG auf die Verzinsung verzichtet.

ccc) Höhe der Betriebsausgaben. Wirtschaftsgüter können einkommensteuer- 35 rechtlich (zur Umsatzsteuer s. Rdnr. 72 ff.) entweder nur **Betriebsvermögen** sein, wenn die betriebliche Nutzung mehr als 50 % beträgt, oder **Privatvermögen** bei einer privaten Nutzung von mehr als 90 %. Das **gewillkürte Betriebsvermögen** – betriebliche Nutzung zwischen 10 und 50 % – kann nach erheblicher Kritik an der früheren Rechtsprechung nun auch bei der Gewinnermittlung durch Einnahmen-Überschussrechnung gem. § 4 Abs. 3 EStG gebildet werden, also von den Freiberuflern unter den

Kulturberufen (BFH IV R 13/03 BStBl II 04, s. auch Heinicke, in Schmidt, a. a. O. § 4 Anm. 34 d) aa)). Gehört ein Wirtschaftsgut zum Betriebsvermögen, so können Aufwendungen (Reparaturen, AfA etc.), soweit die betriebliche Nutzung reicht, Betriebsausgaben sein. Gehört ein Wirtschaftsgut zum Privatvermögen, so kann der **Anteil der Ausgaben, der auf die betriebliche Nutzung fällt**, als Betriebsausgabe angesehen werden. So wird ein Instrument, das ein Musiker zu mehr als 50 % betrieblich benutzt, zum notwendigen Betriebsvermögen gezählt. Liegt die betriebliche Nutzung bei 80 %, so kann er 80 % der AfA, Reparaturkosten, Versicherungskosten u. Ä. als Betriebsausgaben absetzen. Wird ein sowohl betrieblich wie privat genutzter Pkw auf einer Privatfahrt zerstört, so dürfen die daraus entstehenden Kosten den Betriebsgewinn nicht mindern. Anders ist dies, wenn der Künstler auf einer betrieblichen Fahrt einen Unfall erleidet. Die nicht durch etwaige Schadensersatzansprüche gedeckten Kosten sind hier Betriebsausgaben. Die Frage, ob ein Wirtschaftsgut Betriebs- oder Privatvermögen ist, ist zum einen von Bedeutung, wenn ein **Wirtschaftsgut entnommen** wird, das zum Betriebsvermögen gehört. In Höhe des **Teilwertes** liegt dann eine Entnahme vor, die den Einkünften hinzu gerechnet werden muss. Im Unterschied zum Buchwert ist der Teilwert vereinfacht ausgedrückt der Netto-Verkehrswert zum Entnahmezeitpunkt. Die Entnahme ist **umsatzsteuerpflichtig**. Die Betriebsausgaben sind in der Höhe der tatsächlich verursachten Kosten absetzbar, die die Künstler zu belegen haben. Gelingt ihnen das nicht, obwohl die betriebliche Veranlassung und der Anfall feststehen, muss das Finanzamt die Höhe der tatsächlichen Aufwendungen schätzen, § 162 Abs. 2 Abgabenordnung (AO). Einschränkungen in der Höhe oder als Abzugsverbot ergeben sich aus dem Gesetz. Pauschalabzüge werden von der Verwaltung teilweise zugelassen (siehe unten eee).

36   eee) Einzelheiten
- Als **Anschaffungskosten** gelten alle Erwerbskosten ohne USt von Wirtschaftsgütern des Betriebsvermögens, wozu auch die Nebenkosten, z. B. Transportkosten, gehören
- **Arbeitsmittel** sind Gegenstände, die die Künstler nach ihrer Art, ihrem Verwendungszweck und ihrer tatsächlichen Nutzung für ihre berufliche Tätigkeit benötigen. Nicht dazu gehören die „nicht abzugsfähigen Kosten", d. h. die Kosten der allgemeinen Lebensführung nach § 12 EStG, s. u. Rdnr. 37. Zu den Arbeitsmitteln gehören u. a. Musikinstrumente, Tonbandgeräte, Noten, Malutensilien, Schreibmaschine, Computer u. dergl.
- **Aufwendungen** für Arbeitszimmer s. u. Rdnr. 37
- **Beiträge** für Berufsverbände sind Betriebsausgaben, wenn der Berufsverband nach seiner Satzung Ziele verfolgt, welche die Erhaltung und Fortentwicklung des Berufes bzw. Betriebes betreffen
- Ausgaben für die **Berufsausbildung** sind keine Betriebsausgaben aber evtl. Sonderausgaben, s. u. Rdnr. 49.
- hingegen sind Ausgaben für die **Berufsfortbildung** Betriebsausgaben, wenn sie durch eine konkret ausgeübte Erwerbstätigkeit veranlasst sind. Hierunter fallen der Besuch von Lehrgängen und die damit verbundenen Kosten
- **Bewirtungskosten** sind Betriebsausgaben, wenn sie betrieblich veranlasst sind, so bei Kunden, Arbeitnehmern, Geschäftsfreunden. Nach § 4 Abs. 5 Nr. 2 EStG sind diese nur noch in Höhe von 70 % abziehbar, soweit sie nach allgemeiner Verkehrsauffassung angemessen sind und die betriebliche Veranlassung nachgewiesen wird. Dabei reicht es nicht aus, wenn als Grund der Bewirtung lediglich „Geschäftsessen" oder „Geschäftsbesprechung" angegeben wird. Es muss vielmehr der Anlass

des Essens genau angegeben werden, z. B. „Besprechung des Konzerts vom 3. 4.", sowie sind alle Teilnehmer namentlich zu nennen. Dieser Nachweis ist auf einem amtlichen Vordruck zu führen, der sich meist auf der Rückseite der Rechnung befindet

- eine **doppelte Haushaltsführung** muss betrieblich veranlasst sein, und es sind Mehraufwendungen nur im Rahmen des § 9 Abs. 1 Nr. 5 EStG absetzbar
- Einrichtungsgegenstände sind, soweit sie der betrieblichen Nutzung dienen, z. B. **Einrichtung eines Ateliers, Tanz- oder Musikstudios**, als Betriebsausgaben absetzbar. Bei sehr teuren Einrichtungsgegenständen wird die Angemessenheit überprüft. Bei dieser Entscheidung spielt der Lebensstandard und die gesellschaftliche Stellung des Steuerpflichtigen eine Rolle
- Kosten für **Fachliteratur** zählen zu den Betriebsausgaben, wenn die betriebliche Veranlassung der Anschaffung und der Ausschluss einer privaten Mitveranlassung nach Art des Werkes und Art der Tätigkeit objektiv feststehen. Bei Künstlern kann dies durchaus auch schöngeistige Literatur sein. Der Künstler muss zum Nachweis ein auf seinen Namen lautenden **Beleg mit Titel- und Autorenangabe** neben dem Preis vorlegen. Allein die Bezeichnung „Fachliteratur" genügt nicht. Die Anschaffung von allgemein informierenden Tages- oder Wochenzeitschriften u. ä. ist in der Regel nicht ausschließlich betrieblich veranlasst. Ausnahmen sind hier jedoch möglich
- bei **Fahrten zwischen Wohnung und Erwerbsstätte**, §§ 4 Abs. 5 Nr. 6; 9 Abs. 1 Nr. 4, Abs. 3 EStG ist der Abzug begrenzt auf 0,30 Euro pro Entfernungskilometer, unabhängig vom tatsächlich genutzten Verkehrsmittel. Für Fahrten zwischen Wohnung und Erwerbsstätte mit dem eigenen Kfz dürfen Aufwendungen pro Entfernungskilometer in Höhe „des positiven Unterschiedsbetrages" zwischen 0,03 % des Listenneupreises und eines Betrages von 0,30 Euro nicht den Gewinn mindern. Eine derart schwer lesbare, mit Verweisen auf andere oft ebenso komplexe Bestimmungen gespickte Gesetzesbestimmung ist kein Beispiel für Normklarheit, jedenfalls geht daraus aber hervor, dass Künstler bei häufig wechselnden Erwerbsstätten die Entfernungspauschale für den jeweils kürzesten Weg zu ihrem Tätigkeitsort erhalten
- eine **Geschäftsreise** liegt vor, wenn der Steuerpflichtige vorübergehend aus konkreten betrieblichen bzw. beruflichen Gründen reist, wobei seit 1996 die Entfernung von seiner regelmäßigen Betriebsstätte oder Stätte der Berufsausübung unerheblich ist. Die Durchführung der Geschäftsreise muss sich aus den Unterlagen ergeben. Die Fahrtkosten sind in Höhe der tatsächlichen Aufwendungen (Bahn, Flugzeug, Taxi) Betriebsausgabe
- bei Mehraufwendungen für **Verpflegung** können gem. § 4 Abs. 5 Nr. 5 EStG Pauschalbeträge geltend gemacht werden, die nach Dauer der Reise und Höhe der Gesamteinkünfte gestaffelt und höchstens 24 Euro pro vollem Abwesenheitstag betragen. Die Übernachtungskosten können bei Inlandsreisen nicht pauschal abgerechnet werden, hier ist die Hotelrechnung erforderlich; bei Auslandsreisen sind Pauschalbeträge möglich
- Die Kosten für **Geschenke** an Personen, die nicht Arbeitnehmer des Steuerpflichtigen sind, sind nur in Höhe von Netto 35 Euro pro Jahr abziehbar § 4 Abs. 5 Nr. 1 EStG
- Kosten für **Kleidung** sind nur dann Betriebsausgaben, wenn die private Mitbenutzung beruflich benötigter Kleidung nach Menge, Art und Verwendung praktisch ausgeschlossen ist (so angenommen bei Arztkitteln (BFH DStR 1991, 347) oder

Frack des Kellners, was dann auch nach dem Gleichbehandlungsgrundsatz auch für Musiker im Orchester gelten muss). Selbst bei vorgeschriebener oder für die Berufsausübung erforderlicher Kleidung wird eine häufig private Mitbenutzung angenommen (so bei der Garderobe einer Sängerin), sodass ein Betriebsausgabenabzug wegen § 12 Nr. 1 EStG in der Regel entfällt

- Pauschalbeträge für schriftstellerische oder journalistische Tätigkeit sind entfallen
- je nach Höhe der betrieblichen Nutzung können die **Kosten für den Pkw,** allerdings unter Abzug eines Eigenanteils, der 1 % vom Bruttolistenneupreis im Zeitpunkt der Erstzulassung pro Monat zzgl. 0,003 % des Bruttolistenneupreises pro Kilometer beträgt, abgesetzt werden, somit ist die Umsatzsteuer ein Teil der Bemessungsgrundlage für die Berechnung, der Privatanteil kann alternativ durch ein Fahrtenbuch ermittelt werden, was bei einem geringen privaten Anteil günstiger ist. Der private Prozensatz wird dann auf alle angefallenen Kosten angewandt
- Beratungs-, Vertretungs- und **Prozesskosten** sind bei betrieblicher Veranlassung Betriebsausgaben. Steuerberatungs- und Steuerprozesskosten sind Betriebsausgaben, wenn sie im Zusammenhang mit der Gewinnermittlung stehen
- **Schuldzinsen** sind Betriebsausgaben, wenn die Zahlung betrieblich veranlasst ist, wobei allerdings Kontokorrentzinsen nur unter den Voraussetzungen des § 4 Abs. 4a EStG abzugsfähig sind, d. h. nicht insoweit, als „Überentnahmen" getätigt werden, die das Gesetz als den Betrag definiert, um den die Entnahmen die Summe des Gewinns und der Einlagen des Wirtschaftsjahr übersteigen, zu den Einzelheiten s. § 4 Abs. 4a EStG
- **Betriebssteuern** sind betriebliche Aufwendungen, so Umsatzsteuer, Gewerbesteuer, Kfz-Steuer; nicht hierzu zählen private Steuern, wie Einkommensteuer, Vermögensteuer u. Ä.
- Bei **Unfallkosten** gilt, dass, je nach dem, ob der Unfall sich auf einer Privatfahrt oder betrieblich veranlassten Fahrt ereignete, Betriebsausgaben vorliegen oder nicht.

37   fff) Nichtabzugsfähige Ausgaben. Die Regelung des § 12 EStG schließt Ausgaben als Abzüge aus, die nach Auffassung des Steuergesetzgebers zur **privaten Lebensführung** gehören. Dazu zählen:

- die für den **Haushalt** der Künstler und für den Unterhalt seiner Familienangehörigen aufgewendeten Beträge, freiwillige Zuwendungen
- Einkommensteuer und sonstige **Personensteuern,** sowie die Umsatzsteuer für den Eigenverbrauch und für Lieferungen und Leistungen, die Entnahmen sind
- in einem Strafverfahren festgesetzte **Geldstrafen,** sonstige Rechtsfolgen vermögensrechtlicher Art, bei denen der Strafcharakter überwiegt (Strafzettel)
- die Rechtsprechung pflegt genauer zu prüfen, wenn die **Arbeitsmittel in der Privatwohnung** genutzt werden. So wurde der **Konzertflügel** einer Musiklehrerin nicht als Arbeitsmittel anerkannt (BFH BStBl. II 1978, 459 f. [460]), bei einer Dozentin am Konservatorium dagegen anerkannt, BFH VI R 18/86 BStBl II 89, 356. Zu **Musikinstrumenten** als Arbeitsmitteln siehe auch BFH VI R 193/83 und BFH/NV 87, 88. Anerkannt werden müssen auch die **Stereoanlage** eines Berufsmusikers (so Herrmann/Heuer/Rauppach, EStG, § 9 Rdnr. 580), **Tonbandgerät** für einen hauptberuflich tätigen Musiker (BHF VI R 182/75 BStBl II, 459), **Videorekorder** eines Lehrers BFH VI R 1/90 BStBl II, 195), **Computer** und Zubehör voll abzugsfähig nur wenn die private Mitbenutzung nicht 10% beträgt, sonst Kostenaufteilung (BFH VI R 135/01 DStR 04, 812)

Reich

- **Aufwendungen** für Arbeitszimmer wie Miete, Strom, Heizung, Sachversicherungen usw. sind im Verhältnis zum Gesamtverbrauch entsprechend der anteiligen Wohnfläche nur dann abzugsfähig, wenn das Zimmer nahezu ausschließlich betrieblich oder beruflich genutzt wird, BFH BStBl. II 1984, 110 f. [111]). Die Höhe der Aufwendungen ist auf 1250 Euro begrenzt, es sei denn, das Arbeitszimmer bildet den Mittelpunkt der gesamten betrieblichen und beruflichen Betätigung, § 4 Abs. 5 Nr. 6b EStG.

b) Einkünfte aus nichtselbstständiger Tätigkeit

(1) Einkünfteermittlung

Hinsichtlich der steuerfreien Einnahmen gelten die obigen Ausführungen zur **38** selbstständigen Tätigkeit entsprechend (s. o. Rdnr. 24). Wer Arbeitslohn bezieht, ist somit also nicht selbstständig tätig im Sinne von § 18 EStG (s. o. Rdnr. 12). Einkünfte aus nicht selbstständiger Tätigkeit sind nach § 19 Abs. 1 EStG Gehälter, Löhne, Gratifikationen (wie z. B. Weihnachtsgeld, Urlaubsgeld) und Tantiemen und Ruhegehälter d. h. Pensionen (Renten sind gem. § 22 EStG sonstige Einkünfte). Die Einkommensteuer wird hier durch Quellenabzug vom Arbeitslohn erhoben, die dann als „Lohnsteuer" bezeichnet wird. Grundlage der Besteuerung ist hier, anders als bei der selbstständigen Tätigkeit, der **Überschuss der Einnahmen über die „Werbungskosten"**, § 2 Abs. 2 Nr. 2 EStG, die den Betriebsausgaben ähnlich sind. Durch den Quellenabzug wird die Steuer direkt vom Arbeitgeber an das Finanzamt abgeführt. Der einzelne Arbeitnehmer muss nun seine Werbungskosten in der Einkommensteuererklärung geltend machen. Die Werbungskosten werden entweder pauschal mit einem Betrag von 920 Euro pro Jahr abgegolten oder müssen vom Arbeitnehmer gesondert aufgeführt und belegt werden. Die **Werbungskostenpauschale** ist in der Lohnsteuertabelle enthalten und wird somit schon beim Abzug der Lohnsteuer vom Arbeitslohn berücksichtigt.

(2) Arbeitslohn

Der Arbeitslohn umfasst gem. § 2 LStDV alle Einnahmen, die dem Künstler als Ar- **39** beitnehmer aus dem Dienstverhältnis zufließen. Darunter fallen nicht nur der Arbeitslohn im Sinne von Geld, sondern auch Sachbezüge wie Wohnung, Kost, Waren usw., § 8 Abs. 2 EStG. Die Sachbezüge sind nach § 8 Abs. 2 S. 1 EStG mit den üblichen Endpreisen am Abgabeort anzusetzen.

Beispiel:
Überlässt der Arbeitgeber dem Arbeitnehmer einen Pkw unentgeltlich zur privaten Nutzung, so ist der darin liegende Sachbezug mit dem Betrag zu bewerten, der dem Arbeitnehmer für die Haltung und den Betrieb eines eigenen Kraftwagens des gleichen Typs an Aufwendungen entstanden wäre. Dabei sind die dienstlich veranlassten Fahrten davon abzuziehen.

Einzelheiten lassen sich aus den Lohnsteuerrichtlinien ersehen.

(3) Werbungskosten

aa) Überblick. Von diesen Einnahmen sind die Werbungskosten abzuziehen. Diese **40** sind nach der gesetzlichen Definition des § 9 Abs. 1 EStG die **Aufwendungen zur Erwerbung, Sicherung und Erhaltung der Einnahmen**. Sie müssen demnach durch den Beruf veranlasst sein, d. h., wie bei den Betriebsausgaben (s. o. Rdnr. 20), im objektiven Zusammenhang mit dem Beruf getätigt und subjektiv zu seiner Förderung ausgegeben worden sein. Aufwendungen für Ernährung, Kleidung und Wohnung sowie Repräsentationsaufwendungen sind in der Regel Aufwendungen zur privaten Lebensführung im Sinne von § 12 Nr. 1 EStG und damit nicht abzugsfähig.

bb) Einzelne Werbungskosten (Ja heißt abzugsfähig)

41 • **Arbeitsmittel** (z. B. Fachliteratur, Musiknoten, Computer, Software, Instrumente und Werkzeuge): Ja, wenn die Wirtschaftsgüter ausschließlich oder überwiegend der Berufsausübung dienen, wobei auch hier eine Absetzung für Abnutzung (AfA) unter den oben genannten Voraussetzungen vorgenommen werden muss, LStR Abschn. 44 Abs. 1 u. 3
• **Arbeitszimmer**: u. U. Ja, s. o. Rdnr. 37
• **Beiträge** zu Berufsverbänden: Ja, s. o. a. a. O.
• **Bewirtung**: Nein, s. o. a. a. O.
• **Dienstreise**: Ja, s. o. a. a. O.
• Kosten der **doppelten Haushaltsführung**: Ja, wenn Arbeitnehmer beruflich außerhalb des Ortes, an dem sie einen eigenen Hausstand unterhalten, beschäftigt sind und am Beschäftigungsort beruflich veranlasst eine Zweitwohnung haben. Als Mehraufwendungen werden hierbei Fahrtkosten aus Anlass des Wohnungswechsels zu Beginn und am Ende der doppelten Haushaltsführung, sowie für eine wöchentliche Familienheimfahrt, Verpflegungsmehraufwendungen und Aufwendungen für die Zweitwohnung anerkannt. Die Fahrtkosten berechnen sich bei Durchführung mit dem Pkw nach § 9 Abs. 1 Nr. 4 S. 2 EStG und betragen pro Entfernungskilometer 0,30 Euro. Verpflegungsmehraufwendungen werden mit einem Pauschbetrag von 24 Euro/Kalendertag ohne Einzelnachweis bei einem im Inland liegenden Beschäftigungsort, bei einem im Ausland liegenden Beschäftigungsort in Höhe von 40 % des für Reisekosten ins Ausland vorgesehenen Verpflegungsmehraufwendungen angerechnet. Die Pauschalbeträge sind bei zeitlich beschränkter doppelter Haushaltsführung nicht anzusetzen, Abschn. 43 Abs. 8 Nr. 2b LStR
• **Fahrten zwischen Wohnung und Arbeitsstätte**: Ja, sind nach § 9 Abs. 1 Nr. 4 EStG grundsätzlich mit der Pauschale von 0,30 Euro bei pro Entfernungskilometer unabhängig vom tatsächlich genutzten Verkehrsmittel abzugsfähig. Damit ist die tägliche Hin- und Rückfahrt abgegolten. Außergewöhnliche Kosten eines Kraftfahrzeugs, insbesondere Aufwendungen für die Beseitigung von Unfallschäden bei einem Verkehrsunfall auf der Fahrt zwischen Wohnung und Arbeitsstätte, können neben dem gesetzlichen Kilometer-Pauschalbetrag berücksichtigt werden. Behinderte Arbeitnehmer können ab einem gewissen Grad der Behinderung sämtliche Kosten absetzen, § 9 Abs. 2 EStG
• **Fortbildungskosten**: Ja, soweit nicht als Sonderausgaben zu berücksichtigen, wie bei der Erstausbildung, R 34 LStR.
• **Konzertbesuche einer Musiklehrerin**: Nein (BFH BStBl. 1971 II, 368)
• **Rundfunkgebühren**: Nein
• **Telekommunikationskosten**: Ja, mit Ausnahme der privaten Kosten von Telefon, **Internetanschluss** etc., s. BMF-Schreiben vom 24. 10. 2000 BStBl I S. 142 m. w. Verw.)
• **Umschulungskosten**: Ja, wenn im konkreten Zusammenhang mit späteren Einnahmen, z. B. wenn der Vermeidung der Arbeitslosigkeit dienend, BFH BStBl 2003 II S. 403

cc) Pauschalbeträge. Der **Werbungskostenpauschalbetrag** für Einnahmen aus **42** nicht-selbstständiger Arbeit beträgt einheitlich 920 Euro, bei Versorgungsbezugsempfängern 102 Euro und bei Einnahmen aus Kapitalvermögen 51 Euro, § 9 a) EStG.

c) Mehrere Künstler als BGB-Gesellschaft oder Partnerschaftsgesellschaft

Schließen sich mehrere Künstlerinnen und Künstler, die für sich genommen Einkünfte aus selbstständiger Tätigkeit im Sinne von § 18 EStG haben, zu einer **BGB-Gesellschaft** zusammen, die als solche die Merkmale der selbstständigen Arbeit in Abgrenzung zum Gewerbebetrieb verwirklicht oder zu einer **Partnerschaftsgesellschaft** nach dem Partnerschaftsgesellschaftsgesetz (PartGG) zusammen, so sind die Einkünfte der Gesellschaft im Wege der **gesonderten und einheitlichen Feststellung** anteilmäßig auf die einzelnen Gesellschafter zu verteilen und dort zu versteuern, z. B. wenn ein Konzertveranstalter die Gage an die aufgetretene Musikgruppe zahlt. Abzugrenzen sind diese Einkünfte insbesondere von den Einkünften aus Gewerbebetrieb im Sinne von § 15 Abg. 1 Nr. 2 EStG.

d) Einkünfte aus Vermietung und Verpachtung

Gem. § 21 Abs. 1 Nr. 3 EStG fallen die Einkünfte aus **zeitlich begrenzter Über-** **44** **lassung von Rechten, insbesondere von Nutzungsrechten an schriftstellerischen, künstlerischen und gewerblichen Urheberrechten,** siehe § 73a Abs. 2, 3 EStDV; unter die Einkünfte aus Vermietung und Verpachtung. Dies gilt jedoch nur bei erworbenen Urheberrechten; erzielt der Schriftsteller, der Künstler oder Erfinder selbst Einkünfte aus der Überlassung seiner Werke, so unterfällt dies den Einkünften aus selbstständiger Tätigkeit (Drenseck, in Schmidt a. a. O. § 21 Anm. 9). Nach § 2 Abs. 2 Nr. 2 EStG ermitteln sich die Einkünfte hier, wie bei den Einkünften aus nichtselbstständiger Tätigkeit, aus dem Überschuss der Einnahmen über die Werbungskosten.

4. Weitere Abzüge

Wurde nach der jeweiligen Einkunftsart die Summe der Einkünfte ermittelt, werden **45** von dieser noch folgende weitere Beträge abgezogen, um zur **Bemessungsgrundlage** für die Einkommensteuer zu gelangen.

a) Gesamtbetrag der Einkünfte

Der Gesamtbetrag der Einkünfte ermittelt sich gern. § 2 Abs. 3 EStG, wie oben aus- **46** geführt, aus der Summe der Einkünfte abzüglich des Altersentlastungsbetrages und des Entlastungsbetrages für Alleinerziehende.

(1) Altersentlastungsbetrag

Der Altersentlastungsbetrag gilt nur für Steuerpflichtige, die vor dem Beginn des **47** Kalenderjahres, in dem sie ihr Einkommen bezogen haben, das 64. Lebensjahr vollendet haben, und nur bei Einkünften aus nichtselbstständiger Tätigkeit. Bemessungsgrundlage für diesen Betrag ist der Arbeitslohn zzgl. der positiven Summe der Einkünfte, die noch zu den Einkünften aus nichtselbstständiger Arbeit gehören. Er beträgt 40 % dieses Einkommens, **höchstens jedoch 1908 Euro** und wird automatisch beim Abzug der Lohnsteuer vom Arbeitslohn mit berücksichtigt.

Reich

(2) Entlastungsbetrag für Alleinerziehende

48　　Allein stehende Steuerpflichtige können einen Entlastungsbetrag in Höhe von **1308 Euro im Kalenderjahr** von der Summe der Einkünfte abziehen, wenn zu ihrem Haushalt mindestens ein Kind gehört, für das ihnen ein Freibetrag nach § 32 Abs. 6 EStG oder Kindergeld zusteht. Die Zugehörigkeit zum Haushalt ist anzunehmen, wenn das Kind in der Wohnung des Alleinstehenden gemeldet ist, § 24b Abs. 1 EStG.

b) Einkommen gem. § 2 Abs. 4 EStG

Von dem so ermittelten Gesamtbetrag der Einkünfte sind die Sonderausgaben und die außergewöhnlichen Belastungen abzuziehen.

(1) Sonderausgaben

49　　Die Sonderausgaben gem. §§ 10, 10b, 10c EStG gehören eigentlich zu den Ausgaben für die Lebensführung, die ihrem Wesen nach wegen § 12 EStG nicht von den Einkünften abziehbar sein dürften. Aus gesellschaftspolitischen Gründen werden folgende abschließend aufgezählte Abzüge jedoch zugelassen:

- **Unterhaltsleistungen** an den geschiedenen oder getrennt lebenden Ehegatten unter bestimmten Voraussetzungen, § 10 Abs. 1 Nr. 1 EStG
- Auf besonderen Verpflichtungsgründen beruhende **Renten** oder **dauernde Lasten**, die nicht zu den Betriebsausgaben oder Werbungskosten gehören, § 10 Abs. 1 Nr. 1a EStG
- **Vorsorgeaufwendungen** für Kranken-, Unfall-, Haftpflichtversicherungen, Rentenversicherung, Krankentagegeldversicherung usw., siehe § 10 Abs. 1 Nr. 2, 3 EStG. Darunter fallen nicht Hausrat-, Feuer-, Kaskoversicherung für Pkw u. ä. als Sachversicherungen. Nach § 10 Abs. 2 EStG dürfen sie nicht in unmittelbarem wirtschaftlichen Zusammenhang mit steuerfreien Einnahmen stehen; Vorsorgeaufwendungen sind jedoch nur in gewissen Höchstgrenzen abzugsfähig
- gezahlte **Kirchensteuer**, § 10 Abs. 1 Nr. 4 EStG
- Zinsen nach den §§ 233 a) (Verzinsung von Steuernachforderungen und Steuererstattungen), 234 (Stundungszinsen), 237 AO (Zinsen bei Aussetzung der Vollziehung), § 10 Abs. 1 Nr. 5 EStG
- (**nur noch bis zum Veranlagungszeitraum 2005:**) **Steuerberatungskosten** (soweit sie nicht Betriebsausgaben oder Werbungskosten sind), § 10 Abs. 1 Nr. 6 EStG
- Aufwendungen für eine **Berufsausbildung** oder **Weiterbildung** des Steuerpflichtigen oder seines Ehegatten in einem nicht ausgeübten Beruf bis 4000 Euro p. a., wenn der Steuerpflichtige wegen der Ausbildung oder Weiterbildung außerhalb des Ortes untergebracht ist, an dem er seinen eigenen Hausstand unterhält
- **Ausgaben zur Förderung als besonders förderungswürdig anerkannter gemeinnütziger Zwecke und Beiträge/Spenden** an politische Parteien in, § 10b EStG sind (nur) bis zur Höhe von insgesamt **5 % des Gesamtbetrags der Einkünfte** oder 2 Tausendstel der Summe der gesamten Umsätze und der im Kalenderjahr aufgewendeten Löhne und Gehälter abzugsfähig, wenn der Zuwendungsempfänger eine inländische juristische Person des öffentlichen Rechts oder eine inländische öffentliche Dienststelle oder eine Körperschaft ist, die **ausschließlich und unmittelbar gemeinnützigen Zwecken dient**, § 5 Abs. 1 Nr. 9 KStG, (siehe zu den Erfordernissen der Gemeinnützigkeit unten VII, Rdnr. 120 ff.) und der Empfänger dem Spender einen Zuwendungsnachweis auf dem amtlichen Vordruck ausstellt, § 50 Abs. 1 EStDV, oder die Zuwendung 100 Euro nicht übersteigt. Gemäß Anlage 1 (zu § 48

Abs. 2 EStDV) Abschnitt A Nr. 3 ist als **besonders förderungswürdig anerkannt** die **Förderung kultureller Zwecke**; dies ist die ausschließliche und unmittelbare Förderung der Kunst, die Förderung der Pflege und Erhaltung von Kulturwerten sowie die Förderung der Denkmalpflege; die Förderung der Kunst umfasst die Bereiche der Musik, der Literatur, der darstellenden und bildenden Kunst und schließt die Förderung von kulturellen Einrichtungen wie Theater und Museen, sowie von kulturellen Veranstaltungen, wie Konzerte und Kulturausstellungen ein; Kulturwerte sind Gegenstände von künstlerischer und sonstiger kultureller Bedeutung, Kunstsammlungen und künstlerische Nachlässe, Bibliotheken, Archive und andere vergleichbare Einrichtungen und gemäß Abschnitt B Nr. 2 der vorbez. Anlage die **Förderung kultureller Betätigungen**, die in erster Linie der **Freizeitgestaltung** **dienen**.

Kritisch gesehen wird dabei die relativ geringe steuerlich wirksame Höhe derartiger Ausgaben, die einem stärkeren Kultursponsoring entgegensteht.

Weitere Höchstgrenzen und Einschränkungen für den Abzug enthält § 10 Abs. 2–5 EStG; Pauschsätze zur Vereinfachung sieht § 10 c) EStG vor.

(2) *Außergewöhnliche Belastungen*

Erwachsen dem Künstler **größere Aufwendungen als der überwiegenden Mehr-** 50 **zahl der Steuerpflichtigen** gleicher Einkommensverhältnisse, gleicher Vermögensverhältnisse und gleichen Familienstands und konnte er sich diesen Aufwendungen aus rechtlichen, tatsächlichen oder sittlichen Gründen nicht entziehen, so kann der Betrag, der die zumutbare Belastung übersteigt, auf Antrag vom Gesamtbetrag der Einkünfte abgezogen werden, § 33 EStG. Die Aufwendungen müssen zwangsläufig, notwendig und angemessen sein. In Betracht kommen hier etwa nicht ersetzte Aufwendungen bei der Wiederbeschaffung unentbehrlicher Güter nach Brand, Diebstahl, Unwetterkatastrophen, bei Krankheit, Kuraufenthalten und Geburt.

aa) Außergewöhnliche Belastung in besonderen Fällen. **Ausgaben für Unterhalt** 51 **oder Berufsausbildung** von Personen, für die kein Kinderfreibetraganspruch besteht, werden nach § 33a EStG mit Pauschbeträgen berücksichtigt. Wenn diese volljährig und „auswärtig untergebracht" sind, kann der Steuerpflichtige einen Freibetrag von 924 Euro je Kalenderjahr abziehen.

Voraussetzung ist allerdings, dass die unterhaltene Person kein oder nur ein geringes Vermögen besitzt. Besteht ein Kinderfreibetraganspruch und erwachsen dem Steuerpflichtigen Aufwendungen für die Berufsausbildung eines Kindes, so kann er einen Antrag stellen, dass der Ausbildungsfreibetrag vom Gesamtbetrag der Einkünfte abgezogen wird. In diesem Zusammenhang sind zwei Entscheidungen des Bundesverfassungsgerichts (BVerfG NJW 1990, 2869 ff. u. NJW 1990, 2876 f.) zu berücksichtigen, in denen konkrete Regelungen im Zusammenhang mit dem Haushaltsbegleitgesetz 1983 für verfassungswidrig erklärt werden. Unabhängig von der dort festgestellten Verfassungswidrigkeit befristet geltender Regelungen führt das Bundesverfassungsgericht grundsätzlich aus, dass dem Steuerpflichtigen das **Existenzminimum** steuerfrei belassen werden muss.

Erwachsen dem Steuerpflichtigen Aufwendungen durch die Beschäftigung einer **Haushaltshilfe** bei Alter, Krankheit oder Heimunterbringung, so ist ein Betrag bis zu 624 Euro/Jahr, bei hilflosen Personen oder bei Unterbringung zur dauernder Pflege bis zu 924 Euro/Jahr abziehbar.

Reich

52   bb) Pauschbeträge für Behinderte, Hinterbliebene und Pflegepersonen. Nach § 33
b) EStG kann ein Körperbehinderter außergewöhnliche Aufwendungen, die ihm infolge seiner Behinderung erwachsen, je nach Grad der Behinderung nach Pauschbeträgen zwischen 310 Euro und 3700 Euro von den Einkünften abziehen.

53   cc) Kinderbetreuungskosten. Aufwendungen für Dienstleistungen zur **Betreuung**
eines zum Haushalt des Steuerpflichtigen gehörenden Kindes im Sinne des § 32 Abs. 1
EStG unter 14 Jahren können als außergewöhnliche Belastungen abgezogen werden,
soweit sie je Kind 1548 Euro übersteigen. Dasselbe gilt für Kinder, die wegen einer vor
Vollendung des 27. Lebensjahrs eingetretenen Behinderung außer Stande sind, sich
selbst zu unterhalten, § 33c EStG.

c) Zu versteuerndes Einkommen

Das **zu versteuernde Einkommen** ergibt sich aus dem Einkommen abzüglich der in
§ 2 Abs. 5 EStG vorgesehenen Freibeträge.

(1) Kinderfreibetrag

54   Der **Kinderfreibetrag** beträgt gern. § 32 Abs. 6 EStG **1648 Euro** für jedes zu be-
rücksichtigende Kind des Steuerpflichtigen; bei Ehegatten, die nach §§ 26, 26b EStG
zusammen zur Einkommensteuer veranlagt werden, 3648 Euro. Für jedes zu berück-
sichtigende Kind erhält der Steuerpflichtige einen Betreuungsfreibetrag von 1080 €/
2160 €; aber nur dann, wenn steuerlich die Wirkung von Kinder- und Betreuungsfreibetrag größer als das Kindergeld ist. Diese Prüfung erfolgt grundsätzlich von Amts
wegen.

(2) Entlastungsbetrag für Alleinerziehende

55   Allein erziehende Steuerpflichtige können einen Entlastungsbetrag in Höhe von
1380 Euro im Kalenderjahr von der Summe der Einkünfte abziehen, wenn zu ihrem
Haushalt mindestens ein Kind gehört, für das ihnen ein Freibetrag nach § 32 Abs. 6
EStG oder Kindergeld zusteht.

d) Steuerermäßigung

56   Das zu versteuernde Einkommen bildet die Bemessungsgrundlage für die tarifliche Einkommensteuer. Davon werden die **Steuerermäßigungen** im Sinne des § 2
Abs. 6 EStG abgezogen und ergeben dann die festzusetzende Einkommensteuer.
Der § 35 EStG sieht zur Milderung der Mehrbelastung mit **Gewerbesteuern eine
pauschale Steuerermäßigung** vor, wonach das 1,8 fache des festgesetzten Gewerbesteuermessbetrages auf die tarifliche Einkommensteuer anzurechnen ist, soweit
diese auf im zu versteuernden Einkommen enthaltene gewerbliche Einkünfte entfällt.

Für **haushaltsnahe Beschäftigungsverhältnisse**, die in einem inländischen Haushalt des Steuerpflichtigen ausgeübt werden, ermäßigt sich die tarifliche Einkommensteuer, vermindert um die übrigen Steuerermäßigungen **auf Antrag** um 10 %, höchstens 510 Euro bei geringfügigen Beschäftigungsverhältnissen bzw. 12 %, höchstens
2400 Euro, bei anderen, steuer- und sozialversicherungspflichtigen haushaltsnahen Beschäftigungsverhältnissen, § 35a EStG.

Reich

5. Ehegattenbesteuerung

Für die Veranlagung von Ehegatten kommen drei Möglichkeiten in Betracht, § 26 **57** Abs. 1 EStG – die **getrennte Veranlagung** unter Anwendung des Grundtarifes, §§ 26a, 32a Abs. 1–4 EStG, – die **Zusammenveranlagung** unter Anwendung des Splittingtarifes, §§ 26b, 32a Abs. 5 – oder die **besondere Veranlagung** nach § 26c EStG unter Anwendung des Grundtarifs bei Gewährung von Tarifermäßigungen (Seeger, in Schmidt, a. a. O., § 26 Anm. 1). Voraussetzung ist hierfür zunächst, dass die Ehegatten beide unbeschränkt einkommensteuerpflichtig sind und nicht dauernd getrennt leben. Die besondere Veranlagung ist nur im Jahr der Eheschließung möglich.

a) Getrennte Veranlagung

Bei dieser Veranlagung wird das Einkommen jedes Ehegatten nach dem **Grundtarif** **58** besteuert, § 26a EStG. Außergewöhnliche Belastungen werden nach Zusammenveranlagungsregeln ermittelt und jedem Ehegatten zur Hälfte abgezogen, unabhängig davon, wer die Belastungen getragen hat. Eine andere Aufteilung ist jedoch auf Antrag möglich. Weitere Besonderheiten siehe §§ 62c, d EStDV.

b) Zusammenveranlagung

Hierbei werden die Einkünfte der Ehegatten zusammengerechnet und die Ehegat- **59** ten, soweit nichts anderes vorgeschrieben ist, als ein Steuerpflichtiger behandelt, § 26b EStG. Es wird hierbei der **Gesamtbetrag der Einkünfte, § 2 Abs. 3 EStG, zusammengerechnet**, sodass Freibeträge und Pauschbeträge, die die Einkünfteermittlung betreffen, von jedem Ehegatten in Anspruch genommen werden können (BFH BStBl. 11 1980, 645). Ist die Bemessungsgrundlage für die Einkommensteuer ermittelt, wird auf diese der Splittingtarif gem. § 32a Abs. 5 EStG angewendet. Dieser soll Gewähr leisten, dass die Ehegatten nach der Eheschließung keine höhere Einkommmensteuer zahlen als davor.

c) Besondere Veranlagung für den Veranlagungszeitraum der Eheschließung gem. § 26c EStG

Hiermit sollen die **Nachteile**, die durch die Zusammenveranlagung der Ehegatten **60** nach der Eheschließung im Veranlagungszeitraum entstehen, **ausgeglichen** werden. Das zu versteuernde Einkommen, § 2 Abs. 5 EStG, ist danach für jeden Ehegatten so zu ermitteln, als wäre er noch unverheiratet. Sonderausgaben und außergewöhnliche Belastungen, die gemeinsam getragen wurden, sind jeweils nach den tatsächlichen Zahlungen jedes Ehegatten aufzuteilen. Für die Kinderbetreuungskosten nach § 33c EStG ist der Tag der Eheschließung maßgebend. Nur bis zu diesem können diese abgezogen werden.

6. Außerordentliche Einkünfte

Wenn Künstler **Einkünfte aus mehrjähriger Tätigkeit in einem Kalenderjahr** er- **61** zielen, können sich durch den progressiven Tarif höhere steuerliche Belastungen ergeben, als wenn diese Einkünfte auf mehrere Veranlagungszeiträume verteilt versteuert würden. Als außerordentliche Einkünfte kommen gem. § 34 Abs. 2 EStG Veräußerungsgewinne aus dem Verkauf eines Betriebes oder Betriebsteiles, des Betriebsvermögens, Entschädigungen für entgangene oder entgehende Einnahmen, Vergütungen für mehrjährige Tätigkeiten in Betracht.

Reich

Um der progressiven Steuerbelastung zu entgehen kann der Steuerpflichtige die Versteuerung nach der „**Fünftelregelung**" beantragen, § 34 Abs. 1 Sätze 2 bis 4 EStG. Die Einkommensteuer wird dann wie folgt berechnet:

Die Summe der außerordentlichen Einkünfte wird durch fünf geteilt. Die Einkommensteuer für das ohne die außerordentlichen Einkünfte zu versteuernde Einkommen wird von der Einkommensteuer abgezogen, die sich auf das fiktive Einkommen errechnet, wenn ein Fünftel der außerordentlichen Einkünfte hinzugerechnet wird. Die Differenz wird mit fünf multipliziert und der Einkommensteuer für die übrigen Einkünfte hinzugerechnet.

Im Ergebnis wird so die Progression gemindert.

Künstler die das 55. Lebensjahr vollendet haben oder berufsunfähig sind, können einmal im Leben die Ermäßigung eines auf 56 % des durchschnittlichen Steuersatzes ermäßigten Steuersatzes für die **Veräußerung ihres Betriebsvermögens** beantragen, wobei der Antrag höchstens 5 Millionen Euro betragen darf, § 34 Abs. 3 EStG.

III. Internationales Einkommensteuerrecht

1. Allgemeines

62 Die Besteuerung von Künstlern, Journalisten und sonstigen Kulturschaffenden, die **international Erträge** erzielen (z. B. aus Engagements im Ausland, Tantiemezahlungen aus dem Ausland, ausländischen Lizenzeinnahmen, Veräußerungserlösen grenzüberschreitender Verkäufe, Korrespondententätigkeiten für ausländische Presse oder Sender u. Ä.) als **Steuerinländer** erfolgt grundsätzlich nach deutschem Einkommensteuerrecht, wobei sich die unbeschränkte Steuerpflicht für das Welteinkommen aus dem inländischen Wohnsitz bzw. ständigen Aufenthalt im Inland (s. o. Rdnr. 6) ergibt, vorbehaltlich von Sonderregelungen für bestimmte Einkünfte durch DBAn (s. o. Rdnr. 7).

Um der Verschiebung steuerpflichtiger Einkünfte ins Ausland und der Erzielung unversteuerter Einnahmen im Inland zu begegnen, haben die Gesetzgeber im In- und Ausland einige teilweise recht drastische Mittel gewählt. Diese führen dazu, dass die legale Steuerverschiebung wesentlich erschwert wurde.

In Fällen internationaler Verflechtungen oder Geschäfte mit „**nahestehenden Personen**" fingiert das **Außensteuerrecht** mitunter im Inland zu versteuernde Einkünfte, s. dazu unten Rdnr. 63)

Soweit Künstler, Journalisten sonstige Kulturschaffende, die in Deutschland unbeschränkt steuerpflichtig waren, aus Deutschland **wegziehen** – „Monaco-Fälle" –, unterliegen diese unter Umständen der erweiterten beschränkten Steuerpflicht nach dem Außensteuergesetz (AStG), s. u. Rdnr. 64) und diejenigen, die im wesentlichen Umfang Kapital- oder Lizenzeinkünfte durch **ausländische Zwischengesellschaften** erzielen, müssen diese im Inland versteuern (s. u. Rdnr. 65).

Diejenigen Künstler, die in Deutschland nicht ansässig sind oder hier ihren gewöhnlichen Aufenthalt haben, sind hier dennoch, und zwar grundsätzlich auf ihre inländischen Einkünfte **beschränkt steuerpflichtig** (s. u. Rdnr. 66 ff.).

Als Rechtsquellen sind neben den deutschen Gesetzen die DBAn, das ausländische Recht des Staates, der danach ein Besteuerungsrecht hat und das EG-Recht zu beachten. Diese führen dazu, dass im Einzelfall ein internationaler steuerrechtlicher Sachverhalt kompliziert zu beurteilen ist. Die nachfolgenden Ausführungen können dabei nur der ersten Orientierung dienen.

2. Internationale Verflechtungen, § 1 AStG

Bei **internationalen Verträgen** mit **nahestehenden Personen** müssen Künstler be- **63** sonders darauf achten, dass Bedingungen vereinbart werden, wie unter „unabhängigen Dritten üblich", **„arms length"**-Prinzip. Geschieht dies nicht, „so sind seine Einkünfte so anzusetzen, wie sie unter den zwischen unabhängigen Dritten vereinbarten Bedingungen angefallen wären", § 1 Abs. 1 AStG. Die somit mögliche „Berichtigung" von Einkünften – eigentlich handelt es sich immer um eine Erhöhung von Einkünften, denn an einer Ermäßigung ist das deutsche Finanzamt nicht interessiert – kann dazu führen, dass Einkommensteuern auf nicht erzielte Einkünfte erhoben werden.

Beispiel:
Der Bildhauer unterhält „gute Beziehungen" zu einer Galerie in der Schweiz und gewährt dieser einen höheren Galeristenrabatt als üblich. In Höhe der Differenz kommt eine Hinzurechnung zu den Einnahmen des Bildhauers in Betracht.

Zur Rechtfertigung wird angeführt, dass die Vereinbarung unüblich geringer Gegenleistungen verdeckte Einkünfte des unbeschränkt Steuerpflichtigen im Ausland indizieren.

Dabei ist die **Definition der „nahe stehenden Personen"** in § 1 Abs. 2 AStG bedenklich weit. Diese umfasst nicht nur die Fälle der wesentlichen Beteiligung (mindestens zu einem Viertel) der Person an dem Steuerpflichtigen oder umgekehrt (Abs. 2 Nr. 1), die sonstigen Fälle, in denen **„beherrschender Einfluss"** in die eine oder andere Richtung ausgeübt werden kann (a. a. O.), wobei dies auch über eine dritte Person vermittelt werden kann (Abs. 2 Nr. 2), sondern auch die Fälle, in denen „außerhalb der Geschäftsbeziehung begründeter **Einfluss ausgeübt** werden kann" oder einer von beiden ein eigenes Interesse an der Erzielung der Einkünfte des anderen hat (Abs. 2 Nr. 3.).

Letzteres sollte eigentlich in einer guten und auf Dauer ausgerichteten Geschäftsbeziehung immer auch der Fall sein, ohne dass der Anwendung des § 1 AStG ein Einfallstor eröffnet wird.

Hinsichtlich der Ermittlung branchenüblicher Bedingungen verfügt die zuständige zentrale Stelle der Finanzverwaltung über präzise Daten aus einer Vielzahl von Geschäftsvorgängen, die teilweise durch Betriebsprüfungen ermittelt worden und EDV-mäßig gut aufbereitet sind und damit über einen gläsernen Marktüberblick. Allerdings lassen sich im kulturellen Bereich auf Grund der Eigenarten des Marktes erhebliche Preisunterschiede nicht ausschließen. Es müssen daher schon objektiv erkennbar besondere Umstände gegeben sein, ehe ein Verstoß gegen arms-length-Grundsätze vorliegt. § 90 Abs. 3 i. V. m. der Gewinnabgrenzungsaufzeichnungsverordnung (GAufzV) vom 13. Nov. 2003 verpflichtet Künstler, hinsichtlich der Vorgänge mit Auslandsbezug detaillierte Aufzeichnungen über die Art und den Inhalt seiner Geschäftsbeziehungen mit nahestehenden Personen zu erstellen, welche die wirtschaftlichen und rechtlichen Grundlagen des Fremdvergleichs beachten.

3. Wegzugsbesteuerung, §§ 2 ff. AStG

Künstlern, die Deutschland den Rücken kehren und durch Wohnsitzwechsel oder **64** Beendigung des gewöhnlichen Aufenthalts steuerlich auswandern, ergeht es unter Umständen steuerlich erst einmal schlechter. Denn diese unterliegen weiterhin mit ihren inländischen Einkünften für weitere zehn Jahre der unbeschränkten Steuerpflicht, § 2 AStG, was auch für deren Erben gilt, § 4 AStG, sowie bei Zwischenschaltung von

Gesellschaften, § 5 AstG, und kommen zudem in die Verlegenheit, bei Beteiligungen an einer inländischen Kapitalgesellschaft ihren Vermögenszuwachs als **„fiktiven Veräußerungsgewinn" zum Wegzugsdatum** versteuern zu müssen, § 6 AStG.

4. Beteiligung an ausländischen Zwischengesellschaften, §§ 7 ff. AStG

65 Auch die Gestaltung der Einnahmen durch Einbeziehung von ausländischen z. B. „off-shore"-Gesellschaften in einem Niedrigsteuerland als „Zwischengesellschaften" führt nicht zum Wegfall der Steuerpflicht inländischer Künstler als deren Gesellschafter, sondern zu einer **„Hinzurechnungsbesteuerung"**, wenn in Deutschland unbeschränkt Steuerpflichtige insgesamt zu mehr als der Hälfte daran beteiligt sind, d. h. dies gilt dann auch für kleine Beteiligungen. „Zwischengesellschaften" sind diejenigen Gesellschaften, die passive Einkünfte erzielen, z. B. aus der Überlassung von Rechten etc. § 8 Abs. 6a AStG. **Niedrige Besteuerung** liegt vor, wenn die Einkünfte der ausländischen Gesellschaft mit weniger als 25 % Ertragsteuern belastet sind, § 8 Abs. 3 AStG.

5. Beschränkte Steuerpflicht, §§ 49 ff. EStG

66 Grundsätzlich unterliegen der beschränkten Steuerpflicht Einkünfte nicht unbeschränkt Steuerpflichtiger (zur unbeschränkten Steuerpflicht s. o. Rdnr 6 ff.) aus Gewerbebetrieb (zur Abgrenzung von der selbstständigen Tätigkeit, s. o. Rdnr. 17), die in einer inländischen Betriebsstätte erzielt werden, § 49 Abs. 1 Nr. 2a EStG, aus selbstständiger Tätigkeit, die **im Inland** ausgeübt oder verwertet wird, oder für die im Inland eine feste Einrichtung oder Betriebsstätte unterhalten wird (Nr. 3), aus nich selbstständiger Arbeit, die im Inland ausgeübt oder verwertet wird, sowie **Einkünfte aus im Inland ausgeübten oder verwerteten künstlerischen, sportlichen, artistischen oder ähnlichen Darbietungen** erzielt werden, die nicht zu den Einkünften in Nr. 3 oder 4 gehören (Nr. 2d.

Die beschränkt Steuerpflichtigen dürfen Betriebsausgaben (s. o. Rdnr. 27 ff.) oder Werbungskosten (s. o. Rdnr. 40 ff.) nur insoweit abziehen, als sie mit inländischen Einkünften in wirtschaftlichem Zusammenhang stehen. Eine Vielzahl von **Sonderausgaben und Tarifvergünstigungen entfallen**.

67 Im kulturellen Bereich (aber auch z. B. bei beschränkt steuerpflichtigen Aufsichtsräten) wird die Einkommensteuer als **Abzugssteuer** gemäß § 50a Abs. 4 EStG erhoben, die den Abzug von 20 % des vollen Betrages der Einnahmen, das sind umgerechnet **25 Prozent des Auszahlungsbetrages**, bestimmt, **ohne Abzüge für Betriebsausgaben**, Werbungskosten, Sonderausgaben und (Umsatz)-Steuern (!) **zuzulassen**.

Dieses gilt nach § 50a Abs. 4 EStG:

1. bei Einkünften, die durch **im Inland ausgeübte oder verwertete künstlerische,** sportliche, artistische oder ähnliche **Darbietungen** erzielt werden, einschließlich der Einkünfte aus anderen mit diesen Leistungen zusammenhängenden Leistungen, unabhängig davon, wem die Einnahmen zufließen,

2. bei Einkünften aus der **Ausübung oder Verwertung einer Tätigkeit als Künstler, Berufssportler, Schriftsteller, Journalist oder Bildberichterstatter** einschließlich solcher Tätigkeiten für den Rundfunk oder Fernsehfunk, es sei denn, es handelt sich um Einkünfte aus nichtselbstständiger Arbeit, die dem Steuerabzug von Arbeitslohn unterliegen,

3. bei Einkünften, die aus Vergütungen für die Nutzung beweglicher Sachen oder für die zeitlich befristete Überlassung der Nutzung oder des **Rechts auf Nutzung von**

Rechten, insbesondere von Urheberrechten und gewerblichen Schutzrechten, von gewerblichen, technischen, wissenschaftlichen und ähnlichen Erfahrungen, Kenntnissen und Fertigkeiten, z. B. Plänen, Mustern und Verfahren herrühren.

Dem Steuerabzug unterliegt der volle Betrag der Einnahmen. **Abzüge, z. B. für** **68** **Betriebsausgaben, Werbungskosten, Sonderausgaben und Steuern, sind nicht zulässig.**
Bereits auf Grund des letztzitierten Satzes ist diese Bestimmung verfassungswidrig, denn sie besteuert Umsätze wie Einkommen und verletzt damit das Übermaßverbot, den Gleichheitsgrundsatz und den Grundsatz, dass Verbrauchsteuern nicht dem Unternehmer auf erlegt werden dürfen. Außerdem führt diese Bestimmung zur Benachteiligung ausländischer Künstler in Deutschland und verstößt somit gegen den Grundsatz des freien Wettbewerbs in der EU. Sie ist deshalb gemäß der Auffassung des BFH EU-rechtlich bedenklich und im Jahr 2004 dem EuGH vorgelegt worden, ein Urteil ist noch nicht ergangen. Zudem hat die EU-Kommission bereits die Einleitung eines Vertragsverletzungsverfahrens zur Besteuerung ausländischer Künstler beschlossen.
Mit Einführung dieser drastischen und wohl auch EG-rechtswidrigen Bestimmung, haben prominente Künstler wie Michael Jackson ihre Deutschland-Tourneen abgesagt, weil sie sich diese auf Grund der Belastung ihrer Umsätze mit der sog. „Ausländersteuer" finanziell nicht mehr leisten konnten.
Im Urteil vom 12. Juni 2003, Az.: C-234/01 hat der EuGH zu dem Verbot des Betriebsausgabenabzugs in § 50a EStG entschieden:
Die Artikel 59 EG-Vertrag (nach Änderung jetzt Artikel 49 EG) und 60 EG-Vertrag (jetzt Artikel 50 EG) stehen einer nationalen Regelung wie der im Ausgangsverfahren fraglichen entgegen, nach der in der Regel bei Gebietsfremden die Bruttoeinkünfte, ohne Abzug der Betriebsausgaben, besteuert werden, während bei Gebietsansässigen die Nettoeinkünfte, nach Abzug der Betriebsausgaben, besteuert werden.
Bei **Lizenzen** ist zwischen zeitlich befristeter und unbefristeter Nutzungsüberlas- **69** sung zu unterscheiden, vgl. Art. 12 Abs. 2 OECD-Musterabkommen. Die zeitlich unbefristete Übertragung ist wirtschaftlich gesehen eine Veräußerung, diese ist keine „Überlassung der Nutzung" im Sinne des OECD-Musterabkommens und des § 50a EStG, sondern führt zu beschränkt steuerpflichtigen Einkünften gemäß § 49 Abs. 1 Nr. 2f EStG. Es kommt darauf an, ob der **wirtschaftliche Wert des Nutzungsrechts** sich während der Nutzungsdauer erschöpft, daran ändern theoretisch verbleibende Rechtspositionen des Lizenzveräußerers nichts, so Heinicke in Schmidt, a. a. O. § 49 Rdnr. 77 m. w. Nachw. und BFH 16. Mai 2001 I R 64/99 (BFHE 196, 210, BStBl II 2003, 641). Das bedeutet, dass bei wirtschaftlich gesehen vollständiger Übertragung von urheberrechtlich geschützten Nutzungsrechten auf den Erwerber keine Abzugssteuer nach § 50a EStG einbehalten werden darf.
Bei Einkünften, die teilweise auf Ausübung, teilweise auf Verwertung einer selbst- **70** ständigen Tätigkeit beruhen, sind die **Vergütungsbestandteile** zur korrekten Anwendung der DBA-Bestimmungen **aufzuteilen.**

Beispiel:

Tonträger- oder Filmproduktion mit selbstständigen ausübenden Künstlern im Inland gegen Vergütung der Mitwirkung (Ausübung) ebenso wie der Rechte-Einräumung. Hier unterliegt der Vergütungsanteil für die Ausübung dem § 49 EStG, bei der Vergütung der Rechte-Einräumung ist zu unterscheiden. Liegt ein *total Buy-out* vor, gilt § 49 Abs. 1 Nr. 2f EStG, bei begrenzter Nutzungsüberlassung, z. B. Lizenz zur einmaligen Sendung gilt § 50a EStG.

Reich

71   Auch das **Freistellungsverfahren** gemäß §§ 50d ff. EStG hilft nur bedingt. Für kulturelle Leistungen sind hiernach folgende Regelungen zu beachten:

Nach erfolgtem Steuerabzug durch den Schuldner der Vergütungen kann der Gläubiger beim Bundesamt für Finanzen in Eschborn die Erstattung der Steuer betragen, wenn die Einkünfte im Ergebnis nicht oder nur nach einem geringeren Steuersatz besteuert werden dürfen. Dies richtet sich nach den einschlägigen DBAn bzw. nach § 50g EStG, (§ 50d Abs. 1 EStG). Der **Erstattungsantrag** kann innerhalb von Vierjahren nach Schluss des Kalenderjahres gestellt werden, in dem die Vergütungen bezogen worden sind, § 50d Abs. 1 Satz 7 EStG. Zu den DBAn s. o. Rdnr. 7 ff.

Auf **Lizenzgebühren** zwischen einem in Vergütungsschuldner Deutschland und einem in der **EU ansässigen Unternehmen als Gläubiger** wird die Steuer nach § 50a EStG auf Antrag nicht erhoben, § 50g EStG, soweit kein Verstoß gegen das „armslength" Prinzip und keine missbräuchliche Gestaltung vorliegen, § 50g Abs. 2 Nr. 2 und Abs. 4 EStG.

„Lizenzgebühren" sind „Vergütungen jeder Art, die für die Nutzung oder für das Recht auf **Nutzung von Urheberrechten an literarischen, künstlerischen oder wissenschaftlichen Werken, einschließlich kinematografischer Filme und Software,** von Patenten, Marken, mustern und Modellen, Plänen," sowie für verschiedenen Formen der Know-how Überlassung gezahlt werden, § 50g Abs. 3 Nr. 4b EStG im Einklang mit der EG Richtlinie 2003/49/EG.

Auf Antrag des Gläubigers kann das Bundesamt für Finanzen (BAF) bei Vorliegen der Voraussetzungen bescheinigen, dass der konkrete Vergütungsschuldner vom Steuerabzugsverfahren gegenüber dem konkreten Vergütungsschuldner **freigestellt** ist, § 50a Abs. 2 EStG, dies gilt jedoch nur für den in der Bescheinigung angegebenen Zeitraum und niemals für Vergütungen, die der Gläubiger vor dem Tag auszahlt, an dem der Antrag beim Bundesamt für Finanzen eingeht, § 50a Abs. 2 Satz 4 EStG.

Ferner kann das BAF in Fällen geringer steuerlicher Bedeutung den Vergütungsschuldner auf dessen Antrag hin generell und unter Auflagen ermächtigen, den Steuerabzug zu unterlassen oder nach einem niedrigeren Steuersatz vorzunehmen, wenn dieser am **Kontrollmeldeverfahren** teilnimmt, § 50d Abs. 5 EStG. Die Ermächtigung ist als Beleg aufzubewahren.

IV. Umsatzsteuerrecht

1. Grundlagen und Systematik

72   Das **Umsatzsteueraufkommen** innerhalb Deutschlands hat im Jahr 2005 einschließlich der Einfuhrumsatzsteuern 154 Milliarden Euro betragen, das sind etwa ein Drittel aller Steuereinnahmen des Bundes und der Länder, die sich das Aufkommen im Verhältnis 40% zu 40%, neben den Gemeinden, die 20% erhalten, teilen. Aus dem Bundesanteil wird ferner die EU-Finanzierung gespeist. Nach der Lohn- und Einkommensteuer ist die Umsatzsteuer damit die zweitgrößte Einnahmequelle des Staates. Dies verdeutlicht, weshalb in Zeiten zu hoher Staatsausgaben die Regierung stets bemüht ist, das Aufkommen hieraus zu erhöhen, sei es durch Änderungen des Regelwerkes, sei es, wie kontinuierlich seit Einführung der Umsatzsteuer durch Erhöhungen des Regelsteuersatzes, von ursprünglich 10% im Jahr der Einführung bis – wie derzeit geplant – auf 19% ab 2007.

Das ursprünglich klar strukturierte Gesetz wurde im Laufe der Jahrzehnte durch vielfache Änderungen und „Nachbesserungen" entstellt, mit Ausnahmen, die eigentlich die Regel enthalten, Gegenausnahmen und Ausnahmen von den Gegenausnahmen, die den Gesetzestext mitunter selbst für Fachleute schwer verständlich machen. Dies ist verfassungsrechtlich bedenklich, denn Gesetze müssen, so will es das Rechtstaatsprinzip, klar und verständlich sein, dass „Normalbürger" sie verstehen und korrekt befolgen können.

Auf Grund des **europäischen Binnenmarktes** wird innerhalb der EU eine einheitliche Umsatzsteuer erstrebt, die allerdings auf Grund der unterschiedlichen nationalen Umsatzsteuersätze und Verwendungszwecke auf absehbare Zeit nicht möglich erscheint. Auf Grund der Freiheit des Waren- und Dienstleistungsverkehrs innerhalb der EU ist es nicht mehr zulässig, Einfuhrumsatzsteuern bei Lieferungen und Leistungen zwischen EU-Staaten zu erheben. Aus dem Bestreben der EU zur Vereinheitlichung der Umsatzsteuersystematik und der Bemessungsgrundlage, die wiederum für die Errechnung der Beiträge zur EU einheitlich sein muss, entstand ein EU-rechtlich verbindliches Regelwerk, die **6. EG-Richtlinie**, die in 38 Artikeln und 12 Anhängen das Umsatzsteuerrecht für alle EU-Staaten „harmonisiert". Dieses verharmlosend „Richtlinie" genannte Vertragswerk ist nicht nur von den Mitgliedsstaaten in nationale Gesetze zu transformieren, sondern wirkt unmittelbar. Es ist nach der Rechtssprechung des EuGH höherrangig als nationales Recht und kann deshalb von jedermann vor den nationalen Gerichten geltend gemacht werden, soweit es Bestimmungen enthält, die hinreichend klar und genau und nicht an Bedingungen geknüpft sind. Das nationale Umsatzsteuerrecht ist deshalb stets „**richtlinienkonform" auszulegen** und anzuwenden, darüber wacht als oberster gesetzlicher Richter (gem. Art. 101 Abs. 2 des Grundgesetzes) der EuGH.

Auf Grund der 6. EG-Richtlinie gilt nunmehr EU-weit das System der „**Allphasen- 73 Netto-Umsatzsteuer**", auch „Mehrwertsteuer" genannt. Diese ist systematisch eine kostenneutrale Steuer, die den privaten Endverbraucher mit einem Steuersatz belastet, der proportional zum Preis ist, aber von den an der Wertschöpfungskette beteiligten Unternehmern erhoben wird. Die Umsatzsteuer gilt für alle Gegenstände und Dienstleistungen auf allen Wertschöpfungsstufen und wird unter Abzug der den Unternehmern entstandenen Umsatzsteuer (der sog. Vorsteuer) berechnet.

Beispiel:
Der Bildhauer „Pencil" (Pseudonym) schafft im Auftrag einer vermögenden Privatperson eine Großskulptur. Dazu kauft er Leistungen eines Stahlbauunternehmens ein, welches nach seinen Entwürfen die Stahlskulptur in der Rohform fertigt, das seinerseits das Ausgangsmaterial Edelstahl vom Stahlwerk bezieht, welches dazu die Rohmaterialien (Eisen, Chrom, Nickel etc.) vom Rohstofflieferanten bezogen hat. Mit jedem Erwerbs- bzw. Bearbeitungsschritt wird auf den Preis Umsatzsteuer berechnet, die also der Rohstofflieferant dem Stahlwerk in Rechnung stellt, das Stahlwerk dem Stahlbauunternehmen, dieses dem Bildhauer und der Bildhauer dem Auftraggeber. Jeder Beteiligte mit Ausnahme des Endabnehmers führt die Differenz zwischen vereinnahmter Umsatzsteuer abzüglich der Vorsteuer an das Finanzamt ab. Diese geben die Belastung durch die Wertschöpfungskette an den privaten Auftraggeber weiter, der letztlich die Last trägt.

2. Steuersubjekt

Trotz der Eigenschaft als Verbrauchssteuer ist also der „**Unternehmer**" das Steuer- 74 subjekt, somit zur Erklärung und Abführung der Umsatzsteuer verpflichtet. Als Steuerpflichtiger im umsatzsteuerlichen Sinn gilt gem. Art. 4 der 6. EG-Richtlinie, „wer eine der in Absatz 2 genannten wirtschaftlichen Tätigkeiten selbstständig und unabhängig von ihrem Ort ausübt, gleichgültig zu welchem Zweck und mit welchem Ergebnis". Absatz 2 bestimmt sodann, dass dies *„alle Tätigkeiten eines Erzeugers, Händlers oder Dienstleistenden einschließlich ... der Tätigkeiten der freien Berufe und der diesen gleichgestellten Berufe"* sowie Leistungen, *„die die Nutzung von körperlichen und nicht körperlichen Gegenständen zur nachhaltigen Erzielung von Einnahmen umfasst."*

Damit ist klargestellt, dass schon der **erfolglose Unternehmer** Steuersubjekt ist und den Vorsteuerabzug erhält, so die Rechsprechung des EuGH. s. Nachweis bei Zeuner in Bunjes/Geist, UStG, Einleitung Rdnr. 15. Dies gilt selbst dann, wenn bei erstmaliger Festsetzung der Steuer bereits die Absicht zur Ausübung der wirtschaftliche Tätigkeit aufgegeben worden ist, EuGH vom 6. 6. 2000, Breitsohl IStR 2000, 466 und BHF DStR 2001, 700).

Im Einklang mit der 6. EG-Richtlinie ist deshalb § 2 Umsatzsteuergesetz (UStG) dahingehend auszulegen, dass Künstler (kreativ Schaffende und ausübende Künstler) als Freiberufler oder ähnlich wie Freiberufler selbstständig tätige Personen „Unternehmer" und mithin Steuersubjekte des UStG sind, sofern sie mit der Absicht tätig werden, nachhaltig „Einnahmen" zu erzielen, ohne dass es hierbei auf die Gewinnerzielungsabsicht oder das wirtschaftliche Ergebnis der künstlerischen Tätigkeit ankommt. „Nachhaltig" mit **Einnahmenerzielungsabsicht** tätig sind daher alle Künstler, die ihre künstlerische Tätigkeit zum Haupt- oder (praktisch häufig) zum Nebenberuf machen, und zwar ab dem Zeitpunkt, in dem sie dazu entsprechende Vorkehrungen treffen, z. B. ihre künstlerischen Leistungen werbend anbieten, auch wenn Einnahmen daraus noch nicht, oder wegen Einstellung der Tätigkeiten, nie erzielt werden.

In Zeiten knapper Einnahmen können Künstler sich deshalb wenigstens die Vorsteuer für ihre beruflichen Aufwendungen erstatten lassen, auch wenn ihnen einkommenssteuerrechtlich die Gewinnerzielungsabsicht streitig gemacht werden sollte, (s. o. Rdnr. 22 f.).

Allerdings erfordert die subjektive Steuerpflicht, dass die Absicht zur Erzielung von Einnahmen durch objektive Indizien belegt werden kann. Denn jede selbstständige unternehmerische Tätigkeit hinterlässt entsprechende Spuren, sei es in Gestalt von Geschäftsbriefen, Internet Domains, Telefonbucheinträgen, Lieferantenrechnungen, Kundenkontakten o. Ä.

Umsatzsteuerrechtlich bildet dabei jedes Steuersubjekt nur **ein** Unternehmen.

Beispiel:
Der selbstständige Fotograf, der nebenher noch Fototechnikseminare an der Volkshochschule gibt, selbstständig Taxi fährt, selbstständige Hausreinigungsdienste verrichtet und einen Eigenverlag für Kunstdrucke betreibt, ist umsatzsteuerrechtlich nur **ein** Unternehmen.

75   Nicht umsatzsteuerpflichtig sind die **Lohn- und Gehaltsempfänger**, also die abhängig beschäftigten Künstler (vgl. Art. 4 Abs. 5 6. EG-Richtlinie). Bei gemischten Tätigkeiten ist der unternehmerische Bereich abzugrenzen, wenn dies anhand objektiver Merkmale möglich ist. Praktisch ist dies für die Frage relevant, ob die Vergütungen die Umsatzsteuer (die umgangssprachlich oft unkorrekt als Mehrwertsteuer bezeichnet wird) enthalten und ob die Künstlerin die Vorsteuer erstattet bekommt.

Der nachfolgend (in alphabetischer Reihenfolge) zitierten Rechtsprechung ist voranzustellen, dass es sich um atypische Einzelfallentscheidungen handelt, bei der die Vorfrage nach dem arbeits- und sozialversicherungsrechtlichen Status nicht eindeutig beantwortet werden konnte. Denn bei klaren Vereinbarungen, z. B. in Anstellungsverträgen ist eindeutig die Unternehmereigenschaft insoweit zu verneinen, als das Anstellungs- bzw. Arbeitsverhältnis reicht. So hat die Rechtsprechung als Unternehmer angesehen:

- die Chorsängerin (BHF, BB 1996, 1101)
- den Fernsehregisseur (FG Berlin, EFG 1972, 614, rk.)
- das Fotomodell, welches gelegentlich an Aufnahmen mitwirkt (BFH BStBl. III 1962, 183)
- den Honorarprofessor ohne Lehrauftrag (Nachw. bei Abschnitt 17 Abs. 4 der UStR)
- Musikkapellen, bei entsprechender Gestaltung, i. d. R als GbR (BFH BStBl. III 56)
- Musiklehrer, der mehreren Schülern Einzelunterricht erteilt (RFH RStBl. 22, 351)
- Opernsänger in Gastengagements (BFH DStR 96, 164 m. w. Nachw.)
- Rundfunksprecher (BFH BStBl. II 77, 50)

Steuersubjekt sind auch **Personengesellschaften** (GbR, OHG, KG) und **juristische** 76
Personen und bei inländischem Umsatz auch die Gesellschaften in Rechtsformen anderen Rechtsordnungen. Für Künstler, insbesondere Musiker ist die GbR häufig, die als selbstständiges Unternehmen und Umsatzsteuersubjekt gilt.

Beispiel:
Eine freischaffende Gesangssolistin ist selbstständige Unternehmerin und erzielt ferner als Mitglied einer als GbR organisierten Musikgruppe Einnahmen. Sie muss als Unternehmerin eigene Umsatzsteuererklärungen abgeben. Außerdem ist die GbR eine selbstständiges Unternehmen, die selbstständig Umsatzsteuererklärungen abgeben muss. Stellt die Solistin der GbR übliche Gagen in Rechnung, kann die GbR die darin ausgewiesene Umsatzsteuer als Vorsteuer geltend machen. Erhält sie Beteiligungserträge (Dividenden), liegt insoweit kein steuerpflichtiger Umsatz vor, vgl. Heidner, in Bunjes/Geist, UStG, § 2 Rdnr. 53 m. w. Nachw.

Öffentlich-rechtliche Einrichtungen sind dagegen grundsätzlich nicht Steuersub- 77
jekt der Umsatzsteuer. Hier ist deutsches Recht noch nicht ausreichend mit EG-Recht harmonisiert:
Während Art. 4 Absatz 5 6. EG-Richtlinie bestimmt, dass öffentliche Einrichtungen keinerlei Umsatzsteuer unterliegen, soweit sie Leistungen erbringen, die ihnen im Rahmen der öffentlichen Gewalt obliegen, es sei denn, dass dies „zu größeren Wettbewerbsverzerrungen führen würde", sind die Auswirkungen größerer Wettbewerbsverzerrungen vom deutschen Gesetzgeber bisher nicht berücksichtigt. Dieser differenziert in § 2 Absatz 2 UStG lediglich die Betriebe gewerblicher Art gem. § 4 Körperschaftsteuergesetz (KStG). Hier ist folglich eine komplizierte mehrstufige Prüfung zur Klärung der Umsatzsteuerpflicht erforderlich, die mit der vorrangigen Frage der „größeren Wettbewerbsverzerrung" des Art. 4 der 6. EG-Richtlinie beginnt, um schließlich mit der Klärung der Frage zu enden, ob ein organisatorisch abgegrenzter Betrieb gewerblicher Art durch nicht-hoheitliche Aufgaben Einnahmen erzielt (Details s. bei Heidner a. a. O.)
Relevant ist die Frage für kreative Schaffende deshalb, weil öffentlich-rechtliche Institutionen in vielfältiger Weise Auftraggeber kreativer Leistungen sind. Beispielhaft zu nennen sind die öffentlich-rechtlichen Rundfunkanstalten, die Universitäten, Genossenschaften, öffentlichen Sparkassen, öffentlich-rechtliche Kirchen, staatliche Museen. Diese sind, soweit sie hoheitliche Aufgaben wahrnehmen kein Umsatzsteuersubjekt, deshalb nicht zum Abzug der Vorsteuer befugt und von der Umsatzsteuer wie ein Verbraucher betroffen. Deshalb sind sie wirtschaftlich bestrebt, den künstlerischen Auftragnehmern die Umsatzsteuer als Kostenfaktor aufzubürden, die oft das schwächere Glied in der Wertschöpfungskette bilden.

Reich

Beispiel:

Ein junger Filmemacher dreht seinen ersten „richtigen" Film mit Filmfördermitteln und einer Sendeanstalt als Lizenznehmer der deutschsprachigen TV-Senderechte, die 30% der Herstellungskosten und -vergütung betragen. Die Rechnung erfolgt „inclusive 7% MWSt.". Diese muss er an das Finanzamt abführen, obwohl sie kalkulatorisch nicht aufgeschlagen worden ist. Da die Gewinnmarge bei solchen Filmproduktionen gering ist (7 bis 8% der Herstellungskosten), wirkt sich die dieser Effekt wirtschaftlich sehr nachteilig aus.

Es erscheint denkbar, dass dadurch größere Wettbewerbsverzerrungen bzw. -behinderungen gegenüber denjenigen Künstlern auftreten, die vorwiegend für nicht-öffentliche Auftraggeber tätig werden, wie z. B. privaten Sendeunternehmen.

3. Steuerobjekt

78   Der Umsatzsteuer unterliegen:

- Lieferungen von Gegenständen und Dienstleistungen, die ein Steuerpflichtiger als solcher im Inland gegen Entgelt ausführt
- die Einfuhr von Gegenständen." (Art. 2 6. EG-Richtlinie)
  bzw.
- die Lieferungen und Leistungen, die ein Unternehmer im Inland gegen Entgelt im Rahmen seines Unternehmens ausführt", (§ 1 Absatz 1 Nr. 1 UStG), sowie die Einfuhr von Gegenständen im Inland und der innergemeinschaftliche Erwerb im Inland gegen Entgelt" (§ 1 Abs. 1 Nrn. 2 und 3 UStG).

Das Besteuerungsrecht endet grundsätzlich an der Staatsgrenze, ausländische Umsätze sind im Inland **nicht steuerbar**.

Demgemäß muss der **Leistungsort** bestimmt werden, dies wiederum für Lieferungen und sonstige Leistungen nach unterschiedlichen, teilweise kaum lesbar verschachtelten Kriterien, die aber zunächst die Differenzierung zwischen einer Lieferung und einer sonstigen Leistung verlangen.

a) Lieferung

79   Als Lieferung eines Gegenstandes gilt nach Art. 5 Abs. 1 der 6. EG-Richtlinie „die Übertragung der Befähigung, wie ein Eigentümer über einen körperlichen Gegenstand zu verfügen", nach § 3 Abs. 1 UStG „die Verschaffung der Verfügungsmacht" über einen Gegenstand.

Körperliche Gegenstände sind in § 90 BGB definierte Sachen, z. B. Gemälde, Skulpturen, Datenträger, Gebäude u. Ä.

Nicht körperlich sind **Immaterialgüterrechte**, also urheberrechtliche Nutzungsrechte, Lizenzen, Gestattungen, Geschmacksmuster, Markenrechte usw.

Abgrenzungsfragen sind bei denjenigen Gegenständen zu klären, die sowohl körperlich, als auch immateriell sind, z. B. das Buchmanuskript, an dem Verlagsrechte dem Verlag eingeräumt werden, das Videoband, welches mit der Auswertungslizenz veräußert wird, der digitale Datenträger, der die Masteraufnahmen einer Musikproduktion verkörpert, die dem Plattenunternehmen eingeräumt werden, das Fotonegativ, welches der Fotograf einer Werbeagentur nebst der Nutzungsrechte hieran liefert. Hier ist zu entscheiden, an welchem Aspekt (Sache oder **Immaterialgüterrecht**) das **wirtschaftliche Interesse der Beteiligten überwiegt**. Bei den vorzitierten Beispielen wird dies in der Regel das Interesse an dem immateriellen Wirtschaftsgut sein, das zur Ziehung von Nutzungen erforderlich ist, also liegt keine Lieferung, sondern eine **sonstige Leistung** vor.

Auf den Erwerb von Sacheigentum im sachenrechtlichen Sinne kommt es allerdings nicht immer an. Es genügt die Verschaffung der wirtschaftlich einer Eigentümerstellung angenäherten Befugnis, dem **„wirtschaftlichen Eigentum"**, wie z. B. beim **Finanzierungsleasing**, auch dem Spezialleasing, wenn praktisch jeder Dritte von der Nutzung des Gegenstandes ausgeschlossen ist, sei es wegen der Vertragsdauer, als auch wegen der Erwerbsoption zu einem Kaufpreis unter Restwert, sei es wegen des speziellen Zuschnitts auf die Bedürfnisse des Leasingnehmers. Dagegen ist das „sale and leaseback" ursprünglich eigener Gegenstände ein dem dinglich gesicherten Darlehensvertrag ähnlicher Vorgang.

Bei **künstlerischen Werkleistungen** kommt nach § 3 Abs. 4 UStG eine Lieferung regelmäßig nicht in Betracht, da es sich bei den vom Künstler selbst beschafften Stoffen (Leinwand, Farbe, Bronze ebenso wie Datenträger, Filmmaterial) nicht um die Hauptstoffe, sondern um Zutaten handelt, die den eigentlichen Wert der Werkleistung nicht ausmachen. Nach EG-Recht kommt es ohnehin auf das „Wesen der Umsätze" an, nicht darauf, wer einen „Hauptstoff" liefert oder welcher Wille den Beteiligten zugemessen wird, s. Leonard, in Bunjes/Geist, UStG, § 3 Rdnr. 56a bis 57a.

Bei der unternehmerisch und nicht-unternehmerisch (etwa privaten) **gemischten Nutzung** hat der Unternehmer im Hinblick auf die Umsatzsteuer ein Wahlrecht, ob er den Gegenstand ganz, teilweise oder gar nicht seinem Unternehmen zuordnet (EuGH vom 4. 10. 95, BStBl. II 1996, 392, BFH BStBl. II 03, 813 und 815). Die Inanspruchnahme der Vorsteuer indiziert eine solche Zuordnung. In der Folge sind allerdings bei Eigenverbrauch und Veräußerung Umsatzsteuern zu entrichten, sodass die Zuordnung gut überlegt werden sollte.

Denn „Entnahmen" von Gegenständen durch den Unternehmer aus seinem Unternehmen für Zwecke, die außerhalb des Unternehmens liegen, werden „Lieferungen gegen Entgelt gleichgestellt", § 3 Abs. 1b Nr. 1 UStG. Voraussetzung ist, dass diese Gegenstände zum vollen oder teilweisen Vorsteuerabzug berechtigt haben.

b) Sonstige Leistungen

„Sonstige Leistungen sind Leistungen, die **keine Lieferungen** sind", § 3 Abs. 9 **80** UStG, bzw. Art. 6 der 6. EG-Richtlinie, der statt „sonstiger" Leistungen „Dienstleistungen" als solche definiert, was juristisch irreführend ist, da nicht jede sonstige Leistung auch eine Dienstleistung im bürgerlich-rechtlichen Sinne ist.

Damit ist die „sonstige entgeltliche Leistung" der **allgemeine Tatbestand**, die Lieferung ein spezieller Tatbestand.

Dies gilt z. B. für die Bibliothekstantiemen und Geräteabgaben, die von den **Verwertungsgesellschaften für die Urheber** kassiert werden.

„In den Fällen der §§ 27 und 54 des Urheberrechtsgesetzes führen die Verwertungsgesellschaften und die Urheber sonstige Leistungen aus." (§ 3 Abs. 9 Satz 2 UrhG).

Sonstige Leistungen sind im Einklang mit den oben unter a) genannten Kriterien z. B.:

- die **Auftragsproduktion von Filmen** (BFH BStBl II 76 515)
- die **Bild(rechte)überlassung zu Werbezwecken** (BFH BStBl III)
- die **Filmvorführung** (BFH BStBl II 1989, 205, 1995, 914), nicht allerdings der Schallplattenverkauf anlässlich der Filmvorführung
- **Gebrauchsüberlassungen**
- Entwurf und Herstellung eines **Kunstwerkes**

Reich

- Veräußerung von **Modellskizzen nebst den Nutzungsrechten daran** (BFH HFR 1962, 118)
- **Architektenpläne** für ein Bauvorhaben (BFH BStBl III 1956, 1989)
- Erstellung und Überlassung von **Individualsoftware** (BHF BStBL II 1974, 259), nicht aber Verkauf von Standardsoftware
- Übertragung des **Verlagsrechts** (BFH BStBL II 1970, 706).

Die weiteren Differenzierungen dienen der **Bestimmung des Ortes**, an dem die „sonstigen Leistungen" als erbracht gelten (dazu s. u. d).

c) Tauschgeschäfte

81   Auch **Tauschumsätze** unterliegen der Umsatzsteuer, da die Tauschobjekte jeweils „Entgelte" sind. Beispiele hierfür sind der Tausch von Werken der Bildenden Kunst gegen die Galeristenleistung usw.

d) Leistungsort

82   Die Regelungen zum Leistungsort spiegeln in ihrer Komplexität das Bestreben nach Sicherung des Steueraufkommens, die Bekämpfung des Umsatzsteuerbetruges und die zwischenstaatlichen Konflikte um das Besteuerungsrecht wider, denn vom Leistungsort im jeweiligen „Inland" hängt ab, welcher Staat die Umsatzsteuer erheben darf.

Der **Ort der Lieferung** befindet sich an folgenden Orten:

Bei der **unbewegten Lieferung** dort wo sich der Gegenstand bei Verschaffung der Verfügungsmacht befindet, § 3 Abs. 7 UStG, beispielsweise der Ort, an dem das stationäre Kunstwerk dem Erwerber übergeben, bzw. der Besitz auf ihn übergeht.

Bei der **bewegten Lieferung** im Falle der Beförderung durch den Unternehmer oder den Abnehmer am **Ort des Beförderungsbeginns**, § 3 Abs. 6 Satz 1 UStG, regelmäßig also am **Atelier des Künstlers**. Im Falle der **Versendung** durch einen selbstständigen Beauftragten im Auftrag des Unternehmers oder Abnehmers am **Ort der Übergabe an den Beauftragten**, § 3 Abs. 6 Satz 4 UStG, beispielsweise also am Ort der Übergabe des Bühnenkostüms an einen Kurierdienst.

Das **Bestimmungslandprinzip** gilt ausnahmsweise für bestimmte Lieferungen innerhalb der Europäischen Gemeinschaft zur Vermeidung der Doppelbesteuerung, und zwar für die **Lieferung neuer Fahrzeuge**, § 3d UStG, und bei der Beförderung und dem Versand (nicht aber bei Abholung) **verbrauchsteuerpflichtiger Waren** an Nichtunternehmer, die dann im Bestimmungsland der Umsatzsteuer unterliegen. Das kann bei erheblich geringerer MWSt im Bestimmungsland gegenüber dem Ursprungsland zu wirtschaftlichen Vorteilen für den Privaterwerber führen, vgl. z. B. den „grauen Markt" für neue Kfz, was beweist, dass die Umsatzsteuer eben praktisch doch nicht nur den Verbraucher belastet.

83   Bei der **sonstigen Leistung** ist hinsichtlich der Bestimmung des Leistungsortes von unterschiedlichen Fiktionen auszugehen, hier versagt mitunter der „gesunde Menschenverstand" und Irrtümer sind leicht möglich, weshalb praktischerweise zunächst das Vorliegen der Ausnahmen zu prüfen ist.

Zwar bestimmt das Gesetz (§ 3a Abs. 1 UStG) den **Grundsatz der Besteuerung am Unternehmersitzort**, doch wird dieser durch vielfache Ausnahmen und Gegenausnahmen bis zur Unkenntlichkeit aufgeweicht. Diese sind nach der Reihenfolge der Wichtigkeit für Künstler aller Berufe wie folgt zusammenzufassen:

- **am Belegenheitsort des Grundsstücks**, § 3a Abs. 2 Nr. 1 UStG, bei sonstigen Leistungen im Zusammenhang mit einem Grundstück (**z. B., Baukunst, Kunst am Bau, Großskulptur, Denkmalsanierung und Restaurierungsarbeiten u. Ä.**)
- **am ausschließlichen oder wesentlichen Tätigkeitsort**
  - bei **kulturellen**, künstlerischen, wissenschaftlichen, unterrichtenden, sportlichen, unterhaltenden **oder ähnlichen Leistungen** einschließlich der Leistungen der jeweiligen Veranstalter, sowie der damit zusammenhängenden Tätigkeiten, die für die Ausübung der Leistungen unerlässlich sind, (§ 3a Abs. 2 Nr. 3a UStG)
  - bei **Arbeiten an beweglichen körperlichen Gegenständen** und der Begutachtung dieser Gegenstände (§ 3a Abs. 2 Nr. 3c UStG), z. B. also bei Kunstsachverständigengutachten, Restaurierung von Kunstwerken, Montage oder sonstiger Endfertigstellung von Kunstwerken wie z. B. Bühnen- oder Filmkulissen oder -bauten am Bestimmungsort
  - bei **Vermittlungsleistungen am Ort, an dem die vermittelte Leistung ausgeführt wird**, § 3a Abs. 2 Nr. 4 UStG, (**Grundregel**), allerdings nur, soweit der Vermittler als Handelsvertreter im Namen und für Rechnung Dritter tätig wird und soweit keine besonderen Fälle vorliegen, (s. hiernach) und sofern der Leistungsempfänger **keine USt-IDNr** verwendet, dann gilt die Leistung als in dem Gebiet des Mitgliedsstaates des Leistungsempfängers ausgeführt.

Ist der Empfänger einer der folgenden Leistungen umsatzsteuerrechtlich ein Unter- **84** nehmer, gilt die sonstige Leistung an dem **Ort** ausgeführt, **an dem der Empfänger sein Unternehmen betreibt** (§ 3a Abs. 3 UStG), bzw. bei Ausführung am Ort einer Betriebsstätte des Unternehmers an dieser **Betriebsstätte**:

- **Einräumung, Übertragung und Wahrnehmung von Immaterialgüterrechten**, das Gesetz (§ 3a Abs. 4 Nr. 1 UStG) führt beispielhaft Patente, **Urheberrechte und Markenrechte** auf
- Leistungen der **Werbung und Öffentlichkeitsarbeit** (Nr. 2)
- Rechtliche, wirtschaftliche und technische **Beratungsleistungen** (Nr. 3)
- **Datenverarbeitung** (Nr. 4)
- **Rundfunk und Fernsehdienstleistungen** (Nr. 13)
- auf **elektronischem Weg (d. h. per Internet) erbrachte sonstige Leistungen** (Nr. 14)
- die **Vermittlung** dieser Leistungen (Nr. 10).

Ist **der Empfänger** der vorstehend aufgezählten Leistungen **kein Unternehmer** und **85** hat er seinen Wohnsitz in einem dritten Land (außerhalb der EU), wird die Leistung an seinem **Wohnsitz** ausgeführt, § 3a Abs. 3 Satz 3 UStG.

Empfängt ein Nichtunternehmer eine **Internetleistung**, die von einem Unternehmer mit Sitz oder Betriebsstätte außerhalb der EU ausgeführt wird, wird die Internetleistung am Wohnsitz des Empfängers in der EU ausgeführt, § 3a Abs. 3a UStG.

Internetleistungen sind z. B. das **Downloading von Software, Musik oder Videos.**

e) Leistungszeit

Der **Leistungszeitpunkt** bestimmt, für welchen Erklärungszeitraum (Monat, Quar- **86** tal, Jahr) die Umsatz- bzw. Vorsteuer erklärt werden muss, und bei Änderung des Steuersatzes, welcher Steuersatz gilt.

Leistungszeit für die **Lieferung** ist nach BFH DStR 1998, 166 der Zeitpunkt, an dem alle Voraussetzungen für die Verschaffung der Verfügungsmacht erfüllt sind. Bei

Werklieferungen, die der Errichtung eines Bauwerkes (Baukunst, Kunst am Bau, Großskulptur) dienen, ist der Zeitpunkt der Übergabe an den Auftraggeber maßgeblich (BFH BStBl II 1976, 309). Bei sonstigen Leistungen ist der Zeitpunkt oder Zeitraum der Erbringung, je nach Inhalt der Leistung (Dauerschuldverhältnis oder Einzelleistung) maßgeblich. Werden jedoch **Anzahlungen** geleistet, bevor die Dienstleistung (bzw. sonstige Leistung) bewirkt ist, so entsteht der Steueranspruch zum **Zeitpunkt der Vereinnahmung** der Anzahlung, Art. 10 Abs. 22. Unterabsatz der 6. EG-Richtlinie.

f) Einfuhrumsatzsteuer und Zoll

87   Einfuhrumsatzsteuer wird nicht mehr innerhalb der Europäischen Gemeinschaft erhoben, sondern nur **bei Einfuhren aus Drittstaaten**. Sie wird mit den **Einfuhrzöllen** nach den Zollvorschriften erhoben, § 21 UStG. Besteuert wird das körperliche Verbringen der Ware in das Zollgebiet der EU. Auf den Leistungsaustausch kommt es nicht an. Problematisch gestaltet sich in der Praxis die grenzüberschreitende Mitführung von Musikinstrumenten und technischen Ausrüstungsgegenständen zu und von ausländischen Tätigkeitsorten. Zur Vermeidung umständlicher und zeitraubender Formalitäten bei den Zollbehörden empfiehlt es sich, den innerhalb des Gemeinschaftsgebietes anerkannten „Instrumentenpass" zu erwerben und mitzuführen. Auch außerhalb des Gemeinschaftsgebietes kann ein solcher Pass zumindest die Glaubhaftmachung erleichtern, dass es sich nicht um Einfuhr bzw. Ausfuhr eines wertvollen Instrumentes handelt.

g) Steuerbefreiungen

88   Das Umsatzsteuergesetz enthält in § 4 einen Katalog sog. Steuerbefreiungen. Diese haben zur Folge, dass kein kein Vorsteuerabzug möglich ist, aber auch keine Umsatzsteuer in Rechnung gestellt werden muss. Ziel ist es u. a., die Verbraucher z. B. bei Kulturveranstaltungen zu entlasten. Eine Vielzahl der genannten Leistungen wird dennoch indirekt mit Umsatzsteuer belastet, allerdings nicht beim Verbraucher, sondern beim Unternehmer, dem bei der teilweisen Umsatzsteuerbefreiung der Vorsteuerabzug versagt wird, s. Heidner, in Bunjes/Geist, UStG, Rdnr. 4 zu § 4 (wodurch die Vorsteuer zum Kostenfaktor wird „heimliche Umsatzsteuer").

Für den Kulturbetrieb relevant sind die Vorschriften
- in § 4 Nr. 20, wonach die Umsätze **kultureller Einrichtungen der öffentlichen Hand** (insbes. **Theater, Orchester, Kammermusikensembles, Chöre, Museen,** d. h. wissenschaftliche Sammlungen und Kunst-Sammlungen) von der Umsatzsteuer befreit sind. Dasselbe gilt für die **„Umsätze gleichartiger Einrichtungen anderer Unternehmer"**, wenn die zuständige Landesbehörde bescheinigt, dass sie gleiche kulturelle Aufgaben erfüllen. Allerdings wirtschaften solche „anderen" Unternehmer anders als die öffentliche Hand nach Ertragsgrundsätzen und müssten dann die Vorsteuer tragen, § 15 Abs. 2 UStG,
- in § 4 Nr. 21 UStG, wonach die Umsätze aus unmittelbar dem Schul- und Bildungszweck dienenden **Unterrichtsleistungen privater Schulen** und anderer allgemein bildender oder berufsbildender Einrichtungen sowie der an solchen Schulen oder an Hochschulen tätigen selbstständigen Lehrer von der Umsatzsteuer befreit sind sowie,
- gemäß § Nr. 22 UStG die Vorträge, Kurse und anderen **Veranstaltungen wissenschaftlicher oder belehrender Art**, die von den dort genannten Einrichtungen

durchgeführt werden, wenn die Einnahmen überwiegend zur Deckung der Kosten verwendete werden und **andere kulturelle Veranstaltungen**, die **von solchen Einrichtungen** durchgeführt werden, soweit des Entgelt in Teilnahmegebühren besteht.

Von den „steuerbefreiten" Leistungen sind die nicht steuerbaren Leistungen zu unterscheiden (s. o. Rdnr. 78)

4. Steuersatz

a) Der Regelsteuersatz

Die Umsatzsteuer beträgt für jeden steuerpflichtigen Umsatz bis 31. 12. 2006 **sech-** 89 **zehn vom Hundert**, ab 1. 1. 2007 **neunzehn vom Hundert**, sofern nicht der ermäßigte Steuersatz in Höhe von 7% angewendet wird. Zur Frage des maßgeblichen Zeitpunktes der Lieferung bzw. Leistung bei der Änderung des Steuersatzes: s. o. 3. e).

b) Der ermäßigte Steuersatz

Der ermäßigte Steuersatz gilt vor allem für die Lieferung von **Grundnahrungsmit-** 90 **teln** und für **kulturelle Leistungen**. **Denn der Mensch „lebt nicht vom Brot allein".** Diese Auffassung vertritt auch die 6. EG-Richtlinie, die deshalb in Art. 12 ermäßigte Steuersätze für zulässig erklärt und im **Anhang H zu Art. 12 Abs. 1a** die Gegenstände und Leistungen verzeichnet, die ermäßigt besteuert werden dürfen. Waren und Dienstleistungen innerhalb jeder Kategorie müssen dann allerdings einheitlich behandelt werden, da diese als **gleichartig** und deshalb miteinander im **Wettbewerb** stehend definiert sind – **Grundsatz der steuerlichen Neutralität** – (Urteil des EuGH v 23. 10. 03 (C-109/02, Kommission/Deutschland, UR 2004, 34). Anders als die „Steuerbefreiungen" behält hierbei der leistende Unternehmer die Vorsteuerabzugsberechtigung. Die Steuerermäßigung wirkt sich deshalb nicht indirekt als Kostenfaktor aus, vgl. oben Rndr. 88).

Anhang H zur 6. EG-Richtlinie definiert folgende Waren und Dienstleistungen als gleichartig:

Kategorie 6:
Lieferung von Büchern, einschließlich der Vermietung durch Büchereien (einschließlich Broschüren, Prospekten und ähnlichen Drucksachen, Bilder-, Zeichen- und Malbücher für Kinder, Notenhefte oder -manuskripte, Landkarten und hydrografische oder ähnliche Karten), Zeitungen und Zeitschriften, mit Ausnahme von Druckerzeugnissen, die vollständig oder im Wesentlichen Werbezwecken dienen.

Kategorie 7:
Eintrittsberechtigung für Veranstaltungen, für Theater, Zirkus, Jahrmärkte, Vergnügungsparks, Konzerte, Museen, Tierparks, Kinos und Ausstellungen sowie ähnliche kulturelle Ereignisse und Einrichtungen.
Empfang von Rundfunk und Fernsehprogrammen.

Kategorie 8:
Werke bzw. Darbietungen von Schriftstellern, Komponisten und ausübenden Künstlern sowie deren Urheberrechte.

Demgegenüber differenzieren bzw. schränken das UStG und die deutsche Recht- 91 sprechung teilweise noch innerhalb dieser Kategorien die Ermäßigungstatbestände ein, was zu Wettbewerbsnachteilen für die jeweils nicht der USt-Ermäßigung unterliegenden Waren/Leistungen führt.

Die Bestimmung des § 12 Abs. 2 Nr. 7a bestimmt zunächst, dass „die Eintrittsberechtigung" für **Theater, Konzerte und Museen** der ermäßigten USt unterliegt, verlangt aber, dass Darbietungen ausübender Künstler Theatervorführungen und Konzerten „vergleichbar" sein müssen, was nach der Rspr. des EuGH unzulässig ist, (s. EuGH Urteil aaO, der die Nichtanwendung der Ermäßigung auf Solisten verurteilt hatte). Richtigerweise kann es auf diese Vergleichbarkeit nicht ankommen, die in der Praxis darauf hinausliefe, zwischen „Kunst" und „Nichtkunst" zu unterscheiden. Zudem fehlt der deutschen Bestimmung die analoge Anwendung auf **„ähnliche kulturelle Ereignisse und Einrichtungen"**, die gem. Anlage H Kategorie 7 als gleichartig anzusehen sind, beispielsweise also Kunstmessen und Kunstausstellungen, die (auch) Verkaufszwecken dienen (a. A. Heidner, in Bunjes/Geist, UStG, Rdnr. 3 zu § 12 Abs. 2 Nr. 7).

92   Der ermäßigte Steuersatz gilt auch „für die **Überlassung von Filmen zur Auswertung und Vorführung sowie die Filmvorführungen"** (§ 12 Abs. 2 Nr. 7b UStG), soweit es sich nicht um jugendgefährdende Inhalte (Pornografie, extremistische Propaganda) handelt. Damit ist zunächst der „Verleih" und alternativ auch die Lizenzierung von Filmen gemeint (die auch unter § 12 Abs. 2 Nr. 7c UStG fallen), als auch die Kinovorführungen (und ähnliche Vorführungen), also das Kartenentgelt. Auf den technischen Träger des Films kommt es nicht an (Positiv, Videoband, DVD, Direktsatellit). Obwohl die 6. EG-Richtlinie, Anhang H in Kategorie 7 den **Empfang von Rundfunk und Fernsehprogrammen** ebenfalls als vergleichbare Leistung aufzählt, kennt das deutsche UStG einen ermäßigten Steuersatz hierfür nicht, die USt-Richtlinien schließen den Empfang von Pay TV aus, s. dort, Nr. 167 Abs. 2. Werbefilmvorführungen sind nicht begünstigt.

93   „Die **Einräumung, Übertragung und Wahrnehmung von Rechten, die sich aus dem Urheberrechtsgesetz ergeben"** sind gem. § 12 Abs. 2 Nr. 7c UStG ermäßigt. Die Bestimmung unterstellt, dass die Existenz von Urheberrechten bzw. vergleichbaren Schutzrechten eine schutzfähige kulturelle Leistung indiziert und ist deshalb extensiv anzuwenden. Zu den urheberrechtlich geschützten Werken und Leistungen s. o. 2. Kapitel. Dazu gehören übrigens auch die gemäß UrhG geschützten Leistungen der Tonträgerhersteller (§ 85 UrhG), der Sendeunternehmen (§ 87 UrhG), der Filmhersteller (§ 94 UrhG) und der Veranstalter (§ 81 UrhG).

94   Auch die korrekte Anwendung des § 12 Abs. 2 Nr. 7c UStG bereitet offenbar Schwierigkeiten. Statt sich an der o. g. Kategorie 8 des Anhangs H zu orientieren, werden **Darbietungen**, die nicht mit der Einräumung von Rechten verbunden sind, von der Steuerermäßigung ausgenommen (vgl. Heidner, in Bunjes/Geist, UStG, Rdnr. 35 zu § 12 II Nr. 7). Richtigerweise sind sämtliche Entgelte für Darbietungen ausübender Künstler gleichermaßen gem. § 12 Abs. 2 Nr. 7a zu ermäßigen, ohne dass es auf eine Rechteeinräumung ankommt.

Ähnliche Verwirrung besteht bei den **Leistungen der Schriftsteller:** Während Anhang H in Kategorie 8 Werke von Schriftstellern „sowie" deren Urheberrechte begünstigt, will die Regelung im UStG (Heidner a. a. O. Rdnr. 22) darauf abstellen, ob ein Manuskript mit oder ohne Rechteeinräumung verbunden vom Schriftsteller geliefert wurde, was aber richtigerweise keinen Unterschied machen kann.

95   Hinsichtlich der **Lieferung von Gegenständen** stellt die Regelung in § 12 UStG auf die als Regel-Ausnahmekatalog verfasste Anlage 2 zu § 12 Abs. Nr. 1 UStG mit einer Vielzahl von Liefergegenständen ab, die zudem durch „Hinweise zum Zolltarif" ergänzt wird. Diese ist durch die in der 6. EG Richtlinie getroffenen Bestimmungen als

höherrangiges Recht **überholt**, die vom Gedanken der Freiheit des Warenverkehrs geprägt sind und eine Wettbewerbsverzerrung durch Verstoß gegen den Neutralitätsgrundsatz verbietet.

Bücher und Schriften aller Art sind steuerbegünstigt, soweit sie nicht Werbezwecken dienen. Es kommt nicht auf die äußere Form (gebunden oder ungebunden, Fotokopie, Handschriften o. Ä.) an, denn Grund für die Steuerermäßigung ist die Vermeidung höherer Preise für Kulturgüter.

Ebenso **Kunstwerke- und Kunstgegenstände aller Art**, unabhängig von ihrem künstlerischen Gehalt (EuGH, DB 1992, betr. Emaillearbeiten; BVerfG, UR 1996, 97).

Das Gleiche gilt für **Fotografien**, denn diese sind urheberrechtlich geschützt (entweder als Lichtbilder, § 71 UrhG oder als Lichtbildwerke § 72 UrhG) und für Computersoftware, denn diese ist gem. § 69a UrhG geschützt. Die abweichenden Auffassungen in Literatur und Rechtsprechung sind durch die 6. EG Richtlinie überholt.

5. Vorsteuerabzug

Da die Umsatzsteuer nur den Endverbraucher belasten soll, der Unternehmer aber **96** Steuersubjekt ist, muss für ihn die Möglichkeit bestehen, die von ihm bei Leistung eines anderen Unternehmers an diesen gezahlte Umsatzsteuer zurückzuerhalten. Dies wird als Vorsteuerabzug bezeichnet, der ein **Steuervergütungsanspruch** ist.

Beispiel:
Verkauft der Musikhändler A dem Musiker B ein Notenheft für 20 Euro netto, so zahlt B an A 21,40 Euro (20 Euro Nettopreis plus 1,40 Euro Umsatzsteuer). A muss die von B erhaltene Umsatzsteuer an das Finanzamt abführen. B hat, wenn er Unternehmer im Sinne von § 2 UStG ist, einen Anspruch gegen das Finanzamt in Höhe von 1,40 Euro(Vorsteuerabzug).

Einsichtig wird dieses System erst dann, wenn man bedenkt, dass auch der Musikhändler A das Notenheft von dem Verlag bezogen hat und somit auch Umsatzsteuer an den Verlag zahlen musste, die dieser an sein Finanzamt abzuführen hatte, und A einen Steuererstattungsanspruch dadurch erhielt.

a) Voraussetzung

Voraussetzung für den Vorsteuerabzug ist, dass der Unternehmer eine Lieferung **97** oder sonstige Leistung **von einem anderen Unternehmer** empfängt, diese Lieferung oder sonstige Leistung für das Unternehmen des Empfängers ausgeführt wird und **eine Rechnung mit Steuerausweis** im Sinne von § 14 UStG, §§ 31 ff. UStDV vorliegt. Rechnung ist jedes Dokument, mit dem über eine Lieferung oder sonstige Leistung abgerechnet wird, gleichgültig, wie dieses Dokument im Geschäftsverkehr bezeichnet wird, § 14 Abs. Satz 1 UStG. Eine **Rechnung muss folgende Angaben** enthalten:

1. **Namen und Anschrift** des leistenden Unternehmers und des Leistungsempfängers
2. **Steuernummer oder Umsatzsteuer-Identifikationsnummer** (letztere erteilt des Bundesamt für Finanzen in Eschborn)
3. **Ausstellungsdatum**
4. **Rechnungsnummer** (fortlaufend und nur jeweils einmalig vergeben)
5. **Menge und Art** der Lieferung oder Leistung
6. **Zeitpunkt** der Lieferung oder Leistung, sofern nicht mit dem Ausstellungsdatum identisch
7. Nach Steuersätzen **aufgeschlüsseltes Entgelt** („ X Euro zzgl. 7 % USt)
8. Den **anwendbaren Steuersatz**.

Reich

Der Künstler als Unternehmer hat Doppel der Rechnungen, die er erteilt hat, und die Rechnungen, die er erhalten hat, für **10 Jahre aufzubewahren**.

Der Vorsteuerabzug ist ausgeschlossen, wenn der Unternehmer die Lieferung oder sonstige Leistung zur Ausführung steuerfreier Umsätze verwendet oder in Anspruch nimmt, § 15 Abs. 2 Nr. 1 UStG, sofern diese nicht nach § 4 Nr. 1 bis 7 UStG steuerfrei sind. Der Vorsteuerabzug muss gem. § 15a UStG berichtigt werden, wenn sich die Verhältnisse innerhalb von fünf Jahren ab der erstmaligen Verwendung eines Wirtschaftsgutes ändern, die für den Vorsteuerabzug maßgebend waren, wie etwa bei Rückgabe einer gekauften Sache.

b) Verfahren

98   Die Vorsteuer kann der Unternehmer von der Umsatzsteuer **abziehen**, sodass er im Endeffekt nur noch den Unterschiedsbetrag an das Finanzamt abführen muss oder einen Erstattungsanspruch hat.

c) Eigenverbrauch

99   Liegt ein Eigenverbrauch im Sinne von § 1 Abs. 1 Nr. 2 UStG vor, so ist ein Vorsteuerabzug zwar möglich, er muss aber in Höhe des Eigenverbrauchs durch Abführung von Umsatzsteuer korrigiert werden.

Beispiel:
Wird ein für das Unternehmen gekaufter Pkw, bei dem der Vorsteuerabzug zunächst einmal möglich ist, zu einem Teil privat genutzt, so liegt hierin ein Eigenverbrauch (Leistungseigenverbrauch), der insoweit, d. h. in Höhe der privaten Nutzung vom Unternehmer versteuert werden muss.

6. Besteuerung von Kleinunternehmern

100   Wenn Umsätze zuzüglich der darauf entfallenden Umsatzsteuer im vorangegangenen Kalenderjahr **17 500 Euro nicht überstiegen haben und im laufenden Kalenderjahr 50 000 Euro** voraussichtlich nicht übersteigen werden, wird die Umsatzsteuer gem. § 19 Abs. 1 UStG nicht erhoben. Diese sog. Besteuerung der Kleinunternehmer hat allerdings zur Folge, dass dieser auch **keinen Vorsteuerabzug** geltend machen kann. Nach § 19 Abs. 2 UStG kann jedoch der Kleinunternehmer darauf verzichten („**optieren**"), sodass er umsatzsteuerpflichtig aber auch vorsteuerabzugsberechtigt wird. An diese Wahl, die gegenüber dem Finanzamt erklärt werden muss, ist er für die Dauer von fünf Jahren gebunden. Bei Anwendung der Kleinunternehmerregelung muss ein entsprechender Hinweis hierauf auf der Rechnung erfolgen.

7. Vorsteuerabzug in Höhe von Durchschnittssätzen

101   Auf Antrag können bestimmte Berufsgruppen für ihre **berufsbezogenen Umsätze** gemäß § 23 UStG in Verbindung mit §§ 69 ff. der UStDV die Vorsteuererstattung nach Durchschnittssätzen in Anspruch nehmen, wenn der berufsgruppenbezogene Umsatz 61 356 Euro (Stand: 2005) nicht überstiegen hat. Die Quoten betragen für folgende Berufe aus dem Kultursektor entsprechend der Anlage zur UStDV:

Abschnitt A: Durchschnittssätze für die Berechnung sämtlicher Vorsteuerbeträge (§ 70 Abs. 1):

Bildhauer: 7,0 v. H. des Umsatzes

Grafiker (nicht Gebrauchsgrafiker): 5,2 v. H. des Umsatzes

Reich

Kunstmaler: 5,2 v. H. des Umsatzes

Selbstständige Mitarbeiter bei Bühne, Film, Funk, Fernsehen und Schallplattenproduzenten: 3,6 v. H., das sind natürliche Personen, die auf den Gebieten der Bühne, des Films, des Hörfunks, des Fernsehens, der Schallplatten-, bild- und Tonträgerproduktion selbstständig Leistungen in Form von eigenen Darbietungen oder Beiträge zu Leistungen Dritter erbringen.

Hochschullehrer: 2,9 v. H. des Umsatzes

Journalisten: 4,8 v. H. des Umsatzes, da sind freiberuflich tätige Unternehmer, die in Wort und Bild überwiegend aktuelle, politische, kulturelle und wirtschaftliche Ereignisse darstellen

Schriftsteller: 2,6 v. H. des Umsatzes, das sind freiberuflich tätige Unternehmer, die geschriebene Werke mit überwiegend wissenschaftlichem, unterhaltendem oder künstlerischen Inhalt schaffen.

Diese sog. Vollpauschalierungen gelten für sämtliche Vorsteuerbeträge, die mit der Tätigkeit der Unternehmer in den bezeichneten Berufszweigen zusammenhängen und schließen insoweit einen weiteren Vorsteuerabzug aus.

„Abschnitt B: Durchschnittssätze für die Berechnung eines Teils der Vorsteuerbeträge (§ 70 Abs. 2):

Architekten: 1,9 v. H. des Umsatzes, das sind auch Architektur-, Bauingenieur- und Vermessungsbüros, darunter Baubüros, statische Büros und Bausachverständige, aber nicht Film- und Bühnenarchitekten.

Hier können ergänzend noch weitere Vorsteuern geltend gemacht werden, s. § 70 Abs. 2 UStDV.

Vereinfachungen beim Vorsteuerabzug enthalten die §§ 35–43 UStDV.

V. Gewerbesteuer

Während im Grundsatz die selbstständige Ausübung eines Berufes gewerbesteuerpflichtig ist, sind hiervon neben der Land- und Forstwirtschaft die **freien Berufe ausgenommen**, § 2 Abs. 1 GewStG, § 15 Abs. 2 EStG. Zu den freien Berufen ist **auch die selbstständig ausgeübte künstlerische Tätigke**it zu rechnen, § 18 Abs. 1 Nr. 1 EStG. Wegen der praktischen häufigen Statusfragen (s. o. Rdnr. 12 ff.) werden die Grundlagen der Gewerbesteuer für diejenigen Fälle erläutert, dass seitens der Finanzämter die von Künstlern erbrachten Leistungen als gewerblich eingestuft werden. **102**

Die Gewerbesteuer wird von den Gemeinden erhoben und auch als „**Objektsteuer**" oder „Realsteuer" bezeichnet. Steuerpflichtig ist jeder „stehende" d. h. aktiv tätige Gewerbebetrieb, § 2 Abs. 1 Satz 1 GewStG. Die Gewerbesteuerpflicht erlischt mit der Aufgabe jeder „werbenden" Tätigkeit. **103**

Bemessungsgrundlage ist der **Gewerbeertrag**. Dieser wird nach den §§ 7 bis 11 GewStG ermittelt. Dabei wird vom Gewinn bzw. Verlust des Gewerbebetriebes ausgegangen, wie dieser nach § 15 EStG für Einzelunternehmer und Mitunternehmerschaften (z. B. Tanzkapellen) bzw. für Kapitalgesellschaften nach § 8 KStG ermittelt wird. Veräußerungsgewinne aus der Veräußerung oder Aufgabe von Betrieben sind nicht gewerbesteuerpflichtig. Auch im Ausland erwirtschaftete Gewerbeerträge sind nicht gewerbesteuerpflichtig.

Zur Ermittlung des Gewerbeertrags werden außerhalb der Gewinn- und Verlustrechnung dem Gewinn aus Gewerbebetrieb einzelne Beträge **hinzugerechnet**, o z. B. die Hälfte der Dauerschuldzinsen, § 8 Nr. 1 GewStG. Dauerschulden sind Darlehen von mehr als einem Jahr Laufzeit. Hälftig hinzugerechnet werden auch Miet- und Pachtzinsen, deren Empfänger nicht gewerbesteuerpflichtig ist, § 8 Nr. 7 GewStG. Damit soll die Fremdkapitalverzinsung gewerbesteuerrechtlich ähnlich der Eigenkapitalverzinsung behandelt werden. Gewinnanteile aus Mitunternehmerschaften unterliegen bereits dort der Gewerbesteuer und sind beim Empfänger zu kürzen, § 9 Nr. 2 GewStG.

Verluste aus Gewerbebetrieb können gewerbesteuerlich nicht in frühere Jahre zurückgetragen werden, können aber mit Gewerbeerträgen späterer Jahre bis zur Höhe von einer Million Euro im Jahr verrechnet werden, darüber hinaus nur zu 60 % (Mindestbesteuerung), § 10a GewStG.

104   Die Gewerbesteuer wird folgendermaßen ermittelt:

Der den Freibetrag für Einzelunternehmen und Personengesellschaften von 24 500 Euro übersteigende Gewerbeertrag wird auf volle 100 Euro abgerundet, § 11 Abs. 1 Satz 3 GewStG. Sodann wird der sog. **Steuermessbetrag** ermittelt, indem der Gewerbeertrag mit der **Steuermesszahl** multipliziert wird. Diese beträgt 1 % für die ersten 12 000 Euro, 2 % für die nächsten 12 000 Euro, 3 % für die nächsten 12 000 Euro, 4 % für die nächsten 12 000 Euro und 5 % für alle weiteren Beträge. Der Steuermessbetrag wird vom zuständigen Finanzamt durch Feststellungsbescheid (Grundlagenbescheid), § 14 GewStG, festgestellt und der Gemeinde mitgeteilt, in welcher sich der Gewerbebetrieb befindet. Diese multipliziert den Steuermessbetrag mit einem Hebesatz, den sie innerhalb der zulässigen Grenzen selbst festlegt (mindestens 200 %, § 16 Abs. 4 Satz 2, durchschnittlich aber um 400 %).

In Höhe der so ermittelten Gewerbesteuer wird diese durch eine Rückstellung bei der Gewinnermittlung nach § 4 Abs. 2 EStG berücksichtigt. Bei Zahlung darf die GewSt dann vom zu versteuernden Einkommen als Betriebsausgabe abgezogen werden, § 4 Abs. 4 EStG. Der somit vom Gesetz geforderte Zirkelschluss führt dazu, dass der Gewerbeertrag erneut ermittelt werden muss, wiederum mit Auswirkungen auf die Höhe der GewSt. Dies erfolgt durch eine Näherungsmethode, die „5/6 Methode", indem auf Grundlage des zunächst ermittelten Gewinns die GewSt vorläufig berechnet, hiervon 5/6 den Gewinn mindernd angesetzt und auf den verbleibenden Gewinn die endgültige GewSt errechnet wird.

Um die Gewerbetreibenden (Einzelunternehmer und Mitunternehmerschaften) nicht wesentlich höher mit Steuern zu belasten, als die übrigen Steuerpflichtigen, **ermäßigt sich die Einkommensteuer** bei diesen um das 1,8 fache des festgesetzten GewSt-Messbetrags, § 35 EStG. Dies führt bei Hebesätzen unter ca. 290 zur Überkompensation, bei höheren Hebesätzen aber verbleibt eine vergleichsweise höhere Steuerbelastung.

VI. Verfahren

1. Einkommensteuer

105   Die Einkommensteuer ist eine Jahressteuer, ihr Veranlagungszeitraum ist das Kalenderjahr.

a) Einkommensteuererklärung

(1) Frist

106   Die Einkommensteuererklärung ist bis zum 31. 12. des folgenden Jahres abzugeben. Anders als früher können keine weiteren Fristverlängerungen mehr beantragt werden.

(2) Erklärungspflicht

Zunächst ist nach § 149 Abs. 1 S. 2 AO derjenige zur Abgabe einer Steuererklärung **107** verpflichtet, den das Finanzamt dazu auffordert. Diese Aufforderung kann durch öffentliche Bekanntmachung, § 149 Abs. 1 S. 3 AO, oder stillschweigend durch die Zusendung von Erklärungsunterlagen erfolgen. Des Weiteren gelten für die Einkommensteuererklärung bestimmte Einkommensgrenzen, ab denen eine Erklärung abzugeben ist, vgl. § 56 EStDV.

aa) Unbeschränkt Steuerpflichtige. Unbeschränkt Steuerpflichtige, die nicht ver- **108** heiratet sind oder verheiratet sind, aber getrennt leben, sind zur Steuererklärung verpflichtet, wenn

- der Gesamtbetrag der Einkünfte mehr als 7664 € betragen hat und darin keine Einkünfte aus nichtselbstständiger Arbeit, von denen ein Steuerabzug vorgenommen worden ist, enthalten sind,
- wenn das Einkommen ganz oder teilweise aus Einkünften aus nichtselbstständiger Arbeit besteht, von denen ein Steuerabzug vorgenommen worden ist, und eine Veranlagung nach § 46 Abs. 2 Nr. 1 bis 6 und 7 Buchstabe b EStG in Betracht kommt.

Unbeschränkt Steuerpflichtige, die verheiratet sind und nicht getrennt leben, und von denen keiner die getrennte Veranlagung nach § 26a EStG oder die besondere Veranlagung nach § 26 c EStG gewählt hat, sind zur Abgabe einer Steuererklärung verpflichtet, wenn

- keiner der Ehegatten Einkünfte aus nichtselbstständiger Arbeit, von denen ein Steuerabzug vorgenommen worden ist, bezogen und der Gesamtbetrag der Einkünfte mehr als 15 329 Euro betragen hat,
- wenn mindestens einer der Ehegatten Einkünfte aus nichtselbstständiger Arbeit, von denen ein Steuerabzug vorgenommen worden ist, bezogen hat und eine Veranlagung nach § 46 Abs. 2 Nr. 1 bis 7 EStG in Betracht kommt.

bb) Beschränkt Steuerpflichtige. Beschränkt Steuerpflichtige haben, ohne dass es **109** auf eine bestimmte Höhe der Einkünfte ankommt, eine Steuererklärung über die inländischen Einkünfte im Sinne von § 49 EStG abzugeben.

(3) Form

Gem. § 150 Abs. 1 AO ist die Steuererklärung nach amtlich vorgeschriebenem Vor- **110** druck abzugeben.

(4) Einkommensteuervorauszahlung

Das Finanzamt setzt gem. § 37 EStG die Vorauszahlung der Einkommensteuer **111** durch den sog. Vorauszahlungsbescheid fest. Die Vorauszahlungen sind am 10. 3., 10. 6., 10. 9. und 10. 12 zu entrichten. Vorauszahlungen sind nur festzusetzen, wenn sie mindestens 200 Euro/Jahr und mindestens 50 Euro für einen Vorauszahlungszeitpunkt betragen. Die Höhe der Vorauszahlung richtet sich, wenn nicht andere Anhaltspunkte vorliegen, nach der letzten aus der Veranlagung resultierenden Steuerschuld; Bemessungsgrundlage ist aber eigentlich die für den laufenden Veranlagungszeitraum voraussichtlich anfallende Einkommensteuerschuld.

b) Lohnsteuer-Antragsveranlagung

112   Bei Einkünften aus nichtselbstständiger Tätigkeit wird, wie oben ausgeführt, vom Arbeitslohn die Lohnsteuer durch den Arbeitgeber an das Finanzamt abgeführt. Um die Jahressteuerschuld zu ermitteln und eventuell zu viel gezahlte Steuer zu erstatten, erhält der Arbeitnehmer die Möglichkeit, eine Einkommensteuerveranlagung zu beantragen, sofern die Einkünfte mehr als 410 Euro betragen.

(1) Frist

113   Der Antrag kann ist bis zum Ablauf des auf den Veranlagungszeitraum folgenden zweiten Kalenderjahres durch Abgabe einer Einkommensteuererklärung zu stellen, § 46 Abs. 2 Nr. 8 Satz 2 EStG.

(2) Durchführung durch den Arbeitgeber

114   Der Arbeitgeber ist unter bestimmten Voraussetzungen, § 42b Abs. 1 EStG, berechtigt, einen Lohnsteuerjahresausgleich durchzuführen. Der Arbeitnehmer kann dennoch die Antragsveranlagung durchführen, da der vom Arbeitgeber vorgenommene Lohnsteuerjahresausgleich keine Bindungswirkung für den durch das Finanzamt durchgeführten Lohnsteuerjahresausgleich hat (Drenseck, in Schmidt, a. a. O. § 42 Anm. 5 b).

(3) Abgeltungswirkung

115   Ansonsten gilt die Einkommensteuer durch die Lohnsteuer als abgegolten, soweit der Steuerpflichtige nicht für zu wenig erhobenen Lohnsteuer in Anspruch genommen werden kann, § 46 Abs. 4 EStG.

(4) Lohnsteuerkarte, Lohnsteuerklassen

116   Nach § 39 EStG sind die Gemeinden verpflichtet, unbeschränkt steuerpflichtigen Arbeitnehmern unentgeltlich jedes Jahr eine Lohnsteuerkarte zu übermitteln. Sie oder das Finanzamt sind auch für etwaige Änderungen (Heirat, Kinder usw.) zuständig. Die Lohnsteuerklasse richtet sich nach Familienstand oder Anzahl der Tätigkeiten. Es ist möglich, sich auf Antrag einen Freibetrag auf der Lohnsteuerkarte eintragen zu lassen, der dann bei Einbehaltung der Lohnsteuer durch den Arbeitgeber berücksichtigt wird. Dies gilt insbesondere für Werbungskosten, die bei den Einkünften aus nichtselbstständiger Tätigkeit den Arbeitnehmer-Pauschbetrag überschreiten, oder bei bestimmten Sonderausgaben, siehe § 39 a) EStG.

c) Rechtsbehelfe

117   Ein Rechtsbehelf gegen den Steuerbescheid ist gem. § 348 Abs. 1 Nr. 1 AO der **Einspruch**, der gem. § 357 Abs. 2 AO bei der Finanzbehörde einzulegen ist, die den Steuerbescheid erlassen hat. Die Frist beträgt gem. § 355 Abs. 1 AO ein Monat nach Bekanntgabe, sofern eine Rechtsbehelfsbelehrung erfolgt ist und bei Fehlen dieser ein Jahr, § 356 AO. Gegen die einen Einspruch zurückweisende Entscheidung der Finanzbehörde ist sodann der **Klageweg zu den Finanzgerichten** eröffnet.

2. Umsatzsteuer

a) Besteuerungsverfahren

Besteuerungszeitraum ist auch hier das Kalenderjahr, § 16 Abs. 1 S. 1 UStG. Nach **118** § 18 Abs. 1 UStG hat der Unternehmer bis zum 10. **Tag nach Ablauf jedes Kalendermonats** (Voranmeldungszeitraum) eine Voranmeldung nach amtlich vorgeschriebenem Vordruck abzugeben, in der er die Steuer für den Voranmeldungszeitraum selbst zu berechnen hat. Beträgt die Steuer für das vorangegangene Kalenderjahr weniger als 6136 €, so ist das **Kalendervierteljahr** Voranmeldungszeitraum. Bei einer Steuer für das vorangegangen Kalenderjahr von unter 512 € kann das Finanzamt den Unternehmer von der Verpflichtung zur Abgabe der Voranmeldungen und Entrichtung der Vorauszahlungen befreien. Für das Jahr der Neugründung und das Folgejahr ist grundsätzlich die monatliche Abgabe der Voranmeldungen Pflicht.

Voranmeldungen sind elektronisch im ELSTER-Verfahren dem Finanzamt einzureichen.

b) Umsatzsteuererklärung

Gem. § 18 Abs. 3 UStG hat der Unternehmer für das Kalenderjahr eine Steuererklä- **119** rung nach amtlich vorgeschriebenem Vordruck abzugeben, in der er die zu entrichtende Steuer oder den Überschuss, der sich zu seinen Gunsten ergibt, selbst zu berechnen hat. Die Steuererklärung ist bis zum 31. 5. des folgenden Kalenderjahres abzugeben. Für evtl. Fristverlängerungen gelten die Ausführungen zur Einkommensteuererklärung entsprechend.

VII. Exkurs: Gemeinnützige Zwecke, Kultursponsoring

a) Gemeinnützige Zwecke

Die **Förderung von Kunst und Kultur** kann durch Körperschaften erfolgen, die **120** gemeinnützige Zwecke verfolgen. Dadurch werden **steuerbegünstigte Spenden** möglich (s. o. Rdnr. 49 zu 3 10b EStG), deren Empfänger von der Körperschaftsteuer (§ 5 Abs. Nr. 9 KStG) und von der Gewerbesteuer (§ 3 Nr. 6 GewStG) befreit ist, wenn und weil die empfangene Körperschaft ausschließlich und unmittelbar gemeinnützige, mildtätige oder kirchliche Zwecke (steuerbegünstigte Zwecke) verfolgt, was die §§ 51 ff. der Abgabenordnung (AO) regeln.

Körperschaften sind juristische Personen, Vereine und Stiftungen gem. dem Körper- **121** schaftssteuergesetz (KStG). Eine Körperschaft verfolgt gem. § 52 AO gemeinnützige Zwecke, wenn ihre Tätigkeit darauf gerichtet ist, die **Allgemeinheit** auf materiellem, geistigem oder sittlichem Gebiet **selbstlos zu fördern**. Eine Förderung der Allgemeinheit ist nicht gegeben, wenn der Kreis der Personen, dem die Förderung zugute kommt, fest abgeschlossen ist, zum Beispiel Zugehörigkeit zu einer Familie oder zur Belegschaft eines Unternehmens, oder infolge seiner Abgrenzung, insbesondere nach räumlichen oder beruflichen Merkmalen, dauernd nur klein sein kann. Eine Förderung der Allgemeinheit liegt nicht allein deswegen vor, weil eine Körperschaft ihre Mittel einer Körperschaft des öffentlichen Rechts zuführt. Unter den vorgenannten Voraussetzungen sind als Förderung der Allgemeinheit insbesondere die **Förderung von Kunst und Kultur** anzuerkennen, § 52 Abs. 2 Nr. 1 AO. Eine Förderung oder Unterstützung geschieht selbstlos, wenn dadurch **nicht in erster Linie eigenwirtschaftliche**

Zwecke – zum Beispiel gewerbliche Zwecke oder sonstige Erwerbszwecke – verfolgt werden und wenn die folgenden Voraussetzungen (kumulativ) gegeben sind, § 55 AO:

1. Mittel der Körperschaft dürfen nur für die **satzungsgemäßen Zwecke** verwendet werden. Die Mitglieder oder Gesellschafter dürfen keine Gewinnanteile und in ihrer Eigenschaft als Mitglieder auch keine sonstigen Zuwendungen aus Mitteln der Körperschaft erhalten. Die Körperschaft darf ihre mittel weder für die unmittelbare noch für die mittelbare Unterstützung oder Förderung politischer Parteien verwenden.
2. Die Mitglieder dürfen bei ihrem Ausscheiden oder bei Auflösung oder Aufhebung der Körperschaft **nicht mehr als ihre eingezahlten Kapitalanteile** oder den gemeinen Wert ihrer geleisteten Sacheinlagen **zurückerhalten**.
3. Die Körperschaft darf **keine Person** durch Ausgaben, die dem Zweck der Körperschaft fremd sind, oder durch unverhältnismäßig hohe Vergütungen **begünstigen**.
4. Bei Auflösung oder Aufhebung der Körperschaft oder bei Wegfall ihres bisherigen Zwecks darf das Vermögen der Körperschaft, soweit es die eingezahlten Kapitalanteile der Mitglieder und den gemeinen Wert der von den mitgliedern geleisteten Sacheinlagen übersteigt, nur für steuerbegünstigte Zwecke verwendet werden (**Grundsatz der Vermögensbindung**). Diese Voraussetzung ist auch erfüllt, wenn das Vermögen einer anderen steuerbegünstigten Körperschaft oder einer Körperschaft des öffentlichen Rechts für steuerbegünstigte Zwecke übertragen werden soll.
5. Die Körperschaft muss ihre Mittel grundsätzlich **zeitnah** für ihre steuerbegünstigten Zwecke verwenden. Verwendung in diesem sinne ist auch die Verwendung der Mittel für die Anschaffung oder Herstellung von Vermögensgegenständen, die satzungsgemäßen Zwecken dienen. Eine zeitnahe Mittelverwendung ist gegeben, wenn die Mittel spätestens in dem auf den Zufluss folgenden Kalender- oder Wirtschaftsjahr für die steuerbegünstigten satzungsgemäßen Zwecke verwendet wird.

122   **Ausschließlichkeit** liegt vor, wenn eine Körperschaft nur ihre steuerbegünstigten satzungsgemäßen Zwecke verfolgt, § 56 AO.

Die Steuervergünstigung wird beispielsweise nicht dadurch ausgeschlossen, dass eine Körperschaft ihre **Mittel einer anderen steuerbegünstigten Körperschaft zuwendet,** oder ihr Arbeitskräfte zur Verfügung stellt, Räume überlässt u. Ä., vgl. im einzelnen § 58 AO.

123   Die Voraussetzungen für die Steuervergünstigung sind **in der Satzung zu verankern**, die tatsächliche Geschäftsführung muss diesen Satzungsbestimmungen entsprechen, §§ 59, 63 AO. Dies gilt insbesondere für die satzungsgemäße, steuerlich ausreichende Vermögensbindung, § 61 AO. Die Satzungszwecke und die Art ihrer Verwirklichung müssen so genau bestimmt sein, dass auf Grund der Satzung geprüft werden kann, ob die satzungsgemäßen Voraussetzungen für die Steuervergünstigung gegeben sind, und zwar bei der Körperschaftssteuer und bei der Gewerbesteuer während des gesamten Veranlagungs- oder Bemessungszeitraums, bei den anderen Steuern im Zeitpunkt der Entstehung der Steuer, § 60 AO.

124   Auch wirtschaftliche Geschäftsbetriebe können steuerbegünstigt sein, wenn es sich um **Zweckbetriebe** handelt, § 65 AO. Ein Zweckbetrieb ist gegeben, wenn

1. der wirtschaftliche Geschäftsbetrieb in seiner Gesamtrichtung dazu dient, die steuerbegünstigten satzungsgemäßen Zwecke der Körperschaft zu verwirklichen,
2. die Zwecke nur durch einen solchen Geschäftsbetrieb erreicht werden können und

3. der wirtschaftliche Geschäftsbetrieb zu nicht begünstigten Betrieben derselben oder ähnlicher Art nicht in größerem Umfang in Wettbewerb tritt, als es bei Erfüllung der steuerbegünstigten Zwecke unvermeidbar ist.

b) Kultursponsoring

Kulturveranstaltungen und -Produktionen erhalten häufig Finanzierungsbeiträge **125** oder sonstige Beiträge von Sponsoren. Im Unterschied zum Spender und handelt der Sponsor nicht selbstlos sondern erhält vom Gesponserten eine Gegenleistung, die zumeist seine mehr oder weniger dezente Nennung beinhaltet und so sein Image aufwerten soll (zum Kultursponsoring-Vertrag s. o. § 10 Rdnr. 144 f.).

Die **ertragssteuerliche Behandlung** des Sponsoring durch die Finanzbehörden ori- **126** entiert sich am sog. **Sponsoring-Erlass** des BMF vom 18. 2. 1998 und dem Anwendungserlass zur AO Ziffer 7 ff. zu § 64 AO. aufseiten des Sponsors sind dessen Beiträge dann Betriebsausgaben gem. § 4 Abs. 4 EStG, wenn der Sponsor wirtschaftliche Vorteile für seine Unternehmen, insbes. für dessen Ansehen erstrebt oder für seine Produkte werben will. Beispiele dafür sind die Verwendung des Namens oder Logos des Empfängers durch den Sponsor. Dies gilt auch, wenn Leistung (Sponsoring-Beitrag) und Gegenleistung (Nennung) nicht gleichwertig sind, wobei allerdings kein „krasses" Missverhältnis gegeben sein darf, § 4 Abs. 5 Nr. 7 EStG.

Wenn Zuwendungen des Sponsors keine Betriebsausgaben sind, handelt es sich um **Spenden gem. § 10b EStG**, sofern sie zur Förderung steuerbegünstigter Zwecke (s. o. Rdnr. 120 ff.) freiwillig erbracht werden, kein Entgelt für eine bestimmte Leistung des Empfängers sind und nicht in einem wirtschaftlichen Zusammenhang mit dessen Leistungen stehen (vgl. Ziffer 7 des Sponsoring Erlasses).

Weder als Betriebsausgaben noch als Spenden abzugsfähige Zuwendungen sind bei natürlichen Personen **nicht abziehbare Kosten** der privaten Lebensführung, § 12 Nr. 1 EStG, bei Kapitalgesellschaften u. U. **verdeckte Gewinnausschüttungen**, die dem steuerpflichtigen Gewinn hinzuzurechnen sind.

Beim **Empfänger sind Sponsoren-Beiträge steuerfreie Einnahmen** im ideellen Bereich, wenn dieser eine steuerbegünstigte Körperschaft (vgl. oben Rdnr. 120 ff.) oder eine Vermögensverwaltung ist und dem Sponsor lediglich gestattet, den Namen oder das Logo des Gesponserten für eigene Werbung zu verwenden. Dagegen sind, auch bei der gemeinnützigen Empfängerin oder der Vermögensverwaltung, die Einnahmen bzw. die vom Sponsor empfangenen Leistungen steuerpflichtige Einnahmen, wenn der Empfänger ein wirtschaftliches Geschäft betreibt, z. B. „aktiv" an den Werbemaßnahmen des Sponsors mitwirkt, (Sponsoring Erlass Tz. 9). Die Besteuerungsfreigrenze beträgt 30 678 Euro, § 64 Abs. 3 AO

Gemeinnützigkeit schützt einen Kulturverein nicht davor, auf empfangene Gelder **127** oder geldwerte Leistungen **Umsatzsteuer** zahlen zu müssen, wenn dieser **aktive Gegenleistungen** hierfür vereinbart und erbracht hat. Auf die dann vorliegenden Umsätze ist Umsatzsteuer zu entrichten, vgl. BFH Urteil vom 1. 8. 2002, V R 21/01 für einen gemeinnützigen Luftsportverein. Allerdings kann der Unternehmer dann auch die Vorsteuererstattung beantragen, vgl. oben Rdnr. 96 ff.

§ 12 Künstlersozialversicherungsgesetz

I. Grundzüge

1　　Als die **Künstlersozialkasse** (KSK) vor mehr als 20 Jahren ihre Arbeit in Wilhelmshaven aufnahm, wurden u. a. Verzeichnisse von Künstlerverbänden ausgewertet, um vermeintlich versicherungspflichtige Künstler von Amts wegen zu erfassen. Diesen Versuch, der nur zum Teil von Erfolg gekrönt war, gab man nach relativ kurzer Zeit wieder auf, weil viele, insbesondere ältere Künstler und Publizisten, die sich durch private Krankenversicherungen und Lebensversicherungen auf Kapital- oder Rentenbasis bereits ausreichend abgesichert hatten, ihre Unabhängigkeit aus verständlichen Gründen nicht aufgeben wollten. Einzelne machten deutlich, dass es wichtigere Dinge gäbe, als an Fälle von Alter und Krankheit zu denken und wollten sich ganz auf ihre künstlerische Selbstverwirklichung und ihre publizistische Freiheit konzentrieren. Die große Mehrheit der Kreativen aber nahm die gesetzgeberische Offerte zu einer Pflichtversicherung auf Antrag an und die Zahlen der KSK belegen, dass die Künstlersozialversicherung ein Erfolgsmodell ist, das sich wachsender Beliebtheit erfreut. Während der Gesetzgeber ursprünglich von 20. – 50 000 Versicherten ausgegangen ist, wird die KSK Anfang 2006 die Marke von **150 000 Versicherten** überschreiten – mit weiter steigender Tendenz.

2　　Ausgangspunkt für die Erkenntnis des Gesetzgebers, dass die Lage der selbstständigen Künstler und Publizisten dringend verbessert werden muss, war der **Künstler-Report** (Fohrbeck/Wiesand, Der Künstler-Report 1975). Dieser zeigte die äußerst prekäre Lage der freien Bühnendarsteller, Musikerzieher, Musikinterpreten, Journalisten, Bildjournalisten und der ständigen freien Mitarbeiter der Rundfunk- und Fernsehanstalten auf und verdeutlichte damit ihre wirtschaftliche Abhängigkeit und ihr Unvermögen, allein für eine ausreichende Absicherung für die Fälle von Alter und Krankheit vorzusorgen.

Diese Sicht der wirtschaftlichen Abhängigkeit der selbstständigen Künstler und Publizisten von den Verwertern ihrer Werke und Leistungen hat auch das Bundesverfassungsgericht in seiner Entscheidung zum Künstlersozialversicherungsgesetz (KSVG) vom 8. 4. 1987 (NJW 1987, 3115 ff. (3118)) bestätigt und deshalb die Heranziehung der Unternehmer zur Künstlersozialabgabe eingehend bekräftigt:

„... *Künstler und Publizisten erbringen unvertretbare, d. h. höchstpersönliche Leistungen, die in besonderer Weise der Vermarktung bedürfen, um ihr Publikum und also ihre Abnehmer zu finden. Dieses Verhältnis hat gewisse symbiotische Züge; es stellt einen kulturgeschichtlichen Sonderbereich dar, aus dem eine besondere Verantwortung der Vermarkter für die soziale Sicherung der – typischerweise wirtschaftlich schwächeren – selbstständigen Künstler und Publizisten erwächst, ähnlich der der Arbeitgeber für ihre Arbeitnehmer.*"

3　　Das **Prinzip** der Künstlersozialversicherung ist dem Grundkonzept der **Sozialversicherung** der abhängig Beschäftigten angenähert. Nach dem Künstlersozialversicherungsgesetz sind selbstständig tätige Künstlerinnen und Künstler sowie Publizistinnen und Publizisten in der gesetzlichen Kranken- und Rentenversicherung sowie in der sozialen Pflegeversicherung versicherungspflichtig. Die Arbeitslosenversicherung bleibt für sie ausgespart. Sie zahlen ähnlich wie Arbeitnehmerinnen und Arbeitnehmer nur den halben Beitrag. Die andere Beitragshälfte wird durch eine **Künst-**

lersozialabgabe, die von den Auftraggebern der selbstständigen Künstler und Publizisten zu zahlen ist und durch einen **Bundeszuschuss** aufgebracht. Der Bundeszuschuss dient dazu, die fehlenden Abgaben der Verwerter zu ersetzen, die darauf zurückzuführen sind, dass z. B. bei bildenden Künstlern die Werke nicht über Galerien und Kunsthandel, sondern unmittelbar an Interessenten verkauft werden. Hinsichtlich dieses „**Selbstvermarktungsanteils**" ist der Gesetzgeber ursprünglich von einem Drittel ausgegangen und hat deshalb den Bundeszuschuss auf 17 % der Ausgaben der Künstlersozialkasse festgesetzt. Mit dem Gesetz zur Sicherung der Künstlersozialversicherung vom 18. 12. 1987 wurde dieser Anteil auf 25 % erhöht, da die Erfahrung der KSK gezeigt hatte, dass der Selbstvermarktungsanteil rund 50 % betrug. Untersuchungen des ifo-Instituts haben im Jahr 1995 ergeben, dass der Selbstvermarktungsanteil im Durchschnitt für alle Kunstbereiche zwischenzeitlich auf unter 40 % gesunken ist. Der Bundeszuschuss wurde deshalb mit Wirkung vom 1. 1. 2000 auf 20 % festgesetzt.

Die **Beitragsanteile** der **Versicherten** richten sich in ihrer Höhe nach den Prozent- **4** sätzen der Renten- und Pflegeversicherung sowie der Satzung der gewählten Krankenkasse und der Höhe des von den Versicherten bis zum 1. 12. eines Jahres mitgeteilten voraussichtlichen Arbeitseinkommens für das darauf folgende Jahr. Die **Künstlersozialabgabe** – Beitragsanteil der Unternehmen, deren Unternehmenszweck darin besteht, Werke und Leistungen selbstständiger Künstler und Publizisten zu verwerten und daraus Einnahmen zu erzielen – richtet sich nach der Summe aller Entgelte, die der Abgabepflichtige in einem Kalenderjahr an selbstständig schaffende, ausübende oder lehrende Musiker, darstellende oder bildende Künstlerinnen oder auch Schriftsteller, Journalistinnen oder in anderer Weise publizistisch Tätige zahlt. Die Abgabe wird pauschal – unabhängig von der Versicherungspflicht der Künstler – für Entgelte an alle selbstständig oder freiberuflich Tätigen erhoben. Sie ist daher nicht auf Honorare und Entgelte beschränkt, die an nach dem KSVG Versicherte gezahlt werden. Durch diese Regelung sollen Konkurrenznachteile für versicherte Künstler und Publizisten vermieden werden.

Zunächst galt ein einheitlicher Abgabesatz von 5 % für die Bereiche Wort, bildende **5** Kunst, Musik und darstellende Kunst. Mit Wirkung vom 1. 1. 1989 hat der Gesetzgeber bereichsspezifische Abgabesätze eingeführt. Mit dem Haushaltssanierungsgesetz vom 20. 12. 1999 (BGBl. I S. 2534) kehrte der Gesetzgeber zu einem **einheitlichen Abgabesatz** für alle Bereiche der Kunst und Publizistik zurück. Dieser beträgt für die Jahre 2000 = 4,0 %, 2001 = 3,9 %, 2002 = 3,8 %, 2003 = 3,8 %, 2004 = 4,3 %, 2005 = 5,8 % und 2006 = 5,5 %. Die gestiegenen Abgabesätze der vergangenen Jahre sind insbesondere darauf zurückzuführen, dass die Zahl der Versicherten kontinuierlich zunimmt (2006 wird die Zahl von 150 000 überschritten) und der Bund sich seit dem Jahr 2000 nur noch mit 20 % Bundeszuschuss an der Finanzierung der Künstlersozialversicherung beteiligt, während die abgabepflichtigen Verwerter seit dieser Zeit statt 25 % nunmehr 30 % des Finanzierungsvolumens aufbringen müssen.

Da das KSVG seit dem 1. 7. 2001 von der Unfallkasse des Bundes – unter dem Namen Künstlersozialkasse – durchgeführt wird, sind die Beitragsanteile der Versicherten, die Künstlersozialabgabe der Verwerter und der Zuschuss des Bundes nach dort zu überweisen. Die KSK wird dabei quasi als **Inkassostelle** tätig, die den jeweiligen Versicherungsträgern den individuellen Beitrag des Künstlers oder Publizisten zahlt. Träger der Versicherung sind die Deutsche Rentenversicherung und die zuständigen Kranken- und Pflegekassen, von denen die Versicherten die entsprechenden Leistungen erhalten.

Nordhausen

II. Die einzelnen Bestimmungen des Künstlersozialversicherungsgesetzes

1. Der Kreis der Versicherten

a) Grundsatz

6   Nach der Bestimmung des § 1 KSVG werden selbstständige Künstler und Publizisten der Angestellten, in der gesetzlichen Renten- und Krankenversicherung und in der
sozialen Pflegeversicherung versichert, wenn sie
    die künstlerische oder publizistische Tätigkeit erwerbsmäßig und nicht nur vorü-
bergehend ausüben und
    im Zusammenhang mit der künstlerischen oder publizistischen Tätigkeit nicht mehr
als einen Arbeitnehmer beschäftigen, es sei denn, die Beschäftigung erfolgt zur Berufsausübung oder ist geringfügig im Sinne von § 8 Viertes Buch Sozialgesetzbuch
(SGB IV).

b) Künstler und Publizisten

7   Schon der Künstlerbericht der Bundesregierung aus dem Jahre 1975 verzichtet darauf, den Versuch zu unternehmen, eine Definition vorzunehmen, wer als Künstlerin
oder Künstler anzusehen ist. Vielmehr wurde schon dort **ein möglichst umfassender
Begriff** zugrundegelegt, der nicht nur eindeutig künstlerische, sondern auch damit verwandte Tätigkeitsbereiche umfasst. Diesem Gedanken trägt auch das Gesetz Rechnung, indem in § 2 KSVG niedergelegt ist, dass Künstler im Sinne dieses Gesetzes ist,
wer Musik, darstellende oder bildende Kunst schafft, ausübt oder lehrt. Als Publizist
im Sinne dieses Gesetzes wird angesehen, wer als Schriftsteller, Journalist oder in anderer Weise publizistisch tätig ist oder Publizistik lehrt. Eine weitergehende Definition
enthält das KSVG nicht. In der Begründung zum Gesetzentwurf (BT-Dr. 9/26, S. 18)
heißt es lediglich:
    *„Es wird darauf verzichtet, im Wege der Aufzählung von Berufsbezeichnungen die
    künstlerische oder publizistische Tätigkeit im Einzelnen zu definieren. Einer solchen
    Aufzählung steht die Vielfalt, Komplexität und Dynamik der Erscheinungsformen
    künstlerischer und publizistischer Berufstätigkeit entgegen. Es wird jedoch davon aus-
    gegangen, dass jedenfalls die im Künstlerbericht der Bundesregierung erfassten Berufs-
    gruppen (BT-Dr. 7/3071, S. 7) sowie alle im Bereich Wort tätigen Autoren, insbesondere
    Schriftsteller und Journalisten, in die Regelung einbezogen sind. Von jeder Abgrenzung
    nach der Qualität der künstlerischen und publizistischen Tätigkeit ist abgesehen wor-
    den, wie das auch schon bei den bislang pflichtversicherten Künstlern der Fall war. Für
    die soziale Sicherung kann lediglich das soziale Schutzbedürfnis maßgebend sein."*

8   Damit liegt **keine gesetzliche Definition** vor, die den Künstler- oder Publizistenbe-
griff ein für alle Mal festschreiben würde. Vielmehr ist ausdrücklich die Möglichkeit
eröffnet, neuen Entwicklungen Rechnung zu tragen. Es empfiehlt sich daher, sich zunächst an dem **Künstlerkatalog** zu orientieren, den die KSK in ihrer Informations-
schrift Nr. 6 zur Künstlersozialabgabe aufgestellt hat. Besteht Streit darüber, ob eine
künstlerische oder publizistische Tätigkeit vorliegt, ist im Ergebnis eine Klärung nur
über den Rechtsweg möglich. Gegen einen negativen Feststellungsbescheid der KSK
muss dazu Widerspruch eingelegt und ggf. Klage vor dem zuständigen Sozialgericht
erhoben werden.

Nordhausen

c) Selbstständige Künstler und Publizisten

Der Begriff der selbstständigen Tätigkeit erschließt sich im Wesentlichen aus der 9
Abgrenzung zur Arbeitnehmereigenschaft. Da es an einem einheitlichen Rechtsbegriff
„Arbeitnehmer" fehlt, ist von der **gesetzesspezifischen Sicht der Sozialversicherung**
auszugehen (s. Finke/Brachmann/Nordhausen, § 1 Rdnr. 10 ff. m. w. Nachw.), die sich
an der arbeitsrechtlichen Begriffsbestimmung orientiert. Danach zeichnet sich die
nicht selbstständige Tätigkeit als Arbeitnehmer dadurch aus, dass das Beschäftigungsverhältnis durch die persönliche und wirtschaftliche Abhängigkeit von einem Arbeitgeber geprägt ist. Insbesondere kommt es auf die persönliche Abhängigkeit an, die sich
in der Weisungsbefugnis des Arbeitgebers hinsichtlich Zeit, Ort und Art der Arbeitsleistung ausdrückt (s. auch Hromadka, „Arbeitnehmer oder freier Mitarbeiter", NJW
2003, 1847 ff.). Demgegenüber ist für eine selbstständige Tätigkeit wesentlich, dass das
Unternehmerrisiko beim Selbstständigen verbleibt, der die Verfügungsmöglichkeit
über die eigene Arbeitskraft besitzt und Tätigkeit und Arbeitszeit im wesentlichen
selbst gestaltet. Für die häufigen Definitionsprobleme zwischen den beiden genannten
Polen gilt, dass es entscheidend auf die **tatsächliche Abwicklung der Tätigkeit** ankommt. Weder vertraglich fixierte Deklarationen noch Wunschvorstellungen können
im Ergebnis eine Statusbestimmung vornehmen (vgl. hierzu die Ausführungen in § 6).

d) Erwerbsmäßige und nicht nur vorübergehende Ausübung der Tätigkeit

Erwerbsmäßige Tätigkeit setzt voraus, dass es sich um eine berufsmäßige, selbst- 10
ständige Tätigkeit handelt, die auf Dauer angelegt ist und darauf abzielt, Einnahmen zu
erzielen (vgl. Finke/Brachmann/Nordhausen a. a. O. § 1 Rdnr. 21 f.). Der Gegensatz-
begriff ist die Hobbytätigkeit. Ähnlich dem Steuerrecht sollen also künstlerische Lieb-
habereien nicht vom Gesetz erfasst werden. Erforderlich ist also die **berufsmäßige
Erwerbstätigkeit**. Erwerbstätig in diesem Sinne ist nach dem Künstlersozialversicherungsgesetz nur derjenige, der mit dieser Arbeit seinen Lebensunterhalt überwiegend
bestreitet oder dies jedenfalls versucht. Was unter einer vorübergehenden Erwerbstätigkeit zu verstehen ist, ergibt sich aus § 8 Abs. 1 Nr. 2 SGB IV. Danach muss es sich
um eine Tätigkeit von nicht mehr als 2 Monaten oder insgesamt 50 Arbeitstagen handeln. Diese Grenzen müssen überschritten werden, um die Voraussetzungen für die
Versicherungspflicht zu erfüllen.

e) Das erforderliche Mindesteinkommen

Die Versicherungspflicht setzt ferner voraus, dass im Kalenderjahr voraussichtlich 11
ein **Arbeitseinkommen** erzielt wird, das 3900 € **übersteigt**. Diese Grenze ist entsprechend herabzusetzen, wenn Künstler oder Publizisten nur zeitweilig tätig sind
bzw. Zeiten des Bezuges von Erziehungsgeld vorliegen. Erfolgt die künstlerische/
publizistische Tätigkeit nur während eines Teils des Kalenderjahres oder fallen Zeiten
des Bezuges von Erziehungsgeld an, ist die Entgeltgrenze entsprechend herabzusetzen.

Der Begriff des Arbeitseinkommens wird in den Gemeinsamen Vorschriften für die
Sozialversicherung, § 15 SGB IV, definiert. Danach ist Arbeitseinkommen der nach
den allgemeinen Gewinnermittlungsvorschriften des Einkommensteuerrechts ermittelte **Gewinn aus einer selbstständigen Tätigkeit**. Einkommen ist als Arbeitseinkommen zu werten, wenn es als solches nach dem Einkommensteuerrecht gilt. Durch den
unmittelbaren Bezug zum Einkommensteuerrecht wird die Ermittlung des Arbeits-

einkommens vereinfacht, weil der Betrag direkt aus dem **Einkommensteuerbescheid** des Künstlers oder Publizisten zu entnehmen ist. Die frühere Berücksichtigung von steuerlichen Vergünstigungen und Veräußerungsgewinnen ist seit 1995 entfallen. Für den Versichertenkreis nach dem KSVG bedeutet dies, dass der Gewinn den Überschuss der Betriebseinnahmen über die Betriebsausgaben darstellt, § 4 Abs. 3 EStG. Insoweit sind also die allgemeinen Regelungen des Einkommensteuerrechts zu berücksichtigen, die u. a. auf einer strikten Trennung zwischen beruflich bedingten und Kosten der privaten Lebensführung beruhen (s. hierzu ausführlich § 11).

12   Nach der Bestimmung des § 8 Abs. 1 EStG sind **Betriebseinnahmen** alle Einnahmen, die in Geld oder Geldeswert bestehen und dem Steuerpflichtigen im Rahmen seiner selbstständigen künstlerischen/publizistischen Tätigkeit zufließen. Dies sind insbesondere:

- Entgelte, Gagen, Honorare
- Verkaufserlöse, Vergütungen und Provisionen
- Einnahmen und Lizenzen aus Dienst- und Werkverträgen
- Tantiemen von Verwertungsgesellschaften
- Einnahmen aus der sonstigen Verwertung von Urheberrechten
- Einkünfte aus Gesellschaftsverträgen
- Aufwandsentschädigungen für Zeitaufwand, Arbeitseinsatz und Material
- Erstattungen für Fahrt- und Übernachtungskosten
- Preisgelder aus Wettbewerben
- Arbeitsstipendien, soweit diese einkommensteuerpflichtig sind.

13   Als **Betriebsausgaben** kommen alle Aufwendungen in Betracht, die durch die selbstständige künstlerische oder publizistische Tätigkeit veranlasst sind, § 4 Abs. 4 EStG. Dazu gehören z. B. Aufwendungen für:

- Betriebsmittel wie Musikinstrumente, Büroausstattung, Computer, soweit steuerlich anerkannt
- Betriebsräume, z. B. für Miete, Heizung und Reinigung
- Fahrten, berufliche Fortbildung, Material, Porto, Telefon usw.
- betriebliche Versicherungen wie Haftpflicht, Rechtschutz, Sachversicherungen
- Beiträge zu Berufsverbänden
- Hilfskräfte und
- Abschreibungen für Abnutzung und Substanzverringerung.

Nicht zu den Betriebseinnahmen gehören z. B. Leistungen von der Agentur für Arbeit wie Überbrückungsgeld oder Existenzgründungszuschüsse für eine Ich-AG.

f) Beschäftigung von Arbeitnehmern

14   Das Künstlersozialversicherungsgesetz macht die Versicherungspflicht von Arbeitnehmern davon abhängig, dass im Zusammenhang mit der künstlerischen oder publizistischen Tätigkeit **nicht mehr als ein Arbeitnehmer** beschäftigt wird, es sei denn, die Beschäftigung erfolgt zur Berufsausbildung oder ist geringfügig im Sinne des § 8 SGB IV. Die Versicherungspflicht entfällt nicht, wenn die Beschäftigung von mehr als einem Arbeitnehmer nicht im Zusammenhang mit der künstlerischen/publizistischen Tätigkeit erfolgt. Ist diese Beschäftigung einem anderen beruflichen Arbeitsfeld oder dem privaten Bereich zuzuordnen, ist das vorgenannte Tatbestandsmerkmal nicht erfüllt. Da nur die Beschäftigung von Arbeitnehmerinnen und Arbeitnehmern „versi-

cherungsschädlich" ist, sind alle anderen Gestaltungsmöglichkeiten zulässig. Dies gilt zum einen für die Vertragsformen, z. B. Werkvertrag, als auch für den nicht unter den Arbeitnehmerbegriff einzuordnenden Personenkreis, z. B. freie Mitarbeiterinnen und Mitarbeiter.

Auch die Künstlerin oder Publizistin scheidet nicht aus dem Kreis der Versicherten **15** aus, die Personen zur **Berufsausbildung** beschäftigt. Die Zahl der Auszubildenden ist dabei ohne Bedeutung. Der Begriff Berufsausbildung ist ein Begriff aus dem Berufsbildungsgesetz (BBiG), §§ 1 ff. BBiG, sodass auch Volontäre und Praktikanten hier einzuordnen sind, § 26 BBiG. Schließlich spielt die Beschäftigtenzahl keine Rolle, wenn es sich um Personen handelt, die als **geringfügig Beschäftigte** im Sinne des § 8 SGB IV gelten. Danach liegt eine geringfügige Beschäftigung vor, wenn das Arbeitsentgelt regelmäßig im Monat 400 € nicht übersteigt oder die Beschäftigung innerhalb eines Jahres seit ihrem Beginn auf längstens 2 Monate oder 50 Arbeitstage nach ihrer Eigenart begrenzt zu sein pflegt oder im Voraus vertraglich begrenzt ist, es sei denn, die Beschäftigung wird berufsmäßig ausgeübt und ihr Entgelt übersteigt die zuvor genannte Grenze.

g) Tätigkeit im Inland

Schließlich setzt die Versicherungspflicht nach dem Künstlersozialversicherungsge- **16** setz voraus, dass die Tätigkeit im Wesentlichen im Inland ausgeübt wird. Dabei sind berufliche Tätigkeiten im Ausland unbeachtlich, wenn die zeitliche Begrenzung im Voraus feststeht und somit eine Ausstrahlungs-Tätigkeit vorliegt, §§ 3, 4 SGB IV.

2. Versicherungsfreiheit in der Rentenversicherung

Die Bestimmung des § 4 KSVG nimmt den Personenkreis von der Rentenversicherungspflicht aus, der bereits anderweitig kraft Gesetzes für das Alter **abgesichert** und damit nicht als schutzbedürftig anzusehen ist. Es handelt sich hierbei um einen abschließenden Katalog. Hierzu rechnen insbesondere:

- die Personen, die gemäß §§ 6, 7 Angestelltenversicherungsgesetz (AVG) versicherungsfrei bzw. von der Versicherungspflicht befreit sind, z. B. Beamte, Richter, Versorgungsempfänger
- Selbstständige Künstler und Publizisten, die aus einer abhängigen Beschäftigung oder einer anderen Tätigkeit ein Arbeitseinkommen erzielen, das voraussichtlich im Kalenderjahr mindestens die Hälfte der für dieses Jahr geltenden Beitragsbemessungsgrenze (2006: Hälfte von 63 000 € = 31 500 € (West) bzw. Hälfte von 52 800 € = 26 400 € (Ost)) in der Rentenversicherung beträgt. Wird die Beschäftigung oder selbstständige andere Tätigkeit nur während eines Teils des Kalenderjahres ausgeübt, ist die vorgenannte Grenze entsprechend herabzusetzen.
- Handwerker, die in die Handwerksrolle eingetragen sind
- landwirtschaftliche Unternehmer bzw. Bezieher einer Altersrente oder einer Landabgaberente nach dem Gesetz über eine Alterssicherung der Landwirte
- Bezieher von Vollrente wegen Alters aus der gesetzlichen Rentenversicherung
- Wehr- oder Zivildienstleistende.

Nicht rentenversicherungspflichtig wird außerdem, wer

- das 65. Lebensjahr vollendet hat und bisher nicht rentenversicherungspflichtig war
- einen Existenzgründungszuschuss für eine sog. Ich-AG von der Agentur für Arbeit erhält.

Nordhausen

17   Für die in **Kulturorchestern** oder **Theatern** Tätigen gilt, dass sich die Mitgliedschaft in der Versorgungsanstalt der deutschen Kulturorchester oder in der Versorgungsanstalt der deutschen Bühnen und die Versicherungspflicht nach dem Künstlersozialversicherungsgesetz grundsätzlich ausschließen, da in die zuvor genannten Versorgungsanstalten nur abhängig Beschäftigte aufgenommen werden. Bezogen auf eine weitere selbstständige Tätigkeit führt eine derartige Mitgliedschaft somit nicht zu einem Befreiungstatbestand in der Künstlersozialversicherung.

3. Versicherungsfreiheit in der Krankenversicherung

a) Versicherungfreiheit gemäß § 5 KSVG

18   Auch für die Befreiung von der Krankenversicherungspflicht gilt der vorgenannte Grundsatz, dass die Künstlerinnen und Künstler sowie Publizistinnen und Publizisten von der Versicherungspflicht auszunehmen sind, die entweder **anderweitig** auf Grund eines Gesetzes **abgesichert** oder nach den allgemeinen Vorschriften der **Krankenversicherungspflicht nicht unterliegen** und deshalb des Schutzes nach dem KSVG nicht bedürfen. Wird neben der selbstständigen künstlerischen Tätigkeit eine sozialversicherungspflichtige abhängige Beschäftigung ausgeübt, muss die zuständige Krankenkasse auf Grund der wirtschaftlichen Bedeutung entscheiden, welche der beiden Berufstätigkeiten als hauptberuflich einzustufen ist. Kommt sie zu dem Ergebnis, dass das Beschäftigungsverhältnis den Hauptberuf darstellt, besteht Krankenversicherungspflicht allein auf Grund dieser abhängigen Beschäftigung. Im umgekehrten Fall, d. h. wenn die selbstständige künstlerische oder publizistische Tätigkeit wirtschaftlich überwiegt und demzufolge hauptberuflich ausgeübt wird, besteht ausschließlich Krankenversicherungspflicht nach dem KSVG. Krankenversicherungsfrei sind nach § 5 KSVG:

- Arbeitnehmer oder Leistungsempfänger der Agentur für Arbeit (Arbeitslosengeld, Arbeitslosengeld II oder Unterhaltsgeld)
- Künstler, die ihre Tätigkeit erst nach dem 65. Lebensjahr aufnehmen
- landwirtschaftliche Unternehmer
- Personen, die nach anderen gesetzlichen Vorschriften über die Krankenversicherung, mit Ausnahme von § 7 SGB V, versicherungsfrei sind, z. B. wegen Überschreitens der Jahresarbeitsentgeltgrenze, als Beamter, Soldat, oder Personen, die von der Versicherungspflicht befreit sind
- Personen, die nach Vollendung des 55. Lebensjahres versicherungspflichtig werden, sind versicherungsfrei, wenn sie in den letzten Jahren vor Eintritt der Versicherungspflicht nicht gesetzlich versichert waren
- Künstler und Publizisten, die eine andere, nicht künstlerische oder nicht publizistische selbstständige Tätigkeit nicht nur vorübergehend erwerbsmäßig ausüben (z. B. Steuerberater, Ärztin), es sei denn, es handelt sich um eine geringfügige Tätigkeit im Sinne von § 8 SGB IV
- Wehr- oder Zivildienstleistende.
- Für Künstler und Publizisten, die bereits vor der Dienstzeit versicherungspflichtig waren, bleibt der Versicherungsschutz nach § 193 SGB V erhalten.
- Die im Vollzug von Untersuchungshaft, Freiheitsstrafen oder freiheitsentziehenden Maßregeln der Besserung und Sicherung oder einstweilig nach § 126 a) Abs. 1 der Strafprozessordnung Untergebrachten. Ähnliche Überlegungen wie zum Wehr- oder Zivildienst haben zu dieser Regelung geführt, da nach dem Strafvollzugsgesetz Anspruch auf Gesundheitsfürsorge besteht.

Nordhausen

- ordentliche Studierende, die während der Dauer des Studiums oder einer Fachschulausbildung eine selbstständige Tätigkeit nebenberuflich ausüben.

Alle genannten Ausnahmetatbestände für die Krankenversicherung gelten auch für die soziale Pflegeversicherung entsprechend.

b) Befreiung von der Krankenversicherungspflicht auf Antrag

Erzielt ein Künstler oder Publizist in drei aufeinander folgenden Kalenderjahren   **19** insgesamt ein Arbeitseinkommen, das über der Summe der Beträge liegt, die für diese Jahre nach § 6 Abs. 1 Nr. 1 SGB V als **Jahresarbeitsentgeltgrenze** in der Krankenversicherung festgelegt sind, wird er auf seinen Antrag hin von der Krankenversicherungspflicht befreit. Dieser Antrag ist bis zum 31. März des auf den Dreijahreszeitraum folgenden Kalenderjahres bei der Künstlersozialkasse zu stellen.

Beispiel:

Jahresarbeitsentgeltgrenze:	2003	€	45 900,–
	2004	€	46 350,–
	2005	€	46 800,–
	insgesamt	€	139 050,–

Erzielt der Künstler/Publizist in der Zeit von 2003 bis 2005 ein Arbeitseinkommen in Höhe von 139 051,– €, kann er bis zum 31. 03. 2006 einen Antrag auf Befreiung von der Krankenversicherungspflicht stellen. Dem Antrag auf Befreiung von der Krankenversicherungspflicht im obigen Beispiel ist sodann seitens der Künstlersozialkasse stattzugeben, da die maßgebenden Jahresentgeltgrenzen überschritten werden. Die Befreiung beginnt vom Beginn des Monats an, der auf die Antragsstellung folgt, § 7 a) Abs. 2 KSVG. In diesem Zusammenhang ist zu beachten, dass die einmal vorgenommene Befreiung **unwiderruflich** ist und auch für den Bereich der sozialen Pflegeversicherung gilt. Wer sich von der gesetzlichen Krankenversicherung befreien lässt zu Gunsten einer privaten Krankenversicherung, muss auch das Risiko der Pflege privat absichern.

c) Beitragszuschuss der Künstlersozialkasse für Privatversicherte und freiwillig Versicherte

Künstlerinnen und Künstler sowie Publizistinnen und Publizisten, die von der ge-   **20** setzlichen Krankenversicherungspflicht befreit wurden, erhalten auf entsprechenden Antrag hin einen Beitragszuschuss zu einer bestehenden **privaten Krankenversicherung** und auch zu einer **freiwilligen gesetzlichen Krankenversicherung**, § 10 KSVG. Mit diesen Regelungen will der Gesetzgeber eine **Gleichstellung** von Pflichtversicherten und nicht versicherungspflichtigen Künstlern und Publizisten herstellen. Die Höhe des Zuschusses orientiert sich an dem Beitrag, der im Falle der Versicherungspflicht zu zahlen wäre, sie wird begrenzt durch die Hälfte des Beitrages, den der Versicherte tatsächlich aufzubringen hat. Zunächst richtet sich die Festsetzung des Beitragszuschusses nach dem zum 1. 12. eines Kalenderjahres gemeldeten voraussichtlichen Jahresarbeitseinkommen. Dies ist aber eine nur vorläufige Regelung, da der endgültige Zuschuss erst dann berechnet wird, wenn die Künstlerin/der Künstler, die Publizistin/der Publizist das tatsächlich erzielte Jahreseinkommen bis zum 31. Mai des folgenden Jahres gemeldet und die Höhe der Aufwendungen für die Krankenversicherung innerhalb derselben Frist nachgewiesen hat.

Nordhausen

21   Bei den selbstständigen Künstlern und Publizisten, die nach anderen gestzlichen Vorschriften des SGB V versicherungsfrei oder von der Versicherungspflicht befreit sind (z. B. wegen Überschreitens der Jahresarbeitsentgeltgrenze oder als Beamte, Richter oder Berufssoldaten) oder nach § 6 (Berufsanfänger, S. 4) oder 7 (Höherverdienende) auf Antrag von der Krankenversicherungspflicht befreit sind und bei einem privaten Krankenversicherungsunternehmen versichert sind, ist weitere Voraussetzung, dass eine **ausreichende Privatkrankenversicherung** besteht. Diese muss so gestaltet sein, dass Vertragsleistungen beansprucht werden können, die der Art nach den Leistungen der gesetzlichen Krankenversicherung bei Krankheit entsprechen, und zwar auch für die Familienangehörigen, wenn eine entsprechende Unterhaltpflicht besteht. Derartige Leistungen sind nach den Bestimmungen der §§ 27 bis 52 SGB V:

- Ärztliche Behandlung
- Zahnärztliche Behandlung einschließlich der Versorgung mit Zahnersatz
- Versorgung mit Arznei-, Verband-, Heil- und Hilfsmitteln
- Häusliche Krankenpflege und Haushaltshilfe
- Krankenhausbehandlung
- Medizinische und ergänzende Leistungen zur Rehabilitation sowie Belastungserprobung und Arbeitstherapie
- Krankengeld.

4. Regelungen für Berufsanfänger

a) Kein Mindestarbeitseinkommen in Anlaufphase

22   Um den Berufsanfängern in der häufig recht schwierigen Anlaufzeit nicht den Versicherungsschutz zu versagen, bestimmt § 3 Abs. 2 KSVG, dass die im Abs. 1 des § 3 KSVG niedergelegten Mindestarbeitseinkommen für diesen Personenkreis während einer Zeit von **3 Jahren nach erstmaliger Aufnahme der Tätigkeit** nicht gilt. Die 3-Jahresfrist beginnt mit der erstmaligen Berufsausübung und verlängert sich um die Zeiten, in denen keine Versicherungpflicht nach dem KSVG oder Versicherungsfreiheit nach § 5 Abs. 1 Nr. 8 KSVG als ordentlich Studierender besteht.

b) Befreiung von der Krankenversicherungspflicht auf Antrag

23   Die Berufsanfänger besitzen ein **Wahlrecht** zwischen gesetzlicher und privater Krankenversicherung. Sie können sich mittels Antrag, der spätestens drei Monate nach Feststellung der Versicherungspflicht bei der Künstlersozialkasse zu stellen ist, von der Krankenversicherungspflicht befreien lassen, wenn der Künstlersozialkasse gegenüber eine private Krankenversicherung nachgewiesen wird, die Vertragsleistungen vorsieht, die der Art nach den Leistungen bei Krankheit in der gesetzlichen Krankenversicherung entsprechen. Hinsichtlich des Leistungskataloges kann auf die Ausführungen oben zu 3 c) verwiesen werden. Die Befreiung von der Krankenversicherungspflicht für Berufsanfänger wirkt vom Beginn der Versicherungspflicht an. Eine Ausnahme gilt lediglich für den Fall, dass beim Bezug von Leistungen der Beginn der Befreiung hinausgeschoben wird, um nach dem Willen des Gesetzgebers verwaltungsaufwendige Rückerstattungsverfahren zu vermeiden, § 7a Abs. 2 KSVG.

24   Seit der Novellierung des Künstlersozialversicherungsgesetzes zum 1. 1. 1989 haben die Berufsanfänger eine **zweite Wahlmöglichkeit** insofern, als sie bis zum Ablauf von 3 Jahren nach der erstmaligen Aufnahme der beruflichen Tätigkeit gegenüber der Künstlersozialkasse schriftlich erklären können, dass die Befreiung von der Versiche-

rungspflicht enden soll. Dann beginnt diese gesetzliche Versicherungspflicht nach Ablauf der 3-Jahresfrist. Im anderen Falle bleibt die Berufsanfängerin/der Berufsanfänger von der Krankenversicherungspflicht befreit. Die Entscheidung, die zu treffen ist, ist allerdings unwiderruflich. Besteht also die Befreiung von der Versicherungspflicht auch nach Ablauf der 3-Jahresfrist fort, ist eine Rückkehr in die gesetzliche Krankenversicherung nicht mehr möglich.

c) Beitragszuschuss der Künstlersozialkasse für Privatversicherte

Auch Berufsanfänger, die antragsgemäß von der Krankenversicherungspflicht befreit und bei einem privaten Krankenversicherungsunternehmen versichert sind, erhalten, sofern sie einen entsprechenden Antrag stellen, von der Künstlersozialkasse einen Beitragszuschuss. Zu den weiteren Voraussetzungen und zur Höhe des Beitragszuschusses kann auf die Darlegungen zu 3 c) Bezug genommen werden. **25**

d) Zahlung eines Mindestbetrages

Mussten vor dem 1. Januar 1989 Berufsanfängerinnen und Berufsanfänger, die kein Arbeitseinkommen erzielten, keine Beiträge zahlen, gilt dies ab diesem Zeitpunkt nicht mehr. Nunmehr sind auch bei geringfügigem Arbeitseinkommen oder fehlendem Arbeitseinkommen von den Berufsanfängern Mindestbeiträge in der Renten- und Krankenversicherung zu zahlen, §§ 15, 16 KSVG. Für 2006 berechnet sich der Mindestbeitrag in der Rentenversicherung nach einem Mindestarbeitseinkommen von 3900 € pro Jahr bzw. 325,– € im Monat und dem Versichertenanteil von 9,75 %. Dies ergibt einen Mindestbeitrag für die Rentenversicherung in Höhe von 31,69 € monatlich. Für den Bereich der Krankenversicherung beträgt das maßgebliche Mindestarbeitseinkommen 4900 € pro Jahr (= 1/6 der Bezugsgröße) bzw. 408,33 € im Monat und dem Versichertenanteil am Krankenversicherungsbeitrag, der sich nach der Satzung der gewählten gesetzlichen Krankenkasse richtet. Hinzu kommt seit dem 1. Juli 2005 ein gesetzlicher Zusatzbeitrag in Höhe von 0,9 %, der allein von den Versicherten zu tragen ist. Bei einem durchschnittlichen Krankenversicherungsbeitrag von 14,2 % ergibt sich somit für eine Versicherte ein Krankenversicherungsanteil von 8,0 % und ein Mindestbeitrag für die Krankenversicherung in Höhe von 32,67 € pro Monat. **26**

Für die Pflegeversicherung gilt das gleiche Mindestarbeitseinkommen wie für die Krankenversicherung. Der Beitrag für die soziale Pflegeversicherung beträgt 1,7 %. Dieser erhöht sich für kinderlose Versicherte seit dem 1. 1. 2005 um 0,25 %. Damit ergibt sich für Versicherte mit Kindern ein Mindestbeitrag von 3,47 € pro Monat und für Versicherte ohne Kinder ein Mindestbeitrag von 4,49 € pro Monat (408,33 × 0,85 % bzw. 408,33 × 1,1 %).

5. Kündigungsrecht gegenüber privaten Krankenversicherungsunternehmen bei Eintritt in die Künstlersozialversicherung

Die Bestimmung des § 9 KSVG räumt den Künstlerinnen und Künstlern, Publizistinnen und Publizisten, die nach dem Künstlersozialversicherungsgesetz in der gesetzlichen Krankenversicherung versicherungspflichtig werden und von den Befreiungsmöglichkeiten nach §§ 6, 7 KSVG keinen Gebrauch machen, ein **Recht zur außerordentlichen Kündigung** ihres Versicherungsvertrages mit einem privaten Krankenversicherungsunternehmen ein, um eine sonst zumindest teilweise bestehende doppelte Belastung zu vermeiden. **27**

Nordhausen

6. Beginn und Dauer der Versicherungspflicht

a) Beginn der Versicherungspflicht

28   Die Versicherungspflicht beginnt grundsätzlich mit dem **Eingang der Meldung** des Versicherten bei der Künstlersozialkasse, § 8 KSVG. **Ausnahmen** hiervon gibt es zum einen in dem Fall, dass eine Meldung der Versicherten oder des Versicherten fehlt, die Künstlersozialkasse aber aus anderen Informationsquellen Kenntnis von der Versicherungspflicht hat und demzufolge eine Feststellung der Versicherungspflicht trifft. Dann gilt das Datum dieses Feststellungsbescheides der Künstlersozialkasse. Dieser Fall dürfte aber wenig wahrscheinlich sein. Ferner ist zum anderen zu beachten, dass eine „Verdachtsmeldung" seitens der Versicherten solange keine Rechtsfolgen nach sich zieht, solange die künstlerische oder publizistische Tätigkeit nicht tatsächlich ausgeübt wird und die übrigen erforderlichen Voraussetzungen der Versicherungspflicht bestehen.

29   Schließlich bestimmt § 8 Abs. 1 Satz 3 KSVG, dass „Kranke warten müssen". Ist der selbstständige Künstler oder Publizist zu dem Zeitpunkt, zu dem die Versicherungspflicht im Grundsatz beginnen würde, **arbeitsunfähig**, beginnt die Versicherungspflicht an dem auf das Ende der Arbeitsunfähigkeit folgenden Tage. Nach dem Willen des Gesetzgebers soll damit verhindert werden, dass die Versicherungspflicht bzw. die damit verbundene Beitragszahlung durch bewusste Nichtanmeldung bis zum Eintritt der Arbeitsunfähigkeit hinausgezögert wird. Die im § 8 Abs. 1 Satz 3 KSVG festgelegte Regelung führt im Ausnahmefall dazu, dass ein ordnungsgemäß handelnder Versicherter den im Krankheitsfall notwendigen Versicherungsschutz nicht erhält, wenn man die üblichen Postlaufzeiten seiner Meldung berücksichtigt und den Fall, dass zwischen Absendung des Antrages und dem Eingang bei der Künstlersozialkasse Arbeitsunfähigkeit eintritt. Ein weiteres praktisches Problem kommt insofern hinzu, als häufig nicht sicherzustellen ist, dass der Informationsfluss zwischen Versicherten, Krankenkasse und Künstlersozialkasse gewährleistet ist. Dies führt zu Verwaltungsaufwand, u. a. durch Aufheben von Bescheiden. Die derzeitige Bearbeitungsdauer der Meldung gem. § 8 Abs. 1 KSVG von etwa 3 Monaten macht den Rat an die Versicherten notwendig, bei Arbeitsunfähigkeit, die nach der Meldung und im Laufe der Bearbeitungsfrist auftritt, diese unmittelbar auch der Künstlersozialkasse anzuzeigen, um hierdurch ggf. eine vorrangige Bearbeitung zu bewirken, die den reibungslosen Leistungsbezug erleichtern kann.

b) Ende der Versicherungspflicht

30   In den Fällen der **Versicherungsfreiheit** von der Rentenversicherung und der Krankenversicherung gemäß § 4 Nr. 1 oder 3–7 oder § 5 KSVG (vgl. die Ausführungen zu 2, 3) ist die Versicherungspflicht vom Zeitpunkt der **Änderung der Verhältnisse** an aufzuheben. In den übrigen Fällen bestimmt das Gesetz mit Rücksicht auf die Eigenart der künstlerischen/publizistischen Tätigkeit und aus Gründen der Klarheit und Rechtssicherheit, dass die Versicherungspflicht nur mit **Wirkung für die Zukunft** aufgehoben wird. Als fixes Datum gilt hierbei der Erste des folgenden Monats, in dem die Künstlersozialkasse von der Änderung Kenntnis erhält. Eine Ausnahme tritt dann ein, wenn der Künstler oder Publizist vorsätzlich oder grob fahrlässig falsche Angaben gemacht oder die gesetzlich vorgeschriebenen Mitteilungspflichten verletzt hat. Dann ist wiederum die Änderung der Verhältnisse entscheidend. Auch eine verspätete Mitteilung der Versicherten oder des Versicherten darüber, dass sie/er nicht mehr künstle-

Nordhausen

risch tätig ist, löst das vorgenannte Prüfungsverfahren aus. Schätzen Versicherte ihr voraussichtliches Jahresarbeitseinkommen – mehr als 2-mal innerhalb von 6 Jahren – so ein, dass das im § 3 Abs. 1 festgelegte Mindesteinkommen nicht erreicht wird, ist eine bestehende Versicherung zu beenden. Eine Versicherungspflicht tritt erst dann wieder ein, wenn mittels Wiederantrag belegt wird, dass das zu erwartende Arbeitseinkommen den Mindestbetrag von 3900,00 € im Kalenderjahr übersteigen wird.

7. Auskunfts- und Meldepflichten der Versicherten

a) „Anmeldung" zur Künstlersozialkasse

Die Künstlersozialversicherung ist eine Pflichtversicherung. Dementsprechend **31** deutlich formuliert das Gesetz, dass es sich bei den Auskunfts- und Meldepflichten um **Muss-Vorschriften** handelt, die somit zu beachten sind. Die Frage der „Anmeldung" ist also nicht in das Belieben der Künstlerin/des Künstlers oder der Publizistin/des Publizisten gestellt, sofern die Voraussetzungen der Versicherungspflicht gegeben sind. So gilt es zunächst, den **Meldevordruck** von der Künstlersozialkasse anzufordern, und ihn vollständig ausgefüllt sowie mit den erforderlichen Unterlagen versehen nach dort zu senden, § 11 Abs. 1–3 KSVG. Nimmt der Versicherte irrtümlich oder aus anderen Gründen die Meldung gegenüber einem Sozialleistungsträger (Krankenversicherung, Rentenversicherung) oder einer Gemeindeverwaltung vor, ist dies unschädlich, da nach § 16 SGB I eine Weiterleitungspflicht an die zuständige Stelle besteht und der jeweilige Antrag als zu dem Zeitpunkt gestellt gilt, in dem er bei den vorgenannten Adressaten eingegangen ist. In den Anmeldevordruck ist auch die dem Versicherten zugeteilte **Versicherungsnummer** der Rentenversicherung einzutragen. Sofern eine solche noch nicht zugeteilt worden ist, erfolgt dies von der Deutschen Rentenversicherung über die Künstlersozialkasse, § 11 Abs. 4 KSVG.

Wie bereits dargelegt, ist für den Versichertenkreis nach dem Künstlersozialversi- **32** cherungsgesetz der zuständige Rentenversicherungträger die Deutsche Rentenversicherung. Die Krankenversicherung ist bei einer gesetzlichen Krankenkasse abzuschließen. Die Versicherten haben dabei ein umfassendes Wahlrecht zwischen AOK, Ersatzkasse, Innungskrankenkasse und Betriebskrankenkasse. Die Ausübung dieses Wahlrechts müssen sie durch eine Bestätigung der aufnehmenden Kasse nachweisen.

b) Die Jahresmeldung

(1) Meldung des voraussichtlichen Arbeitseinkommens

Bis zum **1. Dezember eines Jahres** haben Versicherte und Zuschussberechtigte der **33** Künstlersozialkasse das voraussichtliche Arbeitseinkommen bis zur Höhe der Beitragsbemessungsgrenze in der Rentenversicherung (2006: 63 000,00 € (West) bzw. 52 800,00 € (Ost)) für das folgende Kalenderjahr zu melden, § 12 Abs. 1 Satz 1 KSVG. Bis zum 1. Dezember 2006 ist daher das voraussichtliche Arbeitseinkommen für das Kalenderjahr 2007 anzugeben. Auf die Erläuterungen zur Ermittlung des Arbeitseinkommens (s. o. Rdnr. 9 ff.) wird verwiesen.

Dabei ist Folgendes zu bedenken: Die Angabe eines niedrigeren Arbeitseinkom- **34** mens als insgeheim erwartet, führt zu niedrigeren Beiträgen, folglich aber auch zu niedrigeren Leistungen. Das Krankengeld bemisst sich nach dem der Beitragsberechnung zu Grunde liegenden Arbeitseinkommen der letzten 12 Monate. Dies mag zwar im Ergebnis nicht sehr häufig eintreten. Gravierender sind die Auswirkungen allerdings für die Rentenversicherung, da niedrigere Beiträge natürlich nur zu einer sehr geringen Rentenzahlung führen. Bei Angabe eines höheren Arbeitseinkommens als erwartet, wobei die Obergrenze der Beitragsbemessungsgrenze der Rentenversicherung zu beachten ist, ergeben sich neben den Vorteilen wiederum auch Nachteile. Neben der Frage der Finanzierbarkeit der höheren Beiträge wird das Rentenkonto zwar aufgefüllt, für die Krankenversicherung ergeben sich allerdings lediglich für den Fall der Krankengeldzahlung Vorteile. Die übrigen Leistungen der Krankenversicherung werden mit einem „überhöhten" Beitrag finanziert. Es kann daher nur die Empfehlung abgegeben werden, die Schätzung des kalenderjährlichen Arbeitseinkommens möglichst realistisch vorzunehmen.

(2) Schätzung des Arbeitseinkommens

35   Nimmt die Künstlerin/der Künstler oder die Publizistin oder der Publizist trotz entsprechender Aufforderung die Meldung des Jahreseinkommens nicht vor, hat die Künstlersozialkasse die Möglichkeit, die Höhe des Arbeitseinkommens zu schätzen. Ein gewisser Zwang hierzu besteht insofern, als die Künstlersozialkasse zum Januar des jeweils folgenden Kalenderjahres die Beiträge des Versicherten festzulegen und der jeweiligen Krankenkasse das voraussichtliche Jahresarbeitseinkommen anzugeben hat.

(3) Änderungsanträge für die Zukunft

36   Erkennen Künstler oder Publizisten im Laufe des Kalenderjahres, dass sich das Jahresarbeitseinkommen verändern wird, steht ihnen die Möglichkeit offen, dies der Künstlersozialkasse mitzuteilen, mit der Wirkung, dass ab dem Ersten des folgenden Monats die Beiträge nach dem veränderten Arbeitseinkommen zu zahlen sind. Änderungsmitteilungen wirken daher nur für die Zukunft. „Unzutreffend" geleistete Beitragszahlungen werden weder erstattet bzw. verrechnet noch nachgefordert. Über den Weg der Änderungsanträge lässt sich die Schwierigkeit des Schätzverfahrens relativieren, da hierdurch in jedem Falle eine Annäherung an das tatsächliche Jahreseinkommen erreicht werden kann.

c) Weitere Auskunftspflichten der Versicherten

37   Die Künstlersozialkasse kann von den Versicherten und den Zuschussberechtigten Angaben darüber verlangen, in welchem der Bereiche selbstständiger künstlerischer und publizistischer Tätigkeiten das Arbeitseinkommen jeweils erzielt wurde, in welchem Umfang das Arbeitseinkommen auf Geschäften mit zur Künstlersozialabgabe Verpflichteten beruhte und von welchen zur Künstlersozialabgabe Verpflichteten Arbeitseinkommen bezogen wurde. Die Begründung dieses Novellierungsteils verheimlicht nicht, dass auf diesem Wege die Erfassung von Abgabepflichtigen und die Ermittlung der abgabepflichtigen Entgelte erleichtert werden soll. Dies ist allerdings eine originäre Aufgabe der Künstlersozialkasse, die vor dem Hintergrund steigender Versichertenzahlen und erheblich erhöhter Abgabesätze eine besondere Brisanz erfahren hat. Der Künstersozialkasse wurden daher seit 2005 mehr Sachmittel und mehr Personal bewilligt, um eine umfassende Veranlagung aller abgabepflichtigen Unternehmer zu erreichen und damit die Finanzierung der Künstlersozialversicherung sicherzustellen.

d) Verletzung der Auskunfts- und Meldepflichten

38   Eine Sanktion der unterbliebenen Meldung des Arbeitseinkommens wurde bereits genannt. Die Künstlersozialkasse kann das Einkommen nach den dort vorliegenden

Unterlagen schätzen. Für den Zuschussberechtigten führt eine unterbliebene Meldung dazu, dass der Anspruch auf den Beitragszuschuss bis zum Ablauf des auf die Meldung folgenden Monats entfällt. Gleiches gilt für die Verletzung der Melde- und Nachweispflichten nach §§ 10 und 10a KSVG. Weiterhin bleibt für diesen Personenkreis die Rückforderung vorläufig gezahlter Beitragszuschüsse möglich, § 12 Abs. 2 KSVG. Liegt eine schuldhafte Verletzung der Auskunfts- und Meldepflichten seitens des Versicherten vor, kann die Künstlersozialkasse ein **Bußgeld** verhängen, § 36 KSVG.

8. Die Beiträge

a) Grundsatz der Finanzierung der Künstlersozialversicherung

Die Künstlersozialversicherung wird finanziert durch die **Beitragsanteile der Ver-** **39** **sicherten** zur einen Hälfte (= 50 %), durch die **Künstlersozialabgabe** (= 30 %) und einen **Zuschuss des Bundes** (= 20 %) zur anderen Hälfte, § 14 KSVG. Damit erfüllt die Künstlersozialversicherung das Prinzip der allgemeinen Sozialversicherung, dass die Beiträge hälftig von Versicherten und „Arbeitgebern" aufgebracht werden.

b) Beiträge der Versicherten zur Renten- und Krankenversicherung sowie zur sozialen Pflegeversicherung

Der Beitrag des Künstlers oder Publizisten zur **Rentenversicherung** beträgt für das **40** Jahr 2006 9,75 % eines Zwölftels des Jahresarbeitseinkommens. Dabei sind die schon genannten Höchst- und Mindestbeitragsbemessungsgrenzen zu berücksichtigen – 63 000 € bzw. 3900 € (West) und 52 800 bzw. 3900 € (Ost) Jahresarbeitseinkommen –, sodass sich monatliche Beitragsanteile der Versicherten zwischen 511,88 € bzw. 429,00 € ergeben. Für nachgewiesene Zeiten des Bezugs von Krankengeld, Verletztengeld, Versorgungskrankengeld, Übergangsgeld oder Mutterschaftsgeld sowie für nachgwiesene Anrechnungszeiten hat der Künstler oder Publizist keine Beitragsanteile zur Rentenversicherung zu zahlen, § 175 I SGB IV.

Vergleichbar der Rentenversicherung sind die Beitragsanteile zur **Kranken- und** **41** **Pflegeversicherung** zu zahlen. Der Krankenkassenbeitrag bestimmt sich nach dem Beitragssatz der gewählten Krankenkasse. Bei der Wahl der Krankenkasse ist daher insbesondere auch auf den satzungsgemäßen Beitragssatz zu achten. Wie bei der Rentenversicherung sind wiederum Höchst- bzw. Mindestbemessungsgrundlagen in Ansatz zu bringen. Für den Bereich der Kranken- und Pflegeversicherung betragen sie: 42 750,00 € bzw. 4900,00 € im Jahr. Bei einem angenommenen Beitragssatz zur Krankenversicherung von 14,2 % zuzügl. des gesetzlichen Zusatzbeitrags von 0,9 %, der nur von den Versicherten allein zu tragen ist, ergibt sich ein Versichertenanteil von 8,0 % (14,2 : 2 + 0,9) und ein monatlicher Höchstbeitrag in der Krankenversicherung von 285,00 € und ein monatlicher Mindestbeitrag von 32,67 €. Die monatlichen Höchst- und Mindestbeträge zur sozialen Pflegeversicherung betragen für Eltern mit einem Beitragsanteil von 0,85 % (1,7 : 2) 30,28 bzw. 3,47 € und für Versicherte ohne Kinder (Zuschlag 0,25 %) 39,19 bzw. 4,49 €. Wird Kranken-, Mutterschafts- oder Erziehungsgeld bezogen, sind keine Beitragsanteile zur Kranken- und Pflegeversicherung zu entrichten.

Für das **Erziehungsgeld** gilt die Besonderheit, dass der Künstler oder Publizist be- **42** antragen kann, dass während des Erziehungsgeldbezuges erzieltes Arbeitseinkommen der Beitragsbemessung zugrunde zu legen ist, sofern es im Durchschnitt ein Sechstel

Nordhausen

der monatlichen Bezugsgröße des § 18 SGB IV (408,33 €) übersteigt. Dann sind Mindestbeiträge aus dem vorgenannten Satz von 408,33 € zu entrichten.

c) Beiträge bei vorgezogenem Krankengeld

43   Einer seit vielen Jahren von Gewerkschaftsseite für die Versicherten erhobenen Forderung, eine **Krankengeldzahlung vor der 7. Woche** der Arbeitsunfähigkeit in das Gesetz aufzunehmen, ist der Gesetzgeber nachgekommen. Gemäß § 36 Abs. 2 SGB V kann der Versicherte vorzeitige Krankengeldzahlungen, spätestens ab der 3. Woche der Arbeitsunfähigkeit, bei der Künstlersozialkasse „beantragen", indem er dort eine entsprechende **Erklärung** abgibt. Die Erklärung wird zum Beginn des auf den Eingang folgenden Monats wirksam und kann auch nur zum Ende eines Monats widerrufen werden. Krankengeldzahlungen sind nicht für Versicherungsfälle zu erbringen, die vor dem Eingang der Erklärung bei der Künstlersozialkasse eingetreten sind. Die Künstlersozialkasse erteilt auf Grund des Antrages einen Bescheid, der auch der zuständigen Krankenkasse zur Kenntnis zu bringen ist. Ab welchem Zeitpunkt nunmehr konkret der Bezug des vorgezogenen Krankengeldes einsetzt, ergibt sich aus der Satzung der jeweils zuständigen Krankenkasse. Dies gilt auch für die Höhe des Beitrages. Denn in jedem Falle ist eine höhere Beitragsleistung erforderlich.

44   Nach der Bestimmung des § 16 Abs. 1 Satz 2 KSVG hat der Versicherte die **Mehrbelastung** alleine zu tragen, die sich konkret wie folgt darstellen kann.

Beispiel:

Voraussichtliches Arbeitseinkommen 2006:	12 000 €
Allg. Beitragssatz der Krankenkasse:	14,2 %*
Erhöhter Beitragssatz:	17,2 %*

* Jeweils zuzügl. des vom Versicherten allein zu tragenden gesetzlichen Zusatzbeitrags von 0,9 %.

Beitragsanteil des Versicherten:

Berechnungsgrundlage	**Versichertenanteil**
1000 € × 8,0 %	80,00 €
Mehrbelastung durch erhöhten Beitragssatz	
(Differenz zwischen allg. und erhöhtem Beitragssatz)	
(1000 € × 3,0 %)	30,00 €
Beitragsanteile insgesamt:	110,00 €

Bei einer jährlichen Mehrbelastung von 360,00 € im Jahr auf der Basis eines relativ geringen Arbeitseinkommens wird deutlich, dass die Inanspruchnahme der Möglichkeit des vorgezogenen Krankengeldbezuges sorgfältig zu prüfen ist.

d) Fälligkeit der Beiträge

45   Die Beitragsanteile der Künstlerinnen und Künstler sowie Publizistinnen und Publizisten, die sie zur Renten- und Krankenversicherung sowie zur sozialen Pflegeversicherung an die Künstlersozialkasse zu zahlen haben, werden für einen Kalendermonat am **Fünften des folgenden Monats** fällig. Somit müssen die Beiträge für z. B. den Monat September am 5. 10. bei der Künstlersozialkasse gutgeschrieben worden sein. Zwecks Einhaltung der Fälligkeitsdaten empfiehlt es sich, eine Einzugsermächtigung oder einen Dauerauftrag zu erteilen.

Nordhausen

e) Rückständige Beiträge

Die Künstlersozialkasse, die sowohl für die Renten- als auch für die Kranken- und   **46**
Pflegeversicherung Beitragsschuldnerin ist, führt an die Deutsche Rentenversicherung nur Beiträge für die Versicherten ab, die ihre Beitragsanteile gezahlt haben. Erfolgen keine Zahlungen an die Rentenversicherung, sind versicherungspflichtige Tätigkeiten oder Beschäftigungen nicht anrechnungsfähig bzw. ergeben sich bei verminderten Beitragsanteilen verminderte Beitragszeiten. Dies ist insbesondere deshalb von Bedeutung, weil bei teilweiser Beitragszahlung diese vorrangig zur Erfüllung der Verpflichtung gegenüber der Kranken- und Pflegekasse verwandt wird, § 17 KSVG.

Gerät eine Versicherte/ein Versicherter mit mindestens zwei Monatsbeiträgen für   **47**
die Kranken- und Pflegeversicherung in **Rückstand** und wird dieser Rückstand trotz Mahnung und ausdrücklichem Hinweis durch die Künstlersozialkasse auf die Rechtsfolgen zwei Wochen nach Zugang der Mahnung nicht auf einen Monatsbeitrag verringert, hat die Künstlersozialkasse das **Ruhen der Leistungen** festzustellen. Das Ruhen tritt drei Tage nach Zugang des Bescheides beim Versicherten ein. Das Ruhen endet erst, wenn alle rückständigen und die auf die Zeit des Ruhens entfallenden Beitragsanteile gezahlt sind. Die zuständige Krankenkasse ist von der Mahnung, dem Eintritt und dem Ende des Ruhens zu unterrichten, § 16 Abs. 2 KSVG. Das in dieser Vorschrift genannte Ruhen hat zur Folge, dass der Anspruch auf Leistungen wegfällt und auch die Leistungsdauer um die Ruhenszeit gekürzt wird. Diese konsequente Gesetzesregelung zulasten der säumigen Versicherten wird dadurch gemildert, dass die Künstlersozialkasse auf Antrag eine **Stundung** bewilligen kann und ein Wiederaufleben des Versichertenschutzes auch schon vor Zahlung aller rückständigen Beiträge eintreten kann, wenn der Versicherte mit der Künstlersozialkasse **Ratenzahlungen** vereinbart. Für rückständige Beitragsanteile werden außerdem **Säumniszuschläge** erhoben. Für Beitragsanteile, die bis zum Ablauf des Fälligkeitstages noch nicht entrichtet sind, ist für jeden angefangenen Monat der Säumnis ein Säumniszuschlag von 1 % des rückständigen, auf 50 € nach unten abgerundeten Betrages zu zahlen, § 18 KSVG.

f) Beitragserstattungen

Die von Künstlern und Publizisten **ohne Rechtsgrund** gezahlten Beitragsanteile   **48**
zur Renten-, Kranken- und Pflegeversicherung sind diesen zu erstatten. Voraussetzung ist der Wegfall der Versicherungspflicht und die auf Anfrage der Künstlersozialkasse hin zu treffende Feststellung, dass weder seitens der Deutschen Rentenversicherung noch der zuständigen Kranken- und Pflegekasse für den Zeitraum der Beitragserstattung Leistungen gewährt worden sind. Mit Einverständnis des Versicherten kann auch eine Verrechnung des Erstattungsanspruchs mit künftigen Ansprüchen auf Beitragsanteile vorgenommen werden. **Verzinsung** und **Verjährung** des Beitragserstattungsanspruches richten sich nach § 21 Abs. 3 KSVG. Danach beträgt der Zinssatz 4 %, die Verjährungsfrist beläuft sich auf 4 Jahre. Dabei beginnt die Frist nach Ablauf des Kalenderjahres, in dem die Beiträge entrichtet worden sind.

g) Jahresabrechnung der Künstlersozialkasse

Die Künstlersozialkasse ist verpflichtet, den Versicherten und Zuschussberechtigten   **49**
jährlich eine Abrechnung zu erteilen, aus der die Berechnung der von diesen und für

diese erbrachten Beitragsleistungen ersichtlich ist, um sicherzustellen, dass Künstler und Publizisten über die notwendigen Informationen verfügen und ggf. Korrekturen geltend machen können.

9. Das Zusammentreffen unterschiedlicher Beschäftigungsverhältnisse

a) Selbstständige künstlerische oder publizistische Tätigkeit und abhängige Beschäftigung

(1) Geringfügige Beschäftigungen

50　　Eine geringfügige Beschäftigung ist dann festzustellen, wenn
- das Arbeitsentgelt regelmäßig im Monat 400,–) nicht übersteigt oder
- die Beschäftigung innerhalb eines Jahres seit ihrem Beginn auf längstens zwei Monate oder 50 Arbeitstage nach ihrer Eigenart begrenzt zu sein pflegt oder im Voraus vertraglich begrenzt ist, es sei denn, dass die Beschäftigung berufsmäßig ausgeübt wird und ihr Entgelt die in dem ersten Spiegelstrich genannte Grenze übersteigt.

Bei der Anwendung dieser Alternativen sind mehrere geringfügige Beschäftigungen zusammenzurechnen. Treffen geringfügige Beschäftigungen in diesem Sinne mit der gleichzeitig ausgeübten selbstständigen künstlerischen oder publizistischen Tätigkeit zusammen, hat dies keine Auswirkungen auf die Versicherungspflicht nach dem Künstlersozialversicherungsgesetz.

(2) Unständige Beschäftigungen

51　　Von einer unständigen Beschäftigung ist dann zu sprechen, wenn sie auf weniger als eine Woche entweder nach der Natur der Sache befristet zu sein pflegt oder im Voraus durch den Arbeitsvertrag befristet ist, § 179 Abs. 2 SGB V. Werden die Grenzen dieser geringfügigen Beschäftigungen, wie dies in der Regel im Film- und Rundfunkbereich der Fall ist, überschritten, besteht Versicherungspflicht in der Renten-, Kranken- und Pflegeversicherung. Wird eine derartige unständige Beschäftigung neben der selbstständigen Tätigkeit als Künstlerin/Künstler bzw. Publizistin/Publizist ausgeübt, ergibt sich für den Bereich der **Kranken- und Pflegeversicherung** die nachstehende Problematik. Die Kranken- und Pflegeversicherungspflicht nach dem Künstlersozialversicherungsgesetz wird für die Zeit der unständigen Beschäftigung unterbrochen und beginnt erst wieder nach dem Ende der unständigen Beschäftigung, § 186 Abs. 3 Satz 2 SGB V. Da bei unständig Beschäftigten die Versicherungspflicht drei Wochen nach Beendigung der jeweiligen unständigen Beschäftigung endet, § 190 Abs. 4 SGB V, kann eine häufige unständige Beschäftigung dazu führen, dass eine Versicherungspflicht zur Kranken- und Pflegeversicherung nach dem Künstlersozialversicherungsgesetz über längere Zeit nicht in Betracht kommt. Es bedarf keiner besonderen Erwähnung, dass die jeweiligen An- und Abmeldungen, sofern sie überhaupt geschehen oder zeitnah durchgeführt worden, zu einem erheblichen Verwaltungsaufwand und einer ausgeprägten Unübersichtlichkeit führen.

(3) Ständige abhängige Beschäftigungen

52　　Arbeitet der Künstler oder Publizist neben dieser Tätigkeit auch als abhängig Beschäftigter, ist diese zuletzt genannte Tätigkeit zunächst nach den für Arbeitnehmerinnen und Arbeitnehmer geltenden Regelungen sozialversicherungspflichtig. Für die Künstlersozialversicherung ergeben sich nachstehende Auswirkungen: Es besteht Versicherungsfreiheit in der Rentenversicherung, wenn aus der abhängigen Beschäftigung

Nordhausen

ein beitragspflichtiges Arbeitsentgelt erzielt wird, das voraussichtlich mindestens die Hälfte der für das betreffende Jahr geltenden Beitragsbemessungsgrenze in der Rentenversicherung beträgt (für 2006: 31 500 € (West) und 26 400 € (Ost)), § 4 Nr. 2 KSVG. Insbesondere bei den Mitarbeiterinnen und Mitarbeitern von Rundfunk und Fernsehen tritt dieser Fall recht häufig auf, z. B. realisiert der Autor (selbstständig) seine Arbeit als Regisseur oder ähnliches (unselbstständig), sodass auch hier die Problematik der Unübersichtlichkeit, des Nebeneinander und der Nichtversicherung bestimmter Einkommensbestandteile auf der Hand liegt. Nach dem Künstlersozialversicherungsgesetz ist er in der gesetzlichen **Kranken- und Pflegeversicherung** versicherungsfrei, § 5 Nr. 1 KSVG.

b) Selbstständige künstlerische oder publizistische Tätigkeit und anderweitige selbstständige Erwerbstätigkeit

Ist die Künstlerin/der Künstler oder die Publizistin/der Publizist auch noch anderweitig selbstständig erwerbstätig, ergeben sich wiederum unterschiedliche Auswirkungen bezogen auf die Renten- und Krankenversicherung. Für die **Rentenversicherung** gilt wiederum der zuvor genannte Betrag – Hälfte der Beitragsbemessungsgrenze (2006: 31 500 € (West) bzw. 26 400 € (Ost)) –, sodass Versicherungsfreiheit besteht, sofern diese Grenze erreicht wird. Liegt das anderweitige Arbeitseinkommen unterhalb dieser Grenze, bleibt die Rentenversicherungspflicht nach dem Künstlersozialversicherungsgesetz erhalten. Die weitere selbstständige Tätigkeit führt zur **Kranken- und Pflegeversicherungsfreiheit** nach dem Künstlersozialversicherungsgesetz, § 5 Abs. 1 Nr. 5 KSVG bzw. § 5 Abs. 2 Nr. 1 KSVG, es sei denn, die vorgenannte Tätigkeit ist geringfügig im Sinne von § 8 SGB IV. 53

10. Die zur Künstlersozialabgabe verpflichteten Unternehmer

Häufig ergeben sich Zweifelsfragen dahingehend, ob ein selbstständiger Künstler oder Publizist gleichzeitig abgabepflichtiger Unternehmer ist oder dies für den z. B. in einer Gesellschaft des Bürgerlichen Rechts zusammengeschlossenen Personenkreis gilt. Aus diesem Grunde bedarf es einiger Ausführungen, insbesondere zum **Unternehmerbegriff** des Künstlersozialversicherungsgesetzes, § 24 KSVG. Danach sind Unternehmer zur Künstlersozialabgabe verpflichtet, die nicht nur gelegentlich Aufträge an selbstständige Künstler oder Publizisten erteilen, um deren Werke oder Leistungen für Zwecke ihres Unternehmens zu nutzen, wenn im Zusammenhang mit dieser Nutzung Einnahmen erzielt werden sollen. Unternehmer ist derjenige, der eine gewerbliche oder berufliche Tätigkeit selbstständig ausübt, die auf einen einheitlichen Zweck gerichtet und auf eine gewisse Dauer angelegt ist. Gewerblich oder beruflich ist jede nachhaltige Tätigkeit zur Erzielung von Einnahmen. Der Inhalt der jeweiligen Tätigkeit wird vom § 24 KSVG bestimmt. Hierauf braucht aber in diesem Zusammenhang nicht eingegangen zu werden, da für die zu behandelnde Thematik unterstellt werden kann, dass die Voraussetzungen gegeben sind. Nicht wesentlich für den Unternehmensbegriff ist die Absicht, Gewinn zu erzielen. Ebenfalls ist nicht entscheidend, ob es sich um natürliche Personen, juristische Personen, Personenhandelsgesellschaften oder Gesellschaften Bürgerlichen Rechts handelt. Nicht strittig ist, dass die Selbstvermarkter nicht der Künstlersozialabgabepflicht unterliegen. In diesem Falle liegen zwar Künstlereigenschaft und Unternehmerstatus formal in einer Person vor, z. B. die Theatermacherin, es wird aber ausschließlich die eigene künstlerische Leistung verwertet. Hier kann eben nicht von dem „symbiotischen" Verhältnis zwischen Verwer- 54

Nordhausen

tern und Künstlern oder Publizisten gesprochen werden, das das Bundesverfassungsgericht (Urteil v. 8. 4. 1987, s. Finke/Brachmann/Nordhausen a. a. O. Einführung
Rdnr. 24) konstatiert hat und das zumindest fehlende Personenidentität verlangt. Zudem ist die Selbstvermarktung struktureller Bestandteil des Künstlersozialversicherungsgesetzes.

55   Als problematisch kann sich der Zusammenschluss einer Personengemeinschaft,
vorrangig im Falle der **Gesellschaft Bürgerlichen Rechts** (GbR) darstellen. Die Tatsache, dass es sich um selbstständige Künstlerinnen und Künstler sowie Publizistinnen
oder Publizisten handelt, die nach dem Künstlersozialversicherungsgesetz versicherungspflichtig sind, schließt nicht aus, dass sie auch als Vermarkter im Sinne des § 24
KSVG in Betracht kommen (Abgabepflicht dem Grunde nach). Solange die ständigen
Mitglieder der GbR ausschließlich ihre eigenen Leistungen vermarkten, tritt keine
konkrete Zahlungspflicht (Abgabeschuld) ein. Wenn aber beispielsweise eine Freie
Theater GbR andere freie Mitgarbeiter (wie z. B. Spielleiter, Bühnenbildner, Maskenbildner oder Dramaturgen) für kurze Zeit zusätzlich zum festen Ensemble engagiert,
muss die GbR für die Entgelte an diese freien Mitarbeiter Künstlersozialabgabe abführen. Voraussetzung für das Bestehen einer GbR an sich ist, dass Gesellschaftsvertrag
und Praktizierung der vertraglichen Abmachungen so gestaltet sein müssen, dass die
gleichberechtigte Gestaltung und Durchführung des Gesellschaftszwecks sichergestellt sein muss, um die Nähe zur Selbstvermarktung zu Gewähr leisten. Als Beispiel
kann die Musikgruppe genannt werden, die sich auf einer derartigen Basis zusammen-
findet und ihre vertraglichen Auftrittsverpflichtungen abwickelt. Anderenfalls besteht
die Gefahr, dass einzelne Gesellschafter in die Unternehmerrolle geraten. Keine Selbstvermarktung und damit keine Abgabefreiheit ist anzunehmen, wenn eine juristische
Person (z. B. eing. Verein, GmbH, AG oder GmbH & Co. KG) gegründet wird. In
diesem Fall muss die juristische Person für selbstständige künstlerische oder publizistische Leistung der eigenen Gesellschafter Künstlersozialabgabe zahlen (s. Finke/
Brachmann/Nordhausen a. a. O. § 24 Rdnr. 129). Wird die Künstlersozialabgabepflicht der Gesellschaft für den selbstständig tätigen (mit maßgeblichem Einfluss auf
die Geschicke der Gesellschaft ausgestatteten) Gesellschafter-Geschäftsführer verneint, weil dieser nicht überwiegend künstlerisch oder publizistisch tätig ist, muss geprüft werden, ob Rentenversicherungspflicht als arbeitnehmerähnlicher Selbstständiger nach § 2 Nr. 9 SGB VI besteht.

11. Die Künstlersozialkasse

56   Durchgeführt wird die Künstlersozialversicherung von der **Unfallkasse des Bundes**
unter der Bezeichnung Künstlersozialkasse. Sie hat die Aufgabe, die Feststellung zu
treffen, wer nach dem Künstlersozialversicherungsgesetz als Künstler oder Publizist in
der Renten-, Kranken- und Pflegeversicherung versicherungspflichtig ist und wer als
Verwerter künstlerischer/publizistischer Leistungen abgabepflichtig ist. Die Versicherungspflichtigen werden von der Künstlersozialkasse bei der Deutschen Rentenversicherung und bei der zuständigen Krankenkasse angemeldet. Die Künstlersozialkasse
führt die Versicherungsbeiträge für diese ab. Hierzu zieht sie die Beitragsanteile der
Versicherten, die Künstlersozialabgabe und den Bundeszuschuss ein. Ähnlich den So-
zialleistungsträgern ist auch die Künstlersozialkasse zur Information und Beratung gegenüber den von der Künstlersozialversicherung Betroffenen verpflichtet. Für diese
Aufgabe stehen auch die Krankenkassen und Auskunfts- und Beratungsstellen der
Deutschen Rentenversicherung zur Verfügung.

Nordhausen

Um sicherzustellen, dass Sachkunde und -nähe bei der Durchführung der Künstler- **57** sozialversicherung Berücksichtigung finden, ist bei der Künstlersozialkasse ein **Beirat** eingerichtet, der aus Persönlichkeiten aus dem Kreise der Versicherten und der zur Künstlersozialabgabe Verpflichteten gebildet ist. Dabei sind die Bereiche Wort, Musik, darstellende und bildende Kunst angemessen vertreten. Die Aufgabe dieses Beirats ist es, die Künstlersozialkasse zu beraten, § 38 KSVG. Berufen werden die Beiratsmitglieder auf Vorschlag von Verbänden, die die Interessen der Versicherten oder der zur Künstlersozialabgabe Verpflichteten vertreten, vom Bundesministerium für Arbeit und Soziales. Ebenso wirken Beiratsmitglieder bei der Entscheidung über Widersprüche mit. Hierzu sind bei der Künstlersozialkasse **Widerspruchsausschüsse**, ebenfalls getrennt für die Bereiche Wort, Musik, darstellende Kunst und bildende Kunst, eingerichtet. Jeder Widerspruchsausschuss setzt sich aus zwei Beiratsmitgliedern – je 1 Vertreter der Versicherten- und der Abgabepflichtigen – und einem Vertreter der Künstlersozialkasse zusammen, § 39 KSVG.

12. Verfahrensvorschriften

Da die Künstlersozialkasse Teil der Sozialversicherung ist, richten sich die Rechtsbe- **58** ziehungen zwischen ihr und den Versicherten, Zuschussberechtigten und Abgabepflichtigen nach den Regeln des Sozialgesetzbuches. Wesentliche Entscheidungen der Kasse, z. B. Feststellung über den Beginn und das Ende der Pflichtversicherung, den Beitragszuschuss oder Mitteilungen über die zu zahlenden Beiträge erfolgen in Form von **Verwaltungsakten**, gegen die seitens der Künstler und Publizisten der **Widerspruch** möglich ist. Gibt der Widerspruchsausschuss dem Begehren der Versicherten/des Versicherten nicht statt, bleibt die Möglichkeit, das **Sozialgericht** mit den entsprechenden Instanzenzügen anzurufen. Zuständig ist das Sozialgericht, in dessen Bezirk die klagende Partei ihren Wohnsitz hat. Desweiteren besteht bei rechtsfehlerhaften Widerspruchsbescheiden die Möglichkeit, dass die Künstlersozialkasse selbst diese Entscheidung beanstandet und, sofern der Ausschuss bei seiner Entscheidung bleibt, die **Aufsichtsbehörde**, das Bundesversicherungsamt, einschaltet. Dies dürfte aber der Ausnahmefall, das Klageverfahren hingegen der Normalfall sein.

Sachverzeichnis

Die Zahlen in halbfett verweisen auf die Paragraphen des Handbuches, die mageren Zahlen auf die Randnummern.